NOUVEAU MANUEL

DES

TRIBUNAUX DE COMMERCE

DIVISÉ EN TROIS PARTIES :

1º LÉGISLATION. — CODE DE COMMERCE COMPLÉTÉ
PAR LE RAPPROCHEMENT DU TEXTE DES AUTRES CODES ET DES LOIS,
DÉCRETS, ORDONNANCES ET AVIS DU CONSEIL D'ÉTAT
CONCERNANT LA JURIDICTION CONSULAIRE ;

2º HISTORIQUE ET ORGANISATION DES TRIBUNAUX DE COMMERCE.
ATTRIBUTIONS DES MAGISTRATS CONSULAIRES
ET DES PERSONNES ATTACHÉES A LA JURIDICTION.
FAILLITES.
ASSEMBLÉES DE CRÉANCIERS ; SYNDICS ; COMPTABILITÉ DES FAILLITES.
CONSEILS DE PRUD'HOMMES.

3º FORMULAIRE GÉNÉRAL. — JUGEMENTS, ORDONNANCES
ET PROCÈS-VERBAUX.

PRÉCÉDÉ

DE LA LISTE PAR ORDRE CHRONOLOGIQUE
DE TOUS LES MEMBRES DE LA JURIDICTION CONSULAIRE DE PARIS
DEPUIS SA CRÉATION JUSQU'A CE JOUR

SUIVI

D'UNE TABLE GÉNÉRALE DES MATIÈRES PAR ORDRE ALPHABÉTIQUE

ET COMPLÉTÉ

PAR UN APPENDICE CONTENANT LES LOIS NOUVELLES
JUSQU'A CE JOUR

PAR MM.

TEULET
Avocat à la cour d'appel de Paris

ET

CAMBERLIN
Secrétaire de la Présidence du tribunal de commerce de Paris, chevalier de la Légion d'honneur
AUTEURS DU *Journal des Tribunaux de Commerce*

PARIS

A. MARESCQ AÎNÉ, LIBRAIRE-ÉDITEUR

17, RUE SOUFFLOT, 17

NOUVEAU MANUEL

DES

TRIBUNAUX DE COMMERCE

NOUVEAU MANUEL

DES

TRIBUNAUX DE COMMERCE

DIVISÉ EN TROIS PARTIES :

1° LÉGISLATION. — CODE DE COMMERCE COMPLÉTÉ
PAR LE RAPPROCHEMENT DU TEXTE DES AUTRES CODES ET DES LOIS,
DÉCRETS, ORDONNANCES ET AVIS DU CONSEIL D'ÉTAT
CONCERNANT LA JURIDICTION CONSULAIRE;

2° HISTORIQUE ET ORGANISATION DES TRIBUNAUX DE COMMERCE.
ATTRIBUTIONS DES MAGISTRATS CONSULAIRES
ET DES PERSONNES ATTACHÉES A LA JURIDICTION.
FAILLITES.
ASSEMBLÉES DE CRÉANCIERS; SYNDICS; COMPTABILITÉ DES FAILLITES.
CONSEILS DE PRUD'HOMMES.

3° FORMULAIRE GÉNÉRAL. — JUGEMENTS, ORDONNANCES
ET PROCÈS-VERBAUX.

PRÉCÉDÉ

DE LA LISTE PAR ORDRE CHRONOLOGIQUE
DE TOUS LES MEMBRES DE LA JURIDICTION CONSULAIRE DE PARIS
DEPUIS SA CRÉATION JUSQU'A CE JOUR

SUIVI

D'UNE TABLE GÉNÉRALE DES MATIÈRES PAR ORDRE ALPHABÉTIQUE

ET COMPLÉTÉ

PAR UN APPENDICE CONTENANT LES LOIS NOUVELLES
JUSQU'A CE JOUR

PAR MM.

TEULET
Avocat à la cour d'appel de Paris

CAMBERLIN
Secrétaire de la Présidence du tribunal de commerce de Paris, chevalier de la Légion d'honneur
AUTEURS DU *Journal des Tribunaux de Commerce*

PARIS

A. MARESCQ AINÉ, LIBRAIRE-ÉDITEUR

17, RUE SOUFFLOT, 17
1874

ORDRE DES MATIÈRES

CONTENUES DANS, LE

NOUVEAU MANUEL DES TRIBUNAUX DE COMMERCE.

CHAPITRE XXIII.

Conseils de prud'hommes.

TROISIÈME PARTIE.

FORMULAIRE GÉNÉRAL.

LISTE

PAR ORDRE CHRONOLOGIQUE

DES

MEMBRES DE LA JURIDICTION CONSULAIRE

DU SIÉGE DE PARIS

DEPUIS L'ÉDIT, RENDU AU MOIS DE NOVEMBRE 1563
PAR LE ROI CHARLES IX,
PORTANT ÉTABLISSEMENT EN LADITE VILLE
D'UN JUGE ET DE QUATRE CONSULS DES MARCHANDS
JUSQU'A L'ANNÉE 1866.

LISTE

MEMBRES DE LA JURIDICTION CONSULAIRE

DU SIÉGE DE PARIS.

JUGES ET CONSULS

(1564 à 1792.)

L'élection se faisait tous les ans, deux ou trois jours avant la Chandeleur (2 février). Le premier élu était le *Juge*, et les quatre autres les *Consuls*. — La croix à côté du nom du Juge signifie qu'il est mort en exercice. — Le Juge nommé en son remplacement était choisi parmi les anciens Consuls. — Il en est de même des Consuls dont le nom est précédé d'une croix.—Celui ou ceux qui les remplaçaient étaient les derniers de la même année.

RÈGNE DE CHARLES IX.

1564. **Aubry** (Jean). — *Mercerie.*
Bourgeois (Nicolas). — *Pelleterie.*
Lavocat (Henry). — *Mercerie.*
De la Court (Pierre). — *Marchand de Vin et de Poisson.*
Hervy (Claude). — *Mercerie.*

1565. **Le Prestre** (Claude).—*Marchand de Vin et de Poisson.*
Regnault (Claude). — *Marchand de Vin et de Poisson.*
Bourdin (Vaast). — *Apothicairerie et Epicerie.*
De Creil (Louis). — *Mercerie.*
De Dampmartin (Jean). —*Draperie.*

1566. **Marcel** (Claude). — *Orfévrerie.*
Daubray (Jean). — *Mercerie.*
Garault (François). — *Mercerie.*
Roch (André). — *Draperie.*
De la Bruière (Jean).—*Apothicairerie et Epicerie.*

1567. **Menant** (Jean). — *Marchand de Vin.*
Hac (Nicolas). — *Draperie.*
De la Bistrate (Jean). —*Marchand de Vin et de Poisson.*
Le Jay (Jean). — *Mercerie.*
De Paris (Claude). — *Epicerie.*

1568. **Lavocat** (Henry). — *Mercerie.*
Thiault (François). — *Marchand de Vin.*
De Bourges (Nicolas). — *Apothicairerie et Epicerie.*
Bonnart (François). — *Pelleterie.*
Boursier (Pierre). — *Mercerie.*

1569. † **Bourgeois** (Nicolas). — *Pelleterie.*

1569. De la Court (Pierre). — *Marchand de Vin et de Poisson.*
Brice (Jean). — *Mercerie.*
Dubois (Jacques). — *Draperie.*
Meusnier (Jean). — *Mercerie.*
Le Peultre (Jacques). — *Mercerie.*

1570. **Hervy** (Claude). — *Mercerie.*
Aubery (Claude). — *Mercerie.*
Rousselet (Guillaume). — *Mercerie.*
De la Fosse (Pierre). — *Epicerie.*
Lescuyer (Jean). — *Draperie.*

1571. **Bourdin** (Vaast). — *Apothicairerie et Epicerie.*
Le Brest (Jacques). — *Marchand de Vin et de Poisson.*
Simon (Nicolas). —*Mercerie.*
Despinay (Jean). — *Draperie.*
Boucher (Germain). — *Mercerie.*

1572. **Le Jay** (Jean). — *Mercerie.*
De Laulnoy (Maurice).—*Draperie.*
Le Lièvre (Claude). — *Mercerie.*
De Laulne (Martin). — *Marchand de Vin et de Poisson.*
Dubois (Sébastien). — *Epicerie.*

1573. **De la Bistrate** (Jean). — *Marchand de Vin et de Poisson.*
Desprez (Robert).—*Marchand Teinturier de Draps.*
Moreau (Jean). — *Epicerie.*
De Castille (Philippes). — *Mercerie.*
Huot (Antoine). — *Draperie.*

1574. **Boursier** (Pierre). — *Mercerie.*
Salvancy (Jean). — *Mercerie.*
Parent (Nicolas). — *Draperie.*
Robineau (Antoine). — *Epicerie.*
Le Gois (Pierre). — *Marchand de Vin.*

RÈGNE DE HENRI III.

1575. **De Dampmartin** (Jean). — *Draperie.*
Thouret (Pierre). — *Epicerie.*
Chouart (Denis). — *Marchand de Vin.*
Bourgeois (Remond). — *Mercerie.*
De Bordeaux (Jean). — *Draperie.*

1576. **Aubery** (Claude). — *Mercerie.*
Lhuillier (François). — *Mercerie.*
De la Bistrate (Claude).—*Mercerie.*
Faureau (Antoine).—*Apothicairerie et Epicerie*
Bourlon (Philbert). — *Draperie.*

1577. **Meusnier** (Jean). — *Mercerie.*
Beaucousin (Jean). — *Orfévrerie.*
Qute (Pierre). — *Apothicairerie et Epicerie.*
Buot (Robert). — *Draperie.*
Bobye (Louis). — *Mercerie.*

1578. **De la Bruière** (Jean). — *Apothicairerie et Epicerie.*
Troude (Charles). — *Marchand de Vin et de Poisson.*
De Compans (Jean). — *Draperie.*
Toutin (Richard). — *Orfévrerie.*
Vivien (Jacques). — *Mercerie.*

1579. **Brice** (Jean). — *Mercerie.*
Semelle (Guillaume). — *Mercerie.*
Bizart (Nicolas). — *Marchand de Poisson de Mer.*
Breart (Pierre). — *Mercerie.*
Perrochel (Valleran). — *Mercerie.*

1580. **Desprez** (Robert). — *Marchand Teinturier de Draps.*
Boivyn Laisné (Ant.). — *Draperie.*
Picot (Claude). — *Epicerie.*
Leprestre (Jean). — *Marchand de Vin et de Poisson.*
Du-Clos (Jacques). — *Draperie.*

1581. **Parent** (Nicolas). — *Draperie.*
De Laistre (François). — *Mercerie.*
Costeblanche (François). — *Draperie.*
Thiault (Nicolas). — *Marchand de Vin et de Poisson.*
Héron (Marc). — *Apothicairerie et Epicerie.*

1582. **Moreau** (Jean). — *Epicerie.*
Plastrier (Guillaume). — *Draperie.*

1582. De la Court (Pierre). — *Marchand de Vin et de Poisson.*
Gallant (Jean). — *Mercerie.*
Le Tellier (Guillaume). — *Epicerie.*

1583. **Robineau** (Antoine). — *Epicerie.*
De Creil (Nicolas). — *Mercerie.*
Martin (Vincent). — *Marchand de Vin.*
Rovillié (Jean). — *Draperie.*
Du Resnel (Nicolas). — *Mercerie.*

1584. **Bourgeois** (Remond).—*Mercerie.*
Le Brest (François). — *Marchand de Vin et de Poisson.*
De la Croix (Guillaume).—*Mercerie.*
Gorion (Jean). — *Apothicairerie et Epicerie.*
Neret (Denis). — *Draperie.*

1585. **Faureau** (Antoine). — *Apothicairerie et Epicerie.*
Boivin (Simon). — *Draperie.*
Passart (Pierre). — *Mercerie.*
De Miraulmont (Jean). — *Marchand Teinturier.*
Martin (Pierre).—*Marchand de Vin.*

1586. **De Compans** (Jean). — *Mercerie.*
Charpentier (François). — *Marchand de Vin et de Poisson.*
Turquet (Jacques). — *Mercerie.*
Vulin (Charles). — *Mercerie.*
Duchesne (Jacques). — *Mercerie.*

1587. **Troude** (Charles). — *Marchand de Vin et de Poisson.*
Bourdin (Louis). — *Epicerie.*
Fressard (Nicolas). — *Draperie.*
André (Antoine). — *Mercerie.*
Poncher (Pierre). — *Mercerie.*

1588. **Qute** (Pierre). — *Apothicairerie et Epicerie.*
Leroy (Pierre). — *Mercerie.*
Gérard (Miles). — *Draperie.*
Blanchard (François). — *Marchand de Vin.*
Bourdin (Pierre). — *Marchand de Bois.*

1589. **Thiault** (Nicolas). — *Mercerie.*
Desprez (Barnabé). — *Draperie.*
Bobye (Claude). — *Mercerie.*
Belin (François). — *Mercerie.*
Yon (Robert). — *Mercerie.*

RÈGNE DE HENRI IV.

1590. **Neret** (Denis). — *Draperie.*
Villebichet (Jean). — *Mercerie.*
Le Camus (Jean). — *Apothicairerie et Epicerie.*
Mulot (Jean). — *Mercerie.*
Duresvel (Philippes). — *Mercerie.*

1591. **Gorion** (Jean). — *Apothicairerie et Epicerie.*
Hébert (Noël). — *Draperie.*
Lecomte (Philippes) — *Mercerie.*
De Saint-Aubin (Thibault). — *Mercerie.*
Cressé (Laurent). — *Mercerie.*

1592. **Gallant** (Jean). — *Mercerie.*
Gobelin (Nicolas). — *Draperie.*
Trouve (Jacques). — *Marchand de Poisson de Mer.*
Deflecelles (Gabriel). — *Mercerie.*
Lejuge (Simon). — *Epicerie.*

1593. **De Creil** (Nicolas). — *Mercerie.*
Le Normand (Jean). — *Marchand de Vin et de Poisson.*
Monsigot (Louis). — *Draperie.*
Lefèvre (Pierre). — *Mercerie.*
Lambert (Jean). — *Apothicairerie et Epicerie.*

1594. **Boivin** (Simon). — *Draperie.*
Boulanger (Eustache). — *Mercerie.*
Guiot (Jean). — *Epicerie.*
Dupuis (Jean). — *Marchand de Vin.*
Carrel (Cosme). — *Mercerie.*

1595. **Martin** (Pierre). — *Marchand de Vin.*
Leroy (Claude). — *Epicerie.*
Belot (Frain). — *Mercerie.*
Gamin (Henry). — *Mercerie.*
Chesnard (Jean). — *Draperie.*

1596. **Vulin** (Charles). — *Mercerie.*
Legros (Denis). — *Draperie.*
Pijart (François). — *Apothicairerie et Epicerie.*
Filleau (Antoine). — *Mercerie.*
Bossu (Nicolas). — *Marchand de Vin et de Poisson.*

1597. **Rovillié** (Jean). — *Draperie.*
Sensier (Philippes). — *Mercerie.*
Louvet (Jean). — *Mercerie.*
Laudet (Jacques). — *Epicerie.*
Passart (Guillaume). — *Marchand de Vin et de Poisson.*

1598. **Villebichet** (Jean). — *Mercerie.*
Coignet (Thomas). — *Mercerie.*
Descart (Robert). — *Draperie.*

1598. Roussel (Claude). — *Marchand de Vin et de Poisson.*
Dufresnoy (Pierre). — *Apothicairerie.*

1599. **Desprez** (Barnabé). — *Draperie.*
Lombert (Miles). — *Epicerie.*
De Brézé (Gilles). — *Mercerie.*
Delahaye (Jean). — *Orfévrerie.*
Bergeron (Laurent). — *Mercerie.*

1600. **Blin** (François). — *Epicerie.*
Feullet (Pierre). — *Mercerie.*
Des Champs (Joseph). — *Draperie.*
Nicolas (Pierre). — *Orfévrerie.*
Lamy (Michel). — *Mercerie.*

1601. **Mullot** (Jean). — *Marchand de Vin et de Poisson.*
Boyer (Remy). — *Draperie.*
De Cambray (Claude). — *Apothicairerie.*
Frezon (François). — *Mercerie.*
Sainctot (Pierre). — *Marchand Teinturier de Soye.*

1602. **Cressé** (Laurent). — *Mercerie.*
Ruffé (André). — *Mercerie.*
Messier (Jean). — *Draperie.*
Yon (Durand). — *Marchand de Vin et de Poisson.*
De Bourges (Nicolas). — *Epicerie.*

1603. **De Flecelles** (Gabriel). — *Mercerie.*
Bazin (Jean). — *Draperie.*
Henryot (Jean). — *Mercerie.*
Bazoin (Pascal). — *Apothicairerie.*
Targer (Nicolas). — *Mercerie.*

1604. **Leroy** (Claude). — *Epicerie.*
Lempereur (Jean). — *Draperie.*
Dupré (Claude). — *Mercerie.*
Vye (Nicolas). — *Mercerie.*
Guillemot (Jean). — *Marchand de Vin et de Poisson.*

1605. **Belot** (François). — *Mercerie.*
Danys (Louis). — *Mercerie.*
Le Brest (Pierre). — *Draperie.*
Jobert (Jean). — *Apothicairerie.*
Eustache (Jean). — *Marchand de Vin et de Poisson.*

1606. **Chesnard** (Jean). — *Draperie.*
Drouet (Jacques). — *Epicerie.*
Crimilier (Pierre). — *Marchand de Vin.*
Guibert (Antoine). — *Mercerie.*
Lespicier (Guillaume). — *Marchand de Bled.*

1607. Le Febvre (Pierre). — *Mercerie.*
Marier (Guillaume). — *Marchand de Vin.*
Gillot (Nicolas). — *Draperie.*
Bachelier (Pierre). — *Apothicairerie.*
Beaucousin (Jean). — *Orfévrerie.*

1608. Guyot (Jean). — *Epicerie.*
Le Bossu (Eustache). — *Marchand de Vin et de Poisson.*
Picque (Olivier). — *Mercerie.*
Bachelier (Jean). — *Draperie.*
Marcez (Simon). — *Orfévrerie.*

1609. Louvet (Jean). — *Mercerie.*
Langlois (Simon). — *Epicerie.*
Hersant (François). — *Draperie.*
Benoise (Jacques). — *Orfévrerie.*
Chanlatte (Claude). — *Marchand de Vin.*

1610. Passart (Guillaume). — *Marchand de Vin et de Poisson.*
Helain (Charles). — *Mercerie.*
Gamare (Michel). — *Apothicairerie.*
Boué (Jean). — *Draperie.*
Caillou (Martin). — *Pelleterie.*

RÈGNE DE LOUIS XIII.

1611. Descartes (Robert). — *Draperie.*
Poignant (Guillaume). — *Epicerie.*
Hachette (Pierre). — *Bonneterie.*
De Creil (Jacques). — *Mercerie.*
Malacquin (Fiacre). — *Mercerie.*

1612. Feullet (Pierre). — *Mercerie.*
Gonier (Claude). — *Apothicairerie.*
Boucher (Claude). — *Mercerie.*
Cavellier (Jean). — *Bonneterie.*
Drouin (Louis). — *Draperie.*

1613. Deschamps (Joseph). — *Draperie.*
Racquenet (Michel). — *Epicerie.*
Lemaire (Jean). — *Mercerie.*
Ferrus (Etienne). — *Pelleterie.*
Pelletier (Pierre). — *Orfévrerie.*

1614. Frezon (François). — *Mercerie.*
† Predeseigle (François). — *Draperie.*
Andrevas (Antoine). — *Mercerie.*
Acelin (Antoine). — *Apothicairerie.*
Charrais (Antoine). — *Bonneterie.*
Dubois (Jean). — *Draperie.*

1615. Sainctot (Pierre). — *Mercerie.*
De Compans (Jean). — *Draperie.*
Doublet (Nicolas). — *Mercerie.*
Barbier (Jacques). — *Epicerie.*
Aveline (Charles). — *Orfévrerie.*

1616. Henriot (Jean). — *Mercerie.*
Cheron (Jean). — *Apothicairerie.*
Brillet (Nicolas). — *Draperie.*
Robineau (Antoine). — *Mercerie.*
Perrier (Guillaume). — *Marchand de Vin.*

1617. Targer (Nicolas). — *Mercerie.*
Portebedien (François). — *Mercerie.*
Heron (Jacques). — *Epicerie.*
Caignet (Pierre). — *Draperie.*
Goujon (Pierre). — *Marchand de Vin.*

1618. Lempereur (Jean). — *Draperie.*
Bachelier (Martin). — *Mercerie.*
Descouy (Guillaume). — *Apothicairerie.*
Le Camus (Guillaume). — *Orfévrerie.*
Barron (Jean). — *Mercerie.*

1619. Guillemot (Jean). — *Marchand de Poisson de Mer.*
Langlois (André). — *Draperie.*
Savary (Jean). — *Mercerie.*
Duchesne (Pierre). — *Epicerie.*
Leroy (Pasquier). — *Mercerie.*

1620. Lespicier (Guillaume). — *Marchand de Grains.*
Guilloire (Simon). — *Apothicairerie.*
Helliot (Jean). — *Mercerie.*
Germain (Charles). — *Draperie.*
Cadeau (Pierre). — *Mercerie.*

1621. Mercier (Guillaume). — *Marchand de Vin.*
Denizon (François). — *Epicerie.*
Glué (François). — *Mercerie.*
Hamelin (Charles). — *Draperie.*
Jeunesse (Claude). — *Mercerie.*

1622. Beaucousin (Jean). — *Orfévrerie.*
Deslaviers (Jean). — *Mercerie.*
De Creil (Louis). — *Draperie.*
Colichon (Thomas). — *Epicerie.*
Guy (Martin). — *Marchand de Vin.*

1623. Picque (Olivier). — *Mercerie.*
De Planey (Pierre). — *Apothicairerie.*
Tronchot (Jean). — *Draperie.*
Doublet (Antoine). — *Mercerie.*
Touzet (Pierre). — *Orfévrerie.*

1624. Bachel (Jean). — *Draperie.*
Guerin (Guillaume). — *Epicerie.*

1624. Santeul (Augustin). — *Mercerie.*
De Saint-Geny (Denis).—*Marchand de Grains.*
Liger (Alexandre). — *Mercerie.*

1625. Benoise (Jacques). — *Orfévrerie.*
La Gogue (Jean). — *Mercerie.*
Nicolas (Marc). — *Apothicairerie.*
Sonnius (Michel). — *Librairie.*
Dehault (Nicolas). — *Draperie.*

1626. Hachette (Pierre). — *Bonneterie.*
Bazin (Jean). — *Draperie.*
Torentier (Léonard). — *Epicerie.*
Pincebourde (Pierre).—*Orfévrerie.*
Baillot (Guillaume). — *Bonneterie.*

1627. Marcez (Simon). — *Orfévrerie.*
De Vin (Adrian). — *Draperie.*
De Laistre (Nicolas). — *Mercerie.*
Girouart (Claude). — *Pelleterie.*
Lerat (Gilles). — *Apothicairerie.*

1628. De Creil (Jacques). — *Mercerie.*
Boucher (Claude). — *Draperie.*
Rafron (Martin). — *Epicerie.*
Garnier (Jean). — *Mercerie.*
Fillacier (Pierre). — *Orfévrerie.*

1629. Gonier (Claude).—*Apothicairerie.*
Yon (Claude). — *Mercerie.*
Le Messier (Jean). — *Draperie.*
Eustache (Pierre). — *Epicerie.*
De la Noue (Claude). — *Orfévrerie.*

1630. De Compans (Jean).—*Draperie.*
De Baillou (Claude). — *Apothicairerie.*
Robin (François). — *Mercerie.*
Macé (Pierre).—*Marchand de Bois.*
Hacte (Louis). — *Mercerie.*

1631. Perrier (Guillaume).—*Marchand de Vin.*
De Compans (Louis). — *Draperie.*
Passart (Jacques). — *Mercerie.*
Foucault (Claude). — *Epicerie.*
† Heurlot (Etienne). — *Marchand de Poisson.*
Goger (François). — *Bonneterie.*

1632. Heron (Jacques). — *Epicerie.*
† Chesnard (Pierre).—*Draperie.*
Bodeau (Mathurin). — *Mercerie.*
Le Juge (Jean).—*Marchand de Vin.*
† Perrier (Pierre).—*Apothicairerie.*
Moncheny (Mathurin). — *Apothicairerie.*
Blondel (Thierry). — *Draperie.*

1633. Goujon (Pierre). — *Mercerie.*
De Creil (Nicolas). — *Mercerie.*
Le Brest (Pierre). — *Draperie.*
Darques (Jacques). — *Pelleterie.*
Barbier (Pierre). — *Epicerie.*

1634. Cadeau (Pierre). — *Mercerie.*
Le Boué (Claude). — *Draperie.*
Bazouin (Jean). — *Apothicairerie.*
Turquet (Paris). — *Mercerie.*
De la Haye (René). — *Orfévrerie.*

1635. Denison (François). — *Epicerie.*
Hersant (Laurent). — *Draperie.*
De la Cour (Pamphile). — *Mercerie.*
Levesque (Jean). — *Bonneterie.*
Heron (Antoine). — *Epicerie.*

1636. Santeul (Augustin). — *Mercerie.*
Bachelier (Jean). — *Mercerie.*
Baudart (René). — *Apothicairerie.*
De Saint-Jean (Robert).—*Draperie.*
Cramoisy (Sébastien). — *Librairie et Imprimerie.*

1637. De Saint-Genis. — *Mercerie.*
Gourlin (Charles). — *Mercerie.*
Greland (Lazare). — *Epicerie.*
Berand (Henry). — *Draperie.*
Le Roux (Philippes). — *Pelleterie.*

1638. Bazin (Jean). — *Mercerie.*
Fraguier (François). — *Apothicairerie.*
Predeseigle (François). — *Draperie.*
Fournier (Pierre). — *Mercerie.*
Celot (Etienne). — *Bonneterie.*

1639. Baillon (Guillaume).—*Bonneterie.*
De Bourges (Jean). — *Epicerie.*
Brochant (Mathurin). — *Draperie.*
Brunet (Charles). — *Mercerie.*
Charpentier (Nicolas).—*Orfévrerie.*

1640. De Vin (Adrian). — *Draperie.*
Lescot (François). — *Draperie.*
De Pois (Nicolas). — *Mercerie.*
Cavellier (Jean). — *Bonneterie.*
Héron (Denis). — *Apothicairerie.*

1641. De Laistre (Nicolas).—*Mercerie.*
Le Jeune (Jacques). — *Draperie.*
Sanson (Antoine). — *Mercerie.*
Lescot (Remond). — *Orfévrerie.*
Yon (Geoffroy). — *Epicerie.*

1642. Garnier (Jean). — *Mercerie.*
Geoffroy (Etienne). — *Apothicairerie.*
Bachelier (Antoine). — *Draperie.*
Dhericourt (Pierre). — *Mercerie.*
Le Fouin (Nicolas). — *Marchand de Vin.*

1643. Eustache (Pierre). — *Epicerie.*
Pichon (Denis). — *Mercerie.*
Le Marchant (Jean). — *Bonneterie.*
Barbier (Jacques). — *Epicerie.*
Gillot (Henry). — *Draperie.*

RÈGNE DE LOUIS XIV.

1644. **Foucault** (Claude). — *Apothicairerie.*
Thirement (Jacques). — *Apothicairerie.*
Nyvert (Claude). — *Draperie.*
Parent (Jean). — *Mercerie.*
De Monhers (Jacques). — *Mercerie.*

1645. **Le Juge** (Jean). — *Marchand de Vin.*
Lindo (Jean). — *Mercerie.*
Tiquet (Jacques). — *Draperie.*
Semelle (Michel). — *Marchand de Laine.*
Haranger (Claude). — *Epicerie.*

1646. **Morcheny** (Mathurin). — *Apothicairerie.*
Marcadé (Charles). — *Orfévrerie.*
Cornillier (Louis). — *Draperie.*
Goujon (Louis). — *Mercerie.*
Du Fresnoy (Martin). — *Apothicairerie.*

1647. **Barbier** (Pierre). — *Epicerie.*
Pocquelin (Robert). — *Mercerie.*
Boutillier (François). — *Draperie.*
Gorges (Jean). — *Pelleterie.*
Tranchepain (Gaspard). — *Epicerie.*

1648. **Le Boué** (Claude). — *Draperie.*
Picques (Olivier). — *Mercerie.*
De la Balle (Jean). — *Draperie.*
Chesneau (Jean). — *Apothicairerie.*
De Hemant (Pierre). — *Orfévrerie.*

1649. **De la Haye** (René). — *Orfévrerie.*
Hervé (Etienne). — *Mercerie.*
Rousseau (Jean). — *Bonneterie.*
Orry (François). — *Draperie.*
Le Noir (Jacques). — *Epicerie.*

1650. **Hersant** (Laurent). — *Draperie.*
Roger (Silvain). — *Apothicairerie.*
† Gillet (Pierre). — *Draperie.*
Aubert (Didier). — *Mercerie.*
Ballard (Robert). — *Librairie et Imprimerie.*
Patin (Claude). — *Draperie.*

1651. **Bachelier** (Jean). — *Mercerie.*
Denison (Pierre). — *Epicerie.*
† Lescot (Nicolas). — *Draperie.*
Maillet (Philippes). — *Mercerie.*
Marcadé (Claude). — *Orfévrerie.*
Yon (Simon). — *Draperie.*

1652. **Cramoisy** (Sébastien). — *Librairie et Imprimerie.*
De Secqueville (Simon). — *Apothicairerie.*

1652. Simonnet (Claude). — *Mercerie.*
Auvry (Rollin). — *Marchand de Laine.*
Langlois (Simon). — *Draperie.*

1653. † **Greland** (Lazare). — *Epicerie.*
Heron (Vincent). — *Epicerie.*
Perichon (Guillaume). — *Mercerie.*
Charlemagne (Louis). — *Draperie.*
Labbé (Claude). — *Bonneterie.*
Le Roux (Philippes). — *Pelleterie.*

1654. **Lescot** (François). — *Draperie.*
Foucault (Nicolas). — *Apothicairerie.*
Desplasses (Pierre). — *Draperie.*
Trotier (Mathieu). — *Mercerie.*
De la Vayrie (Alexandre). — *Pelleterie.*

1655. **Sanson** (Antoine). — *Mercerie.*
Le Vieux (André). — *Draperie.*
Cottart (Jean). — *Epicerie.*
Le Febvre (Paul). — *Orfévrerie.*
Langlois (Louis). — *Mercerie.*

1656. † **Lescot** (Remond). — *Orfévrerie.*
Geoffroy (Etienne). — *Apothicairerie.*
Forne (Jean-Baptiste). — *Mercerie.*
Prevost (Claude). — *Draperie.*
De Cay (Antoine). — *Apothicairerie.*
De Villers (Nicolas). — *Mercerie.*

1657. **Bachelier** (Antoine). — *Draperie.*
Villain (Claude). — *Epicerie.*
Tronchot (Jean). — *Draperie.*
De Faverolles (Nicolas). — *Mercerie.*
Langeois (Jacques). — *Mercerie.*

1658. **Pichon** (Denis). — *Mercerie.*
Oulry (Michel). — *Draperie.*
Tiville (Pierre). — *Bonneterie.*
Heron (Marc). — *Apothicairerie.*
Pulleu (Claude). — *Mercerie.*

1659. **Le Marchant** (Jean). — *Bonneterie.*
Le Vieux (Jean). — *Draperie.*
Heliot (Charles). — *Mercerie.*
Planson (Jacques). — *Epicerie.*
† Picquet (Pierre). — *Marchand de Bois.*
Gervais (Philippes). — *Mercerie.*

1660. **Barbier** (Jacques). — *Epicerie.*
Baudequin (Nicolas). — *Draperie.*
Beguin (Denis). — *Mercerie.*

1660. De Moncheny (Mathurin). — Apothicairerie.
Cottart (Jacques). — Orfévrerie.

1661. **† Nyvert** (Claude). — Draperie.
De Monhers (Jacques). — Mercerie.
Pocquelin (Louis). — Mercerie.
De la Porte (Antoine). — Epicerie.
Predeseigle (François). — Draperie.
Musnier (Antoine). — Marchand de Vin.

1662. **Tiquet** (Jacques). — Draperie.
De Bierne (Claude). — Pelleterie.
Germain (Fiacre). — Draperie.
Claquenelle (Pierre). — Apothicairerie.
Le Brun (Charles). — Mercerie.

1663. **Pocquelin** (Robert). — Mercerie.
Chenart (Jean). — Draperie.
Heron (Antoine). — Epicerie.
Lempereur (Philippes). — Mercerie.
Lescot (Pierre). — Bonneterie.

1664. **Rousseau** (Jean). — Bonneterie.
De Meromont (Jean). — Draperie.
Heron (Marc). — Apothicairerie.
† De Coquel (Pierre). — Mercerie.
Le Febvre (Philippes). — Orfévrerie.
Vitré (Antoine). — Librairie et Imprimerie.

1665. **Roger** (Silvain). — Apothicairerie.
Heron (Nicolas). — Draperie.
Le Gendre (Jacques). — Epicerie.
† Jeanson (Edme). — Mercerie.
Crollart (Florentin). — Pelleterie.
Villain (Etienne). — Mercerie.

1666. **Ballard** (Robert). — Librairie et Imprimerie.
Boillau (Rolland). — Bonneterie.
Bellin (Guillaume). — Draperie.
Piart (Sulpice). — Apothicairerie.
Gouffette (Jean). — Mercerie.

1667. **Denison** (Pierre). — Epicerie.
Roussel (Jacques). — Epicerie.
Boué (Jean). — Draperie.
Gayot (Jean-Jacques). — Mercerie.
De Rosnel (Jean). — Orfévrerie.

1668. **Heron** (Vincent). — Epicerie.
Cadeau (Christophe). — Mercerie.
Pocquelin (Guy). — Draperie.
Noblet (Thomas). — Apothicairerie.
Doyen (Jean). — Marchand de Vin.

1669. **De la Vayrie** (Alexandre). — Pelleterie.
Le Camus (Claude). — Draperie.
Presti (Charles). — Mercerie.
Niceron (Mathurin). — Epicerie.
Bechet (Denis). — Librairie.

1670. **Le Vieux** (André). — Draperie.
† Regnault (Etienne). — Apothicairerie.

1670. Busillet (Jean). — Draperie.
Lemaire (Pierre). — Mercerie.
Georges (Jean-Baptiste). — Pelleterie.
Souplet (Nicolas). — Apothicairerie.

1671. **Cottart** (Jean). — Epicerie.
Gaultier (Charles). — Draperie.
Langlois (Simon). — Mercerie.
De Lattaignant (Jean). — Epicerie.
Gobert (Germain). — Bonneterie.

1672. **Le Fevre** (Paul). — Orfévrerie.
Ballin (Claude). — Orfévrerie.
Gerault (Claude). — Draperie.
De Lislefort (Marc). — Apothicairerie.
Gervais (Julien). — Mercerie.

1673. **Villain** (Claude). — Epicerie.
† Chardon (Jean). — Draperie.
Bachelier (Jean). — Mercerie.
Goblet (Pierre). — Pelleterie.
† Leroy (Jean). — Epicerie.
Porcher (Jacques). — Draperie.
Drouet (Nicolas). — Epicerie.

1674. **Baudequin** (Nicolas). — Draperie.
Rousseau (Antoine). — Mercerie.
Guiller (Antoine). — Draperie.
Prevost (Pierre). — Apothicairerie.
Cavellier (Jean). — Bonneterie.

1675. **Cottart** (Jacques). — Orfévrerie.
Brochant (Paul). — Draperie.
† Rousseau (Clovis). — Mercerie.
† Niceron (François). — Epicerie.
Pijart (Philippes). — Orfévrerie.
Ragain (Jean). — Epicerie.
Cossart (Jean). — Mercerie.

1676. **De la Porte** (Antoine). — Epicerie.
De la Balle (Nicolas). — Draperie.
Fraguier (Pierre). — Apothicairerie.
Guerreau (Jean). — Mercerie.
Thierry (Denis). — Librairie et Imprimerie.

1677. **† Heron** (Nicolas). — Draperie.
Bachelier (Michel). — Mercerie.
Pihault (Louis). — Bonneterie.
Le Couteulx (Jean). — Draperie.
Boyelleau (Jean). — Epicerie.
Villain (Etienne). — Mercerie.

1678. **Boilleau** (Rolland). — Bonneterie.
Clerambault (Charles). — Draperie.
Pijart (Charles). — Orfévrerie.
† Dorieux (Etienne). — Mercerie.
Regnault (Antoine). — Apothicairerie.
Quiquebeuf (Antoine). — Mercerie.

1679. **Boué** (Jean). — Draperie.
Le Doubre (Julien). — Draperie.
Gellain (Louis). — Mercerie.

2

1679. Harlan (Charles). — *Epicerie*.
Houton (Matthieu). — *Pelleterie*.
1680. **Noblet** (Thomas). — *Apothicairerie*.
Gamare (Michel). — *Apothicairerie*.
Poncet (Simon). — *Draperie*.
De Poys (Pierre). — *Mercerie*.
Du Four (Jean). — *Bonneterie*.
1681. **Niceron** (Mathurin). — *Epicerie*.
Le Couteulx (Jacques). — *Draperie*.
Raguienne (Jacques). — *Mercerie*.
Crochet (Jean). — *Orfévrerie*.
De la Serre (Jean). — *Epicerie*.
1682. **Bechet** (Denis). — *Librairie*.
Bignicourt (Louis). — *Mercerie*.
Le Grand (Louis). — *Pelleterie*.
Yon (Antoine). — *Draperie*.
Peitevin (Claude). — *Apothicairerie*.
1683. **Gerault** (Claude). — *Draperie*.
Hervier (Jean). — *Epicerie*.
Cornillier (Nicolas). — *Draperie*.
Calles (Honoré). — *Mercerie*.
Nau (Marc). — *Bonneterie*.
1684. **Bachelier** (Jean). — *Mercerie*.
Simon (Guy). — *Apothicairerie*.
Troisdames (Jean). — *Mercerie*.
Bouquin (Etienne). — *Orfévrerie*.
Du Flos (Jean). — *Draperie*.
1685. **Goblet** (Pierre). — *Pelleterie*.
Tranchepain (François). — *Epicerie*.
Deuversy (Alexandre). — *Mercerie*.
Porcher (Claude). — *Draperie*.
Pocquelin (Pierre). — *Mercerie*.
1686. **Drouet** (Nicolas). — *Epicerie*.
Hersant (François). — *Draperie*.
Nourry (François). — *Mercerie*.
Chalmette (Jean-François). — *Pelleterie*.
Lacoste (Jean). — *Apothicairerie*.
1687. **Prévost** (Pierre). — *Apothicairerie*.
Boisseau (Barthélemi). — *Epicerie*.
Le Brun (Charles). — *Mercerie*.
Boucher (Claude). — *Draperie*.
Boursin (Jean). — *Bonneterie*.
1688. **Brochant** (Paul). — *Draperie*.
Guiller (Charles). — *Draperie*.
Crouzet (Pierre). — *Mercerie*.
Heron (Marc). — *Apothicairerie*.
Moreau (Jean). — *Orfévrerie*.
1689. **Thierry** (Denis). — *Librairie et Imprimerie*.
Paignon (Gilbert). — *Draperie*.
Guillebon (Jacques). — *Epicerie*.
Gorges (Jean-Baptiste). — *Pelleterie*.
Troisdames (Charles). — *Mercerie*.
1690. **Boyelleau** (Jean). — *Epicerie*.
Petit (Michel). — *Draperie*.

1690. Celière (Jean). — *Mercerie*.
Berger (Pierre). — *Apothicairerie*.
Dufrayez (Nicolas). — *Bonneterie*.
1691. **Clerambault** (Charles). — *Draperie*.
Rousseau (Denis). — *Draperie*.
Herlau (Henry). — *Mercerie*.
Couvert (Jean). — *Orfévrerie*.
La Roze (Charles). — *Epicerie*.
1692. **Le Couteulx** (Jacques). — *Draperie*.
De Berny (Claude). — *Draperie*.
Divry (Etienne). — *Mercerie*.
De Romigny (Etienne). — *Marchand de Vin*.
Villain (Claude). — *Epicerie*.
1693. **Bignicourt** (Louis). — *Mercerie*.
De Berny (Etienne). — *Draperie*.
† Boutet (Jacques). — *Mercerie*.
Lambert (Robert). — *Epicerie*.
Heron (Pierre). — *Mercerie*.
Presty (Pierre). — *Mercerie*.
1694. **Le Grand** (Louis). — *Pelleterie*.
Geoffroy (Matthieu-François). — *Apothicairerie*.
Baudequin (François). — *Mercerie*.
Dumont (Jean). — *Draperie*.
Billette (Guy). — *Bonneterie*.
1695. **Tranchepain** (François). — *Epicerie*.
Creton (Claude). — *Epicerie*.
Berard (Antoine). — *Draperie*.
Hesme (Guillaume). — *Mercerie*.
Chauvin (Pierre). — *Mercerie*.
1696. **Chalmette** (Jean-François). — *Pelleterie*.
Charon (Charles). — *Draperie*.
Marcadé (Simon). — *Mercerie*.
Hallé (Jean). — *Orfévrerie*.
Le Noir (Pierre). — *Apothicairerie*.
1697. **Boisseau** (Barthélemi). — *Epicerie*.
Niceron (Antoine). — *Epicerie*.
Revellois (Adrien). — *Draperie*.
Maillard (Florentin). — *Pelleterie*.
Tardif (Thomas). — *Mercerie*.
1698. † **Le Brun** (Charles). — *Mercerie*.
Guillebon (Jacques). — *Epicerie*.
Boulduc (Simon). — *Apothicairerie*.
Alexandre (François). — *Bonneterie*.
Bellavoine (Pierre). — *Mercerie*.
Marchant (Matthieu). — *Draperie*.
1699. **Gorge** (Jean-Baptiste). — *Pelleterie*.
Desplasses (Gilles). — *Draperie*.
Baroy (Mathurin). — *Mercerie*.
Boudet (Justin). — *Epicerie*.
Loir (Alexis). — *Orfévrerie*.

1700. **Dufrayez** (Nicolas). — *Bonneterie*.
Le Large (Jean). — *Draperie*.
Gayot (Jean-Jacques). — *Mercerie*.
Rousseau (Severin). — *Apothicairerie*.
Lohier (Charles). — *Pelleterie*.
Le Brun (Claude). — *Mercerie*.

1701. **Rousseau** (Denis). — *Draperie*.
Poncet (Simon). — *Draperie*.
Benard (Guillaume). — *Bonneterie*.
Le Brun (Aubin). — *Mercerie*.
Harlan (Charles). — *Epicerie*.

1702. **Villain** (Claude). — *Epicerie*.
Chauvin (Léonard). — *Mercerie*.
Du Bois (Remy). — *Draperie*.
Lucas (Guillaume). — *Orfévrerie*.
Mesaiger (Charles). — *Epicerie*.

1703. **Heron** (Pierre). — *Mercerie*.
Hebert (Guill.-André). — *Mercerie*.
Boucher (Louis-Paul). — *Draperie*.
Villain (Jean-Charles). — *Epicerie*.
Panet (Jean-Pierre). — *Pelleterie*.

1704. **Presty** (Pierre). — *Mercerie*.
Guillebon (Claude). — *Epicerie*.
Langlois (Pierre). — *Draperie*.
Regnault (François). — *Mercerie*.
Le Roux (Jean). — *Bonneterie*.

1705. **Revellois** (Adrien). — *Draperie*.
Le Doux (Pierre). — *Mercerie*.
Hersant (François). — *Draperie*.
De Louan (Claude). — *Orfévrerie*.
Seconds (Joseph). — *Apothicairerie*.

1706. **Tardif** (Thomas). — *Mercerie*.
De Saint-Jean (André). — *Draperie*.
Testart (Jean). — *Mercerie*.
Regnard (Denis-François). — *Epicerie*.
Tronchet (Nicolas). — *Pelleterie*.

1707. **Boulduc** (Simon). — *Apothicairerie*.
Du Sault (Pierre). — *Banquier*.
Musnier (Jacques). — *Draperie*.
Sautreau (Jean-François). — *Mercerie*.
Peaget (Claude-François). — *Apothicairerie*.

1708. **Alexandre** (François). — *Bonneterie*.
Le Grin (Remy). — *Mercerie*.
Caron (Antoine). — *Draperie*.
Guerin (François). — *Epicerie*.
Perdrigeon (Jean). — *Bonneterie*.

1709. **Bellavoine** (Pierre). — *Mercerie*.
Comptour (Jean). — *Draperie*.
Jacob (Guillaume). — *Orfévrerie*.
Soubiron (Pierre). — *Apothicairerie*.
Scourjon (Guillaume). — *Mercerie*.

1710. **Harlan** (Charles). — *Epicerie*.
Fagnou (Jacques). — *Epicerie*.
Guillemet (Nicolas). — *Draperie*.
Vandertin (Guillaume). — *Pelleterie*.
Tribard (Claude). — *Mercerie*.

1711. **Poncet** (Simon). — *Draperie*.
Courtois (François). — *Apothicairerie*.
Huet (Charles). — *Mercerie*.
Desplasses (François). — *Draperie*.
Hude (Jean). — *Bonneterie*.

1712. **Chauvin** (Léonard). — *Mercerie*.
Gellain (Jean-Marie). — *Draperie*.
Herault (Jean). — *Mercerie*.
Andry (Jean). — *Epicerie*.
De Lens (François). — *Orfévrerie*.

1713. **Boucher** (Louis-Paul). — *Draperie*.
Deuvercy (Alexandre). — *Mercerie*.
Yon (Antoine-Maurice). — *Draperie*.
Gallet (Claude-François). — *Epicerie*.
Dezallier (Antoine). — *Pelleterie*.

1714. **Le Doux** (Pierre). — *Draperie*.
Du Caurroy (François). — *Mercerie*.
Salmon (Jacques-Noël). — *Draperie*.
Loiseau (Guillaume). — *Epicerie*.
De Bierne (Claude). — *Pelleterie*.

1715. **De Saint-Jean** (André). — *Draperie*.
Doré (Christophe). — *Mercerie*.
Nau (Jean). — *Bonneterie*.
Poncet (Abel). — *Draperie*.
Rouvière (Henry). — *Apothicairerie*.

RÈGNE DE LOUIS XV.

1716. **Peaget** (Claude-François). — *Apothicairerie*.
Nau (Marc). — *Draperie*.
Lay (Marc-François). — *Mercerie*.
Hervier (Nicolas). — *Epicerie*.

1716. Larsonnier (Sébastien). — *Marchand de Vin*.

1717. **Perdrigeon** (Jean). — *Bonneterie*.

1717. De Vin (Jacques). — *Draperie.*
Gourel-Duclos (Claude). — *Mercerie.*
† Regnault (François). — *Apothicairerie.*
Payen (Mathurin-Lambert). — *Orfévrerie.*
Boulduc (Gilles-François). — *Apothicairerie.*

1718. † **Scourjon** (Guillaume). — *Mercerie.*
Vandertin (Guillaume). — *Pelleterie.*
Regnault (Philippes). — *Mercerie.*
Sorin (François). — *Mercerie.*
Ballard (J.-B.-Christophe). — *Librairie et Imprimerie.*
Guiller (Etienne). — *Draperie.*

1719. **Courtois** (François). — *Apothicairerie.*
Bubois (Paul). — *Apothicairerie.*
Santeul (Jean-Baptiste). — *Mercerie.*
Langlois (Antoine-Charles). — *Draperie.*
Le Tellier (Etienne). — *Pelleterie.*

1720. † **Huet** (Charles). — *Mercerie.*
Gellain (Jean-Marie). — *Draperie.*
De Serre (Antoine). — *Draperie.*
Peruchot (Claude). — *Epicerie.*
Gamard (Nicolas-Pierre). — *Mercerie.*
Auvray (Henry). — *Bonneterie.*

1721. **Herault** (Jean). — *Mercerie.*
De Rosnel (Henry). — *Draperie.*
Gillet (David). — *Apothicairerie.*
Judde (Michel). — *Mercerie.*
Vandive (Philippes). — *Orfévrerie.*

1722. **Deuvercy** (Alexandre). — *Mercerie.*
Buchère (Marc-Clément). — *Draperie.*
Fremin (Claude). — *Epicerie.*
Le Noir (Philippes). — *Marchand de Vin.*
† Pigeon (Charles). — *Mercerie.*
Regnault (Henry). — *Mercerie.*

1723. **De Bierne** (Claude). — *Pelleterie.*
Rolin (Etienne). — *Draperie.*
Chauvin (Pierre). — *Mercerie.*
Jaussin (Louis-Pierre). — *Apothicairerie.*
Coiguard (Jean-Baptiste). — *Librairie et Imprimerie.*

1724. **Doré** (Christophe). — *Mercerie.*
† Chennavas (Philippes). — *Draperie.*

1724. Huet (Charles-Pierre). — *Mercerie.*
† Pillet (Claude). — *Epicerie.*
Lamy (Claude). — *Pelleterie.*
Guiller (Antoine-Charles). — *Draperie.*
Goujon (Pierre). — *Epicerie.*

1725. **Sorin** (François). — *Epicerie.*
Baudin (Bernard). — *Draperie.*
Boscheron (Charles). — *Mercerie.*
Pradignat (Jean). — *Apothicairerie.*
Dufrayez (Henry). — *Bonneterie.*

1726. **Ballard** (J.-B.-Christophe). — *Librairie et Imprimerie.*
Barault (Jean). — *Draperie.*
Metira (Louis). — *Mercerie.*
Lacombe (Jean-Pierre). — *Epicerie.*
Pijart (Jacques). — *Orfévrerie.*

1727. **Gillet** (David). — *Apothicairerie.*
Laurent (Etienne). — *Mercerie.*
Du Verger (Antoine). — *Apothicairerie.*
* Angot (Jean-Charles). — *Draperie.*
Valfredin (Jean-Baptiste). — *Pelleterie.*

1728. **Le Noir** (Philippes). — *Marchand de Vin.*
Famin (Pierre). — *Epicerie.*
Picquelée (Gaspard). — *Mercerie.*
Perdrigeon (Jean). — *Draperie.*
Charlier (Guillaume). — *Marchand Fabricant.*

1729. **Jaussin** (Louis-Pierre). — *Apothicairerie.*
Boscheron (Guillaume). — *Mercerie.*
Dupuis (Etienne). — *Marchand de Vin.*
Caron (Pierre-Charles). — *Draperie.*
Riquet (Joseph). — *Bonneterie.*

1730. **Huet** (Charles-Pierre). — *Mercerie.*
Deschamps (Amable-Joseph). — *Epicerie.*
Prevost (Jacques). — *Orfévrerie.*
De Saint-Jean (Michel). — *Draperie.*
Saugrain (Claude-Marin). — *Librairie.*

1731. **Pradignat** (Jean). — *Apothicairerie.*
Tesnière (Edme). — *Mercerie.*
Terreau (Léon-François). — *Marchand de Vin.*
Le Moyne (Jean). — *Draperie.*
Bertels (Nicolas). — *Pelleterie.*

---

* Les deux derniers Consuls sont restés en premier et en second jusqu'au mois d'août 1728 ; et ont été remplacés par les deux premiers de l'élection suivante, avec lesquels sont entrés ensuite les deux derniers, ce qui, à partir de cette époque, a continué chaque année de s'observer, conformément à la déclaration du Roi du mois de mars 1728.

1732. Mettra (Louis). — *Mercerie.*
Jarry (Louis). — *Epicerie.*
Garnier (Jacques). — *Orfévrerie.*
André (Jean-François). — *Draperie.*
De Perigny (Jacques). — *Bonneterie.*

1733. Piquelée (Gaspard). — *Mercerie.*
Delespine (Alexandre-J.-B.). — *Librairie et Imprimerie.*
Bardon (Jean). — *Apothicairerie.*
Testelette (Claude). — *Draperie.*
Pilleron (Laurent). — *Marchand de Vin.*

1734. Famin (Pierre). — *Epicerie.*
Maigret (Etienne). — *Mercerie.*
Marqueix (Nicolas-Louis). — *Pelleterie.*
Pincemaille (Michel). — *Bonneterie.*
Levesque (Charles). — *Orfévrerie.*

1735. De Rosnel (Henry). — *Draperie.*
Bailly (Louis-René). — *Apothicairerie.*
Huet (Alexandre-Amand). — *Mercerie.*
Emery (Pierre-François). — *Librairie et Imprimerie.*
Goblet (Joseph-Joachim). — *Bonneterie.*

1736. Bertels (Nicolas). — *Pelleterie.*
Maheu (Nicolas). — *Draperie.*
Chefd'homme-Desbarres (Protais). — *Epicerie.*
Biquet (Jean). — *Mercerie.*
Lagneau (Leonor). — *Orfévrerie.*

1737. Saugrain (Claude-Marin). — *Librairie.*
Le Couteulx (Jean-Armand). — *Draperie.*
Pia (Nicolas). — *Apothicairerie.*
Vernay (Jean). — *Mercerie.*
Houdas (Claude). — *Marchand de Vin.*

1738. Jarry (Louis). — *Epicerie.*
Lepreux (Martin). — *Pelleterie.*
Hureau (Nicolas). — *Draperie.*
Le Roy l'aîné (Etienne). — *Mercerie.*
Hudes (Claude). — *Bonneterie.*

1739. Delespine (Alexandre-J.-B.). — *Librairie et Imprimerie.*
Hubert (Charles). — *Apothicairerie.*
Despriez (Jean). — *Draperie.*
Legras (Philippes). — *Mercerie.*
Vandive (Balthazar-Philippes). — *Orfévrerie.*

1740. André (Jean-François). — *Draperie.*
Villain (Claude). — *Epicerie.*

1740. David (Michel-Etienne). — *Librairie.*
Rachon (Pierre-Philippes). — *Mercerie.*
Vaudichon (Etienne). — *Pelleterie.*

1741. Garnier (Jacques). — *Orfévrerie.*
Le Roy (Nicolas). — *Draperie.*
Pagès (Claude). — *Epicerie.*
Sautreau (Antoine). — *Mercerie.*
Darlot (Jacques). — *Bonneterie.*

1742. Lagneau (Leonor). — *Orfévrerie.*
Hersant (Denis). — *Draperie.*
Boudet (Barthélemy - Auguste). — *Epicerie.*
Millon (Henry). — *Mercerie.*
Petit (François). — *Bonneterie.*

1743. Pia (Nicolas). — *Apothicairerie.*
Verron (Louis-Henry). — *Draperie.*
De Lens (Jean). — *Orfévrerie.*
Guyot (Pierre). — *Pelleterie.*
Cavelier (Guillaume). — *Librairie.*

1744. Huet (Alexandre-Amand). — *Mercerie.*
Nau (Marc-Antoine). — *Draperie.*
Famin (Louis-César). — *Epicerie.*
Le Sour (Jacques-Etienne). — *Bonneterie.*
Vignon (Jean-François). — *Marchand de Vin.*

1745. Le Couteulx (Jean-Armand). — *Draperie.*
Fillon (Jacques-Martin). — *Mercerie.*
Gorsse (J.-J.). — *Apothicairerie.*
Goblet (Pierre). — *Bonneterie.*
Le Roy (Pierre). — *Orfévrerie.*

1746. Villain (Claude). — *Epicerie.*
Desprez (Nicolas). — *Draperie.*
Nolan (Jean). — *Mercerie.*
Lepreux (Charles). — *Pelleterie.*
Coignard (Jean-Baptiste). — *Librairie et Imprimerie.*

1747. Hudes (Jean-Claude). — *Bonneterie.*
Levé (Jean). — *Draperie.*
Henry (Joseph). — *Apothicairerie.*
Bioche (Guillaume). — *Mercerie.*
De Saint-Julien (Arnauld). — *Orfévrerie.*

1748. Pagès (Claude). — *Apothicairerie.*
Brochant (Charles). — *Draperie.*
Boullenger (Jean). — *Bonneterie.*
Stocard (Jean). — *Mercerie.*
Chevalier (Benoît). — *Marchand de Vin.*

1749. Boudet (Barthélemy-Auguste). — *Epicerie.*
Chrestien (Jean). — *Draperie.*

1749. Le Roy (Jean-Pierre).— *Orfévrerie.*
Judde (Claude-Robert).— *Mercerie.*
De Bierne (Jean-Laurent).— *Pelleterie.*

1750. **De Lens** (Jean-Baptiste).— *Orfévrerie.*
Musnier (Jacques-Claude). — *Draperie.*
Pia (Claude). — *Apothicairerie.*
D'Arlu (Pierre-Julie).—*Mercerie.*
Le Mercier (Pierre-Gilles). — *Librairie et Imprimerie.*

1751. **Nau** (Marc-Antoine). — *Draperie.*
† Sebré (Claude-René).— *Epicerie.*
Bellot (Pierre). — *Bonneterie.*
Rousselot (Jean). — *Mercerie.*

1751. Polissard (Jacques). — *Marchand de Vin.*
Guimonneau (Louis).—*Epicerie.*

1752. **Le Sour** (Jacques-Etienne). — *Bonneterie.*
Veron (Jean-Baptiste). — *Draperie.*
Hennique (Jacques). — *Apothicairerie.*
Jarry (Richard). — *Orfévrerie.*
Cochin (Claude-Denis).— *Mercerie.*

1753. **Vignon** (Jean-François). — *Marchand de Vin.*
Abraham (Charles). — *Draperie.*
Petit (Louis-Charlemagne).—*Epicerie.*
† Bellet (Pierre). — *Mercerie.*
Bertels (Nic.-Franç.). — *Pelleterie.*

1754. Le 12 janvier, M. Berryer, conseiller d'Etat et lieutenant de police, remit à MM. les Juge et Consuls, de la part de Mgr de Machault, garde des sceaux et contrôleur général des finances, la lettre du Roi, du 10 de ce mois, portant que, sans tirer à conséquence, les Juge et Consuls actuellement en place continueraient d'en faire les fonctions jusqu'à ce qu'il en fût autrement ordonné par Sa Majesté.

1755. Le 5 janvier, M. Berryer remit à MM. les Juge et Consuls, de la part du Ministre, la lettre du Roi du 4 du même mois, qui portait qu'il serait procédé, le mardi, le 28, à l'élection d'un Juge-Consul et de quatre Consuls, et en conséquence furent élus :

Goblet (Pierre). — *Bonneterie.*
Nau (Antoine). — *Draperie.*
Chachignon (Michel-Eléonor). — *Apothicairerie.*
Brallet (Jean-François).—*Mercerie.*
De Nully (Jean-Jacques). — *Librairie.*

1756. **Brochant** (Charles). — *Draperie.*
Goujon (Pierre). — *Epicerie.*
Boullenger (Charles).—*Bonneterie.*
Devarenne (Pierre). — *Mercerie.*
Louvet-Devilliers (Louis). — *Orfévrerie.*

1757. **Bellot** (Pierre). — *Bonneterie.*
Quatremère (Nicolas-Marc).—*Draperie.*
Jordrin (Pierre). — *Marchand de Vin.*
Florée (Pierre-Thomas). — *Pelleterie.*
Gillet (Jean-Daniel). — *Epicerie, Apothicairerie*, Conseiller de ville et ancien Echevin.

1758. **Jude** (Claude-Robert).—*Mercerie.*
Devin (Jacques-René). — *Draperie.*
Rousseau (Louis). — *Bonneterie.*
Briasson (Anthoine-Claude). — *Librairie.*
Fery (Jacques). — *Epicerie.*

1759. **Polissard** (Jacques).—*Marchand de Vin.*
Henry (Pierre). — *Mercerie.*
Arson (Remy).— *Pelleterie.*
Cessac (Claude-François). — *Epicerie, Apothicairerie.*
Maginel (Philippes-Anthoine). — *Orfévrerie.*

1760. **Cochin** (Claude-Denis). — *Mercerie.*
Daudin (François). — *Bonneterie.*
Laurent (Silvain). — *Marchand de Vin.*
Sejourné (Jean-Baptiste). — *Epicerie.*
Guérin (Pierre). — *Draperie.*

1761. **Bertels** (Nicolas-François).—*Pelleterie.*
Odiot (Jean-Baptiste-Gaspard). — *Orfévrerie.*
Ganeau (Louis-Etienne). — *Librairie et Imprimerie.*
Richard (Guillaume). — *Apothicairerie et Epicerie.*
Picéard (Jean). — *Mercerie.*

1762. **Jordrin** (Pierre). — *Marchand de Vin.*
Cagniard (Estienne-Jean).—*Draperie.*

1762. Brignou (Charles-Sébastien). — *Pelleterie*.
Guichon (Jacques). — *Mercerie*.
Vieillard (Clément). — *Epicerie*.

1763. **Florée** (Pierre-Thomas). — *Pelleterie*.
Vanequetin (Jean-Jacques). — *Marchand de Vin*.
Benoits (Louis). — *Draperie*.
Le Bel (Pierre). — *Apothicairerie et Epicerie*.
De Bussy (Pierre). — *Bonneterie*.

1764. **D'Arlu** (Pierre-Julie). — *Draperie et Mercerie*.
Vaudrichon. — *Pelleterie, Bonneterie et Chapellerie*.
Hérissant (Jean-Thomas). — *Librairie et Imprimerie*.
De Lavoiepierre (Noël). — *Epicerie et Apothicairerie*.
Dehaynault (Nicolas). — *Orfévrerie, Tireurs et Batteurs d'or*.

1765. **Briasson** (Antoine-Claude). — *Librairie et Imprimerie*.
Boivin. — *Draperie et Mercerie*.
Dehargue — *Pelleterie, Bonneterie et Chapellerie*.
Hudde (Louis). — *Draperie et Mercerie*.
Gogois. — *Marchand de Vin*.

1766. **Hennique** (Jacques). — *Epicerie et Apothicairerie*.

1766. Autran. — *Orfévrerie*.
Noël. — *Pelleterie*.
Havart. — *Draperie*.
Julien. — *Mercerie*.

1767. **Magimel** (Philippe-Anthoine). — *Orfévrerie*.
Lebreton. — *Librairie*.
Nau. — *Bonneterie*.
Bayard (François). — *Draperie*.
Dutremblay. — *Epicerie*.

1768. **Brallet** (Jean-François). — *Draperie*.
Boisseau. — *Librairie*.
Gouël. — *Orfévrerie*.
Collin. — *Epicerie et Apothicairerie*.
Michelet (Claude). — *Mercerie*.

1769. **Cagniard** (Etienne-Jean). — *Draperie*.
Saillant. — *Librairie*.
Delapierre (Michel). — *Orfévrerie*.
Demoret. — *Epicerie et Apothicairerie*.
Delamotte. — *Mercerie*.

1770. **Le Breton**. — *Librairie et Imprimerie*.
Guyot (Jean-Baptiste). — *Pelleterie*.
Quatremère (Nicolas-Etienne). — *Draperie*.
Millot (Pierre). — *Epicerie et Apothicairerie*.
Billard (Jean). — *Bonneterie*.

1771. Les pouvoirs des Juge et Consuls en exercice sont prorogés par Ordonnance du Roi, notifiée à la juridiction par M. de Sartines, conseiller d'Etat, lieutenant-général de police, et commissaire à cet effet, laquelle est ainsi conçue :

« DE PAR LE ROY,

« Sa Majesté, désirant que les Juge et Consuls de sa bonne ville de Paris, qui sont
« actuellement en exercice, continuent leurs fonctions, sans qu'il soit procédé, quant
« à présent, à une nouvelle réélection, a ordonné et ordonne, sans tirer à consé-
« quence, que les Juge et Consuls, qui sont actuellement en place, continueront d'en
« faire les fonctions, jusqu'à ce qu'il en ait été autrement ordonné par Sa Majesté.

« Fait à Marly, le 27 janvier 1771. « *Signé :* LOUIS.

« *Contresigné :* PHILIPPEAUX. »

En conséquence, par délibération du 30 janvier 1771, l'assemblée des Juge et Consuls et des anciens Juges et Consuls, convoqués en la manière accoutumée en la Chambre du Conseil, se soumettant aux ordres du Roi, a arrêté que mention seroit faite de l'ordre de Sa Majesté et y celui inséré dans le recueil ou livre de la juridiction.

1771. **Le Breton**. — *Librairie et Imprimerie*.
Guyot (Jean-Baptiste). — *Pelleterie*.
Quatremère (Nicolas-Etienne). — *Draperie*.

Millot (Pierre). — *Epicerie et Apothicairerie*.
Billard (Jean). — *Bonneterie*.

1772. **Devarenne**. — *Mercerie*.

1772. De Saint-Jean. — *Draperie.*
Baroche. — *Marchand de Vin.*
Gautier. — *Bonneterie.*
Gourdin-Delorme (Martin-Jacques).
— *Orfèvrerie.*

1773. **Gillet.** — *Epic. et Apothicairerie.*
Bongier. — *Orfèvrerie.*
Leclerc. — *Bonneterie.*
Boullenger. — *Librairie.*
Martine. — *Mercerie.*

RÈGNE DE LOUIS XVI.

1774. **Vanequetin.** — *Marchand de Vin.*
Jard. — *Epicerie et Apothicairerie.*
Incelin (Balthazar). — *Mercerie.*
Leger. — *Pelleterie.*
Verron. — *Draperie.*

1775. **Richard.** — *Apothicairerie et Epicerie.*
Bellot. — *Pelleterie.*
Barré. — *Mercerie.*
Gondoin. — *Draperie.*
Gros. — *Marchand de Vin.*

1776. **Noël** (Antoine). — *Pelleterie.*
Demoret (Louis). — *Draperie.*
Pochet. — *Epicerie.*
Le Prieur (Pierre-Alexandre). — *Librairie et Imprimerie.*
Spire. — *Orfèvrerie.*

1777. **Cottin.** — *Marchand de Vin.*
Bourgeois. — *Pelleterie.*
Chrétien des Ruflais. — *Draperie.*
Breton. — *Orfèvrerie, Tireurs et Batteurs d'or.*
Lorin. — *Epicerie.*

1778. **De la Motte.** — *Mercerie.*
Laurent de Mesière. — *Marchand de Vin.*
Cahours. — *Bonneterie.*
Delavoiepierre fils. — *Epicerie et Apothicairerie.*
Santilly. — *Fabricant d'Etoffes, Tissutier, Rubanier.*

1779. **Saillant.** — *Librairie et Imprimerie.*
Gibert. — *Draperie.*
Chastelain. — *Pelleterie et Chapellerie.*
Debourges (Antoine-Marie). — *Epicerie.*
Morel. — *Orfèvrerie.*

1780. **Guyot** (Jean-Baptiste). — *Pelleterie.*
Estienne. — *Librairie et Imprimerie.*
Maurice. — *Draperie.*
Sejourné. — *Epicerie.*
Vée. — *Marchand de Vin.*

1781. **Billard.** — *Bonneterie.*

1781. Boucher. — *Mercerie.*
Cheret. — *Orfèvrerie.*
Lecomte (Pierre-Louis). — *Epicerie.*
Helie. — *Fabricant d'Etoffes de Gaze.*

1782. **De Saint-Jean.** — *Draperie.*
Jobert. — *Marchand de Vin.*
Lottin aîné. — *Imprimerie.*
Morelet. — *Bonneterie.*
Pluvinet le père. — *Epicerie.*

1783. **Laurent de Mesière.** — *Marchand de Vin.*
Hiben. — *Draperie et Mercerie.* —
Grouvelle. — *Orfèvrerie.*
Petit. — *Epicerie.*
Rousseau. — *Pelleterie.*

1784. **Leclerc.** — *Bonneterie.*
Poirier. — *Mercerie.*
Douay. — *Fabricant d'Etoffes de Gaze.*
Prevost. — *Epicerie.*
Onfroy. — *Pelleterie, Bonneterie.*

1785. **Spire.** — *Orfèvrerie.*
Grugnelu. — *Draperie.*
D'Houry. — *Librairie et Imprimerie.*
Cimblard. — *Pelleterie, Bonneterie et Chapellerie.*
Vignon. — *Marchand de Vin.*

1786. **Sejourné.** — *Epicerie et Apothicairerie.*
Sageret. — *Orfèvrerie, Tireurs et Batteurs d'or.*
Boullanger. — *Draperie et Mercerie.*
Boullanger. — *Pelleterie, Chapellerie et Bonneterie.*
Chateau. — *Fabricant d'Etoffes de Gaze.*

1787. **Gibert.** — *Draperie.*
Baroche. — *Marchand de Vin.*
Testart. — *Epicerie.*
Dumelle. — *Orfèvres, Batteurs et Tireurs d'or.*
Knapen. — *Imprimerie et Librairie.*

1788. **Vée.** — *Marchand de Vin.*
Taron. — *Draperie et Mercerie.*

1788. Renouard le jeune. — *Fabricant d'Etoffes.*
Gillet l'aîné. — *Epicerie.*
Charier. — *Bonneterie.*

1789. **Estienne.** — *Librairie.*
Servé. — *Marchand de Vin.*
Lecamus. — *Draperie, Mercerie.*
Magimel. — *Orfévrerie, Tireurs et Batteurs d'or.*
Maillard. — *Pelleterie, Bonneterie, Chapellerie.*

1790. **Lecomte** (Pierre-Louis). — *Epicerie, Apothicairerie.*

1790. Robert. — *Draperie, Mercerie.*
Leclerc. — *Librairie, Imprimerie.*
Janin. — *Pelleterie, Bonneterie, Chapellerie.*
Renouard l'aîné. — *Fabricant d'Etoffes de Gaze.*

1791 *. **Lecomte** (Pierre-Louis). — *Epicerie, Apothicairerie.*
Robert. — *Draperie, Mercerie.*
Leclerc — *Librairie, Imprimerie.*
Janin. — *Pelleterie, Bonneterie, Chapellerie.*
Renouard l'aîné. — *Fabricant d'Etoffes.*

* Les pouvoirs des Juge et Consuls en exercice sont prorogés par l'article 11 du *Décret du 27 janvier-4 février 1791* jusqu'à l'installation de leurs successeurs.

MEMBRES DU TRIBUNAL DE COMMERCE.

(*Interrègne.*) — RÉPUBLIQUE FRANÇAISE.

Un *Décret du 27 mai 1790* décide qu'il y aura des tribunaux particuliers pour le commerce.

La *Loi du 16-24 août 1790*, sur l'organisation judiciaire, porte, au titre XII, qu'il sera établi un tribunal de commerce dans les villes où l'administration du département, jugeant ces établissements nécessaires, en formera la demande.

Un *Décret du 27 janvier-4 février 1791* établit à Paris un tribunal de commerce composé de cinq Juges, y compris le Président, et de quatre Suppléants.

Le 31 mars 1792, il est procédé à l'élection des membres du tribunal de commerce de Paris, d'après le mode établi par la *Loi du 16-24 août 1790.*

Installés le 11 mai 1792.

Président.

M. **Vignon** (Pierre), ancien consul.

Juges.

MM. Leclerc, ancien consul.
Boursier (Alexandre).
Quatremère (Marc-Étienne).
Sel.

Juges suppléants.

MM. Vanden Yver, père.
D'Hervilly.
Psalmon.
Reinville (André-Gabriel).

Installés le 13 mai 1793.

Président.

M. **Lesguilliez** (Charles).

Juges.

MM. Ladainte (Michel).
Thiérard (Jean-Baptiste).
Guéroult (Jean).
Minier (Alexandre).

Juges suppléants.

MM. Sautot (Blaise).
Faitot (Joseph).
Forestier.
Laurent aîné (Jean-Jacques).

Par suite des circonstances dans lesquelles s'est trouvée la République, les Juges, installés au mois de mai 1793, n'ayant pu être remplacés, sont restés en fonctions jusqu'en thermidor an V.

3

Installés le **28** thermidor an V..

Président.

M. **Vignon** (Pierre).

Juges.

MM. Boursier (Alexandre).
Lesguilliez (Charles).
Lemoine (Alexandre-Nicolas).
Leroux (Etienne).

Juges suppléants.

MM. Aubé père (Guillaume).
Reinville (André-Gabriel).

MM. Chagot (Jean-François).
Desages (Nicolas).

Installés le **12** frimaire an VII.

Juges.

MM. Chagot (Jean-François).
Aubé père (Guillaume).

Juges suppléants.

MM. Buffault (Claude-Nicolas).
Salleron aîné (Joseph).
Bouquet père (Nicolas).
Desages (Nicolas).

Ainsi qu'il était arrivé précédemment, les élections ne purent avoir lieu en l'an VIII, et, à cette occasion, le Ministre de la justice répondit, le 19 floréal an VIII, aux réclamations du tribunal que, d'après la loi, les Juges en exercice devaient rester en fonctions jusqu'à l'installation de leurs successeurs.

Installés le **2** vendémiaire an IX.

Président.

M. **Vignon** (Pierre).

Juges.

MM. Rousseau (Jean-Joseph).
Buffault (Claude-Nicolas).

Juges suppléants.

MM. Stoupe (Jean-Georges-Antoine).
Thibon (Louis-Charles).
Dufrayer père (Nicolas).

Installés le **6** brumaire an X.

Juges.

MM. Chagot (Jean-François).
Stoupe (Jean-Georges-Antoine).

Juges suppléants.

MM. Dufrayer père (Nicolas).
Pluvinet (Jean-Charles).
Paulus (Jean-Baptiste).

Installés le **2** frimaire an XI.

Président.

M. **Vignon** (Pierre).

Juges.

MM. Thibon (Louis-Charles).
Buffault (Claude-Nicolas).

Juges suppléants.

MM. Millot.
Frappier (Joseph-Bernard).

Installés le **2** brumaire an XII.

Juges.

MM. Chagot (Jean-François).
Boucheron (Pierre-Germain).

Juges suppléants.

MM. Lemoine.
Bénard (Eugène-Balthazar-Cressent).
Deltuf (Antoine-Octave).

RÈGNE DE NAPOLÉON Ier.

Installés le **25** brumaire an XIII.

Président.

M. **Vignon** (Pierre).

Juges.

MM. Deltuf (Antoine-Octave).
Buffault (Claude-Nicolas).

Juges suppléants.

MM. Chossinon (Barthélemy).
   Cullembourg (Anselme-Louis).
   Goulliart (Jean-Jacques).

Installés le 5 frimaire an XIV.

Juges.

MM. Chagot (Jean-François).
   Bertin Deveaux (Louis-François).

Juges suppléants.

MM. Brochant (Antoine-Hilaire).
   Goulliart (Jean-Jacques).
   Sallambier (Antoine-Michel).

Installés le 23 décembre 1806.

Président.

M. **Vignon** (Pierre).

Juges.

MM. Deltuf (Antoine-Octave).
   Sallambier (Antoine-Michel).

Juges suppléants.

MM. Guiton aîné (Nicolas).
   Chevals (Jacques-Philippe).

Installés le 14 octobre 1807.

Juges.

MM. Brochant (Antoine-Hilaire).
   Bertin Deveaux (Louis-François).

Juges suppléants.

MM. Goulliart (Jean-Jacques).
   Renet (Louis-François-Marie).

Installés le   1809.

Président.

M. **Vignon** (Pierre).

Juges.

MM. Deltuf (Antoine-Octave).
   Sallambier (Antoine-Michel).
   Brochant (Antoine-Hilaire).
   Bertin Deveaux (Louis-François).

Juges suppléants.

MM. Chevals (Jacques-Philippe).
   Guiton aîné (Nicolas).
   Goulliart (Jean-Jacques).
   Renet (Louis-François-Marie).

---

4 *Novembre* 1811. — Installation du tribunal de commerce de Paris après la nomination de tous ses membres, faite en exécution et en conformité de la *Loi du 14-24 septembre* 1807 (Code de commerce, articles 615 à 648), et du *Décret du 6 octobre 1809*, qui fixe la composition du tribunal comme suit : Un Président, huit Juges, et seize Suppléants.

Installés le 4 novembre 1811.

Président pour deux ans.

M. **Martin**, fils d'André (Claude - Etienne).

Juges pour deux ans.

MM. Deltuf (Antoine-Octave).
   Bertin Deveaux (Louis-François).
   Delessert (le baron) (Benjamin).
   Davillier (le baron) (Jean-Charles).

Juges pour un an.

MM. Hottinguer (le baron) (Jean-Conrad).
   Flory (Guillaume-Henry).
   Guiton aîné (Nicolas).
   Dartigues (Jacques).

Juges suppléants pour deux ans.

MM. Robillard (le baron) (Jacques-Florent).
   Jourdan aîné (Antoine).
   Ollivier (Augustin-Charles-Alexandre).

MM. Damême (Gabriel).
   Noël Desvergers (Martin).
   Périer (Casimir).
   Bourdereau (Jean).

Juges suppléants pour un an.

MM. Got (Gaspard).
   Courtin (Jean-Joseph).
   Hacquart (André-François).
   Besson aîné (Pierre-Joseph).
   Gibert (Louis-Armand).
   Salleron (Claude).
   Carayon (Jean-Marie-Mathieu).
   Cordier (Louis-François).

Installés le 16 janvier 1813.

Juges pour deux ans.

MM. Goupy père (Guillaume-Louis-Isidore).
   Got (Gaspard).
   Hacquart (André-François).
   Besson aîné (Pierre-Joseph).

Juges suppléants pour deux ans.

MM. Delauney Lemière (François).
Cordier (Louis-François).
Carayon (Jean-Marie-Mathieu).
Mallet jeune (Isaac-Jean-Jacques).
Gibert (Louis-Armand).
Guyot Villeneuve (François).
Rattier (Joseph).
Guibout (Marie-Thomas-Jacques).

Juge suppléant pour un an.

M. Buquet (Etienne-Janvier).

Installés les 6 décembre 1813 et 3 janvier 1814.

Président pour deux ans.

M. **Flory** (Guillaume-Henry).—3 *janvier.*

Juges pour deux ans.

MM. Lafitte (Jacques).
Noël Desvergers (Martin).
Mallet jeune (Isaac-Jean-Jacques).
Bourdereau (Jean).

Juges suppléants pour deux ans.

MM. Odier (Antoine).
Puget père (Pierre-Vincent).
Lefebvre fils (Jean-Baptiste-Simon).
Martin Puech (Pierre-Henry).
Debaecque (Pierre-François).
Boutron (Louis-Juste). — 3 *janvier.*
Audenet (Jean). — 3 *janvier.*
De Saint-Julien Desnœux (Jérôme-Charles-Georges).

Juge suppléant pour un an.

M. Béhic (Louis).

RÈGNE DE LOUIS XVIII.

Installés le 25 février 1815.

Juges pour deux ans.

MM. Cordier (Louis-François).
Carayon (Jean-Marie-Mathieu).
Béhic (Louis).
Odier (Antoine).

Juges suppléants pour deux ans.

MM. Schérer (Daniel-Henry).
Pillot (Jean-François).
Lapanouse (le chevalier de) (Alexandre-César).
Lambin (Nicolas-Joseph).
Barnoin (Martial-Théophile).
Lottin de Saint-Germain (Jean-Roch).
Labat (Jean).
Tiolier (Pierre).

Juge suppléant pour un an.

M. Bellangé (Pierre-Louis).

Installés le 9 décembre 1815.

Président pour deux ans.

M. **Hacquart** (André-François).

Juges pour deux ans.

MM. Schérer (Daniel-Henry).
Rattier (Joseph-Charles-Thomas).
Audenet (Jean).
Boutron (Louis-Juste).

Juge pour un an.

M. Got (Gaspard).

Juges suppléants pour deux ans.

MM. Bellangé (Pierre-Louis).
De Bez (Jean-Joseph).
Cottier (Adolphe-Pierre-François).
Valois aîné (Nicolas-Alexandre).
Besson (François-Xavier).
Moreau (Martin-Ferdinand).
Danloux Dumesnils(Nicolas-Joseph).
Cinot (Pierre-Joseph-Nicolas).

Juge suppléant pour un an.

M. Gravier-Delondre (Jean-Baptiste).

Installés le 15 février 1817.

Président honoraire.

M. **Vignon** (Pierre).

Juges pour deux ans.

MM. Barnoin (Martial-Théophile).
Labat (Jean).
Cottier (Adolphe-Pierre-François).
Tiolier (Pierre).

Juges pour un an.

MM. Bellangé (Pierre-Louis).
Valois aîné (Nicolas-Alexandre).

Juges suppléants pour deux ans.

MM. Tattet aîné (Charles - Frédéric - Guillaume).

MM. Lefebvre (François-Gilbert-Jacques).
Tesnière-Abraham (Edme-Louis).
Gravier-Delondre (Jean-Baptiste).
Salleron fils (Claude-Louis).
Chaptal fils (Jean-Baptiste).
Roard (Jean-Louis).
Lecomte (Pierre-Esprit-Hubert).

Juges suppléants pour un an.

MM. Lafaulotte aîné (Jacques-Claude).
Ballard (Christophe-Jean-François).
Fessart (Charles-Nicolas).

Installés le 31 janvier 1818.

Président pour deux ans.

M. **Martin**, fils d'André (Claude-Etienne).

Juges pour deux ans.

MM. Got (Gaspard).
Noël-Desvergers (Martin).
Besson (François-Xavier).
Moreau (Martin-Ferdinand).

Juges suppléants pour deux ans.

MM. Fessart (Charles-Nicolas).
Ballard (Christophe-Jean-François).
Pillet-Will (le chevalier) (Michel-Frédéric).
Vassal (Jacques-Claude-Roman).
Perier (Pierre).
Valois jeune (Auguste-Jacques-Omer).
Fournel (le chevalier) (Jean).
Busoni fils (Jean-Michel-Gaspard).

Installés le 8 février 1819.

Président pour deux ans.

M. **Hacquart** (le chevalier) (André-François).

Juges pour deux ans.

MM. Boutron (Edme-Louis-Juste).
Chaptal fils (Jean-Baptiste).
Pillet-Will (le chevalier) (Michel-Frédéric).
Vassal (Jacques-Claude-Roman).

Juges suppléants pour deux ans.

MM. Pépin-Lehalleur (Jean-Antoine).
Cavallier (Pierre-Joseph).
André (Dominique-Isabeau).
Dubois (Marie-Joseph-Guislain).
Paillot fils (Pierre).
Beauquesne (Alexandre-Ferdinand).
Perrée (Nicolas-François-Louis).
Lemor (Modeste-Stanislas).

Juge suppléant pour un an.

M. Tesnière (Edme-Louis).

Installés le 28 février 1820.

Juges pour deux ans.

MM. Labat (Jean).
Fournel (le chevalier) (Jean).
Perier (Pierre).
André (Dominique-Isabeau).

Juges suppléants pour deux ans.

MM. Larreguy (François).
Ardoin (Jacques-Joseph-Auguste-Amé).
Chanu (le chevalier) (Jean-Henry).
Brochant (Hilaire).
Lachaise (Nicolas).
Mallet (Adolphe-Jacques).
Cinot (le chevalier) (Pierre-Joseph-Nicolas).
Renouard (Antoine-Augustin).

Juges suppléants pour un an.

MM. Saillard (Pierre-Rodolphe).
Robert (Jean-Baptiste).

Installés le 19 mars 1821.

Président pour deux ans.

M. **Got** (Gaspard-Auguste).

Juges pour deux ans.

MM. Noël-Desvergers (Martin).
Perrée (Nicolas-François-Louis).
Dubois (Marie-Joseph-Guislain).
Pépin-Lehalleur (Jean-Antoine).

Juges suppléants pour deux ans.

MM. Cavallier (Pierre-Joseph).
Beauquesne (Alexandre-Ferdinand).
Chappuis (Joseph).
Psalmon père (Louis-François).
Robert (Jean-Baptiste).
Marchand (Louis-François).
Claye (Louis-Rémy).
Renouard (François-Adrien).

Installés le 4 mars 1822.

Juges pour deux ans.

MM. Vassal (Jacques-Claude-Roman).
Bellangé (Pierre-Louis).
Cavallier (Pierre-Joseph).
Renouard (Antoine-Augustin).

Juges suppléants pour deux ans.

MM. Ternaux (Jean-Charles-Louis).
Aubé (Ambroise-Guillaume).
Dumas (Jacques).
Sédillot (Charles-Antoine).
Bernard (Jean-Baptiste).
Salleron (Auguste-Joseph).

MM. Thory (Guillaume-Hippolyte).
    Harmand (le chevalier) (Antoine-
    Louis).

Juge suppléant pour un an.

M. Crapelet (Georges-Adrien).

Installé le 4 avril 1823.

Président pour deux ans.

M. **Hacquart** (le chevalier) (André-
François).

Juges pour deux ans.

MM. Callaghan (Luc).
    Puget (Pierre-Vincent).
    Guyot (Jean-Baptiste-Gabriel).
    Michaud (le chevalier) (Louis-Ga-
    briel).

Juges suppléants pour deux ans.

MM. Flahaut (Louis-Benoist-Joseph).
    Lamaille (Étienne-Ferdinand).
    Charon (Edme-Pierre-Anne).
    Ledien (Firmin).
    Psalmon père (Louis-François).
    Lafaulotte (Claude-Louis).
    Claye (Louis-Remy).
    Meynard (le chevalier) (Henry).

Installé le 21 juin 1824.

Juges pour deux ans.

MM. Dubois (Marie-Joseph-Guislain).
    Audenet père (Jean).
    Aubé (Ambroise-Guillaume).
    Charon (Edme-Pierre-Anne).

Juge pour un an.

M. Ballard (Christophe-Jean-François).

Juges suppléants pour deux ans.

MM. Ganneron (Auguste-Victor-Hippo-
    lyte).
    Cor (Joseph).
    Lebeuf (Louis-Martin).
    Labbé (Pierre-Louis).
    Cavoret père (Claude).
    Harmand (le chevalier) (Antoine-
    Louis).
    Beauvais (le chevalier) (Claude-
    Ignace-Camille).
    Bergasse (Jean-Louis-Marie).

Juges suppléants pour un an.

MM. Tilliard-Viry (le chevalier) (Jacques-
    François).
    Besson (Jacques-Marie).

RÈGNE DE CHARLES X.

Installé le 19 août 1825.

Président pour deux ans.

M. **Vassal** (Jacques-Claude-Roman).

Juges pour deux ans.

MM. Ledien (Firmin).
    Claye (Louis-Remy).
    Meynard (le chevalier) (Henry).
    Ganneron (Auguste-Victor-Hippo-
    lyte).

Juge suppléant pour deux ans.

M. Flahaut (Louis-Benoît).

Installé le 6 octobre 1825.

Juges suppléants pour deux ans.

MM. Tilliard-Viry (le chevalier) (Jacques-
    François).
    Besson (Jacques-Marie).
    Vassal (Louis-Benigne).
    Prestat (François-Henry).
    Vernes (Auguste-Charles-Théodore).
    Bérard (Victor-Alexis).

MM. Hamelin-Bergeron (Pierre).
    Poullain-Deladreue (Thomas-Jo-
    seph).

Juge suppléant pour un an.

M. Guibal (Pierre-David).

Installé le 26 juin 1826.

Juges pour deux ans.

MM. Marchand (Louis-François).
    Vernes (Auguste-Charles-Théodore).
    Pépin-Lehalleur (Jean-Antoine).
    Lebeuf (Louis-Martin).
    Guyot (Jean-Baptiste-Gabriel).

Juges suppléants pour deux ans.

MM. Labbé (Pierre-Louis).
    Poullain-Deladreue (Thomas-Jo-
    seph).
    Caylus (le chevalier) (Louis-Clé-
    ment).
    Marcellot (Jacques-Charles).
    Ternaux (Édouard-Marie-Louis).
    Dupont (Nicolas-Sanson).
    Chatelet (Edme).

Juges suppléants pour un an.

MM. Berte (Antoine-François).
    Lapinot (Charles-Nicolas).

Installés le 31 août 1827.

Président pour deux ans.

M. **Got** (Gaspard-Auguste).

Juges pour deux ans.

MM. Aubé (Ambroise-Guillaume).
    Berte (Antoine-François).
    Vassal (Louis-Benigne).
    Prestat (François-Henry).

Juges suppléants pour deux ans.

MM. Cheuvreux-Aubertot (François-Ca-
      simir).
    Lemoine-Tacherat (Jean-Baptiste-
      Joseph).
    Michel (Jean-Chrysostome).
    Ferrère-Lafitte (Jean-Chilon).
    Sanson-Davillier (Alexandre-Joseph-
      Toussaint).
    Fould fils (Bénédict).
    Galland (Charles-Louis-François).
    Burel (Pierre-Benoît).

Juge suppléant pour un an.

M. Bérenger-Roussel (Eugène-Marie).

Installés le 25 août 1828.

Juges pour deux ans.

MM. Ledieu (Firmin).
    Claye (Louis-Remy).
    Marcellot (Jacques-Charles).
    Chenvreux-Aubertot (François-Casi-
      mir).

Juge pour un an.

M. Labbé (Pierre-Louis).

Juges suppléants pour deux ans.

MM. Bérenger-Roussel (Eugène-Marie),
    Gisquet (Pierre-Joseph),
    Ferron (Raimond-François).
    Panis (Étienne-François).
    Poullain-Deladreue (Thomas-Jo-
      seph).
    Lefort (Pierre-Louis).
    Bouvattier (François).
    Petit-Yvelin (Charles-Joseph-Marie).

Juge suppléant pour un an.

M. Jouet (Charles-Jacques).

Installés le 29 août 1829.

Président pour deux ans.

M. **Vassal** (Jacques-Claude-Roman).

Juges pour deux ans.

MM. Ganneron (Auguste-Victor-Hippo-
      lyte).
    Vernes (Auguste-Charles-Théodore).
    Lemoine-Tacherat (Jean-Baptiste-
      Joseph).
    Sanson-Davillier (Alexandre-Jac-
      ques-Toussaint).

Juge pour un an.

M. Galland (Charles-Louis-François).

Juges suppléants pour un an.

MM. Jouet aîné (Charles-Jacques).
    Lafond (Antoine-Narcisse).
    Bourgeois (Éléonor-Germer).
    Richaud (Jean-Baptiste).
    Martin (Didier).
    Truelle (Alphonse).
    Delaunay (Simon-César).
    Gauthier-Bouchard (François-Alexan-
      dre).

RÈGNE DE LOUIS-PHILIPPE.

Installés le 8 septembre 1830.

Juges pour deux ans.

MM. Berte (Antoine-François).
    Ferron (François-Raimond).
    Panis (Etienne-François).
    Bouvattier (François).

Juges suppléants pour deux ans.

MM. Michel (Jean-Chrysostome).
    Chatelet (Edme).

MM. Marcellot jeune (François).
    Got fils (Gaspard-Emile).
    Signot-Richer (Etienne).
    Barbé (Charles-François-Auguste).
    Floriet (Benjamin).
    Duchesnay (Jean-Baptiste).

Installés le 27 août 1831.

Président pour deux ans.

M. **Aubé** (Ambroise-Guillaume).

Juges pour deux ans.

MM. Pépin-Lehalleur (Jean-Antoine).
Michel (Jean-Chrysostome).
Chatelet (Edme).
Gauthier-Bouchard (François-Alexandre).

Juges pour un an.

MM. Truelle (Alphonse).
Barbé (Charles-François-Auguste).

Juges suppléants pour deux ans.

MM. Michau (David-Henry)
Say (Horace-Emile).
Bourget (Jacques).
Boulanger (Abraham-Hector).
Beau (Antoine-Denis).
Petit (Auguste-Jean-Marie).
Darblay (Auguste-Rodolphe).
Gratiot (Jean).

Juges suppléants pour un an.

MM. Lebobe (Auguste-Stanislas).
Houette (Jean-Auguste).
Ledoux fils (Roch-Romain).
Fessart (François-Charles).
Levaigneur (Pierre-François).

Installés le 18 août 1832.

Juges pour deux ans.

MM. Vassal (Louis-Bénigne).
Valois jeune (Auguste-Jacques-Omer).
Say (Horace-Emile).
Lebobe (Auguste-Stanislas).

Juges suppléants pour deux ans.

MM. Ledoux fils (Roch-Romain).
Fessart (François-Charles).
Levaigneur (Pierre-François).
Dufay (Auguste-Etienne).
Thoureau (Edme-Auguste).
Libert fils aîné (Pierre-Marie-François).
Prevost (Anne-Pierre-Sébastien).

Juge suppléant pour un an.

M. Martignon (Claude-Jean-Baptiste).

Installés le 24 août 1833.

Président pour deux ans.

M. **Ganneron** (Auguste-Victor-Hippolyte).

Juges pour deux ans.

MM. Ferron (François-Raimond).
Michau (David-Henry).
Boulanger (Abraham-Hector).
Bourget (Jacques).

Juges suppléants pour deux ans.

MM. Beau aîné (Antoine-Denis).
Martignon (Claude-Jean-Baptiste).
Hennequin (Louis-Henry-Denis).
Denière (Jean-François).
Journet (Jean-Charles-Claude).
Wurtz (Jean-Godefroy).
Levainville (Abraham).
Thoré (François-Pierre-Victor).

Juge suppléant pour un an.

M. Audenet fils (Adolphe-Jean).

Installés le 23 août 1834.

Juges pour deux ans.

MM. Michel (Jean-Chrysostome).
Ledoux fils (Roch-Romain).
Fessart (François-Charles).
Thoureau (Edme-Auguste).

Juges suppléants pour deux ans.

MM. Levaigneur (Pierre-François).
Prévost (Anne-Pierre-Sébastien).
Dufay (Auguste-Etienne).
Carré (Charles-Edouard).
Gaillard (François).
Buisson-Pezé (Augustin).
Ouvré (Pierre).
Pierrugues (François-Baptiste).

Installés le 24 août 1835.

Président pour deux ans.

M. **Aubé** (Ambroise-Guillaume).

Juges pour deux ans.

MM. Say (Horace-Emile).
Lebobe (Auguste-Stanislas).
Beau (Antoine-Denis).
Martignon (Claude-Jean-Baptiste).

Juges suppléants pour deux ans.

MM. Hennequin (Louis-Henri-Denis).
Carez (Louis-Auguste-Joseph).
Denière (Jean-François).
Gailleton (Joseph).
Godard (Charles-Louis-Félix).
Bourget fils (Auguste-Jacques).
Renouard (Jules).
Bertrand (Laurent-Horace).

Installés le 27 août 1836.

Juges pour deux ans.

MM. Ferron (François-Raimond).
Prévost (Anne-Pierre-Sébastien).
Pierrugues (François-Baptiste).
Levaigneur (Pierre-François).

Juges suppléants pour deux ans.

MM. Buisson-Pezé (Augustin).
Gaillard (François).
Ouvré (Pierre).
Journet (Jean-Charles-Claude).
Le Roy (Amable-Philibert).
Chauviteau (Jean-Joseph-Etienne).
Moresu (Joseph).
Desportes (Eugène).

Installés le 29 août 1837.

Président pour deux ans.

M. **Michel** (Jean-Chrysostome).

Juges pour deux ans.

MM. Thoureau (Edme-Auguste).
Carez (Louis-Auguste-Joseph).
Bourget fils (Auguste-Jacques).
Bertrand (Laurent-Horace).

Juge pour un an.

M. Buisson-Pezé (Augustin).

Juges suppléants pour deux ans.

MM. Sédillot (Charles-Antoine).
Renouard (Jules).
Gallois père (Louis).
Roussel (Louis – Emmanuel – Théo-
dore).
Henry aîné (Philibert-Paulin).
Dupérier (Pierre-Charles-Amédée).
Fossin (Jean-Baptiste).
Gontié (Jacques).

Juge suppléant pour un an.

M. Beau (Jean-Ferdinand).

Installé le 25 août 1838.

Juges pour deux ans.

MM. Lebobe (Auguste-Stanislas).
Ledoux fils (Roch-Romain).
Gaillard (François).
Journet (Jean-Charles-Claude).

Juges suppléants pour deux ans

MM. Le Roy (Amable-Philibert).
Chauviteau (Jean-Joseph-Etienne).
Moreau (Joseph).
Beau (Jean-Ferdinand).
Courtin (Edme-Barthélemy).
Devinck (François-Jules).
Taconet (Jean).
Héron (Charles-Louis).

Installé le 24 avril 1839.

Président pour deux ans.

M. **Pépin-Lehalleur** (Jean-Antoine).

Juges pour deux ans.

MM. Martignon (Claude-Jean-Baptiste).
Renouard (Jules).
Sédillot (Charles-Antoine).
Le Roy (Amable-Philibert).

Juges suppléants pour deux ans.

MM. Roussel (Louis – Emmanuel – Théo-
dore).
Henry aîné (Philibert-Paulin).
Fossin (Jean-Baptiste).
Gontié (Jacques).
Méder (Jean-Aristide).
Durand (François-Emmanuel-Adol-
phe).
Aubry (Théophile-Hippolyte).

Juge suppléant pour deux ans.

M. Chevalier (Pierre-Auguste).

La *Loi du 3 mars 1840* (art. 5) modifie l'article 617 du Code de commerce.
Une *Ordonnance royale du 17 juillet* 1840 porte de huit à dix le nombre des Juges.
En exécution de cette ordonnance, aux élections qui suivent il est nommé deux Juges en outre du nombre qui était à élire pour le renouvellement partiel, l'un pour deux ans, et l'autre pour un an seulement, conformément aux dispositions de l'article 622 du Code de commerce.

Installés le 29 août 1840.

Juges pour deux ans.

MM. Carez (Louis-Auguste-Joseph).
Bourget fils (Auguste-Jacques).
Bertrand (Laurent-Horace).
Devinck (François-Jules).
Taconet (Jean).

Juges pour un an.

MM. Gallois père (Louis).
Levaigneur (Pierre-François).

Juges suppléants pour deux ans.

MM. Ouvré (Pierre).
Beau (Jean-Ferdinand).
Chevalier (Pierre-Auguste).

4

MM. Callou (Georges-Antoine).
Auzouy (Raymond - Edouard - Alphonse).
Moinery (Antoine).
Lefebvre (Jacques-Gérard-François).
Baudot (Pierre-Louis-Timothée).

Juge suppléant pour un an.

M. Lacoste (Guillaume-Gabriel).

Installés le 18 août 1841.

Président pour deux ans.

M. **Lebobe** (Auguste-Stanislas).

Juges pour deux ans.

MM. Say (Horace-Emile).
Martignon (Claude-Jean-Baptiste).
Gaillard (François).
Chevalier (Pierre-Auguste).
Ouvré (Pierre).

Juges suppléants pour deux ans.

MM. Henry aîné (Philibert-Paulin).
Méder (Jean-Aristide).
Chaudé (Jacques-Simon).
Thibaut (Germain Nicolas).
Lamaille (Pierre-Ferdinand).
Le Dagre (Nicolas-François).
Pitoin (Antoine-Claude).
Letellier-Delafosse (Pierre-Louis).

Juges suppléants pour un an.

MM. Barthelot (Jean-Baptiste-Désiré).
Rodier (Louis).

Installés le 27 août 1842.

Juges pour deux ans.

MM. Bertrand (Laurent-Horace).
Taconet (Jean).
Moinery (Antoine).
Baudot (Pierre-Louis-Timothée).
Méder (Jean-Aristide).

Juges pour un an.

MM. Lefebvre fils (Jacques-Gérard-François).
Auzouy (Raymond - Edouard - Alphonse).

Juges suppléants pour deux ans.

MM. Barthelot (Jean-Baptiste).
Rodier (Louis).
Cornuault (Charles-André).
Rousselle-Charlard (Charles-Augustin-François).
Grimoult (Léon-Charles).
Beau jeune (Victor-Timothée).
Chatenet père (Charles-Ambroise).
Milliet (Jean-Baptiste-Gratien).

Juges suppléants pour un an.

MM. Le Roy (Louis-Charles).
Selles aîné (Jacques).

Installés le 26 août 1843.

Président pour deux ans.

M. **Carez** (Louis-Auguste-Joseph).

Juges pour deux ans.

MM. Devinck (François-Jules).
Lefebvre fils (Jacques-Gérard-François).
Thibaut (Germain-Nicolas).
Lamaille (Pierre-Ferdinand).
Le Dagre (Nicolas-François).

Juges suppléants pour deux ans.

MM. Letellier-Delafosse (Pierre-Louis).
Le Roy (Louis-Charles).
Selles aîné (Jacques).
Dubois aîné (Jacques-Louis-Remy-Silvain).
Gallais (Jean-Hyacinthe).
Riglet (François-Nicolas-Adolphe).
Delon (Eugène).
Pillotaîné (Pierre-Augustin-Jacques-François).

Juge suppléant pour un an.

M. Leroux (Charles).

Installés le 24 août 1844.

Juges pour deux ans.

MM. Bourget (Auguste-Jacques).
Gaillard (François).
Moinery (Antoine).
Barthelot (Jean-Baptiste-Désiré).
Letellier-Delafosse (Pierre-Louis).

Juges suppléants pour deux ans.

MM. Cornuault (Charles-André).
Rousselle-Charlard (Charles-Augustin-François).
Grimoult (Léon-Charles).
Chatenet père (Charles-Ambroise).
Milliet (Jean-Baptiste-Gratien).
Leroux (Charles).
George jeune (Jules-Alfred).
Jouet (Louis-Jacques-Théodore).

Juge suppléant pour un an.

M. Nys (Pierre-Gabriel).

Installés le 23 août 1845.

Président pour deux ans.

M. **Bertrand** (Laurent-Horace).

Juges pour deux ans.

MM. Chevalier (Pierre-Auguste).
Baudot (Pierre-Louis-Timothée).
Le Dagre (Nicolas-François).
Rousselle-Charlard (Charles-Auguste-
François).
Grimoult (Léon-Charles).

Juges suppléants pour deux ans.

MM. Le Roy (Louis-Charles).
Gallais (Jean-Hyacinthe).
Bourceret (Jean-François).
Barat fils (Edme-Louis).
Odier Jacques-Antoine.
Sommier (Pierre-Alexandre).
De Rotrou (Michel).
Halphen (Gabriel-Germain).

Juges suppléants pour un an.

MM. Ferté (Joseph-Auguste).
Belin-Leprieur fils (Jules-Léonor).
Labbé (François-Ernest).

Installés le 29 août 1846.

Juges pour deux ans.

MM. Devinck (François-Jules).
Barthelot (Jean-Baptiste-Désiré).
Letellier-Delafosse (Pierre-Louis).
Milliet (Jean-Baptiste-Gratien).
Gallais (Jean-Hyacinthe).

Juges suppléants pour deux ans.

MM. Chatenet père (Charles-Ambroise).
George jeune (Jules-Alfred).
Ferté (Joseph-Auguste).
Belin-Leprieur fils (Jules-Léonor).

MM. Couriot (Louis-Charles-Alphonse).
Charenton jeune (Théodore).
Denière fils (Guillaume).
Vallès (Léon-Antoine-François-de-
Paul).

Juges suppléants pour un an.

MM. Plaine (Louis-Frédéric).
Germinet (François).

Installés le 28 août 1847.

Président pour deux ans.

M. **Bourget** (Auguste-Jacques).

Juges pour deux ans.

MM. Moinery (Antoine).
Grimoult (Léon-Charles).
George (Jules-Alfred).
Odier (Jacques-Antoine).
Belin-Leprieur (Jules-Léonor).

Juges suppléants pour deux ans.

MM. De Rotrou (Michel).
Halphen (Gabriel-Germain).
Plaine (Louis-Frédéric).
Lucy-Sédillot (Léon-Louis-Philippe).
Vernay (Louis).
Coissien (Antoine-Hippolyte).
Davillier (Henry).
Marquet (Nicolas).

Juges suppléants pour un an.

MM. Cheuvreux (Jean-Pierre-Casimir).
Le Boucher (Jacques-Charles-Jean).
Talamon (Jean-Baptiste-Félix).
Klein (Pierre).

(Interrègne.) — **RÉPUBLIQUE FRANÇAISE.**

Un *Décret du* 28 *août* 1848, de l'Assemblée nationale, change le mode d'élection des membres des tribunaux de commerce et prescrit le renouvellement de ces tribunaux. — Par une disposition transitoire de ce décret, les pouvoirs des Juges en exercice sont prorogés jusqu'à l'installation de leurs successeurs.

Installés le 30 décembre 1848.

Président pour deux ans.

M. **Devinck** (François-Jules).

Juges pour deux ans.

MM. Rousselle-Charlard (Charles-Augustin-François).
Milliet (Jean-Baptiste-Gratien).

MM. Halphen (Gabriel-Germain).
Plaine Louis-Frédéric).
Couriot (Louis-Charles-Alphonse).
Vernay (Louis).

Juges pour un an.

MM. Moinery (Antoine).
Grimoult (Léon-Charles).
George (Jules-Alfred).
Belin-Leprieur (Jules-Léonor).

Juges suppléants pour deux ans.

MM. Larue (Martin).
Evette (Flore-Félix).
Lebel (François-Joseph).
Audiffred (François-Joseph).
Contat-Desfontaines (Joseph-Jean).
Compagnon (Georges-Sébastien).
Desouches-Fayard (Louis-Guillaume).
Aucler (Jean-Baptiste-Joseph-Auguste).

Juges suppléants pour un an.

MM. Lucy-Sédillot (Léon-Louis-Philippe).
Davillier (Henry).
Marquet (Nicolas).
Cheuvreux (Jean-Pierre-Casimir).
Le Boucher (Jacques-Charles-Jean).
Klein (Pierre).
Baudry (Alexandre-Théodore).
Noël (Charles-Hippolyte).

Installés le 31 décembre 1849.

Juges pour deux ans.

MM. Le Dagre (Nicolas-François).
Barthelot (Jean-Baptiste-Désiré).
Letellier-Delafosse (Pierre-Louis).
George (Jules-Alfred).
Vernay (Louis).

Juges pour un an.

MM. Lucy-Sédillot (Léon-Louis-Philippe).
Davillier (Henry).
Cheuvreux (Jean-Pierre-Casimir).

Juges suppléants pour deux ans.

MM. Marquet (Nicolas).
Klein (Pierre).
Baudry (Alexandre-Théodore).
Noël (Charles-Hippolyte).
Forget (Louis-Napoléon-Pierre).
Girard (Victor).
E. Thouret (René-Eugène).
Berthier fils (Charles-Louis).

Juge suppléant pour un an.

M. Langlois (Louis).

Installés le 28 décembre 1850.

Président pour deux ans.

M. **Moinery** (Antoine).

Juges pour deux ans.

MM. Plaine (Louis-Frédéric).
Lucy-Sédillot (Léon-Louis-Philippe).
Davillier (Henry).
Cheuvreux (Jean-Pierre-Casimir).
Marquet (Nicolas).

Juge pour un an.

M. Klein (Pierre).

Juges suppléants pour deux ans.

MM. Evette (Flore-Félix).
Lebel (François-Joseph).
Audiffred (François-Joseph).
Contat-Desfontaines (Joseph-Jean).
Compagnon (Georges-Sébastien).
Langlois (Louis).
Delachaussée (Jean-Baptiste-Claude-Constant).
Hennecart (Jules-Ferdinand).

Juges suppléants pour un an.

MM. Lévy (Adrien-Frédéric).
Dobelin (Charles-Hippolyte).
Mouton fils (Charles).

Installés le 27 décembre 1851.

Juges pour deux ans.

MM. Grimoult (Léon-Charles).
Klein (Pierre).
Denière fils (Guillaume).
Lebel (François-Joseph).
Audiffred (François-Joseph).

Juge pour un an.

M. Evette (Flore-Félix).

Juges suppléants pour deux ans.

MM. Forget (Louis-Napoléon-Pierre).
Girard (Victor).
E. Thouret (René-Eugène).
Berthier fils (Charles-Louis).
Lévy (Adrien-Frédéric).
Dobelin (Charles-Hippolyte).
Houette fils (Louis-Adolphe).
Ravaut (François-Louis).

Juges suppléants pour un an.

MM. Fossin fils (Jules-Jean-François).
Thélier (Auguste-Barthélemy).
Boudaille (Pierre-Marie).

Un *Décret-Loi du* 3 *mars* 1852 abroge le *Décret du* 28 *août* 1848 qui avait changé le mode d'élection des tribunaux de commerce et remet en vigueur les dispositions du Code de commerce de 1807.

En exécution de ce décret il est procédé au renouvellement intégral du tribunal.

Installés le 26 juin 1852.

Président pour deux ans.

M. **Le Dagre** (Nicolas-François).

Juges pour deux ans.

MM. Cheuvreux (Jean-Pierre-Casimir).
Klein (Pierre).
Denière fils (Guillaume).
Lebel (François-Joseph).
Audiffred (François-Joseph).

Juges pour un an.

MM. Grimoult (Léon-Charles).
Lucy-Sédillot (Léon-Louis-Philippe).
Davillier (Henri).
Marquet (Nicolas).
Compagnon (Georges-Sébastien).

Juges suppléants pour deux ans.

MM. Forget (Louis-Napoléon-Pierre).
Girard (Victor).
Thouret (René-Eugène).
Berthier fils (Charles-Louis).
Lévy (Adrien-Frédéric).
Dobelin (Charles-Hippolyte).
Houette (Louis-Adolphe).
Ravaut (François-Louis).

Juges suppléants pour un an.

MM. Langlois (Louis).
Delachaussée (Jean-Baptiste-Claude-Constant).
Hennecart (Jules-Ferdinand).
Fossin (Jules-Jean-François).
Boudaille (Pierre-Marie).
Roy (Auguste-Louis).
Salmon (Auguste-Ambroise).
Lambert (Nicolas-Adolphe).

RÈGNE DE NAPOLÉON III.

Installés le 16 juillet 1853.

Juges pour deux ans.

MM. George (Jules-Alfred).
Forget (Louis-Napoléon-Pierre).
Berthier (Charles-Louis).
Langlois (Louis).
Delachaussée (Jean-Baptiste-Claude-Constant).

Juges suppléants pour deux ans.

MM. Fossin (Jules-Jean-François).
Fauler (Jacques-Frédéric).
Aubry (Joseph-François-Louis-Félix).
Grellou (Henry-Alexis).
Templier (Emile-François).
Godard (Auguste-Toussaint).
Bapst (Paul-Alfred).
Trelon (Nicolas).

Juges suppléants pour un an.

MM. Pellou (Joseph).
Mottet (Charles-Henry).
Bezançon (Pierre-Louis).

Installés le 22 juillet 1854.

Président pour deux ans.

M. **Grimoult** (Léon-Charles).

Juges pour deux ans.

MM. Denière fils (Guillaume).
Lebel (François-Joseph).

MM. Lévy (Adrien-Frédéric).
Dobelin (Charles-Hippolyte).
Houette (Louis-Adolphe).

Juge pour un an.

M. Ravaut (François-Louis).

Juges suppléants pour deux ans.

MM. Pellou (Joseph).
Mottet (Charles-Henry).
Bezançon (Pierre-Louis).
Roulhac (François-Eugène-Grégoire).
Larenaudière (Charles-Philippe-Ferdinand).
Garnier (Charles-Adrien).
Louvet (Athanase).
Carcenac (Henry-Gustave).

Juge suppléant pour un an.

M. Caillebotte (Martial).

Installés le 7 juillet 1855.

Juges pour deux ans.

MM. Lucy-Sédillot (Léon-Louis-Philippe).
Forget (Louis-Napoléon-Pierre).
Berthier fils (Charles-Louis).
Ravaut (François-Louis).
Fossin (Jules-Jean-François).

Juges suppléants pour deux ans.

MM. Godard (Auguste-Toussaint).
Bapst (Paul-Alfred).

MM. Trelon (Nicolas).
     Caillebotte (Martial).
     Lanseigne (Jean).
     Gaillard (Emile-Eugène-Théodore).
     Cavaré (Joseph-Noël-Virgile).
     Drouin (Jean-Baptiste).

Installés le 12 juillet 1856.

Président pour deux ans.

M. **George** (Jules-Alfred).

Juges pour deux ans.

MM. Langlois (Louis).
     Lévy (Adrien-Frédéric).
     Houette (Louis-Adolphe).
     Godard (Auguste-Toussaint).
     Bapst (Paul-Alfred).

Juges suppléants pour deux ans.

MM. Mottet (Charles-Henry).
     Bezançon (Pierre-Louis).
     Roulhac (François-Eugène-Grégoire).
     Larenandière (Charles-Philippe-Ferdinand).
     Garnier (Charles-Adrien).
     Louvet (Athanase).
     Payen (Hyacinthe-Alphonse).
     Truelle (Charles-Adolphe).

Juges suppléants pour un an.

MM. Blanc (Charles-Emmanuel).
     Dumont (Frédéric).

Installé le 27 juin 1857.

Juges pour deux ans.

MM. Denière fils (Guillaume).
     Dobelin (Charles-Hippolyte).
     Roulhac (François-Eugène-Grégoire).
     Larenandière (Charles-Philippe-Ferdinand).
     Louvet (Athanase).

Juge pour un an.

M. Trelon (Nicolas).

Juges suppléants pour deux ans.

MM. Caillebotte (Martial).
     Gaillard (Emile-Eugène-Théodore).
     Drouin (Jean-Baptiste).
     Blanc (Charles-Emmanuel).
     Dumont (Frédéric).
     Lefébure (Constant).
     Duché (François-Théophile).
     Lebaigue (Alexandre-Michel-Ernest).

Juges suppléants pour un an.

MM. Masson (Victor).
     Gervais (Ferdinand-Louis).

MM. Sauvage (Pierre-Charles-Marie).
     Baudeuf (Toussaint-Hippolyte).
     Dhostel (Félix).

Installés le 3 juillet 1858.

Président pour deux ans.

M. **Lucy-Sédillot** (Léon-Louis-Philippe).

Juges pour deux ans.

MM. Houette (Louis-Adolphe).
     Bapst (Paul-Alfred).
     Caillebotte (Martial).
     Gaillard (Emile-Eugène-Théodore).
     Mottet (Charles-Henri).

Juges suppléants pour deux ans.

MM. Masson (Victor).
     Gervais (Ferdinand-Louis).
     Sauvage (Pierre-Charles-Marie).
     Basset (Jules-André).
     Binder (Louis-Germain).
     Charles-Demourgnes aîné (Just-Alexandre).
     Blanchet (Pierre-Armand-Charles).
     Durand (Louis-Jacques).

Juges suppléants pour un an.

MM. Thivier (Etienne-Henry).
     Allain (Gabriel).

Installés le 2 juillet 1859.

Juges pour deux ans.

MM. Berthier (Charles-Louis).
     Roulhac (François-Eugène-Grégoire).
     Larenaudière (Charles-Philippe-Ferdinand).
     Louvet (Athanase).
     Drouin (Jean-Baptiste).

Juge pour un an.

M. Blanc (Charles-Emmanuel).

Juges suppléants pour deux ans.

MM. Dumont (Frédéric).
     Lefébure (Constant).
     Thivier (Etienne-Henry).
     Gros (Aimé-Philippe-Charles).
     Raimbert (Denis-Estave).
     Daguin (Jean-Baptiste-Ernest).
     Michau (Jean-Louis).
     Guibal (François-Charles).

Installés le 30 juin 1860.

Président pour deux ans.

M. **Denière fils** (Guillaume).

Juges pour deux ans.

MM. Caillebotte (Martial).
Gaillard (Emile-Eugène-Théodore).
Blanc (Charles-Emmanuel).
Dumont (Frédéric).
Lefébure fils (Constant).

Juge pour un an.

M. Masson (Victor).

Juges suppléants pour deux ans.

MM. Gervais (Ferdinand-Louis).
Sauvage (Pierre-Charles-Marie).
Basset (Jules-André).
Binder (Louis-Germain).
Charles-Poitevin-Demourgues (Just-
Alexandre).
Chabert (Joseph).
Orsat (Théophile-Joseph).
Camuset (Louis-Jean-François).

Juges suppléants pour un an.

MM. Boudault (Pierre-Charles).
Royer (Louis-Edmond).
Girard (Antoine-Alfred).

Installés le 6 juillet 1861.

Juges pour deux ans.

MM. Berthier (Charles-Louis).
Bapst (Paul-Alfred).
Drouin (Jean-Baptiste).
Masson (Victor).
Gervais (Ferdinand-Louis).

Juge pour un an.

M. Sauvage (Pierre-Charles-Marie).

Juges suppléants pour deux ans.

MM. Gros aîné (Philippe-Charles).
Daguin (Jean-Baptiste-Ernest).
Michau (Jean-Louis).
Guibal (François-Charles).
Boudault (Pierre-Charles).
Girard (Antoine-Alfred).
Hussenot (Jacques-Dominique-Théo-
dore).
Hébert fils (Emile-Frédéric).

Juges suppléants pour un an.

MM. Melon de Pradou (Jules-Emile).
Alexandre Muller (Georges-Alexan-
dre).
Morel (Adolphe).

Un *Décret du 31 mai 1862* porte de dix à quatorze le nombre des Juges.
En exécution de ce décret, aux élections de 1862, il est nommé quatre Juges en
outre du nombre qui était à élire pour le renouvellement partiel; deux pour deux
ans et les deux autres pour un an seulement, conformément aux dispositions de
l'article 622 du Code de commerce. — Par suite le tribunal se trouve composé de :
Un Président, quatorze Juges et seize Suppléants.

Installés le 19 juillet 1862.

Président pour deux ans.

M. **Denière fils** (Guillaume).

Juges pour deux ans.

MM. Louvet (Athanase).
Larenaudière (Charles-Philippe-Fer-
dinand).
Dumont (Frédéric).
Basset (Jules-André).
Binder (Louis-Germain).
Charles-Poitevin-Demourgues (Just-
Alexandre).
Gros (Aimé-Philippe-Charles).

Juges pour un an.

MM. Daguin (Jean-Baptiste-Ernest).
Michau (Jean-Louis).

Juges suppléants pour deux ans.

MM. Chabert (Joseph).
Melon de Pradou (Jules-Emile).

MM. Morel (Adolphe).
Delessert (François-Benjamin-Ma-
rie).
Bouffard (Amand-Désiré).
Bacot (Paul-David-Charles).
Guilmoto (Napoléon-François).
Salmon fils (Charles-Gustave).

Juges suppléants pour un an.

MM. Balaine fils (Charles-Bruno).
Massez (Martin).
Guérin-Boutron (Marie-Louis-An-
toine).

Installés le 18 juillet 1863.

Juges pour deux ans.

MM. Gaillard (Emile-Eugène-Théodore).
Gervais (Ferdinand-Louis).
Daguin (Jean-Baptiste-Ernest).
Michau (Jean-Louis).
Guibal (François-Charles).
Chabert (Joseph).
Boudault (Pierre-Charles).

Juge pour un an.

M. Girard (Antoine-Alfred).

Juges suppléants pour deux ans.

MM. Hussenot (Jacques-Dominique-Théo-
dore).
Hébert (Emile-Frédéric).
Balaine fils (Charles-Bruno).
Massez (Martin).
Guérin-Boutron (Marie-Louis-An-
toine).
Moreau (Edouard-Frédéric).
Firmin-Didot (Paul).
Boullay (Etienne).

Juges suppléants pour un an.

MM. Evette fils (Alfred-Félix).
Dommartin (Firmin).

Installés le 20 août 1864.

Président pour deux ans.

M. **Berthier** (Charles-Louis).

Juges pour deux ans.

MM. Drouin (Jean-Baptiste).
Basset (Jules-André).
Charles-Poitevin-Demourgues (Just-
Alexandre).
Girard (Antoine-Alfred).
Hussenot (Jacques-Dominique-Théo-
dore).
Hébert (Emile-Frédéric).
Melon de Pradou (Jules-Emile).

Juges suppléants pour deux ans.

MM. Morel (Adolphe).
Delessert (François-Benjamin-Ma-
rie.)
Guilmoto (Napoléon-François).

MM. Salmon fils (Gustave).
Evette fils (Alfred-Félix).
Dommartin (Firmin).
Hunebelle aîné (Jules-Pierre-Al-
phonse).
Bucquet (Marie-Pierre-Edmond).

Juges suppléants pour un an.

Jourde (Philippe-Auguste).
Cappronnier (Charles-Etienne).
Mercier (Auguste-Eugène).

Installés le 19 août 1865.

Juges pour deux ans.

MM. Guibal (François-Charles).
Chabert (Joseph).
Boudault (Pierre-Charles).
Morel (Adolphe).
Delessert (François-Benjamin-Ma-
rie).
Guilmoto (Napoléon-François).
Salmon fils (Gustave).

Juges suppléants pour deux ans.

MM. Balaine fils (Charles-Bruno).
Guérin-Boutron (Marie-Louis-An-
toine).
Moreau fils (Edouard-Frédéric).
Firmin-Didot (Paul).
Boullay (Etienne).
Jourde (Philippe-Auguste).
Cappronnier (Charles-Etienne).
Mercier (Auguste-Eugène).

Juges suppléants pour un an.

MM. Mauban (René-François).
Baudelot (Ernest).
Ricord (Pierre-Joseph).
Cousté (Joseph-Désiré).
Séguier (Ernest-Auguste).

FIN DE LA LISTE

DES MEMBRES DE LA JURIDICTION CONSULAIRE DU SIÉGE DE PARIS.

MEMBRES DE LA JURIDICTION CONSULAIRE

DU SIÉGE DE PARIS

ÉLUS DE 1866 A 1874

Installés le 18 août 1866.

Président pour deux ans.

M. **Louvet** (Athanase).

Juges pour deux ans.

MM. Gervais (Ferdinand-Louis).
Daguin (Jean-Baptiste-Ernest).
Michau (Jean-Louis).
Hussenot(Jacques-Dominique-Théo-
dore).
Melon de Pradou (Jules-Émile).
Balaine (Charles-Bruno).
Moreau (Édouard-Frédéric).

Juge pour un an.

M. Firmin-Didot (Paul).

Juges suppléants pour deux ans.

MM. Evette fils (Alfred-Félix).
Dommartin (Firmin).
Bucquet (Marie-Pierre-Edmond).
Mauban (René-François).
Baudelot (Ernest).
Ricord (Pierre-Emmanuel-Joseph).
Cousté (Joseph-Désiré).
Séguier (Ernest-Auguste).

Juges suppléants pour un an.

MM. Martinet (Louis-Paul).
Veyrat (Augustin-Pierre-Adolphe).
Pailliard - Turenne (Jean - Henri-
Pierre).
Baugrand (Jules-Gustave).

Installés le 24 août 1867.

Juges pour deux ans.

MM. Drouin (Jean-Baptiste).
Girard (Antoine-Alfred).
Salmon fils (Charles-Gustave).
Boullay (Étienne).
Evette fils (Alfred-Félix).
Dommartin (Firmin).
Bucquet (Marie-Pierre-Edmond).

Juges pour un an.

MM. Jourde (Philippe-Auguste).
Cappronnier (Charles-Etienne).

Juges suppléants pour deux ans.

MM. Mercier (Auguste—Eugène).
Martinet (Louis-Paul).
Pailliard - Turenne (Jean - Henri-
Pierre.
Baugrand (Jules-Gustave).
Rondelet (Jean-Baptiste-Ernest).
Cheysson (Jean - Jacques - Joseph-
Audasir).
Israël (Adolphe).
Bouillet (Jean-Baptiste).

Juges suppléants pour un an.

MM. Ferry (Jean-Denis-Tiburce).
Truelle (François-Léon).
Marteau (Firmin-Albert).

Installés le 29 août 1868.

Président pour deux ans.

M. **Drouin** (Jean-Baptiste).

Juges pour deux ans.

MM. Daguin (Jean-Baptiste-Ernest).
Chabert (Joseph).
Moreau (Édouard-Frédéric).
Jourde (Philippe-Auguste).
Cappronnier (Charles-Etienne).
Mercier (Auguste-Eugène).
Baudelot (Ernest).

Juge pour un an.

M. Mauban (René-François).

Juges suppléants pour deux ans.

MM. Cousté (Joseph-Désiré).
Séguier (Ernest-Auguste).
Ferry (Jean-Denis-Tiburce).
Truelle (François-Léon).

4*

MM. Marteau (Firmin-Albert).
  Bardou (Pierre-Gabriel).
  Foucher (Louis-Auguste).
  Simon (Ernest).

Juge suppléant pour un an.

M. Courvoisier (Marie-Philippe).

Un décret du 4 août 1869 porte de
seize à vingt-deux le nombre des juges-
suppléants.

En exécution de ce décret, aux élections de 1869, il est nommé six juges
suppléants en outre du nombre qui était
à élire pour le renouvellement partiel :
trois pour deux ans et les trois autres
pour un an seulement, conformément
aux dispositions de l'article 622 du Code
de commerce.

Par suite le tribunal se trouve composé de : — un président, — quatorze
juges — et vingt-deux suppléants.

Installé le 8 septembre 1869.

Juges pour deux ans.

MM. Girard (Antoine-Alfred).
  Hussenot (Jacques-Dominique-Théo-
    dore).
  Melon de Pradou (Jules-Emile).
  Boullay (Etienne).
  Evette (Alfred-Félix).
  Dommartin (Firmin).
  Cousté (Joseph-Désiré).

Juge pour un an.

M. Séguier (Ernest-Auguste).

Juges suppléants pour deux ans.

MM. Firmin-Didot (Paul).
  Martinet (Louis-Paul).
  Baugrand (Jules-Gustave).
  Rondelet (Jean-Baptiste-Ernest).
  Cheysson (Jean-Jacques-Joseph-
    Audasir).
  Bouillet (Jean-Baptiste).
  Courvoisier (Marie-Philipe).
  Dépinay (Léon).
  Delaporte (Alexandre).
  Bessand (Honoré-Charles-Al-
    loënd).
  Dietz-Monnin (Charles-Frédéric)

Juges suppléants pour un an.

MM. Croué (Louis-Henri).
  Christofle (Hugues-Antoine-Paul).
  Dru (Saint-Just).
  Bernard (Charles-Martial).
  Desvignes (César).

RÉPUBLIQUE FRANÇAISE

Les événements n'ayant pas permis de
procéder au renouvellement partiel du
Tribunal, les juges en exercice ont été
prorogés dans leurs fonctions jusqu'à
leur remplacement, d'abord par un décret du 16 novembre 1870, puis par l'article 2 de la loi du 4 avril 1871.

Aux termes de l'article 3 de cette
même loi, les magistrats en exercice ont
été autorisés à désigner à la pluralité des
voix un ou plusieurs commerçants du
ressort pour remplir jusqu'aux élections
les fonctions de juges suppléants en remplacement des magistrats décédés, dé-
missionnaires ou empêchés.

Installé le 28 novembre 1871.

Juges suppléants nommés par délibé-
ration du tribunal.

MM. Mozet (Hyacinthe-Charles).
  Hachette (Jean-Georges).
  Joussel (Gabriel).
  Reynier (Antoine-Etienne-Jules).
  Cogniet (Michel-Jacques).

Une loi du 21 décembre 1871, de l'Assemblée nationale, change le mode d'é-
lection des membres du Tribunal de
Commerce et prescrit le renouvellement
de ces tribunaux.

Une disposition transitoire de cette loi
déclare tous les juges en exercice rééligibles aux premières élections.

Installé le 5 août 1872.

Président pour deux ans.

M. Daguin (Jean-Baptiste-Ernest).

Juges pour deux ans.

MM. Baudelot (Ernest).
  Cousté (Joseph-Désiré).
  Foucher (Louis-Auguste).
  Chabert (Joseph).
  Bucquet (Marie-Pierre-Edmond).
  Bouillet (Jean-Baptiste).
  Firmin-Didot (Paul).

Juges pour un an.

MM. Capppronnier (Charles-Etienne).
  Mercier (Auguste-Eugène).
  Moreau (Edouard-Frédéric).
  Martinet (Louis-Paul).
  Marteau (Firmin-Albert).
  Séguier (Ernest-Auguste).
  Ferry (Jean-Denis-Tiburce).

Juges suppléants pour deux ans.

MM. Desvignes (César).
  Giraudeau (Alfred-Henri).

MM. Cogniet (Michel-Jacques).
Cellier (Henry).
Hennecart (Léon-François).
Simon (Ernest).
Delaporte (Alexandre).
Hachette (Jean-Georges).
Courvoisier (Marie-Philippe).
Jousset (Gabriel).
Lanquetin (Jacques-Adrien).

Juges suppléants pour un an.

MM. Mozet (Hyacinthe-Charles).
Reynier (Antoine-Étienne-Jules).
Croué (Louis-Henri).
Deshayes (Eugène).
Bessand (Honoré-Charles-Alloënd).
Baillière (Henri-Paul-Charles).
Truelle (François-Léon).
Bourgeois (Victor).
Bardou (Pierre-Gabriel).
Stopin (Amable-Anselme-Paul).
Bénilan (Théodore).

Aux termes de la loi du 21 décembre 1871, les élections pour le renouvellement partiel des tribunaux auraient dû avoir lieu en décembre 1872, mais comme les juges qui avaient été nommés n'étaient en fonctions que depuis cinq mois, une loi du 3 décembre 1872 a prorogé l'époque des élections au mois de décembre 1873, et a disposé que le président et la première moitié des juges et des suppléants resteraient en fonctions jusqu'au mois de décembre 1874.

Installés le 10 janvier 1874.

Juges pour deux ans.

MM. Martinet (Louis-Paul)
Marteau (Firmin-Albert).
Ferry (Jean-Denis-Tiburce).
Truelle (François-Léon).
Simon (Ernest).
Courvoisier (Marie-Philippe).
Bessand (Honoré-Charles-Alloënd).

Juge pour un an.

M. Bardou (Pierre-Gabriel).

Juges suppléants pour deux ans.

MM. Croué (Louis-Henri).
Mozet (Hyacinthe-Charles).
Deshayes (Eugène).
Baillière (Henri-Paul-Charles).
Bourgeois (Victor).
Bénilan (Théodore).
Stopin (Amable-Anselme-Paul).
Truchy (Paul-Émile).
Couvreur (Louis-César).
Vever (Jean-Jacques-Ernest).
Bourdier (Octave).

Juges suppléants pour un an.

Chambron (Edme-Eugène).
Simon (Ferdinand).
Hurez (Félix-Paul).
Salmon fils (Nicolas-Edouard).
Michau fils (Félix-Philibert).

NOUVEAU MANUEL

DES

TRIBUNAUX DE COMMERCE

PREMIERE PARTIE

LÉGISLATION COMMERCIALE

CODE DE COMMERCE

COMPLÉTÉ

PAR LE RAPPROCHEMENT DU TEXTE

DES AUTRES CODES.

LIVRE PREMIER.

DU COMMERCE EN GÉNÉRAL (1).

(Tit. Ier. — VII. Loi décrétée le 10 septembre 1807, promulguée le 20.
Tit. VIII. Loi décrétée le 11, promulguée le 21.)

TITRE PREMIER.

DES COMMERÇANTS.

ARTICLE PREMIER. Sont commerçants ceux qui exercent des actes de commerce, et en font leur profession habituelle. (C. 17 3°, 215, 220, 487, 1107, 1128, 1308, 1426, 2019, 2226. — Pr. 49 4°, 414 s., 553. — Co. 2 s., 618, 619, 631 2°, 632, 633.)

2. Tout mineur émancipé de l'un et de l'autre sexe, âgé de dix-huit ans accomplis (2), qui voudra profiter de la faculté que lui accorde l'article 487 du Code Napoléon, de faire le com-

---

(1) *Loi du 15 septembre 1807, qui fixe l'époque à laquelle le Code de commerce sera exécutoire, promulguée le 25.*

1° Les dispositions du Code de commerce ne seront exécutées qu'à compter du 1er janvier 1808.

2° A dater dudit jour 1er janvier 1808, toutes les anciennes lois touchant les matières commerciales sur lesquelles il est statué par ledit Code, sont abrogées.

(2) **C. Nap. — 487**. Le mineur émancipé qui fait un commerce, est réputé majeur pour les faits relatifs à ce commerce.

merce, ne pourra en commencer les opérations, ni être réputé majeur, quant aux engagements par lui contractés pour faits de commerce,

1° S'il n'a été préalablement autorisé par son père, ou par sa mère, en cas de décès, interdiction ou absence du père, ou, à défaut du père et de la mère, par une délibération du conseil de famille, homologuée par le tribunal civil;

2° Si, en outre, l'acte d'autorisation n'a été enregistré et affiché au tribunal de commerce du lieu où le mineur veut établir son domicile. (C. 102, 108, 141, 372, 406 s., 476 s., 1308. — Pr. 883 s. — Co. 3, 6, 63, 114.)

3. La disposition de l'article précédent est applicable aux mineurs même non commerçants, à l'égard de tous les faits qui sont déclarés faits de commerce par les dispositions des articles 632 et 633. (Co. 114.)

4 (1). La femme ne peut être marchande publique sans le consentement de son mari. (C. 213, 215, 220, 1426. — Co. 5, 7, 65 s., 113, 557 s.)

5 (2). La femme, si elle est marchande publique, peut, sans l'autorisation de son mari, s'obliger pour ce qui concerne son négoce; et, audit cas, elle oblige aussi son mari, s'il y a communauté entre eux. (C. 1391, 1399, 1426.)

Elle n'est pas réputée marchande publique, si elle ne fait que détailler les marchandises du commerce de son mari; elle n'est réputée telle que lorsqu'elle fait un commerce séparé. (C. 220. — Co. 4.)

6 (3). Les mineurs marchands, autorisés comme il est dit ci-dessus, peuvent engager et hypothéquer leurs immeubles. (C. 1124, 2072, 2085 s., 2114, 2124.)

---

(1) **C. Nap.** — **215.** La femme ne peut ester en jugement, sans l'autorisation de son mari, quand même elle serait marchande publique.

218. Si le mari refuse d'autoriser sa femme à ester en jugement, le juge peut donner l'autorisation.

(2) L'article 5 du Code de commerce est la reproduction textuelle de l'article 220 du Code Napoléon.

(3) **C. Nap.** — **457.** (Le mineur marchand) ne peut aliéner ses biens immeubles sans y être autorisé par un conseil de famille (un avis de parents).

Cette autorisation ne devra être accordée que pour cause d'une nécessité absolue, ou d'un avantage évident.

Dans le premier cas, le conseil de famille n'accordera son autorisation qu'après qu'il aura été constaté, par un compte sommaire présenté par (le mineur), que les deniers, effets mobiliers et revenus du mineur sont insuffisants.

Le conseil de famille indiquera, dans tous les cas, les immeubles qui

Ils peuvent même les aliéner, mais en suivant les formalités prescrites par les articles 457 et suivants du Code Napoléon. (Pr. 954 s. — Co. 2.)

7. Les femmes marchandes publiques peuvent également engager, hypothéquer et aliéner leurs immeubles. (Co. 4, 5, 65 s., 557 s.)

Toutefois leurs biens stipulés dotaux (1), quand elles sont

---

devront être vendus de préférence, et toutes les conditions qu'il jugera utiles.

458. Les délibérations du conseil de famille relatives à cet objet ne seront exécutées qu'après que (le mineur) en aura demandé et obtenu l'homologation devant le tribunal de première instance, qui y statuera en la chambre du conseil, et après avoir entendu le procureur impérial.

459. La vente se fera publiquement, en présence du (curateur du mineur), aux enchères qui seront reçues par un membre du tribunal de première instance, ou par un notaire à ce commis, et à la suite de trois affiches apposées, par trois dimanches consécutifs, aux lieux accoutumés dans le canton.

Chacune de ces affiches sera visée et certifiée par le maire des communes où elles auront été apposées.

460. Les formalités exigées par les articles 457 et 458, pour l'aliénation des biens du mineur, ne s'appliquent point au cas où un jugement aurait ordonné la licitation sur la provocation d'un copropriétaire par indivis.

Seulement, et en ce cas, la licitation ne pourra se faire que dans la forme prescrite par l'article précédent : les étrangers y seront nécessairement admis.

Nota. Les formalités pour tous les détails de la procédure à suivre, afin d'arriver à la réalisation de la vente, sont réglées par la loi du 2 juin 1841 sur la *vente judiciaire des immeubles* et tout spécialement par les nouveaux articles 953 à 965 du Code de procédure civile qui font partie de cette loi sous la rubrique : « *De la vente des biens immeubles appartenant à des mineurs.* »

---

(1) **C. Nap.**, 1554 à 1558. — **1554.** Les immeubles constitués en dot ne peuvent être aliénés ou hypothéqués pendant le mariage, ni par le mari, ni par la femme, ni par les deux conjointement; sauf les exceptions qui suivent.

1555. La femme peut, avec l'autorisation de son mari, ou sur son refus, avec permission de justice, donner ses biens dotaux pour l'établissement des enfants qu'elle aurait d'un mariage antérieur, mais, si elle n'est autorisée que par justice, elle doit réserver la jouissance à son mari.

1556. Elle peut aussi, avec l'autorisation de son mari, donner ses biens dotaux pour l'établissement de leurs enfants communs.

1557. L'immeuble dotal peut être aliéné lorsque l'aliénation en a été permise par le contrat de mariage.

1558. L'immeuble dotal peut encore être aliéné avec permission de justice, et aux enchères, après trois affiches :

Pour tirer de prison le mari ou la femme;

Pour fournir des aliments à la famille dans les cas prévus par les articles 203, 205 et 206 (Code Napoléon), au titre *du Mariage* (V. *in fine*, p. 6);

Pour payer les dettes de la femme ou de ceux qui ont constitué la dot, lorsque ces dettes ont une date certaine antérieure au contrat de mariage;

Pour faire de grosses réparations indispensables pour la conservation de l'immeuble dotal;

mariées sous le régime dotal, ne peuvent être hypothéqués ni aliénés que dans les cas déterminés et avec les formes réglées par le Code Napoléon. (C. 1391, 1554 s.)

TITRE II.

DES LIVRES DE COMMERCE.

8. Tout commerçant est tenu d'avoir un livre-journal qui *présente*, jour par jour, ses dettes actives et passives, les opérations de son commerce, ses négociations, acceptations ou endossements d'effets, et généralement tout ce qu'il reçoit et paie, à quelque titre que ce soit; et qui *énonce*, mois par mois, les sommes employées à la dépense de sa maison : le tout indépendamment des autres livres usités dans le commerce, mais qui ne sont pas indispensables. (C. 1329, 1330, 1785. — Pr. 898.— Co. 9 s., 84, 96, 102, 109, 117 s., 136, 224, 458, 484, 586 6°, 591.)

Il est tenu de mettre en liasse les lettres missives qu'il reçoit, et de copier sur un registre celles qu'il envoie.

9. Il est tenu de faire, tous les ans, sous seing privé, un inventaire de ses effets mobiliers et immobiliers, et de ses dettes actives et passives, et de le copier, année par année, sur un registre spécial à ce destiné. (C. 1322. — Pr. 943. — Co. 10, 455, 479 s., 560, 586 6°.)

10. Le livre-journal et le livre des inventaires seront paraphés et visés une fois par année. (Co. 11.)

Le livre de copies de lettres ne sera pas soumis à cette formalité.

Enfin lorsque cet immeuble se trouve indivis avec des tiers, et qu'il est reconnu impartageable.

Dans tous ces cas, l'excédant du prix de la vente au-dessus des besoins reconnus restera dotal, et il en sera fait emploi comme tel au profit de la femme.

203. Les époux contractent ensemble, par le fait seul du mariage, l'obligation de nourrir, entretenir et élever leurs enfants.

205. Les enfants doivent des aliments à leurs père et mère et autres ascendants qui sont dans le besoin.

206. Les gendres et belles-filles doivent également, et dans les mêmes circonstances, des aliments à leurs beau-père et belle-mère; mais cette obligation cesse, — 1° lorsque la belle-mère a convolé en secondes noces, — 2° lorsque celui des époux qui produisait l'affinité, et les enfants issus de son union avec l'autre époux, sont décédés.

Tous seront tenus par ordre de dates, sans blancs, lacunes ni transports en marge.

11. Les livres dont la tenue est ordonnée par les articles 8 et 9 ci-dessus seront cotés, paraphés et visés soit par un des juges des tribunaux de commerce, soit par le maire ou un adjoint, dans la forme ordinaire et sans frais. Les commerçants seront tenus de conserver ces livres pendant dix ans. (Co. 10.)

12 (1). Les livres de commerce, régulièrement tenus, peuvent

---

(1) **C. Nap.**—**1329.** Les registres des marchands ne font point, contre les personnes non marchandes, preuve des fournitures qui y sont portées, sauf ce qui sera dit à l'égard du serment. (V. ci-après.)

1330. Les livres des marchands font preuve contre eux; mais celui qui en veut tirer avantage ne peut les diviser en ce qu'ils contiennent de contraire à sa prétention.

De l'aveu de la partie.

C. Nap. — **1356.** L'aveu judiciaire est la déclaration que fait en justice la partie ou son fondé de pouvoir spécial.

Il fait pleine foi contre celui qui l'a fait.

Il ne peut être divisé contre lui.

Il ne peut être révoqué, à moins qu'on ne prouve qu'il a été la suite d'une erreur de fait. Il ne pourrait être révoqué sous prétexte d'une erreur de droit.

Du serment décisoire.

1358. Le serment décisoire peut être déféré sur quelque espèce de contestation que ce soit.

1359. Il ne peut être déféré que sur un fait personnel à la partie à laquelle on le défère.

1360. Il peut être déféré en tout état de cause, et encore qu'il n'existe aucun commencement de preuve de la demande ou de l'exception sur laquelle il est provoqué.

1361. Celui auquel le serment est déféré, qui le refuse ou ne consent pas à le référer à son adversaire, ou l'adversaire à qui il a été référé et qui le refuse, doit succomber dans sa demande ou dans son exception.

1362. Le serment ne peut être référé quand le fait qui en est l'objet n'est point celui des deux parties, mais est purement personnel à celui auquel le serment avait été déféré.

1363. Lorsque le serment déféré ou référé a été fait, l'adversaire n'est point recevable à en prouver la fausseté.

1364. La partie qui a déféré ou référé le serment, ne peut plus se rétracter lorsque l'adversaire a déclaré qu'il est prêt à faire ce serment.

1365. Le serment fait ne forme preuve qu'au profit de celui qui l'a déféré ou contre lui, et au profit de ses héritiers et ayants-cause, ou contre eux.

Néanmoins le serment déféré par l'un des créanciers solidaires au débiteur ne libère celui-ci que pour la part de ce créancier;

Le serment déféré au débiteur principal libère également les cautions.

Celui déféré à l'un des débiteurs solidaires profite aux codébiteurs;

Et celui déféré à la caution profite au débiteur principal.

Dans ces deux derniers cas, le serment du codébiteur solidaire ou de la caution ne profite aux autres codébiteurs ou au débiteur principal que lorsqu'il a été déféré sur la dette, et non sur le fait de la solidarité ou du cautionnement.

être admis par le juge pour faire preuve entre commerçants pour faits de commerce. (C. 1329, 1330. — Co. 1, 13 s., 632.)

13. Les livres que les individus faisant le commerce sont obligés de tenir, et pour lesquels ils n'auront pas observé les formalités ci-dessus prescrites, ne pourront être représentés ni faire foi en justice, au profit de ceux qui les auront tenus; sans préjudice de ce qui sera réglé au livre *des Faillites et Banqueroutes.* (Co. 586 6°, 591.)

14. La communication des livres et inventaires ne peut être ordonnée en justice que dans les affaires de succession, communauté, partage de société, et en cas de faillite. (C. 815, 842, 1476, 1686, 1872. — Co. 18 s., 437.)

15. Dans le cours d'une contestation, la représentation des livres peut être ordonnée par le juge, même d'office, à l'effet d'en extraire ce qui concerne le différend. (C. 1353. — Pr. 254. — Co. 12, 16, 17, 109.)

16 (1). En cas que les livres dont la représentation est offerte, requise ou ordonnée, soient dans des lieux éloignés du tribunal saisi de l'affaire, les juges peuvent adresser une commission rogatoire au tribunal de commerce du lieu, ou déléguer un juge de paix pour en prendre connaissance, dresser un procès-verbal du contenu, et l'envoyer au tribunal saisi de l'affaire. (Pr. 1035. — Co. 629. — I. cr. 90.)

17 (2). Si la partie aux livres de laquelle on offre d'ajouter foi refuse de les représenter, le juge peut déférer le

---

(1) **C. Proc.** — **1035.** Quand il s'agira de recevoir un serment, une caution, de procéder à une enquête, à un interrogatoire sur faits et articles, de nommer des experts, et généralement de faire une opération quelconque en vertu d'un jugement, et que les parties ou les lieux contentieux seront trop éloignés, les juges pourront commettre un tribunal voisin, un juge, ou même un juge de paix, suivant l'exigence des cas; ils pourront même autoriser un tribunal à nommer, soit un de ses membres, soit un juge de paix, pour procéder aux opérations ordonnées.

(2) *Du serment déféré d'office.*

C. Nap. — **1366.** Le juge peut déférer à l'une des parties le serment, ou pour en faire dépendre la décision de la cause, ou seulement pour déterminer le montant de la condamnation.

1367. Le juge ne peut déférer d'office le serment, soit sur la demande, soit sur l'exception qui y est opposée, que sous les deux conditions suivantes : il faut,

1° Que la demande ou l'exception ne soit pas pleinement justifiée;

2° Qu'elle ne soit pas totalement dénuée de preuves.

Hors ces deux cas, le juge doit ou adjuger ou rejeter purement et simplement la demande.

1368. Le serment déféré d'office par le juge à l'une des parties ne peut être par elle référé à l'autre.

1369. Le serment sur la valeur de la chose demandée ne peut être

serment à l'autre partie. (C. 1329, 1366. — Pr. 120, 121. — Pén. 366.)

TITRE III.

DES SOCIÉTÉS.

SECTION PREMIÈRE.

DES DIVERSES SOCIÉTÉS, ET DE LEURS RÈGLES.

18 (1). Le contrat de société se règle par le droit civil, par les lois particulières au commerce, et par les conventions des

---

déféré par le juge au demandeur que lorsqu'il est d'ailleurs impossible de constater autrement cette valeur.

Le juge doit même, en ce cas, déterminer la somme jusqu'à concurrence de laquelle le demandeur en sera cru sur son serment.

(1) Le contrat de société se règle par le *droit civil*.
Code Napoléon, livre III, titre IX. *Du contrat de société* (1832 à 1873).

Dispositions générales.

1832. La société est un contrat par lequel deux ou plusieurs personnes conviennent de mettre quelque chose en commun, dans la vue de partager le bénéfice qui pourra en résulter.

1833. Toute société doit avoir un objet licite, et être contractée pour l'intérêt commun des parties.

Chaque associé doit y apporter ou de l'argent, ou d'autres biens, ou son industrie.

DES ENGAGEMENTS DES ASSOCIÉS ENTRE EUX.

1843. La société commence à l'instant même du contrat, s'il ne désigne une autre époque.

1844. S'il n'y a pas de convention sur la durée de la société, elle est censée contractée pour toute la vie des associés, sous la modification portée en l'article 1869 ; ou, s'il s'agit d'une affaire dont la durée soit limitée, pour tout le temps que doit durer cette affaire.

1845. Chaque associé est débiteur envers la société de tout ce qu'il a promis d'y apporter,

Lorsque cet apport consiste en un corps certain, et que la société en est évincée, l'associé en est garant envers la société, de la même manière qu'un vendeur l'est envers son acheteur.

1846. L'associé qui devait apporter une somme dans la société, et qui ne l'a point fait, devient, de plein droit et sans demande, débiteur des intérêts de cette somme, à compter du jour où elle devait être payée.

Il en est de même à l'égard des sommes qu'il a prises dans la caisse sociale, à compter du jour où il les en a tirées pour son profit particulier;

Le tout sans préjudice de plus amples dommages-intérêts, s'il y a lieu.

parties. (C. 1134, 1832 s., 1873. — Pr. 50 2°, 59, 69 6°. — Co. 14, 19 s., 51 s., 91, 438, 458, 531, 586 4°, 604.)

1847. Les associés qui se sont soumis à apporter leur industrie à la société, lui doivent compte de tous les gains qu'ils ont faits par l'espèce d'industrie qui est l'objet de cette société.

1848. Lorsque l'un des associés est, pour son compte particulier, créancier d'une somme exigible envers une personne qui se trouve aussi devoir à la société une somme également exigible, l'imputation de ce qu'il reçoit de ce débiteur doit se faire sur la créance de la société et sur la sienne dans la proportion des deux créances, encore qu'il eût par sa quittance dirigé l'imputation intégrale sur sa créance particulière : mais s'il a exprimé dans sa quittance que l'imputation serait faite en entier sur la créance de la société, cette stipulation sera exécutée.

1849. Lorsqu'un des associés a reçu sa part entière de la créance commune, et que le débiteur est devenu depuis insolvable, cet associé est tenu de rapporter à la masse commune ce qu'il a reçu, encore qu'il eût spécialement donné quittance *pour sa part.*

1850. Chaque associé est tenu envers la société des dommages qu'il lui a causés par sa faute, sans pouvoir compenser avec ces dommages les profits que son industrie lui aurait procurés dans d'autres affaires.

1851. Si les choses dont la jouissance seulement a été mise dans la société sont des corps certains et déterminés, qui ne se consomment point par l'usage, elles sont aux risques de l'associé propriétaire.

Si les choses se consomment, si elles se détériorent en les gardant, si elles ont été destinées à être vendues, ou si elles ont été mises dans la société sur une estimation portée par un inventaire, elles sont aux risques de la société.

Si la chose a été estimée, l'associé ne peut répéter que le montant de son estimation.

1852. Un associé a action contre la société, non-seulement à raison des sommes qu'il a déboursées pour elle, mais encore à raison des obligations qu'il a contractées de bonne foi pour les affaires de la société, et des risques inséparables de sa gestion.

1853. Lorsque l'acte de société ne détermine point la part de chaque associé dans les bénéfices ou pertes, la part de chacun est en proportion de sa mise dans le fonds de la société.

A l'égard de celui qui n'a apporté que son industrie, sa part dans les bénéfices ou dans les pertes est réglée comme si sa mise eût été égale à celle de l'associé qui a le moins apporté.

1854. Si les associés sont convenus de s'en rapporter à l'un d'eux ou à un tiers pour le règlement des parts, ce règlement ne peut être attaqué s'il n'est évidemment contraire à l'équité.

Nulle réclamation n'est admise à ce sujet, s'il s'est écoulé plus de trois mois depuis que la partie qui se prétend lésée a eu connaissance du règlement, ou si ce règlement a reçu de sa part un commencement d'exécution.

1855. La convention qui donnerait à l'un des associés la totalité des bénéfices est nulle.

Il en est de même de la stipulation qui affranchirait de toute contribution aux pertes les sommes ou effets mis dans le fonds de la société par un ou plusieurs des associés.

1856. L'associé chargé de l'administration par une clause spéciale du contrat de société peut faire, nonobstant l'opposition des autres associés, tous les actes qui dépendent de son administration, pourvu que ce soit sans fraude.

Ce pouvoir ne peut être révoqué sans cause légitime, tant que la société dure ; mais s'il n'a été donné que par acte postérieur au contrat de société, il est révocable comme un simple mandat.

1857. Lorsque plusieurs associés sont chargés d'administrer, sans que leurs fonctions soient déterminées, ou sans qu'il ait été exprimé que l'un ne pourrait agir sans l'autre, ils peuvent faire chacun séparément tous les actes de cette administration.

1858. S'il a été stipulé que l'un des administrateurs ne pourra rien faire sans l'autre, un seul ne peut, sans une nouvelle convention, agir en l'absence de l'autre, lors même que celui-ci serait dans l'impossibilité actuelle de concourir aux actes d'administration.

1859. A défaut de stipulations spéciales sur le mode d'administration, l'on suit les règles suivantes:

1° Les associés sont censés s'être donné réciproquement le pouvoir d'administrer l'un pour l'autre. Ce que chacun fait est valable même pour la part de ses associés, sans qu'il ait pris leur consentement; sauf le droit qu'ont ces derniers, ou l'un d'eux, de s'opposer à l'opération avant qu'elle soit conclue.

2° Chaque associé peut se servir des choses appartenant à la société, pourvu qu'il les emploie à leur destination fixée par l'usage, et qu'il ne s'en serve pas contre l'intérêt de la société ou de manière à empêcher ses associés d'en user selon leur droit.

3° Chaque associé a le droit d'obliger ses associés à faire avec lui les dépenses qui sont nécessaires pour la conservation des choses de la société.

4° L'un des associés ne peut faire d'innovations sur les immeubles dépendants de la société, même quand il les soutiendrait avantageuses à cette société, si les autres associés n'y consentent.

1860. L'associé qui n'est point administrateur ne peut aliéner n engager les choses même mobilières qui dépendent de la société.

1861. Chaque associé peut, sans le consentement de ses associés, s'associer une tierce personne relativement à la part qu'il a dans la société : il ne peut pas, sans ce consentement, l'associer à la société, lors même qu'il en aurait l'administration.

DES ENGAGEMENTS DES ASSOCIÉS A L'ÉGARD DES TIERS.

1862. Dans les sociétés autres que celles de commerce, les associés ne sont pas tenus solidairement des dettes sociales, et l'un des associés ne peut obliger les autres si ceux-ci ne lui en ont conféré le pouvoir.

1863. Les associés sont tenus envers le créancier avec lequel ils ont contracté, chacun pour une somme et part égales, encore que la part de l'un d'eux dans la société fût moindre, si l'acte n'a pas spécialement restreint l'obligation de celui-ci sur le pied de cette dernière part.

1864. La stipulation que l'obligation est contractée pour le compte de la société ne lie que l'associé contractant et non les autres, à moins que ceux-ci ne lui aient donné pouvoir, ou que la chose n'ait tourné au profit de la société.

DES DIFFÉRENTES MANIÈRES DONT FINIT LA SOCIÉTÉ.

1865. La société finit,

1° Par l'expiration du temps pour lequel elle a été contractée;

2° Par l'extinction de la chose, ou la consommation de la négociation ;

3° Par la mort naturelle de quelqu'un des associés;

4° Par l'interdiction ou la déconfiture de l'un d'eux;

5° Par la volonté qu'un seul ou plusieurs expriment de n'être plus en société.

1866. La prorogation d'une société à temps limité ne peut être prouvée que par un écrit revêtu des mêmes formes que le contrat de société.

1867. Lorsque l'un des associés a promis de mettre en commun la

19. La loi reconnaît trois espèces de sociétés commerciales (1) :

---

propriété d'une chose, la perte survenue avant que la mise en soit effectuée, opère la dissolution de la société par rapport à tous les associés.

La société est également dissoute dans tous les cas par la perte de la chose, lorsque la jouissance seule a été mise en commun, et que la propriété en est restée dans la main de l'associé.

Mais la société n'est pas rompue par la perte de la chose dont la propriété a déjà été apportée à la société.

1868. S'il a été stipulé qu'en cas de mort de l'un des associés, la société continuerait avec son héritier, ou seulement entre les associés survivants, ces dispositions seront suivies : au second cas, l'héritier du décédé n'a droit qu'au partage de la société, eu égard à la situation de cette société lors du décès, et ne participe aux droits ultérieurs qu'autant qu'ils sont une suite nécessaire de ce qui s'est fait avant la mort de l'associé auquel il succède.

1869. La dissolution de la société par la volonté de l'une des parties ne s'applique qu'aux sociétés dont la durée est illimitée, et s'opère par une renonciation notifiée à tous les associés, pourvu que cette renonciation soit de bonne foi, et non faite à contre-temps.

1870. La renonciation n'est pas de bonne foi lorsque l'associé renonce pour s'approprier à lui seul le profit que les associés s'étaient proposé de retirer en commun.

Elle est faite à contre-temps lorsque les choses ne sont plus entières, et qu'il importe à la société que sa dissolution soit différée.

1871. La dissolution des sociétés à terme ne peut être demandée par l'un des associés avant le terme convenu, qu'autant qu'il y en a de justes motifs, comme lorsqu'un autre associé manque à ses engagements, ou qu'une infirmité habituelle le rend inhabile aux affaires de la société, ou autres cas semblables, dont la légitimité et la gravité sont laissées à l'arbitrage des juges.

1872. Les règles concernant le partage des successions, la forme de ce partage, et les obligations qui en résultent entre les cohéritiers, s'appliquent aux partages entre associés.

Disposition relative aux sociétés de commerce.

1873. Les dispositions du présent titre ne s'appliquent aux sociétés de commerce que dans les points qui n'ont rien de contraire aux lois et usages du commerce.

(1) Le nouvel article 76 du Code de commerce (*Loi du 2-4 juillet* 1862) permet, à l'égard des agents de change, d'établir une société *sui generis*.

La loi reconnaît, en outre, par suite de dispositions législatives nouvelles, deux autres espèces de sociétés commerciales :

La société en commandite par actions qui, introduite par l'usage, est aujourd'hui réglée par la loi du 17 juillet 1856,

Et la société à responsabilité limitée régie par la loi du 23 mai 1863.

1° *Loi du 17-23 juillet 1856, sur les sociétés en commandite par actions.*

1. Les sociétés en commandite ne peuvent diviser leur capital en actions ou coupons d'actions de moins de cent francs, lorsque ce capital n'excède pas deux cent mille francs, et de moins de cinq cents francs lorsqu'il est supérieur. — Elles ne peuvent être définitivement constituées qu'après la souscription de la totalité du capital social et le versement par chaque actionnaire du quart au moins du montant des actions par lui souscrites. — Cette souscription et ces versements sont constatés par une déclaration du gérant dans un acte notarié. — A cette déclaration

. La société en nom collectif. (Co. 20, 21, 22, 24, 39, 42,
43, 44.)

---

sont annexés la liste des souscripteurs, l'état des versements faits par eux,
et l'acte de société.

2. Les actions des sociétés en commandite sont nominatives jusqu'à
leur entière libération.

3. Les souscripteurs d'actions dans les sociétés en commandite sont,
nonobstant toute stipulation contraire, responsables du paiement du montant total des actions par eux souscrites. — Les actions ou coupons d'actions ne sont négociables qu'après le versement des deux cinquièmes.

4. Lorsqu'un associé fait, dans une société en commandite par actions,
un apport qui ne consiste pas en numéraire, ou stipule à son profit des
avantages particuliers, l'assemblée générale des actionnaires en fait vérifier et apprécier la valeur. — La société n'est définitivement constituée
qu'après approbation dans une réunion ultérieure de l'assemblée générale. — Les délibérations sont prises par la majorité des actionnaires
présents. Cette majorité doit comprendre le quart des actionnaires et représenter le quart du capital social en numéraire. — Les associés qui ont
fait l'apport ou stipulé les avantages soumis à l'appréciation de l'assemblée n'ont pas voix délibérative.

5. Un conseil de surveillance, composé de cinq actionnaires au moins,
est établi dans chaque société en commandite par actions. — Ce conseil
est nommé par l'assemblée générale des actionnaires immédiatement
après la constitution définitive de la société, et avant toute opération sociale. — Il est soumis à la réélection tous les cinq ans au moins : toutefois, le premier conseil n'est nommé que pour une année.

6. Est nulle et de nul effet, à l'égard des intéressés, toute société en
commandite par actions constituée contrairement à l'une des prescriptions énoncées dans les articles qui précèdent. — Cette nullité ne peut
être opposée aux tiers par les associés.

7. Lorsque la société est annulée aux termes de l'article précédent, les
membres du conseil de surveillance peuvent être déclarés responsables,
solidairement et par corps avec les gérants, de toutes les opérations faites
postérieurement à leur nomination. — La même responsabilité solidaire
peut être prononcée contre ceux des fondateurs de la société qui ont fait
un apport en nature, ou au profit desquels ont été stipulés des avantages
particuliers.

8. Les membres du conseil de surveillance vérifient les livres, la
caisse, le portefeuille et les valeurs de la société. — Ils font, chaque année,
un rapport à l'assemblée générale sur les inventaires et sur les propositions de distribution de dividendes faites par le gérant.

9. Le conseil de surveillance peut convoquer l'assemblée générale. Il
peut aussi provoquer la dissolution de la société.

10. Tout membre d'un conseil de surveillance est responsable avec les
gérants solidairement et par corps, — 1° lorsque, sciemment, il a laissé
commettre dans les inventaires des inexactitudes graves, préjudiciables à
la société ou aux tiers; — 2° lorsqu'il a, en connaissance de cause, consenti
à la distribution de dividendes non justifiés par des inventaires sincères
et réguliers.

11. L'émission d'actions ou de coupons d'actions d'une société constituée contrairement aux articles 1 et 2 de la présente loi, est punie d'un
emprisonnement de huit jours à six mois, et d'une amende de cinq cents
francs à dix mille francs, ou de l'une de ces peines seulement. — Est
puni des mêmes peines le gérant qui commence les opérations sociales
avant l'entrée en fonctions du conseil de surveillance.

12. La négociation d'actions ou de coupons d'actions dont la valeur ou
la forme serait contraire aux dispositions des articles 1 et 2 de la présente loi, ou pour lesquels le versement des deux cinquièmes n'aurait pas

La société en commandite, Co. 23 à 28, 38, 39, 42, 43, 44.)
La société anonyme. (Co. 29 à 37, 40, 45.)

été effectué conformément à l'article 3, est punie d'une amende de cinq cents francs à dix mille francs. — Sont punies de la même peine toute participation à ces négociations et toute publication de la valeur desdites actions.

13. Sont punis des peines portées par l'article 405 du Code pénal (prison et amende), sans préjudice de l'application de cet article à tous les faits constitutifs du délit d'escroquerie : — 1° Ceux qui, par simulation de souscriptions ou de versements ou par la publication faite de mauvaise foi de souscriptions ou de versements qui n'existent pas, ou de tous autres faits faux, ont obtenu ou tenté d'obtenir des souscriptions ou des versements ; — 2° ceux qui, pour provoquer des souscriptions ou des versements, ont, de mauvaise foi, publié les noms de personnes désignées, contrairement à la vérité, comme étant ou devant être attachées à la société à un titre quelconque ; — 3° les gérants qui, en l'absence d'inventaires ou au moyen d'inventaires frauduleux, ont opéré entre les actionnaires la répartition de dividendes non réellement acquis à la société. — L'article 463 du Code pénal (circonstances atténuantes) est applicable aux faits prévus par le présent article.

14. Lorsque les actionnaires d'une société en commandite par actions ont à soutenir collectivement et dans un intérêt commun, comme demandeurs ou comme défendeurs, un procès contre les gérants ou contre les membres du conseil de surveillance, ils sont représentés par des commissaires nommés en assemblée générale. — Lorsque quelques actionnaires seulement sont engagés comme demandeurs ou comme défendeurs dans la contestation, les commissaires sont nommés dans une assemblée spéciale composée des actionnaires parties au procès. — Dans le cas où un obstacle quelconque empêcherait la nomination des commissaires par l'assemblée générale ou par l'assemblée spéciale, il y sera pourvu par le tribunal de commerce, sur la requête de la partie la plus diligente. — Nonobstant la nomination des commissaires, chaque actionnaire a le droit d'intervenir personnellement dans l'instance, à la charge de supporter les frais de son intervention.

15. Les sociétés en commandite par actions actuellement existantes, et qui n'ont pas de conseil de surveillance, sont tenues, dans le délai de six mois à partir de la promulgation de la présente loi, de constituer un conseil de surveillance. — Ce conseil est nommé conformément aux dispositions de l'article 5. — Les conseils déjà existants et ceux qui sont nommés en exécution du présent article, exercent les droits et remplissent les obligations déterminés par les articles 8 et 9 ; ils sont soumis à la responsabilité prévue par l'article 10. — A défaut de constitution du conseil de surveillance dans le délai ci-dessus fixé, chaque actionnaire a le droit de faire prononcer la dissolution de la société. — Néanmoins, un nouveau délai peut être accordé par les tribunaux, à raison des circonstances. — L'article 14 est également applicable aux sociétés actuellement existantes.

2° *Loi du 23-29 mai 1863 sur les sociétés à responsabilité limitée.*

1. Il peut être formé, sans l'autorisation exigée par l'article 37 du Code de commerce, des sociétés commerciales dans lesquelles aucun des associés n'est tenu au-delà de sa mise. — Ces sociétés prennent le titre de *sociétés à responsabilité limitée.* — Elles sont soumises aux dispositions des articles 29, 30, 32, 33, 34, 36 et 40 du Code de commerce. — Elles sont administrées par un ou plusieurs mandataires à temps, révocables, salariés ou gratuits, pris parmi les associés.

2. Le nombre des associés ne peut être inférieur à sept.

20. La *société en nom collectif* est celle que contractent deux personnes ou un plus grand nombre, et qui a pour objet de

---

3. Le capital social ne peut excéder 20,000,000 de francs. — Il ne peut être divisé en actions ou coupons d'actions de moins de cent francs, lorsqu'il n'excède pas deux cent mille francs, et de moins de cinq cents francs lorsqu'il est supérieur. — Les actions sont nominatives jusqu'à leur entière libération. — Les actions ou coupons d'actions ne sont négociables qu'après le versement des deux cinquièmes. — Les souscripteurs sont, nonobstant toute stipulation contraire, responsables du montant total des actions par eux souscrites.

4. Les sociétés à responsabilité limitée ne peuvent être définitivement constituées qu'après la souscription de la totalité du capital social et le versement du quart au moins du capital qui consiste en numéraire. — Cette souscription et ces versements sont constatés par une déclaration des fondateurs faite par acte notarié. — A cette déclaration sont annexés la liste des souscripteurs, l'état des versements effectués et l'acte de société. — Cette déclaration, avec les pièces à l'appui, est soumise à la première assemblée générale, qui en vérifie la sincérité.

5. Lorsqu'un associé fait un apport qui ne consiste pas en numéraire ou stipule à son profit des avantages particuliers, la première assemblée générale fait apprécier la valeur de l'apport ou la cause des avantages stipulés. — La société n'est définitivement constituée qu'après l'approbation dans une autre assemblée générale, après une nouvelle convocation. — Les associés qui ont fait l'apport ou stipulé les avantages soumis à l'appréciation et à l'approbation de l'assemblée générale n'ont pas voix délibérative. — Cette approbation ne fait pas obstacle à l'exercice ultérieur de l'action qui peut être intentée pour cause de dol ou de fraude.

6. Une assemblée générale est, dans tous les cas, convoquée à la diligence des fondateurs, postérieurement à l'acte qui constate la souscription du capital social et le versement du quart du capital qui consiste en numéraire. Cette assemblée nomme les premiers administrateurs; elle nomme également, pour la première année, les commissaires institués par l'article 15. — Ces administrateurs ne peuvent être nommés pour plus de six ans; ils sont rééligibles, sauf stipulation contraire. — Le procès-verbal de la séance constate l'acceptation des administrateurs et des commissaires présents à la réunion. — La société est constituée à partir de cette acceptation.

7. Les administrateurs doivent être propriétaires, par parts égales, d'un vingtième du capital social. — Les actions formant ce vingtième sont affectées à la garantie de la gestion des administrateurs. — Elles sont nominatives, inaliénables, frappées d'un timbre indiquant l'inaliénabilité et déposées dans la caisse sociale.

8. Dans la quinzaine de la constitution de la société, les administrateurs sont tenus de déposer au greffe du tribunal de commerce : — 1o une expédition de l'acte de société et de l'acte constatant la souscription du capital et du versement du quart; — 2e une copie certifiée des délibérations prises par l'assemblée générale dans les cas prévus par les articles 4, 5 et 6, et de la liste nominative des souscripteurs, contenant les nom, prénoms, qualités, demeure et le nombre d'actions de chacun d'eux. — Toute personne a le droit de prendre communication des pièces susmentionnées et même de s'en faire délivrer une copie à ses frais. — Les mêmes documents doivent être affichés, d'une manière apparente, dans les bureaux de la société.

9. Dans le même délai de quinzaine, un extrait des actes et délibérations énoncés dans l'article précédent est transcrit, publié et affiché suivant le mode prescrit par l'article 42 du Code de commerce. — L'extrait doit contenir : — Les noms, prénoms, qualités et demeures des administrateurs; — La désignation de la société, de son objet et du siège social;

faire le commerce sous une raison sociale. (Co. 19, 21, 22, 24, 39, 42, 43, 44, 438, 458.)

— La mention qu'elle est à responsabilité limitée ; — L'énonciation du montant du capital social, tant en numéraire qu'en autres objets ; — La quotité à prélever sur les bénéfices pour composer le fonds de réserve ; — L'époque où la société commence et celle où elle doit finir, — Et la date du dépôt au greffe du tribunal de commerce, prescrit par l'article 8. — L'extrait est signé par les administrateurs de la société.

10. Tous actes et délibérations ayant pour objet la modification des statuts, la continuation de la société au-delà du terme fixé pour sa durée, la dissolution avant ce terme et le mode de liquidation, sont soumis aux formalités prescrites par les articles 8 et 9.

11. Dans tous les actes, factures, annonces, publications et autres documents émanés des sociétés à responsabilité limitée, la dénomination sociale doit toujours être précédée ou suivie immédiatement de ces mots, écrits lisiblement en toutes lettres : *Société à responsabilité limitée*, et de l'énonciation du montant du capital social.

12. Il est tenu, chaque année au moins, une assemblée générale à l'époque fixée par les statuts. Les statuts déterminent le nombre d'actions qu'il est nécessaire de posséder, soit à titre de propriétaire, soit à titre de mandataire, pour être admis dans l'assemblée, et le nombre de voix appartenant à chaque actionnaire, eu égard au nombre d'actions dont il est porteur. — Néanmoins, dans les premières assemblées générales, appelées à statuer dans les cas prévus par les articles 4, 5 et 6, tous les actionnaires sont admis avec voix délibérative.

13. Dans toutes les assemblées générales, les délibérations sont prises à la majorité des voix. — Il est tenu une feuille de présence ; elle contient les noms et domiciles des actionnaires et le nombre d'actions dont chacun d'eux est porteur. — Cette feuille, certifiée par le bureau de l'assemblée, est déposée au siége social et doit être communiquée à tout requérant.

14. Les assemblées générales doivent être composées d'un nombre d'actionnaires représentant le quart au moins du capital social. — Si l'assemblée générale ne réunit pas ce nombre, une nouvelle assemblée est convoquée, et elle délibère valablement, quelle que soit la portion du capital représentée par les actionnaires présents. — Mais les assemblées qui délibèrent, — Sur l'objet indiqué dans l'article 5, — Sur la nomination des premiers administrateurs, dans le cas prévu par l'article 6, — Sur les modifications aux statuts, — Sur des propositions de continuation de la société au-delà du terme fixé pour sa durée ou de dissolution avant ce terme, — Ne sont régulièrement constituées et ne délibèrent valablement qu'autant qu'elles sont composées d'un nombre d'actionnaires représentant la moitié au moins du capital social. — Lorsque l'assemblée délibère sur l'objet indiqué dans l'article 5, le capital social, dont la moitié doit être représentée, se compose seulement des apports non soumis à vérification.

15. L'assemblée générale annuelle désigne un ou plusieurs commissaires, associés ou non, chargés de faire un rapport à l'assemblée générale de l'année suivante sur la situation de la société, sur le bilan et sur les comptes présentés par les administrateurs. — La délibération contenant approbation du bilan et des comptes est nulle, si elle n'a été précédée du rapport des commissaires. — A défaut de nomination des commissaires par l'assemblée générale, ou en cas d'empêchement ou de refus d'un ou de plusieurs commissaires nommés, il est procédé à leur nomination ou à leur remplacement par ordonnance du président du tribunal de commerce du siége de la société, à la requête de tout intéressé, les administrateurs dûment appelés.

16. Les commissaires ont droit, toutes les fois qu'ils le jugent conve-

21. Les noms des associés peuvent seuls faire partie de la raison sociale.

nable, dans l'intérêt social, de prendre communication des livres, d'examiner les opérations de la société et de convoquer l'assemblée générale.

17. Toute société à responsabilité limitée doit dresser, chaque trimestre, un état résumant sa situation active et passive. — Cet état est mis à la disposition des commissaires. — Il est, en outre, établi chaque année, un inventaire contenant l'indication des valeurs mobilières et immobilières et de toutes les dettes actives et passives de la société. — Cet inventaire est présenté à l'assemblée générale.

18. Quinze jours au moins avant la réunion de l'assemblée générale, une copie du bilan résumant l'inventaire et du rapport des commissaires est adressée à chacun des actionnaires connus et déposée au greffe du tribunal de commerce. — Tout actionnaire peut, en outre, prendre au siège social communication de l'inventaire et de la liste des actionnaires.

19. Il est fait annuellement sur les bénéfices nets un prélèvement d'un vingtième au moins, affecté à la formation d'un fonds de réserve. — Ce prélèvement cesse d'être obligatoire lorsque le fonds de réserve a atteint le dixième du capital social.

20. En cas de perte des trois quarts du capital social, les administrateurs sont tenus de provoquer la réunion de l'assemblée générale de tous les actionnaires, à l'effet de statuer sur la question de savoir s'il y a lieu de prononcer la dissolution de la société. — La résolution de l'assemblée est, dans tous les cas, rendue publique dans les formes prescrites par l'article 8. — A défaut, par les administrateurs, de réunir l'assemblée générale, tout intéressé peut demander la dissolution de la société devant les tribunaux.

21. La dissolution doit être prononcée, sur la demande de tout intéressé, lorsque six mois se sont écoulés depuis l'époque où le nombre des associés a été réduit à moins de sept.

22. Des associés représentant le vingtième au moins du capital social peuvent, dans un intérêt commun, charger à leurs frais un ou plusieurs mandataires d'intenter une action contre les administrateurs à raison de leur gestion, sans préjudice de l'action que chaque associé peut intenter individuellement en son nom personnel.

23. Il est interdit aux administrateurs de prendre ou de conserver un intérêt direct ou indirect dans une opération quelconque, faite avec la société ou pour son compte, à moins qu'ils n'y soient autorisés par l'assemblée générale pour certaines opérations spécialement déterminées.

24. Est nulle et de nul effet, à l'égard des intéressés, toute société à responsabilité limitée pour laquelle n'ont pas été observées les dispositions des articles 1, 3, 4, 5, 6, 7, 8 et 9. — Sont également nuls les actes et délibérations désignés dans l'article 10, s'ils n'ont point été *déposés* et publiés dans les formes prescrites par les articles 8 et 9. — Cette nullité ne peut être opposée aux tiers par les associés.

25. Lorsque la nullité de la société ou des actes et délibérations a été prononcée, aux termes de l'article 24 ci-dessus, les fondateurs auxquels la nullité est imputable, et les administrateurs en fonctions au moment où elle a été encourue sont responsables solidairement et par corps envers les tiers, sans préjudice des droits des actionnaires. — La même responsabilité solidaire peut être prononcée contre ceux des associés dont les apports ou les avantages n'auraient pas été vérifiés et approuvés conformément à l'article 5.

26. L'étendue et les effets de la responsabilité des commissaires envers la société sont déterminés d'après les règles générales du mandat.

27. Les administrateurs sont responsables, conformément aux règles du droit commun, soit envers la société, soit envers les tiers, de tous

22. Les associés en nom collectif indiqués dans l'acte de société sont solidaires pour tous les engagements de la société, encore qu'un seul des associés ait signé, pourvu que ce soit sous la raison sociale. (C. 1200 s., 1862. — Co. 20, 39, 41 s.)

23. La *société en commandite* se contracte entre un ou plusieurs associés responsables et solidaires, et un ou plusieurs associés simples bailleurs de fonds, que l'on nomme *commanditaires* ou *associés en commandite* (1). (Co. 19, 24 à 28, 38, 39, 42, 43, 44.)

Elle est régie sous un nom social, qui doit être nécessairement celui d'un ou plusieurs des associés responsables et solidaires. (C. 1200 s.)

---

dommages-intérêts résultant des infractions aux dispositions de la présente loi et des fautes par eux commises dans leur gestion. — Ils sont tenus solidairement du préjudice qu'ils peuvent avoir causé, soit aux tiers, soit aux associés, en distribuant ou en laissant distribuer sans opposition des dividendes qui, d'après l'état de la société constaté par les inventaires, n'étaient pas réellement acquis.

28. Toute contravention à la prescription de l'article 11 est punie d'une amende de cinquante francs à mille francs.

29. Sont punis d'une amende de cinq cents francs à dix mille francs ceux qui, en se présentant comme propriétaires d'actions ou de coupons d'actions qui ne leur appartiennent pas, ont créé frauduleusement une majorité factice dans une assemblée générale, sans préjudice de tous dommages-intérêts, s'il y a lieu, envers la société ou envers les tiers. — La même peine est applicable à ceux qui ont remis les actions pour en faire l'usage frauduleux.

30 L'émission d'actions faite en contravention à l'article 3 est punie d'un emprisonnement de huit jours à six mois et d'une amende de cinq cents francs à dix mille francs, ou de l'une de ces peines seulement. — La négociation d'actions ou coupons d'actions faite contrairement aux dispositions du même article 3 est punie d'une amende de cinq cents francs à dix mille francs. — Sont punies de la même peine toute participation à ces négociations, et toute publication de la valeur desdites actions.

31. Sont punies des peines portées par l'article 405 du Code pénal (prison et amende), sans préjudice de l'application de cet article à tous les faits constitutifs du délit d'escroquerie : — 1º Ceux qui, par simulation de souscriptions ou de versements, ou par la publication faite de mauvaise foi de souscriptions ou de versements qui n'existent pas ou de tous autres faits faux, ont obtenu ou tenté d'obtenir des souscriptions ou des versements ; — 2º Ceux qui, pour provoquer des souscriptions ou des versements ont, de mauvaise foi, publié les noms de personnes désignées, contrairement à la vérité, comme étant ou devant être attachées à la société à un titre quelconque ; — 3º Les administrateurs qui, en l'absence d'inventaires ou au moyen d'inventaires frauduleux, ont opéré ou laissé opérer, sciemment et sans opposition, la répartition de dividendes non réellement acquis.

32 L'article 463 du Code pénal (circonstances atténuantes) est applicable aux faits prévus par la présente loi.

(1) L'arrêté du 2 prairial an XI, contenant règlement sur les armements en course, déclarait que ces sociétés étaient réputées *en commandite*; mais, en principe, la course est aujourd'hui abolie.

24. Lorsqu'il y a plusieurs associés solidaires et en nom, soit que tous gèrent ensemble, soit qu'un ou plusieurs gèrent pour tous, la société est, à la fois, société en nom collectif à leur égard, et société en commandite à l'égard des simples bailleurs de fonds.

25. Le nom d'un associé commanditaire ne peut faire partie de la raison sociale. (Co. 25 à 28.)

26. L'associé commanditaire n'est passible des pertes que jusqu'à concurrence des fonds qu'il a mis ou dû mettre dans la société. (C. 1234, 1302, 1303. — Co. 33.)

27. « L'associé commanditaire ne peut faire aucun acte de gestion, même en vertu de procuration (1). » (*Loi du 6-9 mai 1863.*) (Co. 23, 28.)

28. « En cas de contravention à la prohibition mentionnée dans l'article précédent, l'associé commanditaire est obligé, solidairement avec les associés en nom collectif, pour les dettes et engagements de la société qui dérivent des actes de gestion qu'il a faits ; et il peut, suivant le nombre ou la gravité de ces actes, être déclaré solidairement obligé pour tous les engagements de la société, ou pour quelques-uns seulement.

« Les avis et conseils, les actes de contrôle et de surveillance n'engagent point l'associé commanditaire. » (*Même loi.*) (C. 1200 s. — Co. 23, 26, 27.)

29 (2). La *société anonyme* n'existe point sous un nom so♦

---

(1) *Avis du Conseil d'Etat du 29 avril 1809, en interprétation des art. 27 et 28 (anciens) du Code de commerce, relatifs aux associés commanditaires, approuvé le 17 mai.*

Le Conseil d'État est d'avis — que les art. 27 et 28 du Code de commerce ne sont applicables qu'aux actes que les associés commanditaires feraient en représentant comme gérants la maison commanditée, même par procuration, et qu'ils ne s'appliquent pas aux transactions commerciales que la maison commanditée peut faire pour son compte avec le commanditaire, et réciproquement le commanditaire avec la maison commanditée comme avec toute autre maison de commerce.

Nota. — Cet avis s'applique au nouvel article 27 qui est la reproduction de l'ancien article rectifié seulement sous un autre point de vue par le retranchement des mots soulig. és ci-dessous, pour éviter le danger que pouvait présenter une mauvaise interprétation.

Ancien art. 27. — L'associé commanditaire ne peut faire aucun acte de gestion, *ni être employé pour les affaires de la société,* même en vertu de procuration.

(2) *Loi du 30 mai-11 juin 1857, qui admet les sociétés belges à exercer leurs droits en France.*

1. Les sociétés anonymes et les autres associations commerciales, industrielles ou financières qui sont soumises à l'autorisation du gouvernement belge, et qui l'ont obtenue, peuvent exercer tous leurs droits et ester en justice en France, en se conformant aux lois de l'Empire.

cial : elle n'est désignée par le nom d'aucun des associés. (Co. 19, 30 à 37, 40, 45.)

30. Elle est qualifiée par la désignation de l'objet de son entreprise.

31. Elle est administrée par des mandataires à temps, révocables, associés ou non associés, salariés ou gratuits. (C. 1984, 2003. — Co. 32.)

32. Les administrateurs ne sont responsables que de l'exécution du mandat qu'ils ont reçu. (C. 1991.)

Ils ne contractent, à raison de leur gestion, aucune obligation personnelle ni solidaire relativement aux engagements de la société.

33. Les associés ne sont passibles que de la perte du montant de leur intérêt dans la société. (Co. 26.)

34. Le capital de la société anonyme se divise en actions et même en coupons d'action d'une valeur égale. (Co. 35, 36, 38.)

35. L'action peut être établie sous la forme d'un titre au porteur. (Co. 34, 36.)

Dans ce cas, la cession s'opère par la tradition du titre. (C. 1607, 1689.)

36. La propriété des actions peut être établie par une inscription sur les registres de la société. (Co. 34, 35.)

Dans ce cas, la cession s'opère par une déclaration de transfert inscrite sur les registres, et signée de celui qui fait le transport ou d'un fondé de pouvoir. (C. 1987.)

37. La société anonyme ne peut exister qu'avec l'autorisation de l'Empereur, et avec son approbation pour l'acte qui la constitue ; cette approbation doit être donnée dans la forme prescrite pour les règlements d'administration publique. (Co. 45.)

38. Le capital des sociétés en commandite pourra être aussi divisé en actions (1), sans aucune autre dérogation aux règles établies pour ce genre de société. (Co. 23, 34.)

39. Les sociétés en nom collectif ou en commandite doivent être constatées par des actes publics ou sous signature

---

2. Un décret impérial, rendu en Conseil d'Etat, peut appliquer à tous autres pays le bénéfice de l'article 1er.

Nota. — Cette loi a été déclarée applicable à divers pays par une foule de décrets.

(1) Cette division *en actions* du capital commanditaire dans les sociétés en commandite ordinaires ne constituait pas la *société en commandite par actions* qui est régie aujourd'hui par la loi spéciale du 17 juillet 1856, dont le texte est rapporté ci-dessus.

privée, en se conformant, dans ce dernier cas, à l'article 1325 du Code Napoléon (1). (C. 1317, 1318, 1322. — Co. 20, 23, 41 à 44.)

40. Les sociétés anonymes ne peuvent être formées que par des actes publics. (C. 1317. — Co. 29, 37, 45.)

41. Aucune preuve par témoins ne peut être admise contre et outre le contenu dans les actes de société, ni sur ce qui serait allégué avoir été dit avant l'acte, lors de l'acte ou depuis, encore qu'il s'agisse d'une somme au-dessous de cent cinquante francs. (C. 1341, 1347, 1834, 1866. — Co. 39, 40.)

42. L'extrait des actes de société en nom collectif et en commandite, doit être remis, dans la quinzaine de leur date, au greffe du tribunal de commerce de l'arrondissement dans lequel est établie la maison du commerce social, pour être transcrit sur le registre, et affiché pendant trois mois dans la salle des audiences.

Si la société a plusieurs maisons de commerce situées dans divers arrondissements, la remise, la transcription et l'affiche de cet extrait, seront faites au tribunal de commerce de chaque arrondissement.

« Chaque année, dans la 1re quinzaine de janvier, *les tribu-* « *naux de commerce* (2) désigneront au chef-lieu de leur ressort, « et, à leur défaut, dans la ville la plus voisine, un ou plu- « sieurs journaux où devront être insérés dans la quinzaine « de leur date, les extraits d'acte de société en nom collectif « ou en commandite, et régleront le tarif de l'impression de « ces extraits.

« Il sera justifié de cette insertion par un exemplaire du jour- « nal, certifié par l'imprimeur, légalisé par le maire et enre-

---

(1) **C. Nap. — 1325.** Les actes sous seing privé qui contiennent des conventions synallagmatiques, ne sont valables qu'autant qu'ils ont été faits en autant d'originaux qu'il y a de parties ayant un intérêt distinct.

Il suffit d'un original pour toutes les personnes ayant le même intérêt.

Chaque original doit contenir la mention du nombre des originaux qui en ont été faits.

Néanmoins le défaut de mention que les originaux ont été faits doubles, triples, etc., ne peut être opposé par celui qui a exécuté de sa part la convention portée dans l'acte.

(2) *Les tribunaux de commerce.* — Texte de la loi du 31 mars 1833. — Le soin de faire cette désignation est aujourd'hui confié aux préfets par l'article 23 du décret organique du 17 février 1852, qui est ainsi conçu :

D. 17 février 1852. — **23.** Les annonces judiciaires exigées par les lois pour la validité ou la publicité des procédures ou des contrats seront insérées, à peine de nullité de l'insertion, dans le journal ou les journaux de l'arrondissement qui seront désignés, chaque année, par le préfet. — A défaut de journal dans l'arrondissement, le préfet désignera un ou plu- sieurs journaux du département. — Le préfet réglera en même temps le tarif de l'impression de ces annonces.

« gistré dans les trois mois de sa date. » (*Addition faite par la loi du 31 mars 1833.*)

Ces formalités seront observées, à peine de nullité à l'égard des intéressés; mais le défaut d'aucune d'elles ne pourra être opposé à des tiers par les associés. (Co. 43, 44.)

43. L'extrait doit contenir

Les noms, prénoms, qualités et demeures des associés autres que les actionnaires ou commanditaires,

La raison de commerce de la société,

La désignation de ceux des associés autorisés à gérer, administrer et signer pour la société,

Le montant des valeurs fournies ou à fournir par actions ou en commandite,

L'époque où la société doit commencer, et celle où elle doit finir. (C. 1865 s. — Co. 39, 41, 44, 46.)

44. L'extrait des actes de société est signé, pour les actes publics, par les notaires, et pour les actes sous seing privé, par tous les associés, si la société est en nom collectif, et par les associés solidaires ou gérants, si la société est en commandite, soit qu'elle se divise ou ne se divise pas en actions. (Co. 20, 23, 43.)

45. L'acte du Gouvernement qui autorise les sociétés anonymes, devra être affiché avec l'acte d'association et pendant le même temps. (Co. 37, 42.)

46. Toute continuation de société, après son terme expiré, sera constatée par une déclaration des co-associés. (C. 1866. — Co. 39, 43.)

Cette déclaration, et tous actes portant dissolution de société avant le terme fixé pour sa durée par l'acte qui l'établit, tout changement ou retraite d'associés, toutes nouvelles stipulations ou clauses, tout changement à la raison de société, sont soumis aux formalités prescrites par les articles 42, 43 et 44.

« En cas d'omission de ces formalités, il y aura lieu à l'application des dispositions pénales de l'article 42, dernier alinéa. » (*Loi du 31 mars 1833.*)

47. Indépendamment des trois espèces de sociétés ci-dessus, la loi reconnaît les *associations commerciales en participation.* (Co. 48, 49, 50.)

48 (1). Ces associations sont relatives à une ou plusieurs

---

(1) *De la société particulière.*

C. Nap. — 1841. La société particulière est celle qui ne s'applique qu'à certaines choses déterminées, ou à leur usage, ou aux fruits à en percevoir.

opérations de commerce ; elles ont lieu pour les objets, dans les formes, avec les proportions d'intérêt et aux conditions convenus entre les participants. (C. 1134.)

49. Les associations en participation peuvent être constatées par la représentation des livres, de la correspondance, ou par la preuve testimoniale, si le tribunal juge qu'elle peut être admise. (C. 1353. — Co. 8, 15, 17, 51 s., 109.)

50. Les associations commerciales en participation ne sont pas sujettes aux formalités prescrites pour les autres sociétés.

SECTION II.

DES CONTESTATIONS ENTRE ASSOCIÉS, ET DE LA MANIÈRE DE LES DÉCIDER.

Les art. 51 à 63 qui établissaient des *arbitres juges* pour statuer sur les contestations entre associés, ont été abrogés par la *Loi du 17-23 juillet* 1856 (1).

64 (2). Toutes actions contre les associés non liquidateurs et leurs veuves, héritiers ou ayants cause, sont prescrites cinq ans après la fin ou la dissolution de la société, si l'acte de société qui en énonce la durée, ou l'acte de dissolution a été affiché et enregistré conformément aux articles 42,

---

1842. Le contrat par lequel plusieurs personnes s'associent, soit pour une entreprise désignée, soit pour l'exercice de quelque métier ou profession, est aussi une société particulière.

(1) *Loi du 17-23 juillet* 1856.

1. Les articles 51 à 63 du Code de commerce sont abrogés.
2. Les tribunaux de commerce connaîtront : — Des contestations entre associés, pour raison d'une société de commerce (V. art. 631, C. com.).
3. *Disposition transitoire.* — Les procédures, commencées avant la promulgation de la présente loi, continueront à être instruites et jugées suivant la loi ancienne. — Les procédures seront censées commencées, lorsque les arbitres auront été nommés par le tribunal de commerce ou choisis par les parties.

(2) **C. Nap. — 2244.** Une citation en justice, un commandement ou une saisie, signifiés à celui qu'on veut empêcher de prescrire, forment l'interruption civile.
2245. La citation en conciliation devant le bureau de paix interrompt la prescription, du jour de sa date, lorsqu'elle est suivie d'une assignation en justice donnée dans les délais de droit.
2246. La citation en justice, donnée même devant un juge incompétent, interrompt la prescription.
2247. Si l'assignation est nulle par défaut de forme,
Si le demandeur se désiste de sa demande,
S'il laisse périmer l'instance,
Ou si sa demande est rejetée,
L'interruption est regardée comme non avenue.

43, 44 et 46, et si, depuis cette formalité remplie, la prescription n'a été interrompue à leur égard par aucune poursuite judiciaire. (C. 712, 2219, 2244 s. — Co. 43, 46, 108, 155, 189, 430 à 434.)

TITRE IV.

DES SÉPARATIONS DE BIENS.

65 (1). Toute demande en séparation de biens sera poursuivie, instruite et jugée conformément à ce qui est prescrit au

---

(1) *Des séparations de biens.*

C. Nap. — **1443**. La séparation de biens ne peut être poursuivie qu'en justice par la femme dont la dot est mise en péril, et lorsque le désordre des affaires du mari donne lieu de craindre que les biens de celui-ci ne soient point suffisants pour remplir les droits et reprises de la femme.

Toute séparation volontaire est nulle.

1444. La séparation de biens, quoique prononcée en justice, est nulle si elle n'a point été exécutée par le paiement réel des droits et reprises de la femme, effectué par acte authentique, jusqu'à concurrence des biens du mari, ou au moins par des poursuites commencées dans la quinzaine qui a suivi le jugement, et non interrompues depuis.

1445. Toute séparation de biens doit, avant son exécution, être rendue publique par l'affiche sur un tableau à ce destiné, dans la principale salle du tribunal de première instance, et de plus, si le mari est marchand, banquier ou commerçant, dans celle du tribunal de commerce du lieu de son domicile ; et ce, à peine de nullité de l'exécution.

Le jugement qui prononce la séparation de biens, remonte, quant à ses effets, au jour de la demande.

1446. Les créanciers personnels de la femme ne peuvent, sans son consentement, demander la séparation de biens.

Néanmoins, en cas de faillite ou de déconfiture du mari, ils peuvent exercer les droits de leur débitrice jusqu'à concurrence du montant de leurs créances.

1447. Les créanciers du mari peuvent se pourvoir contre la séparation de biens prononcée et même exécutée en fraude de leurs droits ; ils peuvent même intervenir dans l'instance sur la demande en séparation pour la contester.

C. Nap. — **311**. La séparation de corps emportera toujours la séparation de biens.

C. Proc. — **865**. Aucune demande en séparation de biens ne pourra être formée sans une autorisation préalable, que le président du tribunal devra donner sur la requête qui lui sera présentée à cet effet. Pourra néanmoins le président, avant de donner l'autorisation, faire les observations qui lui paraîtront convenables.

866. Le greffier du tribunal inscrira, sans délai, dans un tableau

Code Napoléon, liv. III, tit. V, chap. II, sect. III (1443 à 1452), et au Code de procédure civile, 2e partie, liv. I, tit. VIII (865 à 874). C. 311, 1029, 1400, 1444 5°, 1540, 1560, 1561, 1563, 1595. — Pr. 49 7° — Co. 66 s., 557 s.)

66. Tout jugement qui prononcera une séparation de corps entre mari et femme, dont l'un serait commerçant, sera soumis

---

placé à cet effet dans l'auditoire, un extrait de la demande en séparation, lequel contiendra,

1° La date de la demande ;

2° Les noms, prénoms, profession et demeure des époux ;

3° Les noms et demeure de l'avoué constitué, qui sera tenu de remettre, à cet effet, ledit extrait au greffier, dans les trois jours de la demande.

867. Pareil extrait sera inséré dans les tableaux placés, à cet effet, dans l'auditoire du tribunal de commerce, dans les chambres d'avoués de première instance et dans celles de notaires, le tout dans les lieux où il y en a. Lesdites insertions seront certifiées par les greffiers et par les secrétaires des chambres.

868. Le même extrait sera inséré, à la poursuite de la femme, dans l'un des journaux qui s'impriment dans le lieu où siége le tribunal; et s'il n'y en a pas, dans l'un de ceux établis dans le département s'il y en a.

Ladite insertion sera justifiée ainsi qu'il est dit au titre *de la Saisie immobilière*, article 698 (V. ci-après sous l'art. 572).

869. Il ne pourra être, sauf les actes conservatoires, prononcé, sur la demande en séparation, aucun jugement qu'un mois après l'observation des formalités ci-dessus prescrites, et qui seront observées à peine de nullité, laquelle pourra être opposée par le mari ou par ses créanciers.

870. L'aveu du mari ne fera pas preuve, lors même qu'il n'y aurait pas de créanciers.

871. Les créanciers du mari pourront, jusqu'au jugement définitif, sommer l'avoué de la femme, par acte d'avoué à avoué, de leur communiquer la demande en séparation et les pièces justificatives, même intervenir pour la conservation de leurs droits, sans préliminaire de conciliation.

872. Le jugement de séparation sera lu publiquement, l'audience tenante, au tribunal de commerce du lieu, s'il y en a. Extrait de ce jugement, contenant la date, la désignation du tribunal où il a été rendu, les noms, prénoms, profession et demeure des époux, sera inséré sur un tableau à ce destiné, et exposé pendant un an dans l'auditoire des tribunaux de première instance et de commerce du domicile du mari, même lorsqu'il ne sera pas négociant, et s'il n'y a pas de tribunal de commerce, dans la principale salle de la maison commune du domicile du mari. Pareil extrait sera inséré au tableau exposé en la chambre des avoués et notaires, s'il y en a. La femme ne pourra commencer l'exécution du jugement que du jour où les formalités ci-dessus auront été remplies, sans que néanmoins il soit nécessaire d'attendre l'expiration du susdit délai d'un an.

Le tout, sans préjudice des dispositions portées en l'article 1445 du Code Napoléon (V. ci-dessus).

873. Si les formalités prescrites au présent titre ont été observées, les créanciers du mari ne seront plus reçus, après l'expiration du délai dont il s'agit dans l'article précédent, à se pourvoir par tierce-opposition contre le jugement de séparation.

874. La renonciation de la femme à la communauté sera faite au greffe du tribunal saisi de la demande en séparation.

aux formalités prescrites par l'article 872 du Code de procédure civile; à défaut de quoi, les créanciers seront toujours admis à s'y opposer, pour ce qui touche leurs intérêts, et à contredire toute liquidation qui en aurait été la suite. (C. 1167, 1447. — Pr. 339 s., 871.)

67. Tout contrat de mariage entre époux, dont l'un sera commerçant, sera transmis par extrait, dans le mois de sa date, aux greffes et chambres désignés par l'article 872 du Code de procédure civile, pour être exposé au tableau, conformément au même article. (C. 1394.)

Cet extrait annoncera si les époux sont mariés en communauté, s'ils sont séparés de biens, ou s'ils ont contracté sous le régime dotal. (C. 1391, 1399, 1536, 1540. — Co. 1, 68 s.)

68. Le notaire qui aura reçu le contrat de mariage sera tenu de faire la remise ordonnée par l'article précédent, sous peine de cent francs d'amende, et même de destitution et de responsabilité envers les créanciers, s'il est prouvé que l'omission soit la suite d'une collusion. (C. 1149, 1382, 1394. — Pr. 128.)

69. « L'époux séparé de biens, ou marié sous le régime dotal, qui embrasserait la profession de commerçant postérieurement à son mariage, sera tenu de faire pareille remise dans le mois du jour où il aura ouvert son commerce; à défaut de cette remise, il pourra être, en cas de faillite, condamné comme banqueroutier simple. » (*Loi* 28 *mai* 1838.) C. 1536, 1540. — Co. 1, 7, 67, 70, 437 et *note*, 586 3° — P. 402.)

70. La même remise sera faite, sous les mêmes peines, dans l'année de la publication de la présente loi (20 septembre 1807), par tout époux séparé de biens, ou marié sous le régime dotal, qui, au moment de ladite publication, exercerait la profession de commerçant. (Co. 1, 67, 69.)

TITRE V.

DES BOURSES DE COMMERCE, AGENTS DE CHANGE ET COURTIERS.

SECTION PREMIÈRE.

DES BOURSES DE COMMERCE.

71. La bourse de commerce est la réunion qui a lieu, sous l'autorité du Gouvernement, des commerçants, capitaines de navire, agents de change et courtiers. (Co. 72 s., 585 2°, 607, 613.)

72 (1). Le résultat des négociations et des transactions qui s'opèrent dans la bourse détermine le cours du change, des marchandises, des assurances, du fret ou nolis, du prix des transports par terre ou par eau, des effets publics et autres dont le cours est susceptible d'être coté. (P. 419 s.)

73. Ces divers cours sont constatés par les agents de change et courtiers, dans la forme prescrite par les règlements de police généraux ou particuliers. (Co. 74 s.)

SECTION II.

DES AGENTS DE CHANGE ET COURTIERS.

74. « La loi reconnaît, pour les actes de commerce, des agents intermédiaires, savoir : les agents de change et les courtiers. — Il y en a dans toutes les villes qui ont une bourse de commerce. — Ils sont nommés par l'Empereur. » (*Loi 2 juillet* 1862.) (Anciens articles 74 et 75 réunis.)

75. « Les agents de change près des bourses pourvues d'un parquet pourront s'adjoindre des bailleurs de fonds intéressés,

---

(1) **C. pén.** — **419.** Tous ceux qui, par des faits faux ou calomnieux semés à dessein dans le public, par des suroffres faites aux prix que demandaient les vendeurs eux-mêmes, par réunion ou coalition entre les principaux détenteurs d'une même marchandise ou denrée, tendant à ne la pas vendre ou à ne la vendre qu'à un certain prix, ou qui, par des voies ou moyens frauduleux quelconques, auront opéré la hausse ou la baisse du prix des denrées ou marchandises ou des papiers et effets publics au-dessus ou au-dessous des prix qu'aurait déterminés la concurrence naturelle et libre du commerce, seront punis d'un emprisonnement d'un mois au moins, d'un an au plus, et d'une amende de cinq cents francs à dix mille francs. Les coupables pourront de plus être mis, par l'arrêt ou le jugement, sous la surveillance de la haute police pendant deux ans au moins et cinq ans au plus.

420. La peine sera d'un emprisonnement de deux mois au moins et de deux ans au plus, et d'une amende de mille francs à vingt mille francs, si ces manœuvres ont été pratiquées sur grains, grenailles, farines, substances farineuses, pain, vin ou toute autre boisson. — La mise en surveillance qui pourra être prononcée sera de cinq ans au moins et de dix ans au plus.

421. Les paris qui auront été faits sur la hausse ou la baisse des effets publics seront punis des peines portées par l'article 419.

422. Sera réputée pari de ce genre toute convention de vendre ou de livrer des effets publics qui ne seront pas prouvés par le vendeur avoir existé à sa disposition au temps de la convention, ou avoir dû s'y trouver au temps de la livraison.

participant aux bénéfices et aux pertes résultant de l'exploitation de l'office et de la liquidation de sa valeur. Ces bailleurs de fonds ne seront passibles des pertes que jusqu'à concurrence des capitaux qu'ils auront engagés. (Co. 26, 74, 84, s.)

Le titulaire de l'office doit toujours être propriétaire en son nom personnel du quart au moins de la somme représentant le prix de l'office et le montant du cautionnement.

L'extrait de l'acte et les modifications qui pourront intervenir seront publiés, à peine de nullité à l'égard des intéressés, sans que ceux-ci puissent opposer aux tiers le défaut de publication. » (*Loi 2 juillet* 1862.) (Co. 42, 43, 44, 46.)

76 (1). Les agents de change, constitués de la manière prescrite par la loi, ont seuls le droit de faire les négociations des effets publics et autres susceptibles d'être cotés ; de faire pour le compte d'autrui les négociations des lettres de change ou billets, et de tous papiers commerçables, et d'en constater le cours.

Les agents de change pourront faire, concurremment avec les courtiers de marchandises, les négociations et le courtage des ventes ou achats des matières métalliques. Ils ont seuls le droit d'en constater le cours. (Co. 73, 78, 81, 109, 181, 186.)

77. Il y a des courtiers de marchandises (Co. 78), — Des courtiers d'assurances (Co. 79), — Des courtiers interprètes et conducteurs de navires (Co. 80), — Des courtiers de transport par terre et par eau. (Co. 82.)

78. Les courtiers de marchandises, constitués de la manière prescrite par la loi, ont seuls le droit de faire le courtage des marchandises, d'en constater le cours ; ils exercent, concurremment avec les agents de change, le courtage des matières métalliques. (Co. 76, 109.)

79. Les courtiers d'assurances rédigent les contrats ou polices d'assurances, concurremment avec les notaires ; ils en attestent la vérité par leur signature, certifient le taux des primes

---

(1) *Jeux de Bourse.*

C. Nap. — 1965. La loi n'accorde aucune action pour une dette de jeu ou pour le paiement d'un pari.

1966. Les jeux propres à exercer au fait des armes, les courses à pied ou à cheval, les courses de chariot, le jeu de paume et autres jeux de même nature qui tiennent à l'adresse et à l'exercice du corps, sont exceptés de la disposition précédente.

Néanmoins le tribunal peut rejeter la demande, quand la somme lui paraît excessive.

1967. Dans aucun cas, le perdant ne peut répéter ce qu'il a volontairement payé, à moins qu'il n'y ait eu, de la part du gagnant, dol, supercherie ou escroquerie.

pour tous les voyages de mer ou de rivière. (Co. 72, 77, 81, 332 s.)

80. Les courtiers interprètes et conducteurs de navires font le courtage des affrétements : ils ont, en outre, seuls le droit de traduire, en cas de contestations portées devant les tribunaux, les déclarations, chartes-parties, connaissements, contrats, et tous actes de commerce dont la traduction serait nécessaire ; enfin, de constater le cours du fret et du nolis. (Co. 190 s.)

Dans les affaires contentieuses de commerce, et pour le service des douanes, ils serviront seuls de truchement à tous étrangers, maîtres de navire, marchands, équipages de vaisseau et autres personnes de mer.

81. Le même individu peut, si l'acte du Gouvernement qui l'institue l'y autorise, cumuler les fonctions d'agent de change, de courtier de marchandises ou d'assurances, et de courtier interprète et conducteur de navires. (Co. 77.)

82. Les courtiers de transport par terre et par eau, constitués selon la loi, ont seuls, dans les lieux où ils sont établis, le droit de faire le courtage des transports par terre et par eau : ils ne peuvent cumuler, dans aucun cas et sous aucun prétexte, les fonctions de courtiers de marchandises, d'assurances, ou de courtiers conducteurs de navires, désignés aux articles 78, 79 et 80.

83. Ceux qui ont fait faillite ne peuvent être ni agents de change ni courtiers, s'ils n'ont été réhabilités. (Co. 89, 437, 604 s.)

84. Les agents de change et courtiers sont tenus d'avoir un livre revêtu des formes prescrites par l'art. 11.

Ils sont tenus de consigner dans ce livre, jour par jour, et par ordre de dates, sans ratures, interlignes ni transpositions, et sans abréviations ni chiffres, toutes les conditions des ventes, achats, assurances, négociations, et en général de toutes les opérations faites par leur ministère.

85. Un agent de change ou courtier ne peut, dans aucun cas et sous aucun prétexte, faire des opérations de commerce ou de banque pour son compte. (Co. 110 s., 632, 633.)

Il ne peut s'intéresser directement ni indirectement, sous son nom, ou sous un nom interposé, dans aucune entreprise commerciale. (C. 1100, 1596.)

Il ne peut recevoir ni payer pour le compte de ses commettants. (Co. 73, 86 s.).

86. Il ne peut se rendre garant de l'exécution des marchés dans lesquels il s'entremet. (Co. 87.)

87. Toute contravention aux dispositions énoncées dans les deux articles précédents entraîne la peine de destitution, et une condamnation d'amende, qui sera prononcée par le tribunal de police correctionnelle, et qui ne peut être au-dessus de trois mille francs, sans préjudice de l'action des parties en dommages et intérêts. (C. 1149, 1382. — Pr. 128. — Co. 88. — I. cr. 179 s.)

88. Tout agent de change ou courtier destitué en vertu de l'article précédent ne peut être réintégré dans ses fonctions.

89. En cas de faillite, tout agent de change ou courtier est poursuivi comme banqueroutier. (Co. 83, 437, 584 s. — Pr. 404.)

90. « Il sera pourvu par des règlements d'administration publique à ce qui est relatif,

1° Aux taux des cautionnements, sans que le maximum puisse dépasser deux cent cinquante mille francs ;

2° A la négociation et à la transmission de la propriété des effets publics, et généralement à l'exécution des dispositions contenues au présent titre. » (*Loi 2-4 juillet* 1862.)

TITRE VI.

DU GAGE ET DES COMMISSIONNAIRES.

SECTION PREMIÈRE.

DU GAGE (1).

(*Loi du* 23 *mai* 1863, *art.* 91 *à* 95.)

91. Le gage constitué soit par un commerçant, soit par un individu non commerçant, pour un acte de commerce, se con-

---

(1) *Loi du* 8-12 *septembre* 1830 *relative à l'enregistrement des actes de prêt sur dépôts ou consignations de marchandises, fonds publics français et actions de compagnies d'industrie et de finance.*

Les actes de prêts sur dépôts ou consignations de marchandises, fonds publics français et actions des compagnies d'industrie et de commerce, dans le cas prévu par l'article 95 du Code de commerce (aujourd'hui l'article 91), seront admis à l'enregistrement, moyennant le droit fixe de deux francs.

C. Nap. — *Du gage.* — **2073.** Le gage confère au créancier le droit de se faire payer sur la chose qui en est l'objet, par privilège et préférence aux autres créanciers.

2074. Ce privilège n'a lieu qu'autant qu'il y a un acte public ou sous seing privé, dûment enregistré, contenant la déclaration de la somme

state, à l'égard des tiers comme à l'égard des parties contractantes, conformément aux dispositions de l'art. 109 du Code
de commerce. (C. 2073.)

Le gage, à l'égard des valeurs négociables, peut aussi être

---

due, ainsi que l'espèce et la nature des choses remises en gage, ou un
état annexé de leurs qualité, poids et mesure.

La rédaction de l'acte par écrit et son enregistrement ne sont néanmoins
prescrits qu'en matière excédant la valeur de cent cinquante francs.

2075. Le privilège énoncé en l'article précédent ne s'établit sur les
meubles incorporels, tels que les créances mobilières, que par acte public ou sous seing privé, aussi enregistré, et signifié au débiteur de la
créance donnée en gage,

2076. Dans tous les cas, le privilège ne subsiste sur le gage qu'autant que ce gage a été mis et est resté en la possession du créancier, ou
d'un tiers convenu entre les parties.

2077. Le gage peut être donné par un tiers pour le débiteur.

2078. Le créancier ne peut, à défaut de paiement, disposer du gage;
sauf à lui à faire ordonner en justice que ce gage lui demeurera en paiement et jusqu'à due concurrence, d'après une estimation faite par
experts, ou qu'il sera vendu aux enchères.

Toute clause qui autoriserait le créancier à s'approprier le gage ou à en
disposer sans les formalités ci-dessus, est nulle.

2079. Jusqu'à l'expropriation du débiteur, s'il y a lieu, il reste propriétaire du gage, qui n'est, dans la main du créancier, qu'un dépôt assu-
rant le privilège de celui-ci.

2080. Le créancier répond, selon les règles établies au titre *des Contrats ou des Obligations conventionnelles en général*, de la perte ou détérioration du gage qui serait survenue par sa négligence.

De son côté, le débiteur doit tenir compte au créancier des dépenses
utiles et nécessaires que celui-ci a faites pour la conservation du gage.

2081. S'il s'agit d'une créance donnée en gage, et que cette créance
porte intérêts, le créancier impute ces intérêts sur ceux qui peuvent lui
être dus.

Si la dette pour sûreté de laquelle la créance a été donnée en gage,
ne porte point elle-même intérêts, l'imputation se fait sur le capital de
la dette.

2082. Le débiteur ne peut, à moins que le détenteur du gage n'en
abuse, en réclamer la restitution qu'après avoir entièrement payé, tant
en principal qu'intérêts et frais, la dette pour sûreté de laquelle le gage a
été donné.

S'il existait de la part du même débiteur, envers le même créancier,
une autre dette contractée postérieurement à la mise en gage, et devenue exigible avant le paiement de la dernière dette, le créancier ne
pourra être tenu de se dessaisir du gage avant d'être entièrement payé
de l'une et de l'autre dette, lors même qu'il n'y aurait eu aucune stipulation pour affecter le gage au paiement de la seconde.

2083. Le gage est indivisible nonobstant la divisibilité de la dette
entre les héritiers du débiteur ou ceux du créancier.

L'héritier du débiteur, qui a payé sa portion de la dette, ne peut demander la restitution de sa portion dans le gage, tant que la dette n'est
pas entièrement acquittée.

Réciproquement, l'héritier du créancier, qui a reçu sa portion de la
dette, ne peut remettre le gage au préjudice de ceux de ses cohéritiers
qui ne sont pas payés.

2084. Les dispositions ci-dessus ne sont applicables ni aux matières
de commerce, ni aux maisons de prêt sur gage autorisées, et à l'égard
desquelles on suit les lois et règlements qui les concernent.

établi par un endossement régulier, indiquant que les valeurs
ont été remises en garantie (Co. 136).

A l'égard des actions, des parts d'intérêt et des obligations
nominatives des sociétés financières, industrielles, commerciales
ou civiles, dont la transmission s'opère par un transfert sur les
registres de la société, le gage peut également être établi par
un transfert à titre de garantie inscrit sur lesdits registres.

Il n'est pas dérogé aux dispositions de l'art. 2075 du Code
Napoléon en ce qui concerne les créances mobilières, dont le
concessionnaire ne peut être saisi à l'égard des tiers que par la
signification du transport faite au débiteur.

Les effets de commerce donnés en gage sont recouvrables
par le créancier gagiste.

92. Dans tous les cas, le privilége ne subsiste sur le gage
qu'autant que ce gage a été mis et est resté en la possession
du créancier ou d'un tiers convenu entre les parties (C. 2016).

Le créancier est réputé avoir les marchandises en sa possession, lorsqu'elles sont à sa disposition dans ses magasins ou
navires, à la douane ou dans un dépôt public, ou si, avant
qu'elles soient arrivées, il en est saisi par un connaissement ou
par une lettre de voiture. (Co. 101, 102, 222.)

93 (1). A défaut de paiement à l'échéance, le créancier
peut, huit jours après une simple signification faite au débiteur

---

(1) 1° *Loi du 28 mai-11 juin 1858 sur les négociations concernant les marchandises déposées dans les magasins généraux (warrants).*

1. Les magasins généraux établis en vertu du décret du 21 mars 1848,
et ceux qui seront créés à l'avenir, recevront les matières premières, les
marchandises et les objets fabriqués que les négociants et industriels voudront y déposer. — Ces magasins sont ouverts, les chambres de commerce ou les chambres consultatives des arts et manufactures entendues,
avec l'autorisation du gouvernement, et placés sous sa surveillance. —
Des récépissés délivrés aux déposants énoncent leurs nom, profession et
domicile, ainsi que la nature de la marchandise déposée et les indications
propres à en établir l'identité et à en déterminer la valeur.

2. A chaque récépissé de marchandises est annexé, sous la dénomination de *warrant*, un bulletin de gage contenant les mêmes mentions que
le récépissé.

3. Les récépissés et les warrants peuvent être transférés par voie d'endossement, ensemble ou séparément.

4. L'endossement du warrant séparé du récépissé vaut nantissement
de la marchandise au profit du cessionnaire du warrant. — L'endossement du récépissé transmet au cessionnaire le droit de disposer de la
marchandise, à la charge par lui, lorsque le warrant n'est pas transféré
avec le récépissé, de payer la créance garantie par le warrant, ou d'en
laisser payer le montant sur le prix de la vente de la marchandise.

5. L'endossement du récépissé et du warrant, transférés ensemble ou
séparément, doit être daté. — L'endossement du warrant séparé du récépissé doit en outre énoncer le montant intégral, en capital et intérêts, de

et au tiers bailleur de gage, s'il y en a un, faire procéder à la vente publique des objets donnés en gage. (C. 2078.)

---

la créance garantie, la date de son échéance, et les noms, profession et domicile du créancier. — Le premier cessionnaire du warrant doit immédiatement faire transcrire l'endossement sur les registres du magasin, avec les énonciations dont il est accompagné. Il est fait mention de cette transcription sur le warrant.

6. Le porteur du récépissé séparé du warrant peut, même avant l'échéance, payer la créance garantie par le warrant. — Si le porteur du warrant n'est pas connu, ou si, étant connu, il n'est pas d'accord avec le débiteur sur les conditions auxquelles aurait lieu l'anticipation de paiement, la somme due, y compris les intérêts jusqu'à l'échéance, est consignée à l'administration du magasin général, qui en demeure responsable, et cette consignation libère la marchandise.

7. A défaut de paiement à l'échéance, le porteur du warrant séparé du récépissé peut, huit jours après le protêt, et sans aucune formalité de justice, faire procéder à la vente publique aux enchères et en gros de la marchandise engagée, dans les formes et par les officiers publics indiqués dans la loi du 28 mai 1858 (sur la vente des marchandises en gros). — Dans le cas où le souscripteur primitif du warrant l'a remboursé, il peut faire procéder à la vente de la marchandise, comme il est dit au paragraphe précédent, contre le porteur du récépissé, huit jours après l'échéance et sans qu'il soit besoin d'aucune mise en demeure.

8. Le créancier est payé de sa créance sur le prix, directement et sans formalité de justice, par privilége et préférence à tous créanciers, sans autre déduction que celle : — 1° des contributions indirectes, des taxes d'octroi et des droits de douane dus par la marchandise; — 2° des frais de vente, de magasinage et autres faits pour la conservation de la chose. — Si le porteur du récépissé ne se présente pas lors de la vente de la marchandise, la somme excédant celle qui est due au porteur du warrant est consignée à l'administration du magasin général, comme il est dit à l'article 6.

9. Le porteur du warrant n'a de recours contre l'emprunteur et les endosseurs qu'après avoir exercé ses droits sur la marchandise, et en cas d'insuffisance. — Les délais fixés par les articles 165 et suivants du Code de commerce, pour l'exercice du recours contre les endosseurs, ne courent que du jour où la vente de la marchandise est réalisée. — Le porteur du warrant perd en tout cas son recours contre les endosseurs, s'il n'a pas fait procéder à la vente dans le mois qui suit la date du protêt.

10. Les porteurs de récépissés et de warrants ont sur les indemnités d'assurance dues, en cas de sinistres, les mêmes droits et priviléges que sur la marchandise assurée.

11. Les établissements publics de crédit peuvent recevoir les warrants comme effets de commerce, avec dispense d'une des signatures exigées par leurs statuts.

12. Celui qui a perdu un récépissé ou un warrant peut demander et obtenir par ordonnance du juge, en justifiant de sa propriété et en donnant caution, un duplicata s'il s'agit du récépissé, le paiement de la créance garantie s'il s'agit du warrant.

13. Les récépissés sont timbrés; ils ne donnent lieu pour l'enregistrement qu'à un droit fixe de 1 franc. — Sont applicables aux warrants endossés séparément des récépissés les dispositions du titre I de la loi du 5 juin 1850, et de l'article 60, § 2, n° 6, de la loi du 22 frimaire an VII. — L'endossement d'un warrant séparé du récépissé non timbré et non visé pour timbre, conformément à la loi, ne peut être transcrit ou mentionné sur les registres du magasin, sous peine, contre l'administration du magasin, d'une amende égale au montant du droit auquel le warrant est soumis. — Les dépositaires des registres des magasins généraux sont tenus

Les ventes autres que celles dont les agents de change peuvent seuls être chargés sont faites par le ministère de courtiers.

---

de les communiquer aux préposés de l'enregistrement, selon le mode prescrit par l'article 54 de la loi du 22 frimaire an VII, et sous les peines y énoncées.

14. Un règlement d'administration publique prescrira les mesures qui seraient nécessaires à l'exécution de la présente loi.

15. Sont abrogés le décret du 24 mars 1848 et l'arrêté du 26 mars de la même année. — Est également abrogé, en ce qu'il a de contraire à la présente loi, le décret des 23-26 août 1848 (prêts sur marchandises).

2° *Décret du 12 mars 1859 portant règlement pour l'exécution de la loi précédente.*

TITRE Iᵉʳ.

DISPOSITIONS COMMUNES AUX MAGASINS GÉNÉRAUX ET AUX SALLES DE VENTES PUBLIQUES.

1. Toute demande ayant pour objet l'autorisation d'ouvrir un magasin général ou une salle de ventes publiques est adressée au ministre de l'agriculture, du commerce et des travaux publics, par l'intermédiaire du préfet, avec l'avis de ce fonctionnaire et celui des corps désignés dans les lois du 28 mai 1858. — Le ministre des finances est consulté lorsque l'établissement projeté doit être placé dans des locaux soumis au régime de l'entrepôt réel, ou recevoir des marchandises en entrepôt fictif. — Les autorisations sont données par décrets rendus sur l'avis de la section des travaux publics, de l'agriculture et du commerce du Conseil d'État. L'établissement peut être formé spécialement pour une ou plusieurs espèces de marchandises.

2. Toute personne qui demande l'autorisation d'ouvrir un magasin général ou une salle de ventes publiques doit justifier de ressources en rapport avec l'importance de l'établissement projeté. — Les exploitants de magasins généraux ou de salles de ventes publiques peuvent être soumis, pour la garantie de leur gestion, à un cautionnement dont le montant est fixé par l'acte d'autorisation et proportionné, autant que possible, à la responsabilité qu'ils encourent. — Ce cautionnement est versé à la caisse des dépôts et consignations. Il peut être fourni en valeurs publiques françaises, dont les titres sont également déposés à la caisse des dépôts et consignations.

3. Les propriétaires ou exploitants sont responsables de la garde et de la conservation des marchandises qui leur sont confiées, sauf les avaries et déchets naturels provenant de la nature et du conditionnement des marchandises ou de cas de force majeure.

4. Il est interdit aux exploitants de magasins généraux et de salles de ventes de se livrer directement ou indirectement, pour leur propre compte ou pour le compte d'autrui, à aucun commerce ou spéculation ayant pour objet les marchandises. — Ils peuvent se charger des opérations et formalités de douane et d'octroi, déclarations de débarquement et d'embarquement, soumissions et déclarations d'entrée et sortie d'entrepôt, transferts et mutations; des règlements de fret et autres entre les capitaines et les consignataires, sous réserve des droits des courtiers et de leur intervention dans la mesure prescrite par les lois; des opérations de factage, camionnage et gabarrage extérieur. — Ils peuvent également se charger de faire assurer les marchandises dont ils sont détenteurs, au moyen, soit de polices collectives, soit de polices spéciales, suivant les ordres des intéressés. — Ils peuvent, en outre, être autorisés à se charger

Toutefois, sur la requête des parties, le président du Tribunal de commerce peut désigner, pour y procéder, une autre classe

---

de toutes opérations ayant pour objet de faciliter les rapports du commerce et de la navigation avec l'établissement.

5. Il leur est interdit, à moins d'une autorisation spéciale de l'administration, de faire directement ou indirectement avec des entrepreneurs de transports, sous quelque dénomination ou forme que ce puisse être, des arrangements qui ne seraient pas consentis en faveur de toutes les entreprises ayant le même objet. — Les règlements particuliers prévus par l'article 9 doivent contenir les dispositions nécessaires pour assurer la plus complète égalité entre les diverses entreprises de transports, dans leur rapport avec chaque établissement.

6. Les exploitants des magasins généraux et des salles de ventes sont tenus de les mettre, sans préférence ni faveur, à la disposition de toute personne qui veut opérer le magasinage ou la vente de ses marchandises, dans les termes des lois du 28 mai 1858.

7. Les magasins généraux et les salles de ventes publiques sont soumis aux mesures générales de police concernant les lieux publics affectés au commerce, sans préjudice des droits du service des douanes, lorsqu'ils sont établis dans les locaux placés sous le régime de l'entrepôt réel, ou lorsqu'ils contiennent des marchandises en entrepôt fictif.

8. Les tarifs établis par les exploitants, afin de fixer la rétribution due pour le magasinage, la manutention, la location de la salle, la vente, et généralement pour les divers services qui peuvent être rendus au public, doivent être imprimés et transmis, avant l'ouverture des établissements, au préfet et aux corps entendus sur la demande d'autorisation. — Tous les changements apportés aux tarifs doivent être d'avance annoncés par des affiches et communiqués aux préfets et aux corps ci-dessus désignés. Si ces changements ont pour objet de relever les tarifs, ils ne deviennent exécutoires que trois mois après qu'ils ont été annoncés et communiqués comme il vient d'être dit. — La perception des taxes doit avoir lieu indistinctement et sans aucune faveur.

9. Chaque établissement doit avoir un règlement particulier qui est communiqué à l'avance, ainsi que tous les changements qui y seraient apportés, comme il est dit à l'article précédent.

10. La loi, le présent décret, le tarif et le règlement particulier sont et demeurent affichés à la principale porte et dans l'endroit le plus apparent de chaque établissement.

11. En cas de contravention ou d'abus commis par les exploitants, de nature à porter un grave préjudice à l'intérêt du commerce, l'autorisation accordée peut être révoquée par un acte rendu dans la même forme que cette autorisation, et les parties entendues.

12. Les propriétaires ou exploitants de magasins généraux et de salles de ventes publiques qui veulent céder leur établissement sont tenus d'en faire d'avance la déclaration au ministre de l'agriculture, du commerce et des travaux publics, et de faire connaître le nom du cessionnaire.

3° *Loi du 14-20 juin 1865 sur les chèques.*

1. Le chèque est l'écrit qui, sous la forme d'un mandat de paiement sert au tireur à effectuer le retrait, à son profit ou au profit d'un tiers, de tout ou partie de fonds portés au crédit de son compte chez le tiré, et disponibles. — Il est signé par le tireur et porte la date du jour où il est tiré. — Il ne peut être tiré qu'à vue. — Il peut être souscrit au porteur ou au profit d'une personne dénommée. — Il peut être souscrit à ordre et transmis même par voie d'endossement en blanc.

2. Le chèque ne peut être tiré que sur un tiers ayant provision préalable; il est payable à présentation.

d'officiers publics. Dans ce cas, l'officier public, quel qu'il soit, chargé de la vente, est soumis aux dispositions qui régissent les courtiers, relativement aux formes, aux tarifs et à la responsabilité. (Co. 74.)

Les dispositions des articles 2 à 7 inclusivement de la loi du 23 mai 1858, sur les ventes publiques, sont applicables aux ventes prévues par le paragraphe précédent.

Toute clause qui autoriserait le créancier à s'approprier le gage ou à en disposer sans les formalités ci-dessus prescrites est nulle. (C. 2078.)

SECTION II.

DES COMMISSIONNAIRES EN GÉNÉRAL.

(*Loi du 28-29 mai 1863.*)

94 (1). Le commissionnaire est celui qui agit en son propre nom, ou sous un nom social, pour le compte d'un commettant (C. 1137, 1372, 1782 s., 1915 s., 1952 s., 1984 s. — Pr. 527 s.—

---

3. Le chèque peut être tiré d'un lieu sur un autre ou sur la même place.

4. L'émission d'un chèque, même lorsqu'il est tiré d'un lieu sur un autre, ne constitue pas, par sa nature, un acte de commerce. — Toutefois, les dispositions du Code de commerce relatives à la garantie solidaire du tireur et des endosseurs, au protêt et à l'exercice de l'action en garantie, en matière de lettres de change, sont applicables aux chèques.

5. Le porteur d'un chèque doit en réclamer le paiement dans le délai de cinq jours, y compris le jour de la date, si le chèque est tiré de la place sur laquelle il est payable, et dans le délai de huit jours, y compris le jour de la date, s'il est tiré d'un autre lieu. — Le porteur d'un chèque qui n'en réclame pas le paiement dans les délais ci-dessus perd son recours contre les endosseurs; il perd aussi son recours contre le tireur, si la provision a péri par le fait du tiré, après lesdits délais.

6. Le tireur qui émet un chèque sans date ou qui le revêt d'une fausse date est passible d'une amende égale à six pour cent de la somme pour laquelle le chèque est tiré. — L'émission d'un chèque sans provision préalable est passible de la même amende, sans préjudice de l'application des lois pénales, s'il y a lieu.

7. Les chèques sont exempts de tout droit de timbre pendant dix ans à dater de la promulgation de la présente loi.

(1) DU MANDAT.

CHAPITRE Ier.

DE LA NATURE ET DE LA FORME DU MANDAT.

C. Nap. — 1984. Le mandat ou procuration est un acte par lequel une personne donne à une autre le pouvoir de faire quelque chose pour le mandant et en son nom. — Le contrat ne se forme que par l'acceptation du mandataire.

Co. 18,92 s., 96 s., 103 s., 285, 575, 576. — P. 386 4°, 387).
Les devoirs et les droits du commissionnaire qui agit au

1985. Le mandat peut être donné ou par un acte public, ou par écrit sous seing privé, même par lettre. Il peut aussi être donné verbalement; mais la preuve testimoniale n'en est reçue que conformément au titre *des Contrats ou des obligations conventionnelles en général* (1).—L'acceptation du mandat peut n'être que tacite, et résulter de l'exécution qui lui a été donnée par le mandataire.

1986. Le mandat est gratuit, s'il n'y a convention contraire.

1987. Il est ou spécial et pour une affaire ou certaines affaires seulement, ou général et pour toutes les affaires du mandant.

1988. Le mandat conçu en termes généraux n'embrasse que les actes d'administration. — S'il s'agit d'aliéner ou hypothéquer, ou de quelque autre acte de propriété, le mandat doit être exprès.

1989. Le mandataire ne peut rien faire au-delà de ce qui est porté dans son mandat : le pouvoir de transiger ne renferme pas celui de compromettre.

1990. Les femmes et les mineurs émancipés peuvent être choisis pour mandataires; mais le mandant n'a d'action contre le mandataire mineur que d'après les règles générales relatives aux obligations des mineurs, et contre la femme mariée et qui a accepté le mandat sans autorisation de son mari, que d'après les règles établies au titre *du Contrat de mariage et des Droits respectifs des Époux.*

CHAPITRE II.

DES OBLIGATIONS DU MANDATAIRE.

1991. Le mandataire est tenu d'accomplir le mandat tant qu'il en demeure chargé, et répond des dommages-intérêts qui pourraient résulter de son inexécution. — Il est tenu de même d'achever la chose commencée au décès du mandant, s'il y a péril en la demeure.

1992. Le mandataire répond non seulement du dol, mais encore des fautes qu'il commet dans sa gestion. C. 1116, 1383. — Néanmoins la responsabilité relative aux fautes est appréciée moins rigoureusement à celui dont le mandat est gratuit qu'à celui ui reçoit un salaire.

1993. Tout mandataire est tenu de rendre compte de sa gestion, et de faire raison au mandant de tout ce qu'il a reçu en vertu de sa procuration, quand même ce qu'il aurait reçu n'eût point été dû au mandant.

1994. Le mandataire répond de celui qu'il s'est substitué dans la gestion, — 1° quand il n'a pas reçu le pouvoir de se substituer quelqu'un; — 2° quand ce pouvoir lui a été conféré sans désignation d'une personne, et que celle dont il a fait choix était notoirement incapable ou insolvable. — Dans tous les cas, le mandant peut agir directement contre la personne que le mandataire s'est substituée.

1995. Quand il y a plusieurs fondés de pouvoirs ou mandataires établis par le même acte, il n'y a de solidarité entre eux qu'autant qu'elle est exprimée.

1996. Le mandataire doit l'intérêt des sommes qu'il a employées à son usage, à dater de cet emploi; et de celles dont il est reliquataire, à compter du jour qu'il est mis en demeure.

1997. Le mandataire qui a donné à la partie avec laquelle il contracte en cette qualité une suffisante connaissance de ses pouvoirs, n'est tenu d'aucune garantie pour ce qui a été fait au-delà, s'il ne s'y est personnellement soumis.

---

(1) En matière commerciale la preuve par témoins ou tirée de présomptions graves, précises et concordantes, est toujours admissible, sauf quelques rares exceptions dans les cas où le législateur s'en est expliqué formellement.

nòm d'un commettant sont déterminés par le Code Napoléon, liv. III, tit. XIII. (1984 à 2010.)

CHAPITRE III.

DES OBLIGATIONS DU MANDANT.

1998. Le mandant est tenu d'exécuter les engagements contractés par le mandataire, conformément au pouvoir qui lui a été donné. — Il n'est tenu de ce qui a pu être fait au-delà, qu'autant qu'il l'a ratifié expressément ou tacitement.

1999. Le mandant doit rembourser au mandataire les avances et frais que celui-ci a faits pour l'exécution du mandat, et lui payer ses salaires lorsqu'il en a été promis. — S'il n'y a aucune faute imputable au mandataire, le mandant ne peut se dispenser de faire ces remboursement et paiement, lors même que l'affaire n'aurait pas réussi, ni faire réduire le montant des frais et avances sous le prétexte qu'ils auraient pu être moindres.

2000. Le mandant doit aussi indemniser le mandataire des pertes que celui-ci a essuyées à l'occasion de sa gestion, sans imprudence qui lui soit imputable.

2001. L'intérêt des avances faites par le mandataire lui est dû par le mandant, à dater du jour des avances constatées.

2002. Lorsque le mandataire a été constitué par plusieurs personnes pour une affaire commune, chacune d'elles est tenue solidairement envers lui de tous les effets du mandat.

CHAPITRE IV.

DES DIFFÉRENTES MANIÈRES DONT LE MANDAT FINIT.

2003. Le mandat finit, — par la révocation du mandataire, — Par la renonciation de celui-ci au mandat, — Par la mort naturelle, l'interdiction ou la déconfiture, soit du mandant, soit du mandataire.

2004. Le mandant peut révoquer sa procuration quand bon lui semble, et contraindre, s'il y a lieu, le mandataire à lui remettre, soit l'écrit sous seing privé qui la contient, soit l'original de la procuration, si elle a été délivrée en brevet, soit l'expédition, s'il en a été gardé minute.

2005. La révocation notifiée au seul mandataire ne peut être opposée aux tiers qui ont traité dans l'ignorance de cette révocation, sauf au mandant son recours contre le mandataire.

2006. La constitution d'un nouveau mandataire pour la même affaire, vaut révocation du premier, à compter du jour où elle a été notifiée à celui-ci.

2007. Le mandataire peut renoncer au mandat, en notifiant au mandant sa renonciation.

Néanmoins, si cette renonciation préjudicie au mandant, il devra en être indemnisé par le mandataire, à moins que celui-ci ne se trouve dans l'impossibilité de continuer le mandat sans en éprouver lui-même un préjudice considérable.

2008. Si le mandataire ignore la mort du mandant, ou l'une des autres causes qui font cesser le mandat, ce qu'il a fait dans cette ignorance est valide.

2009. Dans les cas ci-dessus, les engagements du mandataire sont exécutés à l'égard des tiers qui sont de bonne foi.

2010. En cas de mort du mandataire, ses héritiers doivent en donner avis au mandant, et pourvoir, en attendant, à ce que les circonstances exigent pour l'intérêt de celui-ci.

95 (1). Tout commissionnaire a privilége sur la valeur des marchandises à lui expédiées, déposées ou consignées, par le fait seul de l'expédition, du dépôt ou de la consignation, pour tous les prêts, avances ou paiements faits par lui, soit avant la réception des marchandises, soit pendant le temps qu'elles sont en sa possession. (C. 2102 2º.)

Ce privilége ne subsiste que sous la condition prescrite par l'article 92 qui précède.

Dans la créance privilégiée du commissionnaire sont compris, avec le principal, les intérêts, commissions et frais.

Si les marchandises ont été vendues et livrées pour le compte du commettant, le commissionnaire se rembourse, sur le pro-

---

(1) **C. Nap. — 2102.** Les créances privilégiées sur certains meubles sont : — 1º Les loyers et fermages des immeubles, sur les fruits de la récolte de l'année, et sur le prix de tout ce qui garnit la maison louée ou la ferme, et de tout ce qui sert à l'exploitation de la ferme; savoir, pour tout ce qui est échu, et pour tout ce qui est à échoir, si les baux sont authentiques, ou si, étant sous signature privée, ils ont une date certaine; et, dans ces deux cas, les autres créanciers ont le droit de relouer la maison ou la ferme pour le restant du bail, et de faire leur profit des baux ou fermages, à la charge toutefois de payer au propriétaire tout ce qui lui serait encore dû; — Et, à défaut de baux authentiques, ou lorsqu'étant sous signature privée, ils n'ont pas une date certaine, pour une année à partir de l'expiration de l'année courante; — Le même privilége a lieu pour les réparations locatives, et pour tout ce qui concerne l'exécution du bail; — Néanmoins les sommes dues pour les semences ou pour les frais de la récolte de l'année sont payées sur le prix de la récolte, et celles dues pour ustensiles, sur le prix de ces ustensiles, par préférence au propriétaire, dans l'un et l'autre cas; — Le propriétaire peut saisir les meubles qui garnissent sa maison ou sa ferme, lorsqu'ils ont été déplacés sans son consentement, et il conserve sur eux son privilége, pourvu qu'il ait fait la revendication; savoir, lorsqu'il s'agit du mobilier qui garnissait une ferme, dans le délai de quarante jours; et dans celui de quinzaine, s'il s'agit des meubles garnissant une maison; — 2º La créance sur le gage dont le créancier est saisi; — 3º Les frais faits pour la conservation de la chose; — 4º Le prix d'effets mobiliers non payés, s'ils sont encore en la possession du débiteur, soit qu'il ait acheté à terme ou sans terme; — Si la vente a été faite sans terme, le vendeur peut même revendiquer ces effets tant qu'ils sont en la possession de l'acheteur, et en empêcher la revente, pourvu que la revendication soit faite dans la huitaine de la livraison, et que les effets se trouvent dans le même état dans lequel cette livraison a été faite; — Le privilége du vendeur ne s'exerce toutefois qu'après celui du propriétaire de la maison ou de la ferme, à moins qu'il ne soit prouvé que le propriétaire avait connaissance que les meubles et autres objets garnissant sa maison ou sa ferme n'appartenaient pas au locataire; — Il n'est rien innové aux lois et usages du commerce sur la revendication; — 5º Les fournitures d'un aubergiste, sur les effets du voyageur qui ont été transportés dans son auberge; — 6º Les frais de voiture et les dépenses accessoires, sur la chose voiturée; — 7º Les créances résultant d'abus et prévarications commis par les fonctionnaires publics dans l'exercice de leurs fonctions, sur les fonds de leur cautionnement, et sur les intérêts qui en peuvent être dus.

duit de la vente, du montant de sa créance, par préférence aux créanciers du commettant.

SECTION III.

DES COMMISSIONNAIRES POUR LES TRANSPORTS PAR TERRE ET PAR EAU.

96. Le commissionnaire qui se charge d'un transport par terre ou par eau, est tenu d'inscrire sur son livre-journal la déclaration de la nature et de la quantité des marchandises, et, s'il en est requis, de leur valeur. (C. 1782 s. — Co. 8 s., 91 s. — P. 386 4°, 837.)

97. Il est garant de l'arrivée des marchandises et effets dans le délai déterminé par la lettre de voiture, hors les cas de la force majeure légalement constatée. (C. 1148, 1302, 1303, 1382, 1991. — Co. 96, 97, 99, 101, 102.)

98. Il est garant des avaries ou pertes de marchandises et effets, s'il n'y a stipulation contraire dans la lettre de voiture ou force majeure. (C. 1134, 1148, 1302, 1303, 1784. — Co. 97, 99, 101 à 103, 108.)

99. Il est garant des faits du commissionnaire intermédiaire auquel il adresse les marchandises. (C. 1384. — Co. 97, 98, 101 à 103, 108.)

100. La marchandise sortie du magasin du vendeur ou de l'expéditeur voyage, s'il n'y a convention contraire, aux risques et périls de celui à qui elle appartient, sauf son recours contre le commissionnaire et le voiturier chargés du transport. (C. 1134, 1138. — Co. 97 s. 100 à 103, 108.)

101. La lettre de voiture forme un contrat entre l'expéditeur et le voiturier, ou entre l'expéditeur, le commissionnaire et le voiturier. (C. 1102, 1184, 1325. — Co. 102, 105.)

102. La lettre de voiture doit être datée.

Elle doit exprimer — La nature et le poids ou la contenance des objets à transporter, — Le délai dans lequel le transport doit être effectué.

Elle indique — Le nom et le domicile du commissionnaire par l'entremise duquel le transport s'opère, s'il y en a un, — Le nom de celui à qui la marchandise est adressée, — Le nom et le domicile du voiturier.

Elle énonce — Le prix de la voiture, — L'indemnité due pour cause de retard.

Elle est signée par l'expéditeur ou le commissionnaire.

Elle présente en marge les marques et numéros des objets à transporter.

La lettre de voiture est copiée par le commissionnaire sur un registre coté et paraphé, sans intervalle et de suite. (C. 1785. — Co. 8 s., 96, 101, 103, 224, 242.)

SECTION IV.

DU VOITURIER.

103 (1). Le voiturier est garant de la perte des objets à transporter, hors les cas de force majeure. (C. 1782 s. — Co. 94 s., 96, s.)

Il est garant des avaries autres que celles qui proviennent du vice propre de la chose ou de la force majeure. (C. 1386, 1733, 1891. — Co. 98, 326.)

104. Si, par l'effet de la force majeure, le transport n'est pas effectué dans le délai convenu, il n'y a pas lieu à indemnité contre le voiturier pour cause de retard. (C. 1148, 1302, 1303. — Co. 97.)

105. La réception des objets transportés et le paiement du prix de la voiture éteignent toute action contre le voiturier. (C. 1338. — Co. 101, 102, 106, 108.)

106. En cas de refus ou contestation pour la réception des objets transportés, leur état est vérifié et constaté par des experts nommés par le président du tribunal de commerce, ou, à son défaut, par le juge de paix, et par ordonnance au pied d'une requête. (Pr. 302 s., 1034, 1035.)

---

(1) *Des voituriers par terre et par eau.*

C. Nap. — **1782.** Les voituriers par terre et par eau sont assujettis, pour la garde et la conservation des choses qui leur sont confiées, aux mêmes obligations que les aubergistes, dont il est parlé au titre *du Dépôt et du Séquestre* (art. 1952, 1953 et 1954).

1783. Ils répondent non-seulement de ce qu'ils ont déjà reçu dans leur bâtiment ou voiture, mais encore de ce qui leur a été remis sur le port ou dans l'entrepôt pour être placé dans leur bâtiment ou voiture.

1784. Ils sont responsables de la perte et des avaries des choses qui leur sont confiées, à moins qu'ils ne prouvent qu'elles ont été perdues et avariées par cas fortuit ou force majeure.

1785. Les entrepreneurs de voitures publiques par terre et par eau, et ceux des roulages publics, doivent tenir registre de l'argent, des effets et des paquets dont ils se chargent.

1786. Les entrepreneurs et directeurs de voitures et roulages publics, les maîtres de barques et navires, sont en outre assujettis à des règlements particuliers, qui font la loi entre eux et les autres citoyens.

Le dépôt ou séquestre, et ensuite le transport dans un dépôt public, peut en être ordonné. (C. 1137, 1961 s.)

La vente peut en être ordonnée en faveur du voiturier, jusqu'à concurrence du prix de la voiture. (C. 2102 2° 3° 6°. — Pr. 617 à 625. — Co. 93 s.)

107 (1). Les dispositions contenues dans le présent titre sont communes aux maîtres de bateaux, entrepreneurs de diligences et voitures publiques. (C. 1384, 1782, 1785, 1786. — Co. 8 s. — P. 475 4°.)

108. Toutes actions contre le commissionnaire et le voiturier, à raison de la perte ou de l'avarie des marchandises, sont prescrites, après six mois, pour les expéditions faites dans l'intérieur de la France, et après un an, pour celles faites à l'étranger; le tout à compter, pour les cas de perte, du jour où le transport des marchandises aurait dû être effectué, et pour les cas d'avarie, du jour où la remise des marchandises aura été faite; sans préjudice des cas de fraude ou d'infidélité. (C. 712, 2249. — Co. 64, 97, 98, 103, 107 et *note*, 155, 180, 430 s.).

---

(1) *Décret du 13 août 1810, sur la manière dont il sera procédé dans le cas où des objets confiés à des entrepreneurs de roulage ou de messageries n'auront pas été réclamés.*

Vu les articles 107 et 108 du Code de commerce.

1. Les ballots, caisses, malles, paquets et tous autres objets qui auraient été confiés, pour être transportés dans l'intérieur de l'Empire, à des entrepreneurs, soit de roulage, soit de messageries par terre ou par eau, lorsqu'ils n'auront pas été réclamés dans le délai de six mois à compter du jour de l'arrivée au lieu de leur destination, seront vendus par voie d'enchère publique, à la diligence de la régie de l'enregistrement, et après l'accomplissement des formalités suivantes.

2. À l'expiration du délai qui vient d'être fixé, les entrepreneurs de messageries et de roulage devront faire aux préposés de la régie de l'enregistrement la déclaration des objets qui se trouveront dans le cas de l'article précédent.

3. Il sera procédé par le juge de paix, en présence des préposés de la régie de l'enregistrement et des entrepreneurs de messageries et de roulage, à l'ouverture et à l'inventaire des ballots, malles, caisses et paquets.

4. Les préposés de la régie de l'enregistrement seront tenus de faire insérer dans les journaux, un mois avant la vente des objets non réclamés, une note indiquant le jour et l'heure fixés pour cette vente, et contenant, en outre, les détails propres à ménager aux propriétaires de ces objets la faculté de les reconnaître et de les réclamer.

5. Il sera fait un état séparé du produit de ces ventes, pour le cas où il surviendrait, dans un nouveau délai de deux ans, à compter du jour de la vente, quelque réclamation susceptible d'être accueillie.

6. Les préposés de la régie de l'enregistrement, et ceux de la régie des droits réunis, sont autorisés, tant pour s'assurer de la sincérité des déclarations ci-dessus prescrites que pour y suppléer, à vérifier les registres qui doivent être tenus par les entrepreneurs de messageries ou de roulage.

TITRE VII.

DES ACHATS ET VENTES (1).

109. Les achats et ventes se constatent, — Par actes publics, — Par actes sous signature privée, — Par le bordereau

---

(1) *Loi du 11-17 juin 1859 sur l'enregistrement des marchés et traités de commerce.* (Loi de finance, art. 22, 23 et 24.)

22. Les marchés et traités réputés actes de commerce par les articles 632, 633 et 634, n° 4, du Code de commerce, faits ou passés sous signature privée et donnant lieu au droit proportionnel suivant l'article 69, § 3, n° 1, et § 5, n° 1 de la loi du 22 frimaire an VII (1), seront enregistrés provisoirement moyennant un droit fixe de deux francs et les autres droits fixes auxquels leurs dispositions peuvent donner ouverture d'après les lois en vigueur. Les droits proportionnels édictés par ledit article seront perçus lorsqu'un jugement portant condamnation, liquidation, collocation ou reconnaissance, interviendra sur ces marchés et traités, ou qu'un acte public sera fait ou rédigé en conséquence, mais seulement sur la partie du prix ou des sommes faisant l'objet soit de la condamnation, liquidation, collocation ou reconnaissance, soit des dispositions de l'acte public.

23. Dans le cas prévu par l'article 57 de la loi du 28 avril 1816 (2), le double droit dû en vertu de cet article sera réglé conformément aux dispositions de l'article 22 de la présente loi, et pourra être perçu lors de l'enregistrement du jugement.

24. Les dispositions qui précèdent seront appliquées aux marchés et traités sur lesquels des demandes en justice ont été formées antérieurement à la présente loi, et qui n'auraient pas encore été enregistrés. Néanmoins, il ne sera perçu que les droits simples si lesdits marchés et traités sont soumis à la formalité de l'enregistrement, dans le mois de la promulgation de la présente loi ou, au plus tard, en même temps que le jugement, s'il est rendu avant l'expiration de ce mois.

(1) *Loi du 22 frimaire an VII.*

Art. 69, § 3, n° 1. *Un franc par cent francs.* — « Les adjudications au rabais, et marchés (autres que ceux compris dans les dispositions spéciales) pour constructions, réparations et entretien, et tous autres objets mobiliers susceptibles d'estimation faits entre particuliers, qui ne contiendront ni vente, ni promesse de livrer des marchandises, denrées ou autres objets mobiliers. »

Art. 69, § 5, n° 1. *Deux francs par cent francs.* — « Les adjudications, ventes, reventes, cessions, rétrocessions, marchés, et tous autres actes, soit civils, soit judiciaires, translatifs de propriété, à titre onéreux, de meubles, récoltes de l'année sur pied, coupes de bois taillis et de haute futaie, et autres objets mobiliers généralement quelconques, même les ventes de biens de cette nature faites par la nation. »

(2) *Loi du 28 avril 1816.*

Art. 57. « Lorsque, après une sommation extrajudiciaire ou une demande tendante à obtenir un paiement, une livraison ou l'exécution de toute autre convention dont le titre n'aurait point été indiqué dans lesdits exploits, ou qu'on aura simplement énoncée comme verbale, on produira, au cours d'instance, des écrits, billets, marchés, factures acceptées, lettres ou tout autre titre émané du défendeur, qui n'auraient pas été enregistrés avant ladite demande ou sommation, le double droit sera dû et pourra être exigé ou perçu lors de l'enregistrement du jugement intervenu. »

ou arrêté d'un agent de change ou courtier, dûment signé par les parties, — Par une facture acceptée, — Par la correspondance, — Par les livres des parties, — Par la preuve testimoniale, dans le cas où le tribunal croira devoir l'admettre (1). (C. 1317, 1318, 1322, 1341, 1582 s. — Co. 8 s. 49, 72, 76, 78, 82, 576, 578, 632, 633. — P. 419 à 424.)

(1) DE LA VENTE.

CHAPITRE Iᵉʳ.

DE LA NATURE ET DE LA FORME DE LA VENTE.

C. Nap. — **1582.** La vente est une convention par laquelle l'un s'oblige à livrer une chose, et l'autre à la payer. — Elle peut être faite par acte authentique ou sous seing privé.

1583. Elle est parfaite entre les parties, et la propriété est acquise de droit à l'acheteur à l'égard du vendeur, dès qu'on est convenu de la chose et du prix, quoique la chose n'ait pas encore été livrée ni l prix payé.

1584. La vente peut être faite purement et simplement, ou sous une condition soit suspensive, soit résolutoire.

Elle peut aussi avoir pour objet deux ou plusieurs choses alternatives.

Dans tous ces cas, son effet est réglé par les principes généraux des conventions.

1585. Lorsque des marchandises ne sont pas vendues en bloc, mais au poids, au compte ou à la mesure, la vente n'est point parfaite, en ce sens que les choses vendues sont aux risques du vendeur jusqu'à ce qu'elles soient pesées, comptées ou mesurées; mais l'acheteur peut en demander ou la délivrance ou des dommages-intérêts, s'il y a lieu, en cas d'inexécution de l'engagement.

1586. Si, au contraire, les marchandises ont été vendues en bloc, la vente est parfaite, quoique les marchandises n'aient pas encore été pesées, comptées ou mesurées.

1587. A l'égard du vin, de l'huile, et des autres choses que l'on est dans l'usage de goûter avant d'en faire l'achat, il n'y a point de vente tant que l'acheteur ne les a pas goûtées et agréées.

1588. La vente faite à l'essai est toujours présumée faite sous une condition suspensive.

1589. La promesse de vente vaut vente, lorsqu'il y a consentement réciproque des deux parties sur la chose et sur le prix.

1590. Si la promesse de vendre a été faite avec des arrhes, chacun des contractants est maître de s'en départir, — Celui qui les a données, en les perdant, — Et celui qui les a reçues, en restituant le double.

1591. Le prix de la vente doit être déterminé et désigné par les parties.

1592. Il peut cependant être laissé à l'arbitrage d'un tiers : si le tiers ne veut ou ne peut faire l'estimation, il n'y a point de vente.

1593. Les frais d'actes et autres accessoires à la vente sont à la charge de l'acheteur.

1598. Tout ce qui est dans le commerce peut être vendu, lorsque des lois particulières n'en ont pas prohibé l'aliénation.

1601. Si au moment de la vente la chose vendue était périe en totalité, la vente serait nulle.

Si une partie seulement de la chose est périe, il est au choix de l'acquéreur d'abandonner la vente, ou de demander la partie conservée, en faisant déterminer le prix par la ventilation.

CHAPITRE IV.

DES OBLIGATIONS DU VENDEUR.

SECTION PREMIÈRE.
Dispositions générales.

1602. Le vendeur est tenu d'expliquer clairement ce à quoi il s'oblige.

Tout pacte obscur ou ambigu s'interprète contre le vendeur.

1603. Il a deux obligations principales, celle de délivrer et celle de garantir la chose qu'il vend.

SECTION II.
De la délivrance.

1604. La délivrance est le transport de la chose vendue en la puissance et possession de l'acheteur.

1605. L'obligation de délivrer les immeubles est remplie de la part du vendeur lorsqu'il a remis les clefs, s'il s'agit d'un bâtiment, ou lorsqu'il a remis les titres de propriété.

1606. La délivrance des effets mobiliers s'opère,

Ou par la tradition réelle,

Ou par la remise des clefs des bâtiments qui les contiennent,

Ou même par le seul consentement des parties, si le transport ne peut pas s'en faire au moment de la vente, ou si l'acheteur les avait déjà en son pouvoir à un autre titre.

1607. La tradition des droits incorporels se fait, ou par la remise des titres, ou par l'usage que l'acquéreur en fait du consentement du vendeur.

1608. Les frais de la délivrance sont à la charge du vendeur, et ceux de l'enlèvement à la charge de l'acheteur, s'il n'y a eu stipulation contraire.

1609. La délivrance doit se faire au lieu où était, au temps de la vente, la chose qui en a fait l'objet, s'il n'en a été autrement convenu.

1610. Si le vendeur manque à faire la délivrance dans le temps convenu entre les parties, l'acquéreur pourra, à son choix, demander la résolution de la vente, ou sa mise en possession, si le retard ne vient que du fait du vendeur.

1611. Dans tous les cas, le vendeur doit être condamné aux dommages et intérêts, s'il résulte un préjudice pour l'acquéreur, du défaut de délivrance au terme convenu.

1612. Le vendeur n'est pas tenu de délivrer la chose, si l'acheteur n'en paie pas le prix, et que le vendeur ne lui ait pas accordé un délai pour le paiement.

1613. Il ne sera pas non plus obligé à la délivrance, quand même il aurait accordé un délai pour le paiement, si, depuis la vente, l'acheteur est tombé en faillite ou en état de déconfiture, en sorte que le vendeur se trouve en danger imminent de perdre le prix ; à moins que l'acheteur ne lui donne caution de payer au terme.

1614. La chose doit être délivrée en l'état où elle se trouve au moment de la vente.

— Depuis ce jour, tous les fruits appartiennent à l'acquéreur.

1615. L'obligation de délivrer la chose comprend ses accessoires et tout ce qui a été destiné à son usage perpétuel.

De la garantie.

1625. La garantie que le vendeur doit à l'acquéreur a deux objets : le premier est la possession paisible de la chose vendue ; le second, les défauts cachés de cette chose ou les vices rédhibitoires.

§ 1. De la garantie en cas d'éviction.

1626. Quoique lors de la vente il n'ait été fait aucune stipulation sur la garantie, le vendeur est obligé de droit à garantir l'acquéreur de l'éviction qu'il souffre dans la totalité ou partie de l'objet vendu, ou des charges prétendues sur cet objet, et non déclarées lors de la vente.

1627. Les parties peuvent, par des conventions particulières, ajouter à cette obligation de droit ou en diminuer l'effet; elles peuvent même convenir que le vendeur ne sera soumis à aucune garantie.

1628. Quoiqu'il soit dit que le vendeur ne sera soumis à aucune garantie, il demeure cependant tenu de celle qui résulte d'un fait qui lui est personnel : toute convention contraire est nulle.

§ 2. De la garantie des défauts de la chose vendue.

1641. Le vendeur est tenu de la garantie à raison des défauts cachés de la chose vendue qui la rendent impropre à l'usage auquel on la destine, ou qui diminuent tellement cet usage, que l'acheteur ne l'aurait pas acquise, ou n'en aurait donné qu'un moindre prix, s'il les avait connus. (Voir ci-après. Loi du 20 mai 1838.)

1642. Le vendeur n'est pas tenu des vices apparents et dont l'acheteur a pu se convaincre lui-même.

1643. Il est tenu des vices cachés, quand même il ne les aurait pas connus, à moins que, dans ce cas, il n'ait stipulé qu'il ne sera obligé à aucune garantie.

1644. Dans le cas des articles 1641 et 1643, l'acheteur a le choix de rendre la chose et de se faire restituer le prix, ou de garder la chose et de se faire rendre une partie du prix, telle qu'elle sera arbitrée par experts.

1645. Si le vendeur connaissait les vices de la chose, il est tenu, outre la restitution du prix qu'il en a reçu, de tous les dommages et intérêts envers l'acheteur.

1646. Si le vendeur ignorait les vices de la chose, il ne sera tenu qu'à la restitution du prix, et à rembourser à l'acquéreur les frais occasionnés par la vente.

1647. Si la chose qui avait des vices a péri par suite de sa mauvaise qualité, la perte est pour le vendeur, qui sera tenu envers l'acheteur à la restitution du prix, et aux autres dédommagements expliqués dans les deux articles précédents.

Mais la perte arrivée par cas fortuit sera pour le compte de l'acheteur.

1648. L'action résultant des vices rédhibitoires doit être intentée par l'acquéreur, dans un bref délai, suivant la nature des vices rédhibitoires, et l'usage du lieu où la vente a été faite.

1649. Elle n'a pas lieu dans les ventes faites par autorité de justice.

CHAPITRE V.

DES OBLIGATIONS DE L'ACHETEUR.

1650. La principale obligation de l'acheteur est de payer le prix au jour et au lieu réglés par la vente.

1651. S'il n'a rien été réglé à cet égard lors de la vente, l'acheteur doit payer au lieu et dans le temps où doit se faire la délivrance.

1652. L'acheteur doit l'intérêt du prix de la vente jusqu'au paiement du capital, dans les trois cas suivants : — S'il a été ainsi convenu lors de la vente; — Si la chose vendue et livrée produit des fruits ou autres revenus; — Si l'acheteur a été sommé de payer.

Dans ce dernier cas, l'intérêt ne court que depuis la sommation.

1653. Si l'acheteur est troublé ou a juste sujet de craindre d'être troublé par une action, soit hypothécaire, soit en revendication, il peut suspendre le paiement du prix jusqu'à ce que le vendeur ait fait cesser le trouble, si mieux n'aime celui-ci donner caution, ou à moins qu'il n'ait été stipulé que, nonobstant le trouble, l'acheteur paiera.

1654. Si l'acheteur ne paie pas le prix, le vendeur peut demander la résolution de la vente.

1657. En matière de vente de denrées et effets mobiliers, la résolution de la vente aura lieu de plein droit et sans sommation, au profit du vendeur, après l'expiration du terme convenu pour le retirement.

Loi du 20 mai 1838, concernant les vices rédhibitoires dans les ventes et échanges d'animaux domestiques.

1. Sont réputés vices rédhibitoires et donneront seuls ouverture à l'action résultant de l'article 1641 du Code civil, dans les ventes ou échanges des animaux domestiques ci-dessous dénommés, sans distinction des localités où les ventes et échanges auront eu lieu, les maladies ou défauts ci-après, savoir :

Pour le cheval, l'âne ou le mulet,

La fluxion périodique des yeux, l'épilepsie ou le mal caduc, la morve, le farcin, les maladies anciennes de poitrine ou vieilles courbatures, l'immobilité, la pousse, le cornage chronique, le tic sans usure des dents, les hernies inguinales intermittentes, la boiterie intermittente pour cause de vieux mal.

Pour l'espèce bovine,

La phthisie pulmonaire ou pommelière, l'épilepsie ou mal caduc,
Les suites de la non-délivrance,   } après le part chez le vendeur.
Le renversement du vagin ou de l'utérus, }   deur.

Pour l'espèce ovine,

La claveleé : cette maladie reconnue chez un seul animal entraînera la rédhibition de tout le troupeau. — La rédhibition n'aura lieu que si le troupeau porte la marque du vendeur. — Le sang de rate; cette maladie n'entraînera la rédhibition du troupeau qu'autant que, dans le délai de la garantie, sa perte constatée s'élèvera au quinzième au moins des animaux achetés. — Dans ce dernier cas, la rédhibition n'aura lieu également que si le troupeau porte la marque du vendeur.

2. L'action en réduction du prix, autorisée par l'article 1644 du Code civil, ne pourra être exercée dans les ventes et échanges d'animaux énoncés dans l'article 1er ci-dessus.

3. Le délai pour intenter l'action rédhibitoire sera, non compris le jour fixé pour la livraison, — de trente jours pour le cas de fluxion périodique des yeux et d'épilepsie ou mal caduc; — de neuf jours pour tous les autres cas.

4. Si la livraison de l'animal a été effectuée, ou s'il a été conduit, dans les délais ci-dessus, hors du lieu du domicile du vendeur, les délais seront augmentés d'un jour par cinq myriamètres de distance du domicile du vendeur au lieu où l'animal se trouve.

5. Dans tous les cas, l'acheteur, à peine d'être non recevable, sera tenu de provoquer, dans les délais de l'article 3, la nomination d'experts chargés de dresser procès-verbal; la requête sera présentée au juge de paix du lieu où se trouve l'animal. — Ce juge nommera immédiatement, suivant l'exigence des cas, un ou trois experts, qui devront opérer dans le plus bref délai.

6. La demande sera dispensée du préliminaire de conciliation, et l'affaire instruite et jugée comme matière sommaire.

TITRE VIII.

DE LA LETTRE DE CHANGE, DU BILLET A ORDRE ET DE LA PRESCRIPTION.

SECTION PREMIÈRE.

DE LA LETTRE DE CHANGE.

§ I. *De la forme de la lettre de change.*

110 (1). La lettre de change est tirée d'un lieu sur un autre.

Elle est datée.

---

7. Si pendant la durée des délais fixés par l'article 3, l'animal vient à périr, le vendeur ne sera pas tenu de la garantie, à moins que l'acheteur ne prouve que la perte de l'animal provient de l'une des maladies spécifiées dans l'article 1er.

8. Le vendeur sera dispensé de la garantie résultant de la morve et du farcin pour le cheval, l'âne et le mulet, et de la clavelée pour l'espèce ovine, s'il prouve que l'animal, depuis la livraison, a été mis en contact avec des animaux atteints de ces maladies.

(1) *Loi des 5-14 juin 1850 sur le timbre des effets de commerce, bordereaux de commerce, actions dans les sociétés, obligations, polices d'assurances.*

TITRE PREMIER.

CHAPITRE PREMIER.

DES EFFETS DE COMMERCE.

1. Le droit de timbre proportionnel sur les lettres de change, billets à ordre ou au porteur, mandats, retraites et tous autres effets négociables ou de commerce, est fixé ainsi qu'il suit : — A *cinq centimes* pour les effets de *cent francs* et au-dessous ; — A *dix centimes* pour ceux au-dessus de *cent francs* jusqu'à *deux cents francs* ; — A *quinze centimes* pour ceux au-dessus de *deux cents francs* jusqu'à *trois cents francs* ; — A *vingt centimes* pour ceux au-dessus de *trois cents francs* jusqu'à *quatre cents francs* ; — A *vingt-cinq centimes* pour ceux au-dessus de *quatre cents francs* jusqu'à *cinq cents francs* ; — A *cinquante centimes* pour ceux au-dessus de *cinq cents francs* jusqu'à *mille francs* ; — A *un franc* pour ceux au-dessus de *mille francs* jusqu'à *deux mille francs* ; — A *un franc cinquante centimes* pour ceux au-dessus de *deux mille francs* jusqu'à *trois mille francs* ; — A *deux francs* pour ceux au-dessus de *trois mille francs* jusqu'à *quatre mille francs* ; — et ainsi de suite, en suivant la même progression et sans fraction.

Elle énonce — La somme à payer, — Le nom de celui qui doit payer, — L'époque et le lieu où le paiement doit s'effectuer; — La valeur fournie en espèces, en marchandises, en compte, ou de toute autre manière.

---

2. Celui qui reçoit du souscripteur un effet non timbré conformément à l'article 1er est tenu de le faire viser pour timbre dans les quinze jours de sa date, ou avant l'échéance si cet effet a moins de quinze jours de date, et dans tous les cas avant toute négociation. — Ce visa pour timbre sera soumis à un droit de quinze centimes par cent francs ou fraction de cent francs, qui s'ajoutera au montant de l'effet, nonobstant toute stipulation contraire.

3. Les effets venant soit de l'étranger, soit des îles ou des colonies dans lesquelles le timbre n'aurait pas encore été établi, et payables en France, seront, avant qu'ils puissent y être négociés, acceptés ou acquittés, soumis au timbre ou au visa pour timbre, et le droit sera payé d'après la quotité fixée par l'article 1er.

4. En cas de contravention aux articles précédents, le souscripteur, l'accepteur, le bénéficiaire ou premier endosseur de l'effet non timbré ou non visé pour timbre, seront passibles chacun d'une amende de six pour cent. — À l'égard des effets compris en l'article 3, outre l'application, s'il y a lieu, du paragraphe précédent, le premier des endosseurs résidant en France, et, à défaut d'endossement en France, le porteur, sera passible de l'amende de six pour cent. — Si la contravention ne consiste que dans l'emploi d'un timbre inférieur à celui qui devait être employé, l'amende ne portera que sur la somme pour laquelle le droit de timbre n'aura pas été payé.

5. Le porteur d'une lettre de change non timbrée, ou non visée pour timbre, conformément aux articles 1, 2 et 3, n'aura d'action, en cas de non-acceptation, que contre le tireur; en cas d'acceptation, il aura seulement action contre l'accepteur et contre le tireur, si ce dernier ne justifie pas qu'il y avait provision à l'échéance. — Le porteur de tout autre effet sujet au timbre et non timbré, ou non visé pour timbre, conformément aux mêmes articles, n'aura d'action que contre le souscripteur. — Toutes stipulations contraires seront nulles.

6. Les contrevenants seront soumis solidairement au paiement du droit de timbre et des amendes prononcées par l'article 4. Le porteur fera l'avance de ce droit et de ces amendes, sauf son recours contre ceux qui en seront passibles. Ce recours s'exercera devant la juridiction compétente pour connaître de l'action en remboursement de l'effet.

7. Il est interdit à toutes personnes, à toutes sociétés, à tous établissements publics, d'encaisser ou de faire encaisser pour leur compte ou pour le compte d'autrui, même sans leur acquit, des effets de commerce non timbrés ou non visés pour timbre, sous peine d'une amende de six pour cent du montant des effets encaissés.

8. Toute mention ou convention de retour sans frais, soit sur le titre, soit en dehors du titre, sera nulle, si elle est relative à des effets non timbrés ou non visés pour timbre.

9. Les dispositions de la présente loi sont applicables aux lettres de change, billets à ordre, ou autres effets souscrits en France et payables hors de France.

10. L'exemption du timbre accordée, par l'article 6 de la loi du 1er mai 1822, aux duplicata de lettres de change, est maintenue. Toutefois, si la première, timbrée ou visée pour timbre, n'est pas jointe à celle mise en circulation et destinée à recevoir les endossements, le timbre ou visa pour timbre devra toujours être apposé sur cette dernière, sous les peines prescrites par la présente loi.

11. Les dispositions des articles précédents ne seront applicables qu'aux effets souscrits à partir du 1er octobre 1850.

Elle est à l'ordre d'un tiers, ou à l'ordre du tireur lui-même.

Si elle est par 1re, 2e, 3e, 4e, etc., elle l'exprime (Co. 72, 73, 111 à 189, 444, 449, 471, 542, 574, 585 5°, 636, 627.)

111. Une lettre de change peut être tirée sur un individu, et payable au domicile d'un tiers (C. 102).

Elle peut être tirée par ordre et pour le compte d'un tiers.

Dispositions transitoires.

12. Jusqu'au 1er octobre 1850, et vingt-quatre heures au moins avant l'échéance, le porteur de tout effet de commerce assujetti au timbre aura la faculté de le faire timbrer à l'extraordinaire ou viser pour timbre, sans amende. — Il ne sera dû que le droit fixé par la loi ancienne. L'avance de ce droit sera faite par le porteur, sauf son recours contre les divers obligés. — Toute contravention sera passible d'une amende de dix pour cent contre le porteur, outre les amendes prononcées par les lois anciennes contre le souscripteur, l'accepteur et le premier endosseur. — Les effets assujettis au timbre et échus antérieurement à la promulgation de la présente loi seront admis, jusqu'au 1er août inclusivement, au visa pour timbre sans amende, et au droit fixé par la loi ancienne.

CHAPITRE II.
DES BORDEREAUX DE COMMERCE.

13. A compter du 1er juillet 1850, les bordereaux et arrêtés des agents de change ou courtiers ne pourront être rédigés, sous peine d'une amende de cinq cents francs contre l'agent de change ou le courtier contrevenant, que sur du papier au timbre de dimension ou timbré à l'extraordinaire, conformément à l'article 6 de la loi du 14 juin 1842.

TITRE II.

CHAPITRE PREMIER.
ACTIONS DANS LES SOCIÉTÉS.

14. Chaque titre ou certificat d'action, dans une société, compagnie ou entreprise quelconque, financière, commerciale, industrielle ou civile, que l'action soit d'une somme fixe ou d'une quotité, qu'elle soit libérée ou non libérée, émis à partir du 1er janvier 1851, sera assujetti au timbre proportionnel de cinquante centimes pour cent francs du capital nominal pour les sociétés, compagnies ou entreprises dont la durée n'excédera pas dix ans, et à un pour cent pour celles dont la durée dépassera dix années. — A défaut de capital nominal, le droit se calculera sur le capital réel, dont la valeur sera déterminée d'après les règles établies par les lois sur l'enregistrement. — L'avance en sera faite par la compagnie, quels que soient les statuts. — La perception de ce droit proportionnel suivra les sommes et valeurs de vingt francs en vingt francs inclusivement et sans fractions.

15. Au moyen du droit établi par l'article précédent, les cessions de titre ou de certificat d'actions seront exemptes de tout droit et de toute formalité d'enregistrement.

16. Les titres ou certificats d'actions seront tirés d'un registre à souche; le timbre sera apposé sur la souche et le talon. — Le dépositaire du registre sera tenu de le communiquer aux préposés de l'enregistre-

112. Sont réputées simples promesses toutes lettres de change contenant supposition soit de nom, soit de qualité,

---

ment, selon le mode prescrit par l'article 54 de la loi du 22 frimaire an VII, et sous les peines y énoncées (amende de 50 fr., art. 51) (1).

17. Le titre ou certificat d'action, délivré par suite de transfert ou de renouvellement, sera timbré à l'extraordinaire ou visé pour timbre gratis, si le titre ou certificat primitif a été timbré.

18. Toute société, compagnie ou entreprise qui sera convaincue d'avoir émis une action en contravention à l'article 14 et au premier paragraphe de l'article 16, sera passible d'une amende de douze pour cent du montant de cette action.

19. L'agent de change ou le courtier qui aura concouru à la cession ou au transfert d'un titre ou certificat d'action non timbré sera passible d'une amende de dix pour cent du montant de l'action.

20. Il est accordé un délai de six mois pour faire timbrer à l'extraordinaire ou viser pour timbre sans amende et au droit proportionnel de cinq centimes par cent francs, conformément à l'article 1er, les titres ou certificats d'actions qui auront été, en contravention aux lois existantes, délivrés antérieurement au 1er janvier 1851. — Le droit sera perçu sur la représentation du registre à souche, ou tout autre constatant la délivrance du certificat, et l'avance en sera faite par la compagnie, la société ou l'entreprise. — Le délai de six mois expiré, la société, la compagnie ou l'entreprise sera, en cas de contravention, passible de l'amende déterminée par l'article 18. — L'avis officiel de l'acquittement du droit, inséré dans le *Moniteur*, équivaudra à l'apposition du timbre pour les titres ou certificats énoncés au premier paragraphe de cet article.

21. L'article 17 ne sera pas applicable au renouvellement des titres énoncés en l'article 20. Ces renouvellements resteront assujettis au timbre déterminé par cet article, et les cessions de titres ainsi renouvelés au droit d'enregistrement fixé par les lois anciennes, s'il résulte du titre nouveau que le titre primitif avait été émis antérieurement au 1er janvier 1851.

22. Les sociétés, compagnies ou entreprises pourront s'affranchir des obligations imposées par les articles 14 et 20, en contractant avec l'État un abonnement pour toute la durée de la société. — Le droit sera annuel, et de cinq centimes par cent francs du capital nominal de chaque action émise; à défaut de capital nominal, il sera de cinq centimes par cent francs du capital réel, dont la valeur devra être déterminée conformément au deuxième paragraphe de l'article 14. — Le paiement du droit sera fait, à la fin de chaque trimestre, au bureau d'enregistrement du lieu où se trouvera le siège de la société, de la compagnie ou de l'entreprise. — Même en cas d'abonnement, les articles 16 et 18 resteront applicables. Un règle-

(1) *Loi du 22 frimaire an VII.*

54. Les dépositaires des registres de l'état civil, ou des rôles des contributions, et tous autres chargés des archives et dépôts de titres publics, seront tenus de les communiquer, sans déplacer, aux préposés de l'enregistrement, à toute réquisition, et de leur laisser prendre, sans frais, les renseignements extraits et copies qui leur seront nécessaires pour les intérêts de la République, à peine de cinquante francs d'amende pour refus constaté par procès-verbal du préposé qui se fera accompagner, ainsi qu'il est prescrit par l'article 52 ci-dessus (par un officier municipal, agent ou adjoint de la commune), chez les détenteurs et dépositaires qui auront fait refus.— Ces dispositions s'appliquent aussi aux notaires, huissiers, greffiers et secrétaires d'administrations centrales et municipales pour les actes dont ils sont dépositaires. — Sont exceptés les testaments et autres actes de libéralité, à cause de mort, du vivant des testateurs. — Les communications ci-dessus ne pourront être exigées les jours de repos, et les séances, dans chaque autre jour, ne pourront durer plus de quatre heures, de la part des préposés, dans les dépôts où ils feront leurs recherches.

soit de domicile, soit des lieux d'où elles *sont* tirées ou dans lesquelles elles *sont* payables. (C. 110, 113, 139, 636, 637. — P. 147, 148.)

---

ment d'administration publique déterminera les formalités à suivre pour l'application du timbre sur les actions.

23. Chaque contravention aux dispositions de ce règlement sera passible d'une amende de cinquante francs.

24 Seront dispensées du droit les sociétés qui, depuis leur abonnement, se seront mises ou auront été mises en liquidation. — Celles qui, postérieurement à leur abonnement, n'auront, dans les deux dernières années, payé ni dividendes ni intérêts, seront aussi dispensées du droit, tant qu'il n'y aura pas de répartition de dividendes ou de paiement d'intérêts. — Jouiront de la même dispense les sociétés et compagnies qui, dans les deux dernières années antérieures à la promulgation de la présente loi, n'auront payé ni dividende ni intérêts, à la charge, toutefois, par elles de s'abonner dans les six mois qui suivront cette promulgation, et de payer le droit annuel à partir de la première répartition de dividendes ou du premier paiement d'intérêts.

25. Les dispositions des articles précédents ne s'appliquent pas aux actions dont la cession n'est parfaite, à l'égard des tiers, qu'au moyen des conditions déterminées par l'article 1690 du Code civil, ni à celles qui en ont été formellement dispensées par une disposition de loi.

26. Dans le cas de renouvellement d'une société ou compagnie constituée pour une durée n'excédant pas dix années, les certificats d'actions seront de nouveau soumis à la formalité du timbre, à moins que la société ou compagnie n'ait contracté un abonnement qui, dans ce cas, se trouvera prorogé pour la nouvelle durée de la société.

CHAPITRE II.

OBLIGATIONS NÉGOCIABLES DES DÉPARTEMENTS, COMMUNES, ÉTABLISSEMENTS ET COMPAGNIES.

27. Les titres d'obligations souscrits à compter du 1er janvier 1851 par les départements, communes, établissements publics et compagnies, sous quelque dénomination que ce soit, dont la cession, pour être parfaite à l'égard des tiers, n'est pas soumise aux dispositions de l'article 1690 du Code civil, seront assujettis au timbre proportionnel de un pour cent du montant du titre. — L'avance en sera faite par les départements, communes, établissements publics et compagnies. — La perception du droit suivra les sommes et valeurs de vingt francs en vingt francs inclusivement et sans fraction.

28. Les titres seront tirés d'un registre à souche. — Le dépositaire du registre sera tenu de le communiquer aux préposés de l'enregistrement, selon le mode prescrit par l'article 54 de la loi du 22 frimaire an VII, et sous les peines y énoncées. (V. *ci-dessus*, art. 16.)

29. Toute contravention à l'article 27 et au premier paragraphe de l'article 28 sera passible, contre les départements, communes, établissements publics et sociétés, d'une amende de dix pour cent du montant du titre.

30. Les départements, communes, établissements publics et compagnies auront un délai de six mois à partir de la promulgation de la présente loi, pour faire timbrer à l'extraordinaire sans amende, ou viser pour timbre, au droit fixé par les lois existantes, les titres compris dans l'article 27, et souscrits antérieurement au 1er janvier 1851. — Ce délai expiré, les départements, communes, établissements publics et compagnies seront passibles de l'amende déterminée par l'article 29.

113. La signature des femmes et des filles non négociantes ou marchandes publiques sur lettres de change ne vaut, à leur

---

31. Les départements, communes, établissements publics et compagnies pourront s'affranchir des obligations imposées par les articles 27 et 30, en contractant avec l'État un abonnement pour toute la durée des titres. Le droit sera annuel, et de cinq centimes par franc du montant de chaque titre. — Le paiement du droit sera fait à la fin de chaque trimestre au bureau d'enregistrement du lieu où les départements, communes, établissements publics et compagnies auront le siège de leur administration. — En cas d'abonnement, le dernier paragraphe de l'article 22 et l'article 28 seront applicables.

32. Les articles 15, 19, 23 et 25 sont applicables aux titres compris en l'article 27.

TITRE III.

DES POLICES D'ASSURANCES.

SECTION PREMIÈRE.
Des polices d'assurances autres que les assurances maritimes.

33. A compter du 1er octobre 1850, tout contrat d'assurance, ainsi que toute convention postérieure contenant prolongation de l'assurance, augmentation dans la prime ou le capital assuré, sera rédigé sur papier d'un timbre de dimension, sous peine de cinquante francs d'amende contre l'assureur, sans aucun recours contre l'assuré. Si l'assuré en fait l'avance, il aura un recours contre l'assureur. — Lorsque la police contiendra une clause de tacite reconduction, elle sera en outre soumise au visa pour timbre dans le délai de cinq jours de sa date, sous la même peine de cinquante francs d'amende contre l'assureur. Le droit de visa sera le même que celui du timbre employé pour l'acte.

34. Les sociétés d'assurances mutuelles, les compagnies d'assurances à primes ou autres, sous quelque dénomination que ce soit, et tous assureurs à primes ou autres, seront tenus de faire, au bureau d'enregistrement du lieu où ils auront le siège de leur principal établissement, une déclaration constatant la nature des opérations, et les noms du directeur de la société ou du chef de l'établissement. — Cette déclaration sera faite avant le 1er octobre 1850 par les sociétés, compagnies et assureurs actuellement établis, et par les autres, avant de commencer leurs opérations. — Toute infraction aux dispositions de cet article sera passible d'une amende de mille francs.

35. Les sociétés, compagnies et assureurs seront tenus d'avoir, au siège de l'établissement, un répertoire en un ou plusieurs volumes, non sujet au timbre, mais coté, paraphé et visé, soit par un des juges du tribunal de commerce, soit par le juge de paix, sur lequel ils porteront, par ordre de numéros, et dans les six mois de leur date, toutes les assurances faites soit directement, soit par leurs agents, ainsi que les conventions qui prolongeront l'assurance, augmenteront la prime ou le capital assuré. — A l'égard des sociétés, compagnies et assureurs actuellement établis, le répertoire ne sera obligatoire que pour les opérations qui seront faites à compter du 1er octobre 1850. Ce répertoire sera soumis au visa des préposés de l'enregistrement, selon le mode indiqué par la loi du 22 frimaire an VII, art. 51 (V. art. 16). — Les préposés de l'enregistrement pourront exiger, au siège de l'établissement, la représentation, 1° des polices en cours d'exécution, ou renouvelées par tacite reconduction depuis au moins six mois ; 2° de celles expirées depuis moins de deux mois.

égard, que comme simple promesse. (C. 215, 220, 1426, 2066.
— Co. 1, 4, 5, 7; 65 s., 557 s.)

36. Chaque contravention aux dispositions de l'article précédent sera
passible d'une amende de dix francs.

37. Les sociétés, compagnies d'assurances et tous autres assureurs
contre l'incendie et contre la grêle, pourront s'affranchir des obligations
imposées par l'article 33 en contractant avec l'Etat un abonnement annuel, à raison de deux centimes par mille francs du total des sommes assurées, d'après les polices ou contrats en cours d'exécution. — Les caisses
départementales administrées gratuitement, ayant pour but d'indemniser
ou de secourir les incendiés au moyen de collectes, pourront aussi s'affranchir des mêmes obligations, en contractant avec l'Etat un abonnement
annuel de un pour cent du total des collectes de l'année. — Les compagnies et tous assureurs sur la vie pourront également s'affranchir de
l'obligation imposée par l'article 33, en contractant avec l'Etat un abonnement annuel de deux francs par mille du total des versements faits
chaque année aux compagnies ou aux assureurs. — L'abonnement de
l'année courante se calculera sur le chiffre total des opérations de l'année
précédente. — Le paiement du droit sera fait par moitié et par semestre,
au bureau de l'enregistrement du lieu où se trouvera le siège de l'établissement.

38. Les sociétés, compagnies ou assureurs qui, après avoir contracté
un abonnement, voudront y renoncer, seront tenus de payer un droit de
trente-cinq centimes par chaque police en cours d'exécution, quels que
soient la dimension du papier et le nombre des doubles.

39. Le pouvoir exécutif déterminera la forme du timbre qui, en cas
d'abonnement, sera apposé, sans frais, sur le papier destiné aux polices
d'assurances et aux feuilles de collectes.

Dispositions transitoires.

40. Les sociétés, compagnies d'assurances et tous autres assureurs seront tenus, dans le délai de six mois à partir de la promulgation de la
présente loi, de faire timbrer à l'extraordinaire, ou viser pour timbre, les
actes d'assurances en cours d'exécution, et antérieurs au 1er octobre 1850.
Il sera perçu par police, quels que soient le nombre des doubles et la dimension du papier, un droit fixe de trente-cinq centimes, sans aucune
amende. L'avance de ce droit sera faite par la société, la compagnie ou
l'assureur, sauf recours, pour moitié, contre l'assuré. — Passé le délai de
six mois, la société, la compagnie ou l'assureur sera passible d'une
amende de dix francs par chaque police d'assurance non timbrée.

41. Les sociétés, compagnies ou assureurs qui, pour l'année 1850, et
dans les trois mois de la promulgation de la présente loi, contracteront
avec l'Etat l'abonnement annuel autorisé par l'article 37, seront affranchis du droit fixé par l'article précédent, et leurs polices seront timbrées
sans frais, quel qu'en soit le format.

SECTION II.
Des polices d'assurances maritimes.

42. À compter du 1er octobre 1850, tout contrat d'assurance maritime,
ainsi que toute convention postérieure contenant prolongation de l'assurance, augmentation dans la prime ou dans le capital assuré, ou bien (en
cas de police flottante) portant désignation d'une somme en risque ou
d'une prime à payer, sera rédigé sur papier d'un timbre de dimension,
sous peine de cinquante francs d'amende contre chacun des assureurs et
assurés. — Les conventions postérieures énoncées dans le paragraphe
précédent pourront être inscrites à la suite de la police, à la charge pour

chacune d'un visa pour timbre au même droit que celui de la police. — Le visa devra être apposé dans les deux jours de la date des nouvelles conventions.

43. Les compagnies d'assurances maritimes seront tenues de faire, au bureau d'enregistrement du siége de leur établissement et à celui du siége de chaque agence, une déclaration constatant la nature des opérations et les noms du directeur et de l'agent de la compagnie. — Cette déclaration sera faite, pour les compagnies actuellement existantes, avant le 1er octobre 1850; et pour les autres avant de commencer leurs opérations. — Toute contravention aux dispositions de cet article sera passible d'une amende de mille francs.

44. Les compagnies d'assurances maritimes seront tenues d'avoir, dans chaque agence, un répertoire non sujet au timbre, mais coté, paraphé et visé, soit par un des juges du tribunal de commerce, soit par le juge de paix, sur lequel seront, dans les trois jours de leur date, portées par ordre de numéros les assurances qui auront été faites dans ladite agence sans intermédiaire de courtier ou de notaire, ainsi que les conventions qui prolongeront l'assurance, augmenteront la prime ou le capital assuré, ou bien (en cas de police flottante) qui porteront la désignation d'une somme en risque ou d'une prime à payer. — À l'égard des compagnies actuellement existantes, le répertoire ne sera obligatoire que pour les opérations qui seront faites à compter du 1er octobre 1850. Ce répertoire sera soumis au visa des préposés de l'enregistrement, selon le mode indiqué par la loi du 22 frimaire an vii, et, toutes les fois qu'ils le requerront, la représentation des polices pourra être exigée au moment du visa.

45. Quiconque voudra faire des assurances maritimes autrement que par l'entremise des notaires ou courtiers sera tenu de se conformer à l'article 43 et au premier paragraphe de l'article 44. — Le répertoire des assureurs particuliers ne donnera lieu qu'au visa prescrit par l'article 51 de la loi du 22 frimaire an vii. La représentation des polices pourra être exigée lors du visa.

46. Chaque contravention à l'article 44 et au deuxième paragraphe de l'article 45 sera passible d'une amende de dix francs.

47. Le livre que les courtiers doivent tenir, conformément à l'article 84 du Code de commerce, sera assujetti au timbre de dimension. — Les notaires seront tenus, comme les courtiers, d'avoir un registre spécial et timbré sur lequel ils transcriront les polices des assurances faites par leur ministère. — Le livre des courtiers et le registre des notaires seront soumis au visa des préposés de l'enregistrement toutes les fois que ceux-ci le requerront. — Toute contravention aux dispositions de cet article emportera une amende de cinquante francs.

48. Tout courtier ou notaire qui sera convaincu d'avoir rédigé une police d'assurance ou d'en avoir délivré une expédition ou un extrait sur papier non timbré conformément à l'article 42 encourra une amende de cinq cents francs, et, en cas de récidive, une amende de mille francs, outre les peines disciplinaires prononcées par les lois spéciales.

TITRE IV.

DISPOSITIONS GÉNÉRALES.

49. Lorsqu'un effet, certificat d'action, titre, livre, bordereau, police d'assurance, ou tout autre acte sujet au timbre et non enregistré, sera mentionné dans un acte public, judiciaire ou extrajudiciaire, et ne devra pas être représenté au receveur lors de l'enregistrement de cet acte, l'officier public ou officier ministériel sera tenu de déclarer expressément dans l'acte si le titre est revêtu du timbre prescrit, et d'énoncer le montant du droit de timbre payé. — En cas d'omission, les notaires, avoués, greffiers, huissiers et autres officiers publics seront passibles d'une amende de dix francs par chaque contravention.

Loi du 11-17 juin 1859.

1° Timbre des effets de commerce venant de l'étranger ou des colonies.

19. Le droit de timbre auquel l'article 3 de la loi du 5 juin 1850 assujettit les effets de commerce venant soit de l'étranger, soit des îles ou des colonies dans lesquelles le timbre n'aurait pas encore été établi, pourra être acquitté par l'apposition sur ces effets d'un timbre mobile que l'administration de l'enregistrement est autorisée à vendre et faire vendre. — La forme et les conditions d'emploi de ce timbre mobile seront déterminées par un règlement d'administration publique. (V. ci-après.)

20. Seront considérés comme non timbrés : — 1o les effets mentionnés en l'article 19, sur lesquels le timbre mobile aurait été apposé sans l'accomplissement des conditions prescrites par le règlement d'administration publique, ou sur lesquels aurait été apposé un timbre mobile ayant déjà servi; — 2o les actes, pièces et écrits autres que ceux mentionnés en l'article 19, sur lesquels un timbre mobile aurait été indûment apposé. — En conséquence, toutes les dispositions pénales et autres des lois existantes concernant les actes, pièces et écrits non timbrés, pourront leur être appliquées.

21. Ceux qui auront sciemment employé, vendu ou tenté de vendre des timbres mobiles ayant déjà servi, seront poursuivis devant le tribunal correctionnel et punis d'une amende de cinquante francs à mille francs. En cas de récidive, la peine sera d'un emprisonnement de cinq jours à un mois, et l'amende sera doublée. — Il pourra être fait application de l'article 463 du Code pénal (circonstances atténuantes).

Règlement du 18-25 janvier 1860.

1. Il sera établi, pour l'exécution des aticles 19, 20 et 21 de la loi du 11 juin 1859, des timbres mobiles dont le prix et l'emploi sont fixés, conformément à l'article 1er de la loi du 5 juin 1850, ainsi qu'il suit :

```
A 0 fr.05 pour les effets de      100 fr. et au dessous;
A 0  10 p. ceux au-dessus de  100 fr. jusqu'à  200 fr.
A 0  15 p. ceux au-dessus de  200 fr. jusqu'à  300 fr.
A 0  20 p. ceux au-dessus de  300 fr. jusqu'à  400 fr.
A 0  25 p. ceux au-dessus de  400 fr. jusqu'à  500 fr.
A 0  50 p. ceux au-dessus de  500 fr. jusqu'à 1000 fr.
A 1  00 p. ceux au-dessus de 1000 fr. jusqu'à 2000 fr.
A 1  50 p. ceux au-dessus de 2000 fr. jusqu'à 3000 fr.
A 2  00 p. ceux au-dessus de 3000 fr. jusqu'à 4000 fr.
```

Et ainsi de suite, en suivant la même progression. — Ces timbres seront conformes au modèle annexé au présent décret.

2. Les timbres mobiles ne pourront être apposés sur les effets de plus de vingt mille francs. Ces effets continueront à être soumis au visa pour timbre, moyennant le paiement à raison de cinquante centimes par mille francs, sans fraction, conformément aux articles 10 et 11 de la loi du 13 brumaire an vii (*abrogé* par l'art. 2, D. 23 janvier 1864, V. ci-après).

3. Le timbre mobile sera apposé, sur les effets pour lesquels l'emploi en est autorisé, avant tout usage de ces effets en France. — Il sera collé sur l'effet, savoir : avant les endossements, si l'effet n'a pas encore été négocié, ou s'il y a eu négociation, immédiatement après le dernier endossement souscrit en pays étranger. — Le signataire de l'acceptation,

114 (1). Les lettres de change souscrites par des mineurs non négociants sont nulles à leur égard, sauf les droits respec-

de l'aval, de l'endossement et de l'acquit, après avoir apposé le timbre, l'annulera immédiatement, en y inscrivant la date de l'apposition et sa signature.

4. L'administration de l'enregistrement et des domaines fera déposer au greffe des cours et tribunaux des spécimens de timbres mobiles. Il sera dressé, sans frais, procès-verbal de chaque dépôt.

Loi du 2-3 juillet 1862. (Loi de finances.)

17. A partir du 15 juillet 1862, le droit de timbre perçu à raison de la dimension du papier est fixé comme il suit :
Demi-feuille de petit papier, 0 fr. 50 c. — Feuille de petit papier, 1 fr. — De moyen papier, 1 fr. 50 c. — De grand papier, 2 fr. — De grand registre, 3 fr.

18. A partir de la même époque, la faculté d'abonnement établie par l'article 37 de la loi du 5 juin 1850, au profit des sociétés, compagnies d'assurances et assureurs, s'exercera à raison de trois centimes par mille francs du total des sommes assurées.

19. Les bordereaux et arrêtés des agents de change et courtiers seront assujettis au droit de timbre du total des sommes employées aux opérations qui y sont mentionnées.
Ce droit sera, savoir : — Pour les sommes de 10,000 fr. et au-dessous, 50 cent. — Au-dessus de 10,000 fr., 1 fr. 50 cent.
Le papier destiné à ces bordereaux et arrêtés sera fourni par les agents de change et courtiers, et timbré à l'extraordinaire conformément à l'article 6 de la loi du 11 juin 1842.

25. A partir du 1er janvier 1863, le droit de timbre auquel les warrants endossés séparément des récépissés sont soumis par l'article 13 de la loi du 28 mai 1858 sur les négociations relatives aux marchandises déposées dans les magasins généraux, pourra être acquitté par l'apposition sur ces effets de timbres mobiles que l'administration de l'enregistrement est autorisée à vendre et à faire vendre.

Décret du 23-29 janvier 1864 (warrants et effets de commerce).

1. Les timbres mobiles créés par l'article 1er de notre décret du 18 janvier 1860 seront, à l'avenir, conformes au modèle annexé au présent décret; ils serviront à timbrer les warrants détachés des récépissés et les effets de commerce venant soit de l'étranger, soit des îles et colonies dans lesquelles le timbre n'aurait pas encore été établi. — Toutefois, les timbres mobiles actuellement en usage, en vertu des décrets susvisés, pourront être employés jusqu'à l'épuisement de ceux qui ont été mis en vente.

2. Le paiement du droit de timbre des effets désignés dans l'article 1er pourra être constaté, comme pour les warrants, par l'apposition de plusieurs timbres mobiles. — Est rapporté l'article 2 de notre décret du 18 janvier 1860, qui limitait l'emploi des timbres mobiles aux effets d'une valeur de vingt mille francs.

3. L'administration de l'enregistrement, du timbre et des domaines fera déposer aux greffes des cours et tribunaux des spécimens de ces timbres mobiles. Il sera dressé, sans frais, procès-verbal de ce dépôt.

4. Sont maintenus nos décrets du 18 janvier 1860 et du 29 octobre 1862, en tout ce qui n'est pas contraire aux dispositions ci-dessus.

(1) **1124.** Les incapables de contracter sont : — Les mineurs, — Les interdits, — Les femmes mariées, dans les cas exprimés par la loi, — Et généralement tous ceux à qui la loi interdit certains contrats.

tifs des parties, conformément à l'article 1312 du Code Napoléon (C. 476 s., 1308. — Co. 2, 3, 6, 63.)

§ II. *De la provision.*

115. « La provision doit être faite par le tireur, ou par celui pour le compte de qui la lettre de change sera tirée, sans que le tireur pour compte d'autrui cesse d'être personnellement obligé envers les endosseurs et le porteur seulement. » (*Loi du 19 mars 1817, art. 1er.*). (Co, 111, 116, 117.)

116. Il y a provision, si, à l'échéance de la lettre de change, celui sur qui elle est fournie est redevable au tireur, ou à celui pour compte de qui elle est tirée, d'une somme au moins égale au montant de la lettre de change. (Co. 141, 115, 117.)

117. L'acceptation suppose la provision.

Elle en établit la preuve à l'égard des endosseurs. (Co. 136.)

Soit qu'il y ait ou non acceptation, le tireur seul est tenu de prouver, en cas de dénégation, que ceux sur qui la lettre était tirée avaient provision à l'échéance : sinon il est tenu de la garantir, quoique le protêt ait été fait après les délais fixés. (Co. 111, 115, 116, 118 s., 170, 173 s.)

§ III. *De l'acceptation.*

118. Le tireur et les endosseurs d'une lettre de change sont garants solidaires de l'acceptation et du paiement à l'échéance. (C. 1200. — Co. 110, 117, 119 s., 136 s., 140, 143 s., 158 s., 444.)

119. Le refus d'acceptation est constaté par un acte que l'on nomme *protêt faute d'acceptation*. (Co. 120, 126 s., 162, 163, 173 s., 444.)

120. Sur la notification du protêt faute d'acceptation, les endosseurs et le tireur sont respectivement tenus de donner

---

1125. Le mineur, l'interdit et la femme mariée ne peuvent attaquer, pour cause d'incapacité, leurs engagements, que dans les cas prévus par la loi. — Les personnes capables de s'engager ne peuvent opposer l'incapacité du mineur, de l'interdit ou de la femme mariée, avec qui elles ont contracté.

1312. Lorsque les mineurs, les interdits ou les femmes mariées sont admis, en ces qualités, à se faire restituer contre leurs engagements, le remboursement de ce qui aurait été, en conséquence de ces engagements, payé pendant la minorité, l'interdiction ou le mariage, ne peut en être exigé, à moins qu'il ne soit prouvé que ce qui a été payé a tourné à leur profit.

caution pour assurer le paiement de la lettre de change à son échéance, ou d'en effectuer le remboursement avec les frais de protêt et de rechange. (C. 2040, 2044. — Pr. 68, 517. — Co. 118, 119, 151, 152, 155, 173 s., 177 s.)

La caution, soit du tireur, soit de l'endosseur, n'est solidaire qu'avec celui qu'elle a cautionné. (C. 1200, 1202, 2011, 2015.)

121. Celui qui accepte une lettre de change, contracte l'obligation d'en payer le montant. (C. 1134. — Co. 122 s.)

L'accepteur n'est pas restituable contre son acceptation, quand même le tireur aurait failli à son insu avant qu'il eût accepté. (Co. 163, 437, 449.)

122. L'acceptation d'une lettre de change doit être signée.

L'acceptation est exprimée par le mot *accepté*.

Elle est datée, si la lettre est à un ou plusieurs jours ou mois de vue (Co. 129 s.);

Et, dans ce dernier cas, le défaut de date de l'acceptation rend la lettre exigible au terme y exprimé, à compter de sa date.

123. L'acceptation d'une lettre de change payable dans un autre lieu que celui de la résidence de l'accepteur, indique le domicile où le paiement doit être effectué ou les diligences faites. (C. 111. — Co. 143 s., 173 s.)

124. L'acceptation ne peut être conditionnelle; mais elle peut être restreinte quant à la somme acceptée. (C. 1181, 2013.)

Dans ce cas, le porteur est tenu de faire protester la lettre de change pour le surplus. (Co. 156, 173 s.)

125. Une lettre de change doit être acceptée à sa présentation, ou au plus tard dans les vingt-quatre heures de la présentation.

Après les vingt-quatre heures, si elle n'est pas rendue acceptée ou non acceptée, celui qui l'a retenue est passible de dommages-intérêts envers le porteur. (C. 1149, 1382. — Pr. 128.)

§ IV. *De l'acceptation par intervention.*

126. Lors du protêt faute d'acceptation, la lettre de change peut être acceptée par un tiers intervenant pour le tireur ou pour l'un des endosseurs. (C. 1119, 2011. — Co. 110 s., 118 s., 127, 128, 158 s.)

L'intervention est mentionnée dans l'acte du protêt; elle est signée par l'intervenant. (Co. 174.)

127. L'intervenant est tenu de notifier sans délai son intervention à celui pour qui il est intervenu. (Pr. 68. — Co. 126.)

128. Le porteur de la lettre de change conserve tous ses droits contre le tireur et les endosseurs, à raison du défaut d'acceptation par celui sur qui la lettre était tirée, nonobstant toutes acceptations par intervention. (Co. 118, 160.)

§ V. *De l'échéance.*

129. Une lettre de change peut être tirée (Co. 110, 161) :

à vue (Co. 122, 130, 131.)

à un ou plusieurs jours
à un ou plusieurs mois   } de vue,
à une ou plusieurs usances

à un ou plusieurs jours
à un ou plusieurs mois   } de date,
à une ou plusieurs usances
à jour fixe ou à jour déterminé,
en foire (Co. 133.)

130. La lettre de change à vue est payable à sa présentation. (Co. 129, 160, 161.)

131. L'échéance d'une lettre de change

à un ou plusieurs jours
à un ou plusieurs mois   } de vue,
à une ou plusieurs usances

est fixée par la date de l'acceptation, ou par celle du protèt faute d'acceptation. (Co. 118 s., 126 s., 174.)

132. L'usance est de trente jours, qui courent du lendemain de la date de la lettre de change. (Co. 129, 131, 161.)

Les mois sont tels qu'ils sont fixés par le calendrier grégorien.

133. Une lettre de change payable en foire est échue la veille du jour fixé pour la clôture de la foire, ou le jour de la foire, si elle ne dure qu'un jour. (Co. 129, 161.)

134. Si l'échéance d'une lettre de change est à un jour férié légal, elle est payable la veille. (Pr. 8, 63, 781, 808, 828, 1037. — Co. 162. — P. 25.)

135. Tous délais de grâce, de faveur, d'usage ou d'habitude locale, pour le paiement des lettres de change, sont abrogés. (C. 1244. — Co. 157, 161.)

§ VI. *De l'endossement.*

136. La propriété d'une lettre de change se transmet par la voie de l'endossement. (Co. 110, 118, 137 s., 154, 164, 181, 187, 281, 313, 542.)

137. L'endossement est daté. — Il exprime la valeur fournie. — Il énonce le nom de celui à l'ordre de qui il est passé. (Co. 136, 138, 139.)

138. Si l'endossement n'est pas conforme aux dispositions de l'article précédent, il n'opère pas le transport; il n'est qu'une procuration. (C. 1987. — Co. 136, 139, 574.)

139. Il est défendu d'antidater les ordres, à peine de faux. (P. 147.)

§ VII. *De la solidarité.*

140 (1). Tous ceux qui ont signé, accepté ou endossé une lettre de change, sont tenus à la garantie solidaire envers le porteur. (C. 1200 s. — C. 110, 121, 136, 160 s. 542.)

---

(1) *De la solidarité de la part des débiteurs.*

1200. Il y a solidarité de la part des débiteurs, lorsqu'ils sont obligés à une même chose, de manière que chacun puisse être contraint pour la totalité, et que le paiement fait par un seul libère les autres envers le créancier.

1201. L'obligation peut être solidaire quoique l'un des débiteurs soit obligé différemment de l'autre au paiement de la même chose ; par exemple, si l'un n'est obligé que conditionnellement, tandis que l'engagement de l'autre est pur et simple, ou si l'un a pris un terme qui n'est point accordé à l'autre.

1202. La solidarité ne se présume point ; il faut qu'elle soit expressément stipulée.

Cette règle ne cesse que dans les cas où la solidarité a lieu de plein droit, en vertu d'une disposition de la loi.

1203. Le créancier d'une obligation contractée solidairement peut s'adresser à celui des débiteurs qu'il veut choisir, sans que celui-ci puisse lui opposer le bénéfice de division.

1204. Les poursuites faites contre l'un des débiteurs n'empêchent pas le créancier d'en exercer de pareilles contre les autres.

1205. Si la chose due a péri par la faute ou pendant la demeure de l'un ou de plusieurs des débiteurs solidaires, les autres codébiteurs ne sont point déchargés de l'obligation de payer le prix de la chose ; mais ceux-ci ne sont point tenus des dommages et intérêts.

Le créancier peut seulement répéter les dommages et intérêts tant contre les débiteurs par la faute desquels la chose a péri, que contre ceux qui étaient en demeure.

1206. Les poursuites faites contre l'un des débiteurs solidaires interrompent la prescription à l'égard de tous.

1207. La demande d'intérêts formée contre l'un des débiteurs solidaires fait courir les intérêts à l'égard de tous.

§ VIII. *De l'aval.*

141. Le paiement d'une lettre de change, indépendamment de l'acceptation et de l'endossement, peut être garanti par un aval. (Co. 110, 118, 140, 142, 161.)

142. Cette garantie est fournie, par un tiers, sur la lettre même ou par acte séparé.

Le donneur d'aval est tenu solidairement et par les mêmes voies que les tireur et endosseurs, sauf les conventions diffé-

---

1208. Le codébiteur solidaire poursuivi par le créancier peut opposer toutes les exceptions qui résultent de la nature de l'obligation, et toutes celles qui lui sont personnelles, ainsi que celles qui sont communes à tous les codébiteurs.

Il ne peut opposer les exceptions qui sont purement personnelles à quelques-uns des autres codébiteurs.

1209. Lorsque l'un des débiteurs devient héritier unique du créancier, ou lorsque le créancier devient l'unique héritier de l'un des débiteurs, la confusion n'éteint la créance solidaire que pour la part et portion du débiteur ou du créancier.

1210. Le créancier qui consent à la division de la dette à l'égard de l'un des codébiteurs, conserve son action solidaire contre les autres, mais sous la déduction de la part du débiteur qu'il a déchargé de la solidarité.

1211. Le créancier qui reçoit divisément la part de l'un des débiteurs, sans réserver dans la quittance la solidarité ou ses droits en général, ne renonce à la solidarité qu'à l'égard de ce débiteur.

Le créancier n'est pas censé remettre la solidarité au débiteur lorsqu'il reçoit de lui une somme égale à la portion dont il est tenu, si la quittance ne porte pas que c'est *pour sa part.*

Il en est de même de la simple demande formée contre l'un des codébiteurs *pour sa part,* si celui-ci n'a pas acquiescé à la demande, ou s'il n'est pas intervenu un jugement de condamnation.

1212. Le créancier qui reçoit divisément et sans réserve la portion de l'un des codébiteurs dans les arrérages ou intérêts de la dette, ne perd la solidarité que pour les arrérages ou intérêts échus, et non pour ceux à échoir, ni pour le capital, à moins que le paiement divisé n'ait été continué pendant dix ans consécutifs.

1213. L'obligation contractée solidairement envers le créancier se divise de plein droit entre les débiteurs, qui n'en sont tenus entre eux que chacun pour sa part et portion.

1214. Le codébiteur d'une dette solidaire, qui l'a payée en entier, ne peut répéter contre les autres que les part et portion de chacun d'eux.

Si l'un d'eux se trouve insolvable, la perte qu'occasionne son insolvabilité, se répartit, par contribution, entre tous les autres codébiteurs solvables et celui qui a fait le paiement.

1215. Dans le cas où le créancier a renoncé à l'action solidaire envers l'un des débiteurs, si l'un ou plusieurs des autres codébiteurs deviennent insolvables, la portion des insolvables sera contributoirement répartie entre tous les débiteurs, même entre ceux précédemment déchargés de la solidarité par le créancier.

1216. Si l'affaire pour laquelle la dette a été contractée solidairement ne concernait que l'un des coobligés solidaires, celui-ci serait tenu de toute la dette vis à vis des autres codébiteurs, qui ne seraient considérés par rapport à lui que comme ses cautions.

rentes des parties. (C. 1134, 1200 s., 2011. — Co, 140, 141, 160 s.)

§ IX. Du paiement.

143 (1). Une lettre de change doit être payée dans la monnaie qu'elle indique (2). (C. 1235 s. — Co. 110, 144 s., 158 s., 160 s., 173 s.)

144. Celui qui paie une lettre de change avant son échéance est responsable de la validité du paiement. (C. 1186, 1187. — Co. 129 s.; 146, 161.)

145. Celui qui paie une lettre de change à son échéance et sans opposition est présumé valablement libéré. (Co. 129 s., 149, 161.)

146. Le porteur d'une lettre de change ne peut être contraint d'en recevoir le paiement avant l'échéance. (Co. 144.)

147. Le paiement d'une lettre de change fait sur une seconde, troisième, quatrième, etc., est valable, lorsque la seconde, troisième, quatrième, etc., porte que ce paiement annule l'effet des autres. (C. 1134. — Co. 110, 148, 150.)

148. Celui qui paie une lettre de change sur une seconde, troisième, quatrième, etc., sans retirer celle sur laquelle se trouve son acceptation, n'opère point sa libération à l'égard du tiers porteur de son acceptation. (Co. 110, 118 s., 126 s., 147, 150.)

149. Il n'est admis d'opposition au paiement qu'en cas de perte de la lettre de change, ou de la faillite du porteur. (Co. 145, 150 s., 437.)

150. En cas de perte d'une lettre de change *non acceptée*,

---

(1) *Avis du Conseil d'État du 12 frimaire an XIV.*

Le Conseil d'État, après avoir entendu la section de législation sur le renvoi fait par S. M. I. et R., d'un rapport du grand-juge, ministre de la justice, ayant pour objet d'examiner la question de savoir si une lettre de change peut être payée en billets de banque, autrement que du consentement de celui qui en est porteur,

Est d'avis que la réponse à cette question ne peut souffrir aucune difficulté : — Le porteur d'une lettre de change a le droit d'exiger son paiement en numéraire. — Les billets de la banque, établis pour la commodité du commerce, ne sont que de simple confiance.

(2) *Décret du 18 août 1810, concernant la monnaie de cuivre et de billon.*

2. La monnaie de cuivre et de billon de fabrication française ne pourra être employée dans les paiements, si ce n'est de gré à gré, que pour l'appoint de la pièce de cinq francs, — « ainsi que la monnaie de bronze (*L. 6 mai 1852, art. 6). »

celui à qui elle appartient peut en poursuivre le paiement sur
une seconde, troisième, quatrième, etc. (Co. 147, 151 s., 175.)

151 (1). Si la lettre de change perdue est revêtue de l'acceptation, le paiement ne peut en être exigé sur une seconde,
troisième, quatrième, etc., que par ordonnance du juge, et en
donnant caution. (C. 2040, 2041. — Pr. 517. — Co. 120, 150,
152 s.)

152. Si celui qui a perdu la lettre de change, qu'elle soit
acceptée ou non, ne peut représenter la seconde, troisième,
quatrième, etc., il peut demander le paiement de la lettre de
change perdue, et l'obtenir par l'ordonnance du juge, en justifiant de sa propriété par ses livres, et en donnant caution.
(C. 2040, 2041. — Pr. 517. — Co. 8 s., 150, 151, 153 s.)

153. En cas de refus de paiement, sur la demande formée
en vertu des deux articles précédents, le propriétaire de la
lettre de change perdue conserve tous ses droits par un acte
de protestation. (Pr. 68.)

Cet acte doit être fait le lendemain de l'échéance de la lettre
de change perdue. (Co. 162).

Il doit être notifié aux tireur et endosseurs, dans les formes
et délais prescrits ci-après pour la notification du protêt. (Pr.
68. — Co. 162 s., 173 s.)

154. Le propriétaire de la lettre de change égarée doit,
pour s'en procurer la seconde, s'adresser à son endosseur immédiat, qui est tenu de lui prêter son nom et ses soins pour
agir envers son propre endosseur ; et ainsi en remontant d'endosseur en endosseur jusqu'au tireur de la lettre. Le propriétaire de la lettre de change égarée supportera les frais.

---

(1) **2018.** Le débiteur obligé à fournir une caution doit en présenter
une qui ait la capacité de contracter, qui ait un bien suffisant pour répondre de l'objet de l'obligation, et dont le domicile soit dans le ressort de
la cour impériale où elle doit être donnée.

2019. La solvabilité d'une caution ne s'estime qu'en égard à ses propriétés foncières, excepté en matière de commerce, ou lorsque la dette
est modique.

On n'a point égard aux immeubles litigieux, ou dont la discussion deviendrait trop difficile par l'éloignement de leur situation.

DE LA CAUTION LÉGALE ET DE LA CAUTION JUDICIAIRE.

2020. Toutes les fois qu'une personne est obligée, par la loi ou par
une condamnation, à fournir une caution, la caution offerte doit remplir
les conditions prescrites par les articles 2018 et 2019.

Lorsqu'il s'agit d'un cautionnement judiciaire, la caution doit, en outre,
être susceptible de contrainte par corps.

2021. Celui qui ne peut pas trouver une caution est reçu à donner à
sa place un gage en nantissement suffisant.

155. L'engagement de la caution, mentionné dans les articles 151 et 152, est éteint après trois ans, si, pendant ce temps, il n'y a eu ni demandes ni poursuites juridiques. (C. 1234, 2219, 2244, 2246. — Co. 189.)

156. Les paiements faits à compte sur le montant d'une lettre de change sont à la décharge des tireur et endosseurs. (Co. 110, 136 s., 140.)

Le porteur est tenu de faire protester la lettre de change pour le surplus. (Co. 124, 173 s.)

157 (1). Les juges ne peuvent accorder aucun délai pour le paiement d'une lettre de change. (C. 1244.—Co. 135, 161.)

§ X. *Du paiement par intervention.*

158. Une lettre de change protestée peut être payée par tout intervenant pour le tireur ou pour l'un des endosseurs. (Co. 110, 126 s., 136 s., 140, 143 s., 159.)

L'intervention et le paiement seront constatés dans l'acte de protêt ou à la suite de l'acte. (Co. 174.)

159. Celui qui paie une lettre de change par intervention, est subrogé aux droits du porteur, et tenu des mêmes devoirs pour les formalités à remplir. (C. 1251. — Co. 160 s.)

Si le paiement par intervention est fait pour le compte du tireur, tous les endosseurs sont libérés. (Co. 110, 136 s.)

S'il est fait pour un endosseur, les endosseurs subséquents sont libérés.

S'il y a concurrence pour le paiement d'une lettre de change par intervention, celui qui opère le plus de libérations est préféré.

Si celui sur qui la lettre était originairement tirée, et sur qui a été fait le protêt faute d'acceptation, se présente pour la payer, il sera préféré à tous autres. (Co. 119, 174.)

§ XI. *Des droits et devoirs du porteur* (2).

160. « Le porteur d'une lettre de change tirée du continent et des îles de l'Europe ou de l'Algérie, et payable dans les

---

(1) **C. Nap.** — **1244**. Le débiteur ne peut point forcer le créancier à recevoir en partie le paiement d'une dette, même divisible.

Les juges peuvent néanmoins, en considération de la position du débiteur, et en usant de ce pouvoir avec une grande réserve, accorder des délais modérés pour le paiement, et surseoir à l'exécution des poursuites, toutes choses demeurant en état.

(2) V. la *Loi du 14-20 juin 1865 sur les Chèques*, p. 35, en note.

possessions européennes de la France ou dans l'Algérie, soit à
vue, soit à un ou plusieurs jours, mois ou usances de vue, doit
en exiger le paiement ou l'acceptation dans les trois mois de
sa date, sous peine de perdre son recours sur les endosseurs et
même sur le tireur, si celui-ci a fait provision. (Pr. 73, 74. —
Co. 166.)

« Le délai est de quatre mois pour les lettres de change tirées
des États du littoral de la Méditerranée et du littoral de la mer
Noire sur les possessions européennes de la France, et réciproquement, du continent et des îles de l'Europe sur les établissements français de la Méditerranée et de la mer Noire.

« Le délai est de six mois pour les lettres de change tirées
des États d'Afrique en deçà du cap de Bonne-Espérance, et des
États d'Amérique en deçà du cap Horn, sur les possessions
européennes de la France, et réciproquement du continent et
des îles de l'Europe sur les possessions françaises ou établissements français dans les États d'Afrique en deçà du cap de
Bonne-Espérance, et dans les États d'Amérique en deçà du cap
Horn.

« Le délai est d'un an pour les lettres de change tirées de
toute autre partie du monde sur les possessions européennes
de la France, et réciproquement du continent et des îles de
l'Europe sur les possessions françaises et les établissements
français dans toute autre partie du monde.

« La même déchéance aura lieu contre le porteur d'une lettre
de change à vue, à un ou plusieurs jours, mois ou usances de
vue, tirée de la France, des possessions ou établissements français et payable dans les pays étrangers, qui n'en exigera pas le
paiement ou l'acceptation dans les délais ci-dessus prescrits
pour chacune des distances respectives.

« Les délais ci-dessus seront doublés en cas de guerre maritime pour les pays d'outre-mer.

« Les dispositions ci-dessus ne préjudicieront néanmoins pas
aux stipulations contraires qui pourraient intervenir entre le
preneur, le tireur et même les endosseurs. » (*Loi du 3 mai-3
juin 1862.*) (C. 1134. — Co. 110, 161 s., 173 s.)

161 (1). Le porteur d'une lettre de change doit en exiger

---

(1) *Loi du 6 thermidor an III, qui autorise le dépôt du montant des billets
à ordre ou d'autres effets négociables, dont le porteur ne se sera pas présenté dans les trois jours qui suivront celui de l'échéance.*

I. Tout *débiteur* de billet à ordre, lettre de change, billet au porteur
ou autre effet négociable, dont le porteur ne se sera pas présenté dans

le paiement le jour de son échéance. (C. 1247. — Co. 129 s., 143 s., 158 s.)

162 (1). Le refus de paiement doit être constaté, le lendemain du jour de l'échéance, par un acte que l'on nomme *protêt faute de paiement*. (Pr. 68. — Co. 119, 153, 163 s., 173 s.)

les trois jours qui suivront celui de l'échéance, est autorisé à déposer la somme portée au billet, aux mains du receveur de l'enregistrement dans l'arrondissement duquel l'effet est payable.

2. L'acte de dépôt contiendra la date du billet, celle de l'échéance et le nom de celui au bénéfice duquel il aura été originairement fait.

3. Le dépôt consommé, le débiteur ne sera tenu qu'à remettre l'acte de dépôt en échange du billet.

4. La somme déposée sera remise à celui qui représentera l'acte de dépôt, sans autre formalité que celle de la remise d'icelui, et de la signature du porteur sur le registre du receveur.

5. Si le porteur ne sait pas écrire, il en sera fait mention sur le registre.

6. Les droits attribués aux receveurs de l'enregistrement pour les présents dépôts sont fixés à un pour cent. Ils sont dus par le porteur du billet.

Ordonnance du 3 juillet 1816 sur la caisse des dépôts et consignations.

2. Seront versés dans la caisse (des dépôts et consignations) : — 1° le montant des effets de commerce dont le porteur ne se présente pas à l'échéance, lorsque le débiteur voudra se libérer conformément à la loi du 6 thermidor an III (23 juillet 1795).

(1) *Avis du Conseil d'Etat du 25 janvier 1814, approuvé le 27.*

Le Conseil d'Etat

Est d'avis que l'exception tirée de la force majeure est applicable au cas de l'invasion de l'ennemi et des événements de guerre, pour relever les porteurs de lettres de change et de billets à ordre de la déchéance prononcée par le Code de commerce, à défaut de protêt à l'échéance et de dénonciation dans les délais; et que l'application, selon les cas et circonstances, appartient à la prudence des juges.

Avis du Conseil d'Etat du 12 novembre 1840, concernant les lettres de change non protestées à l'échéance par suite des inondations.

Le Conseil d'Etat, qui, sur le renvoi ordonné par M. le garde des sceaux, a entendu un rapport sur la question de savoir si, dans le cas d'interruption des communications par des événements de force majeure, il appartient au gouvernement de suspendre ou de modifier, par une ordonnance royale, les effets du Code de commerce à l'égard des porteurs de lettres de change, et de relever de la déchéance prononcée par ce Code pour défaut de protêt à l'échéance et de dénonciation dans les délais prescrits;

Vu l'avis du Conseil d'Etat du 25 janvier 1814;

Considérant qu'aux termes de la Charte constitutionnelle, le gouvernement ne peut jamais suspendre les lois elles-mêmes, ni dispenser de leur exécution;

Considérant que l'application des lois et l'appréciation des circonstances qui peuvent faire fléchir la rigueur de leur application sont confiées à l'autorité judiciaire;

Est d'avis qu'il appartient, non à l'administration, mais aux tribunaux

Si ce jour est un jour férié légal, le protêt est fait le jour suivant (1). (Co. 134.)

163. Le porteur n'est dispensé du protêt faute de paiement, ni par le protêt faute d'acceptation, ni par la mort ou faillite de celui sur qui la lettre de change est tirée. (Co. 119, 121, 162, 437.)

Dans le cas de faillite de l'accepteur avant l'échéance, le porteur peut faire protester, et exercer son recours. (C. 1188.)

164. Le porteur d'une lettre de change protestée faute de paiement peut exercer son action en garantie (C. 1200 s. — Co. 140, 167, 169),

Ou individuellement contre le tireur et chacun des endosseurs (Co. 110, 136 s.),

Ou collectivement contre les endosseurs et le tireur.

La même faculté existe pour chacun des endosseurs, à l'égard du tireur et des endosseurs qui le précèdent. (Co. 165 s.)

165. Si le porteur exerce le recours individuellement contre son cédant, il doit lui faire notifier le protêt, et, à défaut de remboursement, le faire citer en jugement dans les quinze jours qui suivent la date du protêt, si celui-ci réside dans la distance de cinq myriamètres. (Pr. 59, 61, 68, 69, 1033. — Co. 166 s., 173 s.)

Ce délai, à l'égard du cédant domicilié à plus de cinq myriamètres de l'endroit où la lettre de change était payable, sera augmenté d'un jour par *cinq* myriamètres excédant les cinq myriamètres. (Pr. 1033, *Loi 3 mai* 1862.)

166. « Les lettres de change tirées de France et payables hors du territoire continental de la France en Europe étant protestées, les tireurs et endosseurs résidant en France seront poursuivis dans les délais ci-après : (Pr. 73, 74. — Co. 160 s., 167 s.)

« D'un mois pour celles qui étaient payables en Corse, en

---

dans l'exercice de leur juridiction, d'apprécier, sous le double rapport du fait et du droit, les circonstances de force majeure qui leur sont signalées, à l'effet de relever, s'il y a lieu, les porteurs de lettres de change des déchéances encourues à défaut de protêt à l'échéance et de dénonciation dans les délais prescrits.

(1) *Avis du Conseil d'Etat du 13 mars 1810, sur les effets de commerce échéant au 1er janvier, approuvé le 20 du même mois.*

Le Conseil d'Etat est d'avis que le 1er janvier doit être considéré comme une des fêtes auxquelles s'applique l'article 162 du Code de commerce; et qu'en conséquence, lorsqu'il y aura refus de paiement d'un effet de commerce échu la veille, cet effet ne pourra être protesté que le 2 janvier.

Algérie, dans les îles Britanniques, en Italie, dans le royaume des Pays-Bas et dans les États ou Confédérations limitrophes de la France;

« De deux mois pour celles qui étaient payables dans les autres États, soit de l'Europe, soit du littoral de la Méditerranée et de celui de la mer Noire;

« De cinq mois pour celles qui étaient payables hors d'Europe en deçà des détroits de Malacca et de la Sonde et en deçà du cap Horn;

« De huit mois pour celles qui étaient payables au-delà des détroits de Malacca et de la Sonde et au-delà du cap Horn.

« Ces délais seront observés dans les mêmes proportions pour le recours à exercer contre les tireurs et endosseurs résidant dans les possessions françaises hors de la France continentale.

« Les délais ci-dessus seront doublés pour les pays d'outremer, en cas de guerre maritime. » (*Loi du* 3 *mai*-3 *juin* 1862.) (Pr. 1033. — Co. 160.)

167. Si le porteur exerce son recours collectivement contre les endosseurs et le tireur, il jouit, à l'égard de chacun d'eux, du délai déterminé par les articles précédents. (Co. 164, 169.)

Chacun des endosseurs a le droit d'exercer le même recours, ou individuellement, ou collectivement, dans le même délai.

A leur égard, le délai court du lendemain de la date de la citation en justice. (Pr. 59, 61, 68, 69. — Co. 189, 631.)

168. Après l'expiration des délais ci-dessus, — Pour la présentation de la lettre de change à vue, ou à un ou plusieurs jours ou mois ou usances de vue, — Pour le protêt faute de paiement, — Pour l'exercice de l'action en garantie, — Le porteur de la lettre de change est déchu de tous droits contre les endosseurs. (Co. 129 s., 136 s., 140, 160, 161, 169 s., 173 s., 189.)

169. Les endosseurs sont également déchus de toute action en garantie contre leurs cédants, après les délais ci-dessus prescrits, chacun en ce qui le concerne. (Co. 136 s., 140, 164, 167, 168, 170, 171.)

170. La même déchéance a lieu contre le porteur et les endosseurs, à l'égard du tireur lui-même, si ce dernier justifie qu'il y avait provision à l'échéance de la lettre de change. (Co. 110, 115 s., 129 s., 136 s., 160, 161.)

Le porteur, en ce cas, ne conserve d'action que contre celui sur qui la lettre était tirée. (Co. 168, 169, 171, 173 s., 189.)

171 (1). Les effets de la déchéance prononcée par les trois articles précédents cessent en faveur du porteur, contre le tireur, ou contre celui des endosseurs qui, après l'expiration des

---

(1) *De la compensation.*

C. Nap. — 1289. Lorsque deux personnes se trouvent débitrices l'une envers l'autre, il s'opère entre elles une compensation qui éteint les deux dettes, de la manière et dans les cas ci-après exprimés.

1290. La compensation s'opère de plein droit par la seule force de la loi, même à l'insu des débiteurs; les deux dettes s'éteignent réciproquement, à l'instant où elles se trouvent exister à la fois, jusqu'à concurrence de leurs quotités respectives.

1291. La compensation n'a lieu qu'entre deux dettes qui ont également pour objet une somme d'argent, ou une certaine quantité de choses fongibles de la même espèce et qui sont également liquides et exigibles.

Les prestations en grains ou denrées, non contestées, et dont le prix est réglé par les mercuriales, peuvent se compenser avec des sommes liquides et exigibles.

1292. Le terme de grâce n'est point un obstacle à la compensation.

1293. La compensation a lieu, quelles que soient les causes de l'une ou l'autre des dettes, excepté dans le cas,

1o De la demande en restitution d'une chose dont le propriétaire a été injustement dépouillé;

2o De la demande en restitution d'un dépôt et du prêt à usage;

3o D'une dette qui a pour cause des aliments déclarés insaisissables.

1294. La caution peut opposer la compensation de ce que le créancier doit au débiteur principal;

Mais le débiteur principal ne peut opposer la compensation de ce que le créancier doit à la caution.

Le débiteur solidaire ne peut pareillement opposer la compensation de ce que le créancier doit à son codébiteur.

1295. Le débiteur qui a accepté purement et simplement la cession qu'un créancier a faite de ses droits à un tiers, ne peut plus opposer au cessionnaire la compensation qu'il eût pu, avant l'acceptation, opposer au cédant.

A l'égard de la cession qui n'a point été acceptée par le débiteur, mais qui lui a été signifiée, elle n'empêche que la compensation des créances postérieures à cette notification.

1296. Lorsque les deux dettes ne sont pas payables au même lieu, on n'en peut opposer la compensation qu'en faisant raison des frais de la remise.

1297. Lorsqu'il y a plusieurs dettes compensables dues par la même personne, on suit, pour la compensation, les règles établies pour l'imputation par l'article 1256.

1256. Lorsque la quittance ne porte aucune imputation, le paiement doit être imputé sur la dette que le débiteur avait pour lors le plus d'intérêt d'acquitter entre celles qui sont pareillement échues; sinon, sur la dette échue, quoique moins onéreuse que celles qui ne le sont pas. — Si les dettes sont d'égale nature, l'imputation se fait sur la plus ancienne: toutes choses égales, elle se fait proportionnellement.

1298. La compensation n'a pas lieu au préjudice des droits acquis à un tiers. Ainsi celui qui, étant débiteur, est devenu créancier depuis la saisie-arrêt faite par un tiers entre ses mains, ne peut, au préjudice du saisissant, opposer la compensation.

1299. Celui qui a payé une dette qui était, de droit, éteinte par la compensation, ne peut plus se prévaloir, au préjudice des tiers, des priviléges ou hypothèques qui y étaient attachés, à moins qu'il n'ait eu une juste cause d'ignorer la créance qui devait compenser sa dette.

délais fixés pour le protêt, la notification du protêt ou la cita
tion en jugement, a reçu par compte, compensation ou autrement, les fonds destinés au paiement de la lettre de change.
(C. 1234, 1289 s. — Pr. 59, 61, 68, 69. — Co. 110, 115 s.,
129 s., 136 s., 160, 161, 173 s.)

172 (1). Indépendamment des formalités prescrites pour
l'exercice de l'action en garantie, le porteur d'une lettre de
change protestée faute de paiement peut, en obtenant la per-

---

(1) *Des saisies-arrêts ou oppositions.*

C. Proc. — 557. Tout créancier peut, en vertu de titres authentiques
ou privés, saisir-arrêter entre les mains d'un tiers les sommes et effets appartenant à son débiteur, ou s'opposer à leur remise.

558. S'il n'y a pas de titre, le juge du domicile du débiteur, et même
celui du domicile du tiers-saisi, pourront, sur requête, permettre la saisie-arrêt et opposition.

559. Tout exploit de saisie-arrêt ou opposition, fait en vertu d'un titre,
contiendra l'énonciation du titre et de la somme pour laquelle elle est
faite : si l'exploit est fait en vertu de la permission du juge, l'ordonnance
énoncera la somme pour laquelle la saisie-arrêt ou opposition est faite,
et il sera donné copie de l'ordonnance en tête de l'exploit. — Si la créance
pour laquelle on demande la permission de saisir-arrêter n'est pas liquide,
l'évaluation provisoire en sera faite par le juge. — L'exploit contiendra
aussi élection de domicile dans le lieu où demeure le tiers-saisi, si le saisissant n'y demeure pas; le tout à peine de nullité.

560. La saisie-arrêt ou opposition entre les mains de personnes non
demeurant en France sur le continent ne pourra point être faite au domicile des procureurs impériaux ; elle devra être signifiée à personne ou à
domicile.

561. La saisie-arrêt ou opposition formée entre les mains des receveurs, dépositaires ou administrateurs de caisses ou deniers publics, en
cette qualité, ne sera point valable, si l'exploit n'est fait à la personne
préposée pour le recevoir, et s'il n'est visé par elle sur l'original, ou, en
cas de refus, par le procureur impérial. (V. D. 31 mai 1862, art. 148 à 151.)

562. L'huissier qui aura signé la saisie-arrêt ou opposition, sera tenu,
s'il en est requis, de justifier de l'existence du saisissant à l'époque où le
pouvoir de saisir a été donné, à peine d'interdiction, et des dommages et
intérêts des parties.

563. Dans la huitaine de la saisie-arrêt ou opposition, outre un jour
pour *cinq* myriamètres de distance entre le domicile du tiers-saisi et celui du saisissant, et un jour pour *cinq* myriamètres de distance entre le
domicile de ce dernier et celui du débiteur saisi, le saisissant sera tenu de
dénoncer la saisie-arrêt ou opposition au débiteur saisi, et de l'assigner
de validité. (Art. 1033, *Loi 3 mai* 1862.)

564. Dans un pareil délai, outre celui en raison des distances, à
compter du jour de la demande en validité, cette demande sera dénoncée,
à la requête du saisissant, au tiers-saisi, qui ne sera tenu de faire aucune
déclaration avant que cette dénonciation lui ait été faite.

565. Faute de demande en validité, la saisie ou opposition sera nulle :
faute de dénonciation de cette demande au tiers-saisi, les paiements par
lui faits jusqu'à la dénonciation seront valables.

566. En aucun cas il ne sera nécessaire de faire précéder la demande
en validité par une citation en conciliation.

567. La demande en validité, et la demande en mainlevée formée
par la partie saisie, seront portées devant le tribunal du domicile de la
partie saisie.

mission du juge, saisir conservatoirement les effets mobiliers des tireur, accepteurs et endosseurs. (Pr. 557 s. — Co. 110, 118 s., 136 s., 140, 160, 164, 167, 173 s.)

§ XII. Des protêts.

173 (1). Les protêts faute d'acceptation ou de paiement sont faits « par un notaire, ou par un huissier sans assistance de témoin. » (D. 23 mars 1848, art. 2.) (Co. 110, 119, 129 s., 156, 161, 162, 163, 174 s., 181 s.)

Le protêt doit être fait : — Au domicile de celui sur qui la lettre de change était payable, ou à son dernier domicile connu (Pr. 69 8°.—C. 102 s.) ; — Au domicile des personnes indiquées par la lettre de change pour la payer au besoin ; — Au domicile du tiers qui a accepté par intervention (Co. 126 s.) ; — Le tout par un seul et même acte. — En cas de fausse indication de domicile, le protêt est précédé d'un acte de perquisition.

174. L'acte de protêt contient (Co. 126) : — La transcription littérale de la lettre de change, de l'acceptation, des endossements, et des recommandations qui y sont indiquées, — La sommation de payer le montant de la lettre de change. — Il

---

(1) *Décret du 23 mars 1848 concernant la taxe des protêts.*

1. Provisoirement, et jusqu'à ce qu'il en soit autrement ordonné, le tarif actuel est modifié comme il suit (sauf modification des droits de timbre et d'enregistrement) :

Protêt simple. — Original et copie, 1 fr. 60 c.—Droit de copie de l'effet sur l'original et la copie, transcription sur le répertoire, 75 c. — Timbre du protêt, 70 c. — du registre, 25 c. — Enregistrement, 1 fr. 10 c. — *Total,* 4 fr. 40 c.

Protêt à deux domiciles ou avec besoin. — Protêt simple, 4 fr. 40 c. — Pour le second domicile ou le besoin, 1 fr. — Timbre, 35 c. — *Total,* 5 fr. 75 c.

Protêt de deux effets. — Le protêt simple, 4 fr. 40 c. — Emolument pour le second effet, 50 c. — Timbre, 15 c. — *Total,* 5 fr. 05 c.

Protêt de perquisition. — Original et copie, 5 fr. — Droit de copies, 1 fr. 25 c. — Les copies du titre, 50 c. — Visa, 1 fr. — Timbre des copies, 1 fr. 75 c. — Enregistrement, 1 fr. 10 c. — Transcription du titre au registre, du procès-verbal de perquisition et du protêt, 75 c. — Papier du registre pour la transcription, 40 c. — *Total,* 11 fr. 75 c.

Protêt au parquet. — Le protêt simple, 4 fr. 40 c. — Deuxième copie au parquet, 60 c. — Troisième au tribunal et droit de la copie du titre, 1 fr. 50 c. — Visa, 1 fr. — Timbre, 70 c. — *Total,* 7 fr. 10 c.

Intervention. — Original et copie, 2 fr. — Transcription au registre, 25 c. — Papier du registre, 15 c. — Enregistrement, 1 fr. 10 c. — *Total,* 3 fr. 50 c.

Dénonciation de protêt. — Original, 2 fr. — Copie de l'exploit, 50 c. — de billet et de protêt, 75 c. — d'intervention, 25 c. — de compte de retour, 25 c. — Timbre, 1 fr. 05 c. — Enregistrement, 1 fr. 10. — *Total,* 5 fr. 90 c.

2. Les actes de protêt seront désormais dressés sans assistance de témoin.

énonce — La présence ou l'absence de celui qui doit payer, — Les motifs du refus de payer, et l'impuissance ou le refus de signer.

175. Nul acte, de la part du porteur de la lettre de change, ne peut suppléer l'acte de protêt, hors le cas prévu par les articles 150 et suivants, touchant la perte de la lettre de change. (Co. 173, 174.)

176. Les notaires et les huissiers sont tenus, à peine de destitution, dépens, dommages-intérêts envers les parties, de laisser copie exacte des protêts, et de les inscrire en entier, jour par jour et par ordre de dates, dans un registre particulier, coté, paraphé, et tenu dans les formes prescrites pour les répertoires. (C. 1149, 1382. — Pr. 71, 128, 130, 132, 1031. — Co. 173, 174.)

§ XIII. *Du rechange.*

177. Le rechange s'effectue par une retraite. (Co. 110 s. 160 s., 173 s., 178 s.)

178. La retraite est une nouvelle lettre de change, au moyen de laquelle le porteur se rembourse sur le tireur, ou sur l'un des endosseurs, du principal de la lettre protestée, de ses frais, et du nouveau change qu'il paie.

« La retraite comprend, avec le bordereau détaillé et signé du tireur seulement, et transcrit au dos du titre : — 1° le principal du titre protesté ; — 2° les frais de protêt et de dénonciation, s'il y a lieu ; — 3° les intérêts de retard ; — 4° la perte du change ; — 5° le timbre de la retraite, qui sera soumise au droit fixe de *cinquante* centimes. » (*D. 24 mars* 1848 et *Loi 2 juillet* 1862, art. 17.) (Co. 110, 136 s., 140, 160 s., 177, 179 s.)

179. « Le rechange se règle, pour la France continentale, uniformément comme suit : — Un quart pour cent sur les chefs-lieux de département ; — Demi pour cent sur les chefs-lieux d'arrondissement ; — Trois quarts pour cent sur toute autre place. — En aucun cas il n'y aura lieu à rechange dans le même département. — Les changes étrangers et ceux relatifs aux possessions françaises en dehors du continent seront régis par les usages du commerce. » (*Ibid.*) (Co. 72, 76, 110, 136 s.)

180 (1). La retraite est accompagnée d'un compte de retour. (Co. 178, 181.)

---

(1) L'exécution des articles 180, 181, 186 du Code de commerce est suspendue. (*D. 24 mars* 1848.)

181. Le compte de retour comprend (Co. 180, 182) :

Le principal de la lettre de change protestée,

Les frais de protêt et autres frais légitimes, tels que commission de banque, courtage, timbre et ports de lettres. (Co. 72, 76, 173.)

Il énonce le nom de celui sur qui la retraite est faite, et le prix du change auquel elle est négociée.

Il est certifié par un agent de change.

Dans les lieux où il n'y a pas d'agent de change, il est certifié par deux commerçants. (Co. 1.)

Il est accompagné de la lettre de change protestée, du protêt, ou d'une expédition de l'acte de protêt.

Dans le cas où la retraite est faite sur l'un des endosseurs, elle est accompagnée, en outre, d'un certificat qui constate le cours du change du lieu où la lettre de change était payable, sur le lieu d'où elle a été tirée. (Co. 136 s.)

182. Il ne peut être fait plusieurs comptes de retour sur une même lettre de change.

Ce compte de retour est remboursé d'endosseur à endosseur respectivement, et définitivement par le tireur.

183. Les rechanges ne peuvent être cumulés. Chaque endosseur n'en supporte qu'un seul, ainsi que le tireur.

184. L'intérêt du principal de la lettre de change protestée faute de paiement est dû à compter du jour du protêt. (C. 1153, 1907, 2277. — Co. 173, 185.)

185 (1). L'intérêt des frais de protêt, rechange, et autres frais légitimes, n'est dû qu'à compter du jour de la demande en justice. (C. 1153. — Pr. 59, 61, 69. — Co. 173, 177, 181, 631.)

186. Il n'est point dû de rechange, si le compte de retour n'est pas accompagné des certificats d'agents de change ou de commerçants, prescrits par l'article 181.

SECTION II.

DU BILLET A ORDRE.

187. Toutes les dispositions relatives aux lettres de change, et concernant (Co. 110 s., 139, 188, 189, 444, 449.) —

---

(1) **C. Nap.** — **1153**. Dans les obligations qui se bornent au paiement d'une certaine somme, les dommages et intérêts résultant du retard dans l'exécution ne consistent jamais que dans la condamnation aux intérêts fixés par la loi ; sauf les règles particulières au commerce et au cautionnement.

l'échéance (Co. 129 s.), — l'endossement (Co. 136 s.), — la solidarité (Co. 140 s.), — l'aval (Co. 141.), — le paiement (Co.
143 s.), — le paiement par intervention (Co. 158 s.), — le protêt (Co. 173 s.), — les devoirs et droits du porteur (Co. 160 s.),
— le rechange ou les intérêts (Co. 177 s.), — sont applicables
aux billets à ordre, sans préjudice des dispositions relatives aux
cas prévus par les articles 636, 637 et 638.

188. Le billet à ordre est daté.

Il énonce — La somme à payer, — Le nom de celui à l'ordre
de qui il est souscrit, — L'époque à laquelle le paiement doit
s'effectuer, — La valeur qui a été fournie en espèces, en marchandises, en compte, ou de toute autre manière.

SECTION III.

DE LA PRESCRIPTION.

189 (1). Toutes actions relatives aux lettres de change, et à
ceux des billets à ordre souscrits par des négociants, marchands

---

Ces dommages et intérêts sont dus sans que le créancier soit tenu de
justifier d'aucune perte.

Ils ne sont dus que du jour de la demande, excepté dans les cas où la
loi les fait courir de plein droit.

(1) **C. Nap.** — **2219.** La prescription est un moyen d'acquérir ou
de se libérer par un certain laps de temps, et sous les conditions déterminées par la loi.

2220. On ne peut, d'avance, renoncer à la prescription : on peut renoncer à la prescription acquise.

2221. La renonciation à la prescription est expresse ou tacite : la renonciation tacite résulte d'un fait qui suppose l'abandon du droit acquis.

2222. Celui qui ne peut aliéner ne peut renoncer à la prescription
acquise.

2223. Les juges ne peuvent pas suppléer d'office le moyen résultant
de la prescription.

2224. La prescription peut être opposée en tout état de cause, même
devant la Cour impériale, à moins que la partie qui n'aurait pas opposé le
moyen de la prescription ne doive, par les circonstances, être présumée
y avoir renoncé.

2225. Les créanciers, ou toute autre personne ayant intérêt à ce que
la prescription soit acquise, peuvent l'opposer, encore que le débiteur ou
le propriétaire y renonce.

2274. La prescription dans les cas ci-dessus (2271 à 2273) a lieu,
quoiqu'il y ait eu continuation de fournitures, livraisons, services et travaux. — Elle ne cesse de courir que lorsqu'il y a eu compte arrêté, cédule ou obligation, ou citation en justice non périmée.

2275. Néanmoins ceux auxquels ces prescriptions seront opposées
peuvent déférer le serment à ceux qui les opposent, sur la question de
savoir si la chose a été réellement payée. — Le serment pourra être déféré aux veuves et héritiers, ou aux tuteurs de ces derniers, s'ils sont
mineurs, pour qu'ils aient à déclarer s'ils ne savent pas que la chose soit
due.

ou banquiers, ou pour faits de commerce, se prescrivent par cinq ans, à compter du jour du protêt, ou de la dernière poursuite juridique, s'il n'y a eu condamnation, ou si la dette n'a été reconnue par acte séparé. (C. 1234, 1338, 2219. — Pr. 59, 61, 69. — Co. 1, 110 s., 155, 173, 187, 188, 632, 633.)

Néanmoins les prétendus débiteurs seront tenus, s'ils en sont requis, d'affirmer, sous serment, qu'ils ne sont plus redevables; et leurs veuves, héritiers ou ayants cause, qu'ils estiment de bonne foi qu'il n'est plus rien dû. (C. 724, 1122, 1357 s., 2275. — Pr. 120, 121. — P. 366.)

LIVRE DEUXIÈME.

DU COMMERCE MARITIME.

(Tit. 1er. — VIII; IX. — X; XI. — XIV. Lois décrétées le 15 septembre 1807, promulguées le 25.)

TITRE PREMIER.

DES NAVIRES ET AUTRES BATIMENTS DE MER.

190 (1). Les navires et autres bâtiments de mer sont meubles. (C. 527 s. — Co. 191 à 436.)

Néanmoins ils sont affectés aux dettes du vendeur, et spécialement à celles que la loi déclare privilégiées. (C. 531, 2120. — Pr. 620.)

191 (2). Sont privilégiées, et dans l'ordre où elles sont rangées, les dettes ci-après désignées :

---

(1) **C. Nap.** — **2120.** Il n'est rien innové par le Code Napoléon aux dispositions des lois maritimes concernant les navires et bâtiments de mer.

(2) **C. Nap.** — **2101.** Les créances privilégiées sur la généralité des meubles sont celles ci-après exprimées, et s'exercent dans l'ordre suivant :

1° Les frais de justice et autres, faits pour parvenir à la vente et à la distribution du prix (C. 2101 1°. — Co. 192 1° 3°);

2° Les droits de pilotage, tonnage, cale, amarrage et bassin ou avant-bassin (Co. 192 2°);

3° Les gages du gardien, et frais de garde du bâtiment, depuis son entrée dans le port jusqu'à la vente (Co. 192 3°);

4° Le loyer des magasins où se trouvent déposés les agrès et les apparaux (Co. 192 3°);

5° Les frais d'entretien du bâtiment et de ses agrès et apparaux, depuis son dernier voyage et son entrée dans le port (C. 2102 3°. — Co. 192 3°);

6° Les gages et loyers du capitaine et autres gens de l'équipage employés au dernier voyage (Co. 192 4°, 194, 250, 271);

7° Les sommes prêtées au capitaine pour les besoins du bâtiment pendant le dernier voyage, et le remboursement du prix des marchandises par lui vendues pour le même objet (C. 2102 3°. — Co. 192 5°, 194, 311 s.);

8° Les sommes dues au vendeur, aux fournisseurs et ouvriers employés à la construction, si le navire n'a point encore fait de voyage; et les sommes dues aux créanciers pour fournitures, travaux, main-d'œuvre, pour radoub, victuailles, armement et équipement, avant le départ du navire, s'il a déjà navigué (Co. 192 6°, 194);

9° Les sommes prêtées à la grosse sur le corps, quille, agrès, apparaux, pour radoub, victuailles, armement et équipement, avant le départ du navire (Co. 192 7°, 311 s.);

10° Le montant des primes d'assurances faites sur le corps, quille, agrès, apparaux, et sur armement et équipement du navire, dues pour le dernier voyage (Co. 192 8°, 194, 332 s.);

11° Les dommages-intérêts dus aux affréteurs, pour le défaut de délivrance des marchandises qu'ils ont chargées, ou pour remboursement des avaries souffertes par lesdites marchandises par la faute du capitaine ou de l'équipage. (C. 1149, 1382. — Co. 192 9°.)

1° Les frais de justice;
2° Les frais funéraires;
3° Les frais quelconques de la dernière maladie, concurremment entre ceux à qui ils sont dus;
4° Les salaires des gens de service, pour l'année échue, et ce qui est dû sur l'année courante;
5° Les fournitures de substances faites au débiteur et à sa famille; savoir, pendant les six derniers mois, par les marchands en détail, tels que boulangers, bouchers et autres, et pendant la dernière année, par les maîtres de pension et marchands en gros. (V. art. 2102, p. 39, en note.)

Les créanciers compris dans chacun des numéros du présent article viendront en concurrence, et au marc le franc, en cas d'insuffisance du prix. (C. 2093. — Pr. 656 s.)

192. Le privilége accordé aux dettes énoncées dans le précédent article ne peut être exercé qu'autant qu'elles seront justifiées dans les formes suivantes (Co. 190, 191, 193) :

1° Les frais de justice seront constatés par les états de frais arrêtés par les tribunaux compétents (C. 2101 1°. — Co. 191 1°) ;

2° Les droits de tonnage et autres, par les quittances légales des receveurs (Co. 191 2°) ;

3° Les dettes désignées par les nᵒˢ 1, 3, 4 et 5 de l'article 191, seront constatées par des états arrêtés par le président du tribunal de commerce ;

4° Les gages et loyers de l'équipage, par les rôles d'armement et désarmement arrêtés dans les bureaux de l'inscription maritime (Co. 191 6°, 250 s.) ;

5° Les sommes prêtées et la valeur des marchandises vendues pour les besoins du navire pendant le dernier voyage, par des états arrêtés par le capitaine, appuyés de procès-verbaux signés par le capitaine et les principaux de l'équipage, constatant la nécessité des emprunts (Co. 191 7°, 194) ;

6° La vente du navire par un acte ayant date certaine, et les fournitures pour l'armement, équipement et victuailles du navire, seront constatées par les mémoires, factures ou états visés par le capitaine et arrêtés par l'armateur, dont un double sera déposé au greffe du tribunal de commerce avant le départ du navire, ou, au plus tard, dans les dix jours après son départ (C. 1317, 1318, 1322, 1328) ;

7° Les sommes prêtées à la grosse sur le corps, quille, agrès, apparaux, armement et équipement, avant le départ du navire, seront constatées par des contrats passés devant notaires, ou sous signature privée, dont les expéditions ou doubles seront déposés au greffe du tribunal de commerce dans les dix jours de leur date (C. 1317, 1318, 1322. — Co. 191 9°, 311 s.) ;

8° Les primes d'assurances seront constatées par les polices ou par les extraits des livres des courtiers d'assurances (Co. 77, 79, 84, 191 9°, 311 s.) ;

9° Les dommages-intérêts dus aux affréteurs seront constatés par les jugements, ou par les décisions arbitrales qui seront intervenues. (C. 1149, 1382. — Pr. 128, 1020. — Co. 191 11°.)

193 (1). Les priviléges des créanciers seront éteints,

Indépendamment des moyens généraux d'extinction des obligations (C. 1234),

Par la vente en justice faite dans les formes établies par le titre suivant (Co. 197 à 215) ;

Ou lorsqu'après une vente volontaire, le navire aura fait un voyage en mer sous le nom et aux risques de l'acquéreur, et sans opposition de la part des créanciers du vendeur. (Co. 194.)

194. Un navire est censé avoir fait un voyage en mer,

Lorsque son départ et son arrivée auront été constatés dans deux ports différents et trente jours après le départ ;

Lorsque, sans être arrivé dans un autre port, il s'est écoulé plus de soixante jours entre le départ et le retour dans le même port, ou lorsque le navire, parti pour un voyage de long cours, a été plus de soixante jours en voyage, sans réclamation de la part des créanciers du vendeur. (Co. 193.)

195. La vente volontaire d'un navire doit être faite par écrit, et peut avoir lieu par acte public, ou par acte sous signature privée. (C. 1317, 1318, 1322, 1582. — Co, 196, 226, 633.)

Elle peut être faite pour le navire entier, ou pour une portion du navire,

Le navire étant dans le port ou en voyage.

196 (2). La vente volontaire d'un navire en voyage ne préjudicie pas aux créanciers du vendeur. (C. 531, 2120. — Co. 190 s., 194.)

En conséquence, nonobstant la vente, le navire ou son prix continue d'être le gage desdits créanciers, qui peuvent même, s'ils le jugent convenable, attaquer la vente pour cause de fraude. (C. 1116, 2092, 2093.)

---

(1) **C. Nap.** — **1134.** Les obligations s'éteignent — Par le paiement, — Par la novation, — Par la remise volontaire, — Par la compensation, — Par la confusion. — Par la perte de la chose, — Par la nullité ou la rescision, — Par l'effet de la condition résolutoire, — Et par la prescription.

(2) **C. Nap.** — **1166.** Les créanciers peuvent exercer tous les droits et actions de leur débiteur, à l'exception de ceux qui sont exclusivement attachés à la personne.

1167. Ils peuvent aussi, en leur nom personnel, attaquer les actes faits par leur débiteur en fraude de leurs droits.

Ils doivent néanmoins, quant à leurs droits énoncés au titre *des Successions* et au titre *du Contrat de mariage et des droits respectifs des époux,* se conformer aux règles qui y sont prescrites.

TITRE II.

DE LA SAISIE ET VENTE DES NAVIRES.

197. Tous bâtiments de mer peuvent être saisis et vendus par autorité de justice (1); et le privilége des créanciers sera purgé par les formalités suivantes. (C. 531, 2092, 2093, 2120. — Pr. 583 s., 620. — Co. 190, 198 s.)

198. Il ne pourra être procédé à la saisie que vingt-quatre heures après le commandement de payer. (C. 2244. — Pr. 68, 551, 583, 1033. — Co. 199 s.)

199. Le commandement devra être fait à la personne du propriétaire ou à son domicile, s'il s'agit d'une action générale à exercer contre lui. (Pr. 68. — Co. 198, 200 s.)

Le commandement pourra être fait au capitaine du navire, si la créance est du nombre de celles qui sont susceptibles de privilége sur le navire, aux termes de l'article 191. (Co. 201, 221.)

200. L'huissier énonce dans le procès-verbal, — Les nom, profession et demeure du créancier pour qui il agit; — Le titre en vertu duquel il procède; — La somme dont il poursuit le paiement; — L'élection de domicile faite par le créancier dans le lieu où siége le tribunal devant lequel la vente doit être poursuivie, et dans le lieu où le navire saisi est amarré; — Les noms du propriétaire et du capitaine; — Le nom, l'espèce et le tonnage du bâtiment. (C. 111.)

Il fait l'énonciation et la description des chaloupes, canots, agrès, ustensiles, armes, munitions et provisions. (Pr. 588.)

Il établit un gardien. (C. 1137, 1962. — Pr. 596. — P. 400.)

201. Si le propriétaire du navire saisi demeure dans l'arrondissement du tribunal, le saisissant doit lui faire notifier, dans le délai de trois jours, copie du procès-verbal de saisie, et le faire citer devant le tribunal, pour voir procéder à la

---

(1) *Avis du Conseil d'État du 29 avril* 1809, *sur les ventes des navires saisis,* *approuvé le* 17 *mai.*

Le Conseil d'État (vu les art. 414 et 442 du Code de procédure, 204 et 627 du Code de commerce) — Est d'avis que la connaissance des ventes de navires saisis appartient aux tribunaux ordinaires.

vente des choses saisies. (C. 102.—Pr. 59, 61, 68, 69, 617 s., 1033.)

Si le propriétaire n'est point domicilié dans l'arrondissement du tribunal, les significations et citations lui sont données à la personne du capitaine du bâtiment saisi, ou, en son absence, à celui qui représente le propriétaire ou le capitaine ; et le délai de trois jours est augmenté d'un jour à raison de *cinq* myriamètres de la distance de son domicile. (Co. 199.) (*Loi 3 mai* 1862.)

S'il est étranger et hors de France, les citations et significations sont données ainsi qu'il est prescrit par le Code de procédure civile, article 69. (V. *ci-après* sur l'art. 642.)

202 (1). Si la saisie a pour objet un bâtiment dont le tonnage soit au-dessus de dix tonneaux,

Il sera fait trois criées et publications des objets en vente.

Les criées et publications seront faites consécutivement, de huitaine en huitaine, à la bourse et dans la principale place publique du lieu où le bâtiment est amarré.

L'avis en sera inséré dans un des papiers publics imprimé dans le lieu où siége le tribunal devant lequel la saisie se poursuit ; et s'il n'y en a pas, dans l'un de ceux qui seraient imprimés dans le département. (V. D. 17 *février* 1852, art 23, p. 21, en note.) (Pr. 617, 620.—Co. 203 s., 207.)

203. Dans les deux jours qui suivent chaque criée et publication, il est apposé des affiches, — Au grand mât du bâtiment saisi, — A la porte principale du tribunal devant lequel on procède, — Dans la place publique et sur le quai du port où le bâtiment est amarré, ainsi qu'à la bourse de commerce. (Co. 202, 204 s., 207.)

204. Les criées, publications et affiches doivent désigner — Les nom, profession et demeure du poursuivant, — Les titres en vertu desquels il agit, — Le montant de la somme qui lui est due, — L'élection de domicile par lui faite dans le lieu où siége le tribunal, et dans le lieu où le bâtiment est amarré, —

(1) **C. Proc. — 620.** S'il s'agit de barques chaloupes et autres bâtiments de mer du port de dix tonneaux et au-dessous, bacs, galiotes, bateaux et autres bâtiments de rivière, moulins et autres édifices mobiles, assis sur bateaux ou autrement, il sera procédé à leur adjudication sur les ports, gares ou quais où ils se trouvent : il sera affiché quatre placards au moins, conformément à l'article précédent ; et il sera fait, à trois divers jours consécutifs, trois publications au lieu où sont lesdits objets : la première publication ne sera faite que huit jours au moins après la signification de la saisie. Dans les villes où il s'imprime des journaux, il sera suppléé à ces trois publications par l'insertion qui sera faite au journal, de l'annonce de ladite vente, laquelle annonce sera répétée trois fois dans le cours du mois précédant la vente. (V. D. 17 *février* 1852, p. 21, note.)

Les nom et domicile du propriétaire du navire saisi, — Le nom du bâtiment, et, s'il est armé ou en armement, celui du capitaine, — Le tonnage du navire, — Le lieu où il est gisant ou flottant, — Le nom de l'avoué du poursuivant, — La première mise à prix, — Les jours des audiences auxquelles les enchères seront reçues. (Co. 197, 205.)

205. Après la première criée, les enchères seront reçues le jour indiqué par l'affiche. (Pr. 624.)

Le juge commis d'office pour la vente continue de recevoir les enchères après chaque criée, de huitaine en huitaine, à jour certain fixé par son ordonnance.

206. Après la troisième criée, l'adjudication est faite au plus offrant et dernier enchérisseur, à l'extinction des feux, sans autre formalité. (Pr. 624.)

Le juge commis d'office peut accorder une ou deux remises, de huitaine chacune.

Elles sont publiées et affichées. (Co. 202.)

207. Si la saisie porte sur des barques, chaloupes et autres bâtiments du port de dix tonneaux et au-dessous, l'adjudication sera faite à l'audience, après la publication sur le quai pendant trois jours consécutifs, avec affiche au mât, ou, à défaut, en autre lieu apparent du bâtiment, et à la porte du tribunal. (Co. 202, 203.)

Il sera observé un délai de huit jours francs entre la signification de la saisie et la vente. (Pr. 1033. — Co. 201, 205.)

208. L'adjudication du navire fait cesser les fonctions du capitaine ; sauf à lui à se pourvoir en dédommagement contre qui de droit. (C. 1149, 1382. — Co. 216, 218, 219, 221.)

209. Les adjudicataires des navires de tout tonnage seront tenus de payer le prix de leur adjudication dans le délai de vingt-quatre heures, ou de le consigner, sans frais, au greffe du tribunal de commerce (1), à peine d'y être contraints par corps. (C. 1257, 2063. — Pr. 126.)

A défaut de paiement ou de consignation, le bâtiment sera remis en vente, et adjugé trois jours après une nouvelle publication et affiche unique, à la folle enchère des adjudicataires, qui seront également contraints par corps pour le paiement du déficit, des dommages, des intérêts et des frais. (C. 1149, 1382, 1650. — Pr. 624. — Co. 205.)

210. Les demandes en distraction seront formées et noti-

_____

(1) *Aujourd'hui* à la caisse des consignations. (Ord. du 3 juillet 1816, art. 2, n° 6.)

fiées au greffe du tribunal avant l'adjudication. (Pr. 68, 725.)

Si les demandes en distraction ne sont formées qu'après l'adjudication, elles seront converties, de plein droit, en oppositions à la délivrance des sommes provenant de la vente. (Pr. 557, s., 656 s. — Co. 211 s.)

211. Le demandeur ou l'opposant aura trois jours pour fournir ses moyens.

Le défendeur aura trois jours pour contredire.

La cause sera portée à l'audience sur une simple citation (1). (Pr. 82. — Co. 210, 212 s.)

212. Pendant trois jours après celui de l'adjudication, les oppositions à la délivrance du prix seront reçues; passé ce temps, elles ne seront plus admises. (Co. 210.)

213. Les créanciers opposants sont tenus de produire au greffe leurs titres de créance, dans les trois jours qui suivent la sommation qui leur en est faite par le créancier poursuivant ou par le tiers saisi; faute de quoi il sera procédé à la distribution du prix de la vente, sans qu'ils y soient compris. (Pr. 656 s. — Co. 210, 214.)

214. La collocation des créanciers et la distribution de deniers sont faites entre les créanciers privilégiés, dans l'ordre prescrit par l'article 191; et entre les autres créanciers, au marc le franc de leurs créances. (Co. 213.)

Tout créancier colloqué l'est tant pour son pricipal que pour les intérêts et frais.

215. Le bâtiment prêt à faire voile n'est pas saisissable, si ce n'est à raison de dettes contractées pour le voyage qu'il va faire; et même, dans ce dernier cas, le cautionnement de ces dettes empêche la saisie. (C. 2011. — Pr. 592. — Co. 234, 328.)

Le bâtiment est censé prêt à faire voile lorsque le capitaine est muni de ses expéditions pour son voyage.

TITRE III.

DES PROPRIÉTAIRES DE NAVIRES.

216. « Tout propriétaire de navire est civilement responsable des faits du capitaine, et tenu des engagements contractés

---

(1) **C. Proc.** — **82.** Dans tous les cas où l'audience peut être poursuivie sur un acte d'avoué à avoué, il n'en sera admis en taxe qu'un seul pour chaque partie.

par ce dernier, pour ce qui est relatif au navire et à l'expédition. — Il peut, dans tous les cas, s'affranchir des obligations ci-dessus par l'abandon du navire et du fret.

« Toutefois la faculté de faire abandon n'est point accordée à celui qui est en même temps capitaine et propriétaire ou copropriétaire du navire. Lorsque le capitaine ne sera que copropriétaire, il ne sera responsable des engagements contractés par lui, pour ce qui est relatif au navire et à l'expédition, que dans la proportion de son intérêt. » (*Loi du 14 juin 1841.*) (C. 1384. — Co. 191, 208, 221 s., 286 s., 298, 353, 369 s., 405, 407.)

217. Les propriétaires des navires équipés en guerre ne seront toutefois responsables des délits et déprédations commis en mer par les gens de guerre qui sont sur leurs navires, ou par les équipages, que jusqu'à concurrence de la somme pour laquelle ils auront donné caution, à moins qu'ils n'en soient participants ou complices. (C. 1384, 2011. — Co. 216.)

218. Le propriétaire peut congédier le capitaine. — Il n'y a pas lieu à indemnité, s'il n'y a convention par écrit. (C. 1134. — Co. 208, 219, 221.)

219. Si le capitaine congédié est copropriétaire du navire, il peut renoncer à la copropriété, et exiger le remboursement du capital qui la représente. — Le montant de ce capital est déterminé par des experts convenus ou nommés d'office. (Pr. 302 s. — Co. 106, 216, 218, 221, 414.)

220. En tout ce qui concerne l'intérêt commun des propriétaires d'un navire, l'avis de la majorité est suivi. — La majorité se détermine par une portion d'intérêt dans le navire, excédant la moitié de sa valeur. — La licitation du navire ne peut être accordée que sur la demande des propriétaires, formant ensemble la moitié de l'intérêt total dans le navire, s'il n'y a, par écrit, convention contraire. (C. 815, 1134. — Co. 205, 410.)

TITRE IV,

DU CAPITAINE.

221. Tout capitaine, maître ou patron, chargé de la conduite d'un navire ou autre bâtiment, est garant de ses fautes, même légères, dans l'exercice de ses fonctions. (C. 1382, 1383.

— Co. 191, 192, 208, 216, 218, 219, 222 s., 250 s., 305 s., 405, 407, 430, 433 à 436.)

222. Il est responsable des marchandises dont il se charge. — Il en fournit une reconnaissance. — Cette reconnaissance se nomme *connaissement*. (C. 1921. — Co. 226, 228 s., 236, 257, 281 s., 293.)

223. Il appartient au capitaine de former l'équipage du vaisseau, et de choisir et louer les matelots et autres gens de l'équipage; ce qu'il fera néanmoins de concert avec les propriétaires, lorsqu'il sera dans le lieu de leur demeure. (Co. 250 s.)

224. Le capitaine tient un registre coté et paraphé par l'un des juges du tribunal de commerce, ou par le maire ou son adjoint, dans les lieux où il n'y a pas de tribunal de commerce.

Ce registre contient les résolutions prises pendant le voyage, la recette et la dépense concernant le navire, et généralement tout ce qui concerne le fait de sa charge, et tout ce qui peut donner lieu à un compte à rendre, à une demande à former. (C. 1993. — Pr. 527 s. — Co. 228, 242.)

225. Le capitaine est tenu, avant de prendre charge, de faire visiter son navire, aux termes et dans les formes prescrits par les règlements.

Le procès-verbal de visite est déposé au greffe du tribunal de commerce; il en est délivré extrait au capitaine. (Co. 226, 228, 297.)

226. Le capitaine est tenu d'avoir à bord, — L'acte de propriété du navire, — L'acte de francisation, — Le rôle d'équipage, — Les connaissements et chartes-parties, — Les procès-verbaux de visite, — Les acquits de paiement ou à caution des douanes. (Co. 195, 225, 228, 250, 273, 281 s., 286 s.)

227. Le capitaine est tenu d'être en personne dans son navire, à l'entrée et à la sortie des ports, havres ou rivières. (Co. 228, 241.)

228. En cas de contravention aux obligations imposées par les quatre articles précédents, le capitaine est responsable de tous les événements envers les intéressés au navire et au chargement. (C. 1149, 1382, 1383. — Co. 221, 222, 229, 230, 257.)

229. Le capitaine répond également de tout le dommage qui peut arriver aux marchandises qu'il aurait chargées sur le tillac de son vaisseau sans le consentement par écrit du char-

geur. — Cette disposition n'est point applicable au petit cabotage. (C. 1382. — Co. 222, 228, 230, 236.)

230. La responsabilité du capitaine ne cesse que par la
preuve d'obstacles de force majeure. (C. 1148, 1302, 1303. —
Co. 222, 228, 229.)

231. Le capitaine et les gens de l'équipage qui sont à
bord, ou qui sur les chaloupes se rendent à bord pour faire
voile, ne peuvent être arrêtés pour dettes civiles, si ce n'est
à raison de celles qu'ils auront contractées pour le voyage ;
et même, dans ce dernier cas, ils ne peuvent être arrêtés, s'ils
donnent caution. (C. 2040, 2044, 2063. — Pr. 126, 517. —
Co. 215.)

232. Le capitaine, dans le lieu de la demeure des propriétaires ou de leurs fondés de pouvoir, ne peut, sans leur autorisation spéciale, faire travailler au radoub du bâtiment, acheter des voiles, cordages et autres choses pour le bâtiment,
prendre à cet effet de l'argent sur le corps du navire, ni fréter
le navire. (Co. 236 s., 321.)

233. Si le bâtiment était frété du consentement des propriétaires, et que quelques-uns d'eux fissent refus de contribuer aux frais nécessaires pour l'expédier, le capitaine pourra,
en ce cas, vingt-quatre heures après sommation faite aux refusants de fournir leur contingent, emprunter à la grosse pour
leur compte sur leur portion d'intérêt dans le navire, avec
autorisation du juge. (Pr. 68. — Co. 322.)

234. « Si, pendant le cours du voyage, il y a nécessité de
radoub ou d'achat de victuailles, le capitaine, après l'avoir
constaté par un procès-verbal signé des principaux de l'équipage, pourra, en se faisant autoriser en France par le tribunal
de commerce, ou, à défaut, par le juge de paix, chez l'étranger
par le consul français, ou, à défaut, par le magistrat des lieux,
emprunter sur corps et quille du vaisseau, mettre en gage ou
vendre des marchandises jusqu'à concurrence de la somme
que les besoins constatés exigent. — Les propriétaires, ou le
capitaine qui les représente, tiendront compte des marchandises vendues, d'après le cours des marchandises de mêmes
nature et qualité dans le lieu de la décharge du navire, à l'é-
poque de son arrivée. — L'affréteur unique ou les chargeurs
divers, qui seront tous d'accord, pourront s'opposer à la vente
ou à la mise en gage de leurs marchandises, en les déchargeant
et en payant le fret en proportion de ce que le voyage est
avancé. A défaut du consentement d'une partie des chargeurs,
celui qui voudra user de la faculté de déchargement sera tenu

du fret entier sur ses marchandises. » (*Loi du 14 juin 1841.*)
(Co. 72, 191, 216, 236, 249, 298, 322 s.)

235. Le capitaine, avant son départ d'un port étranger ou
des colonies françaises pour revenir en France, sera tenu d'envoyer à ses propriétaires ou à leurs fondés de pouvoir, un
compte signé de lui, contenant l'état de son chargement, le
prix des marchandises de sa cargaison, les sommes par lui empruntées, les noms et demeures des prêteurs. (C. 1991, 1993.)

236. Le capitaine qui aura, sans nécessité, pris de l'argent
sur le corps, avitaillement ou équipement de navire, engagé
ou vendu des marchandises ou des victuailles, ou qui aura
employé dans ses comptes des avaries et des dépenses supposées, sera responsable envers l'armement, et personnellement tenu du remboursement de l'argent ou du paiement des
objets, sans préjudice de la poursuite criminelle, s'il y a lieu.
(Co. 222, 228, 229, 234.)

237. Hors le cas d'innavigabilité légalement constatée, le
capitaine ne peut, à peine de nullité de la vente, vendre le navire sans un pouvoir spécial des propriétaires. (C. 1987. — Co.
244, 297, 369, 390 s.)

238. Tout capitaine de navire, engagé pour un voyage, est
tenu de l'achever, à peine de tous dépens, dommages-intérêts
envers les propriétaires et les affréteurs. (C. 1149, 1382, 1991.
— Co. 244, 252 s.)

239. Le capitaine qui navigue à profit commun sur le
chargement, ne peut faire aucun trafic ni commerce pour son
compte particulier, s'il n'y a convention contraire. (C. 1134.
— Co. 240, 251.)

240. En cas de contravention aux dispositions mentionnées
dans l'article précédent, les marchandises embarquées par le
capitaine pour son compte particulier, sont confisquées au
profit des autres intéressés.

241 (1). Le capitaine ne peut abandonner son navire pendant le voyage, pour quelque danger que ce soit, sans l'avis

---

(1) **C. Nap.** — **1148.** Il n'y a lieu à aucuns dommages et intérêts lorsque, par suite d'une force majeure ou d'un cas fortuit, le débiteur a été
empéché de donner ou de faire ce à quoi il était obligé, ou a fait ce qui
lui était interdit.

1302. Lorsque le corps certain et déterminé qui était l'objet de l'obligation, vient à périr, est mis hors du commerce, ou se perd de manière
qu'on en ignore absolument l'existence, l'obligation est éteinte si la chose
a péri ou a été perdue sans la faute du débiteur et avant qu'il fût en demeure.

des officiers et principaux de l'équipage ; et , én ce cas , il est tenu de sauver avec lui l'argent et ce qu'il pourra des marchandises les plus précieuses de son chargement, sous peine d'en répondre en son propre nom. (C. 1382. — Co. 227, 237.)

Si les objets ainsi tirés du navire sont perdus par quelque cas fortuit, le capitaine en demeurera déchargé. (C. 1148, 1302, 1303.)

242. Le capitaine est tenu, dans les vingt-quatre heures de son arrivée, de faire viser son registre, et de faire son rapport. (Co. 224.)

Le rapport doit énoncer — Le lieu et le temps de son départ, — La route qu'il a tenue, — Les hasards qu'il a courus, — Les désordres arrivés dans le navire, et toutes les circonstances remarquables de son voyage. (Co. 243 s.)

243. Le rapport est fait au greffe devant le président du tribunal de commerce.

Dans les lieux où il n'y a pas de tribunal de commerce, le rapport est fait au juge de paix de l'arrondissement.

Le juge de paix qui a reçu le rapport est tenu de l'envoyer, sans délai, au président du tribunal de commerce le plus voisin.

Dans l'un et l'autre cas, le dépôt en est fait au greffe du tribunal de commerce.

244. Si le capitaine aborde dans un port étranger, il est tenu de se présenter au consul de France, de lui faire un rapport, et de prendre un certificat constatant l'époque de son arrivée et de son départ, l'état et la nature de son chargement.

245. Si, pendant le cours du voyage, le capitaine est obligé de relâcher dans un port français, il est tenu de déclarer au président du tribunal de commerce du lieu les causes de sa relâche.

Dans les lieux où il n'y a pas de tribunal de commerce, la déclaration est faite au juge de paix du canton.

Si la relâche forcée a lieu dans un port étranger, la déclaration est faite au consul de France, ou, à son défaut, au magistrat du lieu.

Lors même que le débiteur est en demeure, et s'il ne s'est pas chargé des cas fortuits, l'obligation est éteinte dans le cas où la chose fût également périe chez le créancier si elle lui eût été livrée.

Le débiteur est tenu de prouver le cas fortuit qu'il allègue.

De quelque manière que la chose volée ait péri ou ait été perdue, sa perte ne dispense pas celui qui l'a soustraite de la restitution du prix.

1303. Lorsque la chose est périe, mise hors du commerce ou perdue, sans la faute du débiteur, il est tenu, s'il y a quelques droits ou actions en indemnité par rapport à cette chose, de les céder à son créancier.

246. Le capitaine qui a fait naufrage, et qui s'est sauvé seul ou avec partie de son équipage, est tenu de se présenter devant le juge du lieu, ou, à défaut de juge, devant toute autre autorité civile, d'y faire son rapport, de le faire vérifier par ceux de son équipage qui se seraient sauvés et se trouveraient avec lui, et d'en lever expédition. (C. 1348 2°, 1949.—Co. 247, 258, 302, 327, 350, 369, 410 s.)

247. Pour vérifier le rapport du capitaine, le juge reçoit l'interrogatoire des gens de l'équipage, et, s'il est possible, des passagers, sans préjudice des autres preuves.

Les rapports non vérifiés ne sont point admis à la décharge du capitaine, et ne font point foi en justice, excepté dans le cas où le capitaine naufragé s'est sauvé seul dans le lieu où il a fait son rapport. (Co. 246.)

La preuve des faits contraires est réservée aux parties. (Pr. 256.)

248. Hors les cas de péril imminent, le capitaine ne peut décharger aucune marchandise avant d'avoir fait son rapport, à peine de poursuites extraordinaires contre lui. (Co. 242.)

249. Si les victuailles du bâtiment manquent pendant le voyage, le capitaine, en prenant l'avis des principaux de l'équipage, pourra contraindre ceux qui auront des vivres en particulier de les mettre en commun, à la charge de leur en payer la valeur. (Co. 221, 234, 320.)

TITRE V.

DE L'ENGAGEMENT ET DES LOYERS DES MATELOTS ET GENS DE L'ÉQUIPAGE.

250. Les conditions d'engagement du capitaine et des hommes d'équipage d'un navire sont constatées par le rôle d'équipage, ou par les conventions des parties. (C. 1134.— Co. 191 6°, 192 4°, 218, 221, 226, 238, 251 s., 273 s., 433, 434.)

251. Le capitaine et les gens de l'équipage ne peuvent, sous aucun prétexte, charger dans le navire aucune marchandise pour leur compte, sans la permission des propriétaires et sans en payer le fret, s'ils n'y sont autorisés par l'engagement. (Co. 239, 240.)

252 (1). Si le voyage est rompu par le fait des propriétaires, capitaine ou affréteurs, avant le départ du navire, les

---

(1) *Décret du 4-22 mars 1852 relatif à l'engagement des marins du commerce, et à l'application des dispositions non abrogées des anciennes ordonnances de la marine.*

Le Président de la République décrète :
1. Sont considérées comme dispositions d'ordre public auxquelles il est
interdit de déroger par des conventions particulières, les prescriptions des
articles ci-dessous indiqués, savoir :
Articles 262, 263, 265 et 270 du Code de commerce. — Ordonnance du
1er novembre 1745 ;—Article 37 de celle du 17 juillet 1816 ;—Articles 1, 5
et 8 de l'arrêté du 5 germinal an XII, et 252, § 5 du Code de commerce.
— §§ 2 et 3 de l'article 3 de l'ordonnance du 9 octobre 1837.
Toutefois, le bénéfice des articles 262 et 263 du Code de commerce n'est
point acquis à tout marin délaissé, à compter du jour où il embarque avec
salaire sur un autre navire — Les dispositions de l'ordonnance du 1er novembre 1745 seront appliquées à tout marin faisant partie de l'équipage
d'un navire du commerce.
2. Les ordonnances, règlements et arrêts du conseil, concernant la
marine, antérieurs à 1789, et auxquels il n'a point été dérogé, seront appliqués sans qu'il soit nécessaire d'administrer la preuve de leur enregistrement. La production par le ministre de la marine, le cas échéant, d'une
copie authentique de l'un de ces actes, suffira pour en assurer la validité.

Ordonnance du 1er novembre 1745.

« S. M. a fait très-expresses inhibitions et défenses à tous officiers mariniers ou non mariniers, de rien prêter ou avancer à des matelots ou
autres gens de mer pendant le cours des voyages, soit en deniers, soit en
marchandises, sous quelque prétexte que ce puisse être...—Défend pareillement S. M. à tous particuliers et habitants des villes maritimes, qui se
prétendront créanciers des matelots, de former, pour raison desdites
créances, aucune action ni demande sur le produit de la solde que lesdits
matelots auront gagnée sur lesdits bâtiments marchands, à moins que les
sommes prétendues par lesdits créanciers ne soient dues par les matelots
ou par leurs familles, pour loyer de maison, subsistance ou hardes qui
leur auront été fournies du consentement des commissaires et des autres
officiers chargés du détail des classes, et qu'elles n'aient été apostillées
par lesdits officiers sur les registres et matricules des gens de mer. »

*Règlement du 17 juillet 1816, portant instruction sur l'administration et
sur la comptabilité de l'établissement des Invalides de la marine.*

37. Les parts de prises des marins, comme leurs salaires, sont insaisissables, sans égard aux réclamations ou oppositions formées par ceux qui
se prétendraient porteurs d'obligations desdits marins, si ce n'est pour
dettes contractées par eux ou par leurs familles, à titre de loyers, subsistance et vêtements, et ce du consentement du commissaire des classes,
lequel en aura préalablement fait apostille sur les registres et matricules
des gens de mer. (*Arrêté du 28 février 1804 (9 ventôse an IX). Règlement
du 22 mai 1803 (2 prairial an XI, etc.*) — Toute vente et tout achat de
parts de prises sont formellement interdits ; les paiements doivent être
faits aux marins eux-mêmes ; et, à moins d'une décision spéciale du ministre secrétaire d'Etat de la marine, il ne sera admis de procurations que
celles qui seront données aux familles.

matelots loués au voyage ou au mois sont payés des journées par eux employées à l'équipement du navire. Ils retiennent pour indemnité les avances reçues. (C. 1382. — Co. 223, 253, 257 s., 262, 265, 271, 304, 349.)

Si les avances ne sont pas encore payées, ils reçoivent pour indemnité un mois de leurs gages convenus.

Si la rupture arrive après le voyage commencé, les matelots loués au voyage sont payés en entier aux termes de leur convention. (Co. 349.)

Les matelots loués au mois reçoivent leurs loyers stipulés

Arrêté du 5 germinal an XII, relatif à la conduite accordée aux gens de mer naviguant pour le commerce.

I. Les gens de mer naviguant pour le commerce auront droit à une conduite pour se rendre dans leurs quartiers, s'ils sont congédiés par les armateurs, capitaines, maîtres ou patrons, dans les pays étrangers ou dans les ports de la République autres que ceux où les navires auront été armés, soit pour raison du désarmement desdits navires, soit pour d'autres causes non procédant du fait ni de la volonté desdits marins.

5. Si les navires sur lesquels passeront lesdits gens de mer ne reviennent point dans les ports de l'armement des bâtiments d'où ils auront été débarqués, mais seulement dans les ports qui en seront à portée, lesdits gens de mer recevront, indépendamment des frais de leur passage par mer, la conduite nécessaire pour se rendre dans leurs foyers, à proportion du chemin qu'ils auront à faire par terre, depuis le lieu où ils devront être débarqués, conformément à ce qui est fixé par l'article 8 ci-après.

8. La conduite sera réglée à proportion du chemin que les gens de mer auront à faire, lorsqu'ils seront obligés de se rendre par terre chez eux ; et il leur sera payé, tant pour conduite que pour leur tenir lieu de logement en route et port de hardes, savoir :

	Par myriamètre ou deux lieues	
Aux capitaines au long cours et au grand cabotage............	3 f.	» c.
Aux capitaines en second, lieutenants, subrécargues, chirurgiens et écrivains.................................	2	»
Aux maîtres de navire du petit cabotage, et premiers maîtres dans les navires au long cours........................	1	50
Aux officiers mariniers, pilotes côtiers et maîtres ouvriers....	»	80
Aux matelots et ouvriers marins............................	»	60
Aux volontaires, novices, mousses, coqs surnuméraires......	»	50

Ordonnance du 9 octobre 1837, relative aux pensions dites demi-soldes des marins pêcheurs.

3. Il continuera d'être perçu, au profit de la caisse des invalides de la marine, trois centimes par franc sur les salaires des marins engagés au mois ou au voyage. — La même retenue de trois centimes par franc sera exercée sur les décomptes des marins employés aux pêches de la baleine et de la morue, dites *grandes pêches*. — A cet effet, le rôle d'armement mentionnera la portion attribuée à l'équipage dans les bénéfices éventuels de l'expédition, ainsi que le montant des avances payées. Après le retour du navire, les armateurs ou consignataires remettront au bureau de l'inscription maritime un compte sommaire des résultats de la campagne, certifié par eux, et faisant connaître ce qui revient à chacun des hommes de l'équipage.

pour le temps qu'ils ont servi, et en outre, pour indemnité, la moitié de leurs gages pour le reste de la durée présumée du voyage pour lequel ils étaient engagés.

Les matelots loués au voyage ou au mois reçoivent, en outre, leur conduite de retour jusqu'au lieu du départ du navire, à moins que le capitaine, les propriétaires ou affréteurs, ou l'officier d'administration, ne leur procurent leur embarquement sur un navire revenant audit lieu de leur départ (1). (V. Co. 262.)

253. S'il y a interdiction de commerce avec le lieu de la destination du navire, ou si le navire est arrêté par ordre du Gouvernement avant le voyage commencé, — Il n'est dû aux matelots que les journées employées à équiper le bâtiment. (C. 1148. — Co. 254, 261, 276 s., 300, 350, 369, 387.)

254. Si l'interdiction de commerce ou l'arrêt du navire arrive pendant le cours du voyage (Co. 253),

Dans le cas d'interdiction, les matelots sont payés à proportion du temps qu'ils auront servi (Co. 255);

Dans le cas de l'arrêt, le loyer des matelots engagés au mois court pour moitié pendant le temps de l'arrêt;

Les loyers des matelots engagés au voyage est payé aux termes de leur engagement. (C. 1134. — Co. 250.)

255. Si le voyage est prolongé, le prix des loyers des matelots engagés au voyage est augmenté à proportion de la prolongation. (Co. 254, 256.)

256. Si la décharge du navire se fait volontairement dans un lieu plus rapproché que celui qui est désigné par l'affrétement, il ne leur est fait aucune diminution. (Co. 255.)

257. Si les matelots sont engagés au profit ou au fret, il ne leur est dû aucun dédommagement ni journées pour la rupture, le retardement ou la prolongation de voyage occasionnés par force majeure. (C. 1148, 1302. — Co. 252 s.)

Si la rupture, le retardement ou la prolongation arrivent par le fait des chargeurs, les gens de l'équipage ont part aux indemnités qui sont adjugées au navire. (C. 1382.)

Ces indemnités sont partagées entre les propriétaires du navire et les gens de l'équipage, dans la même proportion que l'aurait été le fret. (Co. 286 s.)

Si l'empêchement arrive par le fait du capitaine ou des pro-

---

(1) Ce dernier § est d'ordre public. (V. *D. du 4 mars* 1852, p. 90 en note)

priétaires, ils sont tenus des indemnités dues aux gens de l'équipage. (Co. 228.)

258. En cas de prise, de bris et naufrage, avec perte entière du navire et des marchandises, les matelots ne peuvent prétendre aucun loyer. (C. 1302. — Co. 246, 259 s., 298, 300, 304, 327, 369, 384, 433.)

Ils ne sont point tenus de restituer ce qui leur a été avancé sur leurs loyers. (C. 1186. — Co. 252.)

259. Si quelque partie du navire est sauvée, les matelots engagés au voyage ou au mois sont payés de leurs loyers échus sur les débris du navire qu'ils ont sauvés. (C. 2102 2°. — Co. 190, 191 6°, 192 4°, 261, 327, 428.)

Si les débris ne suffisent pas, ou s'il n'y a que des marchandises sauvées, ils sont payés de leurs loyers subsidiairement sur le fret. (Co. 286.)

260. Les matelots engagés au fret sont payés de leurs loyers seulement sur le fret, à proportion de celui que reçoit le capitaine. (Co. 250, 286.)

261. De quelque manière que les matelots soient loués, ils sont payés des journées par eux employées à sauver les débris et les effets naufragés. (Co. 253, 258 s.)

262 (1). Le matelot est payé de ses loyers, traité et pansé aux dépens du navire, s'il tombe malade pendant le voyage, ou s'il est blessé au service du navire. (Co. 263 s., 400 6°.)

263 (2). Le matelot est traité et pansé aux dépens du navire et du chargement, s'il est blessé en combattant contre les ennemis et les pirates. (Co. 262, et note *D. 4 mars* 1852.)

264. Si le matelot, sorti du navire sans autorisation, est blessé à terre, les frais de ses pansement et traitement sont à sa charge : il pourra même être congédié par le capitaine. — Ses loyers, en ce cas, ne lui seront payés qu'en proportion du temps qu'il aura servi. (Co. 265, 266.)

265 (3). En cas de mort d'un matelot pendant le voyage, si le matelot est engagé au mois, ses loyers sont dus à sa succession jusqu'au jour de son décès. (C. 724, 1122. — Co. 264, 266.) Si le matelot est engagé au voyage, la moitié de ses loyers est due s'il meurt en allant ou au port d'arrivée. — Le total de ses loyers est dû s'il meurt en revenant. — Si le matelot est en-

---

(1-2-3) Les prescriptions des articles 262, 263, 265 et 270 sont considérées comme dispositions d'ordre public auxquelles il est interdit de déroger par des conventions particulières. (V. *D. du 4 mars* 1852, p. 90, en note.)

gagé au profit ou au fret, sa part entière est due s'il meurt le voyage commencé. — Les loyers du matelot tué en défendant le navire sont dus en entier pour tout le voyage, si le navire arrive à bon port. (Co. 262 et *D. 4 mars* 1852, en note, 263, 267.)

266. Le matelot pris dans le navire et fait esclave ne peut rien prétendre contre le capitaine, les propriétaires ni les affréteurs, pour le paiement de son rachat. (C. 1148. — Co. 267 à 269.) — Il est payé de ses loyers jusqu'au jour où il est pris et fait esclave. (Co. 264, 265.)

267. Le matelot pris et fait esclave, s'il a été envoyé en mer ou à terre pour le service du navire, a droit à l'entier paiement de ses loyers. — Il a droit au paiement d'une indemnité pour son rachat, si le navire arrive à bon port. (Co. 265, 268.)

268. L'indemnité est due par les propriétaires du navire, si le matelot a été envoyé en mer ou à terre pour le service du navire. — L'indemnité est due par les propriétaires du navire et du chargement, si le matelot a été envoyé en mer ou à terre pour le service du navire et du chargement.

269. Le montant de l'indemnité est fixé à six cents francs. — Le recouvrement et l'emploi en seront faits suivant les formes déterminées par le Gouvernement, dans un règlement relatif au rachat des captifs.

270 (1). Tout matelot qui justifie qu'il est congédié sans cause valable, a droit à une indemnité contre le capitaine. (C. 1149, 1382. — Co. 223.) — L'indemnité est fixée au tiers des loyers, si le congé a lieu avant le voyage commencé. (Co. 215.) — L'indemnité est fixée à la totalité des loyers et aux frais de retour, si le congé a lieu pendant le cours du voyage. — Le capitaine ne peut, dans aucun des cas ci-dessus, répéter le montant de l'indemnité contre les propriétaires du navire. (Co. 262 et *D. 4 mars* 1852.)

Il n'y a pas lieu à indemnité, si le matelot est congédié avant la clôture du rôle d'équipage.

Dans aucun cas, le capitaine ne peut congédier un matelot dans les pays étrangers. (Co. 252.)

271. Le navire et le fret sont spécialement affectés aux loyers des matelots. (Co. 191 6°, 192 4°, 280, 286, 428, 433.)

272. Toutes les dispositions concernant les loyers, panse-

---

(1) Les dispositions de cet article sont d'ordre public. (V. *D. du 4 mars* 1852, p. 90, en note.)

ment et rachat des matelots, sont communes aux officiers et à tous les autres gens de l'équipage. (Co. 221.)

TITRE VI.

DES CHARTES-PARTIES, AFFRÉTEMENTS OU NOLISSEMENTS.

273. Toute convention pour louage d'un vaisseau, appelée *charte-partie*, *affrétement* ou *nolissement*, doit être rédigée par écrit. (C. 1134, 1317, 1318, 1322. — Co. 80, 191 2°, 226, 274 s., 286 s., 633.)

Elle énonce — Le nom et le tonnage du navire, — Le nom du capitaine, — Les noms du fréteur et de l'affréteur, — Le lieu et le temps convenus pour la charge et pour la décharge, — Le prix du fret ou nolis, — Si l'affrétement est total ou partiel, — L'indemnité convenue pour les cas de retard.

274. Si le temps de la charge et de la décharge du navire n'est point fixé par les conventions des parties, il est réglé suivant l'usage des lieux. (C. 1134, 1159.)

275. Si le navire est frété au mois, et s'il n'y a convention contraire, le fret court du jour où le navire a fait voile. (C. 1134. — Co. 300.)

276. Si, avant le départ du navire, il y a interdiction de commerce avec le pays pour lequel il est destiné, les conventions sont résolues sans dommages-intérêts de part ni d'autre. (C. 1148. — Co. 253, 254, 277, 278, 299. 300, 350, 369, 387, 388.)

Le chargeur est tenu des frais de la charge et de la décharge de ses marchandises.

277. S'il existe une force majeure qui n'empêche que pour un temps la sortie du navire, les conventions subsistent, et il n'y a pas lieu à dommages-intérêts à raison du retard. (C. 1149, 1382. — Co. 276.)

Elles subsistent également, et il n'y a lieu à aucune augmentation de fret, si la force majeure arrive pendant le voyage.

278. Le chargeur peut, pendant l'arrêt du navire, faire décharger ses marchandises à ses frais, à condition de les recharger ou d'indemniser le capitaine. (Co. 221, 276.)

279. Dans le cas de blocus du port pour lequel le navire est destiné, le capitaine est tenu, s'il n'a des ordres contraires, de se rendre dans un des ports voisins de la même puissance où il lui sera permis d'aborder.

280. Le navire, les agrès et apparaux, le fret et les marchandises chargées, sont respectivement affectés à l'exécution des conventions des parties. (Pr. 418. — Co. 191, 271, 315, 334.)

TITRE VII.

DU CONNAISSEMENT.

281. Le connaissement doit exprimer la nature et la quantité ainsi que les espèces ou qualités des objets à transporter. (C. 1317, 1348, 1322. — Co. 93, 222, 226, 282 s., 286, 344, 345, 418, 420, 576.)

Il indique — Le nom du chargeur, — Le nom et l'adresse de celui à qui l'expédition est faite, — Le nom et le domicile du capitaine, — Le nom et le tonnage du navire, — Le lieu du départ et celui de la destination.

Il énonce le prix du fret. (Co. 286.)

Il présente en marge les marques et numéros des objets à transporter.

Le connaissement peut être à ordre, ou au porteur, ou à personne dénommée. (Co. 139, 188.)

282. Chaque connaissement est fait en quatre originaux au moins : — Un pour le chargeur, — Un pour celui à qui les marchandises sont adressées, — Un pour le capitaine, — Un pour l'armateur du bâtiment. (C. 1102, 1184, 1325.)

Les quatre originaux sont signés par le chargeur et par le capitaine, dans les vingt-quatre heures après le chargement.

Le chargeur est tenu de fournir au capitaine, dans le même délai, les acquits des marchandises chargées. (Co. 226.)

283. Le connaissement rédigé dans la forme ci-dessus prescrite fait foi entre toutes les parties intéressées au chargement, et entre elles et les assureurs. (C. 1317, 1322. — Co. 352 s.)

284. En cas de diversité entre les connaissements d'un même chargement, celui qui sera entre les mains du capitaine fera foi, s'il est rempli de la main du chargeur, ou de celle de son commissionnaire ; et celui qui est présenté par le chargeur ou le consignataire sera suivi, s'il est rempli de la main du capitaine. (C. 1327.)

285. Tout commissionnaire ou consignataire qui aura reçu les marchandises mentionnées dans les connaissements ou chartes-parties, sera tenu d'en donner reçu au capitaine qui le demandera, à peine de tous dépens, dommages-intérêts, même de ceux de retardement. (C. 1149, 1382. — Co. 91 s., 305.)

TITRE VIII.

DU FRET OU NOLIS.

286. Le prix du loyer d'un navire ou autre bâtiment de mer est appelé *fret* ou *nolis*. (C. 1709. — Co. 222, 226, 259, 260, 273, 287 s., 347, 386, 433, 434, 576.)

Il est réglé par les conventions des parties. (C. 1134.)

Il est constaté par la charte-partie ou par le connaissement. (Co. 273, 281.)

Il a lieu pour la totalité ou pour partie du bâtiment, pour un voyage entier ou pour un temps limité, au tonneau, au quintal, à forfait, ou à cueillette, avec désignation du tonnage du vaisseau.

287. Si le navire est loué en totalité, et que l'affréteur ne lui donne pas toute sa charge, le capitaine ne peut prendre d'autres marchandises sans le consentement de l'affréteur.

L'affréteur profite du fret des marchandises qui complètent le chargement du navire qu'il a entièrement affrété. (Co. 288.)

288. L'affréteur qui n'a pas chargé la quantité de marchandises portée par la charte-partie, est tenu de payer le fret en entier, et pour le chargement complet auquel il s'est engagé. (C. 1134. — Co. 287.)

S'il en charge davantage, il paie le fret de l'excédant sur le prix réglé par la charte-partie. (Co. 273.)

Si cependant l'affréteur, sans avoir rien chargé, rompt le voyage avant le départ, il paiera en indemnité, au capitaine, la moitié du fret convenu par la charte-partie pour la totalité du chargement qu'il devait faire. (C. 1142.)

Si le navire a reçu une partie de son chargement, et qu'il parte à non-charge, le fret entier sera dû au capitaine.

289. Le capitaine qui a déclaré le navire d'un plus grand port qu'il n'est, est tenu des dommages-intérêts envers l'affréteur. (C. 1149, 1382. — Co. 224, 273, 290.)

290. N'est réputé y avoir erreur en la déclaration du tonnage d'un navire, si l'erreur n'excède un quarantième, ou si la déclaration est conforme au certificat de jauge. (Co. 289.)

291. Si le navire est chargé à cueillette, soit au quintal, au tonneau ou à forfait, le chargeur peut retirer ses marchandises, avant le départ du navire, en payant le demi-fret. (Co. 286, 293.)

Il supportera les frais de charge, ainsi que ceux de décharge et de rechargement des autres marchandises qu'il faudrait déplacer, et ceux du retardement. (C. 1382.)

292. Le capitaine peut faire mettre à terre, dans le lieu du chargement, les marchandises trouvées dans son navire, si elles ne lui ont point été déclarées, ou en prendre le fret au plus haut prix qui sera payé dans le même lieu pour les marchandises de même nature. (Co. 72.)

293. Le chargeur qui retire ses marchandises pendant le voyage, est tenu de payer le fret en entier et tous les frais de déplacement occasionnés par le déchargement : si les marchandises sont retirées pour cause des faits ou des fautes du capitaine, celui-ci est responsable de tous les frais. (C. 1146, 1382. — Co. 222, 295.)

294. Si le navire est arrêté au départ, pendant la route, ou au lieu de sa décharge, par le fait de l'affréteur, les frais du retardement sont dus par l'affréteur. (C. 1149, 1382.)

Si, ayant été frété pour l'aller et le retour, le navire fait son retour sans chargement ou avec un chargement incomplet, le fret entier est dû au capitaine, ainsi que l'intérêt du retardement. (C. 1907.)

295. Le capitaine est tenu des dommages-intérêts envers l'affréteur, si, par son fait, le navire a été arrêté ou retardé au départ, pendant sa route, ou au lieu de sa décharge. (C. 1149, 1382. — Co. 222, 293.)

Ces dommages-intérêts sont réglés par des experts. (Pr. 302 s. — Co. 106, 414.)

296. Si le capitaine est contraint de faire radouber le navire pendant le voyage, l'affréteur est tenu d'attendre ou de payer le fret en entier. (Co. 237 s.)

Dans le cas où le navire ne pourrait être radoubé, le capitaine est tenu d'en louer un autre. (Co. 391.)

Si le capitaine n'a pu louer un autre navire, le fret n'est dû qu'à proportion de ce que le voyage est avancé.

297. Le capitaine perd son fret, et répond des dommages-intérêts de l'affréteur, si celui-ci prouve que, lorsque le navire a fait voile, il était hors d'état de naviguer. — La preuve est admissible nonobstant et contre les certificats de visite au départ. (C. 1149, 1382. — Co. 225, 237, 369, 389.)

298. « Le fret est dû pour les marchandises que le capitaine a été contraint de vendre pour subvenir aux victuailles, radoub et autres nécessités pressantes du navire, en tenant par lui compte de leur valeur, au prix que le reste, ou autre pareille marchandise de même qualité, sera vendu au lieu de la décharge, si le navire arrive à bon port. (Co. 234, 236.)

Si le navire se perd, le capitaine tiendra compte des marchandises sur le pied qu'il les aura vendues, en retenant également le fret porté aux connaissements : — Sauf, dans ces deux cas, le droit réservé aux propriétaires de navire par le § 2 de l'article 216. (C. 1302, 1303. — Co. 246, 258.)

Lorsque de l'exercice de ce droit résultera une perte pour ceux dont les marchandises auront été vendues ou mises en gage, elle sera répartie au marc le franc sur la valeur de ces marchandises et de toutes celles qui sont arrivées à leur destination ou qui ont été sauvées du naufrage postérieurement aux événements de mer qui ont nécessité la vente ou la mise en gage. » (*Loi du 14 juin 1841.*) (Co. 234.)

299. S'il arrive interdiction de commerce avec le pays pour lequel le navire est en route, et qu'il soit obligé de revenir avec son chargement, il n'est dû au capitaine que le fret de l'aller, quoique le vaisseau ait été affrété pour l'aller et le retour. (C. 1148. — Co. 253, 276 s., 300, 350, 369, 387.)

300. Si le vaisseau est arrêté dans le cours de son voyage par l'ordre d'une puissance, il n'est dû aucun fret pour le temps de sa détention, si le navire est affrété au mois; ni augmentation de fret, s'il est loué au voyage. — La nourriture et les loyers de l'équipage pendant la détention du navire sont réputés avaries. (Co. 250, 299, 397.)

301. Le capitaine est payé du fret des marchandises jetées à la mer pour le salut commun, à la charge de contribution. (Pr. 656. — Co. 400 2°.)

302. Il n'est dû aucun fret pour les marchandises perdues par naufrage ou échouement, pillées par des pirates ou prises par les ennemis. — Le capitaine est tenu de restituer le fret qui lui aura été avancé, s'il n'y a convention contraire. (C. 1134, 1148, 1302. — Co. 246, 258, 303, 304, 327.)

303. Si le navire et les marchandises sont rachetés, ou si les marchandises sont sauvées du naufrage, le capitaine est payé du fret jusqu'au lieu de la prise ou du naufrage. — Il est payé du fret entier en contribuant au rachat, s'il conduit les marchandises au lieu de leur destination. (Co. 302, 304.)

304. La contribution pour le rachat se fait sur le prix courant des marchandises au lieu de leur décharge, déduction faite des frais, et sur la moitié du navire et du fret.

Les loyers des matelots n'entrent point en contribution. (Co. 191 6°, 192 4°, 250, 258 s.)

305. Si le consignataire refuse de recevoir les marchandises, le capitaine peut, par autorité de justice, en faire vendre pour le paiement de son fret, et faire ordonner le dépôt du surplus.

S'il y a insuffisance, il conserve son recours contre le chargeur. (C. 1961, 2102 2°. — Pr. 617 s. — Co. 93, 106, 191, 192, 285, 306, 307, 308.)

306. Le capitaine ne peut retenir les marchandises dans son navire faute de paiement de son fret.

Il peut, dans le temps de la décharge, demander le dépôt en mains tierces jusqu'au paiement de son fret. (C. 1961.)

307. Le capitaine est préféré, pour son fret, sur les marchandises de son chargement, pendant quinzaine après leur délivrance, si elles n'ont passé en mains tierces. (C. 2095. — Co. 190 s., 286, 308.)

308. En cas de faillite des chargeurs ou réclamateurs avant l'expiration de la quinzaine, le capitaine est privilégié sur tous les créanciers pour le paiement de son fret et des avaries qui lui sont dues. (Co. 286, 305, 307, 346, 397, 437.)

309. En aucun cas le chargeur ne peut demander de diminution sur le prix du fret. (C. 1134.)

310. Le chargeur ne peut abandonner pour le fret les marchandises diminuées de prix, ou détériorées par leur vice propre ou par cas fortuit. (C. 1448, 1302.)

Si toutefois des futailles contenant vin, huile, miel et autres liquides, ont tellement coulé qu'elles soient vides ou presque vides, lesdites futailles pourront être abandonnées pour le fret. (Co. 216, 369 s.)

TITRE IX.

DES CONTRATS A LA GROSSE.

311. Le contrat à la grosse est fait devant notaire, ou sous signature privée. (C. 1317, 1318, 1322, 1964. — Co. 191 9°, 192 7°, 234, 312 s., 347, 432, 633.)

Il énonce — Le capital prêté et la somme convenue pour le profit maritime, — Les objets sur lesquels le prêt est affecté, — Les noms du navire et du capitaine, — Ceux du prêteur et de l'emprunteur, — Si le prêt a lieu pour un voyage, — Pour quel voyage, et pour quel temps, — L'époque du remboursement.

312. Tout prêteur à la grosse, en France, est tenu de faire enregistrer son contrat au greffe du tribunal de commerce, dans les dix jours de la date, à peine de perdre son privilége (Co. 191 9°, 192 7°);

Et si le contrat est fait à l'étranger (1), il est soumis aux formalités prescrites à l'article 234.

313. Tout acte de prêt à la grosse peut être négocié par la voie de l'endossement, s'il est à ordre. (Co. 136, 187.)

En ce cas, la négociation de cet acte a les mêmes effets et produit les mêmes actions en garantie que celle des autres effets de commerce.

314. La garantie de paiement ne s'étend pas au profit maritime, à moins que le contraire n'ait été expressément stipulé. (C. 1134. — Co. 318.)

315. Les emprunts à la grosse peuvent être affectés, — Sur le corps et quille du navire, — Sur les agrès et apparaux, — Sur l'armement et les victuailles, — Sur le chargement, — Sur la totalité de ces objets conjointement, ou sur une partie déterminée de chacun d'eux. (Pr. 418. — Co. 191 9°, 192 7°, 280, 334.)

316. Tout emprunt à la grosse, fait pour une somme excédant la valeur des objets sur lesquels il est affecté, peut être déclaré nul, à la demande du prêteur, s'il est prouvé qu'il y a fraude de la part de l'emprunteur. (C. 1116. — Co. 317, 329, 336.)

317. S'il n'y a fraude, le contrat est valable jusqu'à la concurrence de la valeur des effets affectés à l'emprunt, d'après l'estimation qui en est faite ou convenue;

Le surplus de la somme empruntée est remboursé avec intérêts au cours de la place. (C. 1907. — Co. 316, 318.)

---

(1). **C. Nap. — 14.** L'étranger, même non résidant en France, pourra être cité devant les tribunaux français, pour l'exécution des obligations par lui contractées en France avec un Français; il pourra être traduit devant les tribunaux de France, pour les obligations par lui contractées en pays étranger envers des Français.

15. Un Français pourra être traduit devant un tribunal de France, pour des obligations par lui contractées en pays étranger, même avec un étranger.

318. Tous emprunts sur le fret à faire du navire et sur le profit espéré des marchandises sont prohibés. (C. 6, 1133, 1172. — Co. 314.)

Le prêteur, dans ce cas, n'a droit qu'au remboursement du capital, sans aucun intérêt. (Co. 317.)

319. Nul prêt à la grosse ne peut être fait aux matelots ou gens de mer sur leurs loyers ou voyages. (Co. 250.)

320. Le navire, les agrès et les apparaux, l'armement et les victuailles, même le fret acquis, sont affectés par privilége au capital et intérêts de l'argent donné à la grosse sur le corps et quille du vaisseau. (Co. 191 9°, 192 7°, 311, 315.)

Le chargement est également affecté au capital et intérêts de l'argent donné à la grosse sur le chargement.

Si l'emprunt a été fait sur un objet particulier du navire ou du chargement, le privilége n'a lieu que sur l'objet, et dans la proportion de la quotité affectée à l'emprunt.

321. Un emprunt à la grosse fait par le capitaine dans le lieu de la demeure des propriétaires du navire, sans leur autorisation authentique ou leur intervention dans l'acte, ne donne action et privilége que sur la portion que le capitaine peut avoir au navire et au fret. (C. 102, 1317. — Co. 232, 236.)

322. Sont affectées aux sommes empruntées, même dans le lieu de la demeure des intéressés, pour radoub et victuailles, les parts et portions des propriétaires qui n'auraient pas fourni leur contingent pour mettre le bâtiment en état, dans les vingt-quatre heures de la sommation qui leur en sera faite. (Pr. 68, 1033. — Co. 233.)

323. Les emprunts faits pour le dernier voyage du navire sont remboursés par préférence aux sommes prêtées pour un précédent voyage, quand même il serait déclaré qu'elles sont laissées par continuation ou renouvellement.

Les sommes empruntées pendant le voyage sont préférées à celles qui auraient été empruntées avant le départ du navire; et s'il y a plusieurs emprunts faits pendant le même voyage, le dernier emprunt sera toujours préféré à celui qui l'aura précédé.

324. Le prêteur à la grosse sur marchandises chargées dans un navire désigné au contrat ne supporte pas la perte des marchandises, même par fortune de mer, si elles ont été chargées sur un autre navire, à moins qu'il ne soit légalement constaté que ce chargement a eu lieu par force majeure. (C. 1148, 1302, 1382. — Co. 244, 258, 277, 298, 310, 325 s., 350.)

325. Si les effets sur lesquels le prêt à la grosse a eu lieu, sont entièrement perdus, et que la perte soit arrivée par cas fortuit, dans le temps et dans le lieu des risques, la somme prêtée ne peut être réclamée. (Co. 324, 326 s.)

326 (1). Les déchets, diminutions et pertes qui arrivent par le vice propre de la chose, et les dommages causés par le fait de l'emprunteur, ne sont point à la charge du prêteur. (C. 1382. — Co. 103, 324, 325, 327 s.)

327. En cas de naufrage, le paiement des sommes empruntées à la grosse est réduit à la valeur des effets sauvés et affectés au contrat, déduction faite des frais de sauvetage. (Co. 246, 247, 258, 302, 331, 350, 369, 386, 417.)

328. Si le temps des risques n'est point déterminé par le contrat, il court, à l'égard du navire, des agrès, apparaux, armement et victuailles, du jour que le navire a fait voile, jusqu'au jour où il est ancré ou amarré au port ou lieu de sa destination. (C. 1134. — Co. 215, 344, 350.)

A l'égard des marchandises, le temps des risques court du jour qu'elles ont été chargées dans le navire, ou dans les gabares pour les y porter, jusqu'au jour où elles sont délivrées à terre.

329. Celui qui emprunte à la grosse sur des marchandises, n'est point libéré par la perte du navire et du chargement, s'il ne justifie qu'il y avait, pour son compte, des effets jusqu'à la concurrence de la somme empruntée. (Co. 316, 325 s.)

330. Les prêteurs à la grosse contribuent, à la décharge des emprunteurs, aux avaries communes. (Pr. 656 s. — Co. 397 s.)

Les avaries simples sont aussi à la charge des prêteurs, s'il n'y a convention contraire. (C. 1134.)

331. S'il y a contrat à la grosse et assurance sur le même navire ou sur le même chargement, le produit des effets sauvés du naufrage est partagé entre le prêteur à la grosse, *pour son capital seulement*, et l'assureur, pour les sommes assurées, au marc le franc de leur intérêt respectif, sans préjudice des priviléges établis à l'article 191. (Pr. 656 s. — Co. 258, 259, 327, 332, 417.)

---

(1) V. C. Nap., art. 1641 à 1647, *suprà*, p. 46, en note.

TITRE X.

DES ASSURANCES.

SECTION PREMIÈRE.

DU CONTRAT D'ASSURANCE, DE SA FORME ET DE SON OBJET.

332. Le contrat d'assurance est rédigé par écrit. (C. 1317, 1318, 1322, 1964. — Co. 72, 77, 79, 81, 191 10°, 192 8°, 283, 331, 333 s., 432, 434, 435, 436, 576, 633.)

Il est daté du jour auquel il est souscrit. — Il y est énoncé si c'est avant ou après midi. — Il peut être fait sous signature privée. — Il ne peut contenir aucun blanc.

Il exprime — Le nom et le domicile de celui qui fait assurer, sa qualité de propriétaire ou de commissionnaire, — Le nom et la désignation du navire, — Le nom du capitaine, — Le lieu où les marchandises ont été ou doivent être chargées, — Le port d'où ce navire a dû ou doit partir, — Les ports ou rades dans lesquels il doit charger ou décharger, — Ceux dans lesquels il doit entrer, — La nature et la valeur ou l'estimation des marchandises ou objets que l'on fait assurer, — Les temps auxquels les risques doivent commencer et finir, — La somme assurée, — La prime ou le coût de l'assurance, — La soumission des parties à des arbitres, en cas de contestation, si elle a été convenue, — Et généralement toutes les autres conditions dont les parties sont convenues. (C. 1134.)

333. La même police peut contenir plusieurs assurances, soit à raison des marchandises, soit à raison du taux de la prime, soit à raison de différents assureurs. (Co. 335.)

334. L'assurance peut avoir pour objet, — Le corps et quille du vaisseau, vide ou chargé, armé ou non armé, seul ou accompagné, — Les agrès et apparaux, — Les armements, — Les victuailles, — Les sommes prêtées à la grosse, — Les marchandises du chargement, et toutes autres choses ou valeurs estimables à prix d'argent, sujettes aux risques de la navigation. (Co. 191, 192, 280, 315, 342, 347.)

335. L'assurance peut être faite sur le tout ou sur une partie desdits objets, conjointement ou séparément. (Co. 333, 359.)

Elle peut être faite en temps de paix ou en temps de guerre, avant ou pendant le voyage du vaisseau.

Elle peut être faite pour l'aller et le retour, ou seulement pour l'un des deux, pour le voyage entier ou pour un temps limité ;

Pour tous voyages et transports par mer, rivières et canaux navigables.

336. En cas de fraude dans l'estimation des effets assurés, en cas de supposition ou de falsification, l'assureur peut faire procéder à la vérification et estimation des objets, sans préjudice de toutes autres poursuites, soit civiles, soit criminelles. (C. 1116. — Pr. 302 s. — Co. 106, 316, 348, 357 s., 380, 414.)

337. Les chargements faits aux Échelles du Levant, aux côtes d'Afrique et autres parties du monde, pour l'Europe, peuvent être assurés, sur quelque navire qu'ils aient lieu, sans désignation du navire ni de capitaine. (Co. 332.)

Les marchandises elles-mêmes peuvent, en ce cas, être assurées sans désignation de leur nature et espèce.

Mais la police doit indiquer celui à qui l'expédition est faite ou doit être consignée, s'il n'y a convention contraire dans la police d'assurance. (C. 1134.)

338. Tout effet dont le prix est stipulé dans le contrat en monnaie étrangère est évalué au prix que la monnaie stipulée vaut en monnaie de France, suivant le cours à l'époque de la signature de la police. (Co. 72, 339.)

339. Si la valeur des marchandises n'est point fixée par le contrat, elle peut être justifiée par les factures ou par les livres : à défaut, l'estimation en est faite suivant le prix courant au temps et au lieu du chargement, y compris tous les droits payés et les frais faits jusqu'à bord. (C. 1134. — Pr. 302 s. — Co. 106, 109, 338, 414.)

340. Si l'assurance est faite sur le retour d'un pays où le commerce ne se fait que par troc, et que l'estimation des marchandises ne soit pas faite par la police, elle sera réglée sur le pied de la valeur de celles qui ont été données en échange, en y joignant les frais de transport. (C. 1134. — Co. 332.)

341. Si le contrat d'assurance ne règle point le temps des risques, les risques commencent et finissent dans le temps réglé par l'article 328 pour les contrats à la grosse. (Co. 332.)

342. L'assureur peut faire réassurer par d'autres les effets qu'il a assurés.

L'assuré peut faire assurer le coût de l'assurance.

La prime de réassurance peut être moindre ou plus forte que celle de l'assurance. (Co. 334, 347, 357.)

343. L'augmentation de prime qui aura été stipulée en temps de paix pour le temps de guerre qui pourrait subvenir, et dont la quotité n'aura pas été déterminée par les contrats d'assurance, est réglée par les tribunaux, en ayant égard aux risques, aux circonstances et aux stipulations de chaque police d'assurance.

344. En cas de perte des marchandises assurées et chargées pour le compte du capitaine sur le vaisseau qu'il commande, le capitaine est tenu de justifier aux assureurs l'achat des marchandises, et d'en fournir un connaissement signé par deux des principaux de l'équipage. (Co. 222, 246, 281.)

345. Tout homme de l'équipage et tout passager qui apportent des pays étrangers des marchandises assurées en France, sont tenus d'en laisser un connaissement dans les lieux où le chargement s'effectue, entre les mains du consul de France, et, à défaut, entre les mains d'un Français notable négociant, ou du magistrat du lien.

346. Si l'assureur tombe en faillite lorsque le risque n'est pas encore fini, l'assuré peut demander caution, ou la résiliation du contrat. (C. 1184, 1188, 1234, 1865 4°, 2040, 2044. — Pr. 517. — Co. 308, 384, 437.)

L'assureur a le même droit en cas de faillite de l'assuré.

347. Le contrat d'assurance est nul, s'il a pour objet — Le fret des marchandises existant à bord du navire, — Le profit espéré des marchandises, — Les loyers des gens de mer, — Les sommes empruntées à la grosse, — Les profits maritimes des sommes prêtées à la grosse. (C. 6, 1133, 1172. — Co. 334, 342, 365, 386.)

348. Toute réticence, toute fausse déclaration de la part de l'assuré, toute différence entre le contrat d'assurance et le connaissement, qui diminueraient l'opinion du risque ou en changeraient le sujet, annulent l'assurance. (Co. 346, 336, 347, 357 s., 380.)

L'assurance est nulle, même dans le cas où la réticence, la fausse déclaration ou la différence, n'auraient pas influé sur le dommage ou la perte de l'objet assuré.

SECTION II.

DES OBLIGATIONS DE L'ASSUREUR ET DE L'ASSURÉ.

349. Si le voyage est rompu avant le départ du vaisseau, même par le fait de l'assuré, l'assurance est annulée; l'assureur reçoit, à titre d'indemnité, demi pour cent de la somme assurée. (C. 1382. — Co. 252, 257, 332, 350 s., 435, 436.)

350. Sont aux risques des assureurs, toutes pertes et dommages qui arrivent aux objets assurés, par tempête, naufrage, échouement, abordage fortuit, changements forcés de route, de voyage ou de vaisseau, par jet, feu, prise, pillage, arrêt par ordre de puissance, déclaration de guerre, représailles, et généralement par toutes les autres fortunes de mer. (Co. 328, 341, 351 s., 403 3°, 407.)

351. Tout changement de route, de voyage ou de vaisseau, et toutes pertes et dommages provenant du fait de l'assuré, ne sont point à la charge de l'assureur ; et même la prime lui est acquise, s'il a commencé à courir les risques. (C. 1382. — Co. 349, 361, 364, 391 s.)

352. Les déchets, diminutions et pertes qui arrivent par le vice propre de la chose, et les dommages causés par le fait et faute des propriétaires, affréteurs ou chargeurs, ne sont point à la charge des assureurs. (C. 1382.)

353. L'assureur n'est point tenu des prévarications et fautes du capitaine et de l'équipage, connues sous le nom de *baraterie de patron*, s'il n'y a convention contraire. (C. 1134. — Co. 216, 221 s.)

354. L'assureur n'est point tenu du pilotage, touage et lamanage, ni d'aucune espèce de droits imposés sur le navire et les marchandises.

355. Il sera fait désignation dans la police, des marchandises sujettes, par leur nature, à détérioration particulière ou diminution, comme blés ou sels, ou marchandises susceptibles de coulage ; sinon les assureurs ne répondront point des dommages ou pertes qui pourraient arriver à ces mêmes denrées, si ce n'est toutefois que l'assuré eût ignoré la nature du chargement lors de la signature de la police. (Co. 332, 369.)

356. Si l'assurance a pour objet des marchandises pour l'aller et le retour, et si, le vaisseau étant parvenu à sa première destination, il ne se fait point de chargement en retour, ou si le chargement en retour n'est pas complet, l'assureur reçoit seulement les deux tiers proportionnels de la prime convenue, s'il n'y a stipulation contraire. (C. 1134.)

357 (1). Un contrat d'assurance ou de réassurance consenti pour une somme excédant la valeur des effets chargés, est nul

---

(1) **C. Nap. — 1116.** Le dol est une cause de nullité de la convention, lorsque les manœuvres pratiquées par l'une des parties sont telles,

à l'égard de l'assuré seulement, s'il est prouvé qu'il y a dol ou fraude de sa part. (C. 1116. — Co. 336, 342, 358, 359, 380.)

358. S'il n'y a ni dol ni fraude, le contrat est valable jusqu'à concurrence de la valeur des effets chargés, d'après l'estimation qui en est faite ou convenue.

En cas de pertes, les assureurs sont tenus d'y contribuer chacun à proportion des sommes par eux assurées. (Co. 328, 360, 401.)

Ils ne reçoivent pas la prime de cet excédant de valeur, mais seulement l'indemnité de demi pour cent. (Co. 349, 359.)

359. S'il existe plusieurs contrats d'assurance faits sans fraude sur le même chargement, et que le premier contrat assure l'entière valeur des effets chargés, il subsistera seul.

Les assureurs qui ont signé les contrats subséquents sont libérés; ils ne reçoivent que demi pour cent de la somme assurée. (Co. 349, 358, 379.)

Si l'entière valeur des effets chargés n'est pas assurée par le premier contrat, les assureurs qui ont signé les contrats subséquents, répondent de l'excédant en suivant l'ordre de la date des contrats. (C. 1317, 1322. — Co. 335.)

360. S'il y a des effets chargés pour le montant des sommes assurées, en cas de perte d'une partie, elle sera payée par tous les assureurs de ces effets, au marc le franc de leur intérêt. (Co. 358, 401.)

361. Si l'assurance a lieu divisément pour des marchandises qui doivent être chargées sur plusieurs vaisseaux désignés, avec énonciation de la somme assurée sur chacun, et si le chargement entier est mis sur un seul vaisseau, ou sur un moindre nombre qu'il n'en est désigné dans le contrat, l'assureur n'est tenu que de la somme qu'il a assurée sur le vaisseau ou sur les vaisseaux qui ont reçu le chargement, nonobstant la perte de tous les vaisseaux désignés; et il recevra néanmoins demi pour cent des sommes dont les assurances se trouvent annulées. (Co. 349, 351, 391 s.)

362. Si le capitaine a la liberté d'entrer dans différents

---

qu'il est évident que, sans ces manœuvres, l'autre partie n'aurait pas contracté. — Il ne se présume pas, et doit être prouvé.

1117. La convention contractée par erreur, violence ou dol, n'est point nulle de plein droit; elle donne seulement lieu à une action en nullité ou en rescision, dans les cas et de la manière expliqués à la section VII du chapitre V du présent titre. (1304 à 1314.)

ports pour compléter ou échanger son chargement, l'assureur ne court les risques des effets assurés que lorsqu'ils sont à bord, s'il n'y a convention contraire. (C. 1134.)

363. Si l'assurance est faite pour un temps limité, l'assureur est libre après l'expiration du temps, et l'assuré peut faire assurer les nouveaux risques.

364. L'assureur est déchargé des risques, et la prime lui est acquise, si l'assuré envoie le vaisseau en un lieu plus éloigné que celui qui est désigné par le contrat, quoique sur la même route. (Co. 351, 361, 391 s.)

L'assurance a son entier effet, si le voyage est raccourci.

365. Toute assurance faite après la perte ou l'arrivée des objets assurés est nulle, s'il y a présomption qu'avant la signature du contrat, l'assuré a pu être informé de la perte, ou l'assureur de l'arrivée des objets assurés. (C. 6, 1133, 1172. — Co. 347, 348, 366.)

366 (1). La présomption existe, si, en comptant trois quarts de myriamètre (une lieue et demie) par heure, sans préjudice des autres preuves, il est établi que de l'endroit de l'arrivée ou de la perte du vaisseau, ou du lieu où la première nouvelle en est arrivée, elle a pu être portée dans le lieu où le contrat d'assurance a été passé, avant la signature du contrat. (C. 1350, 1352. — Co. 365, 367.)

367. Si cependant l'assurance est faite sur bonnes ou mauvaises nouvelles, la présomption mentionnée dans les articles précédents n'est point admise. (C. 1168, 1181.)

Le contrat n'est annulé que sur la preuve que l'assuré savait la perte, ou l'assureur l'arrivée du navire, avant la signature du contrat. (C. 1341. — Co. 368.)

368. En cas de preuve contre l'assuré, celui-ci paie à l'assureur une double prime.

En cas de preuve contre l'assureur, celui-ci paie à l'assuré une somme double de la prime convenue.

Celui d'entre eux contre qui la preuve est faite est poursuivi correctionnellement. (I. cr. 179.)

---

(1) **C. Nap.** — **1349.** Les présomptions sont des conséquences que la loi ou le magistrat tire d'un fait connu à un fait inconnu.

1353. Les présomptions qui ne sont point établies par la loi, sont abandonnées aux lumières et à la prudence du magistrat, qui ne doit admettre que des présomptions graves, précises et concordantes, et dans les cas seulement où la loi admet les preuves testimoniales, à moins que l'acte ne soit attaqué pour cause de fraude ou de dol.

SECTION III.

DU DÉLAISSEMENT.

369. Le délaissement des objets assurés peut être fait, — En cas de prise, — De naufrage, — D'échouement avec bris, — D'innavigabilité par fortune de mer, — En cas d'arrêt d'une puissance étrangère, — En cas de perte ou détérioration des effets assurés, si la détérioration ou la perte va au moins à trois quarts. (Co. 216, 258, 310, 355, 370 s.)

Il peut être fait, en cas d'arrêt de la part du Gouvernement, après le voyage commencé. (Co. 276 s., 330, 387.)

370. Il ne peut être fait avant le voyage commencé. (Co. 369.)

371. Tous autres dommages sont réputés avaries, et se règlent, entre les assureurs et les assurés, à raison de leurs intérêts. (Co. 191 11°, 330, 393, 397 s., 401, 409, 435, 436.)

372. Le délaissement des objets assurés ne peut être partiel ni conditionnel.

Il ne s'étend qu'aux effets qui sont l'objet de l'assurance et du risque. (Co. 332, 350.)

373. Le délaissement doit être fait aux assureurs dans le terme de six mois, à partir du jour de la réception de la nouvelle de la perte arrivée aux ports ou côtes de l'Europe, ou sur celles d'Asie et d'Afrique, dans la Méditerranée, ou bien, en cas de prise, de la réception de celle de la conduite du navire dans l'un des ports ou lieux situés aux côtes ci-dessus mentionnées;

« Dans le délai d'un an après la réception de la nouvelle ou de la perte arrivée, ou de la prise conduite en Afrique en deçà du cap de Bonne-Espérance ou en Amérique en deçà du cap Horn;

« Dans le délai de dix-huit mois après la nouvelle des pertes arrivées ou des prises conduites dans toutes les autres parties du monde;

« Et, ces délais passés, les assurés ne seront plus recevables à faire le délaissement. » (*Loi* 3 *mai* 1862.) (Co. 374 s., 431.)

374. Dans le cas où le délaissement peut être fait, et dans le cas de tous autres accidents au risque des assureurs, l'assuré est tenu de signifier à l'assureur les avis qu'il a reçus. (Pr. 68. — Co. 378, 387, 390.)

La signification doit être faite dans les trois jours de la réception de l'avis. (Pr. 1033.)

375. « Si, après six mois expirés, à compter du jour du départ du navire ou du jour auquel se rapportent les dernières nouvelles reçues, pour les voyages ordinaires;

« Après un an pour les voyages de long cours (Co. 377),

« L'assuré déclare n'avoir reçu aucune nouvelle de son navire, il peut faire le délaissement à l'assureur et demander le paiement de l'assurance, sans qu'il soit besoin d'attestation de la perte.

« Après l'expiration des six mois ou de l'an, l'assuré a pour agir les délais établis par l'article 373. » (*Loi 3 mai* 1862.) (Co. 377.)

376. Dans le cas d'une assurance pour temps limité, après l'expiration des délais établis, comme ci-dessus, pour les voyages ordinaires et pour ceux de long cours, la perte du navire est présumée arrivée dans le temps de l'assurance. (Co. 332, 373.)

377. « Sont réputés voyages de long cours ceux qui se font au-delà des limites ci-après déterminées :

« Au sud, le 30° degré de latitude nord;

« Au nord, le 72° degré de latitude nord;

« A l'ouest, le 15° degré de longitude du méridien de Paris;

« A l'est, le 44° degré de longitude du méridien de Paris. » (*Loi du* 14-20 *juin* 1854.) (Co. 375.)

378. L'assuré peut, par la signification mentionnée en l'article 374, ou faire le délaissement avec sommation à l'assureur de payer la somme assurée dans le délai fixé par le contrat, ou se réserver de faire le délaissement dans les délais fixés par la loi. (Pr. 68.)

379. L'assuré est tenu, en faisant le délaissement, de déclarer toutes les assurances qu'il a faites ou fait faire, même celles qu'il a ordonnées, et l'argent qu'il a pris à la grosse, soit sur le navire, soit sur les marchandises; faute de quoi, le délai du paiement, qui doit commencer à courir du jour du délaissement, sera suspendu jusqu'au jour où il fera notifier ladite déclaration, sans qu'il en résulte aucune prorogation du délai établi pour former l'action en délaissement. (Pr. 68. — Co. 359.)

380. En cas de déclaration frauduleuse, l'assuré est privé des effets de l'assurance ; il est tenu de payer les sommes empruntées, nonobstant la perte ou la prise du navire. (C. 1116. — Co. 336, 348, 357 s.)

381. En cas de naufrage ou d'échouement avec bris, l'assuré doit, sans préjudice du délaissement à faire en temps et lieu, travailler au recouvrement des effets naufragés. (Co. 246, 258, 261, 369.)

Sur son affirmation, les frais de recouvrement lui sont alloués jusqu'à concurrence de la valeur des effets recouvrés. (C. 2102 3°. — Pr. 534. — Co. 393.)

382. Si l'époque du paiement n'est point fixée par le contrat, l'assureur est tenu de payer l'assurance trois mois après la signification du délaissement. (C. 1134. — Pr. 68, 1033. — Co. 373.)

383. Les actes justificatifs du chargement et de la perte sont signifiés à l'assureur avant qu'il puisse être poursuivi pour le paiement des sommes assurées. (Pr. 68. — Co. 222, 246, 247, 281, 384 s.)

384. L'assureur est admis à la preuve des faits contraires à ceux qui sont consignés dans les attestations. (Pr. 256. — Co. 383.)

L'admission à la preuve ne suspend pas les condamnations de l'assureur au paiement provisoire de la somme assurée, à la charge par l'assuré de donner caution. (C. 2040, 2041. — Pr. 517.)

L'engagement de la caution est éteint après quatre années révolues, s'il n'y a pas eu de poursuite. (C. 712, 2219, 2244. — Pr. 59, 64, 69. — Co. 346.)

385. Le délaissement signifié et accepté ou jugé valable, les effets assurés appartiennent à l'assureur, à partir de l'époque du délaissement. (Co. 383.)

L'assureur ne peut, sous prétexte du retour du navire, se dispenser de payer la somme assurée.

386. Le fret des marchandises sauvées, quand même il aurait été payé d'avance, fait partie du délaissement du navire, et appartient également à l'assureur, sans préjudice des droits des prêteurs à la grosse, de ceux des matelots pour leur loyer, et des frais et dépenses pendant le voyage. (Co. 191, 192, 271, 286 s., 320, 327.)

387. En cas d'arrêt de la part d'une puissance, l'assuré est tenu de faire la signification à l'assureur, dans les trois jours de la réception de la nouvelle. (Pr. 68, 1033.—Co. 369, 374, 390.)

Le délaissement des objets arrêtés ne peut être fait qu'après un délai de six mois de la signification, si l'arrêt a eu lieu dans les mers d'Europe, dans la Méditerranée, ou dans la Baltique;

Qu'après le délai d'un an, si l'arrêt a eu lieu en pays plus éloigné.

Ces délais ne courent que du jour de la signification de l'arrêt.

Dans le cas où les marchandises arrêtées seraient périssables, les délais ci-dessus mentionnés sont réduits à un mois et demi pour le premier cas, et à trois mois pour le second cas. (Co. 373.)

388. Pendant les délais portés par l'article précédent, les assurés sont tenus de faire toutes diligences qui peuvent dépendre d'eux, à l'effet d'obtenir la mainlevée des effets arrêtés.

Pourront, de leur côté, les assureurs, ou de concert avec les assurés, ou séparément, faire toutes démarches à même fin.

389. Le délaissement à titre d'innavigabilité ne peut être fait, si le navire échoué peut être relevé, réparé, et mis en état de continuer sa route pour le lieu de sa destination. (Co. 237, 297, 369, 390 s.)

Dans ce cas, l'assuré conserve son recours sur les assureurs, pour les frais et avaries occasionnés par l'échouement. (Co. 400.)

390. Si le navire a été déclaré innavigable, l'assuré sur le chargement est tenu d'en faire la notification dans le délai de trois jours de la réception de la nouvelle. (Pr. 68, 1033. — Co. 374, 387, 389.)

391. Le capitaine est tenu, dans ce cas, de faire toutes diligences pour se procurer un autre navire à l'effet de transporter les marchandises au lieu de leur destination. (Co. 221, 237, 238, 244, 296, 392.)

392. L'assureur court les risques des marchandises chargées sur un autre navire, dans le cas prévu par l'article précédent, jusqu'à leur arrivée et leur déchargement. (Co. 332, 350, 393.)

393. L'assureur est tenu, en outre, des avaries, frais de déchargement, magasinage, rembarquement, de l'excédant du fret, et de tous autres frais qui auront été faits pour sauver les marchandises, jusqu'à concurrence de la somme assurée. (Co. 371, 381, 397.)

394. Si, dans les délais prescrits par l'article 387, le capitaine n'a pu trouver de navire pour recharger les marchandises et les conduire au lieu de leur destination, l'assuré peut en faire le délaissement. (Co. 369, 394.)

395. En cas de prise, si l'assuré n'a pu en donner avis à l'assureur, il peut racheter les effets sans attendre son ordre. (Co. 258, 369, 396, 400.)

L'assuré est tenu designifier à l'assureur la composition qu'il aura faite, aussitôt qu'il en aura les moyens. (Pr. 68.)

396. L'assureur a le choix de prendre la composition à son compte, ou d'y renoncer : il est tenu de notifier son choix à l'assuré, dans les vingt-quatre heures qui suivent la signification de la composition. (Pr. 68, 1033.)

S'il déclare prendre la composition à son profit, il est tenu de contribuer, sans délai, au paiement du rachat dans les termes de la convention, et à proportion de son intérêt; et il continue à courir les risques du voyage, conformément au contrat d'assurance. (C. 1134. — Co. 332.)

S'il déclare renoncer au profit de la composition, il est tenu au paiement de la somme assurée, sans pouvoir rien prétendre aux effets rachetés.

Lorsque l'assureur n'a pas notifié son choix dans le délai susdit, il est censé avoir renoncé au profit de la composition.

TITRE XI.

DES AVARIES.

397. Toutes dépenses extraordinaires faites pour le navire et les marchandises, conjointement ou séparément, — Tout dommage qui arrive au navire et aux marchandises, depuis leur chargement et départ jusqu'à leur retour et déchargement, — Sont réputés avaries. (Co. 191 11°, 330, 371, 393, 398 s., 435, 436.)

398. A défaut de conventions spéciales entre toutes les parties, les avaries sont réglées conformément aux dispositions ci-après. (C. 1134.)

399. Les avaries sont de deux classes, avaries grosses ou communes, et avaries simples ou particulières. (Co. 400, 403, 408.)

400. Sont avaries communes (Co. 399),

1° Les choses données par composition et à titre de rachat du navire et des marchandises (Co. 395, 396);

2° Celles qui sont jetées à la mer (Co. 410 s.);

3° Les câbles ou mâts rompus ou coupés;

4° Les ancres ou autres effets abandonnés pour le salut commun;

5° Les dommages occasionnés par le jet aux marchandises renfermées dans le navire;

6° Les pansement et nourriture des matelots blessés en défendant le navire, les loyer et nourriture des matelots pendant la détention, quand le navire est arrêté en voyage par ordre d'une puissance, et pendant les réparations des dommages volontairement soufferts pour le salut commun, si le navire est affrété au mois (Co. 262 s.);

7° Les frais du déchargement pour alléger le navire et entrer dans un havre ou dans une rivière, quand le navire est contraint de le faire par tempête ou par la poursuite de l'ennemi (Co. 410 s.);

8° Les frais faits pour remettre à flot le navire échoué dans l'intention d'éviter la perte totale ou la prise (C. 2102 3°);

Et en général, les dommages soufferts volontairement et les dépenses faites d'après délibérations motivées, pour le bien et salut commun du navire et des marchandises, depuis leur chargement et départ jusqu'à leur retour et déchargement. (Co. 220, 234, 389, 399, 401 s., 410.)

401. Les avaries communes sont supportées par les marchandises et par la moitié du navire et du fret, au marc le franc de la valeur. (Co. 308, 330, 360, 371, 401, 404.)

402. Le prix des marchandises est établi par leur valeur au lieu du déchargement. (Co. 72, 106, 109, 414.)

403. Sont avaries particulières (Co. 399, 404),

1° Le dommage arrivé aux marchandises par leur vice propre, par tempête, prise, naufrage ou échouement (C. 1148, 1302, 1303);

2° Les frais pour les sauver (C. 2102 3°);

3° La perte des câbles, ancres, voiles, mâts, cordages, causée par tempête ou autre accident de mer (Co. 350);

Les dépenses résultant de toutes relâches occasionnées soit par la perte fortuite de ces objets, soit par le besoin d'avitaillement, soit par voie d'eau à réparer;

4° La nourriture et le loyer des matelots pendant la détention, quand le navire est arrêté en voyage par ordre d'une puissance, et pendant les réparations qu'on est obligé d'y faire, si le navire est affrété au voyage (Co. 277, 350);

5° La nourriture et le loyer des matelots pendant la quarantaine, que le navire soit loué au voyage ou au mois;

Et en général, les dépenses faites et le dommage souffert pour le navire seul, ou pour les marchandises seules, depuis leur chargement et départ jusqu'à leur retour et déchargement.

404. Les avaries particulières sont supportées et payées par le propriétaire de la chose qui a essuyé le dommage ou occasionné la dépense. (C. 1382. — Co. 401, 403.)

405. Les dommages arrivés aux marchandises, faute par le capitaine d'avoir bien fermé les écoutilles, amarré le navire, fourni de bons guindages, et par tous autres accidents provenant de la négligence du capitaine ou de l'équipage, sont également des avaries particulières supportées par le propriétaire des marchandises, mais pour lesquelles il a son recours contre le capitaine, le navire et le fret. (C. 1382, 1383. — Co. 216, 221, 222, 407, 435, 436.)

406. Les lamanages, touages, pilotages, pour entrer dans les havres ou rivières, ou pour en sortir, les droits de congés, visites, rapports, tonnes, balises, ancrages et autres droits de navigation, ne sont point avaries; mais ils sont de simples frais à la charge du navire.

407 (1). En cas d'abordage de navires, si l'événement a été purement fortuit, le dommage est supporté, sans répétition, par celui des navires qui l'a éprouvé. (Co. 350, 435, 436.)

Si l'abordage a été fait par la faute de l'un des capitaines, le dommage est payé par celui qui l'a causé. (C. 1149, 1382. — Co. 216, 221, 405.)

S'il y a doute dans les causes de l'abordage, le dommage est réparé à frais communs, et par égale portion, par les navires qui l'ont fait et souffert.

Dans ces deux derniers cas, l'estimation du dommage est faite par experts. (Pr. 302 s. — Co. 106, 414.)

408. Une demande pour avaries n'est point recevable, si l'avarie commune n'excède pas un pour cent de la valeur cumulée du navire et des marchandises, et si l'avarie particulière n'excède pas aussi un pour cent de la valeur de la chose endommagée. (Co. 399, 400, 403.)

409. La clause *franc d'avaries* affranchit les assureurs de toutes avaries, soit communes, soit particulières, excepté dans

---

(1) **C. Nap. — 1382**. Tout fait quelconque de l'homme, qui cause à autrui un dommage, oblige celui par la faute duquel il est arrivé à le réparer.

1383. Chacun est responsable du dommage qu'il a causé non-seulement par son fait, mais encore par sa négligence ou par son imprudence.

1384. On est responsable non-seulement du dommage que l'on cause par son propre fait, mais encore de celui qui est causé par le fait des personnes dont on doit répondre, ou des choses que l'on a sous sa garde.

les cas qui donnent ouverture au délaissement ; et, dans ces cas, les assurés ont l'option entre le délaissement et l'exercice d'action d'avarie. (C. 1134. — Co. 332, 369, 371, 401.)

TITRE XII.

DU JET ET DE LA CONTRIBUTION.

410. Si, par tempête ou par la chasse de l'ennemi, le capitaine se croit obligé, pour le salut du navire, de jeter en mer une partie de son chargement, de couper ses mâts ou d'abandonner ses ancres, il prend l'avis des intéressés au chargement qui se trouvent dans le vaisseau, et des principaux de l'équipage. (Co. 220, 301, 400, 411 s.)

S'il y a diversité d'avis, celui du capitaine et des principaux de l'équipage est suivi. (Co. 241.)

411. Les choses les moins nécessaires, les plus pesantes et de moindre prix, sont jetées les premières, et ensuite les marchandises du premier pont au choix du capitaine, et par l'avis des principaux de l'équipage. (Co. 241, 410, 412, 413, 426.)

412. Le capitaine est tenu de rédiger par écrit la délibération, aussitôt qu'il en a les moyens.

La délibération exprime — Les motifs qui ont déterminé le jet, — Les objets jetés ou endommagés.

Elle présente la signature des délibérants, ou les motifs de leur refus de signer.

Elle est transcrite sur le registre. (Co. 224, 242, 246, 247, 413.)

413. Au premier port où le navire abordera, le capitaine est tenu, dans les vingt-quatre heures de son arrivée, d'affirmer les faits contenus dans la délibération transcrite sur le registre. (Co. 246, 412.)

414. L'état des pertes et dommages est fait dans le lieu du déchargement du navire, à la diligence du capitaine et par experts. (Pr. 302 s. — Co. 106, 414.)

Les experts sont nommés par le tribunal de commerce, si le déchargement se fait dans un port français.

Dans les lieux où il n'y a pas de tribunal de commerce, les experts sont nommés par le juge de paix.

Ils sont nommés par le consul de France, et, à son défaut, par le magistrat du lieu, si la décharge se fait dans un port étranger.

Les experts prêtent serment avant d'opérer.

415. Les marchandises jetées sont estimées suivant le prix courant du lieu du déchargement; leur qualité est constatée par la production des connaissements, et des factures s'il y en a. (Co. 109, 222, 281, 418, 420.)

416. Les experts nommés en vertu de l'article précédent font la répartition des pertes et dommages. (Co. 414.)

La répartition est rendue exécutoire par l'homologation du tribunal.

Dans les ports étrangers, la répartition est rendue exécutoire par le consul de France, ou, à son défaut, par tout tribunal compétent sur les lieux.

417. La répartition pour le paiement des pertes et dommages est faite sur les effets jetés et sauvés, et sur moitié du navire et du fret, à proportion de la valeur au lieu du déchargement. (Co. 327, 331, 418 s.)

418. Si la qualité des marchandises a été déguisée par le connaissement, et qu'elles se trouvent d'une plus grande valeur, elles contribuent sur le pied de leur estimation, si elles sont sauvées;

Elles sont payées d'après la qualité désignée par le connaissement, si elles sont perdues. (Co. 281, 415, 420.)

Si les marchandises déclarées sont d'une qualité inférieure à celle qui est indiquée par le connaissement, elles contribuent d'après la qualité indiquée par le connaissement, si elles sont sauvées;

Elles sont payées sur le pied de leur valeur, si elles sont jetées ou endommagées.

419. Les munitions de guerre et de bouche, et les hardes des gens de l'équipage, ne contribuent point au jet; la valeur de celles qui auront été jetées sera payée par contribution sur tous les autres effets. (Pr. 656 s.)

420. Les effets dont il n'y a pas de connaissement ou déclaration du capitaine ne sont pas payés s'ils sont jetés; ils contribuent s'ils sont sauvés. (Co. 281, 292, 415, 448, 421.)

421. Les effets chargés sur le tillac du navire contribuent s'ils sont sauvés. (Co. 420.)

S'ils sont jetés, ou endommagés par le jet, le propriétaire n'est point admis à former une demande en contribution:

il ne peut exercer son recours que contre le capitaine. (Co. 229.)

422. Il n'y a lieu à contribution pour raison du dommage arrivé au navire, que dans le cas où le dommage a été fait pour faciliter le jet.

423. Si le jet ne sauve le navire, il n'y a lieu à aucune contribution.

Les marchandises sauvées ne sont point tenues du paiement ni du dédommagement de celles qui ont été jetées ou endommagées. (Co. 424, 427.)

424. Si le jet sauve le navire, et si le navire, en continuant sa route, vient à se perdre, — Les effets sauvés contribuent au jet sur le pied de leur valeur en l'état où ils se trouvent, déduction faite des frais de sauvetage. (C. 2102 3°.)

425. Les effets jetés ne contribuent en aucun cas au paiement des dommages arrivés depuis le jet aux marchandises sauvées.

Les marchandises ne contribuent point au paiement du navire perdu, ou réduit à l'état d'innavigabilité. (Co. 246, 369, 389 s.)

426. Si, en vertu d'une délibération, le navire a été ouvert pour en extraire les marchandises, elles contribuent à la réparation du dommage causé au navire. (Co. 244, 410, 411 s.)

427 (1). En cas de perte des marchandises mises dans des barques pour alléger le navire entrant dans un port ou une rivière, la répartition en est faite sur le navire et son chargement en entier.

Si le navire périt avec le reste de son chargement, il n'est fait aucune répartition sur les marchandises mises dans les alléges, quoiqu'elles arrivent à bon port. (Co. 423.)

428. Dans tous les cas ci-dessus exprimés, le capitaine et l'équipage sont privilégiés sur les marchandises ou le prix en provenant pour le montant de la contribution. (Co. 191, 192, 221, 250, 259, 271, 429.)

429. Si, depuis la répartition, les effets jetés sont recouvrés par les propriétaires, ils sont tenus de rapporter au capitaine et aux intéressés ce qu'ils ont reçu dans la contribution, déduction faite des dommages causés par le jet et des frais de recouvrement. (Co. 428.)

---

(1) V. C. Nap., art. 1302 et 1303, p. 87, en note.

TITRE XIII.

DES PRESCRIPTIONS.

430. Le capitaine ne peut acquérir la propriété du navire par voie de prescription. (C. 2236, 2238. — Co. 384, 431 s.)

431. L'action en délaissement est prescrite dans les délais exprimés par l'article 373. (C. 712, 1234, 2219. — Co. 639.)

432. Toute action dérivant d'un contrat à la grosse, ou d'une police d'assurance, est prescrite après cinq ans, à compter de la date du contrat. (C. 1317, 1318, 1322. — Co. 311, 332.)

433. Sont prescrites (Co. 434):

Toutes actions en paiement pour fret de navire, gages et loyers des officiers, matelots et autres gens de l'équipage, un an après le voyage fini (Co. 250, 272, 286);

Pour nourriture fournie aux matelots par l'ordre du capitaine, un an après la livraison;

Pour fournitures de bois et autres choses nécessaires aux constructions, équipement et avitaillement du navire, un an après ces fournitures faites;

Pour salaires d'ouvriers, et pour ouvrages faits, un an après la réception des ouvrages;

Toute demande en délivrance de marchandises, un an après l'arrivée du navire.

434 (1). La prescription ne peut avoir lieu, s'il y a cédule, obligation, arrêté de compte ou interpellation judiciaire. (C. 1326, 2244. — Pr. 59, 61, 69.)

TITRE XIV.

FINS DE NON-RECEVOIR.

435. Sont non recevables (Co. 436):

Toutes actions contre le capitaine et les assureurs, pour dommage arrivé à la marchandise, si elle a été reçue sans protestation (Co. 221, 332);

---

(1) V. C. Nap., art. 2244. V. *suprà*, p. 23, en note.

Toutes actions contre l'affréteur, pour avaries, si le capitaine a livré les marchandises et reçu son fret sans avoir protesté (Co. 286, 397);

Toutes actions en indemnité pour dommages causés par l'abordage dans un lieu où le capitaine a pu agir, s'il n'a point fait de réclamation. (Co. 305, 407.)

436. Ces protestations et réclamations sont nulles, si elles ne sont faites et signifiées dans les vingt-quatre heures, et si, dans le mois de leur date, elles ne sont suivies d'une demande en justice. (Pr. 59, 61, 68, 69, 1033.)

LIVRE TROISIÈME.

DES FAILLITES ET BANQUEROUTES (1).

(Loi du 28 mai 1838. Promulguée le 8 juin.) (2)

TITRE PREMIER.

DE LA FAILLITE.

DISPOSITIONS GÉNÉRALES.

437. Tout commerçant qui cesse ses paiements est en état de faillite. (Co. 69, 438 à 614, 635.)

---

(1) V. art. — C. 1188, 1276, 1446, 1613, 1865 4°, 1913, 2003, 2032 2°, 2146. — Pr. 59, 69 7°, 124. — Co. 14, 69, 121, 163, 308, 346, 635. — P. 402, 403.

(2) *Loi du 28 mai 1838.*

Le livre III du Code de commerce, sur les faillites et banqueroutes, ainsi que les articles 69 et 635 du même Code, seront remplacés par les dispositions suivantes. (*Voyez art.* 69 ; 437 *à* 614 *ci-dessus, et* 635.)

Néanmoins, les faillites déclarées antérieurement à la promulgation de la présente loi continueront à être régies par les anciennes dispositions du Code de commerce, sauf en ce qui concerne la réhabilitation et l'application des articles 527 et 528.

La faillite d'un commerçant peut être déclarée après son décès, lorsqu'il est mort en état de cessation de paiements. (Co. 478, 481, 614.)

La déclaration de la faillite ne pourra être, soit prononcée d'office, soit demandée par les créanciers, que dans l'année qui suivra le décès. (Co. 438 s., 549, 586 2°.)

CHAPITRE PREMIER.

DE LA DÉCLARATION DE FAILLITE ET DE SES EFFETS.

438. Tout failli sera tenu, dans les trois jours de la cessation de ses paiements, d'en faire la déclaration au greffe du tribunal de commerce de son domicile. Le jour de la cessation de paiements sera compris dans les trois jours. (C. 102. — Pr. 1033. — Co. 437, 439 s., 549, 586 2°.)

En cas de faillite d'une société en nom collectif, la déclaration contiendra le nom et l'indication du domicile de chacun des associés solidaires. Elle sera faite au greffe du tribunal dans le ressort duquel se trouve le siége du principal établissement de la société. (Co. 20 s., 458, 531, 542, 544, 586 4°, 604.)

439. La déclaration du failli devra être accompagnée du dépôt du bilan, ou contenir l'indication des motifs qui empêcheraient le failli de le déposer. Le bilan contiendra l'énumération et l'évaluation de tous les biens mobiliers et immobiliers du débiteur, l'état des dettes actives et passives, le tableau des profits et pertes, le tableau des dépenses ; il devra être certifié véritable, daté et signé par le débiteur. (Co. 438, 476, 477, 478, 494, 516, 522, 576, 591.)

440. La faillite est déclarée par jugement du tribunal de commerce, rendu soit sur la déclaration du failli, soit à la requête d'un ou de plusieurs créanciers, soit d'office. Ce jugement sera exécutoire provisoirement. (Co. 441 s., 462, 466, 491, 527, 580, 581.)

441. Par le jugement déclaratif de la faillite, ou par jugement ultérieur rendu sur le rapport du juge-commissaire, le tribunal déterminera, soit d'office, soit sur la poursuite de toute partie intéressée, l'époque à laquelle a eu lieu la cessation de paiements. A défaut de détermination spéciale, la ces-

sation de paiements sera réputée avoir lieu à partir du jugement déclaratif de la faillite. (Co. 440, 449, 580, 581, 585 4°,
586 4°.)

442. Les jugements rendus en vertu des deux articles précédents seront affichés et insérés par extrait dans les journaux,
tant du lieu où la faillite aura été déclarée que de tous les
lieux où le failli aura des établissements commerciaux, suivant
le mode établi par l'article 42 du présent Code. (Co. 461, 492,
493, 504, 522, 580, 600, 607, 608.)

443 (1). Le jugement déclaratif de la faillite emporte de
plein droit, à partir de sa date, dessaisissement pour le failli de
l'administration de tous ses biens, même de ceux qui peuvent
lui échoir tant qu'il est en état de faillite.

A partir de ce jugement, toute action mobilière ou immobilière ne pourra être suivie ou intentée que contre les syndics.
(Co. 450, 460, 462, 527, 539.)

Il en sera de même de toute voie d'exécution tant sur les
meubles que sur les immeubles. (Pr. 583 s., 673 s.)

Le tribunal, lorsqu'il le jugera convenable, pourra recevoir
le failli partie intervenante. (Co. 473 s., 479, 486 s., 494, 505,
512, 525, 527 s., 535, 537 s., 580, 586 5°, 587, 588.)

444 (2). Le jugement déclaratif de faillite rend exigibles,
à l'égard du failli, les dettes passives non échues. (C. 1188. —
Pr. 124. — Co. 443.)

En cas de faillite du souscripteur d'un billet à ordre, de
l'accepteur d'une lettre de change ou du tireur à défaut d'acceptation, les autres obligés seront tenus de donner caution
pour le paiement à l'échéance, s'ils n'aiment mieux payer immédiatement. (C. 2040, 2041. — Pr. 518 s. — Co. 110, 118 s.,
140, 187, 449, 471, 472, 484 s., 534, 542, 574, 575, 585 3°, 586.)

445. Le jugement déclaratif de faillite arrête, à l'égard
de la masse seulement, le cours des intérêts de toute créance
non garantie par un privilége, par un nantissement ou par une
hypothèque. (C. 1907, 2071, 2094. — Co. 489, 604.)

---

(1) **C. Proc. — 59.** En matière de faillite (le défendeur sera assigné)
devant le juge du domicile du failli.

69. Seront assignées..... 7o Les unions et directions de créanciers, en
la personne ou au domicile de l'un des syndics ou directeurs.

(2) **C. Nap. — 1188.** Le débiteur ne peut plus réclamer le bénéfice du
terme lorsqu'il a fait faillite, ou lorsque par son fait il a diminué les sûretés
qu'il avait données par le contrat à son créancier.

C. Proc. — 124. Le débiteur ne pourra obtenir un délai, ni jouir
du délai qui lui aura été accordé, — s'il est en état de faillite.

Les intérêts des créances garantiesnepourront être réclamés que sur les sommes provenant des biens affectés au privilége, à l'hypothèque ou au nantissement. (Co. 446, 448, 461, 501, 508, 529, 546 s., 552 s., 561, 563, 571.)

446 (1). Sont nuls et sans effet, relativement à la masse, lorsqu'ils auront été faits par le débiteur depuis l'époque déterminée par le tribunal comme étant celle de la cessation de ses paiements, ou dans les dix jours qui auront précédé cette époque (Co. 440, 441, 448):

Tous actes translatifs de propriétés mobilières ou immobilières à titre gratuit ;

Tous paiements, soit en espèces, soit par transport, vente, compensation ou autrement, pour dettes non échues, et pour dettes échues, tous paiements faits autrement qu'en espèces ou effets de commerce ;

Toute hypothèque conventionnelle ou judiciaire, et tous droits d'antichrèse ou de nantissement constitués sur les biens du débiteur pour dettes antérieurement contractées. (C. 2071 s., 2124, 2146. — Co. 445.)

447. Tous autres paiements faits par le débiteur pour dettes échues, et tous autres actes à titre onéreux par lui passés après la cessation de ses paiements et avant le jugement déclaratif de faillite, pourront être annulés si, de la part de ceux qui ont reçu du débiteur ou qui ont traité avec lui, ils ont eu lieu avec connaissance de la cessation de ses paiements. (Co. 437, 440.)

448. Les droits d'hypothèque et de privilége valablement acquis pourront être inscrits jusqu'au jour du jugement déclaratif de la faillite. (C. 2124, 2146. — Co. 440, 445, 490, 508, 517.)

Néanmoins les inscriptions prises après l'époque de la cessation de paiements, ou dans les dix jours qui précèdent, pourront être déclarées nulles, s'il s'est écoulé plus de quinze jours entre la date de l'acte constitutif de l'hypothèque ou du privilége et celle de l'inscription. (Co. 446.)

---

(1) *Droits des créanciers.* — V. C. Nap., art. 1166 et 1167, p. 79, en note.

Délégation. — **C. Nap.** — **1276.** Le créancier qui a déchargé le débiteur par qui a été faite la délégation, n'a point de recours contre ce débiteur, si le délégué devient insolvable, à moins que l'acte n'en contienne une réserve expresse, ou que le délégué ne fût déjà en faillite ouverte, ou tombé en déconfiture au moment de la délégation.

Inscription hypothécaire. — **C. Nap.** — **2146.** (Les inscriptions) ne produisent aucun effet, si elles sont prises dans le délai pendant lequel les actes faits avant l'ouverture des faillites sont déclarés nuls.

Ce délai sera augmenté d'un jour à raison de cinq myria-mètres de distance entre le lieu où le droit d'hypothèque aura été acquis et le lieu où l'inscription sera prise. (Pr. 1033.)

449. Dans le cas où des lettres de change auraient été payées après l'époque fixée comme étant celle de la cessation de paie-ments et avant le jugement déclaratif de faillite, l'action en rapport ne pourra être intentée que contre celui pour compte duquel la lettre de change aura été fournie. (Co. 110 s., 440, 441, 598.)

S'il s'agit d'un billet à ordre, l'action ne pourra être exercée que contre le premier endosseur. (Co. 136 s., 187, 444.)

Dans l'un et l'autre cas, la preuve que celui à qui on de-mande le rapport avait connaissance de la cessation de paie-ments à l'époque de l'émission du titre, devra être fournie. (C. 1341. — Pr. 252 s.)

450. Toutes voies d'exécution pour parvenir au paiement des loyers sur les effets mobiliers servant à l'exploitation du commerce du failli seront suspendues pendant trente jours, à partir du jugement déclaratif de faillite, sans préjudice de toutes mesures conservatoires, et du droit, qui serait acquis au propriétaire de reprendre possession des lieux loués. (C. 1728 2°, 2102 1°. — Pr. 819 s. — Co. 443, 471, 490, 521.)

Dans ce cas, la suspension des voies d'exécution établie au présent article cessera de plein droit. (Co. 440.)

CHAPITRE II.

DE LA NOMINATION DU JUGE-COMMISSAIRE.

451. Par le jugement qui déclarera la faillite, le tribunal de commerce désignera l'un de ses membres pour juge-commis-saire. (Co. 440, 452 s., 462 s., 466 s., 471 s., 485 s., 493 s., 503 s., 519, 522, 527 s., 534 s., 547, 551, 560, 566, 567, 569, 572, 578, 579, 583.)

452. Le juge-commissaire sera chargé spécialement d'accé-lérer et de surveiller les opérations et la gestion de la faillite.

Il fera au tribunal de commerce le rapport de toutes les con-testations que la faillite pourra faire naître, et qui seront de la compétence de ce tribunal. (Pr. 170. — Co. 514, 538.)

453. Les ordonnances du juge-commissaire ne seront susceptibles de recours que dans les cas prévus par la loi. Ces recours seront portés devant le tribunal de commerce. (Co. 466, 530, 580 s., 583.)

454. Le tribunal de commerce pourra, à toutes les époques, remplacer le juge-commissaire de la faillite par un autre de ses membres. (Co. 456, 462 s., 467, 472, 487, 498 s., 503, 512, 519 s., 527, 538, 567, 570, 579, 595, 599.)

CHAPITRE III.

DE L'APPOSITION DES SCELLÉS, ET DES PREMIÈRES DISPOSITIONS A L'ÉGARD DE LA PERSONNE DU FAILLI.

455 (1). Par le jugement qui déclarera la faillite, le tribunal ordonnera l'apposition des scellés et le dépôt de la personne du

---

(1) **C. Proc. — 907.** Lorsqu'il y aura lieu à l'apposition des scellés après décès, elle sera faite par les juges de paix, et, à leur défaut, par leurs suppléants.

908. Les juges de paix et leurs suppléants se serviront d'un sceau particulier, qui restera entre leurs mains, et dont l'empreinte sera déposée au greffe du tribunal de première instance.

914. Le procès-verbal d'apposition contiendra, — 1o La date des an, mois, jour et heure; — 2o Les motifs de l'apposition; — 3o Les noms, profession et demeure du requérant, s'il y en a, et son élection de domicile dans la commune où le scellé est apposé, s'il n'y demeure; — 4o S'il n'y a pas de partie requérante, le procès-verbal énoncera que le scellé a été apposé d'office ou sur le réquisitoire ou sur la déclaration de l'un des fonctionnaires dénommés dans l'article 911; — 5o L'ordonnance qui permet le scellé, s'il en a été rendu; — 6o Les comparutions et dires des parties; — 7o La désignation des lieux, bureaux, coffres, armoires, sur les ouvertures desquels le scellé a été apposé; — 8o Une description sommaire des effets qui ne sont pas mis sous les scellés; — 9o Le serment, lors de la clôture de l'apposition, par ceux qui demeurent dans le lieu, qu'ils n'ont rien détourné, vu ni su qu'il ait été rien détourné directement ni indirectement; — 10o L'établissement du gardien présenté, s'il a les qualités requises; sauf, s'il ne les a pas, ou s'il n'en est pas présenté, à en établir un d'office par le juge de paix.

Décret du 10 brumaire an XIV qui prescrit des formalités pour les procès-verbaux d'apposition de scellés, d'inventaire, etc.

1. Tous officiers ayant droit d'apposer des scellés, de les reconnaître et de les lever, de rédiger des inventaires, de faire des ventes ou autres actes dont la confection peut exiger plusieurs séances, sont tenus d'indiquer, à chaque séance, l'heure du commencement et celle de la fin.

2. Toutes les fois qu'il y a interruption dans l'opération, avec renvoi à un autre jour ou à une autre heure de la même journée, il en sera fait

failli dans la maison d'arrêt pour dettes, ou la garde de sa personne par un officier de police ou de justice, ou par un gendarme. (Pr. 907 s. — Co. 456 s., 468, 469, 471, 479 s., 522.)

Néanmoins, si le juge-commissaire estime que l'actif du failli peut être inventorié en un seul jour, il ne sera point apposé de scellés, et il devra être immédiatement procédé à l'inventaire. (Pr. 941 s. — Co. 469, 479 s., 522, 586 6°.)

Il ne pourra, en cet état, être reçu, contre le failli, d'écrou ou recommandation pour aucune espèce de dettes. (Co. 456, 460, 472, 488, 505, 521, 539.)

456. Lorsque le failli se sera conformé aux articles 438 et 439, et ne sera point, au moment de la déclaration, incarcéré pour dettes ou pour autre cause, le tribunal pourra l'affranchir du dépôt ou de la garde de sa personne. (Co. 455, 460, 488, 505.)

La disposition du jugement qui affranchirait le failli du dépôt ou de la garde de sa personne pourra toujours, suivant les circonstances, être ultérieurement rapportée par le tribunal de commerce, même d'office.

457. Le greffier du tribunal de commerce adressera, sur-le-champ, au juge de paix, avis de la disposition du jugement qui aura ordonné l'apposition des scellés. (Co. 458, 468, 469, 471, 480, 522.)

Le juge de paix pourra, même avant ce jugement, apposer les scellés, soit d'office, soit sur la réquisition d'un ou plusieurs créanciers, mais seulement dans le cas de disparition du débiteur ou de détournement de tout ou partie de son actif. (Co. 518, 593, 594.)

458. Les scellés seront apposés sur les magasins, comptoirs, caisses, portefeuilles, livres, papiers, meubles et effets du failli. (Co. 8 s., 471, 475, 476, 483, 484, 496, 519, 586 6°, 591.)

En cas de faillite d'une société en nom collectif, les scellés seront apposés, non-seulement dans le siége principal de la

---

mention dans l'acte, que les parties et les officiers signeront sur-le-champ, pour constater cette interruption.

Loi du 24 mai 1834 (loi de finance).

11. Les procès-verbaux d'apposition, de reconnaissance et de levée de scellés, dressés après faillite dans les cas prévus par les art. 449, 450 et 486 du Code de commerce (ancien, aujourd'hui 455, 468 et 479), ne seront assujettis chacun qu'en un seul droit fixe d'enregistrement de deux francs, quel que soit le nombre des vacations.

société, mais encore dans le domicile séparé de chacun des associés solidaires. (Co. 20 s., 438, 531, 586 4°, 604.)

Dans tous les cas, le juge de paix donnera, sans délai, au président du tribunal de commerce, avis de l'apposition des scellés. (Co. 457, 468, 469, 471, 480.)

459. Le greffier du tribunal de commerce adressera, dans les vingt-quatre heures, au procureur impérial du ressort, extrait des jugements déclaratifs de faillite, mentionnant les principales indications et dispositions qu'ils contiennent. (Co. 404, 460, 482, 483, 584, 587, 602, 606, 607, 609.)

460. Les dispositions qui ordonneront le dépôt de la personne du failli dans une maison d'arrêt pour dettes, ou la garde de sa personne, seront exécutées à la diligence, soit du ministère public, soit des syndics de la faillite. (Co. 443, 455, 456, 462.)

461 (1). Lorsque les deniers appartenant à la faillite ne pourront suffire immédiatement aux frais du jugement de déclaration de la faillite, d'affiche et d'insertion de ce jugement dans les journaux, d'apposition des scellés, d'arrestation et d'incarcération du failli, l'avance de ces frais sera faite, sur ordonnance du juge-commissaire, par le Trésor public, qui en sera remboursé par privilége sur les premiers recouvrements, sans préjudice du privilége du propriétaire. (C. 2102 1°. — Co. 440, 442, 445, 450, 587 s.)

CHAPITRE IV.

DE LA NOMINATION ET DU REMPLACEMENT DES SYNDICS PROVISOIRES.

462. Par le jugement qui déclarera la faillite, le tribunal de commerce nommera un ou plusieurs syndics provisoires. (C. 440.)

Le juge-commissaire convoquera immédiatement les créanciers présumés à se réunir dans un délai qui n'excédera pas quinze jours. Il consultera les créanciers présents à cette réunion, tant sur la composition de l'état des créanciers présumés que sur la nomination de nouveaux syndics. Il sera dressé pro-

---

(1) V. C. Nap., art. 2102; *suprà*, p. 39, en note.

cès-verbal de leurs dires et observations, lequel sera représenté au tribunal. (Co. 492.)

Sur le vu de ce procès-verbal et de l'état des créanciers présumés, et sur le rapport du juge-commissaire, le tribunal nommera de nouveaux syndics ou continuera les premiers dans leurs fonctions.

Les syndics ainsi institués sont définitifs; cependant ils peuvent être remplacés par le tribunal de commerce, dans les cas et suivant les formes qui seront déterminés. (Co. 466, 467.)

Le nombre des syndics pourra être, à toute époque, porté jusqu'à trois; ils pourront être choisis parmi les personnes étrangères à la masse, et recevoir, quelle que soit leur qualité, après avoir rendu compte de leur gestion, une indemnité que le tribunal arbitrera sur le rapport du juge-commissaire. (Pr. 527 s. — Co. 443, 460, 463 s., 468 s., 506, 512, 519, 522, 527, 529, 532, 536, 537, 547, 566, 569, 572, 578, 579, 583, 584, 589, 596, 597, 602, 603.)

463. Aucun parent ou allié du failli, jusqu'au quatrième degré inclusivement, ne pourra être nommé syndic. (C. 735 s.)

464. Lorsqu'il y aura lieu de procéder à l'adjonction ou au remplacement d'un ou plusieurs syndics, il en sera référé par le juge-commissaire au tribunal de commerce, qui procédera à la nomination suivant les formes établies par l'article 462.

465. S'il a été nommé plusieurs syndics, ils ne pourront agir que collectivement; néanmoins le juge-commissaire peut donner à un ou plusieurs d'entre eux des autorisations spéciales à l'effet de faire séparément certains actes d'administration. Dans ce dernier cas, les syndics autorisés seront seuls responsables. (C. 1382, 1383, 1384.)

466. S'il s'élève des réclamations contre quelqu'une des opérations des syndics, le juge-commissaire statuera, dans le délai de trois jours, sauf recours devant le tribunal de commerce. (Co. 440, 453, 527, 530, 580 s.)

Les décisions du juge-commissaire sont exécutoires par provision.

467. Le juge-commissaire pourra, soit sur les réclamations à lui adressées par le failli ou par des créanciers, soit même d'office, proposer la révocation d'un ou plusieurs des syndics. (Co. 462.)

Si, dans les huit jours, le juge-commissaire n'a pas fait droit aux réclamations qui lui ont été adressées, ces réclamations pourront être portées devant le tribunal.

Le tribunal, en chambre du conseil, entendra le rapport du juge-commissaire et les explications des syndics, et prononcera à l'audience sur la révocation.

CHAPITRE V.

DES FONCTIONS DES SYNDICS.

SECTION PREMIÈRE.

DISPOSITIONS GÉNÉRALES.

468. Si l'apposition des scellés n'avait point eu lieu avant la nomination des syndics, ils requerront le juge de paix d'y procéder. (Pr. 907 s. — Co. 455 s., 469 s.)

469. Le juge-commissaire pourra également, sur la demande des syndics, les dispenser de faire placer sous les scellés, ou les autoriser à en faire extraire (Co. 443, 462) :

1° Les vêtements, hardes, meubles et effets nécessaires au failli et à sa famille, et dont la délivrance sera autorisée par le juge-commissaire sur l'état que lui en soumettront les syndics ;

2° Les objets sujets à dépérissement prochain ou à dépréciation imminente (C. 796. — Co. 470);

3° Les objets servant à l'exploitation du fonds de commerce, lorsque cette exploitation ne pourrait être interrompue sans préjudice pour les créanciers. (C. 1137. — Co. 470.)

Les objets compris dans les deux paragraphes précédents seront de suite inventoriés avec prisée par les syndics, en présence du juge de paix, qui signera le procès-verbal. (Pr. 302 s., 429 s., 941 s. — Co. 106, 414, 455, 458, 468, 471, 479 s., 522, 586 6°.)

470. La vente des objets sujets à dépérissement, ou à dépréciation imminente, ou dispendieux à conserver, et l'exploitation du fonds de commerce, auront lieu à la diligence des syndics, sur l'autorisation du juge-commissaire. (Co. 469 2° 3°, 484 s.)

471. Les livres seront extraits des scellés et remis par le juge de paix aux syndics, après avoir été arrêtés par lui ; il constatera sommairement, par son procès-verbal, l'état dans lequel ils se trouveront. (Co. 458.)

Les effets de portefeuille à courte échéance ou susceptibles d'acceptation, ou pour lesquels il faudra faire des actes conservatoires, seront aussi extraits des scellés par le juge de paix, décrits et remis aux syndics pour en faire le recouvrement. Le bordereau en sera remis au juge-commissaire. (Co. 110, 187, 444, 550, 490, 521.)

Les autres créances seront recouvrées par les syndics sur leurs quittances. Les lettres adressées au failli seront remises aux syndics, qui les ouvriront ; il pourra, s'il est présent, assister à l'ouverture. (Co. 443, 462.)

472. Le juge-commissaire, d'après l'état apparent des affaires du failli, pourra proposer sa mise en liberté avec sauf-conduit provisoire de sa personne. Si le tribunal accorde le sauf-conduit, il pourra obliger le failli à fournir caution de se représenter, sous peine de paiement d'une somme que le tribunal arbitrera, et qui sera dévolue à la masse. (C. 1149, 2040, 2041. — Pr. 517. — Co. 444, 455, 473, 475, 488, 505, 583, 586 5°, 595.)

473. A défaut, par le juge-commissaire, de proposer un sauf-conduit pour le failli, ce dernier pourra présenter sa demande au tribunal de commerce, qui statuera, en audience publique, après avoir entendu le juge-commissaire. (Co. 443, 472, 474 s., 583 2°.)

474. Le failli pourra obtenir pour lui et sa famille, sur l'actif de sa faillite, des secours alimentaires qui seront fixés, sur la proposition des syndics, par le juge-commissaire, sauf appel au tribunal, en cas de contestation. (Co. 443, 473, 475, 530, 565, 583.)

475. Les syndics appelleront le failli auprès d'eux pour clore et arrêter les livres en sa présence. (Co. 443, 455, 462, 473, 474, 476.)

S'il ne se rend pas à l'invitation, il sera sommé de comparaître dans les quarante-huit heures au plus tard. (Pr. 68.)

Soit qu'il ait ou non obtenu un sauf-conduit, il pourra comparaître par fondé de pouvoirs, s'il justifie de causes d'empêchement reconnues valables par le juge-commissaire. (Co. 1987. — Co. 472 s.)

476. Dans le cas où le bilan n'aurait pas été déposé par le failli, les syndics le dresseront immédiatement à l'aide des livres et papiers du failli et des renseignements qu'ils se procureront,

et ils le déposeront au greffe du tribunal de commerce. (Co.
439, 458, 477, 478, 494, 516, 522, 567, 591.)

477. Le juge-commissaire est autorisé à entendre le failli,
ses commis et employés, et toute autre personne, tant sur ce
qui concerne la formation du bilan que sur les causes et les
circonstances de la faillite. (Co. 439, 476, 478.)

478. Lorsqu'un commerçant aura été déclaré en faillite
après son décès, ou lorsque le failli viendra à décéder après la
déclaration de la faillite, sa veuve, ses enfants, ses héritiers,
pourront se présenter ou se faire représenter pour le suppléer
dans la formation du bilan, ainsi que dans toutes les autres
opérations de la faillite. (C. 724, 1122. — Co. 437, 439, 476,
477, 481, 614.)

SECTION II.

DE LA LEVÉE DES SCELLÉS, ET DE L'INVENTAIRE.

479. Dans les trois jours, les syndics requerront la levée
des scellés et procéderont à l'inventaire des biens du failli,
lequel sera présent ou dûment appelé. (Pr. 928 s., 944 s. — Co.
443, 455, s., 462, 469, 480 s., 522, 586 6°.)

480. L'inventaire sera dressé en double minute par les
syndics, à mesure que les scellés seront levés, et en présence
du juge de paix, qui le signera à chaque vacation. L'une de ces
minutes sera déposée au greffe du tribunal de commerce, dans
les vingt-quatre heures; l'autre restera entre les mains des
syndics. (Pr. 943. — Co. 458.)

Les syndics seront libres de se faire aider, pour sa rédaction
comme pour l'estimation des objets, par qui ils jugeront convenable. (Pr. 303 s. — Co. 106, 414, 469.)

Il sera fait récolement des objets qui, conformément à l'article 469, n'auraient pas été mis sous les scellés, et auraient déjà
été inventoriés et prisés. (Pr. 611. — Co. 481, 522.)

481. En cas de déclaration de faillite après décès, lorsqu'il
n'aura point été fait d'inventaire antérieurement à cette déclaration, ou en cas de décès du failli avant l'ouverture de l'inventaire, il y sera procédé immédiatement, dans les formes du
précédent article, et en présence des héritiers, ou eux dûment
appelés. (Pr. 943. — Co. 437, 478, 614.)

482. En toute faillite, les syndics, dans la quinzaine de
leur entrée ou de leur maintien en fonctions, seront tenus de
remettre au juge-commissaire un mémoire ou compte som-

maire de l'état apparent de la faillite, de ses principales causes et circonstances, et des caractères qu'elle paraît avoir. (Co. 443, 462.)

Le juge-commissaire transmettra immédiatement les mémoires, avec ses observations, au procureur impérial. S'ils ne lui ont pas été remis dans les délais prescrits, il devra en prévenir le procureur impérial, et lui indiquer les causes du retard. (Co. 459, 483.)

483. Les officiers du ministère public pourront se transporter au domicile du failli et assister à l'inventaire. (Co. 102, — Co. 459.)

Ils auront, à toute époque, le droit de requérir communication de tous les actes, livres ou papiers relatifs à la faillite. (Co. 458.)

SECTION III.

DE LA VENTE DES MARCHANDISES ET MEUBLES, ET DES RECOUVREMENTS.

484. L'inventaire terminé, les marchandises, l'argent, les titres actifs, les livres et papiers, meubles et effets du débiteur, seront remis aux syndics, qui s'en chargeront au bas dudit inventaire. (Pr. 943. — Co. 444, 458.)

485. Les syndics continueront de procéder, sous la surveillance du juge-commissaire, au recouvrement des dettes actives. (Co. 443, 462, 486, 490, 492.)

486 (1). Le juge-commissaire pourra, le failli entendu ou dûment appelé, autoriser les syndics à procéder à la vente des effets mobiliers ou marchandises. (Co. 487, 534, 550, 560, 563, 565 s., 583.)

Il décidera si la vente se fera soit à l'amiable, soit aux enchères publiques, par l'entremise de courtiers ou de tous autres officiers publics préposés à cet effet. (Pr. 617 s. — Co. 74 s.)

Les syndics choisiront, dans la classe d'officiers publics dé-

---

(1) *Loi du 24 mai* 1834 (loi de finance).

12. Les ventes de meubles et marchandises qui seront faites conformément à l'article 492 du Code de commerce, ne seront assujetties qu'au droit proportionnel de cinquante centimes par cent francs.

NOTA. « Ainsi le bénéfice de l'art. 74 de la loi du 15 mai 1818, qui réduit à cinquante centimes par cent francs le droit à percevoir sur les ventes autorisées par jugements des tribunaux de commerce, est étendu aux ventes d'objets mobiliers par suite de faillite. » (Exposé du ministre des finances à la chambre des députés).

terminée par le juge-commissaire, celui dont ils voudront employer le ministère. (Co. 443, 462, 485, 487 s.)

487 (1). Les syndics pourront, avec l'autorisation du juge-

---

(1) DES TRANSACTIONS.

C. Nap. — 2044. La transaction est un contrat par lequel les parties
terminent une contestation née, ou préviennent une contestation à naître.

Ce contrat doit être rédigé par écrit.

2045. Pour transiger, il faut avoir la capacité de disposer des objets
compris dans la transaction.

Le tuteur ne peut transiger pour le mineur ou l'interdit que conformément à l'article 467 au titre *de la Minorité, de la Tutelle, et de l'Emancipa-*
tion; et il ne peut transiger avec le mineur devenu majeur, sur le compte
de tutelle, que conformément à l'article 472 au même titre.

Les communes et établissements publics ne peuvent transiger qu'avec
l'autorisation expresse du Gouvernement.

2046. On peut transiger sur l'intérêt civil qui résulte d'un délit.

La transaction n'empêche pas la poursuite du ministère public.

2047. On peut ajouter à une transaction la stipulation d'une peine contre celui qui manquera de l'exécuter.

2048. Les transactions se renferment dans leur objet : la renonciation
qui y est faite à tous droits, actions et prétentions, ne s'entend que de ce
qui est relatif au différend qui y a donné lieu.

2049. Les transactions ne règlent que les différends qui s'y trouvent
compris, soit que les parties aient manifesté leur intention par des expressions spéciales ou générales, soit que l'on reconnaisse cette intention par
une suite nécessaire de ce qui est exprimé.

2050. Si celui qui avait transigé sur un droit qu'il avait de son chef,
acquiert un droit semblable du chef d'une autre personne, il n'est point,
quant au droit nouvellement acquis, lié par la transaction antérieure.

2051. La transaction faite par l'un des intéressés ne lie point les autres
intéressés, et ne peut être opposée par eux.

2052. Les transactions ont, entre les parties, l'autorité de la chose
jugée en dernier ressort.

Elles ne peuvent être attaquées pour cause d'erreur de droit, ni pour
cause de lésion.

2053. Néanmoins une transaction peut être rescindée, lorsqu'il y a
erreur dans la personne ou sur l'objet de la contestation.

Elle peut l'être dans tous les cas où il y a dol ou violence.

2054. Il y a également lieu à l'action en rescision contre une transaction, lorsqu'elle a été faite en exécution d'un titre nul, à moins que les
parties n'aient expressément traité sur la nullité.

2055. La transaction faite sur pièces qui depuis ont été reconnues
fausses est entièrement nulle.

2056. La transaction sur un procès terminé par un jugement passé
en force de chose jugée, dont les parties ou l'une d'elles n'avaient point
connaissance, est nulle.

Si le jugement ignoré des parties était susceptible d'appel, la transaction sera valable.

2057. Lorsque les parties ont transigé généralement sur toutes les
affaires qu'elles pouvaient avoir ensemble, les titres qui leur étaient alors
inconnus, et qui auraient été postérieurement découverts, ne sont point
une cause de rescision, à moins qu'ils n'aient été retenus par le fait de
l'une des parties;

Mais la transaction serait nulle si elle n'avait qu'un objet sur lequel il
serait constaté, par des titres nouvellement découverts, que l'une des
parties n'avait aucun droit.

2058. L'erreur de calcul dans une transaction doit être réparée.

commissaire, et le failli dûment appelé, transiger sur toutes contestations qui intéressent la masse, même sur celles qui sont relatives à des droits et actions immobiliers. (C. 2044. — Co. 535.)

Si l'objet de la transaction est d'une valeur indéterminée ou qui excède trois cents francs, la transaction ne sera obligatoire qu'après avoir été homologuée, savoir : par le tribunal de commerce pour les transactions relatives à des droits mobiliers, et par le tribunal civil pour les transactions relatives à des droits immobiliers. (Co. 486, 500, 534, 552, 557, 563, 571 s., 583 3°.)

Le failli sera appelé à l'homologation ; il aura, dans tous les cas, la faculté de s'y opposer. Son opposition suffira pour empêcher la transaction, si elle a pour objet des biens immobiliers. (Co. 443.)

488. Si le failli a été affranchi du dépôt, ou s'il a obtenu un sauf-conduit, les syndics pourront l'employer pour faciliter et éclairer leur gestion ; le juge-commissaire fixera les conditions de son travail. (Co. 443, 460, 472, 505.)

489 (1). Les deniers provenant des ventes et des recouvrements seront, sous la déduction des sommes arbitrées par le juge-commissaire, pour le montant des dépenses et frais, versés immédiatement à la Caisse des dépôts et consignations. Dans les trois jours des recettes, il sera justifié au juge-commissaire desdits versements ; en cas de retard, les syndics devront les intérêts des sommes qu'ils n'auront point versées. (C. 1153, 1907. — Co. 445, 566, 568, 604.)

---

(1) *Loi du 28 avril 1816 (loi de finance).*

110. Les dépôts, les consignations, les services relatifs à la Légion d'honneur, à la compagnie des canaux, aux fonds de retraite, et les autres attributions (l'amortissement excepté) confiées à la caisse actuellement existante, seront administrés par un établissement spécial sous le nom de *Caisse des dépôts et consignations.*

Ordonnance du 8 juillet 1816.

1. La caisse des dépôts et consignations, créée par l'art. 110 de la loi du 28 avril dernier, recevra seule toutes les consignations judiciaires.

2. Seront versés dans la caisse des dépôts et consignations : — 11° Les deniers provenant des ventes des meubles, marchandises des faillis et de leurs dettes actives dans le cas prévu par (l'art. 489 du Code de commerce).

3. Défendons à nos cours, tribunaux et administrations quelconques d'autoriser ou d'ordonner des consignations en autres caisses et dépôts publics ou particuliers, même d'autoriser les débiteurs, dépositaires, tiers-saisis, à les conserver sous le nom de séquestre ou autrement ; et au cas où de telles consignations auraient lieu, elles seront nulles et non libératoires.

Les deniers versés par les syndics et tous autres consignés par des tiers, pour compte de la faillite, ne pourront être retirés qu'en vertu d'une ordonnance du juge-commissaire. S'il existe des oppositions, les syndics devront préalablement en obtenir la mainlevée.

Le juge-commissaire pourra ordonner que le versement sera fait par la Caisse directement entre les mains des créanciers de la faillite, sur un état de répartition dressé par les syndics et ordonnancé par lui. (Pr. 656 s.)

SECTION IV.

DES ACTES CONSERVATOIRES.

490. A compter de leur entrée en fonctions, les syndics seront tenus de faire tous actes pour la conservation des droits du failli contre ses débiteurs. (C. 1137, 1372. — Co. 443, 450, 462, 471, 485, 486, 521.)

Ils seront aussi tenus de requérir l'inscription aux hypothèques sur les immeubles des débiteurs du failli, si elle n'a pas été requise par lui; l'inscription sera prise au nom de la masse par les syndics, qui joindront à leurs bordereaux un certificat constatant leur nomination. (C. 2146, 2148. — Co. 448, 508, 517.)

Ils seront tenus aussi de prendre inscription, au nom de la masse des créanciers, sur les immeubles du failli dont ils connaîtront l'existence. L'inscription sera reçue sur un simple bordereau énonçant qu'il y a faillite, et relatant la date du jugement par lequel ils auront été nommés.

SECTION V.

DE LA VÉRIFICATION DES CRÉANCES.

491. A partir du jugement déclaratif de la faillite, les créanciers pourront remettre au greffier leurs titres, avec un bordereau indicatif des sommes par eux réclamées. Le greffier devra en tenir état et en donner récépissé. (Co. 440, 492 s., 522, 523, 552, 568, 581.)

Il ne sera responsable des titres que pendant cinq années, à partir du jour de l'ouverture du procès-verbal de vérification. (C. 2276. — Co. 492, 495, 542, 569, 603.)

492. Les créanciers qui, à l'époque du maintien ou du remplacement des syndics, en exécution du troisième paragraphe de l'article 462, n'auront pas remis leurs titres, seront immédiatement avertis, par des insertions dans les journaux et par lettres du greffier, qu'ils doivent se présenter en personne ou par fondés de pouvoirs, dans le délai de vingt jours, à partir desdites insertions, aux syndics de la faillite, et leur remettre leurs titres accompagnés d'un bordereau indicatif des sommes par eux réclamées, si mieux ils n'aiment en faire le dépôt au greffe du tribunal de commerce; il leur en sera donné récépissé. (Co. 442, 443, 462, 491, 493, 495.)

A l'égard des créanciers domiciliés en France, hors du lieu où siége le tribunal saisi de l'instruction de la faillite, ce délai sera augmenté d'un jour par cinq myriamètres de distance entre le lieu où siége le tribunal et le domicile du créancier. (C. 102. — Pr. 1033.)

A l'égard des créanciers domiciliés hors du territoire continental de la France, ce délai sera augmenté conformément aux règles de l'article 73 du Code de procédure civile (1).

493. La vérification des créances commencera dans les trois jours de l'expiration des délais déterminés par les premier et deuxième paragraphes de l'article 492. Elle sera continuée sans interruption. Elle se fera aux lieu, jour et heure indiqués par le juge-commissaire. L'avertissement aux créanciers, ordonné par l'article précédent, contiendra mention de cette indication. Néanmoins, les créanciers seront de nouveau convoqués à cet effet, tant par lettres du greffier que par insertions dans les journaux. (Co. 442, 492.)

Les créances des syndics seront vérifiées par le juge-

---

(1) **C. Proc.** — **73.** Si celui qui est assigné demeure hors la France continentale, le délai sera :

1° Pour ceux qui demeurent en Corse, en Algérie, dans les îles Britanniques, en Italie, dans le royaume des Pays-Bas et dans les Etats ou Confédérations limitrophes de la France, — d'un mois;

2° Pour ceux qui demeurent dans les autres Etats, soit de l'Europe, soit du littoral de la Méditerranée et de celui de la mer Noire, — de deux mois;

3° Pour ceux qui demeurent hors d'Europe, en deçà des détroits de Malacca et de la Sonde et en deçà du cap Horn, — de cinq mois;

4° Pour ceux qui demeurent au-delà des détroits de Malacca et de la Sonde et au-delà du cap Horn, — de huit mois;

Les délais ci-dessus seront doublés pour les pays d'outre-mer, en cas de guerre maritime. (*Loi du 3 mai* 1862).

Le délai des ajournements devant les tribunaux d'Algérie pour les personnes domiciliées en France sera — d'un mois. (*Même loi*, art. 8.)

commissaire; les autres le seront contradictoirement entre le créancier ou son fondé de pouvoirs et les syndics, en présence du juge - commissaire, qui en dressera procès-verbal.

494. Tout créancier vérifié ou porté au bilan pourra assister à la vérification des créances, et fournir des contredits aux vérications faites et à faire. Le failli aura le même droit. (Co. 439.)

495. Le procès-verbal de vérification indiquera le domicile des créanciers et de leurs fondés de pouvoirs. (C. 102, 1987. — Co. 569.)

Il contiendra la description sommaire des titres, mentionnera les surcharges, ratures et interlignes, et exprimera si la créance est admise ou contestée. (Co. 491, 492, 542, 569, 603.)

496 (1). Dans tous les cas, le juge-commissaire pourra, même d'office, ordonner la représentation des livres du créancier, ou demander, en vertu d'un compulsoire, qu'il en soit rapporté un extrait fait par les juges du lieu. (Pr. 847 s. — Co. 8 s., 458.)

---

(1) **C. Proc. — 847.** La demande à fin de compulsoire sera formée par requête d'avoué à avoué : elle sera portée à l'audience sur un simple acte, et jugée sommairement sans aucune procédure.

848. Le jugement sera exécutoire, nonobstant appel ou opposition.

849. Les procès-verbaux de compulsoire ou collation seront dressés et l'expédition ou copie délivrée par le notaire ou dépositaire, à moins que le tribunal qui l'aura ordonnée n'ait commis un de ses membres, ou, tout autre juge de tribunal de première instance, ou un autre notaire.

850. Dans tous les cas, les parties pourront assister au procès-verbal, et y insérer tels dires qu'elles aviseront.

851. Si les frais et déboursés de la minute de l'acte sont dus au dépositaire, il pourra refuser expédition tant qu'il ne sera pas payé desdits frais, outre ceux d'expédition.

852. Les parties pourront collationner l'expédition ou copie à la minute, dont lecture sera faite par le dépositaire : si elles prétendent qu'elles ne sont pas conformes, il en sera référé, à jour indiqué par le procès-verbal, au président du tribunal, lequel fera la collation; à cet effet, le dépositaire sera tenu d'apporter la minute.

Les frais du procès-verbal, ainsi que ceux du transport du dépositaire, seront avancés par le requérant.

853. Les greffiers et dépositaires des registres publics en délivreront, sans ordonnance de justice, expédition, copie ou extrait, à tous requérants, à la charge de leurs droits, à peine de dépens, dommages et intérêts.

854. Une seconde expédition exécutoire d'un jugement ne sera délivrée à la même partie qu'en vertu d'ordonnance du président du tribunal où il aura été rendu.

Seront observées les formalités prescrites pour la délivrance des secondes grosses des actes devant notaires.

497 (1). Si la créance est admise, les syndics signeront, sur chacun des titres, la déclaration suivante :

Admis au passif de la faillite de. . . . . , *pour la somme de.* . . . . . , *le.* . . . .

Le juge-commissaire visera la déclaration.

Chaque créancier, dans la huitaine au plus tard, après que sa créance aura été vérifiée, sera tenu d'affirmer, entre les mains du juge-commissaire, que ladite créance est sincère et véritable. (Co. 503, 504, 552, 581, 593 2°.)

498. Si la créance est contestée, le juge-commissaire pourra, sans qu'il soit besoin de citation, renvoyer à bref délai devant le tribunal de commerce, qui jugera sur son rapport. (Pr. 72, 417. — Co. 500, 512.)

Le tribunal de commerce pourra ordonner qu'il soit fait, devant le juge-commissaire, enquête sur les faits, et que les personnes qui pourront fournir des renseignements soient, à cet effet, citées par devant lui. (Pr. 252 s., 407 s.)

499. Lorsque la contestation sur l'admission d'une créance aura été portée devant le tribunal de commerce, ce tribunal, si la cause n'est point en état de recevoir jugement définitif avant l'expiration des délais fixés, à l'égard des personnes domiciliées en France, par les articles 492 et 497, ordonnera, selon les circonstances, qu'il sera sursis ou passé outre à la convocation de l'assemblée pour la formation du concordat. (Co. 503, 509, 522, 536, 537.)

Si le tribunal ordonne qu'il sera passé outre, il pourra décider par provision que le créancier contesté sera admis dans les délibérations pour une somme que le même jugement déterminera. (Co. 500, 503, 504, 583 4°.)

500. Lorsque la contestation sera portée devant un tribunal civil, le tribunal de commerce décidera s'il sera sursis ou passé outre; dans ce dernier cas, le tribunal civil saisi de la contestation jugera, à bref délai, sur requête des syndics, signifiée au créancier contesté, et sans autre procédure, si la créance sera admise par provision, et pour

---

(1) *Loi du 24 mai 1834* (loi de finance).

13. Les procès-verbaux d'affirmation de créances, faits en exécution de l'article (497) du Code de commerce, ne seront assujettis qu'à un seul droit fixe de trois francs, quel que soit le nombre des déclarations affirmatives.

quelle somme. (Pr. 68, 417. — Co. 487, 498, 499, 503, 504, 512.)

Dans le cas où une créance serait l'objet d'une instruction criminelle ou correctionnelle, le tribunal de commerce pourra également prononcer le sursis ; s'il ordonne de passer outre, il ne pourra accorder l'admission par provision, et le créancier contesté ne pourra prendre part aux opérations de la faillite, tant que les tribunaux compétents n'auront pas statué (1). (Co. 584 s., 591 s. — I. cr. 179 s., 230, 231.)

501. Le créancier dont le privilége ou l'hypothèque seulement serait contesté sera admis dans les délibérations de la faillite comme créancier ordinaire. (Co. 445, 548, 552, 554, 555, 556.)

502. A l'expiration des délais déterminés par les articles 492 et 497, à l'égard des personnes domiciliées en France, il sera passé outre à la formation du concordat et à toutes les opérations de la faillite, sous l'exception portée aux articles 567 et 568 en faveur des créanciers domiciliés hors du territoire continental de la France. (Co. 507 s.)

503. A défaut de comparution et affirmation dans les délais qui leur sont applicables, les défaillants connus ou inconnus ne seront pas compris dans les répartitions à faire : toutefois la voie de l'opposition leur sera ouverte jusqu'à la distribution des deniers inclusivement ; les frais de l'opposition demeureront toujours à leur charge. (Co. 497, 542.)

Leur opposition ne pourra suspendre l'exécution des répartitions ordonnancées par le juge-commissaire ; mais s'il est procédé à des répartitions nouvelles, avant qu'il ait été statué sur leur opposition, ils seront compris pour la somme qui sera provisoirement déterminée par le tribunal, et qui sera tenue en réserve jusqu'au jugement de leur opposition. (Co. 499, 500, 504, 524, 553, 565 s.)

S'ils se font ultérieurement reconnaître créanciers, ils ne pourront rien réclamer sur les répartitions ordonnancées par le juge-commissaire ; mais ils auront le droit de prélever, sur l'actif non encore réparti, les dividendes afférents à leurs créances dans les premières répartitions. (Co. 542, 543.)

---

(1) **C. Inst. crim. — 3.** L'action civile peut être poursuivie en même temps et devant les mêmes juges que l'action publique.

Elle peut aussi l'être séparément : dans ce cas, l'exercice en est suspendu tant qu'il n'a pas été prononcé définitivement sur l'action publique intentée avant ou pendant la poursuite de l'action civile.

CHAPITRE VI.

DU CONCORDAT ET DE L'UNION.

SECTION PREMIÈRE.

DE LA CONVOCATION ET DE L'ASSEMBLÉE DES CRÉANCIERS.

504. Dans les trois jours qui suivront les délais prescrits pour l'affirmation, le juge-commissaire fera convoquer, par le greffier, à l'effet de délibérer sur la formation du concordat, les créanciers dont les créances auront été vérifiées et affirmées, ou admises par provision. Les insertions dans les journaux et les lettres de convocation indiqueront l'objet de l'assemblée. (Co. 442, 497, 499, 505 s., 522, 529 s., 570.)

505. Aux lieu, jour et heure qui seront fixés par le juge-commissaire, l'assemblée se formera sous sa présidence ; les créanciers vérifiés et affirmés, ou admis par provision, s'y présenteront en personne ou par fondés de pouvoirs. (C. 1987. — Co. 493, 494.)

Le failli sera appelé à cette assemblée ; il devra s'y présenter en personne, s'il a été dispensé de la mise en dépôt, ou, s'il a obtenu un sauf-conduit, et il ne pourra s'y faire représenter que pour des motifs valables et approuvés par le juge-commissaire. (Co. 460, 472, 488.)

506. Les syndics feront à l'assemblée un rapport sur l'état de la faillite, sur les formalités qui auront été remplies et les opérations qui auront eu lieu ; le failli sera entendu. (Co. 443, 462, 512, 519, 522, 527.)

Le rapport des syndics sera remis, signé d'eux, au juge-commissaire, qui dressera procès-verbal de ce qui aura été dit et décidé dans l'assemblée.

SECTION II.

DU CONCORDAT.

§ I. *De la formation du concordat.*

507. Il ne pourra être consenti de traité entre les créanciers délibérants et le débiteur failli, qu'après l'accomplissement des formalités ci-dessus prescrites (1). (Co. 509, 512, 532.)

Ce traité ne s'établira que par le concours d'un nombre de créanciers formant la majorité, et représentant, en outre, les trois quarts de la totalité des créances vérifiées et affirmées, ou admises par provision, conformément à la section V du chapitre V (491 à 503) : le tout à peine de nullité.

508. Les créanciers hypothécaires inscrits ou dispensés d'inscription, et les créanciers privilégiés ou nantis d'un gage, n'auront pas voix dans les opérations relatives au concordat pour lesdites créances, et elles n'y seront comptées que s'ils renoncent à leurs hypothèques, gages ou privilèges. (Co. 445, 448, 490, 517.)

Le vote au concordat emportera de plein droit cette renonciation.

509. Le concordat sera, à peine de nullité, signé séance tenante. S'il est consenti seulement par la majorité en nombre, ou par la majorité des trois quarts en somme, la délibération sera remise à huitaine pour tout délai ; dans ce cas, les résolutions prises et les adhésions données, lors de la première assemblée, demeureront sans effet. (Co. 507, 512.)

510 (2). Si le failli a été condamné comme banqueroutier frauduleux, le concordat ne pourra être formé. (Co. 520 s., 540, 591 s., 601 s., 612.)

Lorsqu'une instruction en banqueroute frauduleuse aura été commencée, les créanciers seront convoqués à l'effet de décider s'ils se réservent de délibérer sur un concordat, en cas d'acquittement, et si, en conséquence, ils surseoient à statuer jusqu'après l'issue des poursuites. (Co. 500, 583 4°. — Inst. cr. 3.)

Ce sursis ne pourra être prononcé qu'à la majorité en nombre et en somme déterminée par l'article 507. Si, à l'expiration du sursis, il y a lieu à délibérer sur le concordat, les règles établies par le précédent article seront applicables aux nouvelles délibérations.

511 (3). Si le failli a été condamné comme banquerou-

---

(1) *Loi du 28 mai* 1834 (loi de finance).

1. Les concordats ou atermoiements consentis conformément aux articles (507 et suivants) du Code de commerce ne seront assujettis qu'au droit fixe de trois francs, quelle que soit la somme que le failli s'oblige à payer.

(2) V. C. pénal, art. 402, 403, *ci-après* sur l'art 591.

(3) V. *Ibidem.*

tier simple, le concordat pourra être formé. Néanmoins, en cas de poursuites commencées, les créanciers pourront surseoir à délibérer jusqu'après l'issue des poursuites, en se conformant aux dispositions de l'article précédent. (Co. 584 s., 601 s., 612.)

512. Tous les créanciers ayant eu droit de concourir au concordat, ou dont les droits auront été reconnus depuis, pourront y former opposition. (Co. 513.)

L'opposition sera motivée et devra être signifiée aux syndics et au failli, à peine de nullité, dans les huit jours qui suivront le concordat; elle contiendra assignation à la première audience du tribunal de commerce. (Pr. 68.—Co. 443, 462, 506, 507, 509.)

S'il n'a été nommé qu'un seul syndic et s'il se rend opposant au concordat, il devra provoquer la nomination d'un nouveau syndic, vis à vis duquel il sera tenu de remplir les formes prescrites au présent article.

Si le jugement de l'opposition est subordonné à la solution de questions étrangères, à raison de la matière, à la compétence du tribunal de commerce, ce tribunal surseoira à prononcer jusqu'après la décision de ces questions. (Pr. 170, 424, 427. — Co. 452, 631 s.)

Il fixera un bref délai dans lequel le créancier opposant devra saisir les juges compétents et justifier de ses diligences. (Co. 498, 500.)

513. L'homologation du concordat sera poursuivie devant le tribunal de commerce, à la requête de la partie la plus diligente; le tribunal ne pourra statuer avant l'expiration du délai de huitaine, fixé par l'article précédent.

Si, pendant ce délai, il a été formé des oppositions, le tribunal statuera sur ces oppositions et sur l'homologation par un seul et même jugement.

Si l'opposition est admise, l'annulation du concordat sera prononcée à l'égard de tous les intéressés.

514. Dans tous les cas, avant qu'il soit statué sur l'homologation, le juge-commissaire fera au tribunal de commerce un rapport sur les caractères de la faillite et sur l'admissibilité du concordat. (Co. 452, 538.)

515. En cas d'inobservation des règles ci-dessus prescrites, ou lorsque des motifs tirés, soit de l'intérêt public, soit de l'intérêt des créanciers, paraîtront de nature à empêcher le concordat, le tribunal en refusera l'homologation.

§ II. Des effets du concordat.

516. L'homologation du concordat le rendra obligatoire pour tous les créanciers portés ou non portés au bilan, vérifiés ou non vérifiés, et même pour les créanciers domiciliés hors du territoire continental de la France, ainsi que pour ceux qui, en vertu des articles 499 et 500, auraient été admis par provision à délibérer, quelle que soit la somme que le jugement définitif leur attribuerait ultérieurement. (Co. 439, 522.)

517. L'homologation conservera à chacun des créanciers, sur les immeubles du failli, l'hypothèque inscrite en vertu du troisième paragraphe de l'article 490. A cet effet, les syndics feront inscrire aux hypothèques le jugement d'homologation, à moins qu'il n'en ait été décidé autrement par le concordat. (Co. 445, 448, 490, 508.)

518. Aucune action en nullité de concordat ne sera recevable, après l'homologation, que pour cause de dol découvert depuis cette homologation, et résultant, soit de la dissimulation de l'actif, soit de l'exagération du passif. (C. 1116, 1117. — Co. 457, 593, 594.)

519. Aussitôt après que le jugement d'homologation sera passé en force de chose jugée, les fonctions des syndics cesseront. (C. 1350 3°, 1351.)

Les syndics rendront au failli leur compte définitif, en présence du juge-commissaire; ce compte sera débattu et arrêté, Ils remettront au failli l'universalité de ses biens, livres, papiers et effets. Le failli en donnera décharge. (Pr. 527 s. — Co. 443, 458, 462, 529, 536, 537.)

Il sera dressé du tout procès-verbal par le juge-commissaire, dont les fonctions cesseront. (Co. 451.)

En cas de contestation, le tribunal de commerce prononcera.

§ III. De l'annulation ou de la résolution du concordat.

520. L'annulation du concordat, soit pour dol, soit par suite de condamnation pour banqueroute frauduleuse intervenue après son homologation, libère de plein droit les cautions. (C. 1116, 2040, 2041. — Co. 510, 521 s., 540, 591 s., 593 s., 601 s., 612.)

En cas d'inexécution, par le failli, des conditions de son concordat, la résolution de ce traité pourra être poursuivie contre lui devant le tribunal de commerce, en présence des cautions, s'il en existe, ou elles dûment appelées. (C. 1184.)

La résolution du concordat ne libérera pas les cautions qui y seront intervenues pour en garantir l'exécution totale ou partielle.

521. Lorsque, après l'homologation du concordat, le failli sera poursuivi pour banqueroute frauduleuse, et placé sous mandat de dépôt ou d'arrêt, le tribunal de commerce pourra prescrire telles mesures conservatoires qu'il appartiendra. Ces mesures cesseront de plein droit du jour de la déclaration qu'il n'y a lieu à suivre, de l'ordonnance d'acquittement ou de l'arrêt d'absolution. (Co. 450, 455, 471, 490, 520, 591 s. — I. cr. 95 s., 128, 229, 358.)

522. Sur le vu de l'arrêt de condamnation pour banqueroute frauduleuse, ou par le jugement qui prononcera, soit l'annulation, soit la résolution du concordat, le tribunal de commerce nommera un juge-commissaire et un ou plusieurs syndics. (Co. 443, 462, 520, 524, 591 s.)

Ces syndics pourront faire apposer les scellés. (Co. 455 s.)

Ils procéderont, sans retard, avec l'assistance du juge de paix, sur l'ancien inventaire, au récolement des valeurs, actions et des papiers, et procéderont, s'il y a lieu, à un supplément d'inventaire. (Pr. 611. — Co. 479 s.)

Ils dresseront un bilan supplémentaire. (Co. 439, 476 à 478, 494, 516, 567, 591.)

Ils feront immédiatement afficher et insérer dans les journaux à ce destinés, avec un extrait du jugement qui les nomme, invitation aux créanciers nouveaux, s'il en existe, de produire, dans le délai de vingt jours, leurs titres de créances à la vérification. Cette invitation sera faite aussi par lettres du greffier, conformément aux articles 492 et 493. (Co. 442, 491 s., 499, 504, 523.) (V. *D.* 17 *février* 1852, p. 21, en note.)

523. Il sera procédé, sans retard, à la vérification des titres de créances produits en vertu de l'article précédent.

Il n'y aura pas lieu à nouvelle vérification des créances antérieurement admises et affirmées, sans préjudice néanmoins du rejet ou de la réduction de celles qui depuis auraient été payées en tout ou en partie. (Co. 491 s.)

524. Ces opérations mises à fin, s'il n'intervient pas de nouveau concordat, les créanciers seront convoqués à l'effet de donner leur avis sur le maintien ou le remplacement des syndics. (Co. 509, 525.)

Il ne sera procédé aux répartitions qu'après l'expiration, à l'égard des créanciers nouveaux, des délais accordés aux personnes domiciliées en France, par les articles 492 et 497. (Co. 503, 553, 565 s.)

525 (1). Les actes faits par le failli postérieurement au jugement d'homologation, et antérieurement à l'annulation ou à la résolution du concordat, ne seront annulés qu'en cas de fraude aux droits des créanciers. (C. 1167. — Co. 509, 524, 526.)

526. Les créanciers antérieurs au concordat rentreront dans l'intégralité de leurs droits à l'égard du failli seulement; mais ils ne pourront figurer dans la masse que pour les proportions suivantes, savoir :

S'ils n'ont touché aucune part du dividende, pour l'intégralité de leurs créances ; s'ils ont reçu une partie du dividende, pour la portion de leurs créances primitives correspondante à la portion du dividende promis qu'ils n'auront pas touchée.

Les dispositions du présent article seront applicables au cas où une seconde faillite viendra à s'ouvrir sans qu'il y ait eu préalablement annulation ou résolution du concordat. (Co. 437, 509, 524, 525.)

SECTION III.

DE LA CLÔTURE EN CAS D'INSUFFISANCE DE L'ACTIF.

527. Si, à quelque époque que ce soit, avant l'homologation du concordat ou la formation de l'union, le cours des opérations de la faillite se trouve arrêté par insuffisance de l'actif, le tribunal de commerce pourra, sur le rapport du juge-commissaire, prononcer, même d'office, la clôture des opérations de la faillite. (Co. 462, 513, 529.)

Ce jugement fera rentrer chaque créancier dans l'exercice de ses actions individuelles, tant contre les biens que contre la personne du failli. (C. 2093. — Pr. 583 s., 673 s., 780 s. — Co. 443, 539.)

Pendant un mois, à partir de sa date, l'exécution de ce jugement sera suspendue. (Co. 437, 440, 466.)

528. Le failli, ou tout autre intéressé, pourra, à toute époque, le faire rapporter par le tribunal, en justifiant qu'il existe des fonds pour faire face aux frais des opérations de la faillite, ou en faisant consigner entre les mains des syndics somme suffisante pour y pourvoir. (Co. 575.)

---

(1) V. C. Nap., art. 1166 et 1167, p. 79, en note.

Dans tous les cas., les frais des poursuites exercées en vertu de l'article précédent devront être préalablement acquittés. (C. 2101 1°. — Co. 437.)

SECTION IV.

DE L'UNION DES CRÉANCIERS.

529. S'il n'intervient point de concordat, les créanciers seront de plein droit en état d'union. (Co. 504 s., 509, 530 s:, 570.)

Le juge-commissaire les consultera immédiatement, tant sur les faits de la gestion que sur l'utilité du maintien ou du remplacement des syndics. Les créanciers privilégiés, hypothécaires ou nantis d'un gage, seront admis à cette délibération. (Co. 445.)

Il sera dressé procès-verbal des dires et observations des créanciers, et, sur le vu de cette pièce, le tribunal de commerce statuera comme il est dit à l'article 462.

Les syndics qui ne seraient pas maintenus devront rendre leur compte aux nouveaux syndics, en présence du juge-commissaire, le failli dûment appelé. (Pr. 527 s. — Co. 462, 549, 536, 537.)

530. Les créanciers seront consultés sur la question de savoir si un secours pourra être accordé au failli sur l'actif de la faillite. (Co. 474, 565, 583 2°.)

Lorsque la majorité des créanciers présents y aura consenti, une somme pourra être accordée au failli à titre de secours sur l'actif de la faillite. Les syndics en proposeront la quotité, qui sera fixée par le juge-commissaire, sauf recours au tribunal de commerce, de la part des syndics seulement. (Co. 443, 453, 462, 466, 580 s.)

531. Lorsqu'une société de commerce sera en faillite, les créanciers pourront ne consentir de concordat qu'en faveur d'un ou de plusieurs des associés. (Co. 19 s., 438, 458, 509, 586 4°, 604.)

En ce cas, tout l'actif social demeurera sous le régime de l'union. Les biens personnels de ceux avec lesquels le concordat aura été consenti en seront exclus, et le traité particulier passé avec eux ne pourra contenir l'engagement de payer un dividende que sur des valeurs étrangères à l'actif social.

L'associé qui aura obtenu un concordat particulier sera déchargé de toute solidarité. (C. 1200.)

532. Les syndics représentent la masse des créanciers et sont chargés de procéder à la liquidation. (Co. 443, 462.)

Néanmoins les créanciers pourront leur donner mandat pour continuer l'exploitation de l'actif. (C. 1137, 1372, 1991.)

La délibération qui leur conférera ce mandat en déterminera la durée et l'étendue, et fixera les sommes qu'ils pourront garder entre leurs mains, à l'effet de pourvoir aux frais et dépenses. Elle ne pourra être prise qu'en présence du juge-commissaire, et à la majorité des trois quarts des créanciers en nombre et en somme. (Co. 507.)

La voie de l'opposition sera ouverte contre cette délibération au failli et aux créanciers dissidents.

Cette opposition ne sera pas suspensive de l'exécution.

533. (1). Lorsque les opérations des syndics entraîneront des engagements qui excéderaient l'actif de l'union, les créanciers qui auront autorisé ces opérations seront seuls tenus personnellement au-delà de leur part dans l'actif, mais seulement dans les limites du mandat qu'ils auront donné ; ils contribueront au prorata de leurs créances. (C. 1382, 1997, 1998.)

534. Les syndics sont chargés de poursuivre la vente des immeubles, marchandises et effets mobiliers du failli, et la liquidation de ses dettes actives et passives ; le tout sous la surveillance du juge-commissaire, et sans qu'il soit besoin d'appeler le failli. (Co. 486, 487, 552, 563, 571 s.)

535. Les syndics pourront, en se conformant aux règles prescrites par l'article 487, transiger sur toute espèce de droits appartenant au failli, nonobstant toute opposition de sa part. (Co. 443 s., 462, 537.)

536. Les créanciers en état d'union seront convoqués au moins une fois dans la première année, et, s'il y a lieu, dans les années suivantes, par le juge-commissaire. (Co. 499, 503, 522.) — Dans ces assemblées, les syndics devront rendre compte de leur gestion. (Co. 462, 519, 529, 537.) — Ils seront continués ou remplacés dans l'exercice de leurs fonctions, suivant les formes prescrites par les articles 462 et 529.

537. Lorsque la liquidation de la faillite sera terminée, les créanciers seront convoqués par le juge-commissaire.

---

(1) **C. Nap.** — **1998.** Le mandant est tenu d'exécuter les engagements contractés par le mandataire, conformément au pouvoir qui lui a été donné.

Il n'est tenu de ce qui a pu être fait au-delà, qu'autant qu'il l'a ratifié expressément ou tacitement.

Dans cette dernière assemblée, les syndics rendront leurs comptes. Le failli sera présent ou dûment appelé. (Pr. 527 s.— Co. 443, 462, 536.)

Les créanciers donneront leur avis sur l'excusabilité du failli. Il sera dressé, à cet effet, un procès-verbal dans lequel chacun des créanciers pourra consigner ses dires et observations. (Co. 538 à 540.)

Après la clôture de cette assemblée, l'union sera dissoute de plein droit.

538. Le juge-commissaire présentera au tribunal la délibération des créanciers, relative à l'excusabilité du failli, et un rapport sur les caractères et les circonstances de la faillite. (Co. 452, 537.)

Le tribunal prononcera si le failli est ou non excusable.

539. Si le failli n'est pas déclaré excusable, les créanciers rentreront dans l'exercice de leurs actions individuelles, tant contre sa personne que sur ses biens. (C. 2093. — Pr. 583 s., 673 s., 780 s. — Co. 443, 527.)

S'il est déclaré excusable, il demeurera affranchi de la contrainte par corps à l'égard des créanciers de sa faillite, et ne pourra plus être poursuivi par eux que sur ses biens, sauf les exceptions prononcées par les lois spéciales. (Co. 455, 541.)

540. Ne pourront être déclarés excusables : les banqueroutiers frauduleux, les stellionataires (1), les personnes condamnées pour vol, escroquerie ou abus de confiance, les comptables de deniers publics. (Co. 591.)

541. « Aucun débiteur commerçant n'est recevable à demander son admission au bénéfice de cession de biens (2). (C. 1265.)

« Néanmoins, un concordat par abandon total ou partiel de l'actif du failli peut être formé, suivant les règles prescrites par la section II du présent chapitre.

« Ce concordat produit les mêmes effets que les autres concordats; il est annulé ou résolu de la même manière.

---

(1) **C. Nap. — 2059.** Il y a stellionat,

Lorsqu'on vend ou qu'on hypothèque un immeuble dont on sait n'être pas propriétaire;

Lorsqu'on présente comme libres des biens hypothéqués, ou que l'on déclare des hypothèques moindres que celles dont ces biens sont chargés.

(2) **C. Nap. — 1265.** La cession de biens est l'abandon qu'un débiteur fait de tous ses biens à ses créanciers, lorsqu'il se trouve hors d'état de payer ses dettes.

« La liquidation de l'actif abandonné est faite conformément aux §§ 2, 3 et 4 de l'article 529, aux articles 532, 533, 534, 535 et 536, et aux §§ 1 et 2 de l'article 537.

« Le concordat par abandon est assimilé à l'union pour la perception des droits d'enregistrement. » (*Loi du 17 juillet 1856.*)

CHAPITRE VII.

DES DIFFÉRENTES ESPÈCES DE CRÉANCIERS, ET DE LEURS DROITS EN CAS DE FAILLITE.

SECTION PREMIÈRE.
DES COOBLIGÉS ET DES CAUTIONS.

542. Le créancier porteur d'engagements souscrits, endossés ou garantis solidairement par le failli et d'autres coobligés qui sont en faillite, participera aux distributions dans toutes les masses, et y figurera pour la valeur nominale de son titre jusqu'à parfait paiement. (C. 1200 s. — Co. 140.)

543 (1). Aucun recours, pour raison des dividendes payés, n'est ouvert aux faillites des coobligés les unes contre les autres, si ce n'est lorsque la réunion des dividendes que donneraient ces faillites excéderait le montant total de la créance, en principal et accessoires, auquel cas cet excédant sera dévolu, suivant l'ordre des engagements, à ceux des coobligés qui auraient les autres pour garants. (Co. 503, 542.)

544. Si le créancier porteur d'engagements solidaires entre le failli et d'autres coobligés a reçu, avant la faillite, un à-compte sur sa créance, il ne sera compris dans la masse que sous la déduction de cet à-compte, et conservera, pour ce qui lui restera dû, ses droits contre le coobligé ou la caution (2). (Co. 542, 543.)

---

(1) V. C. Nap., articles 1200 et suivants, p. 64, en note.

(2) *De la nature et de l'étendue du cautionnement.*

C. Nap. — 2011. Celui qui se rend caution d'une obligation, se soumet envers le créancier à satisfaire à cette obligation, si le débiteur n'y satisfait pas lui-même.

2012. Le cautionnement ne peut exister que sur une obligation valable.

Le cooboligé ou la caution qui aura fait le paiement partiel sera compris dans la même masse pour tout ce qu'il aura payé à la décharge du failli.

On peut néanmoins cautionner une obligation, encore qu'elle pût être annulée par une exception purement personnelle à l'obligé ; par exemple, dans le cas de minorité.

2013. Le cautionnement ne peut excéder ce qui est dû par le débiteur, ni être contracté sous des conditions plus onéreuses.

Il peut être contracté pour une partie de la dette seulement, et sous des conditions moins onéreuses.

Le cautionnement qui excède la dette, ou qui est contracté sous des conditions plus onéreuses, n'est point nul : il est seulement réductible à la mesure de l'obligation principale.

2014. On peut se rendre caution sans ordre de celui pour lequel on s'oblige, et même à son insu.

On peut aussi se rendre caution, non-seulement du débiteur principal, mais encore de celui qui l'a cautionné.

2015. Le cautionnement ne se présume point ; il doit être exprès, et on ne peut pas l'étendre au-delà des limites dans lesquelles il a été contracté.

2016. Le cautionnement indéfini d'une obligation principale s'étend à tous les accessoires de la dette, même aux frais de la première demande, et à tous ceux postérieurs à la dénonciation qui en est faite à la caution.

2017. Les engagements des cautions passent à leurs héritiers, à l'exception de la contrainte par corps, si l'engagement était tel que la caution y fût obligée.

2018. Le débiteur obligé à fournir une caution doit en présenter une qui ait la capacité de contracter, qui ait un bien suffisant pour répondre de l'objet de l'obligation, et dont le domicile soit dans le ressort de la cour impériale où elle doit être donnée.

2019. La solvabilité d'une caution ne s'estime qu'eu égard à ses propriétés foncières, excepté en matière de commerce, ou lorsque la dette est modique.

On n'a point égard aux immeubles litigieux, ou dont la discussion deviendrait trop difficile par l'éloignement de leur situation.

2020. Lorsque la caution reçue par le créancier, volontairement ou en justice, est ensuite devenue insolvable, il doit en être donné une autre.

Cette règle reçoit exception dans le cas seulement où la caution n'a été donnée qu'en vertu d'une convention par laquelle le créancier a exigé une telle personne pour caution.

De l'effet du cautionnement entre le créancier et la caution.

2021. La caution n'est obligée envers le créancier à le payer qu'à défaut du débiteur, qui doit être préalablement discuté dans ses biens, à moins que la caution n'ait renoncé au bénéfice de discussion, ou à moins qu'elle ne se soit obligée solidairement avec le débiteur ; auquel cas l'effet de son engagement se règle par les principes qui ont été établis pour les dettes solidaires. (V. art. 1200 et suiv., p. 61, en note.)

2022. Le créancier n'est obligé de discuter le débiteur principal que lorsque la caution le requiert, sur les premières poursuites dirigées contre elle.

2023. La caution qui requiert la discussion doit indiquer au créancier les biens du débiteur principal, et avancer les deniers suffisants pour faire la discussion. — Elle ne doit indiquer ni des biens du débiteur prin-

545. Nonobstant le concordat, les créanciers conservent leur action pour la totalité de leur créance contre les coobligés du failli. (Co. 509.)

---

cipal situés hors de l'arrondissement de la cour impériale du lieu où le paiement doit être fait, ni des biens litigieux, ni ceux hypothéqués à la dette qui ne sont plus en la possession du débiteur.

2024. Toutes les fois que la caution a fait l'indication de biens autorisée par l'article précédent, et qu'elle a fourni les deniers suffisants pour la discussion, le créancier est, jusqu'à concurrence des biens indiqués, responsable, à l'égard de la caution, de l'insolvabilité du débiteur principal survenue par le défaut de poursuites.

2025. Lorsque plusieurs personnes se sont rendues cautions d'un même débiteur pour une même dette, elles sont obligées chacune à toute la dette.

2026. Néanmoins chacune d'elles peut, à moins qu'elle n'ait renoncé au bénéfice de division, exiger que le créancier divise préalablement son action, et la réduise à la part et portion de chaque caution.

Lorsque, dans le temps où une des cautions a fait prononcer la division, il y en avait d'insolvables, cette caution est tenue proportionnellement de ces insolvabilités; mais elle ne peut plus être recherchée à raison des insolvabilités survenues depuis la division.

2027. Si le créancier a divisé lui-même et volontairement son action, il ne peut revenir contre cette division, quoiqu'il y eût, même antérieurement au temps où il l'a ainsi consentie, des cautions insolvables.

De l'effet du cautionnement entre le débiteur et la caution.

2028. La caution qui a payé, a son recours contre le débiteur principal, soit que le cautionnement ait été donné au su ou à l'insu du débiteur.

Ce recours a lieu tant pour le principal que pour les intérêts et les frais; néanmoins la caution n'a de recours que pour les frais par elle faits depuis qu'elle a dénoncé au débiteur principal les poursuites dirigées contre elle.

Elle a aussi recours pour les dommages et intérêts, s'il y a lieu.

2029. La caution qui a payé la dette, est subrogée à tous les droits qu'avait le créancier contre le débiteur.

2030. Lorsqu'il y avait plusieurs débiteurs principaux solidaires d'une même dette, la caution qui les a tous cautionnés, a, contre chacun d'eux, le recours pour la répétition du total de ce qu'elle a payé.

2031. La caution qui a payé une première fois, n'a point de recours contre le débiteur principal qui a payé une seconde fois, lorsqu'elle ne l'a point averti du paiement par elle fait; sauf son action en répétition contre le créancier.

Lorsque la caution aura payé sans être poursuivie et sans avoir averti le débiteur principal, elle n'aura point de recours contre lui dans le cas où, au moment du paiement, ce débiteur aurait eu des moyens pour faire déclarer la dette éteinte; sauf son action en répétition contre le créancier.

2032. La caution, même avant d'avoir payé, peut agir contre le débiteur, pour être par lui indemnisée,

1° Lorsqu'elle est poursuivie en justice pour le paiement; — 2° Lorsque le débiteur a fait faillite, ou est en déconfiture; — 3° Lorsque le débiteur s'est obligé de lui rapporter sa décharge dans un certain temps; — 4° Lorsque la dette est devenue exigible par l'échéance du terme sous lequel elle avait été contractée; — 5° Au bout de dix années, lorsque l'obligation principale n'a point de terme fixe d'échéance, à moins que l'obligation principale, telle qu'une tutelle, ne soit pas de nature à pouvoir être éteinte avant un temps déterminé.

SECTION II.

DES CRÉANCIERS NANTIS DE GAGE, ET DES CRÉANCIERS PRIVILÉGIÉS SUR LES
BIENS MEUBLES.

546. Les créanciers du failli qui seront valablement
nantis de gages ne seront inscrits dans la masse que pour
mémoire. (C. 2071, 2072, 2074, 2084, 2085. — Co. 95,
445.)

547. Les syndics pourront, à toute époque, avec l'autorisation du juge-commissaire, retirer les gages au profit de la faillite, en remboursant la dette. (Co. 443, 462.)

548. Dans le cas où le gage ne sera pas retiré par les
syndics, s'il est vendu par le créancier moyennant un prix qui
excède la créance, le surplus sera recouvré par les syndics;
si le prix est moindre que la créance, le créancier nanti viendra
à contribution pour le surplus, dans la masse, comme créancier
ordinaire. (C. 2078. — Co. 501, 552, 554 s.)

549. Le salaire acquis aux ouvriers employés directement
par le failli, pendant le mois qui aura précédé la déclaration

---

De l'effet du cautionnement entre les cofidéjusseurs.

2033. Lorsque plusieurs personnes ont cautionné un même débiteur
pour une même dette, la caution qui a acquitté la dette, a recours contre
les autres cautions, chacune pour sa part et portion.

Mais ce recours n'a lieu que lorsque la caution a payé dans l'un des cas
énoncés en l'article précédent.

De l'extinction du cautionnement.

2034. L'obligation qui résulte du cautionnement, s'éteint par les
mêmes causes que les autres obligations. (V. art. 1134, p. 79, en note.)

2035. La confusion qui s'opère dans la personne du débiteur principal et de sa caution, lorsqu'ils deviennent héritiers l'un de l'autre, n'é-
teint point l'action du créancier contre celui qui s'est rendu caution de la
caution.

2036. La caution peut opposer au créancier toutes les exceptions qui
appartiennent au débiteur principal, et qui sont inhérentes à la dette;

Mais elle ne peut opposer les exceptions qui sont purement personnelles au débiteur.

2037. La caution est déchargée, lorsque la subrogation aux droits,
hypothèques et privilèges du créancier, ne peut plus, par le fait de ce
créancier, s'opérer en faveur de la caution.

2038. L'acceptation volontaire que le créancier a faite d'un immeuble
ou d'un effet quelconque en paiement de la dette principale, décharge la
caution, encore que le créancier vienne à être évincé.

2039. La simple prorogation de terme, accordée par le créancier au
débiteur principal, ne décharge point la caution, qui peut, en ce cas, poursuivre le débiteur pour le forcer au paiement.

de faillite, sera admis au nombre des créances privilégiées,
au même rang que le privilége établi par l'article 2101 du
Code Napoléon pour le salaire des gens de service (1). (Co. 437,
438 s., 586 2°.)

Les salaires dus aux commis pour les six mois qui auront précédé la déclaration de faillite seront admis au même
rang.

550. Le privilége et le droit de revendication établis par le
n° 4 de l'article 2102 du Code Napoléon, au profit du vendeur
d'effets mobiliers, ne seront point admis en cas de faillite (2).
(Co. 486, 574 s.)

551. Les syndics présenteront au juge-commissaire l'état
des créanciers se prétendant privilégiés sur les biens meubles,
et le juge-commissaire autorisera, s'il y a lieu, le paiement de
ces créanciers sur les premiers deniers rentrés.

Si le privilége est contesté, le tribunal prononcera. (Co. 504.)

SECTION III.

DES DROITS DES CRÉANCIERS HYPOTHÉCAIRES ET PRIVILÉGIÉS SUR LES IMMEUBLES.

552. Lorsque la distribution du prix des immeubles sera
faite antérieurement à celle du prix des biens meubles, ou
simultanément, les créanciers privilégiés ou hypothécaires,
non remplis sur le prix des immeubles, concourront, à proportion de ce qui leur restera dû, avec les créanciers chirographaires, sur les deniers appartenant à la masse chirographaire,
pourvu toutefois que leurs créances aient été vérifiées et affirmées suivant les formes ci-dessus établies. (C. 2093, 2094,
2218. — Pr. 749 s. — Co. 487, 491 s., 497, 501, 534, 553
s., 563, 574 s.)

553. Si une ou plusieurs distributions des deniers mobiliers précèdent la distribution du prix des immeubles, les
créanciers privilégiés et hypothécaires vérifiés et affirmés concourront aux répartitions dans la proportion de leurs créances
totales, et sauf, le cas échéant, les distractions dont il sera
parlé ci-après. (Co. 503, 524. 565 s.)

---

(1) V. C. Nap., article 2101, p. 76, en note.
(2) V. C. Nap., article 2102, p. 39, en note.

554. Après la vente des immeubles et le règlement définitif de l'ordre entre les créanciers hypothécaires et privilégiés, ceux d'entre eux qui viendront en ordre utile sur le prix des immeubles pour la totalité de leur créance ne toucheront le montant de leur collocation hypothécaire que sous la déduction des sommes par eux perçues dans la masse chirographaire. (Pr. 759, 767, 772.)

Les sommes ainsi déduites ne resteront point dans la masse hypothécaire, mais retourneront à la masse chirographaire, au profit de laquelle il en sera fait distraction. (Co. 504, 553, 555 s.)

555. A l'égard des créanciers hypothécaires qui ne seront colloqués que partiellement dans la distribution du prix des immeubles, il sera procédé comme il suit : leurs droits sur la masse chirographaire seront définitivement réglés d'après les sommes dont ils resteront créanciers après leur collocation immobilière, et les deniers qu'ils auront touchés au-delà de cette proportion, dans la distribution antérieure, leur seront retenus sur le montant de leur collocation hypothécaire, et reversés dans la masse chirographaire. (Co. 504.)

556. Les créanciers qui ne viennent point en ordre utile seront considérés comme chirographaires, et soumis comme tels aux effets du concordat et de toutes les opérations de la masse chirographaire. (Co. 504, 509.)

SECTION IV.

DES DROITS DES FEMMES.

557. En cas de faillite du mari, la femme dont les apports en immeubles ne se trouveraient pas mis en communauté reprendra en nature lesdits immeubles et ceux qui lui seront survenus par succession ou par donation entre-vifs ou testamentaire. (C. 517 s., 724, 894, 895, 1394, 1400 s. — Co. 69, 437, 552 s., 558 s.)

558. La femme reprendra pareillement les immeubles acquis par elle et en son nom des deniers provenant desdites successions et donations, pourvu que la déclaration d'emploi soit expressément stipulée au contrat d'acquisition, et que l'origine des deniers soit constatée par inventaire ou par tout autre acte authentique. (C. 1250, 1251, 1317. — Pr. 943. — Co. 557, 559 s.)

559. Sous quelque régime qu'ait été formé le contrat de mariage, hors le cas prévu par l'article précédent, la présomption légale est que les biens acquis par la femme du failli appartiennent à son mari, ont été payés de ses deniers, et doivent être réunis à la masse de son actif, sauf à la femme à fournir la preuve du contraire. (C. 1350, 1352, 1391, 1394.— Co. 560, 562.)

560. La femme pourra reprendre en nature les effets mobiliers qu'elle s'est constitués par contrat de mariage, ou qui lui sont advenus par succession, donation entre-vifs ou testamentaire, et qui ne seront pas entrés en communauté, toutes les fois que l'identité en sera prouvée par inventaire ou tout autre acte authentique. (C. 527 s., 1317.— Pr. 943.—Co. 486, 557, 563.)

A défaut, par la femme, de faire cette preuve, tous les effets mobiliers, tant à l'usage du mari qu'à celui de la femme, sous quelque régime qu'ait été contracté le mariage, seront acquis aux créanciers, sauf aux syndics à lui remettre, avec l'autorisation du juge-commissaire, les habits et linge nécessaires à son usage. (C. 1350, 1352. — Co. 559, 562.)

561. L'action en reprise résultant des dispositions des articles 557 et 558 ne sera exercée par la femme qu'à la charge des dettes et hypothèques dont les biens sont légalement grevés, soit que la femme s'y soit obligée volontairement, soit qu'elle y ait été condamnée. (C. 2114, 2166. — Co. 445, 563.)

562. Si la femme a payé des dettes pour son mari, la présomption légale est qu'elle l'a fait des deniers de celui-ci, et elle ne pourra, en conséquence, exercer aucune action dans la faillite, sauf la preuve contraire, comme il est dit à l'article 559. (C. 1350, 1352. —Co. 560.)

563. Lorsque le mari sera commerçant au moment de la célébration du mariage, ou lorsque, n'ayant pas alors d'autre profession déterminée, il sera devenu commerçant dans l'année, les immeubles qui lui appartiendraient à l'époque de la célébration du mariage, ou qui lui seraient advenus depuis, soit par succession, soit par donation entre-vifs ou testamentaire, seront seuls soumis à l'hypothèque de la femme (1) :

---

(1) **C. Nap. — 2135.** L'hypothèque existe, indépendamment de toute inscription,

1° Au profit des mineurs et interdits, sur les immeubles appartenant à leur tuteur, à raison de sa gestion, du jour de l'acceptation de la tutelle;

2° Au profit des femmes, pour raison de leurs dot et conventions ma-

(C. 75, 517 s., 724, 894, 895, 1317, 1328, 2121, 2135 2°.)

1° Pour les deniers et effets mobiliers qu'elle aura apportés en dot, ou qui lui seront advenus depuis le mariage par succession ou donation entre-vifs ou testamentaire, et dont elle prouvera la délivrance ou le paiement par acte ayant date certaine ; — 2° pour le remploi de ses biens aliénés pendant le mariage ; — 3° pour l'indemnité des dettes par elle contractées avec son mari (1). (C. 1431. — Co. 1, 445, 560, 561, 564.)

564. La femme dont le mari était commerçant à l'époque de la célébration du mariage, ou dont le mari, n'ayant pas alors d'autre profession déterminée, sera devenu commerçant dans l'année qui suivra cette célébration, ne pourra exercer dans la faillite aucune action à raison des avantages portés au contrat de mariage, et, dans ce cas, les créanciers ne pourront, de leur côté, se prévaloir des avantages faits par la femme au mari dans ce même contrat. (C. 75, 1394. — Co. 1, 563.)

CHAPITRE VIII.

DE LA RÉPARTITION ENTRE LES CRÉANCIERS ET DE LA LIQUIDATION
DU MOBILIER.

565. Le montant de l'actif mobilier, distraction faite des frais et dépenses de l'administration de la faillite, des secours qui auraient été accordés au failli ou à sa famille, et des sommes payées aux créanciers privilégiés, sera réparti entre tous

---

trimoniales, sur les immeubles de leur mari, et à compter du jour du mariage.

La femme n'a hypothèque pour les sommes dotales qui proviennent de successions à elle échues, ou de donations à elle faites pendant le mariage, qu'à compter de l'ouverture des successions ou du jour que les donations ont eu leur effet.

Elle n'a hypothèque pour l'indemnité des dettes qu'elle a contractées avec son mari, et pour le remploi de ses propres aliénés, qu'à compter du jour de l'obligation ou de la vente.

Dans aucun cas, la disposition du présent article ne pourra préjudicier aux droits acquis à des tiers avant la publication du présent titre (29 mars 1804).

(1) **C. Nap.** — **1431.** La femme qui s'oblige solidairement avec son mari pour les affaires de la communauté ou du mari, n'est réputée, à l'égard de celui-ci, s'être obligée que comme caution; elle doit être indemnisée de l'obligation qu'elle a contractée.

les créanciers au marc le franc de leurs créances vérifiées et affirmées. (Co. 434, 486, 487, 503, 524, 534, 550, 553, 560, 563, 566 s., 583.)

566. A cet effet, les syndics remettront tous les mois, au juge-commissaire, un état de situation de la faillite et des deniers déposés à la caisse des dépôts et consignations ; le juge-commissaire ordonnera, s'il y a lieu, une répartition entre les créanciers, en fixera la quotité, et veillera à ce que tous les créanciers en soient avertis. (Co. 443, 462, 489, 568, 569.)

567. Il ne sera procédé à aucune répartition entre les créanciers domiciliés en France, qu'après la mise en réserve de la part correspondante aux créances pour lesquelles les créanciers domiciliés hors du territoire continental de la France seront portés sur le bilan. (Co. 439, 522.)

Lorsque ces créances ne paraîtront pas portées sur le bilan d'une manière exacte, le juge-commissaire pourra décider que la réserve sera augmentée, sauf aux syndics à se pourvoir contre cette décision devant le tribunal de commerce.

568. Cette part sera mise en réserve et demeurera à la caisse des dépôts et consignations jusqu'à l'expiration du délai déterminé par le dernier paragraphe de l'article 492 ; elle sera répartie entre les créanciers reconnus, si les créanciers domiciliés en pays étranger n'ont pas fait vérifier leurs créances, conformément aux dispositions de la présente loi. (Co. 489, 491 s., 566.)

Une pareille réserve sera faite pour raison de créances sur l'admission desquelles il n'aurait pas été statué définitivement. (Co. 499.)

569. Nul paiement ne sera fait par les syndics que sur la représentation du titre constitutif de la créance.

Les syndics mentionneront sur le titre la somme payée par eux ou ordonnancée conformément à l'article 489. (Co. 443, 462, 491, 566.)

Néanmoins, en cas d'impossibilité de représenter le titre, le juge-commissaire pourra autoriser le paiement sur le vu du procès-verbal de vérification. (Co. 495.)

Dans tous les cas, le créancier donnera la quittance en marge de l'état de répartition (1).

_____

(1) _Loi du 24 mai_ 1834.

15. Les quittances de répartition données par les créanciers aux syndics ou au caissier de la faillite, en exécution de l'article 561 du Code de

570. L'union pourra se faire autoriser par le tribunal de commerce, le failli dûment appelé, à traiter à forfait de tout ou partie des droits et actions dont le recouvrement n'aurait pas été opéré, et à les aliéner; en ce cas, les syndics feront tous les actes nécessaires. (Co. 504 s., 529 s.)

Tout créancier pourra s'adresser au juge-commissaire pour provoquer une délibération de l'union à cet égard.

CHAPITRE IX.

DE LA VENTE DES IMMEUBLES DU FAILLI (1).

571. A partir du jugement qui déclarera la faillite, les créanciers ne pourront poursuivre l'expropriation des immeu-

---

commerce (aujourd'hui 569), ne seront sujettes qu'au droit fixe de deux francs, quel que soit le nombre d'émargement sur chaque état de répartition.

(1) *Avis du conseil d'Etat, du 4 décembre 1810, portant que les tribunaux civils sont seuls compétents, à l'exclusion des tribunaux de commerce, pour connaître de la vente des immeubles des faillis. — Approuvé le 9 décembre.*

Le Conseil d'Etat, qui, en exécution du renvoi ordonné par S. M., a entendu le rapport des sections de l'intérieur et de législation réunies, sur celui du ministre de l'intérieur, et sur la pétition des juges du tribunal de commerce d'Amiens, ayant pour objet de décider que l'attribution de tout ce qui concerne les faillites appartient exclusivement aux tribunaux de commerce; et qu'en conséquence ces tribunaux peuvent ordonner la vente des immeubles des faillis devant un notaire commis par le tribunal, conformément aux articles 528 et 564 du Code de commerce;

Vu l'article 564 du Code de commerce, qui porte que les syndics de l'union procéderont, sous l'autorisation du juge-commissaire, à la vente des immeubles, suivant les formes prescrites pour la vente des biens des mineurs, formes que l'article 459 du Code Napoléon détermine en ces termes:

« La vente se fera publiquement aux enchères, qui seront reçues par un membre du tribunal civil, ou par un notaire à ce commis, et à la suite de trois affiches; »

Vu pareillement les articles 683, 701, 955, 962, 964 et 965 du Code de procédure, qui prescrivent les formalités à remplir pour la vente des biens des mineurs;

Attendu que les tribunaux de commerce ne sont que des tribunaux d'exception; — Qu'ils ne peuvent connaître que des matières dont les tribunaux ordinaires sont dessaisis par une loi expresse; — Que l'article 528 du Code de commerce, portant que les syndics poursuivront, en vertu du contrat d'union, et sans autres titres authentiques, la vente des immeubles du failli, sous la surveillance du commissaire, et sans qu'il soit besoin

bles sur lesquels ils n'auront pas d'hypothèques. (C. 2114, 2116. — Pr. 673 s. — Co. 440, 445, 487, 534, 552, 557, 563, 572 s.)

572. S'il n'y a pas de poursuite en expropriation des immeubles, commencée avant l'époque de l'union, les syndics seuls seront admis à poursuivre la vente; ils seront tenus d'y procéder dans la huitaine, sous l'autorisation du juge-commissaire, suivant les formes prescrites pour la vente des biens des mineurs (1). (C. 457 s. — Pr. 956, 963, 964. — Co. 443, 462.)

---

d'appeler le failli, ne change rien aux dispositions de l'article 564 du même Code; — Qu'il en résulte seulement que les syndics ne peuvent requérir le tribunal civil de faire procéder à la vente de l'immeuble, qu'avec l'autorisation du commissaire, même dans le cas prévu par l'article 964 du Code de procédure civile;

Attendu, en outre, que la vente des immeubles entraîne souvent avec elle des questions de propriété, de servitude et d'hypothèque, dont les tribunaux de commerce ne peuvent connaître;

Est d'avis — Que les tribunaux civils sont seuls compétents, à l'exclusion des tribunaux de commerce, pour connaître de la vente des immeubles des faillis, et de l'ordre et de la distribution du prix provenant de la vente.

Approuvé, au palais des Tuileries, le 9 décembre 1810.

NOTA. — Cet avis se réfère aux anciens articles du Code de commerce, mais il s'applique nécessairement aux dispositions nouvelles.

(1) VENTE DES BIENS IMMEUBLES DÉPENDANT D'UNE FAILLITE.

Dispositions relatives aux ventes de biens immeubles appartenant à un mineur qui sont applicables aux ventes des biens immeubles dépendant d'une faillite.

Principe général. — Deux modes de vente.

C. Nap. — **459.** La vente se fera publiquement, aux enchères qui seront reçues par un membre du tribunal de première instance, ou par un notaire à ce commis, et à la suite de trois affiches apposées, par trois dimanches consécutifs, aux lieux accoutumés dans le canton.

Chacune de ces affiches sera visée et certifiée par le maire des communes où elles auront été apposées.

1° Vente faite à l'audience des criées devant un juge commis.

C. Proc. — **957.** Les enchères seront ouvertes sur un cahier des charges déposé par l'avoué au greffe du tribunal, ou dressé par le notaire commis, et déposé dans son étude, si la vente doit avoir lieu devant notaire. — Ce cahier contiendra:

1° L'énonciation du jugement qui a autorisé la vente;
2° Celle des titres qui établissent la propriété;
3° L'indication de la nature ainsi que de la situation des biens à vendre, celle des corps d'héritage, de leur contenance approximative, et de deux des tenants et aboutissants;
4° L'énonciation du prix auquel les enchères seront ouvertes, et les conditions de la vente.

958. Après le dépôt du cahier des charges, il sera rédigé et imprimé des placards qui contiendront,

1° L'énonciation du jugement qui aura autorisé la vente;

2° Les noms, professions et domiciles du mineur, de son tuteur et de son subrogé-tuteur (du failli et de son syndic);

3° La désignation des biens, telle qu'elle a été insérée dans le cahier des charges;

4° Le prix auquel seront ouvertes les enchères sur chacun des biens à vendre;

5° Les jour, lieu et heure de l'adjudication, ainsi que l'indication soit du notaire et de sa demeure, soit du tribunal devant lequel l'adjudication aura lieu, et dans tous les cas, de l'avoué du vendeur.

959. Les placards seront affichés quinze jours au moins, trente jours au plus avant l'adjudication, aux lieux désignés dans l'article 699 (V. ci-après, p. 164), et, en outre, à la porte du notaire qui procédera à la vente; ce dont il sera justifié conformément au même article.

960. Copie de ces placards sera insérée, dans le même délai, au journal indiqué par l'article 696 (V. ci-après, p. 164), et dans celui qui aura été désigné pour l'arrondissement où se poursuit la vente, si ce n'est pas l'arrondissement de la situation des biens. (V. D. 17 *février* 1852, p. 21, en note.)

Il en sera justifié conformément à l'article 69? (V. ci-après, p. 164.)

961 Selon la nature et l'importance des biens, il pourra être donné à la vente une plus grande publicité, conformément aux articles 697 et 700. (V. ci-après, p. 164 et 165.)

963. Si, au jour indiqué pour l'adjudication, les enchères ne s'élèvent pas à la mise à prix, le tribunal pourra ordonner, sur simple requête en la chambre du conseil, que les biens seront adjugés au-dessous de l'estimation; l'adjudication sera remise à un délai fixé par le jugement, et qui ne pourra être moindre de quinzaine.

Cette adjudication sera encore indiquée par des placards et des insertions dans les journaux, comme il est dit ci-dessus (958 à 960), huit jours au moins avant l'adjudication.

964. Sont déclarés communs au présent titre les articles 701, 705, 706, 707, 711, 712, 713, 733, 734, 735, 736. 737, 738, 739, 740, 741 et 742.

Néanmoins si les enchères sont reçues par un notaire, elles pourront être faites par toutes personnes sans ministère d'avoué.

Dans le cas de vente devant notaire, s'il y a lieu à folle enchère, la poursuite sera portée devant le tribunal. Le certificat constatant que l'adjudicataire n'a pas justifié de l'acquit des conditions sera délivré par le notaire. Le procès-verbal d'adjudication sera déposé au greffe, pour servir d'enchère.

965. Dans les huit jours qui suivront l'adjudication, toute personne pourra faire une surenchère du sixième, en se conformant aux formalités et délais réglés par les articles 708, 709 et 710. (V. ci-après, p. 167, en note.)

Lorsqu'une seconde adjudication aura eu lieu après la surenchère ci-dessus, aucune autre surenchère des mêmes biens ne pourra être reçue.

Addition résultant du renvoi indiqué par l'article 964.

C. Proc. — 701. Les frais de la poursuite seront taxés par le juge, et il ne pourra être rien exigé au-delà du montant de la taxe. Toute stipulation contraire, quelle qu'en soit la forme, sera nulle de droit.

Le montant de la taxe sera publiquement annoncé avant l'ouverture des enchères, et il en sera fait mention dans le jugement d'adjudication.

705. Les enchères sont faites par le ministère d'avoués et à l'audience. Aussitôt que les enchères seront ouvertes, il sera allumé successivement des bougies préparées de manière que chacune ait une durée d'environ une minute.

L'enchérisseur cesse d'être obligé si son enchère est couverte par une autre, lors même que cette dernière serait déclarée nulle.

706. L'adjudication ne pourra être faite qu'après l'extinction de trois bougies allumées successivement.

S'il ne survient pas d'enchères pendant la durée de ces bougies, le poursuivant sera déclaré adjudicataire pour la mise à prix.

Si, pendant la durée d'une des trois premières bougies, il survient des enchères, l'adjudication ne pourra être faite qu'après l'extinction de deux bougies sans nouvelle surenchère survenue pendant leur durée.

707. L'avoué dernier enchérisseur sera tenu, dans les trois jours de l'adjudication, de déclarer l'adjudicataire et de fournir son acceptation, sinon de représenter son pouvoir, lequel demeurera annexé à la minute de sa déclaration; faute de ce faire, il sera réputé adjudicataire en son nom, sans préjudice des dispositions de l'art. 711.

711. Les avoués ne pourront enchérir pour les membres du tribunal devant lequel se poursuit la vente, à peine de nullité de l'adjudication ou de la surenchère, et de dommages-intérêts.

Ils ne pourront, sous les mêmes peines, enchérir pour le saisi ni pour les personnes notoirement insolvables. L'avoué poursuivant ne pourra se rendre personnellement adjudicataire ni surenchérisseur, à peine de nullité de l'adjudication ou de la surenchère, et de dommages-intérêts envers toutes les parties.

712. Le jugement d'adjudication ne sera autre que la copie du cahier des charges rédigé, ainsi qu'il est dit en l'article 690; il sera revêtu de l'intitulé des jugements et du mandement qui les termine, avec injonction à la partie saisie de délaisser la possession aussitôt après la signification du jugement, sous peine d'y être contrainte même par corps.

713. Le jugement d'adjudication ne sera délivré à l'adjudicataire qu'à la charge, par lui, de rapporter au greffier quittance des frais ordinaires de poursuite, et la preuve qu'il a satisfait aux conditions du cahier des charges qui doivent être exécutées avant cette délivrance. La quittance et les pièces justificatives demeureront annexées à la minute du jugement, et seront copiées à la suite de l'adjudication. Faute par l'adjudicataire de faire ces justifications dans les vingt jours de l'adjudication, il y sera contraint par la voie de la folle enchère, ainsi qu'il sera dit ci-après (733 à 741), sans préjudice des autres voies de droit.

729. Les moyens de nullité contre la procédure postérieure à la publication du cahier des charges seront proposés, sous peine de déchéance, au plus tard, trois jours avant l'adjudication.

Au jour fixé pour l'adjudication, et immédiatement avant l'ouverture des enchères, il sera statué sur les moyens de nullité.

S'ils sont admis, le tribunal annulera la poursuite, à partir du jugement de publication, en autorisera la reprise à partir de ce jugement, et fixera de nouveau le jour de l'adjudication.

S'ils sont rejetés, il sera passé outre aux enchères et à l'adjudication.

730. Ne pourront être attaqués par la voie de l'appel,

1° Les jugements qui statueront sur la demande en subrogation contre le poursuivant, à moins qu'elle n'ait été intentée pour collusion ou fraude;

2° Ceux qui, sans statuer sur des incidents, donneront acte de la publication du cahier des charges ou prononceront l'adjudication, soit avant, soit après surenchère;

3° Ceux qui statueront sur des nullités postérieures à la publication du cahier des charges.

731. L'appel de tous autres jugements sera considéré comme non avenu, s'il est interjeté après les dix jours à compter de la signification à avoué, ou, s'il n'y a point d'avoué, à compter de la signification à personne ou au domicile soit réel, soit élu.

Ce délai sera augmenté d'un jour par cinq myriamètres de distance, conformément à l'article 125 (entre le domicile du saisi et le lieu où siége le tribunal), dans le cas où le jugement aura été rendu sur une demande en distraction.

Dans les cas où il y aura lieu à l'appel, la Cour impériale statuera dans la quinzaine. Les arrêts rendus par défaut ne seront pas susceptibles d'opposition.

732. L'appel sera signifié au domicile de l'avoué, et, s'il n'y a pas d'avoué, au domicile réel ou élu de l'intimé; il sera notifié en même temps au greffier du tribunal et visé par lui. La partie saisie ne pourra, sur l'appel, proposer des moyens autres que ceux qui auront été présentés en première instance. L'acte d'appel énoncera les griefs : le tout à peine de nullité.

733. Faute par l'adjudicataire d'exécuter les clauses de l'adjudication, l'immeuble sera vendu à sa folle enchère.

734. Si la folle enchère est poursuivie avant la délivrance du jugement d'adjudication, celui qui poursuivra la folle enchère se fera délivrer par le greffier un certificat constatant que l'adjudicataire n'a point justifié de l'acquit des conditions exigibles de l'adjudication.

S'il y a eu opposition à la délivrance du certificat, il sera statué, à la requête de la partie la plus diligente, par le président du tribunal, en état de référé.

735. Sur ce certificat, et sans autre procédure ni jugement, ou si la folle enchère est poursuivie après la délivrance du jugement d'adjudication, trois jours après la signification du bordereau de collocation avec commandement, il sera apposé de nouveaux placards et inséré de nouvelles annonces dans la forme ci-dessus prescrite. (696 à 704, V. ci-après, p. 164.)

Ces placards et annonces indiqueront, en outre, les noms et demeure du fol enchérisseur, le montant de l'adjudication, une mise à prix par le poursuivant, et le jour auquel aura lieu, sur l'ancien cahier des charges, la nouvelle adjudication.

Le délai entre les nouvelles affiches et annonces et l'adjudication sera de quinze jours au moins, et de trente jours au plus.

736. Quinze jours au moins avant l'adjudication, signification sera faite des jour et heure de cette adjudication à l'avoué de l'adjudicataire, et à la partie saisie au domicile de son avoué, et, si elle n'en a pas, à son domicile.

737. L'adjudication pourra être remise, conformément à l'article 703 (V. ci-après, p. 165), mais seulement sur la demande du poursuivant.

738. Si le fol enchérisseur justifiait de l'acquit des conditions de l'adjudication et de la consignation d'une somme réglée par le président du tribunal pour les frais de folle enchère, il ne serait pas procédé à l'adjudication.

739. Les formalités et délais prescrits par les articles 734, 735, 736, 737, seront observés à peine de nullité.

Les moyens de nullité seront proposés et jugés comme il est dit en l'article 729.

Aucune opposition ne sera reçue contre les jugements par défaut en matière de folle enchère, et les jugements qui statueront sur les nullités pourront seuls être attaqués par la voie de l'appel dans les délais et suivant les formes prescrits par les articles 731 et 732.

Seront observés, lors de l'adjudication sur folle enchère, les articles 705, 706, 707 et 711. (V. p. 162.)

740. Le fol enchérisseur est tenu, par corps, de la différence entre son prix et celui de la revente sur folle enchère, sans pouvoir réclamer l'excédant, s'il y en a : cet excédant sera payé aux créanciers, ou, si les créanciers sont désintéressés, à la partie saisie.

741. Lorsque, à raison d'un incident ou pour tout autre motif légal, l'adjudication aura été retardée, il sera apposé de nouvelles affiches et fait de nouvelles annonces dans les délais fixés par l'article 704 (huit jours au moins à l'avance). (V. ci-après, p. 165.)

742. Toute convention portant qu'à défaut d'exécution des engagements pris envers lui, le créancier aura le droit de faire vendre les immeubles de son débiteur sans remplir les formalités prescrites pour la saisie immobilière, est nulle et non avenue.

Formalités générales de publicité, affiches, insertions, s'appliquant à toutes les ventes de biens immeubles ordonnées par justice.

C. Proc — **696** Quarante jours au plus tôt et vingt jours au plus tard avant l'adjudication, l'avoué du poursuivant fera insérer, dans un journal publié dans le département où sont situés les biens un extrait signé de lui et contenant :

1° La date de la saisie et de sa transcription ;

2° Les noms, professions, demeures du saisi, du saisissant et de l'avoué de ce dernier ;

3° La désignation des immeubles, telle qu'elle a été insérée dans le procès-verbal ;

4° La mise à prix ;

5° L'indication du tribunal où la saisie se poursuit, et des jour, lieu et heure de l'adjudication.

« Il sera, en outre, déclaré dans l'extrait que tous ceux du chef desquels il pourrait être pris inscription pour raison d'hypothèques légales devront requérir cette inscription avant la transcription du jugement d'adjudication.

« Toutes les annonces judiciaires relatives à la même saisie seront insérées dans le même journal » (*L.* 21 *mai* 1858.)

Nota. — Le dernier paragraphe que renfermait l'article 696 (*loi du* 2 *juin* 1841) relativement à la désignation des journaux pour les insertions est abrogé et se trouve remplacé aujourd'hui par l'article 28 du décret du 17-23 *février* 1852 sur la *Presse.* V. p. 21, en note.)

697. Lorsque, indépendamment des insertions prescrites par l'article précédent, le poursuivant, le saisi, ou l'un des créanciers inscrits, estimera qu'il y aurait lieu de faire d'autres annonces de l'adjudication par la voie des journaux, le président du tribunal devant lequel se poursuit la vente pourra, si l'importance des biens paraît l'exiger, autoriser cette insertion extraordinaire. Les frais n'entreront en taxe que dans le cas où cette autorisation aurait été accordée. L'ordonnance du président ne sera soumise à aucun recours.

698. Il sera justifié de l'insertion aux journaux par un exemplaire de la feuille contenant l'extrait énoncé en l'article 696 ; cet exemplaire portera la signature de l'imprimeur, légalisée par le maire.

699. Extrait pareil à celui qui est prescrit par l'article 696 sera imprimé en forme de placard et affiché, dans le même délai :

1° A la porte du domicile du saisi ;

2° A la porte principale des édifices saisis ;

3° A la principale place de la commune où le saisi est domicilié, ainsi qu'à la principale place de la commune où les biens sont situés, et de celle où siége le tribunal devant lequel se poursuit la vente ;

4° A la porte extérieure des mairies du domicile du saisi et des communes de la situation des biens ;

5° Au lieu où se tient le principal marché de chacune de ces communes, et, lorsqu'il n'y en a pas, au lieu où se tient le principal marché de chacune des deux communes les plus voisines dans l'arrondissement;

6o A la porte de l'auditoire du juge de paix de la situation des bâtiments, et, s'il n'y a pas de bâtiments, à la porte de l'auditoire de la justice de paix où se trouve la majeure partie des biens saisis;

7o Aux portes extérieures des tribunaux du domicile du saisi, de la situation des biens et de la vente.

L'huissier attestera, par un procès-verbal rédigé sur un exemplaire du placard, que l'apposition a été faite aux lieux déterminés par la loi, sans les détailler.

Le procès-verbal sera visé par le maire de chacune des communes dans lesquelles l'apposition aura été faite.

700. Selon la nature et l'importance des biens, il pourra être passé en taxe jusqu'à cinq cents exemplaires des placards, non compris le nombre d'affiches prescrit par l'art. 699.

701. Les frais de la poursuite seront taxés par le juge; et il ne pourra être rien exigé au-delà du montant de la taxe. Toute stipulation contraire, quelle qu'en soit la forme, sera nulle de droit.

Le montant de la taxe sera publiquement annoncé avant l'ouverture des enchères, et il en sera fait mention dans le jugement d'adjudication.

702. Au jour indiqué pour l'adjudication, il y sera procédé sur la demande du poursuivant, et, à son défaut, sur celle de l'un des créanciers inscrits.

703. Néanmoins l'adjudication pourra être remise sur la demande du poursuivant, ou de l'un des créanciers inscrits, ou de la partie saisie, mais seulement pour cause grave et dûment justifiées.

Le jugement qui prononcera la remise fixera de nouveau le jour de l'adjudication, qui ne pourra être éloigné de moins de quinze jours, ni de plus de soixante.

Ce jugement ne sera susceptible d'aucun recours.

704. Dans ce cas, l'adjudication sera annoncée huit jours au moins à l'avance par des insertions et des placards, conformément aux articles 696 et 699.

2o Vente faite devant notaire commis sur demande en conversion.

C. Proc. — 743. § 2. Lorsqu'un immeuble aura été saisi réellement, et lorsque la saisie aura été transcrite, il sera libre aux intéressés, s'ils sont tous majeurs et maîtres de leurs droits, de demander que l'adjudication soit faite aux enchères, devant notaire ou en justice, sans autres formalités et conditions que celles qui sont prescrites aux articles 958, 959, 960, 961, 962, 964 et 965, pour la vente des biens immeubles appartenant à des mineurs.

744. Pourront former les mêmes demandes ou s'y adjoindre, — généralement tous les administrateurs légaux des biens d'autrui (les syndics de faillite).

745. Les demandes autorisées par les articles 743, paragraphe 2, et 744, seront formées par une simple requête présentée au tribunal saisi de la poursuite : cette requête sera signée par les avoués de toutes les parties.

Elle contiendra une mise à prix qui servira d'estimation.

746. Le jugement sera rendu sur le rapport d'un juge et sur les conclusions du ministère public.

Si la demande est admise, le tribunal fixera le jour de la vente et renverra, pour procéder à l'adjudication, soit devant un notaire, soit devant un juge du siège ou devant un juge de tout autre tribunal.

Le jugement ne sera pas signifié, et ne sera susceptible ni d'opposition ni d'appel.

747. Si, après le jugement, il survient un changement dans l'état

573. La surenchère (1), après adjudication des immeubles du failli sur la poursuite des syndics, n'aura lieu qu'aux conditions et dans les formes suivantes :

La surenchère devra être faite dans la quinzaine.

Elle ne pourra être au-dessous du dixième du prix principal de l'adjudication. Elle sera faite au greffe du tribunal civil,

---

des parties, soit par décès ou faillite, soit autrement, ou si les parties sont représentées par des mineurs, des héritiers bénéficiaires ou autres incapables, le jugement continuera à recevoir sa pleine et entière exécution.

748. Dans la huitaine du jugement de conversion, mention sommaire en sera faite, à la diligence du poursuivant, en marge de la transcription de la saisie.

Les fruits immobilisés en exécution des dispositions de l'article 682 conserveront ce caractère, sans préjudice du droit qui appartient au poursuivant de se conformer, pour les loyers et fermages, à l'article 685.

Sera également maintenue la prohibition d'aliéner faite par l'article 686.

682. Les fruits naturels et industriels recueillis postérieurement à la transcription, ou le prix qui en proviendra, seront immobilisés pour être distribués avec le prix de l'immeuble par ordre d'hypothèque.

685. Les loyers et fermages seront immobilisés à partir de la transcription de la saisie, pour être distribués avec le prix de l'immeuble par ordre d'hypothèque. Un simple acte d'opposition à la requête du poursuivant ou de tout autre créancier vaudra saisie-arrêt entre les mains des fermiers et locataires, qui ne pourront se libérer qu'en exécution de mandements de collocation, ou par le versement de loyers ou fermages à la caisse des consignations; ce versement aura lieu à leur réquisition, ou sur la simple sommation des créanciers. A défaut d'opposition, les paiements faits au débiteur seront valables, et celui-ci sera comptable, comme séquestre judiciaire, des sommes qu'il aura reçues.

686. La partie saisie ne peut, à compter du jour de la transcription de la saisie, aliéner les immeubles saisis, à peine de nullité, et sans qu'il soit besoin de la faire prononcer.

Addition résultant du renvoi indiqué par l'article 743.

Cet article renvoie aux articles 958, 959, 960, 961, 962, 964 et 965. (Ce sont les mêmes dispositions que ci-dessus (V. p. 161), si ce n'est que l'article 957, non compris dans le renvoi, et qui est relatif au cahier des charges n'est plus applicable; le cahier des charges est dressé par le notaire commis et demeure déposé dans son étude.)

Addition résultant du renvoi indiqué par l'article 964.

Mêmes articles que ci-dessus. C. Proc., 704 (V. p. 165), 705, 706, 707, 711, 712 713, (V. p. 162), 733, 734, 735 736, 737, 738, 739, 740, (V. p. 163), 741 et 742 (V. p. 164).

(1) *De la surenchère.* — Les anciens articles 710 et 711 du Code de procédure, auxquels renvoyait l'article 573 du Code de commerce (*Loi du 28 mai 1838*), ayant été remplacés par les articles 708 et 709 (*Loi du 2 juin 1841*), il y a lieu de coordonner entre elles ces diverses dispositions.

Il importe seulement de remarquer que les anciens articles 710 et 711, qui énonçaient le même délai de *huitaine* que les nouveaux articles 708 et 709, exigeaient que la surenchère de la part des étrangers, réduite au *dixième* par l'article 673 du Code commerce, et que le nouvel article 708 a fixée au *sixième*, fût portée au *quart*.

suivant les formes prescrites par les articles 710 et 711 (aujourd'hui 708 et 709) du Code de procédure civile (1) ; toute personne sera admise à surenchérir.

Toute personne sera également admise à concourir à l'adjudication par suite de surenchère. Cette adjudication demeurera définitive et ne pourra être suivie d'aucune autre surenchère.

CHAPITRE X.

DE LA REVENDICATION.

574. Pourront être revendiquées, en cas de faillite, les remises en effets de commerce ou autres titres non encore payés, et qui se trouveront en nature dans le portefeuille du failli à l'époque de sa faillite, lorsque ces remises auront été faites par le propriétaire, avec le simple mandat d'en faire le recouvrement et d'en garder la valeur à sa disposition, ou lorsqu'elles auront été, de sa part, spécialement affectées à des paiements déterminés. (Co. 110, 138, 187, 437, 444, 550, 575 s.)

575. Pourront être également revendiquées, aussi longtemps qu'elles existeront en nature, en tout ou en partie, les

---

(1) **C. Proc. — 708.** Toute personne pourra, dans les huit jours qui suivront l'adjudication, faire, par le ministère d'un avoué, une surenchère, pourvu qu'elle soit du sixième au moins du prix principal de la vente.

709. La surenchère sera faite au greffe du tribunal qui a prononcé l'adjudication : elle contiendra constitution d'avoué et ne pourra être rétractée ; elle devra être dénoncée par le surenchérisseur, dans les trois jours, aux avoués de l'adjudicataire, du poursuivant et de la partie saisie, si elle a constitué avoué, sans néanmoins qu'il soit nécessaire de faire cette dénonciation à la personne ou au domicile de la partie saisie qui n'aurait pas d'avoué.

La dénonciation sera faite par un simple acte, contenant à venir pour l'audience qui suivra l'expiration de la quinzaine sans autre procédure.

L'indication du jour de cette adjudication sera faite de la manière prescrite par les articles 696 et 699. (V. p. 164.)

Si le surenchérisseur ne dénonce pas la surenchère dans le délai ci-dessus fixé, le poursuivant ou tout créancier inscrit, ou le saisi, pourra le faire dans les trois jours qui suivront l'expiration de ce délai ; faute de quoi la surenchère sera nulle de droit, et sans qu'il soit besoin de faire prononcer la nullité.

710. Au jour indiqué il sera ouvert de nouvelles enchères, auxquelles toute personne pourra concourir ; s'il ne se présente pas d'enchérisseurs, le surenchérisseur sera déclaré adjudicataire : en cas de folle enchère, il sera tenu par corps de la différence entre son prix et celui de la vente.

Lorsqu'une seconde adjudication aura eu lieu, après la surenchère ci-dessus, aucune autre surenchère des mêmes biens ne pourra être reçue.

marchandises consignées au failli à titre de dépôt, ou pour être vendues pour le compte du propriétaire. (Co. 93 s., 528.)

Pourra même être revendiqué le prix ou la partie du prix desdites marchandises qui n'aura été ni payé, ni réglé en valeur, ni compensé en compte courant entre le failli et l'acheteur. (Co. 444.)

576. Pourront être revendiquées les marchandises expédiées au failli, tant que la tradition n'en aura point été effectuée dans ses magasins, ou dans ceux du commissionnaire chargé de les vendre pour le compte du failli. (Co. 577, 578.)

Néanmoins la revendication ne sera pas recevable si, avant leur arrivée, les marchandises ont été vendues sans fraude, sur factures et connaissements ou lettres de voiture signées par l'expéditeur. (Co. 101, 102, 109, 281.)

Le revendiquant sera tenu de rembourser à la masse les à-compte par lui reçus, ainsi que toutes avances faites pour fret ou voiture, commission, assurances, ou autres frais, et de payer les sommes qui seraient dues pour mêmes causes. (Co. 93, 286, 332.)

577. Pourront être retenues par le vendeur les marchandises, par lui vendues, qui ne seront pas délivrées au failli, ou qui n'auront pas encore été expédiées, soit à lui, soit à un tiers pour son compte. (Co. 576, 578.)

578. Dans le cas prévu par les deux articles précédents, et sous l'autorisation du juge-commissaire, les syndics auront la faculté d'exiger la livraison des marchandises, en payant au vendeur le prix convenu entre lui et le failli. (C. 1122, 1134, 1650. — Co. 443, 462, 579.)

579. Les syndics pourront, avec l'approbation du juge-commissaire, admettre les demandes en revendication : s'il y a contestation, le tribunal prononcera après avoir entendu le juge-commissaire. (Co. 443, 462, 578.)

CHAPITRE XI.

DES VOIES DE RECOURS CONTRE LES JUGEMENTS RENDUS EN MATIÈRE DE FAILLITE.

580. Le jugement déclaratif de la faillite, et celui qui fixera à une date antérieure l'époque de la cessation de paiements, seront susceptibles d'opposition, de la part du failli, dans la huitaine, et de la part de toute autre partie intéressée, pendant un mois. Ces délais courront à partir des jours où les formalités de l'affiche et de l'insertion énoncées dans l'article 442 auront été accomplies. (Co. 440, 441, 443, 449, 453, 581, 585 4°, 586 4°.)

581. Aucune demande des créanciers tendant à fixer la date de la cessation des paiements à une époque autre que celle qui résulterait du jugement déclaratif de faillite, ou d'un jugement postérieur, ne sera recevable après l'expiration des délais pour la vérification et l'affirmation des créances. Ces délais expirés, l'époque de la cessation de paiements demeurera irrévocablement déterminée à l'égard des créanciers. (Co. 440, 441, 491 s., 497, 580.)

582. Le délai d'appel, pour tout jugement rendu en matière de faillite, sera de quinze jours seulement à compter de la signification. (Pr. 68, 147, 443. — Co. 583, 605.)

Ce délai sera augmenté à raison d'un jour par cinq myriamètres pour les parties qui seront domiciliées à une distance excédant cinq myriamètres du lieu où siége le tribunal (1). (Pr. 1033.)

583. Ne seront susceptibles ni d'opposition, ni d'appel, ni de recours en cassation (Co. 582, 605) :

1° Les jugements relatifs à la nomination ou au remplacement du juge-commissaire, à la nomination ou à la révocation des syndics (Co. 462) ;

2° Les jugements qui statuent sur les demandes de sauf-conduit et sur celles de secours pour le failli et sa famille (Co. 473, 474, 530) ;

3° Les jugements qui autorisent à vendre les effets ou marchandises appartenant à la faillite (Co. 487) ;

---

(1) **C. Proc. — 1033.** Le jour de la signification et celui de l'échéance ne sont point comptés dans le délai général fixé pour les ajournements, les citations, sommations et autres actes faits à personne ou domicile.

Ce délai sera augmenté d'un jour à raison de cinq myriamètres de distance.

Il en sera de même dans tous les cas prévus, en matière civile et commerciale, lorsqu'en vertu de lois, décrets ou ordonnances, il y a lieu d'augmenter un délai à raison des distances.

Les fractions de moins de quatre myriamètres ne seront pas comptées ; les fractions de quatre myriamètres et au-dessus augmenteront le délai d'un jour entier.

Si le dernier jour du délai est un jour férié, le délai sera prorogé au lendemain. (*Loi du 3 mai-3 juin* 1862.)

4° Les jugements qui prononcent sursis au concordat, ou admission provisionnelle de créanciers contestés (Co. 499, 510);

5° Les jugements par lesquels le tribunal de commerce statue sur les recours formés contre les ordonnances rendues par le juge-commissaire dans les limites de ses attributions. (Co. 453, 466, 530.)

TITRE DEUXIÈME.

DES BANQUEROUTES (1).

CHAPITRE PREMIER.

DE LA BANQUEROUTE SIMPLE.

584. Les cas de banqueroute simple seront punis des peines portées au Code pénal (2), et jugés par les tribunaux de police correctionnelle, sur la poursuite des syndics, de tout créancier, ou du ministère public. (Co. 443, 462, 511, 585 s., 589, 601 s., 612. — I. cr. 179 s. — Pén. 402.)

585. Sera déclaré banqueroutier simple tout commerçant failli qui se trouvera dans un des cas suivants :

1° Si ses dépenses personnelles ou les dépenses de sa maison sont jugées excessives;

2° S'il a consommé de fortes sommes, soit à des opérations de pur hasard, soit à des opérations fictives de bourse ou sur marchandises (Co. 607, 613. — P. 419 s.);

3° Si, dans l'intention de retarder sa faillite, il a fait des achats pour revendre au-dessous du cours; si, dans la même intention, il s'est livré à des emprunts, circulation d'effets, ou

---

(1) **C. Pén. — 402.** Ceux qui, dans les cas prévus par le Code de commerce, seront déclarés coupables de banqueroute, seront punis ainsi qu'il suit:

Les banqueroutiers frauduleux seront punis de la peine des travaux forcés à temps.

Les banqueroutiers simples seront punis d'un emprisonnement d'un mois au moins et de deux ans au plus.

(2) V. C. Pén., art. 402 ci-dessus, 3° §.

autres moyens ruineux de se procurer des fonds (Co. 110, 187, 444);

4° Si, après cessation de ses paiements, il a payé un créancier au préjudice de la masse. (Co. 441, 449, 580, 581, 586 4°.)

586. Pourra être déclaré banqueroutier simple tout commerçant failli qui se trouvera dans un des cas suivants;

1° S'il a contracté, pour le compte d'autrui, sans recevoir des valeurs en échange, des engagements jugés trop considérables eu égard à sa situation lorsqu'il les a contractés (Co. 444);

2° S'il est de nouveau déclaré en faillite sans avoir satisfait aux obligations d'un précédent concordat (Co. 437, 438 s., 509, 549);

3° Si, étant marié sous le régime dotal, ou séparé de biens, il ne s'est pas conformé aux articles 69 et 70 (C. 1536 s., 1540 s.);

4° Si, dans les trois jours de la cessation de ses paiements, il n'a pas fait au greffe la déclaration exigée par les articles 438 et 439, ou si cette déclaration ne contient pas les noms de tous les associés solidaires (Co. 19, 22 à 24, 27, 28, 441, 458, 531, 585 4°, 604);

5° Si, sans empêchement légitime, il ne s'est pas présenté en personne aux syndics dans les cas et dans les délais fixés, ou si, après avoir obtenu un sauf-conduit, il ne s'est pas représenté à justice (Co. 443, 472);

6° S'il n'a pas tenu de livres et fait exactement inventaire; si ses livres ou inventaire sont incomplets ou irrégulièrement tenus, ou s'ils n'offrent pas sa véritable situation active ou passive, sans néanmoins qu'il y ait fraude. (Co. 8 s., 458, 479 s.)

587. Les frais de poursuite en banqueroute simple intentée par le ministère public ne pourront, en aucun cas, être mis à la charge de la masse.

En cas de concordat, le recours du Trésor public contre le failli pour ces frais ne pourra être exercé qu'après l'expiration des termes accordés par ce traité. (Co. 461, 588, 590.)

588. Les frais de poursuite intentée par les syndics, au nom des créanciers, seront supportés, s'il y a acquittement, par la masse, et, s'il y a condamnation, par le Trésor public, sauf son recours contre le failli, conformément à l'article précédent. (Co. 587.)

589. Les syndics ne pourront intenter de poursuite en

banqueroute simple, ni se porter partie civile au nom de la masse (1), qu'après y avoir été autorisés par une délibération prise à la majorité individuelle des créanciers présents. (Co. 443, 462, 584, 592. — I. cr. 63.)

590. Les frais de poursuite intentée par un créancier seront supportés, s'il y a condamnation, par le Trésor public; s'il y a acquittement, par le créancier poursuivant. (Co. 461, 587, 588.)

CHAPITRE II.

DE LA BANQUEROUTE FRAUDULEUSE.

591. Sera déclaré banqueroutier frauduleux, et puni des peines portées au Code pénal (2), tout commerçant failli qui aura soustrait ses livres, détourné ou dissimulé une partie de son actif, ou qui, soit dans ses écritures, soit par des actes publics ou des engagements sous signature privée, soit par son bilan, se sera frauduleusement reconnu débiteur de sommes qu'il ne devait pas. (Co. 439, 458, 510, 520 à 522, 540, 592, 593 s., 604 s., 612. — P. 402, 403.)

592. Les frais de poursuite en banqueroute frauduleuse ne pourront, en aucun cas, être mis à la charge de la masse.

---

(1) **C. Inst. cr. — 63.** Toute personne qui se prétendra lésée par un crime ou délit, pourra en rendre plainte et se constituer partie civile devant le juge d'instruction, soit du lieu du crime ou délit, soit du lieu de la résidence du prévenu, soit du lieu où il pourra être trouvé.

66. Les plaignants ne seront réputés partie civile s'ils ne le déclarent formellement, soit par la plainte, soit par acte subséquent, ou s'ils ne prennent, par l'un ou par l'autre, des conclusions en dommages-intérêts: ils pourront se départir dans les vingt-quatre heures; dans le cas du désistement, ils ne sont pas tenus des frais depuis qu'il aura été signifié, sans préjudice néanmoins des dommages-intérêts des prévenus, s'il y a lieu.

(2) **C. Pén. — 402.** Les banqueroutiers frauduleux seront punis de la peine des travaux forcés à temps.
403. Ceux qui, conformément au Code de commerce, seront déclarés complices de banqueroute frauduleuse, seront punis de la même peine que les banqueroutiers frauduleux.
404. Les agents de change et courtiers qui auront fait faillite, seront punis de la peine des travaux forcés à temps: s'ils sont convaincus de banqueroute frauduleuse, la peine sera celle des travaux forcés à perpétuité.

Si un ou plusieurs créanciers se sont rendus parties civiles en leur nom personnel, les frais, en cas d'acquittement, demeureront à leur charge. (Co. 589. — I. cr. 63.)

CHAPITRE III.

DES CRIMES ET DES DÉLITS COMMIS DANS LES FAILLITES PAR D'AUTRES QUE PAR LES FAILLIS.

593. Seront condamnés aux peines de la banqueroute frauduleuse (Co. 540, 520 à 522, 540, 592, 594 s., 601 s., 612. — P. 402, 403) :

1° Les individus convaincus d'avoir, dans l'intérêt du failli, soustrait, recélé ou dissimulé tout ou partie de ses biens, meubles ou immeubles ; le tout sans préjudice des autres cas prévus par l'article 60 du Code pénal (1) (Co. 457, 594) ;

2° Les individus convaincus d'avoir frauduleusement présenté dans la faillite et affirmé, soit en leur nom, soit par interposition de personnes, des créances supposées (C. 1100. — Co. 497) ;

3° Les individus qui, faisant le commerce sous le nom d'autrui ou sous un nom supposé, se seront rendus coupables de faits prévus en l'article 591.

594. Le conjoint, les descendants ou les ascendants du failli, ou ses alliés aux mêmes degrés, qui auraient détourné, diverti ou recélé des effets appartenant à la faillite, sans avoir agi de

---

(1) **C. Pén. — 59.** Les complices d'un crime ou d'un délit seront punis de la même peine que les auteurs mêmes de ce crime ou de ce délit, sauf les cas où la loi en aurait disposé autrement.

60. Seront punis comme complices d'une action qualifiée crime ou délit, ceux qui, par dons, promesses, menaces, abus d'autorité ou de pouvoir, machinations ou artifices coupables, auront provoqué à cette action, ou donné des instructions pour la commettre ;

Ceux qui auront procuré des armes, des instruments, ou tout autre moyen qui aura servi à l'action, sachant qu'ils devaient y servir ;

Ceux qui auront, avec connaissance, aidé ou assisté l'auteur ou les auteurs de l'action, dans les faits qui l'auront préparée ou facilitée, ou dans ceux qui l'auront consommée.

62. Ceux qui sciemment auront recélé, en tout ou en partie, des choses enlevées, détournées ou obtenues à l'aide d'un crime ou d'un délit, seront punis comme complices de ce crime ou délit.

complicité avec le failli, seront punis des peines du vol. (C. 745 s. — Co. 457, 593, 595. — P. 401, 463.)

595. Dans les cas prévus par les articles précédents, la cour ou le tribunal saisis statueront, lors même qu'il y aurait acquittement : — 1° d'office sur la réintégration à la masse des créanciers de tous biens, droits ou actions frauduleusement soustraits; — 2° sur les dommages-intérêts qui seraient demandés, et que le jugement ou l'arrêt arbitrera (C. 1149, 1382. — Pr. 128. — Co. 472.)

596. Tout syndic qui se sera rendu coupable de malversation dans sa gestion sera puni correctionnellement des peines portées en l'article 406 du Code pénal (1). (C. 462, 597 s. — I. cr. 179.)

597. Le créancier qui aura stipulé, soit avec le failli, soit avec toutes autres personnes, des avantages particuliers à raison de son vote dans les délibérations de la faillite, ou qui aura fait un traité particulier duquel résulterait en sa faveur un avantage à la charge de l'actif du failli, sera puni correctionnellement d'un emprisonnement qui ne pourra excéder une année, et d'une amende qui ne pourra être au-dessus de deux mille francs. (C. 1382. — I. cr. 179 s.)

L'emprisonnement pourra être porté à deux ans si le créancier est syndic de la faillite. (Co. 443, 462, 596, 598 s.)

598. Les conventions seront, en outre, déclarées nulles à l'égard de toutes personnes, et même à l'égard du failli. (C. 1116.)

Le créancier sera tenu de rapporter à qui de droit les som-

---

(1) **C. Pén.** — **406.** (*Pénalité.*) Un emprisonnement de deux mois au moins, de deux ans au plus, et une amende qui ne pourra excéder le quart des restitutions et des dommages-intérêts qui seront dus aux parties lésées, ni être moindre de vingt-cinq francs.

Le coupable pourra être en outre, à compter du jour où il aura subi sa peine, interdit, pendant cinq ans au moins et dix ans au plus, des droits mentionnés en l'article 42 (du Code pénal) :

1° De vote et d'élection ;

2° D'éligibilité ;

3° D'être appelé ou nommé aux fonctions de juré ou autres fonctions publiques, ou aux emplois de l'administration, ou d'exercer ces fonctions ou emplois ;

4° Du port d'armes ;

5° De vote et de suffrage dans les délibérations de-famille ;

6° D'être tuteur, curateur, si ce n'est de ses enfants et sur l'avis seulement de la famille ;

7° D'être expert ou employé comme témoin dans les actes ;

8° De témoignage en justice, autrement que pour y faire de simples déclarations.

mes ou valeurs qu'il aura reçues en vertu des conventions annulées. (Co. 449.)

599. Dans le cas où l'annulation des conventions serait poursuivie par l'action civile, l'action sera portée devant les tribunaux de commerce.

600. Tous arrêts et jugements de condamnation rendus, tant en vertu du présent chapitre que des deux chapitres précédents (584 à 599), seront affichés et publiés suivant les formes établies par l'article 42 du Code de commerce, aux frais des condamnés. (Co. 442.)

CHAPITRE IV.

DE L'ADMINISTRATION DES BIENS EN CAS DE BANQUEROUTE.

601. Dans tous les cas de poursuite et de condamnation pour banqueroute simple ou frauduleuse, les actions civiles autres que celles dont il est parlé dans l'article 595 resteront séparées, et toutes les dispositions relatives aux biens, prescrites pour la faillite, seront exécutées sans qu'elles puissent être attribuées ni évoquées aux tribunaux de police correctionnelle, ni aux cours d'assises. (Co. 584 s., 591 s., 612.)

602. Seront cependant tenus, les syndics de la faillite, de remettre au ministère public les pièces, titres, papiers et renseignements qui leur seront demandés. (Co. 443, 462, 603.)

603. Les pièces, titres et papiers délivrés par les syndics seront, pendant le temps de l'instruction, tenus en état de communication par la voie du greffe; cette communication aura lieu sur la réquisition des syndics, qui pourront y prendre des extraits privés, ou en requérir d'authentiques, qui leur seront expédiés par le greffier. (Pr. 189, 853. — Co. 443, 462, 491, 602.)

Les pièces, titres et papiers dont le dépôt judiciaire n'aurait pas été ordonné seront, après l'arrêt ou le jugement, remis aux syndics, qui en donneront décharge.

TITRE TROISIÈME.

DE LA RÉHABILITATION.

604. Le failli qui aura intégralement acquitté, en principal, intérêts et frais, toutes les sommes par lui dues, pourra obtenir sa réhabilitation. (Co. 83, 437, 445, 489, 605 s. — I. cr. 619 s.

Il ne pourra l'obtenir, s'il est l'associé d'une maison de commerce tombée en faillite, qu'après avoir justifié que toutes les dettes de la société ont été intégralement acquittées en principal, intérêts et frais, lors même qu'un concordat particulier lui aurait été consenti. (Co. 19 s., 438, 458, 509, 531, 586, 4°.)

605. Toute demande en réhabilitation sera adressée à la cour impériale dans le ressort de laquelle le failli sera domicilié. Le demandeur devra joindre à sa requête les quittances et autres pièces justificatives. (C. 102. — Co. 582, 583.)

606. Le procureur général près la cour impériale, sur la communication qui lui aura été faite de la requête, en adressera des expéditions certifiées de lui au procureur impérial et au président du tribunal de commerce du domicile du demandeur, et si celui-ci a changé de domicile depuis la faillite, au procureur impérial et au président du tribunal de commerce de l'arrondissement où elle a eu lieu, en les chargeant de recueillir tous les renseignements qu'ils pourront se procurer sur la vérité des faits exposés. (C. 102 s. — Co. 610.)

607. A cet effet, à la diligence tant du procureur impérial que du président du tribunal de commerce, copie de ladite requête restera affichée pendant un délai de deux mois, tant dans les salles d'audience de chaque tribunal qu'à la Bourse ou à la maison commune, et sera insérée par extrait dans les papiers publics.(Co. 442, 585 2°, 608, 613.) (V. D. 17 février 1852, p. 21.)

608. Tout créancier qui n'aura pas été payé intégralement de sa créance en principal, intérêts et frais, et toute autre partie intéressée, pourra, pendant la durée de l'affiche, former opposition à la réhabilitation par simple acte au greffe, appuyé des pièces justificatives. Le créancier opposant ne pourra jamais être partie dans la procédure de réhabilitation. (Co. 442, 607.)

609. Après l'expiration de deux mois, le procureur impérial et le président du tribunal de commerce transmettront, chacun séparément, au procureur général près la cour impériale, les renseignements qu'ils auront recueillis et les oppositions qui auront pu être formées. Ils y joindront leurs avis sur la demande.

610. Le procureur général près la cour impériale fera rendre arrêt portant admission ou rejet de la demande en réhabilitation. Si la demande est rejetée, elle ne pourra être reproduite qu'après une année d'intervalle. (Co. 606.)

611. L'arrêt portant réhabilitation sera transmis aux procureurs impériaux et aux présidents des tribunaux auxquels la demande aura été adressée. Ces tribunaux en feront faire la lecture publique et la transcription sur leurs registres.

612 (1). Ne seront point admis à la réhabilitation les banqueroutiers frauduleux, les personnes condamnées pour vol (2), escroquerie (3), ou abus de confiance (4), les stelliona-

---

(1) **C. Inst. cr. — 63.5**. La réhabilitation fait cesser pour l'avenir, dans la personne du condamné, toutes les incapacités qui résultaient de la condamnation.

Les interdictions prononcées par l'article 612 du Code de commerce sont maintenues, nonobstant la réhabilitation obtenue en vertu des dispositions qui précèdent.

(2) *Vol.*

C. Pén. — 379. Quiconque a soustrait frauduleusement une chose qui ne lui appartient pas, est coupable de vol.

(3) *Escroquerie.*

C. Pén. — 405. Quiconque, soit en faisant usage de faux noms ou de fausses qualités, soit en employant des manœuvres frauduleuses pour persuader l'existence de fausses entreprises, d'un pouvoir ou d'un crédit imaginaire, ou pour faire naître l'espérance ou la crainte d'un succès, d'un accident ou de tout autre événement chimérique, se sera fait remettre ou délivrer ou aura tenté de se faire remettre ou délivrer des fonds, des meubles ou des obligations, dispositions, billets, promesses, quittances ou décharges, et aura, par un de ces moyens, escroqué ou tenté d'escroquer la totalité ou partie de la fortune d'autrui, sera puni d'un emprisonnement d'un an au moins et de cinq ans au plus, et d'une amende de cinquante francs au moins et de trois mille francs au plus.

Le coupable pourra être, en outre, à compter du jour où il aura subi sa peine, interdit, pendant cinq ans au moins et dix ans au plus, des droits mentionnés en l'article 42 du présent Code (V. ci-dessus sous l'art. 596), le tout, sauf les peines plus graves s'il y a crime de faux. (*Loi du 13 mai* 1863.)

(4) *Abus de confiance.*

C. Pén. — 406. Quiconque aura abusé des besoins, des faiblesses ou des passions d'un mineur, pour lui faire souscrire, à son préjudice, des

taires (1), ni les tuteurs, administrateurs ou autres comptables qui n'auront pas rendu et soldé leurs comptes. (C. 450, 2059. — Co. 540, 585, 586, 591. — Pén. 379, 401, 405, 406 s.)

---

obligations, quittances ou décharges, pour prêt d'argent ou de choses mobilières, ou d'effets de commerce, ou de tous autres effets obligatoires, sous quelque forme que cette négociation ait été faite ou déguisée, sera puni d'un emprisonnement de deux mois au moins, de deux ans au plus, et d'une amende qui ne pourra excéder le quart des restitutions et des dommages-intérêts qui seront dus aux parties lésées, ni être moindre de vingt-cinq francs.

La disposition portée au second paragraphe du précédent article pourra de plus être appliquée. (Art. 405 ci-dessus.)

407. Quiconque, abusant d'un blanc-seing qui lui aura été confié, aura frauduleusement écrit au-dessus une obligation ou décharge, ou tout autre acte pouvant compromettre la personne ou la fortune du signataire, sera puni des peines portées en l'article 405.

Dans le cas où le blanc-seing ne lui aurait pas été confié, il sera poursuivi comme faussaire et puni comme tel.

408. « Quiconque aura détourné ou dissipé, au préjudice des propriétaires, possesseurs ou détenteurs, des effets, deniers, marchandises, billets, quittances ou tous autres écrits contenant ou opérant obligation ou décharge, qui ne lui auraient été remis qu'à titre de louage, de dépôt, de mandat, de nantissement, de prêt à usage, ou pour un travail salarié ou non salarié, à la charge de les rendre ou représenter, ou d'en faire un usage ou un emploi déterminé, sera puni des peines portées en l'article 406.

« Si l'abus de confiance prévu et puni par le précédent paragraphe a été commis par un officier public ou ministériel, ou par un domestique, homme de service à gages, élève, clerc, commis, ouvrier, compagnon ou apprenti, au préjudice de son maître, la peine sera celle de la réclusion.

« Le tout sans préjudice de ce qui est dit aux articles 254, 255 et 256, relativement aux soustractions et enlèvements de deniers, effets ou pièces commis dans les dépôts publics. » (Loi du 13 mai 1863.)

409. Quiconque, après avoir produit, dans une contestation judiciaire, quelque titre, pièce ou mémoire, l'aura soustrait de quelque manière que ce soit, sera puni d'une amende de vingt-cinq francs à trois cents francs. Cette peine sera prononcée par le tribunal saisi de la contestation.

(1) **C. Nap**. — **2059**. Il y a stellionat. — Lorsqu'on vend ou qu'on hypothèque un immeuble dont on sait n'être pas propriétaire;

Lorsqu'on présente comme libres des biens hypothéqués, ou que l'on déclare des hypothèques moindres que celles dont ces biens sont chargés.

2066. La contrainte par corps ne peut être prononcée contre les septuagénaires, les femmes et les filles, que dans le cas de stellionat.

La contrainte par corps pour cause de stellionat pendant le mariage n'a lieu contre les femmes mariées que lorsqu'elles sont séparées de biens, ou lorsqu'elles ont des biens dont elles se sont réservé la libre administration, et à raison des engagements qui concernent ces biens.

Les femmes qui, étant en communauté, se seraient obligées conjointement ou solidairement avec leur mari, ne pourront être réputées stellionataires à raison de ces contrats.

2136. Sont les maris et les tuteurs tenus de rendre publiques les hypothèques dont leurs biens sont grevés, et, à cet effet, de requérir eux-mêmes, sans aucun délai, inscription aux bureaux à ce établis, sur les immeubles à eux appartenant, et sur ceux qui pourront leur appartenir par la suite.

Les maris et les tuteurs qui, ayant manqué de requérir et de faire faire

Pourra être admis à la réhabilitation le banqueroutier simple qui aura subi la peine à laquelle il aura été condamné. (Co. 585, 586. — Pén. 402.)

613. Nul commerçant failli ne pourra se présenter à la Bourse, à moins qu'il n'ait obtenu sa réhabilitation. (Co. 585 2°, 607.)

614. Le failli pourra être réhabilité après sa mort. (Co. 437, 478, 481, 604.)

LIVRE QUATRIÈME.

DE LA JURIDICTION COMMERCIALE.

(Loi décrétée le 14 septembre 1807. Promulguée le 24.)

TITRE PREMIER.

DE L'ORGANISATION DES TRIBUNAUX DE COMMERCE.

615. Un règlement d'administration publique déterminera le nombre des tribunaux de commerce, et les villes qui seront susceptibles d'en recevoir par l'étendue de leur commerce et de leur industrie (1). (Const. 6. — Pr. 49 4°, 75, 414 s., 553.— Co. 616 s., 627 s., 631 s., 642 s., 645 s.)

les inscriptions ordonnées par le présent article, auraient consenti ou laissé prendre des priviléges ou des hypothèques sur leurs immeubles, sans déclarer expressément que lesdits immeubles étaient affectés à l'hypothèque légale des femmes et des mineurs, seront réputés stellionataires, et, comme tels, contraignables par corps.

C. Proc. — 905. Ne pourront être admis au bénéfice de cession, les stellionataires.

(1) *Décret du 6 octobre 1809 concernant l'organisation des tribunaux de commerce.*

1. Il y aura un tribunal de commerce dans chacune des villes désignées dans le tableau annexé à notre présent décret.

616. L'arrondissement de chaque tribunal de commerce sera le même que celui du tribunal civil dans le ressort duquel il sera placé ; et s'il se trouve plusieurs tribunaux de commerce dans le ressort d'un seul tribunal civil, il leur sera assigné des arrondissements particuliers.

617. « Chaque tribunal de commerce sera composé d'un président, de juges et de suppléants. Le nombre des juges ne pourra pas être au-dessous de deux, ni au-dessus de quatorze, non compris le président. Le nombre des suppléants sera proportionné au besoin du service. Un règlement d'administration publique fixera, pour chaque tribunal, le nombre des juges et celui des suppléants. » (*Loi 3 mars* 1840.) (Co. 618 s., 646.)

618 (1). Les membres des tribunaux de commerce seront élus dans une assemblée composée de commerçants notables, et principalement des chefs des maisons les plus anciennes et les plus recommandables par la probité, l'esprit d'ordre et d'économie. (Co. 1, 619, 646.)

---

2. Ces tribunaux seront composés du nombre de juges et de suppléants fixé par le même tableau.

3. Dans les ressorts des tribunaux civils où il se trouve plusieurs tribunaux de commerce, l'arrondissement de chacun d'eux sera composé de cantons désignés au tableau mentionné dans les articles précédents.

4. Lorsque par des récusations ou des empêchements il ne restera pas dans les tribunaux de commerce un nombre suffisant de juges ou de suppléants, ces tribunaux seront complétés par des négociants pris sur la liste formée en vertu de l'article 619 du Code de commerce, et suivant l'ordre dans lequel ils y sont portés, s'ils ont d'ailleurs les qualités énoncées en l'article 620 de la même loi.

5. Le tribunal de commerce de Paris sera divisé en deux sections, et aura quatre huissiers.

6. Les autres tribunaux de commerce n'auront que deux huissiers.
Les huissiers seront, autant que faire se pourra, choisis parmi ceux déjà nommés par nous.

7. Les procès-verbaux d'élection des membres des tribunaux de commerce seront transmis à notre grand juge ministre de la justice, qui nous proposera l'institution des élus, lesquels ne seront admis à prêter serment qu'après avoir été par nous institués.

8. Les membres des tribunaux de commerce porteront dans l'exercice de leurs fonctions, et dans les cérémonies publiques, la robe de soie noire avec des parements de velours.

9. Notre grand-juge ministre de la justice est chargé de l'exécution du présent décret.

Nota. Le tableau joint à ce décret a subi de nombreuses variations suivant que le gouvernement a reconnu la nécessité de supprimer des tribunaux de commerce déjà établis, ou d'en créer de nouveaux.

(1) Ancien article 618, rétabli par le *décret du 2 mars* 1852.

619 (1). La liste des notables sera dressée, sur tous les commerçants de l'arrondissement, par le préfet, et approuvée par le ministre de l'intérieur : leur nombre ne peut être au-dessous de vingt-cinq dans les villes où la population n'excède pas quinze mille âmes ; dans les autres villes, il doit être augmenté à raison d'un électeur pour mille âmes de population. (Co. 618.)

620 (2). Tout commerçant pourra être nommé juge ou suppléant, s'il est âgé de trente ans, s'il exerce le commerce avec honneur et distinction depuis cinq ans. Le président devra être âgé de quarante ans, et ne pourra être choisi que parmi les anciens juges, y compris ceux qui ont exercé dans les tribunaux actuels, et même les anciens juges-consuls des marchands. (Co. 617 s., 621 s.)

621 (3). L'élection sera faite au scrutin individuel, à la pluralité absolue des suffrages ; et lorsqu'il s'agira d'élire le président, l'objet spécial de cette élection sera annoncé avant d'aller au scrutin.

622. A la première élection, le président et la moitié des juges et des suppléants dont le tribunal sera composé, seront nommés pour deux ans : la seconde moitié des juges et des suppléants sera nommée pour un an : aux élections postérieures, toutes les nominations seront faites pour deux ans.

« Tous les membres compris dans une même élection seront soumis simultanément au renouvellement périodique, encore bien que l'institution de l'un ou de plusieurs d'entre eux ait été différée. » (*Loi 3 mars* 1840.)

623. « Le président et les juges, sortant d'exercice après deux années, pourront être réélus immédiatement pour deux autres années. Cette nouvelle période expirée, ils ne seront éligibles qu'après un an d'intervalle.

« Tout membre élu en remplacement d'un autre, par suite de décès ou de toute autre cause, ne demeurera en exercice que pendant la durée du mandat confié à son prédécesseur. » (*Loi 3 mars* 1840.)

624 (4). Il y aura près de chaque tribunal un greffier et des huissiers nommés par l'Empereur : leurs droits, vacations et

---

(1-2-3) Anciens articles 619, 620, 621, rétablis par le *décret du 2 mars* 1852.

(4) *Greffiers des tribunaux de commerce.*

Le règlement général annoncé par cet article n'a jamais été fait. Les droits et devoirs des greffiers des tribunaux de commerce sont réglés par

devoirs seront fixés par un règlement d'administration publique.

---

diverses dispositions de loi qui se trouvent rapportées ou indiquées ci-après, 2e partie, ch. 14, p. 108 et suivantes.

Tarifs des droits de greffe.

La loi générale du 21 ventôse an VII, portant établissement de droits de greffe au profit de la République, dans les tribunaux civils et de commerce, ainsi que le décret complémentaire du 12 juillet 1808, se trouvent aujourd'hui remplacés par les ordonnance, arrêté et décrets qui suivent.

1o *Ordonnance du 9 octobre 1825, qui fixe les droits que percevront les greffiers des tribunaux de commerce, indépendamment de ceux qui leur sont accordés par la loi du 11 mars 1799 (21 ventôse an V), et par le décret du 12 juillet 1808.*

CHARLES, par la grâce de Dieu, roi de France et de Navarre, à tous ceux qui ces présentes verront, salut :
Vu l'article 624 du Code de commerce, lequel est ainsi conçu :
« Il y aura près de chaque tribunal de commerce un greffier et des huis-
« siers nommés par le Roi.
« Leurs droits, vacations et devoirs seront fixés par un règlement d'ad-
« ministration publique. »
Vu pareillement la loi du 11 mars 1799 et les décrets du 12 juillet 1808 et du 6 janvier 1814 ;
Vu enfin les observations des tribunaux de commerce des principales villes de notre royaume ;
Etant informé que, dans la plupart des tribunaux de commerce, les greffiers reçoivent des rétributions qui ne sont autorisées ni par les règlements, ni par la loi, et que cet abus a sa source dans l'inexécution de l'article 624 du Code de commerce ;
Voulant y pourvoir, en conciliant les droits des justiciables et les intérêts légitimes des greffiers de ces tribunaux ;
Sur le rapport de notre garde des sceaux, ministre secrétaire d'Etat au département de la justice ;
Notre Conseil d'Etat entendu,
Nous avons ordonné et ordonnons ce qui suit :
Art. 1er. Indépendamment des droits et remises qui sont accordés aux greffiers des tribunaux de commerce par la loi du 11 mars 1799 et par le décret du 12 juillet 1808, ces officiers percevront à leur profit les droits ci-après établis.

§ Ier. — Jugements.

No 1. Pour chaque jugement interlocutoire et préparatoire porté sur la feuille d'audience, ceux de simple remise exceptés... 0 fr. 50 c.
Pour chaque jugement expédié et dont les qualités se régleront dans le greffe, savoir :
S'il est par défaut.................................... 1   0
Et s'il est contradictoire............................. 2   0

§ II. — Procès-verbaux.

Pour chaque procès-verbal,
No 2, de compulsoire (*art. 849 et suivants du Code de procéd., et art. 15 et 16 du Code de comm.*)......................... 4   0

No 3, d'interrogatoire sur faits et articles (2e *partie de l'art. 428 du même Code de proc.*)...................... 2 fr. 0 c.

No 4, de l'assemblée des créanciers pour la formation de la liste des candidats aux fonctions de syndics provisoires (*Code de comm., art. 476 et suivants jusqu'à 480. — Aujourd'hui 462 à 478*)...................... 2 0

No 5, de reddition du compte des agents aux syndics provisoires (*Code de comm., art. 481. — Abrogé*)...................... 3 0

No 6, de vérification et affirmation des créances (*Code de comm., art. 503 et 508. — Auj. 491 et suivants*).
Pour chaque créancier...................... 0 50
Et pour un contredit contre-signé au procès-verbal, et sur lequel il y aurait renvoi à l'audience...................... 0 50

No 7, de mise en demeure des créanciers non comparants (*art. 510 du Code de comm. — Abrogé*)...................... 2 0

No 8, de l'assemblée des créanciers dont les créances ont été admises, pour passer au concordat ou au contrat d'union (*art. 514 et 515 du Code de comm. — Auj. 504*)...................... 4 0

No 9, de reddition du compte définitif des syndics provisoires au failli, en cas de concordat (*art. 525 du Code de comm. — Auj. 519*)...................... 4 0

No 10, de reddition du compte définitif des syndics provisoires aux syndics définitifs, en cas d'union (*art. 527 du Code de comm. — Auj. 529*)...................... 4 0

No 11, de reddition du compte définitif des syndics aux créanciers de l'union (*art. 562 du Code de comm. — Auj. 537*)...................... 4 0

No 12, de l'assemblée des créanciers pour prendre une délibération quelconque non prévue par les dispositions précédentes...................... 3 0

§ III. — *Actes spéciaux aux tribunaux de commerce des villes maritimes.*

No 13. Pour la rédaction du rapport d'un capitaine de navire, à l'arrivée d'un voyage de long-cours ou de grand cabotage (*art. 242 et 243 du Code de comm.*)...................... 3 0

No 14. Pour la déclaration des causes de relâche dans le cours d'un voyage (*art. 245 du Code de comm.*)...................... 2 0

No 15. Pour la rédaction du rapport du capitaine, en cas de naufrage ou échouement...................... 2 0

§ IV. — *Formalités diverses.*

No 16. Pour l'affiche et pour l'insertion dans les journaux à faire dans les cas prévus par les articles 457, 476 et 512 du Code de commerce. — (*Auj.* 442, 492, 493, 504, 522, 600 et 607.) 1 0

No 17. Pour la rédaction, l'impression et l'envoi des lettres individuelles de convocation aux créanciers d'une faillite, dans le cas prévu par l'article 476 du Code de commerce (*Auj.* 462), par chaque lettre...................... 0 20

No 18. Pour la rédaction des certificats délivrés par le greffier, dans les cas prévus par les lois, règlements ou jugements. 1 0

Art. 2. Les greffiers des tribunaux de commerce inscriront, au pied des expéditions qu'ils délivreront aux parties, le détail des déboursés et des droits auxquels chaque acte aura donné lieu.

A défaut d'expédition, ils écriront ce détail sur des états signés d'eux, et qu'ils remettront aux parties.

Ils porteront sur le registre prescrit par l'article 13 de la loi du 11 mars 1799 toutes les sommes qu'ils percevront, soit en vertu de la présente ordonnance, soit en vertu des lois et règlements antérieurs ; les déboursés et les émoluments seront inscrits dans des colonnes séparées.

ART. 3. Le présent tarif ne s'applique point aux actes des greffiers des tribunaux civils qui exercent la juridiction commerciale (*abrogé* par l'article 4, *décret* 24 *mai* 1834, V. ci-après, p. 186).

Il ne s'applique pas non plus à ceux des actes spécifiés dans l'article 1er, qui sont dressés par les greffiers des justices de paix, dans les cas où les juges de paix sont autorisés par la loi à les recevoir.

ART. 4. Le décret du 6 janvier 1814 (qui était spécial au greffe du tribunal de commerce de Paris) est abrogé.

ART. 5. Si les greffiers des tribunaux de commerce ou leurs commis reçoivent, sous quelque prétexte que ce soit, d'autres ou de plus forts droits que ceux qui leur sont attribués par la loi du 11 mars 1799, par le décret du 12 juillet 1808, et par la présente ordonnance, il est enjoint aux présidents de ces tribunaux d'en informer immédiatement nos procureurs généraux. Il en sera pareillement fait rapport à notre garde des sceaux.

Les contrevenants seront, selon la gravité des circonstances, destitués de leur emploi, traduits devant la police correctionnelle, pour être condamnés à l'amende déterminée par l'article 23 de la loi du 11 mars 1799, ou poursuivis extraordinairement en vertu de l'article 174 du Code pénal ; sans préjudice, dans tous les cas, de la restitution des sommes indûment perçues, et des dommages et intérêts quand il y aura lieu.

Circulaire du garde des sceaux du 9 *octobre* 1826 (M. le comte de Peyronnet), *relative à diverses questions élevées sur l'exécution de l'ordonnance du* 9 *octobre* 1825, *touchant les droits des greffiers des tribunaux de commerce.*

Paris, le 9 octobre 1826.

M. le procureur général, l'ordonnance royale du 9 octobre 1825, qui fixe les droits à percevoir par les greffiers des tribunaux de commerce, indépendamment de ceux qui leur sont attribués par la loi du 11 mars 1799 (21 ventôse an VII) et par le décret du 12 juillet 1808, a donné lieu à une correspondance de la part de plusieurs tribunaux de commerce sur le sens de cette ordonnance.

Il est résulté de cette correspondance les questions suivantes :

1° Est-il dû une rétribution au greffier, à raison des jugements définitifs non expédiés ?

2° Doit-on entendre par jugement expédié tout jugement rédigé et porté sur la feuille d'audience, ou seulement les jugements dont les parties lèvent l'expédition ?

3° Lorsqu'un jugement est en partie contradictoire et en partie par défaut, quelle est la rétribution à laquelle le greffier a droit ?

4° Lorsqu'un jugement contradictoire est en partie définitif et en partie interlocutoire, quelle doit être la rétribution du greffier ?

5° Les jugements de déclaration de faillite sont-ils dans la classe des jugements contradictoires, ou dans celle des jugements par défaut ?

Doit-on à cet égard distinguer entre ceux desdits jugements qui sont rendus sur la demande des créanciers, et ceux qui sont rendus par suite de la déclaration du failli ?

6° Les jugements de nomination des syndics provisoires, et les autres jugements rendus sur la demande des syndics, ou sur le rapport du juge-commissaire de la faillite, sont-ils contradictoires ou par défaut ?

7° Le troisième alinéa de l'article 2 de l'ordonnance du 9 octobre 1825, qui veut que les greffiers des tribunaux de commerce portent sur le registre prescrit par l'article 13 de la loi du 11 mars 1799 toutes les sommes qu'ils perçoivent, n'est-il applicable qu'au cas où ces officiers délivrent expédition des jugements, ou doit-il être exécuté dans tous les cas où lesdits greffiers perçoivent des droits quelconques?

8º Les états que les greffiers doivent fournir aux parties dans le cas prévu par le second alinéa de l'article 2, peuvent-ils être inscrits sur papier non timbré?

Peuvent-ils l'être sur le dos de l'original de l'assignation?

D'autres tribunaux de commerce m'ont adressé des réclamations tendant à établir l'insuffisance du tarif contenu dans l'ordonnance du 9 octobre 1825.

J'ai fait réunir le tout, et je l'ai envoyé à l'examen de plusieurs comités réunis du Conseil d'Etat : toutes les questions et réclamations ont été mûrement pesées et discutées, et ces comités ont émis un avis que j'ai approuvé et dont je crois utile de vous faire connaître le résultat.

Sur les questions rapportées plus haut, les comités ont pensé :

1º Qu'il est dû au greffier une rétribution de cinquante centimes à raison de chaque jugement définitif non expédié, mais simplement porté sur la feuille d'audience; — Que ces jugements doivent être assimilés, comme ils l'ont été sous l'empire du décret du 6 janvier 1814, aux jugements interlocutoires et préparatoires portés sur la feuille d'audience;

2º Que l'on ne doit entendre par *jugements expédiés* que ceux dont les parties ont levé expédition, et non pas ceux qui ont été seulement portés sur la feuille d'audience;

3º Que, lorsque de plusieurs parties assignées les unes comparaissent et les autres font défaut, le jugement qui donne défaut contre ces derniers et prononce la jonction du défaut, conformément à l'article 153 du Code de procédure civile, n'est qu'un simple jugement par défaut, qui ne donne lieu qu'au droit de un franc;

Mais que le jugement qui intervient par suite de la réassignation, donne, dans tous les cas, ouverture à la rétribution accordée pour les jugements contradictoires, par le motif que ce jugement n'est point susceptible d'opposition, d'où il suit qu'il peut être assimilé à un jugement contradictoire définitif;

4º Que les jugements contradictoires, lorsqu'ils sont en partie définitifs et en partie interlocutoires, donnent lieu au droit de deux francs, c'est-à-dire au droit le plus fort;

5º Que les jugements de déclaration de faillite, lorsqu'ils ont été provoqués à la fois par la demande d'un ou plusieurs créanciers et par la déclaration du failli, sont contradictoires, puisqu'ils ont statué sur les conclusions des parties ayant des intérêts opposés; — Qu'ils sont, au contraire, par défaut, lorsqu'ils sont intervenus, soit sur la seule demande d'un ou plusieurs créanciers, soit sur la seule déclaration du failli, soit sur la seule notoriété publique, puisqu'alors il n'est pas statué sur les conclusions des parties ayant des intérêts opposés;

6º Que les jugements de nomination de syndics provisoires sont dans la classe des jugements contradictoires, lorsqu'ils sont intervenus sur une liste formée dans une assemblée de créanciers régulièrement convoqués, parce que, dans ce cas, ces jugements ne sont point susceptibles d'opposition;

Que les jugements rendus, soit sur la demande des syndics, soit sur le rapport du juge-commissaire de la faillite, peuvent être tantôt contradictoires et tantôt par défaut, selon que tous ceux qui y sont parties comparaissent et se défendent, ou qu'une ou plusieurs parties ne comparaissent pas ou ne se défendent pas; qu'il est impossible d'établir d'autre règle sur ce point;

7º Que le troisième alinéa de l'article 2 de l'ordonnance du 9 octobre 1825 s'applique à toutes les sommes que le greffier perçoit, soit que cette perception ait lieu à l'occasion de la délivrance d'une expédition, soit qu'elle ait lieu dans tout autre cas;

8° Que les états que le greffier doit fournir dans le cas prévu par le deuxième alinéa de l'article 2 de l'ordonnance du 9 octobre 1825, ne peuvent être écrits ni sur papier libre, ni sur le papier timbré de l'original de l'assignation, sur le motif que ces états sont des actes civils et judiciaires, qui peuvent être produits en justice, et qu'ils ne peuvent être écrits à la suite d'un autre acte, sur une même feuille, aux termes des lois sur le timbre;

Qu'enfin il y a lieu de maintenir le tarif établi par l'ordonnance du 9 octobre 1825.

Telles sont, M. le procureur général, les solutions données, tant sur les questions élevées par divers tribunaux de commerce, que sur les réclamations présentées par d'autres, contre la prétendue insuffisance du tarif contenu dans l'ordonnance déjà citée.

Je vous prie d'en donner connaissance aux tribunaux de commerce de votre ressort, pour leur servir de règle, et de m'accuser la réception de cette circulaire, dont vous voudrez bien adresser un exemplaire tant à vos substituts qu'aux présidents des tribunaux de commerce.

Recevez, M. le procureur général, l'assurance, etc.

Arrêté du 8-11 avril 1848, qui modifie le tarif relatif aux émoluments des greffiers et des huissiers audienciers près les tribunaux de commerce.

Le tarif relatif aux émoluments des greffiers et des huissiers audienciers près les tribunaux de commerce est modifié de la manière suivante :

Le papier du plumitif, porté à 50 c. sur chaque expédition, est réduit à 25 c.

Les droits de rédaction pour les jugements contradictoires expédiés sont réduits de 2 fr. à 1 fr. 50 c.

Le droit d'appel des causes dû aux huissiers audienciers est réduit de 30 c. à 20 c.

Les émoluments du greffier en matière de faillite sont modifiés ainsi qu'il suit :

Sur le procès-verbal de remise à huitaine, pour le concordat, au lieu de 4 fr., 3 fr.

Sur le procès-verbal de reddition de compte des syndics, au lieu de 4 fr., 3 fr.

Sur la rédaction, l'impression, l'envoi des lettres aux créanciers, par chaque lettre au lieu de 20 c., 10 c.

Sur les droits de recherche (*loi du 21 ventôse an VII*), au lieu de 50 c., 25 c.

Décret du 24 mai-1er juin 1854.

§ II. — *Des greffiers des tribunaux civils qui exercent la juridiction commerciale.*

4. Les allocations établies par l'ordonnance des 9-12 octobre 1825 et l'arrêté modificatif du 8 avril 1848, au profit des greffiers des tribunaux de commerce, sont accordées aux greffiers des tribunaux civils de première instance qui exercent la juridiction commerciale; néanmoins, ils n'ont droit à aucun émolument dans les cas prévus par l'article 8 du présent tarif.

5. Les dispositions des articles 2, 3 et 4 du présent décret sont applicables aux greffiers des tribunaux civils qui exercent la juridiction commerciale; mais l'allocation, à titre de remboursement du timbre employé aux feuilles d'audience, est fixée pour chaque jugement à 50 c.

Art. 2. — Lorsque, dans l'exercice de leurs fonctions, les greffiers des tribunaux civils de première instance se transportent à plus de 5 kilomètres de leur résidence, ils reçoivent, pour frais de voyage, nourriture et séjour, une indemnité par jour de 8 francs.

S'ils se transportent à plus de 2 myriamètres, l'indemnité par jour est de 10 francs.

Nota. — L'article 3 du *Décret du 24 mai 1854* est aujourd'hui remplacé par l'article 1 du *Décret du* 8 *décembre* 1862. (V. ci-après.)

§ IV. — *Dispositions générales.*

8. Les greffiers n'ont droit à aucun émolument,

1° Pour les minutes des arrêts, jugements et ordonnances, ou pour celles des actes et procès-verbaux reçus ou dressés par les magistrats avec leur assistance;

2° Pour les simples formalités qui n'exigent aucune écriture, ou dont il est seulement fait mention sommaire, soit sur les pièces produites, soit sur les registres du greffe, à l'exception du répertoire prescrit par la loi du 22 frimaire an VII;

3° Pour l'accomplissement des obligations qui leur sont imposées, soit à l'effet de régulariser le service des greffes, soit dans un intérêt d'ordre public ou d'administration judiciaire.

9. Les greffiers doivent inscrire, au bas des expéditions qui leur sont demandées, le détail des déboursés et des droits auxquels chaque arrêt, jugement ou acte donne lieu.

À défaut d'expédition, ils doivent faire cette mention sur des états signés d'eux, et qu'ils remettent aux parties ou aux avoués.

Il leur est alloué pour chaque état un émolument de dix centimes.

Ils portent sur les registres dont la tenue est prescrite par la loi toutes les sommes qu'ils perçoivent.

Les déboursés et les émoluments sont inscrits sur des colonnes séparées.

L'article 10 est aujourd'hui remplacé par l'article 4 du *Décret du* 8 *décembre* 1862. (V. ci-après.)

L'article 11 est étranger aux matières commerciales.

12. Il est interdit aux greffiers des cours impériales et des tribunaux civils de première instance, ainsi qu'à leurs commis, de recevoir, sous quelque prétexte que ce soit, d'autres ou plus forts droits que ceux qui leur sont alloués par le présent décret; ils ne peuvent exiger ni recevoir aucun droit de prompte expédition.

Le contrevenant est, suivant la gravité des circonstances, destitué de son emploi et poursuivi pour l'application des peines prononcées, soit par l'article 23 de la loi du 21 ventôse an VII (1), soit par l'article 174 du Code pénal, sans préjudice de la restitution des sommes perçues et de tous dommages-intérêts, s'il y a lieu.

(1) *Art.* 23. — *L.* 21 *ventôse an VII :* — « Il est défendu aux greffiers et à leurs commis d'exiger ni recevoir d'autres droits de greffe, ni aucun droit de prompte expédition, à peine de *cent francs* d'amende et de destitution. » — L'amende de *cent francs* se trouve réduite à *vingt francs* par l'art. 10 de la loi du 16 juin 1824. »

Décret du 8 *décembre* 1862 *allouant aux greffiers des tribunaux de commerce une indemnité pour le timbre employé aux feuilles d'audience et contenant diverses autres dispositions.*

1. Il est alloué aux greffiers des cours impériales et aux greffiers des tribunaux civils de première instance, comme remboursement du papier timbré : — 1° Pour chaque arrêt ou jugement rendu à la requête des parties, ceux de simple remise exceptés, 1 fr. — 2° Pour chaque acte porté sur un registre timbré, 50 c. — 3° Pour chaque mention portée sur un registre timbré, 20 c.

2. Les dispositions de l'article précédent sont applicables aux greffiers des tribunaux spéciaux de commerce et aux greffiers des tribunaux civils qui exercent la juridiction commerciale, mais l'allocation à titre de remboursement du timbre employé aux feuilles d'audience est fixée pour chaque jugement, ceux de simple remise exceptés, à soixante-cinq centimes.

4. Les greffiers mentionnés au présent décret ne peuvent écrire, sur les minutes ou feuilles d'audience et sur les registres timbrés, plus de trente lignes à la page et de vingt syllabes à la ligne, sur une feuille au timbre de 1 franc; — De quarante lignes à la page et de vingt-cinq syllabes à la ligne, lorsque la feuille est au timbre de un franc cinquante centimes, — Et plus de cinquante lignes à la page et de trente syllabes à la ligne, lorsque la feuille est au timbre de deux francs. — Toute contravention est constatée conformément à la loi du 13 brumaire an VII (1) et punie de l'amende prononcée par l'article (10) de la loi du 16 juin 1824 (*cinq francs*), sans préjudice des droits de timbre à la charge des contrevenants.

(1) Procès-verbaux dressés par les préposés de la régie (art. 31).

DÉPOTS FAITS AU GREFFE ET INSERTIONS.

Circulaire du ministre de la justice en date du 5 mai 1813 relative à la tenue d'un registre destiné à constater le dépôt et l'insertion au tableau des actes susceptibles de cette formalité.

Paris, le 5 mai 1813.

M. le procureur général, les Codes de commerce et de procédure civile ordonnent la remise et l'insertion au tableau, dans l'auditoire des tribunaux, dans les chambres des notaires et dans celle des avoués, des extraits 1° des contrats de mariage entre personnes dont l'une est commerçante, 2° des jugements de séparation de biens.

Son Excellence le ministre des finances appelle mon attention sur l'exécution de ces formalités qui sont d'un intérêt général, et elle pense que, pour assurer, d'une part, la perception des droits, et constater de l'autre, d'une manière plus authentique, l'accomplissement des dispositions dont il s'agit, il conviendrait d'adopter un mode uniforme à ce sujet, et de consacrer en principe :

1° Que le registre destiné à constater la remise de l'extrait et l'insertion, attendu qu'il fait titre à des tiers, doit être tenu sur papier timbré;

2° Que ce registre à l'égard des chambres sera coté et paraphé par l'un des syndics;

3° Que le secrétaire rédigera sommairement sur ce registre un acte constatant la remise de l'extrait et l'insertion au tableau;

4° Que cet acte sera enregistré dans les vingt jours de sa date, au droit fixe d'un franc, ce délai étant celui que l'article 4 du décret impérial du 4 messidor an XIII accorde pour l'enregistrement de leurs actes aux établissements publics, au nombre desquels doivent être rangées les chambres de discipline; qu'enfin l'expédition de l'acte délivré à la partie sur papier de 75 centimes ne doit être sujette à aucun droit d'enregistrement.

En ce qui concerne le dépôt aux greffes des tribunaux, Son Excellence observe que la quotité du droit d'enregistrement doit être de deux francs, outre le droit de rédaction d'un franc 25 centimes, puisque l'acte rédigé par le greffier établit en même temps le dépôt et la publication de l'acte.

Ces dispositions s'accordant avec le vœu de la loi, vous voudrez bien donner les ordres convenables aux procureurs impériaux et aux tribunaux de commerce de votre ressort pour en assurer l'exécution.

Recevez, M. le procureur général, les nouvelles assurances de toute ma considération, ainsi que mes sentiments affectueux.

Signé, le DUC DE MASSA.

Dépôt des marques de fabrique et de commerce au greffe des tribunaux de commerce.

Loi du 23-27 juin 1857.

TITRE PREMIER.
DU DROIT DE PROPRIÉTÉ DES MARQUES.

1. La marque de fabrique ou de commerce est facultative. — Toutefois, des décrets, rendus en la forme des règlements d'administration publique, peuvent exceptionnellement la déclarer obligatoire pour les produits qu'ils déterminent. — Sont considérés comme marques de fabrique et de commerce les noms sous une forme distinctive, les dénominations, emblèmes, empreintes, timbres, cachets, vignettes, reliefs, lettres, chiffres, enveloppes et tous autres signes servant à distinguer les produits d'une fabrique ou les objets d'un commerce.

2. Nul ne peut revendiquer la propriété exclusive d'une marque, s'il n'a déposé deux exemplaires du modèle de cette marque au greffe du tribunal de commerce de son domicile.

3. Le dépôt n'a d'effet que pour quinze années. — La propriété de la marque peut toujours être conservée pour un nouveau terme de quinze années au moyen d'un nouveau dépôt.

4. Il est perçu un droit fixe d'un franc pour la rédaction du procès-verbal de dépôt de chaque marque et pour le coût de l'expédition, non compris les frais de timbre et d'enregistrement.

TITRE II.
DISPOSITIONS RELATIVES AUX ÉTRANGERS.

5. Les étrangers qui possèdent en France des établissements d'industrie ou de commerce, jouissent, pour les produits de leurs établissements, du bénéfice de la présente loi, en remplissant les formalités qu'elle prescrit.

6. Les étrangers et les Français dont les établissements sont situés hors de France jouissent également du bénéfice de la présente loi, pour les produits de ces établissements, si, dans les pays où ils sont situés, des conventions diplomatiques ont établi la réciprocité pour les marques françaises. — Dans ce cas, le dépôt des marques étrangères a lieu au greffe du tribunal de commerce du département de la Seine.

TITRE III.
PÉNALITÉS.

7. Sont punis d'une amende de cinquante francs à trois mille francs et d'un emprisonnement de trois mois à trois ans, ou de l'une de ces peines seulement :

1° Ceux qui ont contrefait une marque ou fait usage d'une marque contrefaite;

2° Ceux qui ont frauduleusement apposé sur leurs produits ou les objets de leur commerce une marque appartenant à autrui;

3° Ceux qui ont sciemment vendu ou mis en vente un ou plusieurs produits revêtus d'une marque contrefaite ou frauduleusement apposée.

8. Sont punis d'une amende de cinquante francs à deux mille francs et d'un emprisonnement d'un mois à un an, ou de l'une de ces peines seulement :

1° Ceux qui, sans contrefaire une marque, en ont fait une imitation frauduleuse de nature à tromper l'acheteur, ou ont fait usage d'une marque frauduleusement imitée ;

2° Ceux qui ont fait usage d'une marque portant des indications propres à tromper l'acheteur sur la nature du produit ;

3° Ceux qui ont sciemment vendu ou mis en vente un ou plusieurs produits revêtus d'une marque frauduleusement imitée ou portant des indications propres à tromper l'acheteur sur la nature du produit.

9. Sont punis d'une amende de cinquante francs à mille francs et d'un emprisonnement de quinze jours à six mois, ou de l'une de ces peines seulement :

1° Ceux qui n'ont pas apposé sur leurs produits une marque déclarée obligatoire ;

2° Ceux qui ont vendu ou mis en vente un ou plusieurs produits ne portant pas la marque déclarée obligatoire pour cette espèce de produits ;

3° Ceux qui ont contrevenu aux dispositions des décrets rendus en exécution de l'article 1er de la présente loi.

10. Les peines établies par la présente loi ne peuvent être cumulées.

La peine la plus forte est seule prononcée pour tous les faits antérieurs au premier acte de poursuite.

11. Les peines portées aux articles 7, 8 et 9 peuvent être élevées au double en cas de récidive.

Il y a récidive lorsqu'il a été prononcé contre le prévenu, dans les cinq années antérieures, une condamnation pour un des délits prévus par la présente loi.

12. L'article 463 du Code pénal peut être appliqué aux délits prévus par la présente loi (circonstances atténuantes).

13. Les délinquants peuvent, en outre, être privés du droit de participer aux élections des tribunaux et des chambres de commerce, des chambres consultatives des arts et manufactures, et des conseils de prud'hommes, pendant un temps qui n'excédera pas dix ans.

Le tribunal peut ordonner l'affiche du jugement dans les lieux qu'il détermine, et son insertion intégrale ou par extrait dans les journaux qu'il désigne, le tout aux frais du condamné.

14. La confiscation des produits dont la marque serait reconnue contraire aux dispositions des articles 7 et 8 peut, même en cas d'acquittement, être prononcée par le tribunal, ainsi que celle des instruments et ustensiles ayant spécialement servi à commettre le délit.

Le tribunal peut ordonner que les produits confisqués soient remis au propriétaire de la marque contrefaite ou frauduleusement apposée ou imitée, indépendamment de plus amples dommages-intérêts, s'il y a lieu.

Il prescrit, dans tous les cas, la destruction des marques reconnues contraires aux dispositions des articles 7 et 8.

15. Dans le cas prévu par les deux premiers paragraphes de l'article 9, le tribunal prescrit toujours que les marques déclarées obligatoires soient apposées sur les produits qui y sont assujettis.

Le tribunal peut prononcer la confiscation des produits, si le prévenu a encouru, dans les cinq années antérieures, une condamnation pour un des délits prévus par les deux premiers paragraphes de l'article 9.

TITRE IV.

JURIDICTIONS.

16. Les actions civiles relatives aux marques sont portées devant les tribunaux civils et jugées comme matières sommaires.

En cas d'action intentée par la voie correctionnelle, si le prévenu soulève pour sa défense des questions relatives à la propriété de la marque, le tribunal de police correctionnelle statue sur l'exception.

17. Le propriétaire d'une marque peut faire procéder par tous huissiers à la description détaillée, avec ou sans saisie, des produits qu'il prétend marqués à son préjudice en contravention aux dispositions de la présente loi, en vertu d'une ordonnance du président du tribunal civil de première instance, ou du juge de paix du canton, à défaut de tribunal dans le lieu où se trouvent les produits à décrire ou à saisir.

L'ordonnance est rendue sur simple requête et sur la présentation du procès-verbal constatant le dépôt de la marque. Elle contient, s'il y a lieu, la nomination d'un expert, pour aider l'huissier dans sa description.

Lorsque la saisie est requise, le juge peut exiger du requérant un cautionnement, qu'il est tenu de consigner avant de faire procéder à la saisie.

Il est laissé copie, aux détenteurs des objets décrits ou saisis, de l'ordonnance et de l'acte constatant le dépôt du cautionnement, le cas échéant; le tout à peine de nullité et de dommages-intérêts contre l'huissier.

18. A défaut par le requérant de s'être pourvu, soit par la voie civile, soit par la voie correctionnelle, dans le délai de quinzaine, outre un jour par cinq myriamètres de distance entre le lieu où se trouvent les objets décrits ou saisis et le domicile de la partie contre laquelle l'action doit être dirigée, la description ou saisie est nulle de plein droit, sans préjudice des dommages-intérêts qui peuvent être réclamés, s'il y a lieu.

TITRE V.
DISPOSITIONS GÉNÉRALES OU TRANSITOIRES.

19. Tous produits étrangers portant soit la marque, soit le nom d'un fabricant résidant en France, soit l'indication du nom ou du lieu d'une fabrique française, sont prohibés à l'entrée et exclus du transit et de l'entrepôt, et peuvent être saisis, en quelque lieu que ce soit, soit à la diligence de l'administration des douanes, soit à la requête du ministère public ou de la partie lésée.

Dans le cas où la saisie est faite à la diligence de l'administration des douanes, le procès-verbal de saisie est immédiatement adressé au ministère public.

Le délai dans lequel l'action prévue par l'article 18 devra être intentée, sous peine de nullité de la saisie, soit par la partie lésée, soit par le ministère public, est porté à deux mois.

Les dispositions de l'article 14 sont applicables aux produits saisis en vertu du présent article.

20. Toutes les dispositions de la présente loi sont applicables aux vins, eaux-de-vie et autres boissons, aux bestiaux, grains, farines, et généralement à tous les produits de l'agriculture.

21. Tout dépôt de marques opéré au greffe du tribunal de commerce antérieurement à la présente loi aura effet pour quinze années, à dater de l'époque où ladite loi sera exécutoire.

22. La présente loi ne sera exécutoire que six mois après sa promulgation. Un règlement d'administration publique déterminera les formalités à remplir pour le dépôt et la publicité des marques, et toutes les autres mesures nécessaires pour l'exécution de la loi.

23. Il n'est pas dérogé aux dispositions antérieures qui n'ont rien de contraire à la présente loi.

Décret du 26 juillet-11 août 1858 contenant règlement sur les marques de fabrique.

1. Le dépôt que les fabricants, commerçants ou agriculteurs peuvent faire de leur marque au greffe du tribunal de commerce de leur domicile, on, à défaut de tribunal de commerce, au greffe du tribunal civil, pour jouir des droits résultant de la loi du 23 juin 1857, est soumis aux dispositions suivantes :

2. Ce dépôt doit être fait par la partie intéressée ou par son fondé de pouvoir spécial.

La procuration peut être sous seing privé, mais enregistrée ; elle doit être laissée au greffier.

Le modèle à fournir consiste en deux exemplaires sur papier libre d'un dessin, d'une gravure ou d'une empreinte représentant la marque adoptée.

Le papier forme un carré de dix-huit centimètres de côtés, dont le modèle occupe le milieu.

3. Si la marque est en creux ou en relief sur les produits, si elle a dû être réduite pour ne pas excéder les dimensions du papier, ou si elle présente quelque autre particularité, le déposant l'indique sur les deux exemplaires, soit par une ou plusieurs figures de détail, soit au moyen d'une légende explicative.

Ces indications doivent occuper la gauche du papier où est figurée la marque ; la droite est réservée aux mentions prescrites à l'article 5, conformément au modèle annexé au présent décret.

4. Un des deux exemplaires de la marque est collé par le greffier sur une des feuilles d'un registre tenu à cet effet et dans l'ordre des présentations. L'autre est transmis dans les cinq jours au plus tard au ministre de l'agriculture, du commerce et des travaux publics, pour être déposé au Conservatoire impérial des arts et métiers.

Le registre est en papier libre, du format de vingt-quatre centimètres de largeur sur quarante de hauteur, coté et paraphé par le président du tribunal de commerce ou du tribunal civil, suivant les cas.

5. Le greffier dresse le procès-verbal du dépôt dans l'ordre des présentations, sur un registre en papier timbré, coté et paraphé, comme il est dit à l'article précédent. Il indique dans ce procès-verbal :

1° Le jour et l'heure du dépôt ;

2° Le nom du propriétaire de la marque et celui de son fondé de pouvoirs ;

3° La profession du propriétaire, son domicile et le genre d'industrie pour lequel il a l'intention de se servir de la marque.

Chaque procès-verbal porte un numéro d'ordre ; ce numéro est également inscrit sur les deux modèles, ainsi que le nom, le domicile ou la profession du propriétaire de la marque, le lieu et la date du dépôt, et le genre d'industrie auquel la marque est destinée.

Lorsque, au bout de quinze ans, le propriétaire d'une marque en fait un nouveau dépôt, cette circonstance doit être mentionnée sur les modèles et dans le procès-verbal de dépôt.

Le procès-verbal et les modèles sont signés par le greffier et par le déposant, ou par un fondé de pouvoir.

Une expédition du procès-verbal de dépôt est délivrée au déposant.

6. Il est dû au greffier, outre le droit fixe d'un franc pour le procès-verbal de dépôt de chaque marque, y compris le coût de l'expédition, le remboursement des droits de timbre et d'enregistrement. Le remboursement du timbre du procès-verbal est fixé à *cinquante* centimes. (*Loi du 2 juillet* 1862, art. 17.)

Toute expédition délivrée après la première donne également lieu à la perception d'un franc au profit du greffier.

7. Le greffier du tribunal de commerce du département de la Seine, chargé, dans le cas prévu par l'article 6 de la loi du 23 juin 1857, de recevoir le dépôt des marques des étrangers et des Français dont les établissements sont situés hors de France, doit en former un registre spécial, et mentionner dans le procès-verbal de dépôt le pays où est situé l'établissement industriel, commercial ou agricole du propriétaire de la marque,

625. Il sera établi, pour la ville de Paris seulement, des gardes du commerce pour l'exécution des jugements emportant la contrainte par corps : la forme de leur organisation et

---

ainsi que la convention diplomatique par laquelle la réciprocité a été établie.

8. Au commencement de chaque année, les greffiers dressent sur papier libre et d'après le modèle donné par le ministre de l'agriculture, du commerce et des travaux publics, une table ou répertoire des marques dont ils ont reçu le dépôt pendant le cours de l'année précédente.

9. Les registres, procès-verbaux et répertoires déposés dans les greffes, ainsi que les modèles réunis au dépôt central du Conservatoire impérial des arts et métiers, sont communiqués sans frais.

Huissiers-audienciers.

Voir pour les droits et obligations des huissiers-audienciers quant à leur service près les tribunaux de commerce ci-après, 2ᵉ partie, chapitre XVII, p. 160.

Il n'y a pas d'huissiers spécialement attachés aux tribunaux de commerce.

Chaque tribunal désigne parmi les huissiers ordinaires ceux qui sont chargés du service des audiences.

Le tarif des actes est réglé par le décret général du 16 février 1807.

Le tarif des traitements dus aux huissiers pour les actes concernant la juridiction commerciale se trouve réglé par les dispositions qui régissent les greffiers des tribunaux de commerce que nous venons de rapporter.

V. l'arrêté du 8 avril 1848, tarif de divers actes, *suprà*, p. 186.

Décret du 30 mars 1808 contenant règlement pour la police et la discipline des cours et tribunaux.

96. Les huissiers qui seront de service se rendront au lieu des séances, une heure avant l'ouverture de l'audience; ils prendront au greffe l'extrait des causes qu'ils doivent appeler. — Ils veilleront à ce que personne ne s'introduise à la chambre du conseil sans s'être fait annoncer, à l'exception des membres du tribunal. — Ils maintiendront, sous les ordres des présidents, la police des audiences.

Décret du 14 juin 1813 portant règlement sur l'organisation et le service des huissiers.

2. Nos cours et tribunaux choisiront parmi les huissiers ceux qu'ils jugeront les plus dignes de leur confiance, pour le service intérieur de leurs audiences.

3. Les huissiers ainsi désignés continueront de porter le titre d'*huissiers-audienciers*.

94. Les huissiers-audienciers de tous nos tribunaux de commerce, sans distinction de lieu, recevront trente centimes par chaque appel de cause (réduit à *vingt* centimes par l'arrêté du 8 avril 1848), laquelle attribution sera exceptée du versement à la bourse commune.

95. Le produit total (de cet émolument) sera partagé, par portions égales, entre les seuls huissiers audienciers du tribunal où ils ont été perçus, et sans aucune distinction entre ces huissiers, de quelque manière que le service intérieur ait été distribué entre eux.

leurs attributions seront déterminées par un règlement particulier (1-2). (Pr. 780 s.)

---

(1) *Décret du 14 mars 1808 concernant les gardes du commerce.* (V. le
texte de ce décret, 2ᵉ partie, p. 176.)

(2) LÉGISLATION SUR LA CONTRAINTE PAR CORPS EN MATIÈRE
DE COMMERCE.

1° *Loi du 17 avril 1832.*

TITRE PREMIER.

DISPOSITIONS RELATIVES A LA CONTRAINTE PAR CORPS EN MATIÈRE DE
COMMERCE.

1. La contrainte par corps sera prononcée, sauf les exceptions et les
modifications ci-après, contre toute personne condamnée pour dette commerciale au paiement d'une somme principale de deux cents francs et au-
dessus. (*V. Loi du* 13 *décembre* 1848 ci-après 2°.)

2. Ne sont point soumis à la contrainte par corps en matière de commerce, — 1° Les femmes et les filles non légalement réputées marchandes publiques ; — 2° Les mineurs non commerçants, ou qui ne sont point
réputés majeurs pour fait de leur commerce ; — 3° Les veuves et héritiers
des justiciables des tribunaux de commerce assignés devant ces tribunaux
en reprise d'instance, ou par action nouvelle, en raison de leur qualité.

3. Les condamnations prononcées par les tribunaux de commerce contre des individus non négociants, pour signatures apposées, soit à des lettres de change réputées simples promesses aux termes de l'article 112 du
Code de commerce, soit à des billets à ordre, n'emportent point la contrainte par corps, à moins que ces signatures et engagements n'aient eu
pour cause des opérations de commerce, trafic, change, banque ou courtage.

4. La contrainte par corps, en matière de commerce, ne pourra être
prononcée contre les débiteurs qui auront commencé leur soixante-dixième
année.

5. L'emprisonnement pour dette commerciale cessera de plein droit
après un an, lorsque le montant de la condamnation principale ne s'élèvera pas à cinq cents francs ; — Après deux ans, lorsqu'il ne s'élèvera pas
à mille francs ; — Après trois ans, lorsqu'il ne s'élèvera pas à trois mille
francs ; — Après quatre ans, lorsqu'il ne s'élèvera pas à cinq mille francs ;
— Après cinq ans, lorsqu'il sera de cinq mille francs et au-dessus. (*Abrogé*
par l'article 4 de la *loi du* 13 *décembre* 1848.)

6. Il cessera pareillement de plein droit le jour où le débiteur aura
commencé sa soixante-dixième année.

TITRE II.

DISPOSITIONS RELATIVES A LA CONTRAINTE PAR CORPS EN MATIÈRE CIVILE.

SECTION PREMIÈRE.

Contrainte par corps en matière civile ordinaire.

7. Dans tous les cas où la contrainte par corps a lieu en matière civile ordinaire, la durée en sera fixée par le jugement de condamnation ;
elle sera d'un an au moins et de dix ans au plus. — Néanmoins, s'il s'agit
de fermages de biens ruraux aux cas prévus par l'article 2062 du Code civil

ou de l'exécution des condamnations intervenues dans le cas où la contrainte par corps n'est pas obligée, et où la loi attribue seulement aux juges la faculté de la prononcer, la durée de la contrainte ne sera que d'un an au moins et de cinq ans au plus.

SECTION II.

Contrainte par corps en matière de deniers et effets mobiliers publics.

(Articles 8 à 13.)

TITRE III.

DISPOSITIONS RELATIVES A LA CONTRAINTE PAR CORPS CONTRE LES ÉTRANGERS.

14. Tout jugement qui interviendra au profit d'un Français contre un étranger non-domicilié en France, emportera la contrainte par corps, à moins que la somme principale de la condamnation ne soit inférieure à cent cinquante francs, sans distinction entre les dettes civiles et les dettes commerciales.

15. Avant le jugement de condamnation, mais après l'échéance ou l'exigibilité de la dette, le président du tribunal de première instance dans l'arrondissement duquel se trouvera l'étranger non domicilié, pourra, s'il y a de suffisants motifs, ordonner son arrestation provisoire, sur la requête du créancier français. — Dans ce cas, le créancier sera tenu de se pourvoir en condamnation dans la huitaine de l'arrestation du débiteur, faute de quoi celui-ci pourra demander son élargissement. — La mise en liberté sera prononcée par ordonnance de référé, sur une assignation donnée au créancier par l'huissier que le président aura commis dans l'ordonnance même qui autorisait l'arrestation, et, à défaut de cet huissier, par tel autre qui sera commis spécialement.

16. L'arrestation provisoire n'aura pas lieu ou cessera, si l'étranger justifie qu'il possède sur le territoire français un établissement de commerce ou des immeubles, le tout d'une valeur suffisante pour assurer le paiement de la dette, ou s'il fournit pour caution une personne domiciliée en France et reconnue solvable.

17. La contrainte par corps exercée contre un étranger en vertu de jugement pour dette civile ordinaire, ou pour dette commerciale, cessera de plein droit après deux ans, lorsque le montant de la condamnation principale ne s'élèvera pas à cinq cents francs; — Après quatre ans, lorsqu'il ne s'élèvera pas à mille francs; — Après six ans, lorsqu'il ne s'élèvera pas à trois mille francs; — Après huit ans, lorsqu'il ne s'élèvera pas à cinq mille francs; — Après dix ans, lorsqu'il sera de cinq mille francs et au-dessus. — S'il s'agit d'une dette civile pour laquelle un Français serait soumis à la contrainte par corps, les dispositions de l'article 7 seront applicables aux étrangers, sans que toutefois le minimum de la contrainte puisse être au-dessous de deux ans.

18. Le débiteur étranger, condamné pour dette commerciale, jouira du bénéfice des articles 4 et 6 de la présente loi. En conséquence, la contrainte par corps ne sera point prononcée contre lui, ou elle cessera dès qu'il aura commencé sa soixante-dixième année. — Il en sera de même à l'égard de l'étranger condamné pour dette civile, le cas de stellionat excepté. — La contrainte par corps ne sera pas prononcée contre les étrangères pour dettes civiles, sauf aussi le cas de stellionat, conformément au premier paragraphe de l'article 2066 du Code civil, qui leur est déclaré applicable.

TITRE IV.

DISPOSITIONS COMMUNES AUX TROIS TITRES PRÉCÉDENTS.

19. La contrainte par corps n'est jamais prononcée contre le débiteur au profit; — 1° De son mari ni de sa femme; — 2° De ses ascendants, descendants, frères ou sœurs, ou alliés au même degré. — Les individus mentionnés dans les deux paragraphes ci-dessus, contre lesquels il serait intervenu des jugements de condamnation par corps, ne pourront être arrêtés en vertu desdits jugements: s'ils sont détenus, leur élargissement aura lieu immédiatement après la promulgation de la présente loi.

20. Dans les affaires où les tribunaux civils ou de commerce statuent en dernier ressort, la disposition de leur jugement relative à la contrainte par corps sera sujette à l'appel; cet appel ne sera pas suspensif.

21. Dans aucun cas, la contrainte par corps ne pourra être exécutée contre le mari et contre la femme simultanément pour la même dette.

22. Tout huissier, garde du commerce ou exécuteur des mandements de justice, qui, lors de l'arrestation d'un débiteur, se refuserait à le conduire en référé devant le président du tribunal de première instance, aux termes de l'article 786 du Code de procédure civile, sera condamné à mille francs d'amende, sans préjudice des dommages-intérêts.

23. Les frais liquidés que le débiteur doit consigner ou payer pour empêcher l'exercice de la contrainte par corps, ou pour obtenir son élargissement, conformément aux articles 798 et 800, paragraphe 2, du Code de procédure, ne seront jamais que les frais de l'instance, ceux de l'expédition et de la signification du jugement et de l'arrêt s'il y a lieu, ceux enfin de l'exécution relative à la contrainte par corps seulement.

24. Le débiteur, si la contrainte par corps n'a pas été prononcée pour dette commerciale (1), obtiendra son élargissement, en payant ou consignant le tiers du principal de la dette et de ses accessoires, et en donnant pour le surplus une caution acceptée par le créancier, ou reçue par le tribunal civil dans le ressort duquel le débiteur sera détenu.

25. La caution sera tenue de s'obliger solidairement avec le débiteur à payer, dans un délai qui ne pourra excéder une année, les deux tiers qui resteront dus.

26. A l'expiration du délai prescrit par l'article précédent, le créancier, s'il n'est pas intégralement payé, pourra exercer de nouveau la contrainte par corps contre le débiteur principal, sans préjudice de ses droits contre la caution.

27. Le débiteur qui aura obtenu son élargissement de plein droit après l'expiration des délais fixés par les articles 5, 7, 13 et 17 de la présente loi, ne pourra plus être détenu ou arrêté pour dettes contractées antérieurement à son arrestation et échues au moment de son élargissement, à moins que ces dettes n'entraînent pas leur nature et leur quotité une contrainte plus longue que celle qu'il aura subie, et qui, dans ce dernier cas, lui sera toujours comptée pour la durée de la nouvelle incarcération.

28. Un mois après la promulgation de la présente loi, la somme destinée à pourvoir aux aliments des détenus pour dettes devra être consignée d'avance et pour trente jours au moins. — Les consignations pour plus de trente jours ne vaudront qu'autant qu'elles seront d'une seconde ou de plusieurs périodes de trente jours.

29. « A compter du même délai d'un mois (après la promulgation de la présente *loi du* 2-4 *mai* 1861), la somme destinée aux aliments des détenus pour dettes sera de quarante-cinq francs à Paris, de quarante francs dans les villes de cent mille âmes et au-dessus et de trente-cinq francs dans les autres villes, pour chaque période de trente jours. »

---

(1) Abrogé. V. art. 6, D. du 13 déc. 1848. Il faut lire aujourd'hui: — « Le débiteur, alors même que la contrainte par corps a été prononcée pour dette commerciale. »

30. En cas d'élargissement, faute de consignation d'aliments, il suffira que la requête présentée au président du tribunal civil soit signée par le débiteur détenu et par le gardien de la maison d'arrêt pour dettes, ou même certifiée véritable par le gardien, si le détenu ne sait pas signer. — Cette requête sera présentée en *duplicata*, l'ordonnance du président, aussi rendue par *duplicata*, sera exécutée sur l'une des minutes qui restera entre les mains du gardien ; l'autre minute sera déposée au greffe du tribunal et enregistrée *gratis*.

31. Le débiteur élargi faute de consignation d'aliments ne pourra plus être incarcéré pour la même dette.

32. Les dispositions du présent titre et celles du Code de procédure civile sur l'emprisonnement auxquelles il n'est pas dérogé par la présente loi, sont applicables à l'exercice de toutes contraintes par corps, soit pour dettes commerciales, soit pour dettes civiles, même pour celles qui sont énoncées à la deuxième section du titre II ci-dessus, et enfin à la contrainte par corps qui est exercée contre les étrangers. — Néanmoins, pour les cas d'arrestation provisoire, le créancier ne sera pas tenu de se conformer à l'article 780 du Code de procédure, qui prescrit une signification et un commandement préalable.

TITRE V.

DISPOSITIONS RELATIVES A LA CONTRAINTE PAR CORPS EN MATIÈRE CRIMI-
NELLE, CORRECTIONNELLE ET DE POLICE.

(Articles 33 à 41.)

TITRE VI.

DISPOSITIONS TRANSITOIRES.

(Articles 42 à 45.)

DISPOSITIONS GÉNÉRALES.

46. Les lois du 15 germinal an VI, du 4 floréal de la même année et du 10 septembre 1807, sont abrogées. — Sont également abrogées, en ce qui concerne la contrainte par corps, toutes dispositions de lois antérieures relatives aux cas où cette contrainte peut être prononcée contre les débiteurs de l'État, des communes et des établissements publics. Néanmoins celles de ces dispositions qui concernent le mode de poursuites à exercer contre ces mêmes débiteurs, et celle du titre XIII du Code forestier, de la loi sur la pêche fluviale, ainsi que les dispositions relatives au bénéfice de cession, sont maintenues et continueront d'être exécutées.

2° *Loi du 13 décembre 1848.*

1. Le décret du 9 mars 1848, qui suspend l'exercice de la contrainte par corps, cesse d'avoir son effet. — La législation antérieure sur la contrainte par corps est remise en vigueur, sous les modifications suivantes :

TITRE Ier.

DISPOSITIONS RELATIVES A LA CONTRAINTE PAR CORPS EN MATIÈRE
CIVILE.

2. A l'avenir, la contrainte par corps ne pourra être stipulée dans un acte de bail pour le paiement des fermages des biens ruraux. (Modification de l'art. 2062, C. Nap.)

3. Les greffiers, les commissaires-priseurs et les gardes du commerce seront, comme les notaires, les avoués et les huissiers, soumis à la contrainte par corps, dans les cas prévus par le paragraphe 7 de l'article 2060 du Code civil.

TITRE II.

DISPOSITIONS RELATIVES A LA CONTRAINTE PAR CORPS EN MATIÈRE COMMERCIALE.

4. L'emprisonnement pour dette commerciale cessera de plein droit après trois mois, lorsque le montant de la condamnation en principal ne s'élèvera pas à 500 francs; après six mois lorsqu'il ne s'élèvera pas à 1,000 francs; après neuf mois, lorsqu'il ne s'élèvera pas à 1,500 francs; après un an, lorsqu'il ne s'élèvera pas à 2,000 francs. — L'augmentation se fera ainsi successivement de trois mois en trois mois pour chaque somme en sus qui ne dépassera pas 500 francs; sans pouvoir excéder trois années pour les sommes de 6,000 francs et au-dessus.

5. Pour toute condamnation en principal au-dessous de 500 francs, même en matière de lettre de change et de billet à ordre, le jugement pourra suspendre l'exercice de la contrainte par corps pendant trois mois au plus, à compter de l'échéance de la dette.

6. A l'avenir, les dispositions des articles 24 et 25 de la loi du 17 avril 1832 seront applicables aux matières commerciales.

TITRE III.

DISPOSITIONS COMMUNES AUX DETTES CIVILES ET AUX DETTES COMMERCIALES.

7. Le débiteur contre lequel la contrainte par corps aura été prononcée par jugement des tribunaux civils ou de commerce conservera le droit d'interjeter appel du chef de la contrainte, dans les trois jours qui suivront l'emprisonnement ou la recommandation, lors même qu'il aurait acquiescé au jugement, et que les délais ordinaires de l'appel seraient expirés. Le débiteur restera en état.

TITRE IV.

DISPOSITIONS RELATIVES A LA CONTRAINTE PAR CORPS EN MATIÈRES CRIMINELLE, CORRECTIONNELLE ET DE POLICE.

(Articles 8 et 9.)

TITRE V.

DISPOSITIONS GÉNÉRALES.

10 La contrainte par corps ne peut être prononcée ni exécutée au profit de l'oncle ou de la tante, du grand-oncle ou de la grand'tante, du neveu ou de la nièce, du petit-neveu ou de la petite-nièce, ni des alliés au même degré.

11. En aucune matière, la contrainte par corps ne pourra être exercée simultanément contre le mari et la femme, même pour des dettes différentes. — Les tribunaux pourront, dans l'intérêt des enfants mineurs du débiteur et par le jugement de condamnation, surseoir, pendant une année au plus, à l'exécution de la contrainte par corps.

12. Dans tous les cas où la durée de la contrainte par corps n'est pas déterminée par la présente loi, elle sera fixée par le jugement de condamnation dans les limites de six mois à cinq ans. — Néanmoins, les lois

626 (1). Les jugements, dans les tribunaux de commerce, seront rendus par trois juges au moins ; aucun suppléant ne pourra être appelé que pour compléter ce nombre.

627. Le ministère des avoués est interdit dans les tribunaux de commerce, conformément à l'article 414 du Code de procédure civile (2) ; nul ne pourra plaider pour une partie devant ces tribunaux, si la partie, présente à l'audience, ne l'autorise, ou s'il n'est muni d'un pouvoir spécial. Ce pouvoir, qui pourra être donné au bas de l'original ou de la copie de l'assignation, sera exhibé au greffier avant l'appel de la cause, et par lui visé sans frais. (C. 1987.) (V. *Ord.* 10 *mars* 1825, 2ᵉ partie, p. 138.)

« Dans les causes portées devant les tribunaux de commerce, aucun huissier ne pourra ni assister comme conseil, ni représenter les parties en qualité de procureur fondé, à peine d'une amende de vingt-cinq à cinquante francs, qui sera prononcée, sans appel, par le tribunal, sans préjudice des peines disciplinaires contre les huissiers contrevenants.

« Cette disposition n'est pas applicable aux huissiers qui se trouveront dans l'un des cas prévus par l'article 86 du Code de procédure civile (3). » (*Loi du 3 mars* 1840.)

---

spéciales qui assignent à la contrainte une durée moindre continueront d'être observées.

TITRE VI.

DISPOSITIONS TRANSITOIRES.

13. Les débiteurs mis en liberté par suite du décret du 9 mars 1848, et à l'égard desquels la contrainte par corps est maintenue, pourront être écroués de nouveau, à la requête de leurs créanciers, huit jours après une simple mise en demeure ; mais ils profiteront des dispositions de la présente loi.

14. Les dettes antérieures ou postérieures au décret du 9 mars, qui, d'après la législation en vigueur avant cette époque, entraînaient la contrainte par corps, continueront à produire cet effet dans les cas où elle demeure autorisée par la présente loi, et les jugements qui l'auront prononcée recevront leur exécution, sous les restrictions prononcées par les articles précédents.

15. Dans les trois mois qui suivront la promulgation de la présente loi, un arrêté du pouvoir exécutif, rendu dans la forme des règlements d'administration publique, modifiera le tarif des frais en matière de contrainte par corps. (V. l'*arrêté du* 24 *mars* 1849, rapporté 2ᵉ partie, p. 176.)

(1) Ancien article 626 rétabli par le *Décret du* 2 *mars* 1852.

(2) **C. Proc. — 414.** La procédure devant les tribunaux de commerce se fait sans le ministère d'avoués.

(3) **C. Proc. — 86.** Les parties ne pourront charger de leur défense, soit verbale, soit par écrit, même à titre de consultation, les juges en activité de service, procureurs généraux, avocats généraux ; procureurs im-

628. Les fonctions des juges de commerce sont seulement honorifiques.

629 (1). Ils prêtent serment avant d'entrer en fonction, à l'audience de la cour impériale, lorsqu'elle siége dans l'arrondissement communal où le tribunal de commerce est établi : dans le cas contraire, la cour impériale commet, si les juges de commerce le demandent, le tribunal civil de l'arrondissement pour recevoir leur serment ; et, dans ce cas, le tribunal en dresse procès-verbal, et l'envoie à la cour impériale, qui en ordonne l'insertion dans ses registres. Ces formalités sont remplies sur les conclusions du ministère public, et sans frais. (Pr. 83, 1035 — Co. 16.)

630. Les tribunaux de commerce sont dans les attributions et sous la surveillance du Ministre de la justice.

TITRE II.

DE LA COMPÉTENCE DES TRIBUNAUX DE COMMERCE.

631 (2). « Les tribunaux de commerce connaîtront des contestations relatives aux engagements et transactions entre négociants, marchands et banquiers (Co. 1) ;

---

périaux, substituts des procureurs généraux et impériaux, même dans les tribunaux autres que ceux près desquels ils exercent leurs fonctions : pourront néanmoins les juges, procureurs généraux, avocats généraux, procureurs impériaux, et substituts des procureurs généraux et impériaux, plaider, dans tous les tribunaux, leurs causes personnelles, et celles de leurs femmes, parents ou alliés en ligne directe, et de leurs pupilles.

(1) Ancien article 629 rétabli par le *Décret du 2 mars* 1852.

(2) DES CONTRATS OU OBLIGATIONS.

CHAPITRE PREMIER.

DISPOSITIONS PRÉLIMINAIRES.

C. Nap. — 1101. Le contrat est une convention par laquelle une ou plusieurs personnes s'obligent, envers une ou plusieurs autres, à donner, à faire ou à ne pas faire quelque chose.

1102. Le contrat est *synallagmatique* ou *bilatéral* lorsque les contractants s'obligent réciproquement les uns envers les autres.

1103. Il est *unilatéral* lorsqu'une ou plusieurs personnes sont obligées envers une ou plusieurs autres, sans que de la part de ces dernières il y ait d'engagement.

2° « Des contestations entre associés pour raison d'une société de commerce (Co. 13, 63) ;

3° « De celles relatives aux actes de commerce entre toutes personnes. (Co. 632, 633.) » (*Loi du 17 juillet 1856.*)

1104. Il est *commutatif* lorsque chacune des parties s'engage à donner ou à faire une chose qui est regardée comme l'équivalent de ce qu'on lui donne, ou de ce qu'on fait pour elle.

Lorsque l'équivalent consiste dans la chance de gain ou de perte pour chacune des parties, d'après un événement incertain, le contrat est *aléatoire*.

1105. Le contrat *de bienfaisance* est celui dans lequel l'une des parties procure à l'autre un avantage purement gratuit.

1106. Le contrat *à titre onéreux* est celui qui assujettit chacune des parties à donner ou à faire quelque chose.

1107. Les contrats, soit qu'ils aient une dénomination propre, soit qu'ils n'en aient pas, sont soumis à des règles générales, qui sont l'objet du présent titre.

Les règles particulières à certains contrats sont établies sous les titres relatifs à chacun d'eux ; et les règles particulières aux transactions commerciales sont établies par les lois relatives au commerce.

CHAPITRE II.

DES CONDITIONS ESSENTIELLES POUR LA VALIDITÉ DES CONVENTIONS.

1108. Quatre conditions sont essentielles pour la validité d'une convention.

Le consentement de la partie qui s'oblige;

Sa capacité de contracter ;

Un objet certain qui forme la matière de l'engagement;

Une cause licite dans l'obligation.

SECTION PREMIÈRE.

Du consentement.

1109. Il n'y a point de consentement valable, si le consentement n'a été donné que par erreur, ou s'il a été extorqué par violence ou surpris par dol.

1110. L'erreur n'est une cause de nullité de la convention que lorsqu'elle tombe sur la substance même de la chose qui en est l'objet.

Elle n'est point une cause de nullité, lorsqu'elle ne tombe que sur la personne avec laquelle on a intention de contracter, à moins que la considération de cette personne ne soit la cause principale de la convention.

1111. La violence exercée contre celui qui a contracté l'obligation est une cause de nullité, encore qu'elle ait été exercée par un tiers autre que celui au profit duquel la convention a été faite.

1112. Il y a violence, lorsqu'elle est de nature à faire impression sur une personne raisonnable, et qu'elle peut lui inspirer la crainte d'exposer sa personne ou sa fortune à un mal considérable et présent.

On a égard, en cette matière, à l'âge, au sexe et à la condition des personnes.

1113. La violence est une cause de nullité du contrat, non-seulement lorsqu'elle a été exercée sur la partie contractante, mais encore lorsqu'elle l'a été sur son époux ou sur son épouse, sur ses descendants ou ses ascendants.

1114. La seule crainte révérentielle envers le père, la mère, ou autre ascendant, sans qu'il y ait eu de violence exercée, ne suffit point pour annuler le contrat.

1115. Un contrat ne peut plus être attaqué pour cause de violence, si, depuis que la violence a cessé, ce contrat a été approuvé, soit expressément, soit tacitement, soit en laissant passer le temps de la restitution fixé par la loi.

1116. Le dol est une cause de nullité de la convention, lorsque les manœuvres pratiquées par l'une des parties sont telles, qu'il est évident que, sans ces manœuvres, l'autre partie n'aurait pas contracté.

Il ne se présume pas, et doit être prouvé.

1117. La convention contractée par erreur, violence ou dol, n'est point nulle de plein droit; elle donne seulement lieu à une action en nullité ou en rescision, dans les cas et de la manière expliqués à la section vii du chapitre V du présent titre (1304 à 1314).

1118. La lésion ne vicie les conventions que dans certains contrats ou à l'égard de certaines personnes, ainsi qu'il sera expliqué en la même section.

1119. On ne peut, en général, s'engager, ni stipuler en son propre nom, que pour soi-même.

1120. Néanmoins on peut se porter fort pour un tiers, en promettant le fait de celui-ci; sauf l'indemnité contre celui qui s'est porté fort ou qui a promis de faire ratifier, si le tiers refuse de tenir l'engagement.

1121. On peut pareillement stipuler au profit d'un tiers, lorsque telle est la condition d'une stipulation que l'on fait pour soi-même ou d'une donation que l'on fait à un autre. Celui qui a fait cette stipulation, ne peut plus la révoquer, si le tiers a déclaré vouloir en profiter.

1122. On est censé avoir stipulé pour soi et pour ses héritiers et ayants cause, à moins que le contraire ne soit exprimé ou ne résulte de la nature de la convention.

SECTION II.

De la capacité des parties contractantes.

1123. Toute personne peut contracter, si elle n'en est pas déclarée incapable par la loi.

1124. Les incapables de contracter sont,

Les mineurs,

Les interdits,

Les femmes mariées, dans les cas exprimés par la loi,

Et généralement tous ceux à qui la loi a interdit certains contrats.

1125. Le mineur, l'interdit et la femme mariée ne peuvent attaquer, pour cause d'incapacité, leurs engagements, que dans les cas prévus par la loi.

Les personnes capables de s'engager ne peuvent opposer l'incapacité du mineur, de l'interdit ou de la femme mariée, avec qui elles ont contracté.

SECTION III.

De l'objet et de la matière des contrats.

1126. Tout contrat a pour objet une chose qu'une partie s'oblige à donner, ou qu'une partie s'oblige à faire ou à ne pas faire.

1127. Le simple usage ou la simple possession d'une chose peut être, comme la chose même, l'objet du contrat.

1128. Il n'y a que les choses qui sont dans le commerce qui puissent être l'objet des conventions.

1729. Il faut que l'obligation ait pour objet une chose au moins déterminée quant à son espèce.

La quotité de la chose peut être incertaine, pourvu qu'elle puisse être déterminée.

1130. Les choses futures peuvent être l'objet d'une obligation.

On ne peut cependant renoncer à une succession non ouverte, ni faire aucune stipulation sur une pareille succession, même avec le consentement de celui de la succession duquel il s'agit.

SECTION IV.
De la cause.

1131. L'obligation sans cause, ou sur une fausse cause, ou sur une cause illicite, ne peut avoir aucun effet.

1132. La convention n'est pas moins valable, quoique la cause n'en soit pas exprimée.

1133. La cause est illicite, quand elle est prohibée par la loi, quand elle est contraire aux bonnes mœurs ou à l'ordre public.

CHAPITRE III.
DE L'EFFET DES OBLIGATIONS.

SECTION PREMIÈRE.
Dispositions générales.

1134. Les conventions légalement formées tiennent lieu de loi à ceux qui les ont faites.

Elles ne peuvent être révoquées que de leur consentement mutuel, ou pour les causes que la loi autorise.

Elles doivent être exécutées de bonne foi.

1135. Les conventions obligent non-seulement à ce qui y est exprimé, mais encore à toutes les suites que l'équité, l'usage ou la loi donnent à l'obligation d'après sa nature.

SECTION II.
De l'obligation de donner.

1136. L'obligation de donner emporte celle de livrer la chose et de la conserver jusqu'à la livraison, à peine de dommages et intérêts envers le créancier.

1137. L'obligation de veiller à la conservation de la chose, soit que la convention n'ait pour objet que l'utilité de l'une des parties, soit qu'elle ait pour objet leur utilité commune, soumet celui qui en est chargé à y apporter tous les soins d'un bon père de famille.

Cette obligation est plus ou moins étendue relativement à certains contrats, dont les effets, à cet égard, sont expliqués sous les titres qui les concernent.

1138. L'obligation de livrer la chose est parfaite par le seul consentement des parties contractantes.

Elle rend le créancier propriétaire et met la chose à ses risques dès l'instant où elle a dû être livrée, encore que la tradition n'en ait point été faite, à moins que le débiteur ne soit en demeure de la livrer; auquel cas la chose reste aux risques de ce dernier.

1139. Le débiteur est constitué en demeure, soit par une sommation ou par autre acte équivalent, soit par l'effet de la convention, lorsqu'elle porte que, sans qu'il soit besoin d'acte et par la seule échéance du terme, le débiteur sera en demeure.

1140. Les effets de l'obligation de donner ou de livrer un immeuble sont réglés au titre *de la Vente* et au titre *des Priviléges et Hypothèques*.

1141. Si la chose qu'on s'est obligé de donner ou de livrer à deux personnes successivement est purement mobilière, celle des deux qui en a été mise en possession réelle est préférée et en demeure propriétaire, encore que son titre soit postérieur en date, pourvu toutefois que la possession soit de bonne foi.

SECTION III.

De l'obligation de faire ou de ne pas faire.

1142. Toute obligation de faire ou de ne pas faire se résout en dommages et intérêts, en cas d'inexécution de la part du débiteur.

1143. Néanmoins le créancier a le droit de demander que ce qui aurait été fait par contravention à l'engagement, soit détruit; et il peut se faire autoriser à le détruire aux dépens du débiteur, sans préjudice des dommages et intérêts, s'il y a lieu.

1144. Le créancier peut aussi, en cas d'inexécution, être autorisé à faire exécuter lui-même l'obligation aux dépens du débiteur.

1145. Si l'obligation est de ne pas faire, celui qui y contrevient doit les dommages et intérêts par le seul fait de la contravention.

SECTION IV.

Des dommages et intérêts résultant de l'inexécution de l'obligation.

1146. Les dommages et intérêts ne sont dus que lorsque le débiteur est en demeure de remplir son obligation, excepté néanmoins lorsque la chose que le débiteur s'était obligé de donner ou de faire ne pouvait être donnée ou faite que dans un certain temps qu'il a laissé passer.

1147. Le débiteur est condamné, s'il y a lieu, au paiement de dommages et intérêts, soit à raison de l'inexécution de l'obligation, soit à raison du retard dans l'exécution, toutes les fois qu'il ne justifie pas que l'inexécution provient d'une cause étrangère qui ne peut lui être imputée, encore qu'il n'y ait aucune mauvaise foi de sa part.

1148. Il n'y a lieu à aucuns dommages et intérêts lorsque, par suite d'une force majeure ou d'un cas fortuit, le débiteur a été empêché de donner ou de faire ce à quoi il était obligé, ou a fait ce qui lui était interdit.

1149. Les dommages et intérêts dus au créancier sont, en général, de la perte qu'il a faite et du gain dont il a été privé, sauf les exceptions et modifications ci-après.

1150. Le débiteur n'est tenu que des dommages et intérêts qui ont été prévus ou qu'on a pu prévoir lors du contrat, lorsque ce n'est point par son dol que l'obligation n'est point exécutée.

1151. Dans le cas même où l'inexécution de la convention résulte du dol du débiteur, les dommages et intérêts ne doivent comprendre, à l'égard de la perte éprouvée par le créancier et du gain dont il a été privé, que ce qui est une suite immédiate et directe de l'inexécution de la convention.

1152. Lorsque la convention porte que celui qui manquera de l'exécuter paiera une certaine somme à titre de dommages et intérêts, il ne peut être alloué à l'autre partie une somme plus forte ni moindre.

1153. Dans les obligations qui se bornent au paiement d'une certaine somme, les dommages et intérêts résultant du retard dans l'exécution ne consistent jamais que dans la condamnation aux intérêts fixés par la loi; sauf les règles particulières au commerce et au cautionnement.

Ces dommages et intérêts sont dus sans que le créancier soit tenu de justifier d'aucune perte.

632. La loi répute actes de commerce (Co. 631, 633),

Tout achat de denrées et marchandises pour les revendre, soit en nature; soit après les avoir travaillées et mises en œuvre, ou même pour en louer simplement l'usage;

Toute entreprise de manufactures, de commission, de transport par terre ou par eau;

Toute entreprise de fournitures, d'agences, bureaux d'affai-

Ils ne sont dus que du jour de la demande, excepté dans les cas où la loi les fait courir de plein droit.

1154. Les intérêts échus des capitaux peuvent produire des intérêts, ou par une demande judiciaire, ou par une convention spéciale, pourvu que, soit dans la demande, soit dans la convention, il s'agisse d'intérêts dus au moins pour une année entière.

1155. Néanmoins les revenus échus, tels que fermages, loyers, arrérages de rentes perpétuelles ou viagères, produisent intérêt du jour de la demande ou de la convention.

La même règle s'applique aux restitutions de fruits, et aux intérêts payés par un tiers au créancier en acquit du débiteur.

SECTION V.

De l'interprétation des conventions.

1156. On doit dans les conventions rechercher quelle a été la commune intention des parties contractantes, plutôt que de s'arrêter au sens littéral des termes.

1157. Lorsqu'une clause est susceptible de deux sens, on doit plutôt l'entendre dans celui avec lequel elle peut avoir quelque effet, que dans le sens avec lequel elle n'en pourrait produire aucun.

1158. Les termes susceptibles de deux sens doivent être pris dans le sens qui convient le plus à la matière du contrat.

1159. Ce qui est ambigu s'interprète par ce qui est d'usage dans le pays où le contrat est passé.

1160. On doit suppléer dans le contrat les clauses qui y sont d'usage, quoiqu'elles n'y soient pas exprimées.

1161. Toutes les clauses des conventions s'interprètent les unes par les autres, en donnant à chacune le sens qui résulte de l'acte entier.

1162. Dans le doute, la convention s'interprète contre celui qui a stipulé, et en faveur de celui qui a contracté l'obligation.

1163. Quelque généraux que soient les termes dans lesquels une convention est conçue, elle ne comprend que les choses sur lesquelles il paraît que les parties se sont proposé de contracter.

1164. Lorsque dans un contrat on a exprimé un cas pour l'explication de l'obligation, on n'est pas censé avoir voulu par là restreindre l'étendue que l'engagement reçoit de droit aux cas non exprimés.

SECTION VI.

De l'effet des conventions à l'égard des tiers.

1165. Les conventions n'ont d'effet qu'entre les parties contractantes; elles ne nuisent point au tiers, et elles ne lui profitent que dans le cas prévu par l'article 1121.

res, établissements de ventes à l'encan (1), de spectacles publics;

Toute opération de change, banque et courtage;

Toutes les opérations des banques publiques;

Toutes obligations entre négociants, marchands et banquiers;

Entre toutes personnes, les lettres de change, ou remises d'argent faites de place en place. (Co. 110 s.)

---

(1) VENTES A L'ENCAN.

Loi du 25 juin-1er juillet 1841 sur les ventes à l'encan.

1. Sont interdites les ventes en détail des marchandises neuves, à cri public, soit aux enchères, soit au rabais, soit à prix fixe proclamé avec ou sans l'assistance des officiers ministériels.

2. Ne sont pas comprises dans cette défense les ventes prescrites par la loi, ou faites par autorité de justice, non plus que les ventes après décès, faillite ou cessation de commerce, ou dans tous les autres cas de nécessité dont l'appréciation sera soumise au tribunal de commerce.

Sont également exceptées les ventes à cri public de comestibles et objets de peu de valeur, connus dans le commerce sous le nom de menue mercerie.

3. Les ventes publiques et en détail de marchandises neuves qui auront lieu après décès ou par autorité de justice seront faites selon les formes prescrites et par les officiers ministériels préposés pour la vente forcée du mobilier, conformément aux articles 625 et 945 du Code de procédure civile.

4. Les ventes de marchandises après faillite seront faites, conformément à l'article 486 du Code de commerce, par un officier public de la classe que le juge-commissaire aura déterminée.

Quant au mobilier du failli, il ne pourra être vendu aux enchères que par le ministère des commissaires-priseurs, notaires, huissiers ou greffiers de justice de paix, conformément aux lois et règlements qui déterminent les attributions de ces différents officiers.

5. Les ventes publiques et par enchères après cessation de commerce, ou dans les autres cas de nécessité prévus par l'article 2 de la présente loi, ne pourront avoir lieu qu'autant qu'elles auront été préalablement autorisées par le tribunal de commerce, sur la requête du commerçant propriétaire, à laquelle sera joint un état détaillé des marchandises.

Le tribunal constatera, par son jugement, le fait qui donne lieu à la vente; il indiquera le lieu de son arrondissement où se fera la vente; il pourra même ordonner que les adjudications n'auront lieu que par lots dont il fixera l'importance.

Il décidera, d'après les lois et règlements d'attribution, qui, des courtiers ou des commissaires-priseurs et autres officiers publics, sera chargé de la réception des enchères.

L'autorisation ne pourra être accordée pour cause de nécessité qu'au marchand sédentaire, ayant depuis un an au moins son domicile réel dans l'arrondissement où la vente doit être opérée.

Des affiches apposées à la porte du lieu où se fera la vente énonceront le jugement qui l'aura autorisée.

6. Les ventes publiques aux enchères de marchandises en gros continueront à être faites par le ministère des courtiers, dans les cas, aux conditions et selon les formes indiqués par les décrets des 22 novembre 1811,

17 avril 1812, la loi du 15 mai 1818, et les ordonnances des 1er juillet 1818 et 9 avril 1819.

7. Toute contravention aux dispositions ci-dessus sera punie de la confiscation des marchandises mises en vente, et, en outre, d'une amende de cinquante à trois mille francs qui sera prononcée solidairement, tant contre le vendeur que contre l'officier public qui l'aura assisté, sans préjudice des dommages-intérêts, s'il y a lieu.

Ces condamnations seront prononcées par les tribunaux correctionnels.

8. Seront passibles des mêmes peines les vendeurs ou officiers publics qui comprendraient sciemment dans les ventes faites par autorité de justice, sur saisie, après décès, faillite, cessation de commerce, ou dans les autres cas de nécessité prévus par l'article 2 de la présente loi, des marchandises neuves ne faisant pas partie du fonds ou mobilier mis en vente.

9. Dans tous les cas ci-dessus où les ventes publiques seront faites par le ministère des courtiers, ils se conformeront aux lois qui les régissent, tant pour les formes de la vente que pour les droits de courtage.

10. Dans les lieux où il n'y aura point de courtiers de commerce, les commissaires-priseurs, les notaires, huissiers et greffiers de justice de paix feront les ventes ci-dessus, selon les droits qui leur sont respectivement attribués par les lois et règlements.

Ils seront, pour lesdites ventes, soumis aux formes, conditions et tarifs imposés aux courtiers.

Loi du 28 mai-11 juin 1858 sur les ventes publiques de marchandises en gros.

1. La vente volontaire aux enchères, en gros, des marchandises comprises au tableau annexé à la présente loi, peut avoir lieu par le ministère des courtiers, sans autorisation du tribunal de commerce.

Ce tableau peut être modifié, soit d'une manière générale, soit pour une ou plusieurs villes, par un décret rendu dans la forme des règlements d'administration publique, et après avis des chambres de commerce.

2. Les courtiers établis dans une ville où siège un tribunal de commerce ont qualité pour procéder aux ventes régies par la présente loi, dans toute localité dépendant du ressort de ce tribunal où il n'existe pas de courtiers.

Ils se conforment aux dispositions prescrites par la loi du 22 pluviôse an VII, concernant les ventes publiques de meubles.

3. Le droit de courtage pour les ventes qui font l'objet de la présente loi est fixé, pour chaque localité, par le ministre de l'agriculture, du commerce et des travaux publics, après avis de la chambre et du tribunal de commerce; mais, dans aucun cas, il ne peut excéder le droit établi dans les ventes de gré à gré, pour les mêmes sortes de marchandises.

4. Le droit d'enregistrement des ventes publiques en gros est fixé à dix centimes pour cent francs.

5. Les contestations relatives aux ventes sont portées devant le tribunal de commerce.

6. Il est procédé aux ventes dans des locaux spécialement autorisés à cet effet, après avis de la chambre et du tribunal de commerce.

7. Un règlement d'administration publique prescrira les mesures nécessaires à l'exécution de la présente loi. (V. ci-après, p. 208.)

Il déterminera notamment les formes et les conditions des autorisations prévues par l'article 6.

8. Les décrets du 22 novembre 1811 et du 17 avril 1812, et les ordonnances du 1er juillet 1818 et 9 avril 1819, sont abrogés en ce qui concerne les ventes régies par la présente loi; ils sont maintenus en ce qui touche les ventes publiques de marchandises faites par autorité de justice.

Tableau des marchandises qui peuvent être vendues en gros, aux enchères publiques.

1º *Marchandises exotiques.*

Denrées alimentaires, matières premières nécessaires aux fabriques, et tout produit quelconque destiné à la réexportation.

2º *Marchandises indigènes.*

Grains, graines et farines ; — Légumes secs et fruits secs ; — Cires et miel ; — Sucres bruts ; — Laines ; — Chanvres et lins ; — Soies ; — Racines et produits tinctoriaux ; — Huiles ; — Vins et esprits ; — Savons ; — Produits chimiques ; — Cuirs et peaux bruts ; — Poils, crins et soies d'animaux ; — Graisse, suif et stéarine ; — Houille et coke ; — Bois et matériaux de construction ; — Métaux bruts.

3º *Addition faite par le décret du 24 mai 1861.*

Les navires ; — Agrès et apparaux ; — Les sucres raffinés, quelle que soit leur provenance.

Décret du 12 mars 1859, portant règlement pour l'exécution des lois du 28 mai 1858 sur les warrants et les ventes publiques.

TITRE PREMIER.

Dispositions communes aux magasins généraux et aux salles de ventes publiques. (*V. suprà, p.* 34.)

TITRE II.

Dispositions particulières aux magasins généraux et aux récépissés et warrants.

13. Les récépissés de marchandises et warrants y annexés sont extraits d'un registre à souche.

14. Dans le cas où un courtier est requis pour l'estimation des marchandises, il n'a droit qu'à une vacation, dont la quotité est fixée, pour chaque place, par le ministre de l'agriculture, du commerce et des travaux publics, après avis du tribunal de commerce.

15. A toute réquisition du porteur du récépissé et du warrant réunis, la marchandise déposée doit être fractionnée en autant de lots qu'il lui conviendra, et le titre primitif remplacé par autant de récépissés et de warrants qu'il y aura de lots.

16. Tout cessionnaire du récépissé ou du warrant peut exiger la transcription, sur les registres à souche dont ils sont extraits, de l'endossement fait à son profit, avec indication de son domicile.

17. A toute époque, l'administration du magasin général est tenue, sur la demande du porteur du récépissé ou du warrant, de liquider les dettes et les frais énumérés à l'article 8 de la loi du 28 mai 1858, sur les négociations de marchandises, et dont le privilége prime celui de la créance garantie sur le warrant. Le bordereau de liquidation délivré par l'administration du magasin général relate les numéros du récépissé et du warrant auxquels il se réfère.

18. Sur la présentation du warrant protesté, l'administration du magasin général est tenue de donner au courtier désigné pour la vente par le porteur du warrant toutes facilités pour y procéder. — Elle ne délivre la marchandise à l'acheteur que sur le vu du procès-verbal de la vente et moyennant : 1° la justification du paiement des droits et frais privilégiés, ainsi que du montant de la somme prêtée sur le warrant; 2° la consignation de l'excédant, s'il en existe, revenant au porteur du récépissé, dans le cas prévu par le dernier paragraphe de l'article 8 de la loi.

19. Outre les livres ordinaires de commerce et le livre des récépissés et warrants, l'administration du magasin général doit tenir un livre à souche destiné à constater les consignations qui peuvent lui être faites en vertu des articles 6 et 8 de la loi. — Tous ces livres sont cotés et parafés par première et dernière, conformément à l'article 11 du Code de commerce.

TITRE III.

Dispositions particulières aux ventes publiques de marchandises en gros.

20. Il est procédé aux ventes publiques à la Bourse ou dans les salles autorisées conformément au présent décret; toutefois, le courtier est autorisé à vendre sur place dans le cas où la marchandise ne peut être déplacée sans préjudice pour le vendeur, et où, en même temps, la vente ne peut être convenablement faite que sur le vu de la marchandise.

21. Le lieu, les jours, les heures et les conditions de la vente, la nature et la quantité de la marchandise, doivent être, trois jours au moins à l'avance, publiés au moyen d'une annonce dans l'un des journaux désignés pour les annonces judiciaires de la localité, et, en outre, au moyen d'affiches apposées à la Bourse, ainsi qu'à la porte du local où il doit être procédé à la vente, et du magasin où les marchandises sont déposées.

Deux jours au moins avant la vente, le public doit être admis à examiner et vérifier les marchandises, et toutes facilités doivent lui être données à cet égard. (V. ci-après, décret du 23 mai 1863, p. 209.)

22. Avant la vente, il est dressé et imprimé un catalogue des denrées et marchandises à vendre, lequel porte la signature du courtier chargé de l'opération. Ce catalogue est délivré à tout requérant.

23. Le catalogue énonce les marques, numéros, nature et quantité de chaque lot de marchandises, les magasins où elles sont déposées, les jours et les heures où elles peuvent être examinées, et le lieu, les jours et les heures où elles seront vendues.

Sont mentionnées également les époques de livraison, les conditions de paiement, les tares, avaries et toutes les autres indications et conditions qui seront la base et la règle du contrat entre les vendeurs et les acheteurs.

24. Lors de la vente, le courtier inscrit immédiatement sur le catalogue, en regard de chaque lot, les noms et domicile de l'acheteur, ainsi que le prix d'adjudication.

25. Les lots ne peuvent être, d'après l'évaluation approximative et selon le cours moyen des marchandises, au-dessous de cinq cents francs.

Ce minimum peut être élevé ou abaissé, dans chaque localité, pour certaines classes de marchandises, par arrêté du ministre de l'agriculture, du commerce et des travaux publics, rendu après avis de la chambre de commerce ou de la chambre consultative des arts et manufactures.

« Les marchandises avariées peuvent être vendues par lots d'une valeur inférieure à 500 francs, mais sous la condition d'une autorisation donnée sur requête par le président du tribunal de commerce du lieu de la vente, ou par le juge de paix dans les lieux où il n'y a pas de tribunal de commerce. Le magistrat peut toujours, s'il le juge nécessaire, faire constater l'avarie par un expert qu'il désigne. » (*Décret du 29 juin* 1861).

26. Les enchères sont reçues et les adjudications faites par le courtier chargé de la vente.

Le courtier dresse procès-verbal de chaque séance sur un registre coté et paraphé, conformément à l'article 11 du Code de commerce.

633. La loi répute pareillement actes de commerce,

Toute entreprise de construction, et tous achats, ventes et reventes de bâtiments pour la navigation intérieure et extérieure (Co. 195, 226);

Toutes expéditions maritimes;

Tout achat ou vente d'agrès, apparaux et avitaillements;

Tout affrétement ou nolissement, emprunt ou prêt à la grosse; toutes assurances et autres contrats concernant le commerce de mer;

---

27. Faute par l'adjudicataire de payer le prix dans les délais fixés, la marchandise est revendue, à la folle enchère et à ses risques et périls, trois jours après la sommation, qui lui a été faite de payer, sans qu'il soit besoin de jugement.

Décret du 23 mai 1863 sur la vente des cuirs verts à Paris.

Par dérogation aux articles 20, 21, 22 et 23 du décret du 12 mars 1859, les ventes publiques en gros des cuirs verts à Paris pourront avoir lieu mensuellement et d'avance, sans exhibition matérielle ni exposition préalable, mais après autorisation donnée sur requête par le président du tribunal de commerce.

Loi du 3-9 juillet 1861.

1. Les tribunaux de commerce peuvent, après décès ou cessation de commerce, et dans tous les autres cas de nécessité dont l'appréciation leur est soumise, autoriser la vente aux enchères en gros des marchandises de toute espèce et de toute provenance.

L'autorisation est donnée sur requête; un état détaillé des marchandises à vendre est joint à la requête.

Le tribunal constate par son jugement le fait qui donne lieu à la vente.

2. Les ventes autorisées en vertu de l'article précédent, ainsi que toutes celles qui sont autorisées ou ordonnées par la justice consulaire dans les divers cas prévus par le Code de commerce, sont faites par le ministère des courtiers.

Néanmoins, il appartient toujours au tribunal, ou au juge qui autorise ou ordonne la vente, de désigner, pour y procéder, une autre classe d'officiers publics; dans ce cas l'officier public, quel qu'il soit, est soumis aux dispositions qui régissent les courtiers relativement aux formes, aux tarifs et à la responsabilité.

3. Les dispositions des articles 2 à 7 inclusivement de la loi du 28 mai 1858, sur les ventes publiques, sont applicables aux ventes autorisées ou ordonnées comme il est dit dans les deux articles qui précèdent.

Décret du 29 août-9 septembre 1863.

1. Lorsque, en exécution du § 2 du nouvel article 93 du Code de commerce, le président du tribunal de commerce aura désigné pour la vente une autre classe d'officiers publics que les courtiers, il en sera fait mention dans les annonces, affiches et catalogues prescrits par les articles 21 et 22 du décret du 12 mars 1859 (ci-dessus).

2. Le minimum de la valeur des lots est fixé à cent francs pour les ventes de marchandises de toute espèce faites dans les cas prévus par la loi du 22 mai 1863 (ci-dessus).

Tous accords et conventions pour salaires et loyers d'équipages;

Tous engagements de gens de mer, pour le service de bâtiments de commerce.

634. Les tribunaux de commerce connaîtront également (1),

1° Des actions contre les facteurs, commis des marchands ou leurs serviteurs, pour le fait seulement du trafic du marchand auquel ils sont attachés;

2° Des billets faits par les receveurs, payeurs, percepteurs ou autres comptables des deniers publics.

635. « Les tribunaux de commerce connaîtront de tout ce qui concerne les faillites, conformément à ce qui est prescrit au livre troisième du présent Code (437 à 614). » (*Loi* 28 *mai* 1838.)

636. Lorsque les lettres de change ne seront réputées que simples promesses aux termes de l'article 112, ou lorsque les billets à ordre ne porteront que des signatures d'individus non négociants, et n'auront pas pour occasion des opérations de commerce, trafic, change, banque ou courtage, le tribunal de commerce sera tenu de renvoyer au tribunal civil, s'il en est requis par le défendeur. (Pr. 168 s. — Co. 110, 187, 637.)

637. Lorsque ces lettres de change et ces billets à ordre porteront en même temps des signatures d'individus négociants et d'individus non-négociants, le tribunal de commerce en connaîtra; mais il ne pourra prononcer la contrainte par corps contre les individus non-négociants, à moins qu'ils ne se soient engagés à l'occasion d'opérations de commerce, trafic, change, banque ou courtage. (C. 2063. — Pr. 126.)

638. Ne seront point de la compétence des tribunaux de commerce, les actions intentées contre un propriétaire, cultivateur ou vigneron, pour vente de denrées provenant de son cru, les actions intentées contre un commerçant, pour paiement de denrées et marchandises achetées pour son usage particulier.

Néanmoins les billets souscrits par un commerçant seront censés faits pour son commerce, et ceux des receveurs, payeurs, percepteurs ou autres comptables de deniers publics, seront

---

(1) *Loi du 1er-4 juin* 1853.

11. Les jugements des conseils de prud'hommes sont définitifs et sans appel, lorsque le chiffre de la demande n'excède pas deux cents francs de capital. — Au-dessus de deux cents francs, les jugements sont sujets l'appel devant le tribunal de commerce.

censés faits pour leur gestion, lorsqu'une autre cause n'y sera point énoncée. (C. 1350, 1352.)

639. « Les tribunaux de commerce jugeront en dernier ressort,

« 1° Toutes les demandes dans lesquelles les parties justiciables de ces tribunaux, et usant de leurs droits, auront déclaré vouloir être jugées définitivement et sans appel (Pr. 1003, 1010);

« 2° Toutes les demandes dont le principal n'excédera pas la valeur de quinze cents francs (Co. 646);

« 3° Les demandes reconventionnelles ou en compensation, lors même que, réunies à la demande principale, elles excèderaient quinze cents francs.

« Si l'une des demandes principale ou reconventionnelle s'élève au-dessus des limites ci-dessus indiquées, le tribunal ne prononcera sur toutes qu'en premier ressort.

« Néanmoins, il sera statué en dernier ressort sur les demandes en dommages-intérêts, lorsqu'elles seront fondées exclusivement sur la demande principale elle-même (1). » (*Loi* 3 *mars* 1840.)

640. Dans les arrondissements où il n'y aura pas de tribunaux de commerce, les juges du tribunal civil exerceront les fonctions et connaîtront des matières attribuées aux juges de commerce par la présente loi.

641. L'instruction, dans ce cas, aura lieu dans la même forme que devant les tribunaux de commerce, et les jugements produiront les mêmes effets.

TITRE III.

DE LA FORME DE PROCÉDER DEVANT LES TRIBUNAUX DE COMMERCE.

642. La forme de procéder devant les tribunaux de commerce sera suivie telle qu'elle a été réglée par le titre XXV du livre II de la Iʳᵉ partie du Code de procédure civile (414 à 442).

---

(1) *Loi du 3 mars* 1840, *promulguée le* 5.

Art. 1ᵉʳ. Ces dispositions ne s'appliquent pas aux demandes introduites avant la promulgation de la présente loi.

643. Néanmoins les articles 156, 158 et 159 du même Code, relatifs aux jugements par défaut rendus par les tribunaux inférieurs, seront applicables aux jugements par défaut rendus par les tribunaux de commerce (1).

644. Les appels des jugements de tribunaux de commerce seront portés par-devant les cours dans le ressort desquelles ces tribunaux sont situés. (Pr. 443 s. — Co. 845 s.)

DISPOSITIONS

DU CODE DE PROCÉDURE

(1re partie, livre II, titre XXV. — Articles 414 à 442.)

Qui complètent le Titre III du Livre IV du Code de commerce.

PROCÉDURE DEVANT LES TRIBUNAUX DE COMMERCE.

414. La procédure devant les tribunaux de commerce se fait sans le ministère d'avoués. (*Const.* 7. — Pr. 49 4°, 75, 415 s., 553. — Co. 615 s., 627 s., 631 s., 642 s., 645.)

415. Toute demande doit y être formée par exploit d'ajournement, suivant les formalités ci-dessus prescrites au titre *des ajournements.* (2) (Pr. 59, 61, 69, 414, 416 à 420. — T. 29.)

---

(1) **C. Proc.** — **156.** Tous jugements par défaut contre une partie qui n'a pas constitué d'avoué, seront signifiés par un huissier commis, soit par le tribunal, soit par le juge du domicile du défaillant que le tribunal aura désigné; ils seront exécutés dans les six mois de leur obtention, sinon seront réputés non avenus.

157. Si le jugement est rendu contre une partie ayant un avoué, l'opposition ne sera recevable que pendant huitaine à compter du jour de la signification à avoué.

158. S'il est rendu contre une partie qui n'a pas d'avoué, l'opposition sera recevable jusqu'à l'exécution du jugement.

159. Le jugement est réputé exécuté, lorsque les meubles saisis ont été vendus, ou que le condamné a été emprisonné ou recommandé, ou que la saisie d'un ou de plusieurs de ses immeubles lui a été notifiée, ou que les frais ont été payés, ou enfin lorsqu'il y a quelque acte duquel il résulte nécessairement que l'exécution du jugement a été connue de la partie défaillante : l'opposition formée dans les délais ci-dessus et dans les formes ci-après prescrites, suspend l'exécution si elle n'a pas été ordonnée nonobstant opposition.

(2) *Des Ajournements.*

C. Proc. — 59. En matière personnelle, le défendeur sera assigné devant le tribunal de son domicile; s'il n'a pas de domicile, devant le tribunal de sa résidence;

S'il y a plusieurs défendeurs, devant le tribunal du domicile de l'un d'eux, au choix du demandeur ;

En matière réelle, devant le tribunal de la situation de l'objet litigieux ;

En matière mixte, devant le juge de la situation, ou devant le juge du domicile du défendeur ;

En matière de société, tant qu'elle existe, devant le juge du lieu où elle est établie ;

En matière de faillite, devant le juge du domicile du failli ;

En matière de garantie, devant le juge où la demande originaire sera pendante ;

Enfin, en cas d'élection de domicile pour l'exécution d'un acte, devant le tribunal du domicile élu, ou devant le tribunal du domicile réel du défendeur, conformément à l'article 111 du Code Napoléon.

60. Les demandes formées pour frais par les officiers ministériels seront portées au tribunal où les frais ont été faits.

61. L'exploit d'ajournement contiendra :

1° La date des jour, mois et an, les noms, profession et domicile du demandeur ;

2° Les noms, demeure et immatricule de l'huissier, les noms et demeure du défendeur, et mention de la personne à laquelle copie de l'exploit sera laissée ;

3° L'objet de la demande, l'exposé sommaire des moyens ;

4° L'indication du tribunal qui doit connaître de la demande, et du délai pour comparaître : le tout à peine de nullité.

62. Dans le cas du transport d'un huissier, il ne lui sera payé pour tous frais de déplacement qu'une journée au plus.

63. Aucun exploit ne sera donné un jour de fête légale, si ce n'est en vertu de permission du président du tribunal.

66. L'huissier ne pourra instrumenter pour ses parents et alliés, et ceux de sa femme, en ligne directe à l'infini, ni pour ses parents et alliés collatéraux, jusqu'au degré de cousin issu de germain inclusivement ; le tout à peine de nullité.

67. Les huissiers seront tenus de mettre à la fin de l'original et de la copie de l'exploit, le coût d'icelui, à peine de cinq francs d'amende, payables à l'instant de l'enregistrement.

68. Tous exploits seront faits à personne ou domicile : mais si l'huissier ne trouve au domicile ni la partie, ni aucun de ses parents ou serviteurs, il remettra de suite la copie à un voisin, qui signera l'original : si ce voisin ne peut ou ne veut signer, l'huissier remettra la copie au maire ou adjoint de la commune, lequel visera l'original sans frais. L'huissier era mention du tout, tant sur l'original que sur la copie.

69. Seront assignés :

1° L'État, lorsqu'il s'agit de domaines et droits domaniaux, en la personne ou au domicile du préfet du département où siège le tribunal devant lequel doit être portée la demande en première instance ;

2° Le trésor public, en la personne ou au bureau de l'agent ;

3° Les administrations ou établissements publics, en leurs bureaux, dans le lieu où réside le siège de l'administration; dans les autres lieux, en la personne et au bureau de leur préposé ;

4° « L'Empereur, pour ses domaines, en la personne de l'administrateur du domaine privé. » Sc. 12 *décembre* 1852, art. 22 ;

5° Les communes, en la personne ou au domicile du maire; et à Paris, en la personne ou au domicile du préfet :

r Dans les cas ci-dessus, l'original sera visé de celui à qui copie de l'exploit sera laissée; en cas d'absence ou de refus, le visa sera donné soit par le juge de paix, soit par le procureur impérial près le tribunal de première instance, auquel, en ce cas, la copie sera laissée;

416. Le délai sera au moins d'un jour. (Pr. 72, 1033.)

417. Dans les cas qui requerront célérité, le président du tribunal pourra permettre d'assigner, même de jour à jour et d'heure à heure, et de saisir les effets mobiliers : il pourra, suivant l'exigence des cas, assujettir le demandeur à donner caution, ou à justifier de solvabilité suffisante. Ses ordonnances seront exécutoires nonobstant opposition ou appel. (C. 2040, 2041. — Pr. 49 2°, 72, 404, 418, 440, 443, 457, 585 s., 806 s.)

418. Dans les affaires maritimes où il existe des parties non domiciliées, et dans celles où il s'agit d'agrès, victuailles, équipages et radoubs de vaisseaux prêts à mettre à la voile, et autres matières urgentes et provisoires, l'assignation de jour à jour et d'heure à heure pourra être donnée sans ordonnance, et le défaut pourra être jugé

6° Les sociétés de commerce, tant qu'elles existent, en leur maison sociale; et s'il n'y en a pas, en la personne ou au domicile de l'un des associés;

7° Les unions et directions de créanciers, en la personne ou au domicile de l'un des syndics ou directeurs;

8° Ceux qui n'ont aucun domicile connu en France, au lieu de leur résidence actuelle : si le lieu n'est pas connu, l'exploit sera affiché à la principale porte de l'auditoire du tribunal où la demande est portée; une seconde copie sera donnée au procureur impérial, lequel visera l'original;

9° Ceux qui habitent le territoire français hors du continent, et ceux qui sont établis chez l'étranger, au domicile du procureur impérial près le tribunal où sera portée la demande, lequel visera l'original, et enverra la copie, pour les premiers, au Ministre de la marine, et pour les seconds, à celui des affaires étrangères.

70. Ce qui est prescrit par les deux articles précédents sera observé à peine de nullité.

71. Si un exploit est déclaré nul par le fait de l'huissier, il pourra être condamné aux frais de l'exploit et de la procédure annulée, sans préjudice des dommages et intérêts de la partie, suivant les circonstances.

73. « Si celui qui est assigné demeure hors la France continentale, le délai sera :

« 1° Pour ceux qui demeurent en Corse, en Algérie, dans les îles Britanniques, en Italie, dans le royaume des Pays-Bas et dans les États ou Confédérations limitrophes de la France, d'un mois;

« 2° Pour ceux qui demeurent dans les autres États, soit de l'Europe, soit du littoral de la Méditerranée et de celui de la mer Noire, de deux mois;

« 3° Pour ceux qui demeurent hors d'Europe, en deçà des détroits de Malacca et de la Sonde et en deçà du cap Horn, de cinq mois;

« 4° Pour ceux qui demeurent au-delà des détroits de Malacca et de la Sonde et au-delà du cap Horn, de huit mois;

« Les délais ci-dessus seront doublés pour les pays d'outre-mer, en cas de guerre maritime. » (Loi du 3 mai 1862.)

74. Lorsqu'une assignation à une partie domiciliée hors de la France sera donnée à sa personne en France, elle n'emportera que les délais ordinaires, sauf au tribunal à les prolonger s'il y a lieu.

sur-le-champ. (Pr. 149, 417, 419, 808. — Co. 191, 280, 315, 334. — T. 29.)

419. Toutes assignations données à bord à la personne assignée seront valables. (Pr. 59, 61, 68, 69.)

420. Le demandeur pourra assigner, à son choix. (Pr. 59, 61, 69) :

Devant le tribunal du domicile du défendeur (C. 102 s.) ;

Devant celui dans l'arrondissement duquel la promesse a été faite et la marchandise livrée (C. 1589, 1606),

Devant celui dans l'arrondissement duquel le paiement devait être effectué. (C. 1134, 1247.)

421. Les parties seront tenues de comparaître en personne, ou par le ministère d'un fondé de procuration spéciale. (C. 1987. — Pr. 9, 10, 88, 422, 428. — Co. 627.)

422. Si les parties comparaissent, et qu'à la première audience il n'intervienne pas jugement définitif, les parties non domiciliées dans le lieu où siége le tribunal seront tenues d'y faire l'élection d'un domicile. (C. 111. — Pr. 421, 435, 440.)

L'élection de domicile doit être mentionnée sur le plumitif de l'audience ; à défaut de cette élection, toute signification, même celle du jugement définitif, sera faite valablement au greffe du tribunal. (Pr. 148.)

423. Les étrangers demandeurs ne peuvent être obligés, en matière de commerce, à fournir une caution de payer les frais et dommages-intérêts auxquels ils pourront être condamnés, même lorsque la demande est portée devant un tribunal civil dans les lieux où il n'y a pas de tribunal de commerce. (C. 16. — Pr. 166, 167.)

424. Si le tribunal est incompétent à raison de la matière, il renverra les parties, encore que le déclinatoire n'ait pas été proposé. (Pr. 170, 425, 442.)

Le déclinatoire pour toute autre cause ne pourra être proposé que préalablement à toute autre défense. (Pr. 169, 171, 186.)

425. Le même jugement pourra, en rejetant le déclinatoire, statuer sur le fond, mais par deux dispositions distinctes, l'une sur la compétence, l'autre sur le fond ; les dispositions sur la compétence pourront toujours être attaquées par la voie de l'appel. (Pr. 134, 172, 288, 338, 443, 473.)

426. Les veuves et héritiers des justiciables du tribunal de commerce y seront assignés en reprise, ou par action

nouvelle, sauf, si les qualités sont contestées, à les renvoyer aux tribunaux ordinaires pour y être réglés, et ensuite être jugés sur le fond au tribunal de commerce. (C. 724, 1122. — Pr. 59, 61, 69, 174, 187, 342 s.)

427. Si une pièce produite est méconnue, déniée ou arguée de faux, et que la partie persiste à s'en servir, le tribunal renverra devant les juges qui doivent en connaître, et il sera sursis au jugement de la demande principale. (Pr. 14, 170, 214 s.)

Néanmoins, si la pièce n'est relative qu'à un des chefs de la demande, il pourra être passé outre au jugement des autres chefs.

428. Le tribunal pourra, dans tous les cas, ordonner, même d'office, que les parties seront entendues en personne, à l'audience ou dans la chambre, et, s'il y a empêchement légitime, commettre un des juges, ou même un juge de paix, pour les entendre, lequel dressera procès-verbal de leurs déclarations. (Pr. 9, 10, 88, 119, 324 s., 421, 422, 1035.)

429. S'il y a lieu à renvoyer les parties devant des arbitres, pour examen de comptes, pièces et registres, il sera nommé un ou trois arbitres pour entendre les parties, et les concilier, si faire se peut, sinon donner leur avis. (Pr. 302 s., 322, 323, 430, 431. — Co. 51 s.)

S'il y a lieu à visite ou estimation d'ouvrages ou marchandises, il sera nommé un ou trois experts.

Les arbitres et les experts seront nommés d'office par le tribunal, à moins que les parties n'en conviennent à l'audience. (Pr. 305. — T. 29.)

430. La récusation ne pourra être proposée que dans les trois jours de la nomination. (Pr. 308 s., 1029, 1033.)

431. Le rapport des arbitres et experts sera déposé au greffe du tribunal. (Pr. 319.)

432. Si le tribunal ordonne la preuve par témoins, il y sera procédé dans les formes ci-dessus prescrites pour les enquêtes sommaires (1). Néanmoins, dans les causes sujettes à appel, les dépositions seront rédigées par écrit par le

---

C. Proc. — 407. S'il y a lieu à enquête, le jugement qui l'ordonnera contiendra les faits, sans qu'il soit besoin de les articuler préalablement, et fixera les jour et heure où les témoins seront entendus à l'audience.

408. Les témoins seront assignés au moins un jour avant celui de l'audition.

greffier, et signées par le témoin ; en cas de refus, mention en sera faite. (C. 1107, 1341 s. — Pr. 34 s., 252 s., 407 s., 439, 443 s. — Co. 109, 639.)

433. Seront observées, dans la rédaction et l'expédition des jugements, les formes prescrites dans les articles 141 et 146 pour les tribunaux de première instance (1). (Pr. 545 s.)

434. Si le demandeur ne se présente pas, le tribunal donnera défaut, et renverra le défendeur de la demande. (Pr. 80, 82, 154, 435 à 438. — Co. 643, 645.)

Si le défendeur ne comparaît pas, il sera donné défaut, et les conclusions du demandeur seront adjugées, si elles se trouvent justes et bien vérifiées. (Pr. 149, 150.)

435. Aucun jugement par défaut ne pourra être signifié que par un huissier commis à cet effet par le tribunal ; la signification contiendra, à peine de nullité, élection de domicile dans la commune où elle se fait, si le demandeur n'y est domicilié. (C. 102, 111. — Pr. 156, 422, 434.)

Le jugement sera exécutoire un jour après la signification et jusqu'à l'opposition. (Pr. 155, 436 s., 442, 1029, 1033. — T. 29.)

436. L'opposition ne sera plus recevable après la huitaine

---

409. Si l'une des parties demande prorogation, l'incident sera jugé sur-le-champ.

410. Lorsque le jugement ne sera pas susceptible d'appel, il ne sera point dressé de procès-verbal de l'enquête ; il sera seulement fait mention, dans le jugement, des noms des témoins, et du résultat de leurs dépositions.

412. Si les témoins sont éloignés ou empêchés, le tribunal pourra commettre le tribunal ou le juge de paix de leur résidence : dans ce cas, l'enquête sera rédigée par écrit ; il en sera dressé procès-verbal.

413. Seront observées en la confection des enquêtes sommaires les dispositions du titre XII, *des Enquêtes*, relatives aux formalités ci-après :

La copie aux témoins, du dispositif du jugement par lequel ils sont appelés ;

Copie à la partie, des noms des témoins ;

L'amende et les peines contre les témoins défaillants ;

La prohibition d'entendre les conjoints des parties, les parents et alliés en ligne directe ;

Les reproches par la partie présente, la manière de les juger, les interpellations aux témoins, la taxe ;

Le nombre des témoins dont les voyages passent en taxe ;

La faculté d'entendre les individus âgés de moins de quinze ans révolus.

(1) **C. Proc.—141.** La rédaction des jugements contiendra les noms des juges, — les noms, professions et demeures des parties, leurs conclusions, l'exposition sommaire des points de fait et de droit, les motifs et le dispositif des jugements.

146. Les expéditions des jugements seront intitulées et terminées au nom de l'Empereur (conformément au décret du 2 décembre 1852).

du jour de la signification (1). (Pr. 435, 437, 438, 1029, 1033. — Co. 643.—T. 29.)

437. L'opposition contiendra les moyens de l'opposant, et assignation dans le délai de la loi ; elle sera signifiée au domicile élu. (C. 111. — Pr. 59, 61, 68, 69, 416, 438, 1033. — T. 29.)

438. L'opposition faite à l'instant de l'exécution, par déclaration sur le procès-verbal de l'huissier, arrêtera l'exécution ; à la charge, par l'opposant, de la réitérer dans les trois jours par exploit contenant assignation ; passé lequel délai, elle sera censée non avenue. (Pr. 162, 1029, 1033.)

439. Les tribunaux de commerce pourront ordonner l'exécution provisoire de leurs jugements, nonobstant l'appel, et sans caution, lorsqu'il y aura titre non attaqué, ou condamnation précédente dont il n'y aura pas d'appel : dans les autres cas, l'exécution provisoire n'aura lieu qu'à la charge de donner caution, ou de justifier de solvabilité suffisante. (C. 1317, 1318, 1322, 1350 3°, 1351, 2040, 2041 — Pr. 135, 417, 418, 432, 440, 457 s. — Co. 580, 639. — T. 29.)

440. La caution sera présentée par acte signifié au domicile de l'appelant, s'il demeure dans le lieu où siége le tribunal, sinon au domicile par lui élu en exécution de l'article 422, avec sommation à jour et heure fixes de se présenter au greffe pour prendre communication, sans déplacement, des titres de la caution, s'il est ordonné qu'elle en fournira, et à l'audience, pour voir prononcer sur l'admission, en cas de contestation. (C. 102, 111, 2040, 2044. — Pr. 59, 61, 68, 69, 441, 458, 548 s. — T. 29.)

441. Si l'appelant ne comparaît pas, ou ne conteste point la caution, elle fera sa soumission au greffe ; s'il conteste, il sera statué au jour indiqué par la sommation : dans tous les cas, le jugement sera exécutoire, nonobstant opposition ou appel. (Pr. 82, 549. —T. 29.)

442. Les tribunaux de commerce ne connaîtront point de l'exécution de leurs jugements. (Pr. 426, 427, 435, 472, 553.)

---

(1) Cette disposition se trouve modifiée par l'article 643 du Code de commerce, qui déclare les articles 156, 158 et 159 du Code de procédure, promulgué antérieurement, applicables aux jugements par défaut rendus par les tribunaux de commerce.

LIVRE IV. — TITRE IV

DU CODE DE COMMERCE.

DE LA FORME DE PROCÉDER DEVANT LES COURS IMPÉRIALES.

645. « Le délai pour interjeter appel des jugements des tribunaux de commerce sera de deux mois, à compter du jour de la signification du jugement, pour ceux qui auront été rendus contradictoirement, et du jour de l'expiration du délai de l'opposition, pour ceux qui auront été rendus par défaut : l'appel pourra être interjeté le jour même du jugement. » (*Loi du 3 mai* 1862.) (Pr. 68, 147, 156, 158, 159, 443 s. — Co. 643, 646 s.)

646. « Dans les limites de la compétence fixée par l'article 639 pour le dernier ressort, l'appel ne sera pas reçu, encore que le jugement n'énonce pas qu'il est rendu en dernier ressort, et même quand il énoncerait qu'il est rendu à la charge d'appel. » (*Loi du 3 mars* 1840).— (Pr. 483.)

647. Les cours impériales ne pourront, en aucun cas, à peine de nullité, et même des dommages et intérêts des parties, s'il y a lieu, accorder des défenses ni surseoir à l'exécution des jugements des tribunaux de commerce, quand même ils seraient attaqués d'incompétence ; mais elles pourront, suivant l'exigence des cas, accorder la permission de citer extraordinairement à jour et heure fixes, pour plaider sur l'appel. (C. 1149, 1382. — Pr. 128, 505 3°.)

648. Les appels des jugements des tribunaux de commerce seront instruits et jugés dans les cours, comme appels de jugements rendus en matière sommaire. La procédure, jusques et y compris l'arrêt définitif, sera conforme à celle qui est prescrite, pour les causes d'appel en matière civile, au livre III de la Ire partie du Code de procédure civile (443 à 473). (Pr. 404 s.)

FIN DU CODE DE COMMERCE.

TABLE DES MATIÈRES

CONTENUES DANS LE

CODE DE COMMERCE.

LIVRE Ier.

DU COMMERCE EN GÉNÉRAL.

LIVRE II.

DU COMMERCE MARITIME.

LIVRE III.

DES FAILLITES ET BANQUEROUTES.

LIVRE IV.

DE LA JURIDICTION COMMERCIALE.

FIN DE LA TABLE DES MATIÈRES.

NOUVEAU MANUEL

DES

TRIBUNAUX DE COMMERCE

DEUXIÈME PARTIE

HISTORIQUE ET ORGANISATION DES TRIBUNAUX DE COMMERCE.

ATTRIBUTIONS DES MAGISTRATS CONSULAIRES

ET DES PERSONNES ATTACHÉES A LA JURIDICTION.

NOUVEAU MANUEL

DES

TRIBUNAUX DE COMMERCE

CHAPITRE PREMIER.

HISTORIQUE ET ORGANISATION DES TRIBUNAUX DE COMMERCE. — ÉTABLISSEMENT DE LA JURIDICTION COMMERCIALE A PARIS ET MODE D'ÉLECTION DES MAGISTRATS CONSULAIRES PENDANT LES TROIS DERNIÈRS SIÈCLES (1563 à 1865).

Les Tribunaux de commerce, comme les autres cours et tribunaux, doivent leur organisation actuelle à l'Empereur Napoléon Ier. Mais le Commerce, dès le XIIIe siècle, avait en France ses juges spéciaux. On voit, en effet, que la juridiction consulaire était établie, en 1222, à Semur et qu'elle existait également à Paris, vers ce même temps, sous le nom de *Parlouet aux Borgeois.*

L'Hôtel de Ville possédait naguère, et possède peut-être même encore aujourd'hui, les statues de *six sergents au Parloir des Bourgeois.* Une sentence, rendue en 1291 et rapportée par Chopin dans son commentaire sur la coutume de Paris, liv. Ier, n° 12, atteste l'existence de cette juridiction. Jean Arrode, qui en était alors le président, avait le titre de *Prévost de la marchandise de liaue de Paris.*

Les Italiens, qui fréquentaient les foires de France, y avaient obtenu le privilége d'être jugés par leurs pairs pour tout ce qui concernait l'exécution des marchés.

Cette juridiction particulière reçut la dénomination de *Conventions Royaux.*

Puis vinrent les *Conservations des priviléges des foires* établies à Nancy, à Lyon, à Perpignan et à Marseille.

Les six célèbres foires de Champagne et de Brie, qui avaient dû leur prospérité aux priviléges dont elles étaient entourées, voyaient décroître leur importance, lorsque, protégées par les Comtes de Champagne et de Brie, les franchises et les libertés, antérieurement accordées à ces foires, furent confirmées par lettres patentes de Philippe de Valois, données à Vincennes, le 6 août 1349, où il est dit :

« Et pour ce s'accordèrent et consentirent à la fondation,
« création, estaux, ordonnances et coustumes d'icelles foires,
« Prélats, Princes, Barons, chrestiens et mescréans, eux sou-
« mettant à la jurisdiction d'icelles et donnant obéissance. »

Ces lettres patentes, « pour abbreger les payemens desdites « foires, et pour *oster les parties de long procez en plaidoiries,* » établirent *deux Gardes et un Chancelier*, dépositaire du sceau particulier desdites foires, ayant juridiction sur tous les marchands régnicoles ou étrangers qui les fréquentaient. Ces Gardes ne devaient point s'arrêter aux exceptions dilatoires, déclinatoires ou autres, et les marchands, soumis de plein droit à la contrainte corporelle pour les conventions passées sous le scel des foires, ne pouvaient obtenir ni grâce ni lettre de répit.

Louis XI, par lettres patentes du mois de mars 1462, accorda à tous marchands et autres, fréquentant les foires de Lyon, les mêmes droits et priviléges que ceux dont jouissaient les marchands qui fréquentaient les foires de Champagne, de Brie et du Lendit.

« Et, portent lesdites lettres patentes, pour ce que, durant
« lesdites foires, se pourroient mouvoir questions et débats
« entre nos officiers et les marchands qui fréquenteroient les-
« dites foires, comme de marchans à marchans et de partie
« à partie : — Nous, pour obvier ausdits débats, questions et
« procez et y mettre briefve fin, avons ordonné et estably, or-
« donnons et establissons, par cesdites présentes, *Conservateur*
« *et Gardien* desdites foires, nostre Baillif de Mascon, Séneschal
« de Lyon ou son lieutenant, présent et à venir, auquel Nous
« avons donné et donnons par cesdites présentes pouvoir, au-
« thorité et commission de juger et déterminer *sans long procez*
« *et figure de plaids*, appellez ceux qui seront à appeler, tous les
« débats qui se pourroient mouvoir entre nosdits officiers et
« les marchans fréquentans lesdites foires, et durant le temps
« d'icelles, ainsi qu'il verra estre à faire par raison. »

Louis XI ne s'en tint point là et voulut compléter par de nouvelles lettres patentes du 21 avril 1464 (1) ce qu'il avait fait deux ans auparavant pour favoriser les foires de Lyon.

En 1549, un édit de François Ier établit à Toulouse une Bourse commune pour les marchands de cette ville et leur permit d'élire *entre eux*, chaque année, *un Prieur et deux Consuls*, qui avaient pouvoir d'appeler telles personnes qu'ils jugeraient convenable, et de décider ainsi en première instance tous les procès entre les marchands et fabricants, pour raison des marchandises, foires et assurances.

Henri II, huit ans plus tard, ordonna que les marchands étrangers, qui fréquentaient les foires de Rouen, se réunissent tous les ans pour élire, à la pluralité des voix, un Prieur et deux Consuls, chargés de juger les procès comme ceux de Toulouse.

Mais l'origine de la Juridiction Consulaire proprement dite ne date réellement que de l'édit du mois de novembre 1563 (2),

---

(1) *Lettres patentes de Louis XI du 21 avril 1464.*

« Sçauoir faisons, que Nous, qui desirons de tout nostre pouuoir augmenter et meilleurer lesdites foires, et attraire tous les marchans à icelles, considerans que par lesdits Conseillers de nostre dite ville et cité de Lyon, les personnes nécessaires pour la vacation des choses deuant dites, pourront estre mieux nommez et esleus par autres, que pour autres : attendu mesmement que le fait desdites foires touche entièrement le bien et entretenement de nostre dite ville et cité de Lyon à iceux Conseillers. — Pour ces causes, et autres à ce nous mouuans, auons donné et octroyé, donnós et octroyons de grace spéciale par ces mesmes presentes, pouvoir et authorité d'eslire et commettre aucun preud'homme suffisant et idoine que mestier sera, qui se prendra garde, durant lesdites foires, qu'aucun sergent ny autre officier ne face aucune extorsion ou vexation ausdits marchans, et que de toutes les questions et debats qui surviendront entre iceux marchans durant lesdites foires, et à cause d'icelles, ledit commis les appoincte et accorde amiablement, si faire se peut, ou sinon qu'il leur faille eslire deux marchans non suspects ny favorables pour les appoincter s'il est possible : et s'ils ne les peuvent appoincter, ils les renuoyeront deuant le juge auquel la cognoissance en deura appartenir, et seront tenus de certifier de ce qu'ils auront fait. — Et pareillement avons donné pouuoir ausdits Conseillers d'eslire aucun preud'homme sur chacune espèce de marchandise qui sera vendue esdites foires, pour cognoistre et appoincter de tous les debats qui se pourront mouuoir entre lesdits marchans durant icelles foires, à cause de la redargution de leursdites marchandises de non estre bonnes ne vendables ainsi qu'il appartient. »

(2) EDIT DE 1563.

« CHARLES, par la grâce de Dieu, roi de France, à tous présents et à
« venir, salut;
« Savoir faisons que, sur la requête et remontrance à nous faites en notre
« conseil de la part des marchands de notre bonne ville de Paris et pour le
« bien public, et abréviation de tous procès et différends entre marchands
« qui doivent négocier ensemble de bonne foi, sans être astreints aux

rendu par le Roi Charles IX, sous le ministère du Chancelier
Michel de l'Hospital.

« subtilités des lois et ordonnances, avons, par l'avis de notre très-honorée
« dame et mère, des princes de notre sang, seigneurs et gens de notredit
« conseil, statué, ordonné et permis ce qui s'ensuit :

« ART. 1er. Premièrement, avons permis et enjoint aux prévôts des mar-
« chands et échevins de notredite ville de Paris, nommer et élire en l'as-
« semblée de cent notables bourgeois de ladite ville, qui seront pour cet
« effet appelés et convoqués trois jours après la publication des présentes,
« cinq marchands du nombre desdits cent ou autres absents, pourvu qu'ils
« soient natifs et originaires de notre royaume, marchands et demeurant
« en notredite ville de Paris. Le premier desquels nous avons nommé Juge
« des marchands, et les quatre autres Consuls desdits marchands, qui feront
« le serment devant le prévôt des marchands; la charge desquels cinq ne
« durera qu'un an, sans que, pour quelque cause et occasion que ce soit,
« l'un d'eux puisse être continué.

« ART. 2. Ordonnons et permettons auxdits cinq Juge et Consuls d'as-
« sembler et appeler trois jours avant la fin de leur année jusqu'au nombre
« de soixante marchands, bourgeois de ladite ville, qui en éliront trente
« d'entre eux, lesquels, sans partir du lieu et sans discontinuer, procède-
« ront avec lesdits Juge et Consuls en l'instant et le jour même, à peine de
« nullité, à l'élection de cinq nouveaux Juge et Consuls des marchands qui
« feront le serment devant les anciens, et sera la forme susdite gardée et
« observée dorénavant en l'élection desdits Juge et Consuls, nonobstant
« opposition ou appellation quelconques, dont nous réservons à notre
« personne et notre conseil la connoissance, icelle interdisant à nos cours
« de parlement et prévôt de Paris.

« ART. 3. Connoîtront lesdits Juge et Consuls des marchands de tous
« procès et différends qui seront ci-après mus entre marchands, pour fait
« de marchandises seulement, leurs veuves marchandes publiques, leurs
« facteurs, serviteurs et commettants, tous marchands, soit que lesdits
« différends procèdent d'obligations, cédules, récépissés, lettres de change
« ou crédit, réponses, assurances, transports de dettes et novation d'icelles,
« calculs ou erreurs en iceux, compagnies, sociétés ou association à faire,
« ou qui se feront ci-après. Desquelles matières et différends nous avons
« de nos pleine puissance et autorité royale, attribué et commis la connois-
« sance, jugement et décision auxdits Juge, Consuls et aux trois d'eux pri-
« vativement à tous nos Juges, appelés avec eux, si la matière y est
« sujette, et en sont requis par ses parties, tel nombre de personnes de
« conseil qu'ils aviseront, exceptés toutefois et réservés les procès de la
« qualité susdite déjà intentés et pendants pardevant nos juges, auxquels
« néanmoins enjoignons les renvoyer devant lesdits Juge et Consuls des
« marchands, si les parties le requièrent et consentent.

« Et avons, dès à présent, déclaré nuls tous transports de cédules, obli-
« gations et dettes qui seront faits par lesdits marchands et personnes
« privilégiées, ou autre quelconque non sujette à la juridiction desdits Juge
« et Consuls.

« ART. 4. Et, pour couper chemin à toute longueur et ôter l'occasion de
« faire et plaider, voulons et ordonnons que tous ajournements soient li-
« bellés et qu'ils contiennent demande certaine; et feront toutes les parties
« comparoir en personne à la première assignation pour être ouïes par
« leur bouche, s'ils n'ont de légitime excuse de maladie ou absence; ès
« quels cas enverront par écrit leur réponse signée de leur main propre, ou
« audit cas de maladie, de l'un de leurs parents, voisins ou amis, ayant
« de ce charge et procuration spéciale, dont il fera apparoir à ladite assi-
« gnation, le tout sans aucun ministère d'avocat ou procureur.

« ART. 5. Si les parties sont contraires et non d'accord de leurs faits,
« délai compétent leur sera préfix à la première comparution, dans lequel

Louis XIV rendit cette juridiction commune à tous les siéges du Royaume par la célèbre ordonnance du mois de

« ils produiront leurs témoins, qui seront ouïs sommairement, et, sur leur « déposition, le différend sera jugé sur-le-champ, si faire se peut, dont « nous chargeons l'honneur et conscience desdits Juge et Consuls.

« ART. 6. Ne pourront lesdits Juge et Consuls, en quelque cause que ce « soit, octroyer qu'un seul délai qui sera par eux arbitré, selon la distance « des lieux et la qualité de la matière, soit pour produire pièces ou témoins ; « et, icelui échu et passé, procéderont au jugement du différend entre les « parties sommairement et sans figure de procès.

« ART. 7. Enjoignons auxdits Juge et Consuls vaquer diligemment à « leur charge durant le temps d'icelle, sans prendre directement ou indi-« rectement, en quelque manière que ce soit, aucune chose, ni présent ou « don, sous couleur d'épices ou autrement, à peine de concussion.

« ART. 8. Voulons et nous plaît que des mandements, sentences ou juge-« ments qui seront donnés par lesdits Juge et Consuls des marchands ou « les trois d'eux, comme dessus, sur différents mus entre marchands et « pour faits de marchandise, l'appel ne soit reçu, pourvu que la demande « et condamnation n'excède la somme de 500 livres tournois pour une fois « payer. — Et avons dès à présent déclaré non recevables les appellations « qui seroient interjetées desdits jugements, lesquels seront exécutés en nos « royaumes, pays et terres de notre obéissance, par le premier de nos « Juges des lieux, huissiers ou sergents sur ce requis : auxquels et chacun « d'eux enjoignons de ce faire, à peine de privation de leurs offices, sans « qu'il soit besoin de demander aucun placet, visa ni paréatis.

« Avons aussi dès à présent déclaré nuls tous reliefs d'appel ou commis-« sions, qui seroient obtenus au contraire pour faire appeler les parties, « intimer ou ajourner lesdits Juge et Consuls, et défendons très-expressé-« ment à toutes nos cours souveraines et chancelleries de les bailler.

« ART. 9. En cas qui excéderont ladite somme de 500 livres tournois, « sera passé outre à l'entière exécution des sentences desdits Juge et Con-« suls, nonobstant opposition ou appellation quelconques, et sans préju-« dice d'icelles, que nous entendons être relevées et ressortir en notre « cour de parlement de Paris, et non ailleurs.

« ART. 10. Les condamnés à garnir par provision ou définitivement se-« ront contraints par corps à payer les sommes liquidées par lesdites sen-« tences et jugements qui n'excéderont 500 livres tournois, sans qu'ils « soient reçus en nos chancelleries à demander lettres de répit ; et néan-« moins pourra le créancier faire exécuter son débiteur condamné en ses « biens meubles, et saisir les immeubles.

« ART. 11. Contre lesdits condamnés marchands ne seront adjugés des « dommages et intérêts requis pour le retardement du payement qu'à « raison du denier douze, à compter du jour du premier ajournement, sui-« vant nos ordonnances faites à Orléans.

« ART. 12. Les saisies, établissements de commissaires, et ventes de biens « ou fruits, seront faits en vertu desdites sentences et jugements, et s'il « faut passer outre, les criées et interposition de décret se feront par auto-« rité de nos juges ordinaires des lieux, auxquels très-expressément en-« joignons, et chacun d'eux en son droit, de tenir la main à la perfection « desdites criées, adjudication des héritages saisis ; et l'entière exécution « des sentences et jugements, qui seront donnés par lesdits Juge et Con-« suls des marchands, sans y user d'aucune remise ou longueur, à peine de « tous dépens, dommages et intérêts.

« Les exécutions commencées contre les condamnés par lesdits Juge et « Consuls seront parachevées contre leurs héritiers, et sur les biens seu-« lement.

« ART. 13. Mandons et commandons aux geôliers et gardes de nos pri-« sons ordinaires et de tous hauts justiciers recevoir les prisonniers qui leur

mars 1673 (1) dont le commerce est redevable au ministre Colbert.

« seront baillés en garde par nos huissiers ou sergents, en exécutant les
« commissions ou jugements desdits Juge et Consuls des marchands dont
« ils seront responsables par corps, et tout ainsi que si le prisonnier avait
« été amené par autorité de l'un de nos Juges.

« ART. 14. Pour faciliter la commodité de convenir de négocier ensemble,
« avons permis et permettons aux marchands, bourgeois de notre ville de
« Paris, natifs et originaires de notre royaume, pays et terres de notre
« obéissance, d'imposer et lever sur eux telle somme de deniers qu'ils
« aviseront nécessaires pour l'achat ou louage d'une maison ou lieu qui
« sera appelé la *place commune des marchands*, laquelle nous avons dès
« à présent établie à l'instar et tout ainsi que les places appelées le *change*
« de notre ville de Lyon, et *bourse* de nos villes de Toulouse et Rouen,
« avec tels et semblables priviléges, franchises et libertés dont jouissent
« les marchands fréquentant les foires de Lyon et places de Toulouse et
« Rouen.

« ART. 15. Et pour arbitrer et accorder ladite somme, laquelle sera em-
« ployée à l'effet que dessus et non ailleurs, les prévôts des marchands et
« échevins de notre ville de Paris assembleront en l'hôtel de ladite ville
« jusqu'au nombre de cinquante marchands et notables bourgeois, qui en
« députeront dix d'entre eux, avec pouvoir de faire les cotisations et dépar-
« tement de la somme qui aura été, comme dit est, accordée en l'assemblée
« desdits cinquante marchands.

« ART. 16. Voulons et ordonnons que ceux qui seront refusants de payer
« leur taxe ou quote-part, dans trois jours après la signification ou demande
« d'icelle, y soient contraints par vente de leurs marchandises et autres
« biens meubles, et ce par le premier notre huissier ou sergent sur ce
« requis.

« ART. 17. Défendons à tous nos huissiers ou sergents faire aucun exploit
« de justice ou ajournement en matière civile aux heures du jour que les
« marchands seront assemblés en ladite place commune, qui sera de neuf
« à onze heures du matin, et de quatre jusqu'à six de relevée.

« ART. 18. Permettons auxdits Juge et Consuls de choisir et nommer pour
« leur scribe et greffier telle personne d'expérience, marchand ou autre
« qu'ils aviseront, lequel fera toute expédition en bon papier, sans user de
« parchemin ; et lui défendons très-étroitement de prendre pour ses sa-
« laires et vacations autre chose qu'un sol tournois pour feuillet, à peine
« de punition corporelle, et d'en répondre par lesdits Juge et Consuls, en
« leur propre et privé nom, en cas de dissimulation et connivence.

« Si donnons en mandement, etc.

« Donné à Paris au mois de novembre, l'an de grâce 1563, et de notre
« règne le troisième.

« Signé : CHARLES.

« Registré au Parlement, ce 18 janvier 1564. »

(1) ORDONNANCE DU COMMERCE DU MOIS DE MARS 1673.

LOUIS, par la grâce de Dieu, roi de France et de Navarre, à tous présents et à venir salut : — Comme le commerce est la source de l'abondance
publique et la richesse des particuliers, Nous avons, depuis plusieurs années, appliqué nos soins pour le rendre florissant dans notre royaume.
C'est ce qui nous a porté, premièrement, à ériger parmi nos sujets plusieurs
compagnies, par le moyen desquelles ils tirent présentement des pays les
plus éloignés ce qu'ils n'avoient auparavant que par l'entremise des autres
nations. C'est ce qui nous a engagé ensuite à faire construire et armer

L'édit de 1563 portait établissement en la ville de Paris d'un Juge et de quatre Consuls élus entre les marchands *pour le bien*

---

grand nombre de vaisseaux pour l'avancement de la navigation, et à employer la force de nos armes par mer et par terre pour en maintenir la sûreté. Ces établissements ayant eu le succès que nous en attendions, nous avons cru être obligé de pourvoir à leur durée par des règlements capables d'assurer parmi les négociants la bonne foi contre la fraude, et prévenir les obstacles qui les détournent de leur emploi par la longueur des procès, et consomment en frais le plus liquide de ce qu'ils ont acquis.

A ces causes, de l'avis de notre conseil, et de notre certaine science, et pleine puissance et autorité royale, nous avons dit, déclaré et ordonné, disons et déclarons, ordonnons et nous plaît ce qui suit :

TITRE I.

Des apprentis, Négociants et Marchands, tant en gros qu'en détail.

ARTICLE PREMIER. Es lieux où il y a maîtrise de marchands, les apprentis marchands seront tenus d'accomplir le temps prescrit par les statuts : néanmoins les enfants de marchands seront réputés avoir fait leur apprentissage lorsqu'ils auront demeuré actuellement en la maison de leur père ou de leur mère, faisant profession de la même marchandise, jusqu'à dix-sept ans accomplis.

ART. 2. Celui qui aura fait son apprentissage sera tenu de demeurer encore autant de temps chez son maître, ou un autre marchand de pareille profession; ce qui aura lieu pareillement à l'égard des fils de maître.

ART. 3. Aucun ne sera reçu marchand qu'il n'ait vingt ans accomplis, et ne rapporte le brevet et les certificats d'apprentissage et du service fait depuis. Et en cas que le contenu ès certificats ne fût véritable, l'aspirant sera déchu de la maîtrise; le maître d'apprentissage qui aura donné son certificat, condamné en cinq cents livres d'amende, et les autres certificateurs chacun en trois cents livres.

ART. 4. L'aspirant à la maîtrise sera interrogé sur les livres et registres à partie double et à partie simple, sur les lettres et billets de change, sur les règles d'arithmétique, sur la partie de l'aune, sur les livres et poids de marc, sur les mesures et les qualités de la marchandise, autant qu'il conviendra pour le commerce dont il entend se mêler.

ART. 5. Défendons aux particuliers et aux communautés de prendre ni recevoir des aspirants aucuns présents pour leur réception, ni autres droits que ceux qui sont portés par les statuts, sous quelque prétexte que ce puisse être, à peine d'amende qui ne pourra être moindre de cent livres. Défendons aussi à l'aspirant de faire aucun festin, à peine de nullité de sa réception.

ART. 6. Tous négociants et marchands en gros ou en détail, comme auss les banquiers, seront réputés majeurs pour le fait de leur commerce et banque, sans qu'ils puissent être restitués sous prétexte de minorité.

ART. 7. Les marchands en gros et en détail, et les maçons, charpentiers, couvreurs, serruriers, vitriers, plombiers, paveurs, et autres de pareille qualité, seront tenus de demander payement dans l'an après la délivrance.

ART. 8. L'action sera intentée dans six mois, pour marchandises et denrées vendues en détail par boulangers, pâtissiers, bouchers, rôtisseurs, cuisiniers, couturiers, passementiers, selliers, bourreliers, et autres semblables.

ART. 9. Voulons le contenu ès deux articles ci-dessus avoir lieu, encore qu'il y eût eu continuation de fourniture ou d'ouvrage, si ce n'est qu'avant

public et abréviation de tous procès et différends entre marchands
qui doivent négocier en public, de bonne foi, sans être astreints

---

l'année ou les six mois, il y eût un compte arrêté, sommation ou interpellation judiciaire, cédule, obligation ou contrat.

Art. 10. Pourront néanmoins les marchands et ouvriers déférer le serment à ceux auxquels la fourniture aura été faite, les assigner et les faire interroger; et, à l'égard des veuves, tuteurs de leurs enfants, héritiers et ayant-cause, leur faire déclarer s'ils savent que la chose est due, encore que l'année ou les six mois soient expirés.

Art. 11. Tous négociants et marchands, tant en gros qu'en détail, auront chacun à leur égard des aunes ferrées par les deux bouts et marquées, ou des poids et mesures étalonnés. Leur défendons de se servir d'autres, à peine de faux et de cent cinquante livres d'amende.

TITRE II.
Des Agents de Banque et Courtiers.

Art. 1er. Défendons aux agents de banque et de change de faire le change ou tenir banque pour leur compte particulier, sous leur nom ou sous des noms interposés, directement ou indirectement, à peine de privation de leurs charges et de quinze cents livres d'amende.

Art. 2. Ne pourront aussi les courtiers de marchandises en faire un trafic pour leur compte, ni tenir caisse chez eux, ou signer des lettres de change par aval. Pourront néanmoins certifier que la signature des lettres de change est véritable.

Art. 3. Ceux qui auront obtenu des lettres de répit, fait contrat d'atermoiement, ou fait faillite, ne pourront être agents de change ou de banque, ou courtiers de marchandises.

TITRE III.
Des Livres et Registres des Négociants, Marchands et Banquiers.

Art. 1er. Les négociants et marchands, tant en gros qu'en détail, auront un livre qui contiendra tout leur négoce, leurs lettres de change, leurs dettes actives et passives, et les deniers employés à la dépense de leur maison.

Art. 2. Les agents de change et de banque tiendront un livre-journal dans lequel seront insérées toutes les parties par eux négociées pour y avoir recours en cas de contestations.

Art. 3. Les livres de négociants et marchands, tant en gros qu'en détail, seront signés sur le premier et le dernier feuillet par l'un des Consuls, dans les villes où il y a juridiction consulaire, et dans les autres, par le maire ou l'un des échevins, sans frais ni droits; et les feuillets paraphés et cotés par premier et dernier, de la main de ceux qui auront été commis par les Consuls, ou maire et échevins, dont sera fait mention au premier feuillet.

Art. 4. Les livres des agents de change et de banque seront cotés, signés et paraphés par l'un des Consuls sur chaque feuillet, et mention sera faite, dans le premier, du nom de l'agent de change ou de banque, de la qualité du livre, s'il doit servir de journal ou pour la caisse, et si c'est le premier, second ou autre, dont sera fait mention sur le registre du greffe de la juridiction consulaire ou de l'Hôtel-de-Ville.

Art. 5. Les livres-journaux seront écrits d'une même suite, par ordre de date sans aucun blanc, arrêtés en chaque chapitre et à la fin, et ne sera rien écrit aux marges.

Art. 6. Tous négociants, marchands et agents de change et de banque, seront tenus, dans six mois après la publication de notre présente ordon-

aux subtilités des lois et ordonnances, pour fait de marchandises
seulement.

nance, de faire de nouveaux livres-journaux et registres, signés, cotés et
paraphés, suivant qu'il est ci-dessus ordonné, dans lesquels ils pourront, si
bon leur semble, porter les extraits de leurs anciens livres.

Art. 7. Tous négociants et marchands, tant en gros qu'en détail, mettront en liasse les lettres missives qu'ils recevront, et en registre la copie
de celles qu'ils écriront.

Art. 8. Seront aussi tenus tous les marchands de faire, dans le même
délai de six mois, inventaire sous leur seing de tous leurs effets mobiliers et
immobiliers, et de leurs dettes actives et passives, lequel sera récolé et
renouvelé de deux ans en deux ans.

Art. 9. La représentation ou communication des livres-journaux, registres, ou inventaires, ne pourra être requise ni ordonnée en justice,
sinon pour succession, communauté et partage de société en cas de
faillite.

Art. 10. Au cas néanmoins qu'un négociant ou un marchand voulût se
servir de ses livres-journaux et registres, ou que la partie offrît d'y ajouter foi, la représentation pourra être ordonnée, pour en extraire ce qui
concernera le différend.

TITRE IV.

Des Sociétés.

Art. 1er. Toute société générale ou en commandite sera rédigée par
écrit, ou par-devant notaires, ou sous signature privée, et ne sera reçue
aucune preuve par témoins contre ou outre le contenu en l'acte de société,
ni sur ce qui seroit allégué avoir été dit avant, lors ou depuis l'acte, encore qu'il s'agit d'une somme ou valeur moindre de cent livres.

Art. 2. L'extrait des sociétés entre marchands et négociants, tant en
gros qu'en détail, sera registré au greffe de la Juridiction consulaire, s'il y
en a, sinon en celui de l'hôtel commun de la ville; et s'il n'y en a point,
au greffe de nos juges des lieux, ou de ceux des seigneurs, et l'extrait
inséré dans un tableau exposé en lieu public; le tout à peine de nullité
des actes et contrats passés tant entre les associés qu'avec leurs créanciers
et ayant-cause.

Art. 3. Aucun extrait de société ne sera enregistré s'il n'est signé ou des
associés, ou de ceux qui auront souffert la société, et ne contient les noms,
surnoms, qualités et demeure des associés, et les clauses extraordinaires,
s'il y en a, pour la signature des actes, le temps auquel elle doit commencer et finir; et ne sera réputée continuée s'il n'y en a un acte par écrit,
pareillement enregistré et affiché.

Art. 4. Tous actes portant changements d'associés, nouvelles stipulations ou clauses pour la signature, seront enregistrés et publiés, et n'auront
lieu que du jour de la publication.

Art. 5. Ne sera pris par le greffier, pour l'enregistrement de la société
et la transcription dans le tableau, que cinq sous, et pour chaque extrait
qu'il en délivrera, trois sous.

Art. 6. Les sociétés n'auront effet à l'égard des associés, leurs veuves et
héritiers, créanciers et ayant-cause, que du jour qu'elles auront été registrées et publiées au greffe du domicile de tous les contractants, et du lieu
où ils auront magasin.

Art. 7. Tous associés seront obligés solidairement aux dettes de la société, encore qu'il n'y en ait qu'un qui ait signé, au cas qu'il ait signé
pour la compagnie, et non autrement.

Art. 8. Les associés en commandite ne seront obligés que jusqu'à la
concurrence de leur part.

Cet édit, enregistré au Parlement le 18 janvier 1564, fut immédiatement mis à exécution. Le 27 dudit mois eut lieu à

ART. 9. Toute société contiendra la clause de se soumettre aux arbitres pour les contestations qui surviendront entre les associés; et encore que la clause fût omise, un des associés en pourra nommer, ce que les autres seront tenus de faire; sinon en sera nommé par le juge pour ceux qui en feront refus.

ART. 10. Voulons qu'en cas de décès ou de longue absence d'un des arbitres, les associés en nomment d'autres; sinon il sera pourvu par le Juge pour les refusants.

ART. 11. En cas que les arbitres soient partagés en opinions, ils pourront convenir de sur-arbitre sans le consentement des parties; et s'ils n'en conviennent, il sera nommé par le Juge.

ART. 12. Les arbitres pourront juger sur les pièces et mémoires qui leur seront remis, sans aucune formalité de justice, nonobstant l'absence de quelqu'une des parties.

ART. 13. Les sentences arbitrales entre associés pour négoce, marchandises ou banque, seront homologuées en la juridiction consulaire, s'il y en a; sinon ès sièges ordinaires de nos Juges ou de ceux des seigneurs.

ART. 14. Tout ce que dessus aura lieu à l'égard des veuves, héritiers et ayant-cause des associés.

TITRE V.

Des Lettres et Billets de change, et Promesse d'en fournir.

ART. 1er. Les lettres de change contiendront sommairement le nom de ceux auxquels le contenu devra être payé, le temps du payement, le nom de celui qui en a donné la valeur, et si elle a été reçue en deniers, marchandises ou autres effets.

ART. 2. Toutes lettres de change seront acceptées par écrit purement et simplement. Abrogeons l'usage de les accepter verbalement, ou par ces mots : *Vu sans accepter;* ou *accepté pour répondre à temps,* et toutes autres acceptations sous condition, lesquelles passeront pour refus, et pourront les lettres être protestées.

ART. 3. En cas de protêt de la lettre de change, elle pourra être acquittée par tout autre que celui sur qui elle aura été tirée; et au moyen du payement, il demeurera subrogé en tous les droits du porteur de la lettre, quoiqu'il n'en ait point de transport, subrogation, ni ordre.

ART. 4. Les porteurs de lettres qui auront été acceptées, ou dont le payement échet à jour certain, seront tenus de les faire payer ou protester dans dix jours après celui de l'échéance.

ART. 5. Les usances pour le payement des lettres seront de trente jours, encore que les mois aient plus ou moins de jours.

ART. 6. Dans les dix jours acquis pour le temps du protêt seront compris ceux de l'échéance et du protêt, des dimanches et des fêtes, même des solennelles.

ART. 7. N'entendons rien innover à notre règlement du second jour de juin mil six cent soixante-sept, pour les acceptations, les payements, et autres dispositions concernant le commerce dans notre ville de Lyon.

ART. 8. Les protêts ne pourront être faits que par deux notaires, ou un notaire et deux témoins, ou par un huissier ou sergent, même de la justice consulaire, avec deux recors, et contiendront le nom et le domicile des témoins ou recors.

ART. 9. Dans l'acte de protêt, les lettres de change seront transcrites avec les ordres et les réponses, s'il y en a, et la copie du tout, signée, sera laissée à la partie, à peine de faux et des dommages et intérêts.

ART. 10. Le protêt ne pourra être suppléé par aucun autre acte.

l'Hôtel de Ville l'élection des premiers Juge et Consuls, qui fut
présidée par le Prévost des marchands et les Echevins de la

Art. 11. Après le protèt, celui qui aura accepté la lettre pourra être
poursuivi à la requête de celui qui en sera le porteur.

Art. 12. Les porteurs pourront aussi, par la permission du juge, saisir
les effets de ceux qui auront tiré ou endossé les lettres, encore qu'elles
aient été acceptées; même les effets de ceux sur lesquels elles auront été
tirées, en cas qu'ils les aient acceptées.

Art. 13. Ceux qui auront tiré ou endossé les lettres seront poursuivis en
garantie dans la quinzaine s'ils sont domiciliés dans la distance de dix
lieues, et au-delà, à raison d'un jour pour cinq lieues, sans distinction du
ressort des parlements; — Savoir, pour les personnes domiciliées dans notre
royaume; — Et hors icelui les délais seront de deux mois pour les personnes
domiciliées en Angleterre, Flandre ou Hollande; de trois mois pour l'Italie,
l'Allemagne et les cantons suisses; de quatre mois pour l'Espagne; de six
pour le Portugal, la Suède et le Danemarck.

Art. 14. Les délais ci-dessus seront comptés du lendemain des protêts
jusqu'au jour de l'action en garantie exclusivement, sans distinction de
dimanches et jours de fêtes.

Art. 15. Après les délais ci-dessus, les porteurs des lettres seront non
recevables dans leur action en garantie, et toute autre demande contre les
tireurs et endosseurs.

Art. 16. Les tireurs ou endosseurs des lettres seront tenus de prouver,
en cas de dénégation, que ceux sur qui elles étoient tirées leur étoient
redevables, ou avoient provision au temps qu'elles ont dû être protestées;
sinon ils seront tenus de les garantir.

Art. 17. Si, depuis le temps réglé pour le protêt, les tireurs ou endosseurs ont reçu la valeur en argent ou marchandises, par compte, compensation, ou autrement, ils seront aussi tenus de la garantie.

Art. 18. La lettre payable à un particulier, et non au porteur, ou à ordre,
étant adirée, le payement en pourra être poursuivi et fait en vertu d'une
seconde lettre sans caution, et faisant mention que c'est une seconde lettre,
et que la première ou autre précédente demeurera nulle.

Art. 19. Au cas que la lettre adirée soit payable au porteur, ou à ordre,
le payement n'en sera fait que par ordonnance du Juge, et en baillant caution de garantir le payement qui en sera fait.

Art. 20. Les cautions baillées pour l'événement des lettres de change seront déchargées de plein droit, sans qu'il soit besoin d'aucun jugement,
procédure ou sommation, s'il n'en est fait aucune demande pendant trois
ans, à compter du jour des dernières poursuites.

Art. 21. Les lettres ou billets de change seront réputés acquittés après
cinq ans de cessation de demande et poursuites, à compter du lendemain
de l'échéance, ou du protêt, ou de la dernière poursuite. Néanmoins les
prétendus débiteurs seront tenus d'affirmer, s'ils en sont requis, qu'ils ne
sont plus redevables; et leurs veuve, héritiers, ou ayant-cause, qu'ils estim-
ment de bonne foi qu'il n'est plus rien dû.

Art. 22. Le contenu ès deux articles ci-dessus aura lieu à l'égard des mineurs ou des absents.

Art. 23. Les signatures au dos des lettres de change ne serviront que
d'endossement, et non d'ordre, s'il n'est daté, et ne contient le nom de
celui qui a payé la valeur en argent, marchandise, ou autrement.

Art. 24. Les lettres de change endossées dans les formes prescrites par
l'article précédent appartiendront à celui du nom duquel l'ordre sera rempli,
sans qu'il ait besoin de transport ni de signification.

Art. 25. Au cas que l'endossement ne soit pas dans les formes ci-dessus,
les lettres seront réputées appartenir à celui qui les aura endossées, et
pourront être saisies par ses créanciers, et compensées par ses redevables.

Art. 26. Défendons d'antidater les ordres, à peine de faux.

ville. Conformément à l'article 1ᵉʳ de l'édit, cent Notables, désignés par le Prévost et les Echevins, prêtèrent, entre les mains

ART. 27. Aucun billet ne sera réputé billet de change, si ce n'est pour lettres de change qui auront été fournies, ou qui le devront être.

ART. 28. Les billets pour les lettres de change fournies feront mention de celui sur qui elles auront été tirées, qui en aura payé la valeur, et si le payement a été fait en deniers, marchandises ou autres effets, à peine de nullité.

ART. 29. Les billets pour lettres de change à fournir feront mention du lieu où elles seront tirées, et si la valeur en a été reçue, et de quelles personnes, aussi à peine de nullité.

ART. 30. Les billets de change payables à un particulier y nommé ne seront réputés appartenir à autre, encore qu'il y eût un transport signifié, s'ils ne sont payables au porteur, ou à ordre.

ART. 31. Le porteur d'un billet négocié sera tenu de faire ses diligences contre le débiteur dans dix jours, s'il est pour valeur reçue en deniers, ou en lettres de change qui auront été fournies ou qui le devront être; et dans trois mois s'il est pour marchandises ou autres effets; et seront les délais comptés du lendemain de l'échéance, icelui compris.

ART. 32. A faute de payement du contenu dans un billet de change, le porteur fera signifier ses diligences à celui qui aura signé le billet ou l'ordre, et l'assignation en garantie sera donnée dans les délais ci-dessus prescrits pour les lettres de change.

ART. 33. Ceux qui auront mis leur aval sur des lettres de change, sur des promesses d'en fournir, sur des ordres ou des acceptations, sur des billets de change, ou autres actes de pareille qualité concernant le commerce, seront tenus solidairement avec les tireurs, prometteurs, endosseurs et accepteurs, encore qu'il n'en soit fait mention dans l'aval.

TITRE VI.

Des intérêts du Change et Rechange.

ART. 1ᵉʳ. Défendons aux négociants, marchands, et à tous autres, de comprendre l'intérêt avec le principal, dans les lettres ou billets de change, ou aucun autre acte.

ART. 2. Les négociants, marchands et aucun autre, ne pourront prendre l'intérêt d'intérêt, sous quelque prétexte que ce soit.

ART. 3. Le prix du change sera réglé suivant le cours du lieu où la lettre sera tirée, eu égard à celui où la remise sera faite.

ART. 4. Ne sera dû aucun rechange pour le retour des lettres, s'il n'est justifié par pièces valables qu'il a été pris de l'argent dans le lieu auquel la lettre aura été tirée; sinon le rechange ne sera que pour la restitution du change avec l'intérêt, les frais du protêt et du voyage, s'il en a été fait, après l'affirmation en justice.

ART. 5. La lettre de change, même payable au porteur, ou à ordre, étant protestée, le rechange ne sera dû par celui qui l'aura tiré que pour le lieu où la remise aura été faite, et non pour les autres lieux où elle aura été négociée, sauf à se pourvoir par le porteur contre les endosseurs, pour le payement du rechange des lieux où elle aura été négociée suivant leur ordre.

ART. 6. Le rechange sera dû par le tireur de lettres négociées pour les lieux où le pouvoir de négocier est donné par les lettres, et pour tous les autres, si le pouvoir de négocier est indéfini et pour tous les lieux.

ART. 7. L'intérêt du principal et du change sera dû du jour du protêt, encore qu'il n'ait été demandé en justice. Celui du rechange, des frais du protêt et du voyage, ne sera dû que du jour de la demande.

ART. 8. Aucun prêt ne sera fait sous gage qu'il n'y en ait un acte parde ceux-ci, serment d'élire, en leur conscience, les cinq Notables qui devaient exercer les charges de Juge et Consuls pen-

---

devant notaire, dont sera retenu minute, et qui contiendra la somme prêtée, et les gages qui auront été délivrés, à peine de restitution des gages, à laquelle le prêteur sera contraint par corps, sans qu'il puisse prétendre de privilége sur les gages, sauf à exercer ses autres actions.

ART. 9. Les gages qui ne pourront être exprimés dans l'obligation seront énoncés dans une facture ou inventaire, dont sera fait mention dans l'obligation; et la facture ou inventaire contiendront la quantité, qualité, poids et mesure des marchandises ou autres effets donnés en gage, sous les peines portées par l'article précédent.

TITRE VII.

Des contraintes par corps.

ART. 1er. Ceux qui auront signé des lettres ou billets de change pourront être contraints par corps; ensemble ceux qui y auront mis leur aval, qui auront promis d'en fournir, avec remise de place en place, qui auront fait des promesses pour lettres de change à eux fournies, ou qui le devront être, entre tous négociants ou marchands qui auront signé des billets pour valeur reçue comptant, ou en marchandise, soit qu'ils doivent être acquittés à un particulier y nommé, ou à son ordre, ou au porteur.

ART. 2. Les mêmes contraintes auront lieu pour l'exécution des contrats maritimes, grosses aventures, chartes-parties, ventes et achats de vaisseaux, pour le fret et le naulage.

TITRE VIII.

Des Séparations de biens.

ART. 1er. Dans les lieux où la communauté de biens d'entre mari et femme est établie par la Coutume ou par l'usage, la clause qui y dérogera dans les contrats de mariage des marchands, grossiers ou détailleurs, et des banquiers, sera publiée à l'audience de la Juridiction consulaire, s'il y en a, sinon dans l'assemblée de l'hôtel commun des villes, et insérée dans un tableau exposé en lieu public, à peine de nullité; et la clause n'aura lieu que du jour qu'elle aura été publiée et enregistrée.

ART. 2. Voulons le même être observé entre les négociants et marchands, tant en gros qu'en détail, et banquiers, pour les séparations de biens d'entre mari et femme, outre les autres formalités en tel cas requises.

TITRE IX.

Des Défenses et Lettres de répit.

ART. 1er. Aucun négociant, marchand ou banquier, ne pourra obtenir des défenses générales de le contraindre, ou lettres de répit, qu'il n'ait mis au greffe de la juridiction dans laquelle les défenses ou l'entérinement des lettres devront être poursuivis, de la Juridiction consulaire, s'il y en a, ou de l'hôtel commun de la ville, un état certifié de tous les effets, tant meubles qu'immeubles, et de ses dettes, et qu'il n'ait représenté à ses créanciers, ou à ceux qui seront par eux commis, s'ils le requièrent, ses livres et registres, dont il sera tenu d'attacher le certificat sous le contre-scel des lettres.

ART. 2. Au cas que l'état se trouve frauduleux, ceux qui auront obtenu des lettres ou des défenses en seront déchus, encore qu'elles aient été endant un an : chacun écrivit sur un billet le nom de cinq personnes dont l'une pour être Juge et les quatre autres Consuls.

---

térinées ou accordées contradictoirement; et le demandeur ne pourra plus en obtenir d'autres, ni être reçu au bénéfice de cession.

ART. 3. Les défenses générales et les lettres de répit seront signifiées dans huitaine aux créanciers et autres intéressés qui seront sur les lieux, et n'auront effet qu'à l'égard de ceux auxquels la signification en aura été faite.

ART. 4. Ceux qui auront obtenu des défenses générales ou des lettres de répit ne pourront payer ou préférer aucun créancier au préjudice des autres, à peine de déchoir des lettres et défenses.

ART. 5. Voulons que ceux qui auront obtenu des lettres de répit, ou des défenses générales, ne puissent être élus maires ou échevins des villes, Juges ou Consuls des marchands, ni avoir voix active et passive dans les corps et communautés, ni être administrateurs des hôpitaux, ni parvenir aux autres fonctions publiques, et même qu'ils en soient exclus, en cas qu'ils fussent actuellement en charge.

TITRE X.
Des Cessions de biens.

ART. 1er. Outre les formalités ordinairement observées pour recevoir au bénéfice de cession de biens les négociants et marchands en gros et en détail, et les banquiers, les impétrants seront tenus de comparoir en personne à l'audience de la Juridiction consulaire, s'il y en a, sinon en l'assemblée de l'hôtel commun des villes, pour y déclarer leurs nom, surnom, qualité et demeure, et qu'ils ont été reçus à faire cession de biens, et sera leur déclaration lue et publiée par le greffier, et insérée dans un tableau public.

ART. 2. Les étrangers qui n'auront obtenu nos lettres de naturalité ou de déclaration de naturalité ne seront reçus à faire cession.

TITRE XI.
Des Faillites et Banqueroutes.

ART. 1er. La faillite ou banqueroute sera réputée ouverte du jour où le débiteur se sera retiré, ou que le scellé aura été apposé sur ses biens.

ART. 2. Ceux qui auront fait faillite seront tenus de donner à leurs créanciers un état, certifié d'eux, de tout ce qu'ils possèdent et de tout ce qu'ils doivent.

ART. 3. Les négociants, marchands et banquiers seront encore tenus de représenter tous leurs livres et registres cotés et paraphés en la forme prescrite par les articles 1, 2, 3, 4, 5, 6 et 7 du titre III ci-dessus, pour être remis au greffe des Juges et Consuls, s'il y en a, sinon de l'hôtel commun des villes, ou ès mains de créanciers, à leur choix.

ART. 4. Déclarons nuls tous transports, cessions, ventes et donations des biens, meubles ou immeubles, faits en fraude des créanciers. Voulons qu'ils soient rapportés à la masse commune des effets.

ART. 5. Les résolutions prises dans l'assemblée des créanciers, à la pluralité des voix, pour le recouvrement des effets ou l'acquit des dettes, seront exécutées par provision, et nonobstant toutes oppositions ou appellations.

ART. 6. Les voix des créanciers prévaudront, non par le nombre des personnes, mais eu égard à ce qui leur sera dû, s'il monte aux trois quarts du total des dettes.

ART. 7. En cas d'opposition et de refus de signer les délibérations par les créanciers dont les créances n'excéderont pas le quart du total des

Ces bulletins, déposés dans un chapeau, furent dépouillés par quatre scrutateurs qui proclamèrent le résultat.

---

dettes, voulons qu'elles soient homologuées en justice, et exécutées comme s'ils avaient tous signé.

Art. 8. N'entendons néanmoins déroger aux privilèges sur les meubles, ni aux privilèges et hypothèques sur les immeubles qui seront conservés, sans que ceux qui auront privilège ou hypothèque puissent être tenus d'entrer en aucune composition, remise ou atermoiement, à cause des sommes pour lesquelles ils auront privilège ou hypothèque.

Art. 9. Les deniers comptants, et ceux qui procéderont de la vente des meubles et des effets mobiliers, seront mis ès mains de ceux qui seront nommés par les créanciers à la pluralité des voix, et ne pourront être revendiqués par les receveurs des consignations, greffiers, notaires, huissiers, sergents ou autres personnes publiques, ni pris sur iceux aucun droit par eux ou les dépositaires, à peine de concussion.

Art. 10. Déclarons banqueroutiers frauduleux ceux qui auront diverti leurs effets, supposé des créanciers, ou déclaré plus qu'il n'était dû aux véritables créanciers.

Art. 11. Les négociants et les marchands tant en gros qu'en détail, et les banquiers qui, lors de leurs faillites, ne représenteront pas leurs registres et journaux signés et paraphés comme nous avons ordonné ci-dessus, pourront être réputés banqueroutiers frauduleux.

Art. 12. Les banqueroutiers frauduleux seront poursuivis extraordinairement, et punis de mort.

Art. 13. Ceux qui auront aidé ou favorisé la banqueroute frauduleuse, en divertissant les effets, acceptant des transports, ventes ou donations simulées, et qu'ils sauront être en fraude des créanciers, ou se déclarant créanciers ne l'étant pas, ou pour plus grande somme que celle qui leur était due, seront condamnés en quinze cents livres d'amende, et au double de ce qu'ils auront diverti ou trop demandé, au profit des créanciers.

TITRE XII.
De la Juridiction des Consuls.

Art. 1er. Déclarons communs pour tous les siéges des Juges et Consuls l'édit de leur établissement dans notre bonne ville de Paris, du mois de novembre 1563, et tous autres édits et déclarations touchant la juridiction consulaire, enregistrés en nos cours de parlement.

Art. 2. Les Juges et Consuls connaîtront de tous billets de change faits entre négociants et marchands, ou dont ils devront la valeur, et entre toutes personnes, pour lettres de change ou remises d'argent faites de place en place.

Art. 3. Leur défendons néanmoins de connaître des billets de change entre particuliers, autres que négociants et marchands, ou dont ils ne devront point la valeur. Voulons que les parties se pourvoient par-devant les juges ordinaires, ainsi que pour de simples promesses.

Art. 4. Les Juges et Consuls connaîtront des différends pour ventes faites par des marchands, artisans et gens de métier, afin de revendre ou de travailler de leur profession, comme à tailleur d'habits, pour étoffes, passements et autres fournitures; boulangers et pâtissiers, pour blé et farine; maçons pour pierre, moellon et plâtre; charpentiers, menuisiers, charrons, tonneliers et tourneurs, pour bois; serruriers, maréchaux, taillandiers et armuriers, pour fer; plombiers et fontainiers, pour plomb; et autres semblables.

Art. 5. Connaîtront aussi des gages, salaires et pensions des commissionnaires, facteurs ou serviteurs des marchands, pour le fait du trafic seulement.

Art. 6. Ne pourront les Juges et Consuls connaître des contestations

Jean Aubry, du Corps de la Mercerie, ci-devant échevin, fut élu Juge et pour Consuls furent nommés à la pluralité des suf-

pour nourriture, entretien et ameublements, même entre marchands, si ce n'est qu'ils en fassent profession.

ART. 7. Les Juges et Consuls connaîtront des différends à cause des assurances, grosses aventures, promesses, obligations et contrats concernant le commerce de la mer, le fret et le naulage des vaisseaux.

ART. 8. Connaîtront aussi du commerce fait pendant les foires tenues ès-lieux de leur établissement, si l'attribution n'en est faite aux juges conservateurs du privilége des foires.

ART. 9. Connaîtront pareillement de l'exécution de nos lettres, lorsqu'elles seront incidentes aux affaires de leur compétence, pourvu qu'il ne s'agisse pas de l'état ou qualité des personnes.

ART. 10. Les gens d'église, gentilshommes et bourgeois, laboureurs, vignerons et autres, pourront faire assigner, pour ventes de blés, vins, bestiaux, et autres denrées procédant de leur cru, ou par-devant les Juges ordinaires ou par-devant les Juges et Consuls, si les ventes ont été faites à des marchands ou artisans faisant profession de revendre.

ART. 11. Ne sera établi dans la juridiction consulaire aucun procureur syndic ni autre officier, s'il n'est ordonné par l'édit de création du siége, ou autre édit dûment enregistré.

ART. 12. Les procédures de la juridiction consulaire seront faites suivant les formes prescrites par le titre seizième de notre ordonnance du mois d'avril 1667.

ART. 13. Les Juges et Consuls, dans les matières de leur compétence, pourront juger, nonobstant tout déclinatoire, appel d'incompétence, prise à partie, renvoi requis et signifié, même en vertu de nos lettres de committimus aux requêtes de notre hôtel ou du palais, le privilége des universités, des lettres de garde-gardienne, et tous autres.

ART. 14. Seront tenus néanmoins, si la connaissance ne leur appartient pas, de déférer au déclinatoire, à l'appel d'incompétence, à la prise à partie et au renvoi.

ART. 15. Déclarons nulles toutes ordonnances, commissions, mandements pour faire assigner, et les assignations données en conséquence par-devant nos juges et ceux des seigneurs, en révocation de celles qui auront été données par-devant les Juges et Consuls. — Défendons, à peine de nullité, de casser ou surseoir les procédures et les poursuites en exécution de leurs sentences, ni faire défense de procéder par-devant eux. — Voulons qu'en vertu de notre présente ordonnance elles soient exécutées, et que les parties qui auront présenté leurs requêtes pour faire casser, révoquer, surseoir ou défendre l'exécution de leurs jugements, les procureurs qui les auront signées, et les huissiers ou sergents qui les auront signifiées, soient condamnés chacun en cinquante livres d'amende, moitié au profit de la partie, moitié au profit des pauvres, qui ne pourront être remises et modérées; au paiement desquelles la partie, les procureurs et les sergents sont contraints solidairement.

ART. 16. Les veuves et héritiers des marchands, négociants et autres, contre lesquels on pourrait se pourvoir par-devant les Juges et Consuls, y seront assignés, ou en reprise, ou par nouvelle action; et en cas que la qualité, ou de commune, ou d'héritier pur et simple, ou par bénéfice d'inventaire, soit contestée, ou qu'il s'agisse de douaire, ou de legs universel ou particulier, les parties seront renvoyées par-devant les juges ordinaires pour les régler; et, après le jugement de la qualité, douaire ou legs, elles seront renvoyées par-devant les Juges et Consuls.

ART. 17. Dans les matières attribuées aux Juges et Consuls, le créancier pourra faire donner l'assignation à son choix, ou au lieu du domicile du débiteur, ou au lieu auquel la promesse a été faite et la marchandise fournie, ou au lieu auquel le paiement doit être fait.

frages, Nicolas Bourgeois, du Corps de la Pelleterie, Henry Lavocat, du Corps de la Mercerie, Pierre de La Court, du Corps des Marchands de vin et de poisson, et Claude Hervy, du Corps de la Mercerie.

Le serment des Juges et Consuls devait être prêté devant le Prévost des marchands, mais le Parlement, en enregistrant l'édit de 1563, s'était réservé de recevoir ce serment. En conséquence les Elus, assistés de deux Echevins, Claude Marcel, et Claude Le Prestre, furent, par eux, présentés à la Cour, et, après le serment prêté, en la Grand'chambre, devant le Premier Président de Thou, reconduits à l'Hôtel de Ville, où cinquante Notables, marchands et bourgeois de la Ville, choisis et convoqués, en une nouvelle assemblée, par le Prévost et les Echevins, fixèrent à 20,000 livres la somme nécessaire à l'achat d'une maison destinée à la *place commune des marchands* et procédèrent, dans la même forme que ci-dessus, à l'élection de dix d'entre eux chargés de lever et percevoir cette contribution sur tous les marchands de Paris ; le tout en conformité des articles 14, 15 et 16 de l'Edit de création.

Le logis abbatial de l'Abbaye de Saint-Magloire, rue Saint-Denis, à peu près à la hauteur du n° 166, fut le premier siége de la juridiction. Les Juge et Consuls s'y installèrent eux-mêmes le 7 février 1563 (avant Pâques) (1) et y rendirent de suite la justice.

ART. 18. Les assignations pour le commerce maritime seront données par-devant les Juges et Consuls du lieu où le contrat aura été passé. — Déclarons nulles celles qui seront données par-devant les Juges et Consuls du lieu d'où le vaisseau sera parti, ou de celui où il aura fait naufrage.

Si donnons en mandement à nos amés et féaux conseillers, les gens tenant nos cours de parlement, chambre des comptes, cours des aides, baillis, sénéchaux, et tous autres officiers, que ces présentes ils gardent, observent et entretiennent, fassent garder, observer et entretenir ; et, pour les rendre notoires à nos sujets, les fassent lire, publier et registrer, car tel est notre plaisir. — Et afin que ce soit chose ferme et stable à toujours, nous y avons fait mettre notre scel.

Donné à Versailles au mois de mars de l'an de grâce mil six cent soixante-treize, et de notre règne le 30°. Signé *Louis*, et plus bas, par le Roi, Colbert. Et à côté est écrit : *Visa* Daligre ; *Edit pour le commerce* et scellé du grand sceau de cire verte sur lacs de soie rouge et verte.

Lu, publié et registré. Ouï et ce requérant le procureur général du roi, pour être exécuté selon sa forme et teneur, à Paris, en parlement, le Roi y séant en son lit de justice, le vingt-troisième mars mil six cent soixante-treize.

Signé : DU TILLET.

(1) Ce n'est qu'en 1567 que le calendrier fut réformé et que l'année commença au 1er janvier. Jusqu'alors elle commençait à Pâques ; les mois de janvier et de février se trouvent, en conséquence, les derniers de l'année ; ainsi, d'après le nouveau style, il faudrait dire le 7 février 1564.

Les formes particulières observées pour l'élection et l'entrée en fonctions des premiers magistrats consulaires ne s'appliquaient pas, comme on l'a vu, à ceux qui devaient les remplacer.

L'année suivante, en 1565 (nouveau style), sans aucun ordre du Conseil du Roi, ni du Parlement, ni d'aucune autre autorité, trois jours avant la date à laquelle expiraient leurs pouvoirs, les Juge et Consuls, en exécution de l'article 2 de l'Edit de création, firent convoquer par huissier soixante Notables choisis par eux pendant leur exercice, et ces soixante Notables désignèrent trente d'entre eux pour procéder, séance tenante, avec les Juge et Consuls en charge, à l'élection des cinq nouveaux Juge et Consuls.

L'assemblée des soixante Notables fut présidée par le Juge qui leur recommanda « de regarder si ceux qu'ils éliroient « étoient gens de bien, catholiques, bien vivants et de bonne « conscience, non vindicatifs ni favorables à personne, ayant « moyen de vaquer une année audit fait et charge, sans que « telle charge fût cause de leur ruine, ainsi qu'ils ne puissent « être ajournés à payer leurs dettes, autant que ce seroit un « scandale. »

Puis, au moment de passer à l'élection, il leur demanda de déterminer eux-mêmes le mode de procéder, leur disant de faire « savoir s'ils vouloient que ce fût par *billottes* ou à haulte « voix. — Auroit été trouvé, à la pluralité des voix, que chacun « d'eux écriroit son nom en un petit billet de papier qu'ils jet- « teroient dans un chapeau, desquels en seroient tirés trente, « lesquels seroient mis en un autre chapeau, lesquels trente « demeureroient électeurs desdits Juge et Consuls ; que le Juge « feroit prêter serment à tous les Bourgeois qu'ils nommeroient « gens capables pour exercer lesdits faits et charges, en ce qui « se trouveroit des trente qui seroient demeurés pour Electeurs, « d'autant qu'il ne seroit possible de savoir qui seroient des « trente demeurés, et que les deux premiers desdits trente qui « seroient tirés du chapeau par le greffier seroient Scrutateurs « de l'Election, et que ladite Election se feroit à haulte voix et « seroit commencée par le Juge, et après par les Consuls, sui- « vant leurs degrés, puis après par les deux Scrutateurs et ensuite « par les vingt-huit qui resteroient au chapeau, et seroient par « eux déclarés les noms et prénoms des personnes qu'ils éli- « roient. Lequel scrutin se feroit publiquement, en présence « de toute la Compagnie, avant que de partir du lieu, pour sa- « voir ceux qui demeureroient pour éviter qu'aucune fausseté « ne fût faite. »

Les formes de cette deuxième Election ayant été ainsi arrêtées, le vote eut lieu aussitôt. Aucun incident ne marqua la nomination du Juge et des deux premiers Consuls, mais le troisième et le quatrième Consul ayant obtenu un nombre de voix
égal, la difficulté s'éleva de savoir lequel des deux serait le
troisième Consul. Il fut convenu que les deux noms seraient
mis dans un chapeau et que le troisième Consul serait celui
dont le nom serait tiré le premier, et que l'autre serait le quatrième.

Un procès-verbal de ces différents scrutins fut rédigé et signé par le Juge qui avait présidé aux opérations et par les deux
Scrutateurs. Les Juge et Consuls sortant d'exercice dressèrent
une requête à laquelle ils joignirent une copie du scrutin et
conduisirent les nouveaux Elus au serment, puis du Parlement
les ramenèrent à Saint-Magloire pour entendre la messe du
Saint-Esprit, et ensuite les installèrent au siége de la Juridiction où ils les assistèrent pendant quinze jours pour les diriger
et les instruire.

Les élections et les installations qui suivirent se firent de la
même manière, et chaque année au scrutin qui avait lieu trois
jours avant la Chandeleur (2 février), les Juge et Consuls des
exercices précédents venaient avec ceux en charge s'ajouter de
droit aux soixante marchands que ces derniers avaient fait
convoquer comme électeurs.

Les anciens Juges et Consuls continuèrent à participer à l'E-
lection comme les Juge et Consuls en charge jusqu'en 1727.

Le Juge était pris parmi les anciens Consuls, et sa candidature était proposée aux Electeurs par les Juge et Consuls sortants, mais ni le Juge, ni les anciens Consuls n'ont jamais été
réélus pour les mêmes fonctions.

L'Election ayant eu lieu en 1587 plus tôt qu'à l'ordinaire, le
Parlement ajourna au 3 février les nouveaux Elus, lorsque les
Juge et Consuls sortants les présentèrent au serment.

A partir de 1614 les Maîtres et Gardes des six Corps eurent
le privilége de faire partie des soixante Notables appelés à élire
les Juge et Consuls (1).

---

(1) M. Guibert, dans son ouvrage (*Notice historique sur la Compagnie des
Agréés du Tribunal de Commerce du département de la Seine*, 1841), auquel
nous avons déjà fait plusieurs emprunts, donne sur la division des marchands en corps et communautés les renseignements suivants :

« On fait généralement remonter au règne de saint Louis la division des
marchands en communautés distinctes. Ce prince, en réformant la prévôté
de Paris qui était précédemment exercée par un ou deux bourgeois qui la

L'Edit du 14 janvier 1689, portant création d'une compagnie
générale pour les assurances et grosses aventures de France,

prenaient aux enchères, nomma Estienne Boyleau, en qualité de prévôt,
et lui donna des gages fixes. Ce prévôt fit des règlements de police par
lesquels il divisa les marchands et les artisans en diverses confréries, et
détermina les principes qui devaient régir ces associations.

« Ces règlements existent sous le titre de *Premier livre des Métiers*.

« Le 27 janvier 1382, Charles VI, à la suite des troubles suscités dans
Paris par l'établissement de nouveaux impôts, abolit les maîtrises et communautés, et leur défendit de s'assembler; mais il les rétablit le 20 janvier 1411.

« Sous Louis XII, les corps principaux étaient au nombre de cinq, ils
furent portés à sept sous François Ier; c'étaient les changeurs, les drapiers, les épiciers, les merciers, les pelletiers, les bonnetiers, les orfèvres.
Bientôt les changeurs, s'étant trouvés en trop petit nombre pour continuer
à former un corps, se réunirent aux orfèvres.

« Dans l'édit de 1565, interprétatif de celui de 1563, les corps sont nommés
dans l'ordre suivant : 1º la draperie, 2º l'épicerie, 3º la mercerie, 4º l'orfévrerie, 5º la pelleterie, vient ensuite la communauté des marchands de
vin et poisson de mer. Mais, il y avait un autre corps, celui de la bonneterie, qui se fit reconnaître plus tard comme le cinquième; la pelleterie
devint le quatrième et l'orfévrerie le sixième. On les trouve dans ce nouvel ordre, dans un pouvoir donné en 1617, aux Juges-Consuls, pour emprunter une somme à l'effet de racheter le greffe; de plus, ils paraissent
avec quelques désignations nouvelles : 1º la draperie, 2º l'apothicairerie et
l'épicerie, 3º la mercerie et joaillerie, 4º la pelleterie, 5º la bonneterie,
6º l'orfévrerie. La communauté des marchands de vin ne figure pas dans
la nomenclature contenue dans ce pouvoir, mais on y voit apparaître celle
des libraires-imprimeurs représentés par leurs syndics. Cependant il n'en
est pas moins constant que la communauté des marchands de vin était
l'une des principales. Elle avait même été précédemment érigée en corps,
mais les autres corporations avaient toujours refusé de la reconnaître en
cette qualité. Les deux communautés des libraires-imprimeurs et des marchands de vin partageaient, avec les six corps principaux, le privilége de
fournir des sujets au consulat et à l'échevinage.

« Dans toutes les circonstances, la préséance se réglait d'après l'ordre
dans lequel les corps et communautés viennent d'être nommés. A la tête
des six corps, étaient des gardes, ou maîtres-gardes du corps, choisis par
élection par les membres de chaque corps; quelques-uns avaient un grand
garde. Ces dignitaires portaient la robe et le bonnet. La communauté des
marchands de vin avait également des gardes. Quant à celle des libraires-
imprimeurs, elle avait un syndic élu tous les deux ans et quatre adjoints.

« Chacune de ces corporations avait des règlements et des priviléges qui
devenaient souvent la cause de dissensions très-graves. L'une des prérogatives des corps était de porter le dais dans les cérémonies où assistaient
les rois et les reines de France.

« D'après un manuscrit laissé par M. Gerneau père, reçu agréé en 1759,
on désignait tant les six corps que les communautés des libraires-imprimeurs et des marchands de vin, sous le titre général des *huit corps*. Il y
avait en outre, et très-anciennement, des communautés ayant à leur tête
des jurés, dont les principales étaient : les fabricants d'étoffes de soie, les
teinturiers du bon teint, les gantiers-parfumeurs, les miroitiers, les ruba-
niers, les tapissiers, les chapeliers, les plumassiers, les férandiniers, les
fourbisseurs, etc..., etc.... Il était rare que les membres de ces communautés parvinssent au consulat ou à l'échevinage. Quelques-unes de ces
communautés fournissaient des députés pour l'élection des juges-consuls.

« En février 1776, les jurandes et communautés de commerce, arts et
métiers, furent supprimées, et tous les métiers comme tous les commerces

ordonna que, tous les deux ans, l'un des Juge et Consuls de Paris serait choisi parmi les trente associés négociants faisant partie de ladite chambre d'assurances maritimes. L'exercice de ce privilége, qui n'avait pas été revendiqué jusqu'alors, donna lieu en 1697 à un incident; la chambre d'assurances forma opposition à l'élection qui avait été faite, et sur l'opposition la Cour ordonna que le membre désigné par cette chambre prendrait la place du quatrième Consul élu; mais, tous les Corps des marchands étant intervenus auprès du Conseil du Roi, un arrêt dudit Conseil décida que les élections se feraient à l'avenir comme par le passé, et une entente paraît s'être établie entre les différents corps et la chambre d'assurances dont quelques associés arrivèrent, par la voie de l'élection ordinaire, au Consulat.

Le 18 mars 1728, une Déclaration du Conseil du Roi ordonna que, désormais et à partir de l'élection prochaine, deux des Consuls en charge continueraient à exercer jusqu'au mois d'août, conjointement avec deux des Consuls nouvellement nommés, et qu'au mois d'août, ils seraient remplacés par les deux autres Consuls qui avaient été également nommés en janvier, mais pour n'entrer en fonctions qu'à la sortie des deux anciens. Cette Déclaration prescrivit, en outre, aux Juge et Consuls en charge d'appeler, trois jours avant l'expiration de leurs fonctions, soixante marchands seulement, pris cinq dans chacun des six Corps des Drapiers, des Apothicaires et Epiciers, des Merciers, des Pelletiers, des Bonnetiers et des Orfèvres. Cinq dans chacune des communautés des Libraires-Imprimeurs et des Marchands de vins, et vingt dans les autres Communautés.

Les anciens Juges et Consuls et les Maîtres et Gardes des Corps cessèrent, à compter de cette époque, de prendre part à l'Election, si ce n'est comme délégués de leurs Corporations respectives, et les soixante Notables, désignés par les Corps et Communautés, furent convoqués par les Juge et Consuls en

---

déclarés libres, à l'exception de ceux des apothicaires, orfévres, imprimeurs-libraires et des barbiers-perruquiers-étuvistes. Les trois premiers états furent exceptés, parce qu'ils étaient soumis à des règles spéciales, que le roi dans l'intérêt public se réservait de réviser plus tard; à l'égard des barbiers-perruquiers-étuvistes, l'exception fut fondée sur ce que les maîtrises de cette profession avaient été érigées en titre d'office, et la finance versée aux parties casuelles avec faculté aux titulaires d'en conserver la propriété en payant le droit du centième denier.

« Cet édit d'affranchissement fut l'objet de réclamations universelles de tous les négociants, et le conseil du roi fut obligé quelques mois après, au mois d'août 1776, de rendre un nouvel édit qui reconstitua six corps de marchands et quarante-quatre communautés. »

charge; les anciens Juges et Consuls furent encore appelés à l'élection, mais à titre purement honorifique.

Le Parlement ayant été exilé en 1770, les pouvoirs des Juge et Consuls en exercice furent prorogés par le Roi pour l'année 1771. Une Déclaration Royale du mois de janvier 1772 prescrivit de nouvelles élections, mais les Juge et Consuls ne prêtèrent plus serment devant le Parlement jusqu'en 1774, époque de son rappel après la mort de Louis XV.

L'édit de février 1776, qui a supprimé les Jurandes et Maîtrises, conserva le même mode d'élection.

Son article 16 est ainsi conçu :

« L'Edit du mois de novembre 1563 portant création de la
« Juridiction Consulaire dans notre Bonne Ville de Paris, et la
« Déclaration du 18 mars 1728, seront exécutés pour l'Election
« des Juge et Consuls en tout ce qui n'est pas contraire au
« présent édit. En conséquence, voulant que les Juge et Consuls
« en exercice dans ladite Ville soient tenus, trois jours avant
« la fin de leur année, d'appeler et assembler jusqu'au nom-
« bre de soixante marchands, Bourgeois de ladite Ville, sans
« qu'il puisse en être appelé plus de cinq de chacun des trois
« Corps non supprimés, des Apothicaires, Orfèvres et Impri-
« meurs-libraires, et plus de vingt-cinq parmi ceux qui exer-
« cent les professions et commerce de Drapiers, Epiciers, Mer-
« ciers, Pelletiers, Bonnetiers et Marchands de vins, soit qu'ils
« exercent ladite profession seulement ou qu'ils y réunissent
« d'autres professions de commerce ou d'arts et métiers, entre
« lesquels seront préférablement admis les Gardes, Syndics et
« Adjoints desdits trois Corps non supprimés, ainsi que ceux
« qui exercent ou qui auront exercé les fonctions de Syndics
« ou Adjoints des commerçants et artisans dans les divers ar-
« rondissements de ladite ville. Et à l'égard de ceux qui seront
« nécessaires pour achever de remplir le nombre de soixante,
« seront appelés, ainsi que lesdits Juge et Consuls, des mar-
« chands ou négociants et autres Notables bourgeois, versés au
« fait du commerce, jusqu'au nombre de vingt, lesquels
« soixante, ensemble les cinq Juge et Consuls *en exercice* et *non*
« *autres*, en éliront trente d'entre eux pour procéder dans la
« forme et suivant les dispositions portées par ledit édit et la-
« dite déclaration, à l'élection des nouveaux Juge et Consuls,
« lesquels continueront de prêter serment en la grand'chambre
« de notre Parlement, en la manière accoutumée. »

Les six Corps et quarante-quatre Communautés furent rétablis par l'édit du mois d'août 1776, et l'art. 5 de cet édit restitua aux marchands des six Corps le privilége, dont les six Corps anciens avaient joui, de parvenir au Consulat et à l'Echevinage.

Le décret du 24 mars 1790 ayant ordonné que l'ordre judiciaire serait reconstitué en entier, l'Assemblée constituante, par un décret du 27 mai de la même année, décida à la presque unanimité, malgré l'opposition de Goupil de Préfeln, la conservation de la juridiction consulaire.

La loi du 16-24 août 1790, dans son titre XII, institua les tribunaux de commerce et régla le mode d'élection dans les termes suivants :

Art. 1er. Il sera établi un tribunal de commerce dans les villes où l'administration du département, jugeant ces établissements nécessaires, en fera la demande.

Art. 6. Chaque tribunal de commerce sera composé de cinq juges; ils ne pourront rendre aucun jugement s'ils ne sont au nombre de trois au moins.

Art. 7. Les juges de commerce seront élus dans l'assemblée des négociants, banquiers, marchands, manufacturiers, armateurs et capitaines de navire, de la ville où le tribunal sera établi.

Art. 8. Cette assemblée sera convoquée huit jours en avant, par affiches et à cri public, par les Juges et Consuls en exercice dans les lieux où ils sont actuellement établis ; et, pour la première fois, par les officiers municipaux, dans les lieux où il sera fait un établissement nouveau.

Art. 9. Nul ne pourra être élu juge d'un tribunal de commerce, s'il n'a résidé et fait le commerce depuis cinq ans dans la ville où le tribunal sera établi, et s'il n'a trente ans accomplis. Il faudra être âgé de trente-cinq ans et avoir fait le commerce depuis dix ans pour être président.

Art. 10. L'élection sera faite au scrutin individuel et à la pluralité absolue des suffrages; et lorsqu'il s'agira d'élire le président, l'objet spécial de l'élection sera annoncé avant d'aller au scrutin.

Art. 11. Les juges du Tribunal de commerce seront deux ans en exercice : le président sera renouvelé par une élection particulière tous les deux ans; les autres juges le seront tous les ans par moitié ; la première fois, les deux juges qui auront eu le moins de voix sortiront de fonctions à l'expiration de la première année, les autres sortiront ensuite à titre d'ancienneté.

Art. 12. Les juges de commerce établis dans une des villes d'un district connaîtront des affaires de commerce dans toute l'étendue du district.

Art. 13. Dans les districts où il n'y aura pas de juges de commerce, les juges du district connaîtront de toutes les matières de commerce, et les jugeront dans la même forme que les juges de commerce.

Un décret de l'Assemblée nationale du 9-10 août 1791 décida que les anciens négociants, marchands, banquiers et autres personnes désignées en la loi de 1790, qui se sont retirées du commerce, seraient éligibles en qualité de juges aux tribunaux de commerce, et que néanmoins ils ne pourraient être électeurs.

Un autre décret de l'Assemblée législative du 10-16 juillet 1792, autorisa la nomination de quatre suppléants dans tous les tribunaux de commerce du Royaume, en se conformant pour leur nomination aux formalités prescrites pour l'élection des juges desdits tribunaux.

Aux termes de l'article 209, titre VIII, de la constitution du 5 fructidor an III (22 août 1795), nul citoyen, s'il n'avait l'âge de 30 ans accomplis, ne pouvait être élu juge d'un tribunal de département, ni juge d'un tribunal de commerce. L'article 214 qui maintenait les tribunaux particuliers pour le commerce de terre et de mer, ne permettait pas que leur pouvoir de juger en dernier ressort pût être étendu au-delà de la valeur de cinq cents myriagrammes de froment (cent deux quintaux vingt-deux litres), et l'article 215 disposait que les affaires dont le jugement n'appartenait ni aux juges de paix, ni aux tribunaux de commerce, soit en dernier ressort, soit à la charge d'appel, seraient portées devant le juge de paix et ses assesseurs pour être conciliées sinon être ramenées devant le tribunal civil.

Le décret sur la division du territoire français de la France, le placement et l'organisation des autorités administratives et judiciaires (19 vendémiaire an IV, 11 octobre 1795), porte, article 15 :

« Les tribunaux de commerce de terre et de mer seront « organisés conformément aux articles 7 et 8, titre XII, de la « loi du 24 août 1790.

« Les juges qui doivent les composer seront nommés sui-« vant le mode prescrit par ladite loi.

« A Bordeaux, Lyon, Marseille et Paris, les juges du tribu-« nal de commerce seront nommés suivant le mode prescrit « pour Paris, par la loi du 4 février 1791, en tout ce qui « n'est point contraire à la Constitution. »

Les archives du tribunal de commerce de Paris constatent

que, par suite des circonstances dans lesquelles se trouva la République, les juges installés au mois de mai en 1793, n'ayant pu être remplacés, restèrent en fonctions jusqu'en thermidor an v.

Le même fait se reproduisit quelques années plus tard, en l'an VIII. A cette occasion des réclamations ayant été adressées par le tribunal de commerce, qui se plaignait du retard apporté aux élections pour le renouvellement de ses membres, le ministre de la justice répondit, le 19 floréal an VIII : « Qu'il n'é- « tait pas nécessaire de convoquer les électeurs; que l'article 4 « de la loi du 3 nivôse, sur la mise en activité de la Constitu- « tion, en parlant des autorités non remplacées, et actuellement « en exercice, disposait qu'elles continueraient leurs fonctions « jusqu'à l'installation des autorités correspondantes; que l'ar- « ticle 2 de la loi du 27 ventôse, sur l'organisation judiciaire, « n'avait rien innové aux lois concernant les juges de com- « merce, lesquels devaient continuer leurs fonctions jusqu'à « ce qu'il en ait été autrement ordonné; qu'il en résultait que « les membres des tribunaux de commerce actuellement en « exercice resteraient à leur poste jusqu'à l'installation de leurs « successeurs, » laquelle n'eut lieu que le 2 vendémiaire an IX.

Enfin la loi du 14-24 septembre 1807, qui forme le livre quatrième (articles 615 à 648) du Code de commerce, a réglé tout ce qui est relatif à l'organisation actuelle de la juridiction commerciale, à la forme de procéder devant elle et devant les Cours impériales sur l'appel des décisions des tribunaux de commerce. Nous nous bornerons à mentionner cette loi sous le régime de laquelle sont placés les tribunaux de commerce sans en faire ici l'analyse, par cette raison que l'objet même du manuel qui va suivre est d'examiner en détail l'organisation de ces tribunaux. Toutefois, il est bon de faire remarquer que deux modifications fondamentales furent apportées par le Code de 1807 à la législation préexistante.

Ainsi, le choix des électeurs pour la nomination des juges, qui appartenait à l'assemblée des négociants et marchands, est conféré au préfet, lequel est chargé d'en dresser chaque année la liste parmi les commerçants notables, et d'après le chiffre de la population de la ville où siège le tribunal. Le président et les juges, qui étaient indéfiniment rééligibles, ne peuvent plus être réélus immédiatement, et un intervalle d'une année est exigé pour qu'un nouveau mandat puisse leur être conféré.

Tout ce qui n'était pas et ne pouvait être réglementé par le Code de commerce lui-même, le fut par un décret du 6 octo-

bre 1809, qui détermina les villes dans lesquelles serait établi
un tribunal de commerce, fixa le nombre des juges dans chaque tribunal, l'étendue du ressort de juridiction de chacun
d'eux, et le mode de compléter le tribunal par des Notables
commerçants, en cas d'empêchement des magistrats titulaires.
Ce même décret a réglé le costume des juges consulaires, et
enfin l'intervention du souverain, en disposant que les nouveaux élus ne prêteraient serment qu'après avoir été institués
par le chef de l'État sur la proposition du ministre de la
justice.

La révolution de 1830 n'a apporté aucun changement à cet
état de choses. Mais, après la révolution de février, un décret
de l'Assemblée nationale, en date du 28 août 1848, appliquant
à la nomination des membres des tribunaux de commerce le
principe du suffrage universel, modifia les articles 618, 619,
620, 621 et 622 du Code de commerce en ce qui touche les conditions exigées pour être éligible et électeur, et la forme de l'é-
lection. Ce même décret adjoignit aux membres des tribunaux
de commerce des juges complémentaires. Ces auxiliaires, qui
n'avaient point la qualité de magistrats, étaient nommés directement par les tribunaux de commerce, le jour même de leur
installation, et choisis pour un an parmi les commerçants les plus
aptes à compléter ce tribunal en cas d'empêchement des titulaires.

En exécution de ce décret qui avait prorogé les pouvoirs des
magistrats consulaires en exercice jusqu'à l'installation de leurs
successeurs, il fut procédé au renouvellement intégral de tous
les tribunaux de commerce.

Mais le décret du 28 août 1848 fut abrogé par un nouveau
décret en date du 2 mars 1852. Les articles 618, 619, 620, 621
et 622 du Code de commerce, le décret du 6 octobre 1809 et la
loi du 3 mars 1840 furent remis en vigueur, et en même temps
disparurent les juges complémentaires qu'avait créés le décret
de 1848.

Aucune disposition du Code de 1807, comme on a pu le remarquer, ne réglementait la formation du bureau électoral
chargé de présider aux opérations du renouvellement annuel
des tribunaux de commerce; pour parer à cette lacune, un
décret du 14 juin 1862 a rendu commun aux élections des
tribunaux de commerce l'article 2 du décret du 30 août 1852,
qui détermine le mode d'élection des chambres de commerce.

Aux termes du décret du 6 octobre 1809, le tribunal de
commerce de Paris était composé de un président, huit juges

et seize suppléants. Cette composition, modifiée d'abord par une ordonnance royale du 17 juillet 1840, qui a porté à dix le nombre des juges, l'a été de nouveau par un décret du 31 mai 1862, en sorte qu'aujourd'hui ce tribunal compte un président, quatorze juges et seize suppléants ; il a de plus un greffier et sept commis greffiers.

Pour terminer cet aperçu de la législation relative à l'élection des magistrats consulaires et à l'organisation des Tribunaux de commerce, nous ne saurions mieux faire que de reproduire ici le rapport fait par M. Suin au Sénat, dans la séance du 6 mai 1865, sur une pétition des membres du tribunal de commerce d'Auxerre.

« C'est à François Ier, dit M. Suin, qu'est due l'institution « des tribunaux de commerce, sous le nom de *juges-consuls*, « ou *conseil des marchands*, et c'est un édit de Henri II de 1556 « qui concéda l'élection de ces juges à l'universalité des mar- « chands. En 1663 cette élection est enlevée au suffrage univer- « sel et confiée à un nombre limité de commerçants dont la liste « a été formée par le conseil des marchands. L'ordonnance de « 1673 confirma cet état de choses qui dura jusqu'en 1789. La « loi des 16 et 24 août 1790, titre XII, article 7, substitua à l'é- « lection instituée par l'ancienne monarchie l'élection directe « par tous les négociants, banquiers, marchands et manu- « facturiers. Mais bientôt les opinions politiques, devenant un « titre à l'éligibilité plutôt que la capacité, le savoir et l'expé- « rience, la loi des 27 janvier et 7 février 1791 rétablit l'élec- « tion à deux degrés ; seulement, au lieu de faire désigner les « électeurs par les juges du tribunal de commerce, elle déclara « qu'ils seraient choisis par l'assemblée des négociants et mar- « chands. »

« Survint enfin le Code de commerce de 1807, dont les arti- « cles 618 et 619 confèrent le soin d'élire les juges « à une assem- « blée composée de commerçants notables et principalement « des chefs des maisons les plus anciennes et les plus recom- « mandables par la probité, l'esprit d'ordre et d'économie. « Cette liste est dressée sur tous les commerçants de l'arrondis- « sement par le préfet et approuvée par M. le ministre de « l'intérieur. » L'article 619 fixe un minimum d'électeurs.

« En 1834, le député Ganneron, usant du droit d'initiative, « proposa une modification aux articles 618 et 619 ; l'article « devait désigner toutes les catégories des commerçants qui « auraient le droit de concourir à l'élection. Ils étaient élec- « teurs de droit.

« La proposition fut prise en considération. Le gouverne-
« ment adopta cette rédaction. Un projet de loi fut présenté à
« la Chambre des pairs, le 15 janvier 1838; mais, après une
« discussion approfondie, cette chambre rejeta cette rédaction,
« et revint à la disposition de l'article 619 avec deux modifica-
« tions destinées à en assurer la loyale exécution. L'article
« ainsi modifié devint le premier d'un nouveau projet pré-
« senté, en 1839, à la Chambre des députés, et dont M. Hébert
« fut le rapporteur. L'article fut combattu; quatre amende-
« ments furent proposés, contenant tous des systèmes différents;
« hâtons-nous de dire qu'aucun d'eux ne proposait l'élec-
« tion directe par l'universalité des négociants; ils ne diffé-
« raient entre eux que sur l'autorité qui formerait la liste des
« notables, et les éléments dont on la composerait. Mais enfin,
« et l'article premier du projet, et tous les amendements for-
« mulés furent successivement repoussés, et une fois de plus
« on reprit les articles 618 et 619 du Code. Ce qui contribua le
« plus à faire rejeter tous les nouveaux systèmes, c'est qu'il
« fut reconnu par toutes les parties que celui qui fonctionnait
« depuis 1807 n'avait aucun abus, et que les résultats en
« étaient excellents.

« On ne s'étonnera pas de voir le législateur de 1848 rame-
« ner le mode d'élection de la loi du 24 août 1790, et rétablir
« le choix des juges par l'universalité des commerçants dont la
« liste devait être dressée par le maire. Mais, dans son applica-
« tion, la loi du 28-30 août 1848 rencontra une foule de
« difficultés; et puis enfin, comme en 1790, la politique s'em-
« para de l'élection et la domina; il suffit de lire le décret du
« 2 mars 1852, pour se convaincre de la nécessité où l'on fut
« d'abolir immédiatement un régime qui offrait un nouveau
« champ à la lutte des partis. »

« Les considérants qui précèdent le décret-loi seront la meil-
leure réponse que nous puissions faire à la demande des pétitionnaires.

« Considérant que le mode d'élection des Juges des
« tribunaux de commerce établi par le décret du 28 août
« 1848 a fait naître de sérieuses difficultés qui ont souvent
« empêché ou du moins retardé le renouvellement de ces tri-
« bunaux;

« Considérant que, loin d'accroître le nombre des votants,
« il l'a réduit dans de si étroites limites, que, dans certaines lo-
« calités, il ne s'est pas présenté assez d'électeurs pour compo-
« ser le bureau électoral, et que, dans d'autres, les juges élus

« ont refusé un mandat dont ils ne se trouvaient pas suffisam-
« ment investis;

« Considérant que des intérêts étrangers à ceux de la jus-
« tice et du commerce n'ont que trop souvent dicté les choix
« d'une faible minorité d'électeurs;

« Considérant qu'il importe de rendre sans délai aux tribu-
« naux de commerce la considération dont ils doivent être en-
« tourés, en remettant en vigueur les dispositions légales, qui,
« pendant longtemps, ont régi leur composition. »

« Ces considérations si sages, dont, à deux époques différentes, 1790 et 1848, l'expérience a démontré la vérité, ont encore
aujourd'hui et auront toujours leur opportunité. Ne laissons
donc pas les passions et les intérêts étrangers, et souvent contraires à l'administration d'une bonne justice, s'emparer de l'é-
lection des Juges consulaires et la diriger sans se préoccuper de
la probité, de l'intelligence et de la position honorable des
candidats. La deuxième commission des pétitions, après avoir
étudié avec soin les différentes phases par lesquelles a passé le
système attaqué et ceux qu'on a plusieurs fois essayé de lui
substituer, a reconnu, comme la Chambre des pairs en 1838,
comme celle des députés en 1839, qu'il fallait s'en tenir à la
loi contre laquelle les pétitionnaires n'allèguent pas plus
d'abus qu'on n'a pu le faire dans le passé.

« En conséquence, elle a l'honneur de vous proposer de
passer à l'ordre du jour sur les demandes contenues en la
pétition N° 243. »

L'ordre du jour proposé a été adopté.

Divers locaux ont été successivement affectés au tribunal de
commerce de Paris.

Les Juge et Consuls, qui, lors de leur établissement, avaient
occupé le logis abbatial de Saint-Magloire, s'étaient installés,
quelques années plus tard dans un hôtel, situé au cloître Saint-
Méderic, derrière l'église de ce nom, qu'ils avaient acheté, en
1570, du président Baillet.

Durant près de trois siècles, l'hôtel du président Baillet fut
le siége de la juridiction consulaire. En effet, c'est le 4 novembre 1825 que le tribunal de commerce de Paris prit possession
du palais édifié sur la place de la Bourse. La Bourse elle-même
n'y fut installée que le 4 novembre de l'année suivante.

Depuis lors, quarante ans ne se sont pas encore écoulés et
bientôt ce Palais sera exclusivement affecté à la Bourse et
abandonné par la justice commerciale pour laquelle un nouvel édifice vient d'être érigé dans la Cité.

Ainsi se trouveront désormais séparés le siége de la juridiction commerciale et la *Place commune des marchands* qui étaient demeurés jusqu'ici réunis l'un à l'autre, tels que les avait placés, dès l'origine, l'édit de création.

CHAPITRE II.

COMPOSITION DES TRIBUNAUX DE COMMERCE. — LEUR SIÉGE. — LEUR RESSORT. — NOMBRE DES JUGES.

I. *Composition des tribunaux de commerce.* — Les tribunaux de commerce sont composés d'un président, de juges et de suppléants (617, C. com.).

Ils ont un greffier et des huissiers qui sont nommés par le chef de l'État et dont les droits et les devoirs sont fixés par des règlements d'administration publique (624, C. com.).

II. *Siéges des tribunaux de commerce.* — Aux termes de l'article 615 du Code de commerce, un règlement d'administration publique devait déterminer le nombre des tribunaux de commerce, et les villes susceptibles d'en recevoir par l'étendue de leur commerce et de leur industrie.

Un décret du 6 octobre 1809, dans un tableau qui y est annexé, a désigné les villes où il serait établi un tribunal de commerce.

Évidemment, le droit conféré au gouvernement ne se trouvait pas épuisé par l'usage qui en a été fait dans le décret de 1809, et il est toujours resté maître de créer de nouveaux siéges dans d'autres villes lorsqu'ils sont réclamés par le développement du commerce ou de l'industrie, comme aussi de transporter ailleurs ou de supprimer ceux existants lorsque les motifs qui les avaient fait établir n'existaient plus.

III. *Ressort des tribunaux de commerce.* — L'arrondissement judiciaire de chaque tribunal de commerce est le même que celui du tribunal civil dans le ressort duquel il est placé. Lorsqu'il se trouve plusieurs tribunaux de commerce dans le ressort d'un même tribunal civil, l'arrondissement de chacun d'eux se compose des cantons désignés au tableau annexé au décret de 1809 (616, C. com.).

Dans les arrondissements où il n'y a pas de tribunaux de commerce, les juges du tribunal civil exercent les fonctions et connaissent des matières attribuées par la loi aux juges de commerce (640, C. com.).

Mais c'est une question grave de savoir si le tribunal civil change alors de nature, et particulièrement si le ministère public qui en fait partie intégrante doit se retirer lorsqu'il s'agit d'une affaire commerciale, parce que cette institution n'est pas admise dans l'organisation des tribunaux de commerce.

Un arrêt de la Cour de cassation du 21 avril 1846 a jugé qu'un tribunal civil ne pouvait refuser d'admettre le ministère public aux audiences commerciales sans commettre un excès de pouvoir, et, par suite, a cassé un jugement du tribunal civil de Pontoise qui avait décidé le contraire. Toutefois, l'unanimité des auteurs est d'un avis opposé. Nous citerons notamment une dissertation de M. Bourbeau, professeur à la Faculté de droit de Rennes, rapportée par Sirey, t. 1846, 1re partie, page 688.

IV. *Nombre des juges et des suppléants.* — En exécution de l'article 617 du Code de commerce, le décret de 1809 a fixé le nombre de juges et de suppléants dont se composerait chaque tribunal.

D'après l'ancien article 617 le nombre des juges ne pouvait, dans un tribunal, être inférieur à deux ni supérieur à huit, non compris le président.

La loi du 3 mars 1840 a modifié cette limite et a permis de porter à quatorze le nombre des juges.

Il appartient donc au gouvernement d'apprécier, sur l'avis des autorités compétentes, si le personnel d'un tribunal de commerce doit être augmenté ou diminué, pour satisfaire aux nécessités du service, en observant toutefois, quant aux juges, les limites posées dans l'article 617.

Lorsqu'il y a lieu, à raison des besoins du service, d'augmenter le nombre des juges d'un siége consulaire, une délibération doit être prise à ce sujet par le tribunal, et la demande appuyée des renseignements nécessaires est adressée au ministre de la justice, il est ensuite statué, le Conseil d'Etat entendu, par décret impérial rendu sur le rapport du Ministre de la justice après avis tant du procureur général près la Cour du ressort, que du ministre du commerce.

C'est ainsi que la composition du Tribunal de commerce de Paris a été successivement modifiée. Nous avons vu que le nombre des membres, qui avait été fixé à l'origine à un président, huit juges et seize suppléants, a été porté d'abord à dix juges, puis à quatorze.

Aux termes de l'article 617 du Code de commerce le personnel des suppléants qui font partie du Tribunal de commerce de Paris pourrait donc seul être augmenté aujourd'hui par le pouvoir exécutif.

CHAPITRE III.

ÉLECTIONS DES MEMBRES DES TRIBUNAUX DE COMMERCE. — LISTE DES NOTABLES COMMERÇANTS. — CONDITIONS REQUISES POUR EN FAIRE PARTIE. — CONDITIONS POUR ÊTRE JUGE OU SUPPLÉANT. — PRÉSIDENT. — MODE D'ÉLECTION.

1. *Élection des membres des tribunaux de commerce.* — Les membres des tribunaux de commerce sont élus dans une assemblée composée de commerçants notables, et principalement des chefs des maisons les plus anciennes et les plus recommandables par la probité, l'esprit d'ordre et d'économie (618, C. com.).

La liste des Notables est dressée tous les ans par les préfets et approuvée, dit l'article 619, par le Ministre de l'intérieur. Cette liste est actuellement approuvée par le Ministre de l'agriculture, du commerce et des travaux publics, par suite des modifications qu'un décret impérial a récemment apportées dans les attributions des différents départements ministériels.

Dans la pratique, les maires et les sous-préfets recueillent et adressent au préfet tous les renseignements nécessaires pour la révision de la liste des notables commerçants, tels que l'indication des commerçants qui depuis la clôture de la liste précédente sont décédés, ou se sont retirés des affaires, ou bien ont été frappés d'une incapacité résultant soit de faillite, soit de condamnations ou même d'une simple atteinte dans leur crédit ou dans leur honneur, et ils fournissent des noms qu'ils proposent de substituer à ceux dont la radiation est devenue nécessaire. Ces renseignements sont transmis au tribunal et à la chambre de Commerce qui font en commun le travail de révision, lequel est arrêté par le préfet, et ainsi se trouve dressée la liste des

Notables commerçants qui devient définitive par l'approbation ministérielle.

Dans l'exposé des motifs de la loi du 3 mars 1840, sur les tribunaux de commerce, présentée à la Chambre des pairs, dans la séance du 4 février, M. le garde des sceaux constate l'usage constamment suivi pour la formation de la liste des Notables commerçants dans les termes suivants :

« La première proposition, dit le Ministre, avait pour objet « d'imposer aux préfets l'obligation de consulter préalablement « les tribunaux et chambres de commerce et les maires des « villes où siégent ces tribunaux.

« La seconde... quant à l'obligation de consulter les auto- « rités locales pour la formation de cette liste, il n'était pas « sans doute indispensable de la formuler en article de loi ; « car, sous l'empire de la législation actuelle, les préfets, sur « qui pèse la responsabilité de la désignation, ont toujours « compris que le concours des représentants légaux du com- « merce leur était nécessaire.

« Bien que la loi n'ait rien prévu à cet égard, chacun com- « prendra que la liste des Notables commerçants doit être ré- « visée chaque année avant qu'il soit procédé à l'élection des « magistrats consulaires. »

II. *Conditions requises pour être commerçant Notable.* — Aucune condition particulière n'est imposée pour être porté sur la liste des commerçants Notables. En effet, d'après l'article 618 du Code de commerce, il suffit d'être le chef d'une des maisons les plus anciennes et les plus recommandables par la probité, l'esprit d'ordre et d'économie.

Cependant il est incontestable qu'il faut être français, et avoir la jouissance de ses droits civiques et politiques, car la capacité d'élire ne peut dériver que de la qualité de citoyen, et d'ailleurs comment le Notable commerçant pourrait-il être éventuellement appelé, en sa qualité d'électeur, à compléter le tribunal de commerce en cas d'empêchement des titulaires, en conformité de l'article 4 du décret du 6 octobre 1809, s'il n'était pas citoyen français et ne jouissait point, dans toute leur plénitude, des droits et priviléges attachés à ce titre. Telle est au surplus la solution adoptée par le ministre de l'intérieur dans une circulaire adressée aux préfets le 17 octobre 1817 (1).

---

(1) *Circulaire du Ministre de l'intérieur du 17 octobre 1817.*

« Monsieur le Préfet, on a vu souvent des étrangers, négociants en France, acquérir assez de considération par un long établissement pour

Les mêmes considérations sembleraient devoir interdire
l'admission sur la liste des Notables d'un commerçant qui ne

---

que l'opinion publique ne les distinguât plus des nationaux. Il ne serait
pas extraordinaire que, sans qu'on se souvint de leur origine, il arrivât
de placer leurs noms dans les listes des notables appelés à choisir les membres des tribunaux de commerce ; de là, en leur supposant la faculté
d'élire, on pourrait les croire éligibles et les porter au Tribunal ; mais
leur qualité d'étrangers les repousse, et comme électeurs, et comme Juges ;
c'est sur quoi j'ai cru devoir fixer votre attention.

« Parmi les plus anciennes lois de la monarchie se trouvent celles qui
déclarent les étrangers incapables de remplir aucune fonction publique en
France ; ou plutôt, c'est un principe tellement certain, qu'il n'aurait pas
besoin d'être écrit dans des dispositions expresses. Tous les actes de la
législation moderne, autant que ceux de l'ancienne, le supposent et s'y
rapportent comme à une maxime fondamentale.

« Parmi les fonctions publiques, celle de rendre la justice au nom du
Roi, et en vertu d'une institution de Sa Majesté, est évidemment, et de sa
nature, plus spécialement réservée aux sujets français ; d'ailleurs, l'admission d'un étranger dans un tribunal serait contradictoire avec ces lois si
précises et si soigneusement maintenues, qui n'accordent en France aucune
autorité aux prononcés des juges étrangers.

« Il est donc certain que, pour siéger dans un de nos tribunaux
de commerce, il faut être Français, ou de naissance, ou par naturalisation.

« Il faut bien remarquer que les droits politiques sont différents des
droits civils ; ceux-ci, parmi lesquels est celui d'exercer son commerce ou
son industrie, peuvent être accordés aux étrangers sans qu'ils deviennent
Français, ni qu'ils renoncent à leur première patrie. Ils les acquièrent
temporairement tant qu'ils résident en France, soit par une réciprocité
fondée sur les traités, suivant l'article 11 du Code civil, soit par l'autorisation que le Roi leur donne d'établir domicile dans le royaume, conformément à l'article 13.

« L'usage a prévalu de présumer cette autorisation en faveur des commerçants quand ils ont été admis à la patente.

« Mais ces droits civils sont indépendants de la qualité de citoyen
ou des droits civiques ou politiques, ainsi que le déclare le Code à l'article 7 ; et c'est pour exercer une fonction publique que ceux-ci sont indispensables.

« Ces droits ne s'acquièrent que conformément à la loi constitutionnelle. L'ordonnance Royale du 4 juin 1814, qui accompagne la Charte, a
spécifié la grande naturalisation, qui seule donne à l'étranger le plus émi-
nent de ces droits politiques ; il n'obtient les autres que par des lettres
de déclaration de naturalité, suivant la forme tracée par la loi du 14 octobre 1814.

« Telle est l'admission au titre et aux droits de citoyen français qui peut
seule donner à un étranger la capacité de prendre place dans nos tribunaux de commerce.

« Quant à la capacité d'élire, elle est également attachée à la même
qualité. S'il était besoin d'une disposition précise pour s'en convaincre, il
suffirait de voir, dans l'article 42 du Code pénal, les droits, 1o de vote et
d'élection (sans distinction d'assemblée ou d'objet), 2o d'éligibilité mis aux
deux premiers rangs des droits civiques.

« Le serment de fidélité et d'obéissance, prêté en se présentant au scrutin, est d'ailleurs un serment français auquel un étranger ne saurait être
soumis ni admis.

« Enfin, par l'article 4 du décret du 6 octobre 1809, les notables électeurs sont appelés à siéger éventuellement au tribunal de commerce ; ils
doivent donc être pourvus des mêmes qualités que les Juges.

serait pas âgé de trente ans, et qui exercerait le commerce depuis moins de cinq ans, puisque telles sont les conditions exigées par l'article 620 du Code de commerce pour être élu juge ou suppléant. Mais il ne paraît pas douteux qu'un commerçant peut être électeur, c'est-à-dire Notable commerçant, sans qu'il soit nécessaire qu'il réunisse en sa personne les conditions requises pour être éligible; autrement la loi n'eût fait aucune distinction entre les uns et les autres. D'ailleurs, à cet égard, non-seulement, il n'existe aucune prohibition expresse, mais bien plus, le contraire s'induit tout naturellement de la disposition finale de l'article 4 du décret de 1809, qui porte que les Notables commerçants appelés à compléter les tribunaux de commerce, en cas d'empêchement des juges et des suppléants, devront avoir les qualités énoncées en l'article 620 du Code de commerce.

Les différentes branches d'industrie et de commerce qui sont justiciables du tribunal de commerce, sont intéressées à être représentées dans les assemblées qui nomment les magistrats consulaires. Dès lors la notabilité commerciale ne résulte pas seulement de la classe et de la qualité de la patente, mais bien de l'importance des affaires relativement à la profession exercée et de la distinction avec laquelle le commerçant dirige son commerce ou son industrie.

A l'égard des maisons qui sont gérées sous une raison sociale, il est d'usage de faire porter le choix sur celui dont le nom figure en première ligne dans la raison sociale, à moins qu'il n'habite pas la localité où se forme la liste.

III. *Conditions requises pour être éligible aux fonctions de suppléant, de juge et de président.* — La loi permet de nommer Juge ou Suppléant tout commerçant ou ancien commerçant âgé de trente ans qui exerce ou a exercé le commerce avec honneur et distinction depuis cinq ans (620, C. com., et avis du Conseil

---

« En conséquence de ces principes, Son Excellence M. le Garde des Sceaux se propose de donner des ordres sur la manière de constater à l'avenir la qualité de Français natif ou naturalisé de tout juge de commerce qui sera présenté à l'Institution Royale.

« De mon côté, je vous prie de veiller à ce que le nom d'aucun notable électeur ne soit porté sur les listes soumises à mon approbation sans que la même qualité soit assurée.

« J'ai l'honneur de vous offrir, Monsieur le Préfet,
« l'assurance de la considération la plus distinguée.

« *Le sous-secrétaine d'État au département de l'intérieur,*
« COMTE CHABROL. »

d'Etat du 2 février 1808); mais ce sont là des conditions spéciales qui n'excluent en aucune façon les conditions fondamentales exigées pour remplir en France une fonction publique quelconque. Il faut donc, comme le rappelle la circulaire du ministre de l'intérieur du 17 octobre 1817, déjà citée, être citoyen français et jouir de tous ses droits civiques et politiques. En effet, parmi les fonctions publiques, le droit de rendre la justice au nom du souverain et en vertu de l'institution du Chef de l'Etat est évidemment et, par sa nature même, réservé aux *régnicoles*.

Il suffit de rappeler qu'un étranger, aux termes de l'article 980, Code Napoléon, et des lois sur le notariat (1), ne peut concourir à donner authenticité à un acte en qualité de témoin; à plus forte raison, ne pourrait-il pas donner lui-même authenticité aux actes qu'il serait appelé à faire comme magistrat.

L'article 620 du Code de commerce, pour relever l'autorité du Président, lui impose, en outre, comme condition d'éligibilité, d'être âgé de quarante ans et d'avoir été juge dans les tribunaux actuels ou parmi les anciens Juges-Consuls des marchands.

Cette dernière obligation fit naître dans l'origine une difficulté pour la nomination du Président dans les villes où il n'existait pas de tribunaux de commerce.

Mais cette difficulté a été tranchée par un avis du Conseil d'Etat du 21 décembre 1810 (2), qui a décidé que cette disposition

---

(1) L'article 9 de la loi du 25 ventôse an XI, sur le notariat, est ainsi conçu : — « Les actes seront reçus par deux notaires ou par un notaire assisté de deux témoins, *citoyens français*. »
Art. 980, Code Napoléon : « Les témoins appelés pour être présents aux testaments (authentiques ou mystiques), devront être mâles, majeurs, *sujets de l'Empereur, jouissant des droits civils*. »
Le texte primitif de cet article, le seul qui ait reçu la sanction du vote législatif, portait : « Les témoins.... devront être mâles, majeurs, *républicoles*, » expression à laquelle répondrait exactement le mot *régnicoles*; c'est par décret et par ordonnance que, sous l'Empire, ont été substituées, dans les éditions officielles, les expressions *sujets de l'Empereur*, et, sous la Restauration, *sujets du Roi*.

(2) *Avis du Conseil d'État du 21 décembre 1810*, sur l'exécution de la seconde partie de l'article 620 du Code de commerce dans les lieux où il n'existe pas de tribunaux de commerce.

« Le Conseil d'État, qui, d'après le renvoi ordonné par Sa Majesté, a entendu le rapport de la section de législation sur celui du Grand Juge Ministre de la justice, expositif que dans les lieux où il n'existait pas de tribunaux de commerce, avant le dernier décret d'organisation desdits tribunaux, il est impossible d'exécuter la disposition de l'article 620 du Code de commerce portant que le Président ne pourra être choisi que parmi les anciens juges, y compris ceux qui ont exercé dans les tribunaux actuels, et même les anciens juges-consuls des marchands;

était inapplicable à la première formation des Tribunaux de commerce dans les lieux où il n'y en avait pas avant le décret d'organisation générale desdits tribunaux; qu'en conséquence, dans lesdits lieux, et pour la première fois seulement, tout commerçant remplissant les autres conditions de la loi pourrait être nommé Président du tribunal. Cette décision est applicable dans les localités où un décret institue un nouveau tribunal de commerce.

Bien que réunissant toutes les qualités voulues, le Président et les juges sortant d'exercice ne peuvent néanmoins être réélus immédiatement que pour deux autres années; cette nouvelle période expirée, ils ne sont éligibles qu'après un an d'intervalle (622, C. commerce). Il n'y a aucune distinction à faire, à cet égard, entre les fonctions de Président et celles de Juge, ainsi que l'a décidé la Cour de Lyon par son arrêt du 26 février 1852 (1).

Cette inéligibilité ne s'applique qu'aux juges titulaires. Conséquemment un suppléant est toujours rééligible, la loi ne l'ayant astreint à aucune interruption dans l'exercice des fonctions de la suppléance, et il en est de même à son égard lorsque de suppléant il est nommé juge; ce n'est qu'après une seconde élection immédiate en cette dernière qualité qu'il cesse d'être éligible.

« Considérant que la loi n'a évidemment voulu que ce qui est praticable;

« Est d'avis que la disposition ci-dessus rappelée est inapplicable à la première formation des tribunaux de commerce dans les lieux où il n'en existait point avant le décret d'organisation générale desdits tribunaux; qu'en conséquence, dans lesdits lieux, et pour la première fois seulement, le Président du tribunal pourra être désigné parmi tout commerçant remplissant les autres conditions de la loi. »

(1) Arrêt de la Cour de Lyon du 26 février 1852 (*Journal des tribunaux de commerce*, t. 1er, p. 138).

Le *Procureur général c. de Coutances.*

« La Cour; — Vu la réclamation élevée par M. le Procureur général contre l'élection de M. George Gaulthier de Coutances aux fonctions de Président du tribunal de commerce de Lyon; — Vu l'article 621 du Code de commerce révisé par le décret du 28 août 1848 (décret abrogé le 2 mars 1852);

« Attendu que l'article 622, C. com., n'a été modifié ni abrogé par le décret du 28 août 1848; que le texte et l'esprit de cet article ne permettent pas que l'exercice actif de la magistrature consulaire se prolonge au-delà de quatre années consécutives, et qu'après cette période un an d'interruption au moins est nécessaire; qu'ainsi, après quatre ans consécutifs, le magistrat consulaire n'est éligible qu'après une année d'intervalle, et que *cette inéligibilité ne s'applique pas moins aux fonctions de président qu'à celles de juge*, puisque le président est juge. »

IV. *Mode d'élection.* — Les Notables commerçants sont convoqués pour l'élection des magistrats consulaires par arrêté du préfet fixant les lieu, jour et heure, et indiquant l'objet des opérations électorales. Les mêmes indications sont reproduites dans la carte adressée à chaque Notable commerçant pour l'informer de son inscription sur la liste des électeurs, et lui donner accès au scrutin.

Cet arrêté de convocation, portant publication de la liste des Notables et des endroits où elle peut être consultée, est pris et affiché généralement huit jours avant celui fixé pour la réunion des électeurs.

Au jour indiqué, l'assemblée est ouverte par le préfet ou par un de ses délégués assisté de quatre électeurs, qui sont les deux plus âgés et les deux plus jeunes des membres présents. Le bureau, ainsi composé, nomme un secrétaire pris dans l'assemblée (1), et il est immédiatement procédé aux diverses opérations électorales.

Ainsi qu'il est prescrit par l'article 621 du Code de commerce l'élection a lieu au scrutin individuel, à la pluralité absolue des suffrages, et, lorsqu'il s'agit d'élire le président, l'objet spécial de cette élection est annoncé avant d'aller au scrutin.

S'il se trouve qu'un juge dont le mandat n'est pas arrivé à son terme soit, au cours des élections, nommé président, ou qu'un suppléant soit nommé juge titulaire, il y a eu lieu de le remplacer dans ses fonctions pour le temps qu'il avait encore à les exercer, et, par suite, le président du bureau électoral doit annoncer à l'assemblée que, indépendamment des nominations pour lesquelles ils ont été convoqués par l'arrêté préfectoral, les Notables commerçants auront à élire un juge ou un suppléant pour un temps déterminé en remplacement de telle personne qui a été élue président ou juge, et faire mention de cet avis au procès-verbal, au fur et à mesure que le cas se produit.

Lors de l'établissement d'un tribunal de commerce dans une ville où il n'en existait pas auparavant, à la première élection, le président et la moitié du nombre des juges et des suppléants dont se compose le tribunal sont nommés pour deux ans et la seconde moitié des juges et des suppléants est nommée pour un an : aux élections subséquentes toutes les nominations sont faites pour deux ans (622, C. com.). Cette règle

_____

(1) Article 2 de la loi du 30 août 1852, qui détermine le mode d'élection des chambres de commerce, rendu applicable à l'élection des membres des tribunaux de commerce par le décret du 14 juin 1862.

reçoit encore son application lorsque, le mode d'élection étant changé, comme il est arrivé en 1848 et en 1852, il y a lieu de renouveler le tribunal tout entier.

De cette façon, une fois qu'un tribunal est établi, les inconvénients que pourrait présenter la sortie simultanée de tous les membres qui le composent sont évités.

Pour assurer l'exécution de cette mesure, la loi du 3 mars 1840 a prescrit : 1° que tous les membres compris dans une même élection seraient soumis en même temps au renouvellement périodique, alors même que l'institution d'un ou plusieurs d'entre eux aurait été différée; 2° et que tout membre élu en remplacement d'un autre, par suite de décès ou de toute autre cause, ne demeurerait en exercice que pendant la durée du mandat qui avait été confié à celui qu'il remplace (622 et 623, C. com., modifiés).

Les procès-verbaux d'élection des membres des tribunaux de commerce sont dressés en triple exemplaire par le secrétaire du bureau, et signés par tous les membres dudit bureau. L'un de ces exemplaires est transmis au ministre de la justice, conformément à l'article 7 du décret du 6 octobre 1809, un autre est remis au greffe du tribunal, et le troisième reste déposé aux archives de la préfecture.

CHAPITRE IV.

INSTITUTION DES MEMBRES DES TRIBUNAUX DE COMMERCE PAR LE
CHEF DE L'ÉTAT. — COSTUME. — SERMENT. — INSTALLATION. —
CÉRÉMONIAL. — FORMALITÉS ET USAGES.

I. *Institution des membres des tribunaux de commerce.* — Les magistrats consulaires, issus du suffrage de leurs pairs, doivent obtenir l'institution du chef de l'État. Cette institution n'est pas seulement un hommage rendu à la puissance du souverain, au nom duquel les nouveaux élus sont appelés à rendre la justice; elle est de plus une garantie tout à la fois pour les justiciables et pour la magistrature elle-même dont les tribunaux de commerce font partie comme corps judiciaire. En effet, quels que soient le respect et l'autorité qui s'attachent aux choix faits par des électeurs, il n'est pas douteux que ceux-ci auraient pu égarer leurs votes sur un candidat qui ne réunirait pas en sa personne les conditions voulues par la loi, ou même qui ne serait pas immédiatement rééligible parce que, sortant d'exercice après deux élections consécutives, il se trouverait dans le cas prévu par l'article 623 du Code de commerce.

Mais toutes les fois qu'il n'y a pas en la personne de l'élu soit une incapacité, soit une indignité légalement établie, il ne paraît pas que l'institution puisse lui être refusée. Cependant, il ne peut entrer en fonctions, tant qu'il n'a pas été institué.

II. *Costume des membres des tribunaux de commerce.* — Les membres des tribunaux de commerce portent, dans l'exercice de leurs fonctions et dans les cérémonies publiques, la robe de soie noire avec des parements de velours (article 8 du décret du 6 octobre 1809).

D'après le projet de décret sur l'organisation des tribunaux de commerce, envoyé au Conseil d'État, les membres desdits tribunaux devaient porter l'habit noir et le manteau court. M. Vignon, alors président du tribunal de commerce de Paris, adressa, à ce sujet, de vives protestations à S. E. Monseigneur le comte Regnault de Saint-Jean-d'Angely, ministre d'État, président de la section de l'Intérieur au Conseil d'État, en lui faisant observer que : « de temps immémorial, le Tribunal de « commerce de Paris avait toujours porté la robe du Palais et « que c'était avec ce costume qu'ils allaient tous les ans prêter « serment à la Grand'Chambre du Parlement ; que, d'après « l'arrêté de Sa Majesté Impériale en l'an XI, pris uniquement « pour régler le costume de tous les tribunaux et même des « juges de paix, celui des tribunaux de première instance était « la simarre, la robe, la toque et la cravate : Costume que nous « portons, disait M. Vignon, depuis cette époque, parce que « notre tribunal est, en effet, tribunal de première instance « pour les matières commerciales comme le tribunal civil l'est « pour les matières civiles ; que c'est ainsi que le Conseil d'État « l'a décidé par son arrêt du 14 messidor an XII, approuvé par « l'Empereur et portant que : le tribunal de commerce est « l'égal, en degré de juridiction, du tribunal de première ins- « tance et ne peut lui être subordonné sous aucun rapport. »

L'article 8 du décret du 6 octobre 1809 qui a réglé le costume des membres des tribunaux de commerce ne parle pas de la toque, mais ces magistrats portent la toque en soie, bordée de velours avec un galon d'argent comme les magistrats des tribunaux civils. Le président a deux galons à sa toque. A la différence du président du tribunal civil, il porte dans les audiences solennelles et dans les cérémonies publiques le même costume que dans les audiences ordinaires.

Deux décrets de 1852 ont déterminé le costume de ville des magistrats des différents degrés, mais il n'est pas question des magistrats consulaires dans ces décrets. Lorsque l'occasion s'en est présentée depuis 1852, ils ont pris le costume de ville affecté aux tribunaux civils.

III. *Prestation de serment.* — Les magistrats consulaires, avant d'entrer en fonctions, prêtent serment, comme les magistrats des tribunaux civils de première instance, à l'audience de la Cour impériale (629, C. com.). Aux termes de l'article 26 du décret du 30 mars 1808, la prestation du serment a lieu à l'audience de la chambre où siége le premier président, ou à l'audience de la chambre des vacations si la Cour est en vacances.

Lorsque la Cour impériale ne siége pas dans l'arrondissement communal où le tribunal de commerce est établi, elle commet, si les juges de commerce le demandent, le tribunal civil de l'arrondissement pour recevoir leur serment; et, dans ce cas, il en est dressé procès-verbal dont envoi est fait à la Cour impériale, qui en ordonne l'insertion dans ses registres. Ces formalités sont remplies sur les conclusions du ministère public (629, C. com.).

Mais le tribunal civil ne peut recevoir le serment des magistrats consulaires sans une délégation formelle de la Cour impériale du ressort; à défaut de cette délégation spéciale, il n'a ni qualité ni compétence. Une pareille prestation de serment serait donc radicalement nulle; et par voie de conséquence, tous les jugements auxquels auraient participé des magistrats consulaires, qui auraient ainsi prêté serment seraient eux-mêmes entachés de nullité comme ayant été rendus par un tribunal de commerce irrégulièrement constitué. C'est ce que la Cour de cassation a décidé par arrêt du 31 mars 1862, portant cassation d'un jugement du tribunal de commerce de Soissons dans une affaire Leclère contre Durin (1).

---

(1) Arrêt de la Cour de cassation du 31 mars 1862 (*Journal des tribunaux de commerce*), t. XI, p. 437.

Leclère c. Durin.

« LA COUR; — Vu l'article 629 du Code de commerce;
« Attendu que les juges de commerce ne peuvent entrer en fonctions qu'après avoir prêté serment à l'audience de la Cour impériale, ou devant

Il n'est procédé à la réception du serment des Juges de commerce qu'après qu'une ampliation du décret d'institution des magistrats consulaires a été adressée par le garde des sceaux, ministre de la justice, au procureur général de la Cour impériale à laquelle ils ressortissent.

IV. *Installation. Cérémonial. Formalités et usages.* — L'installation des Juges de commerce n'a lieu qu'après qu'ils ont été institués par décret du chef de l'Etat et qu'ils ont prêté devant la Cour impériale, ou le tribunal civil qu'elle a délégué, le serment prescrit par l'article 629 du Code de commerce, dans les termes voulus par la Constitution (articles 14 de la Constitution et 16 du Sénatus-Consulte du 14 janvier 1852). « Je jure obéissance à la Constitution et fidélité à l'Empereur. » Formule qui est complétée par le serment professionnel, lequel est ainsi conçu : — « Je jure aussi et promets de bien et fidè-« lement remplir mes fonctions, de garder religieusement le « secret des délibérations, et de me conduire en tout comme « un digne et loyal magistrat » (décret du 22 mars 1852).

D'après le cérémonial usité à Paris, le tribunal, réuni en audience solennelle et composé de tous les membres en exercice lors des dernières élections partielles dont le mandat n'a pas été renouvelé ou n'était pas sujet à renouvellement, prend séance, et aussitôt l'audience publique ouverte, le président donne l'ordre à deux huissiers audienciers d'aller prévenir les nouveaux élus dans la chambre du conseil et de les introduire dans le prétoire.

Au nom de ces derniers le nouveau Président ou le premier Juge, s'adressant au tribunal, dit : Que ses collègues et lui ont été élus par l'assemblée des commerçants Notables, qu'ils ont été institués par le Souverain et ont prêté serment,

---

« tribunal civil de l'arrondissement spécialement commis à cet effet par la Cour;

« Attendu que c'est l'accomplissement de cette formalité essentielle *qui complète en leur personne l'aptitude légale, et le droit de participer à l'exercice du pouvoir judiciaire;*

« Attendu, en fait, que si, au moment où le jugement attaqué a été rendu par le tribunal de commerce de Soissons, le président et l'un des juges qui ont concouru à cette décision avaient depuis leur institution prêté serment à l'audience du tribunal civil de l'arrondissement, il est constant *qu'aucun arrêt de délégation n'était alors intervenu;*

« Attendu, dès lors, que le tribunal civil de Soissons n'avait ni qualité ni compétence pour recevoir la prestation de serment de ces magistrats;

« D'où il suit que le tribunal de commerce était irrégulièrement constitué, et qu'en rendant le jugement attaqué, il a commis un excès de pouvoir et une violation formelle de l'article 629 du Code de commerce; — Par ces motifs, casse. »

qu'en conséquence ils prient le tribunal de vouloir bien les installer.

Sur l'ordre du Président de l'audience, le Greffier donne lecture du décret d'institution et du procès-verbal de prestation de serment.

Après l'accomplissement de ces formalités, le Président de l'audience déclare installés les nouveaux élus, et prononce un discours dans lequel il rend compte des travaux du tribunal pendant l'exercice qui finit et fait ses adieux à ses collègues.

L'audience est suspendue pour être immédiatement reprise par le tribunal nouvellement constitué, composé de tous les membres en cours d'exercice et de ceux qui viennent d'être installés : le nouveau Président adresse ordinairement une allocution aux membres sortants, qui assistent alors en habit de ville à cette reprise d'audience; puis le tribunal pourvoit, par jugement, à la nomination de nouveaux Juges commissaires dans toutes les faillites en cours d'instruction, en remplacement de ceux qui ne font plus partie du tribunal, et maintient dans leur commissariat ceux qui ont été investis d'un nouveau mandat par réélection.

Procès-verbal de cette cérémonie est porté sur le registre des délibérations du tribunal.

A la suite de l'installation, tous les membres du tribunal, sortants et entrants, sont dans l'habitude de rendre en corps une visite à domicile au Président sortant et au Président qui vient d'être nommé.

CHAPITRE V.

DURÉE DES FONCTIONS. — JUGES ET SUPPLÉANTS RÉÉLUS, MANDAT NOUVEAU, CONSÉQUENCES LÉGALES. — FORMATION DU TABLEAU. — RANG DES JUGES ET DES SUPPLÉANTS ENTRE EUX. — TABLEAU ET ROULEMENT. — ATTRIBUTIONS DES TRIBUNAUX DE COMMERCE.

I. *Durée des fonctions.* — Bien que les fonctions des Juges de commerce soient temporaires et limitées à la durée du mandat qui leur a été conféré par les électeurs, cependant les jugements auxquels auraient concouru des juges ayant accompli leurs deux années d'exercice, ne peuvent être annulés pour ce motif si ces juges n'ont pas été remplacés, et cela alors même que leurs successeurs auraient été élus, institués et auraient prêté serment, s'ils n'ont pas encore pu être installés. Ainsi l'a décidé, en l'an VIII, comme on l'a vu plus haut, un ministre de la République, et, depuis lors, diverses décisions judiciaires ont établi ce point qui se trouve ainsi consacré par une jurisprudence constante (1).

---

(1) 18 juillet 1823. — (*Cour royale de Limoges.*)

« LA COUR; — Attendu que les juges des tribunaux de commerce, qui exercent des fonctions temporaires, sont des mandataires qui conservent leurs pouvoirs non-seulement jusqu'à la nomination et la prestation de serment de leurs successeurs, mais encore jusqu'au moment où ils acquièrent la connaissance officielle de leur remplacement;

« Attendu que, dans la cause, il n'est pas suffisamment prouvé, soit par l'ordre de la feuille d'audience tenue par le greffier du tribunal de commerce de Limoges, dans laquelle il n'est pas exprimé que la prononciation du jugement du 16 décembre a eu lieu antérieurement à *l'installation* de M. Dessalles-Beauregard, soit d'aucune autre manière, que M. Maurensanne, alors président du tribunal, ait eu la connaissance officielle de la nomination et de la prestation de serment de M. Dessalles-Beauregard, en la même qualité de président, antérieurement à la prononciation du jugement dont est appel; — Déboute les appelants du moyen de nullité proposé contre le jugement du 19 décembre 1822. »

31 décembre 1830. — (*Cour royale de Colmar.*)

Le jugement frappé d'appel était ainsi conçu :

« LE TRIBUNAL; — Attendu que, bien que, d'après l'article 623, Cod. comm., les juges consulaires ne doivent rester en place que pendant la durée de deux ans, cet article ne doit pas être entendu de telle manière que les juges de commerce ne peuvent siéger lorsque les nouveaux juges nommés n'ont pas encore prêté le serment exigé en pareil cas, et ne sont pas *installés* en leurs fonctions; que tel ne peut être le vœu de la loi;

« Attendu qu'en limitant à deux années seulement la durée des fonctions des juges consulaires, la loi a voulu empêcher que la place de juge ne se perpétuât en la même personne; mais que l'on ne peut en induire la conséquence que les remplacements doivent être effectués rigoureusement dans le délai de deux années; que tel est l'esprit de la loi, et que c'est ainsi qu'il faut interpréter l'article 623;

« Attendu, au surplus, qu'en se renfermant même dans le sens rigoureux de cet article, les membres de ce siége, dont les fonctions ont dépassé les deux années de durée fixée, n'auraient pu cesser ces mêmes fonctions en temps opportun, par la raison que les élections, qui ont eu pour objet leur remplacement, ont été annulées pour vice de forme, et qu'il a fallu procéder à de nouvelles élections; que ces opérations ont nécessité du retard et motivé la permanence de leurs fonctions au-delà du terme fixé par la loi;

« Attendu, d'ailleurs, que le cours de la justice ne peut être interrompu. »

Sur l'appel, arrêt du 31 décembre 1830. — (*Cour royale de Colmar.*)

« LA COUR; — Adoptant les motifs des premiers juges; — Confirme. »

En effet, le cours de la justice ne saurait être interrompu, et une foule de circonstances peuvent retarder soit la convocation des Notables commerçants, soit la prestation de serment ou l'installation des nouveaux élus, et les empêcher de relever les Juges en fonctions de l'obligation de rendre la justice. Les élections même, après avoir été faites, peuvent être annulées et le temps qui s'est écoulé, la nécessité de les recommencer, n'entraînent-ils pas des retards qui justifient la jurisprudence?

II. *Juges et suppléants réélus. Mandat nouveau. Conséquences légales relativement à la formation du tableau du tribunal, aux délibérés non vidés avant l'installation, et aux commissariats de faillites.* — Les fonctions de juge de commerce étant temporaires et cessant par l'expiration de la durée pour laquelle elles ont été conférées, le magistrat consulaire, qui a été réélu en la même qualité ou en une qualité différente, lorsqu'il a été installé, exerce ses fonctions non plus en vertu de son mandat expiré, mais bien en vertu d'un mandat nouveau, et, comme précédemment, il est tenu d'obtenir l'institution et de prêter serment. Il est, en un mot, magistrat nouveau, et, à ce titre, il n'a plus qualité pour concourir au jugement des affaires plaidées devant lui avant le renouvellement du tribunal et sa reconstitution; il faut, de toute nécessité, que, dans ces affaires, les conclusions soient reprises à l'audience et que mention en soit faite au plumitif; autrement, le jugement, qui serait rendu avec le concours d'un magistrat élu ou réélu en une qualité ou en une autre, serait vicié d'une nullité radicale.

Sur le pourvoi, arrêt du 18 juin 1838. — (*Cour de cassation.*)

« LA COUR; — Attendu qu'il est déclaré en fait, par l'arrêt attaqué, que M. Guérin-Laroussardière n'avait point été remplacé lorsqu'il a participé au jugement du 17 août 1832;
« Attendu que le cours de la justice ne peut être interrompu;
« Attendu que de l'article 613, Cod. comm., il résulte que les juges des tribunaux de commerce doivent être remplacés après deux ans d'exercice; mais qu'il n'en résulte pas que les jugements, auxquels ils ont dû concourir jusqu'à leur remplacement, soient frappés de nullité, lorsqu'ils sont postérieurs à l'expiration des deux années à partir de l'entrée des juges en fonctions; — Qu'ainsi l'arrêt attaqué n'a pas violé ledit article 623, Cod. comm., ni par suite l'article 626 même Code; — Rejette. »

Du 5 août 1841. — (*Cour de cassation.*)

« LA COUR; — Sur le second moyen; — Considérant que ce moyen n'a été présenté ni en première instance, ni devant la Cour; — Considérant, d'ailleurs, que, pour ne pas arrêter le cours de la justice, le juge du tribunal de commerce, récemment remplacé, a dû nécessairement continuer l'exercice de ses fonctions jusqu'à *l'installation* du nouveau juge;... — Rejette. »

Il en est de même des pouvoirs des juges-commissaires dans les faillites, ils doivent être maintenus dans leurs commissariats par un nouveau jugement; c'est, ainsi que nous l'avons déjà fait remarquer, la première des opérations à laquelle se livre le nouveau tribunal.

Ce qui vient d'être dit à l'égard des jugements et des commissariats s'applique, par une conséquence toute naturelle, à la formation du tableau du tribunal après sa reconstitution; tableau sur lequel les magistrats élus ne peuvent prendre rang soit comme juges, soit comme suppléants, qu'après ceux qui, n'étant ni élus ni réélus, continuent d'exercer leurs fonctions en vertu du mandat dont ils étaient investis avant le renouvellement partiel du tribunal.

III. *Formation du tableau dans les tribunaux de commerce. Rang des juges et des suppléants entre eux.* — La formation du tableau n'est pas, comme on pourrait le croire, une chose indifférente et arbitraire, mais bien une formalité légale de la plus haute importance. En effet, pour la juridiction civile, les prescriptions les plus fondamentales et les plus rigoureuses veulent qu'en cas d'empêchement le Président soit remplacé par le juge le plus ancien dans l'ordre du tableau, et ainsi de suite, et que des suppléants ne puissent être appelés que pour remplacer les juges titulaires empêchés.

Si ces règles ne sont pas applicables dans toute leur rigueur aux tribunaux de commerce, ainsi qu'il résulte d'un arrêt rendu par la Cour de cassation le 17 juin 1856 (affaire Cabillaux c. Decroix) (1), il importe au bon ordre de la justice qu'elles y soient observées.

Cependant il a été jugé que, les règles concernant les juges suppléants des tribunaux civils, ne sont pas applicables aux

---

(1) Cet arrêt, qui est rapporté au *Journal des tribunaux de commerce*, t. 5, p. 363, est ainsi conçu :

« LA COUR; — Sur la première branche du premier moyen :

« Attendu que le tribunal (de commerce), qui a rendu le jugement attaqué, était régulièrement composé, puisqu'il était formé de deux juges et d'un juge suppléant; — Que l'article 626, C. com., n'exige autre chose pour la validité des jugements, en ce qui concerne la composition du tribunal, si ce n'est qu'ils soient rendus par trois juges au moins et qu'aucun *juge suppléant* ne soit appelé que pour *compléter* ce nombre; — Que cet article n'exige pas, comme les articles 2 et 3 du décret du 30 mars 1808, et l'article 44 du décret du 6 juillet 1810, que le président absent ou empêché soit remplacé par le juge le plus ancien selon l'ordre du tableau ;

« Attendu, d'ailleurs, que les énonciations du jugement attaqué font présumer que M. Cuvelier n'a été appelé à présider le tribunal que parce que le président titulaire était absent ou empêché, et *qu'il était le juge le plus*

Juges suppléants des tribunaux de commerce (Cassation, 18 août 1825) (1).

Le tableau, dans les tribunaux de commerce, se forme en portant d'abord les Juges restant en exercice de l'année précédente, sans que leur mandat ait été renouvelé aux dernières élections partielles, et ensuite les Juges nouvellement élus ou même réélus. Il en est de même des suppléants.

Le rang des Juges entre eux a été réglé par les décrets relatifs à l'organisation judiciaire et à la discipline dans les tribunaux.

L'article 7 du décret du 30 mars 1808 porte, § 2 : « La première liste, formée suivant l'ordre des nominations, établira le rang dans les cérémonies publiques, dans les assemblées de la Cour et même entre les Juges se trouvant ensemble dans une même chambre. »

L'article 52 du même décret rend cette disposition commune aux tribunaux.

L'article 28 du décret du 18 août 1810 ajoute: « Indépen- « damment de la liste de service, ordonnée par notre décret du « 30 mars 1808, il sera tenu une liste de rang sur laquelle les « membres de nos tribunaux de première instance seront ins- « crits dans l'ordre qui suit : le président du tribunal; les « Juges dans l'ordre des réceptions; les suppléants dans le « même ordre. »

Mais ces décrets, ainsi que le Code de commerce, n'ont rien dit à l'égard des membres des tribunaux de commerce. Aussi, a-t-on dû procéder par analogie en plaçant les nouveaux élus après ceux qui restent en fonctions, soit comme Juges, soit comme suppléants, et en leur donnant le rang dans lequel ils ont été nommés, et non pas celui qui résulterait du nombre de voix que chacun d'eux a obtenu. Telle est la pratique cons-

---

ancien *suivant l'ordre du tableau;* — Que le Juge suppléant n'a été appelé à compléter le tribunal qu'à raison de l'insuffisance des Juges titulaires pour le composer. »

Voir l'arrêt suivant également rendu par la Cour de cassation.

(1) Du 18 août 1925. — (*Cour de cassation.*)

« LA COUR; — Attendu que l'article 49, loi 30 mars 1808, qui détermine l'ordre dans lequel seront appelés les Juges suppléants pour compléter le nombre des Juges des tribunaux de première instance, n'est point applicable aux tribunaux de commerce; qu'ainsi il est inutile d'examiner si, dans le tribunal de commerce de Saint-Hippolyte, l'appel du second suppléant au lieu du premier a été régulier; — Rejette. »

tante du tribunal de commerce de Paris, tel est aussi l'avis de la Chancellerie.

IV. *Tableau. Roulement.* — La répartition des membres d'un tribunal entre les diverses chambres dont il est composé s'appelle *roulement*.

Ce renouvellement de la composition des chambres se fait chaque année avant les vacances, en vertu de l'article 50 du décret du 30 mars 1808 qui veut que tous les Juges fassent consécutivement le service de toutes les chambres.

Les règles relatives à la confection du roulement sont tracées par les dispositions des décrets des 30 mars 1808, article 50, et 18 août 1810, et par l'ordonnance du 11 octobre 1820.

Il ressort de ce qui précède que l'opération du roulement est sans application dans les tribunaux qui n'ont qu'une seule chambre. C'est assez dire qu'elle n'est pas applicable aux tribunaux de commerce.

En effet, les tribunaux de commerce, quel que soit le nombre des membres qui les composent, ne peuvent être divisés en plusieurs chambres, dans l'acception légale de ce mot, et cela par des raisons bien simples qui ne peuvent échapper à quiconque est initié à la procédure et à la pratique judiciaire, à savoir, que, dans ces tribunaux, il n'y a point d'officiers ministériels dont le ministère soit obligatoire; que les parties y sont assignées à un jour franc, même de jour à jour et parfois d'heure à heure ; qu'une division du tribunal en différentes chambres amènerait le désordre et la confusion, ou exigerait après l'assignation une distribution des causes entre les diverses chambres; que cette distribution entraînerait des délais et nécessiterait, pour saisir la chambre à laquelle l'affaire aurait été distribuée, ce que, en termes de palais, on appelle un *avenir*, c'est-à-dire un nouvel ajournement signifié non plus de partie à partie, mais d'avoué à avoué, et enfin qu'une pareille mesure n'a d'utilité et n'est praticable, même dans les tribunaux civils, qu'autant et alors seulement que la partie défenderesse a constitué avoué, motif pour lequel les défauts y sont adjugés à la première chambre.

La division du tribunal de commerce de Paris en deux sections, énoncée dans l'article 5 du décret du 6 octobre 1809, n'a aucun rapport avec la division des tribunaux civils en plusieurs chambres. Elle n'a eu d'autre objet que d'accélérer l'expédition des affaires en permettant au tribunal de régler le service de ses audiences de manière à attribuer à l'une des sections la connaissance des causes dites du *petit rôle*, c'est-à-dire celles qui ne comportent que de simples et courtes observations, telles que les demandes en paiement de billets, de factures, etc., etc., et de réserver pour la seconde section les causes dites du *grand rôle*, c'est-à-dire celles qui, par leur importance, nécessitent des développements dont la longueur aurait embarrassé la marche des audiences sommaires.

Le tribunal de commerce de Paris tient audience tous les jours. Le lundi est affecté au grand rôle et le reste de la semaine peut être ainsi consacré au petit rôle.

L'ordre du service, ce qu'on pourrait, par analogie, appeler le *roulement*, y est réglé tous les six mois par le Président, de telle façon que chacun des jours de la semaine la composition du tribunal est différente et que les mêmes Juges ne siégent ensemble que tous les quinze jours ; ce qui entraîne nécessairement dans chaque affaire la remise à quinzaine, quand il y a lieu à remise.

On donne généralement la dénomination de *sections* à cette répartition des membres du tribunal. Mais c'est bien à tort, selon nous, que M. Nouguier, dans son ouvrage sur les tribunaux de commerce, t. I, p. 157, assimile ces sections à autant de chambres, car une chambre est un véritable tribunal, elle a son existence propre ; sa composition ne peut être modifiée et enfin, ce qui nous paraît inconciliable avec l'organisation des tribunaux de commerce, elle siége ou peut siéger en même temps qu'une autre chambre : circonstance qui n'a jamais lieu au tribunal de commerce.

V. *Attributions des tribunaux de commerce.* — Les attributions des tribunaux de commerce sont de deux sortes : les unes *contentieuses*, les autres *non contentieuses*.

Les tribunaux de commerce ne sont pas appelés seulement à rendre la justice aux commerçants, la loi et souvent l'usage nécessitent leur intervention, soit pour consacrer certains actes, soit pour leur donner une publicité légale, soit encore pour fournir officiellement ou officieusement leur avis à l'administration. La nature et la nécessité de cette intervention seront plus utilement démontrées lorsque nous nous occuperons de la nomination des greffiers, agents de change, courtiers, etc., de l'établissement des salles de ventes publiques, des tarifs et des différentes circonstances dans lesquelles elle est requise.

Quant aux attributions *contentieuses* des tribunaux de commerce, elles sont réglées tout à la fois par le Code de procédure civile et par le Code de commerce. Leur juridiction est déterminée d'abord, sous le rapport de la compétence, par la nature des actes ou des faits qui donnent ouverture à la contestation, et ensuite, comme étendue territoriale, par les limites du ressort fixé pour chaque tribunal par le décret qui l'établit. Toutefois, au point de vue territorial, la compétence des tribunaux de commerce s'étend fréquemment à des personnes domiciliées au-delà des limites de leur ressort, en vertu des dispositions soit des articles 59 et 420 du Code de procédure civile, soit des articles 634 et suivants du Code de commerce.

CHAPITRE VI.

COMPÉTENCE DES TRIBUNAUX DE COMMERCE. — COMMISSIONS ROGATOIRES.

I. *Compétence des tribunaux de commerce. Principes généraux.* — En principe, tout ce qui constitue un acte de commerce est de la compétence de la juridiction commerciale; cependant, lorsque les deux parties n'ont pas réciproquement fait acte de commerce, l'action doit être portée devant le tribunal civil, si elle est intentée contre celle des deux parties qui n'a pas fait acte de commerce.

Les tribunaux de commerce connaissent également de tout ce qui est relatif aux lettres de change réputées simples promesses, aux termes de l'article 112, C. com., et aux billets à ordre, lorsque ces lettres de change et billets à ordre portent la signature d'un commerçant, au commerce de mer et aux faillites, lorsque l'action est née de la faillite.

C'est à eux aussi qu'il appartient d'apprécier soit la solvabilité de la caution offerte par le demandeur, soit la solvabilité de ce dernier lui-même pour exécuter, nonobstant appel, en vertu de l'exécution provisoire qui est attachée de plein droit aux jugements des tribunaux de commerce. Mais il leur est interdit par un texte formel de connaître des questions qui se rattachent à l'exécution même de leurs jugements (442, C. comm.).

Telles sont les bases générales et principales de la compétence attribuée aux tribunaux de commerce et dont les règles sont formulées, d'une façon aussi précise que le comporte une pareille matière, dans le titre XI du livre IV du Code de commerce (articles 631 à 641).

C'est donc en consultant le texte et l'esprit des articles 631 à 641 du Code de commerce que le magistrat consulaire appréciera sa compétence. Cette matière, qui ne pourrait être utilement traitée que dans un ouvrage spécial, ne saurait être développée et trouver une place plus étendue dans le présent manuel sans sortir du cadre que nous nous sommes imposé.

Les tribunaux de commerce remplissent à l'égard des Conseils de prud'hommes les mêmes fonctions que le tribunal civil à l'égard des juges de paix et les Cours impériales à l'égard des tribunaux de première instance.

Ils connaissent, comme juges du second degré, de l'appel des sentences de prud'hommes, conformément à l'article 13 de la loi du 1er juin 1853, lorsque le chiffre de la demande excédait deux cents francs de capital, et il est procédé devant eux sur lesdits appels d'après les règles posées dans le Code de procédure civile au titre de l'appel (articles 443 à 473).

La compétence du tribunal de commerce, quant au dernier ressort, est la même que celle des tribunaux civils de première instance. Aux termes de la loi du 11-13 avril 1838, ils prononcent en dernier ressort jusqu'à la valeur de quinze cents francs de principal sur toutes les actions dont la connaissance leur est attribuée, et, en premier ressort seulement, c'est-à-dire à charge d'appel, sur toutes les actions dont la valeur est indéterminée ou excède le chiffre de 1,500 fr.

Cette compétence peut être prorogée du consentement des parties (article 639, C. comm.).

II. *Commissions rogatoires.* — Toutes les commissions rogatoires adressées par les tribunaux français aux autorités judiciaires étrangères doivent être transmises au Ministre de la justice qui les fait parvenir au gouvernement étranger (1).

---

(1) *Circulaire du Ministre de la justice du 5 avril 1841.*

« Toutes les commissions rogatoires qui devront être exécutées à « l'étranger me seront transmises.

« Dans aucun cas les magistrats ne correspondront avec les autorités « judiciaires à l'étranger pour la transmission ou l'exécution de ces com-« missions rogatoires. Si l'on trouve convenable d'y joindre une note ex-« plicative, elle me sera adressée, et je la ferai parvenir au gouvernement « étranger.

« Les magistrats français ont fait précéder quelquefois de réquisitions « adressées aux magistrats étrangers les commissions rogatoires qui « étaient transmises à ceux-ci, cela ne doit point être ainsi, aucun lien « judiciaire n'existe entre les magistrats de deux nations différentes : il

Lorsqu'une commission rogatoire émanée d'un tribunal étranger est adressée directement de l'étranger à un tribunal français, elle doit être envoyée au Ministre de la justice pour qu'il décide s'il y a lieu d'y faire droit (1).

Les frais nécessités par l'exécution des commissions rogatoires étrangères sont assimilés à ceux faits d'office, conformément aux articles 117 et suivants du décret du 18 juin 1811, et les actes sont rédigés sur papier libre et enregistrés gratis (Décision du Ministre des finances du 27 avril 1829).

Mais les commissions rogatoires venant des tribunaux français sont expédiées sur papier timbré et doivent être enregistrées.

Toutes ces règles sont applicables aux tribunaux de commerce.

CHAPITRE VII.

ASSEMBLÉES GÉNÉRALES. — DÉLIBÉRATIONS. — REGISTRES.

I. *Assemblées générales.* — Le tribunal de commerce peut se réunir en assemblée générale pour faire des règlements d'ordre et de service intérieurs, soit pour l'exercice du pouvoir disciplinaire vis à vis d'un membre du tribunal ou d'un officier exerçant une fonction auprès de lui, soit pour délibérer

---

« est inutile de faire des réquisitions auxquelles il ne peut être obtempéré. Il faut, si l'on juge nécessaire d'employer une formule, se servir d'une formule d'invitation, de prière; et cette formule devra être aussi simple et aussi brève que possible. »

(1) *Circulaire du Ministre de la justice du 5 avril 1841.*

« Le gouvernement français consent à ce que des commissions rogatoires émanées de tribunaux étrangers soient exécutées en France, mais il veut les examiner avant d'autoriser leur exécution, pour s'assurer qu'elles ne contiennent rien de contraire aux lois du royaume. Le magistrat auquel une commission est transmise directement de l'étranger, et ce cas est très-fréquent, doit donc me l'envoyer immédiatement, pour que je décide s'il y a lieu d'y faire droit.

« Ces commissions rogatoires (en ce qui concerne l'instruction criminelle), seront exécutées par le juge d'instruction sur la réquisition du ministère public: les témoins doivent être entendus dans la forme ordinaire, ils peuvent être contraints par les voies de droit à déposer. Quand

sur un avis demandé par le gouvernement ou sur tout autre
objet d'intérêt public.

Ces tribunaux arrêtent aussi les jours et heures de leurs audiences ; ils règlent tout ce qui est relatif à l'ordre et à la police
des audiences, sans préjudice des pouvoirs et prérogatives attribués au président pour l'expulsion des perturbateurs et leur
dépôt à la maison d'arrêt, comme aussi du droit de répression
qui appartient aux juges composant le tribunal en séance.

II. *Délibérations.* — C'est en assemblée générale que les tribunaux de commerce donnent leur avis sur la cession de leur
greffe et des charges d'agent de change et de courtier, sur l'admission des successeurs présentés par les titulaires de ces offices, sur la nomination des gardes du commerce, sur l'établissement des magasins généraux et salles de ventes publiques
de marchandises en gros ; qu'ils arrêtent les propositions relatives à la liste des commerçants notables, qu'ils admettent les
commis greffiers, les huissiers audienciers, les agréés, arbitres
et syndics, etc., etc.

Les assemblées générales sont convoquées par le président
du tribunal, le greffier doit y tenir la plume, à moins qu'il ne
se soit fait excuser pour motif légitime et ait été autorisé à se
faire remplacer par un commis greffier.

Un tribunal ne peut statuer en assemblée générale qu'autant
que cette assemblée est composée de la majorité au moins des
juges titulaires ; si cette majorité ne se trouve pas réunie, les
suppléants sont appelés dans l'ordre du tableau à compléter le
nombre exigé et ils ont alors voix délibérative, les autres suppléants n'ont que voix consultative (loi du 18 avril 1838, article 11).

S'il s'agit d'émettre simplement un avis, les suppléants délibèrent et votent comme les juges en titre sans distinction (ord.
18 avril 1841).

« le magistrat instructeur aura accompli sa mission, il rendra une ordon-
« nance de *soit remis au parquet*, et vous me transmettrez toutes les pièces
« dans le plus bref délai.

   « Telles sont, monsieur le Procureur général, les instructions qu'il m'a
« paru nécessaire de vous transmettre sur la matière de l'*extradition*. C'est
« une des parties de l'administration criminelle où il se commet le plus d'er-
« reurs, où j'ai le plus souvent occasion de rappeler les règles aux magis-
« trats. Faites, par vos soins, qu'il n'en soit plus ainsi. Je compte sur votre
« zèle et vos lumières pour que le service, sur ce point, soit régularisé.

   « Je vous prie de m'accuser réception de la présente circulaire, etc.
« etc.

            « Le garde des sceaux, ministre de la justice et des cultes, »
                        « MARTIN (du Nord). »

Ces assemblées ne sont pas publiques, leurs délibérations sont secrètes et sont portées sur le registre du tribunal qui est tenu par le greffier ; elles sont, comme les jugements, signées par le président et par le greffier. Autrefois, elles étaient signées par tous les membres qui y avaient pris part, ainsi que cela avait lieu sous les Juge et Consuls.

III. *Registres des délibérations.* — Le greffier est dépositaire des registres des délibérations du tribunal, il ne peut en délivrer expédition ou extrait qu'après que la minute en a été signée et avec l'autorisation du président. — Il transcrit sur ce registre les arrêts portant réhabilitation des faillis ou cassation d'un jugement du tribunal, les *exequatur* accordés aux consuls des puissances étrangères, ainsi que toutes les communications officielles faites au tribunal et ayant un caractère d'intérêt général. Il y fait mention de l'assistance du tribunal en corps ou par députation aux fêtes et cérémonies publiques.

CHAPITRE VIII.

INCOMPATIBILITÉS. — INTERDICTIONS. — DISPENSES POUR CAUSE DE
PARENTÉ. — RÉCUSATIONS.

I. *Incompatibilités.* — *Fonctions publiques.* — Les juges de commerce sont de véritables magistrats et à ce titre leurs fonctions sont, en général, soumises aux mêmes incompatibilités que celles des juges ordinaires. Elles sont incompatibles notamment avec toutes autres fonctions de l'ordre judiciaire ; elles le sont aussi avec certaines fonctions de l'ordre administratif, notamment avec celles de conseiller de préfecture (lois du 27 mars 1791, articles 27 et suivants ; 14 juin 1793 ; 24 vendémiaire an III ; 24 messidor an V, article 11 ; décret du 16 juin 1808, article 1er, arrêté du 19 fructidor an IX, article 3.

Mais il est bien évident que l'interdiction de faire le commerce ne s'applique point aux juges des tribunaux de commerce.

Les fonctions de juge de commerce ne sont pas non plus incompatibles avec celles de sénateur, de député, de conseiller d'État en service extraordinaire ; de *maire*, de *conseiller général*, de *conseiller d'arrondissement*, de *conseiller municipal*, de membre d'une chambre de commerce, et elles ne le sont pas avec le service de la garde nationale.

Consuls des puissances étrangères. — Aucune loi, aucun texte, ne nous paraît élever une incompatibilité absolue entre les fonctions de juge au tribunal de commerce et celles de consul d'une puissance étrangère.

Ces dernières fonctions sont fréquemment conférées à des français, chefs de maisons de commerce importantes, par les gouvernements étrangers, mais s'il n'y a pas incompatibilité légalement déclarée, cette incompatibilité nous semble résulter de la nature même des choses. Il y aurait, dans tous les cas, motifs de convenance, pour un Français, à ne pas exercer simultanément ces deux fonctions.

Il est d'ailleurs probable que l'institution de l'Empereur ne serait pas accordée au commerçant nommé membre du tribunal de commerce qui déjà serait investi du titre d'agent consulaire d'une puissance étrangère, ou que l'*exequatur* impérial serait refusé à cet agent consulaire si au moment de sa nomination il était membre d'un tribunal de commerce.

Garde nationale. — Nous avons dit que les fonctions de juge consulaire n'étaient pas incompatibles avec le service de la garde nationale, mais d'après l'article 15, n° 3, de la loi du 13 juin 1851, les membres des Cours et tribunaux peuvent se dispenser de ce service ; et il n'est pas douteux que cette dispense puisse être invoquée par les membres des tribunaux de commerce (V. arrêt de la Cour de cassation des 21 juillet 1832 et 21 mars 1834) lorsque bon leur semble.

Jurys de jugement criminel ou d'expropriation. — L'article 5 de la loi du 27 ventôse an VIII porte : « Les fonctionnaires désignés dans l'article précédent (juge, suppléant, etc.) ne pourront être requis pour aucun autre service public, etc... »

Aux termes de l'article 3 de la loi du 4-10 juin 1853 sur la composition du jury (articles 381 à 384 du Code d'instruction criminelle), les fonctions de juré sont « incompatibles avec celles de juge. »

Il a été contesté que ces dispositions s'appliquassent aux membres des tribunaux de commerce ; mais le contraire a été formellement décidé par une jurisprudence constante de la Cour de cassation, notamment par arrêts des 31 janvier 1812 (Sauvaigne), 15 juillet 1820 (Sylvain Berthonnier), 24 septembre 1825 (Aymard). Toutefois ces décisions rendues en matière criminelle s'appuyaient exclusivement sur l'article 384 du Code d'instruction criminelle.

En matière d'expropriation pour cause d'utilité publique la même solution a été admise par la Cour de cassation dans un arrêt du 20 mars 1854 (Davillier), rendu sur le pourvoi formé, dans l'intérêt de la loi, par le procureur général (1). Cette décision présente ceci de remarquable, que la Cour de cassation s'est uniquement fondée sur l'article 5 de la loi du 27 ventôse an VIII et a déclaré que dans la dénomination générale de *Juges* se trouvent compris les membres des tribunaux de commerce.

Bien que cet arrêt soit exclusivement motivé sur la loi de ventôse an VIII, qui dès lors n'a pas cessé d'être en vigueur et dont l'article 5 ci-dessus rapporté mentionne non-seulement les juges, mais encore les *suppléants*, cependant la jurisprudence paraît unanime pour décider que ces derniers ne peuvent se faire exempter du jury à raison de leur qualité :

C'est ce qui a été jugé 1° à l'égard des suppléants près les tribunaux de commerce par arrêt de la Cour de cassation du 13 avril 1839 (Loison) ; 10 mars 1815 (Maurice Remy) ; et par la Cour d'assises de la Seine, le 17 février 1835 (Martignon et Prévost).

2° Des juges suppléants près les tribunaux civils, par une foule d'arrêts. Cass., 1er octobre 1846 (Lecointe et Bretagne), 23 août 1833 (Labille), arrêt rendu dans l'intérêt de la loi;

---

(1) Du 30 mars 1854. — *(Cour de cassation.)* — *Journal des Tribunaux de commerce*, n° 1024, t. 3, p. 275.

DAVILLIER. — *(Intérêt de la loi.)*

« LA COUR; — Statuant sur le réquisitoire du procureur général en conformité de l'article 88 de la loi du 27 ventôse an VIII; — Vu l'article 5 de ladite loi;

« Attendu qu'aux termes de l'article 6 de la loi du 27 ventôse an VIII, les Juges ne peuvent être requis pour aucun autre service public; et que, dans cette dénomination générale de *Juges*, se trouvent compris les membres des tribunaux de commerce;

« Attendu que Davillier a été porté sur la liste du Jury d'expropriation avec sa qualité de négociant; qu'il résulte du procès-verbal des opérations du Jury qu'il a fait connaître au Magistrat directeur sa qualité de Juge au tribunal de commerce de la Seine, et a demandé en conséquence à ne point faire partie du Jury;

« Attendu que le Magistrat directeur s'est déclaré sans droit pour admettre cette réclamation, et a jugé, en outre, qu'elle n'était pas fondée; — Qu'en statuant ainsi, il a, d'une part, méconnu le pouvoir qui lui était conféré par l'article 32 de la loi du 3 mai 1841, et qu'en maintenant par suite Davillier sur la liste du Jury, nonobstant sa qualité de Juge au tribunal de commerce, il a, d'autre part, expressément violé la loi ci-dessus visée;

« Casse et annule, dans l'intérêt de la loi seulement, l'ordonnance rendue, le 26 mai 1853, contre Davillier, par le Magistrat directeur du Jury d'expropriation pour cause d'utilité publique du département de la Seine. »

19 janvier 1809 (N.), 9 août 1811 (Landois), 27 février 1812 (Blon), 1er juin 1821 (Bobilier), 8 janvier 1829 (Ledru), 7 mai 1829 (Cléopard Lallier), 30 mai 1829 (Bertrand), 3 décembre 1829 (Delettre), 22 janv. 1830 (Letellier). Voir Carnot, *Instr. crimin.*, sur l'ancien article 384.

Et enfin 3° à l'égard des suppléants des juges de paix. Cass., 15 novembre 1837 (de Laverdène c. Gide et préfet du Gard), 25 octobre 1811 (Deletang), 10 août 1826 (Campet).

Il résulte de l'arrêt du 13 avril 1839 (1) précité que, si le juge suppléant peut être exempté en vertu de l'article 397, C. inst. crim., ce n'est qu'accidentellement, et autant que le service du tribunal auquel il est attaché nécessite son concours ; et de l'arrêt du 1er octobre 1846 (2), que si les fonc-

---

(1) Du 13 avril 1839. — (*Cour de cassation.*)

LOISON.

« LA COUR ; — Sur le moyen pris de ce que l'un des jurés était Juge suppléant au tribunal de commerce de Rouen, et de ce qu'il était authentiquement constaté que dans cette ville les Juges suppléants remplissent les fonctions de Juge à tour de rôle comme les Juges en titre, et qu'ainsi il y avait, dans l'espèce, l'incompatibilité prévue par l'article 383, C. inst. crim.;

« Attendu que l'obligation de remplir les fonctions de juré est une charge publique imposée aux citoyens français âgés de trente ans accomplis, appartenant aux catégories établies par la loi, et auxquelles se réfère le 2° alinéa de l'article 389 du même Code;

« Attendu que les incompatibilités établies par l'article 383 sont une exception à ce principe général, et ne peuvent être étendues;

« Attendu que, relativement aux Juges, l'incompatibilité n'existe qu'à l'égard des Juges titulaires institués par le Roi, soit médiatement à la suite d'une élection régulière, soit immédiatement en vertu de sa prérogative;

« Attendu que les fonctions des Juges suppléants ne sont pas de leur nature permanentes, mais exceptionnelles; que dès lors les règlements faits par les tribunaux de commerce sous la sanction de l'autorité supérieure, pour rendre les fonctions des suppléants plus ou moins habituelles, ne peuvent étendre le cercle des incompatibilités; que si, par l'appel de ces Juges suppléants aux fonctions de Juré, le service du tribunal pouvait être entravé, la Cour d'assises pourrait les en exempter temporairement en vertu de l'article 397 du même Code;

« D'où il suit, dans l'espèce, que le Jury a été légalement constitué;
« Rejette. »

(2) Du 1er octobre 1846. — (*Cour de cassation.*)

LECOINTE ET BRETAGNE.

« LA COUR ; — Vu les articles 4, 5 et 12 de la loi du 27 ventôse an VIII, l'article 1er de la loi du 29 avril 1810 et l'article 383, C. d'inst. crim.;

« Attendu que, d'après l'article 12 précité, les Juges suppléants n'exercent les fonctions de Juge que momentanément, et dans des cas purement accidentels; qu'ils ne peuvent donc être assimilés aux Juges, dont les fonctions sont habituelles et permanentes;

tions de juge suppléant sont désignées dans les articles 4 et 5 de la loi du 27 ventôse an VIII comme incompatibles avec toutes autres fonctions publiques, elles ne sont point permanentes mais exceptionnelles, et que ces dispositions ont été abrogées à l'égard des suppléants par les lois et règlements postérieurs. Ce sont les termes de l'arrêt.

II. INTERDICTIONS. — *Avis et consultations*. — L'article 86 du Code de proc. civ. porte : Les parties ne pourront charger de leur défense, soit verbale, soit par écrit, même à titre de consultation, les juges en activité de service, procureurs généraux, avocats généraux, procureurs impériaux, substituts de procureurs généraux et impériaux, même dans les tribunaux autres que ceux près desquels ils exercent leurs fonctions : pourront néanmoins les juges, procureurs généraux, avocats généraux, procureurs impériaux, et substituts de procureurs

---

« Attendu que l'article 44 de la loi du 20 avril 1810 n'a point détruit cette distinction, puisque le droit d'assister à toutes les audiences avec voix consultative et même délibérative, en cas de partage, qu'il donne aux Juges suppléants n'étant que purement facultatif, il en résulte que les fonctions qu'ils sont dans le cas d'exercer, en vertu dudit article, sont également momentanées et accidentelles ; d'où il suit que l'incompatibilité que l'article 383, C. d'inst. crim., a établie entre les fonctions de Juré et celles de Juge ne peut être étendue aux Juges suppléants ; que ceux-ci peuvent donc, lorsqu'ils se trouvent d'ailleurs dans les classes désignées par l'article 382 du même Code, légalement exercer les fonctions de Juré ;

« Attendu que, si, dans l'article 5 de la loi du 27 ventôse an VIII, il est dit que les fonctionnaires désignés en l'article 4, parmi lesquels sont dénommés les Juges suppléants, ne pourront être requis pour aucun autre service public, cette disposition a été modifiée par des lois et règlements postérieurs ;

« Attendu que, dans l'espèce, les sieurs Lecointe et Bretagne avaient été portés sur la liste des Jurés qui devait servir pour les Assises du département de la Seine, pendant la session qui devait s'ouvrir le 17 août 1846 ;

« Attendu que, cités pour en remplir les fonctions, ils ont demandé leur exemption en se fondant sur leur qualité de Juges suppléants, le premier au tribunal de première instance de Corbeil, et le second au tribunal de première instance d'Arcis-sur-Aube ;

« Attendu que la Cour d'assises a accueilli leur demande, non sur le motif de fait que, pendant les débats qui allaient s'ouvrir, leur présence serait nécessaire pour le service des tribunaux auxquels ils étaient respectivement attachés, mais sur le motif de droit que leurs fonctions de Juges suppléants étaient incompatibles avec celles de Jurés ; qu'en cela, la Cour a faussement appliqué et violé l'article 383, C. d'inst. crim., en lui donnant une extension arbitraire, qui n'est ni dans sa lettre, ni dans son esprit ;

« Par ces motifs, faisant droit au pourvoi du Procureur général du Roi, près la Cour royale de Paris : Casse et annule l'arrêt de la Cour d'assises du département de la Seine du 17 août 1846, par lequel les sieurs Lecointe et Bretagne ont été exemptés de remplir les fonctions de Jurés. »

généraux et impériaux, plaider, dans tous les tribunaux, leurs causes personnelles et celles de leurs femmes, parents et alliés en ligne directe, et de leurs pupilles. (C. Nap., 450, 735 s., 1597, 2276, pr., 85, 378-8°, 1040.)

Cette interdiction est générale et absolue, elle s'applique donc aux juges de commerce aussi bien qu'à tous autres magistrats, non-seulement parce qu'ils sont de véritables magistrats, institués par le souverain, et rendant la justice en son nom, mais encore parce qu'elle intéresse la dignité même des fonctions qu'ils exercent.

Certificats, parères. — Les membres du tribunal de commerce de Paris sont dans l'usage de s'abstenir de donner des certificats, parères, apostilles, etc.

Cette abstention, si elle n'est pas formellement prescrite par la loi, est cependant une juste et saine interprétation de l'article 86 du Code de procédure civile, qui défend d'une manière générale aux magistrats de donner des consultations ; elle est généralement observée, même par les anciens magistrats consulaires.

Cession de procès. — Les membres des tribunaux de commerce ne peuvent devenir cessionnaires de procès, droits et actions litigieux de la compétence du tribunal dans lequel ils exercent leurs fonctions (C. Nap., 1597).

III. *Dispenses pour cause de parenté.* — L'article 63 de la loi du 20 avril 1810 porte : « Les parents et alliés, jusqu'au « degré d'oncle et neveu inclusivement, ne pourront être si- « multanément membres d'un même tribunal ou d'une même « cour, soit comme juges, soit comme officiers du ministère « public, soit même comme greffiers, sans une dispense de « l'Empereur. »

Il ne sera accordé aucune dispense pour les tribunaux composés de moins de huit juges.

En cas d'alliance survenue depuis la nomination, celui qui l'a contractée ne pourra continuer ses fonctions sans une dispense de Sa Majesté.

Ces dispositions sont-elles applicables aux tribunaux de commerce? Cette question ne paraît avoir été traitée par aucun auteur, cependant elle s'est élevée à l'occasion des élections du tribunal de commerce de Paris en 1863. La chancellerie inclinait à penser qu'il n'y avait pas lieu d'accorder de dispenses aux juges de commerce, et que l'élu dont le nom était sorti le dernier du scrutin devait être écarté par un refus d'institution comme n'étant pas éligible.

Néanmoins, par décret du 29 août 1863, le magistrat élu a été institué, et des dispenses lui ont été accordées.

Ce même fait, qui s'était déjà produit antérieurement (1), s'est reproduit plusieurs fois depuis lors, sans soulever aucune difficulté.

Quant à nous, il nous paraît incontestable que l'article 67 de la loi du 20 avril 1810 ne s'applique pas aux membres des tribunaux de commerce, les conditions requises pour être élu membre d'un tribunal de commerce sont inscrites dans les articles 620 et 623 du Code de commerce. Du moment où ces conditions sont remplies l'éligibilité existe. Elle ne cesserait d'exister que si l'élu n'avait pas la jouissance de ses droits civiques, soit parce qu'une condamnation l'en aurait privé ou en aurait suspendu l'exercice, soit parce qu'il n'aurait pas la qualité de citoyen français, parce qu'alors il serait frappé d'une incapacité personnelle, mais en aucun cas l'inéligibilité ne peut résulter d'une cause ou d'une circonstance étrangère à la personne même de l'élu ; et, par suite, l'institution ne peut lui être refusée.

Et, en effet, les dispenses ne sont pas nécessaires pour les magistrats consulaires, par cette raison qu'ils sont électifs, mais bien seulement pour les magistrats de l'ordre civil, parce qu'ils sont nommés directement par le pouvoir exécutif qui peut, s'il ne croit pas devoir accorder de dispenses, respecter néanmoins les droits du magistrat et même son inamovibilité en le nommant à un autre siége, tandis qu'il n'a point cette faculté pour le juge de commerce.

IV. RÉCUSATIONS. — Les Juges consulaires peuvent être récusés pour les mêmes causes que les Juges civils et doivent se déporter s'ils connaissent une cause de récusation en leur personne (378 et suiv, C. pr. civ.).

Les formes de la récusation sont les mêmes que pour les autres magistrats ; elle est jugée de la même manière (382 et suiv., C. pr. civ.).

Il est à remarquer que les huissiers chargés de signifier des actes de leur ministère aux membres des tribunaux de commerce, en cette qualité ou pour des faits relatifs à leurs fonctions, ne doivent point leur en faire la signification à leur domicile personnel, mais bien au greffe du tribunal et en la

---

(1) Déjà, antérieurement, pareille dispense avait été accordée par ordonnance royale du 24 août 1834, à M. Michel, à raison de sa parenté au degré prohibé avec M. David Michau.

personne du greffier qui vise l'original : cela ressort non-seulement de la déférence qui est due au magistrat, mais aussi des instructions données à la chambre des huissiers par M. le procureur du roi près le tribunal de première instance de la Seine, à la date du 25 février 1829, pour lui faire connaître tout à la fois l'illégalité et l'inconvenance d'une signification faite à la personne ou au domicile des magistrats consulaires à l'occasion de leurs fonctions.

CHAPITRE IX.

PRIVILÉGES ET PRÉROGATIVES. — DISTINCTIONS ET RÉCOMPENSES HONORIFIQUES. — HONORARIAT. — HONNEURS ET PRÉSÉANCES. — HONNEURS CIVILS. — HONNEURS MILITAIRES. — HONNEURS FUNÈBRES. — DISCOURS ET ADRESSES. — VACANCES ET CONGÉS.

I. *Distinctions et récompenses honorifiques.* — Les fonctions des Juges de commerce sont seulement honorifiques (art. 628, C. com.).

Chaque année l'un des membres du tribunal de commerce de Paris, celui qui compte le plus d'années de service, est nommé chevalier de la Légion d'honneur.

Le président, qui d'ordinaire est depuis longtemps membre de la Légion d'honneur, est promu au grade d'officier avant sa sortie du tribunal.

Ces distinctions sont les seules récompenses du zèle incomparable et du dévouement trop ignoré avec lesquels les magistrats consulaires remplissent leurs pénibles et laborieuses fonctions, et l'on peut dire que, dans l'ordre civil, nulle distinction n'est plus glorieuse parce que nulle n'est plus méritée.

Chose assez remarquable, c'est sur la proposition du Ministre du commerce que sont ainsi récompensés les services judiciaires des magistrats consulaires, bien que l'article 630 ait placé les tribunaux de commerce dans les attributions et sous la surveillance du Ministre de la justice.

Le 1er janvier et le jour de la fête du Souverain ont été tour à tour choisis par le gouvernement pour donner à cette magistrature si modeste et cependant si utile des témoignages de sa sollicitude.

Autrefois, les Juges-Consuls avaient fait frapper une médaille qui était remise à chacun d'entre eux pour perpétuer le souvenir de son passage dans la compagnie : la face de cette médaille représentait la Justice avec des ailes et portait pour exergue : *insuper alas addidimus.*

Cet usage s'est continué, mais aujourd'hui les mots *suum cuique*, reliés par une branche de chêne d'un côté et une branche d'olivier de l'autre, encadrent la médaille sur laquelle la Justice est représentée par une figure grecque. — Au revers de cette médaille on lit en exergue : *Tribunal de commerce du département de la Seine*, et sur trois bandes concentriques, séparées par des caducées, sont gravées les trois inscriptions suivantes : *Juge et Consuls.* 1563. *L'Hospital. — Ordonnance du commerce*, 1673. *Colbert. — Code de commerce*, 1807. *Napoléon.* — Qui rappellent trois dates non moins mémorables pour le commerce que pour sa juridiction particulière.

II. *Honorariat.* — A Rome, les avocats étaient payés de leurs travaux en honneurs, de là vient le mot *honoraires*, qui, aujourd'hui, signifie la rémunération pécuniaire due, en reconnaissance d'un service, aux personnes exerçant une profession libérale. De là vient pareillement l'expression *honorariat* dont la signification est demeurée plus réellement conforme à son étymologie.

En effet, *l'honorariat* est un titre purement honorifique qui est décerné par le pouvoir exécutif aux fonctionnaires publics et plus particulièrement aux magistrats qui prennent leur retraite et ont bien mérité dans l'exercice de leurs fonctions (Décret du 6 juillet 1810, article 77).

L'honorariat conféré aux magistrats est de deux sortes.

Aux uns il conserve simplement les honneurs de leur charge, c'est-à-dire leur titre, leur rang et leurs prérogatives honorifiques, sans qu'ils puissent exercer aucune fonction (Décret du 2 octobre 1807, article 3 ; loi du 16 juin 1824, article 13, § 2) ;

Aux autres il confère le droit d'assister, avec voix délibérative, aux assemblées générales des chambres et aux audiences solennelles (Décret du 6 juillet 1810, article 77). Toutefois il faut que ce droit résulte expressément des lettres données par le souverain, et ce à peine de nullité des décisions ou délibérations auxquelles concourent des magistrats honoraires (Cassation, 10 janvier 1821).

Mais l'honorariat, ne pouvant être régulièrement attaché à une fonction révocable, telle que celle de procureur impérial, ou éligible, telle que celle de député ou de conseiller général ou municipal, ne saurait l'être aux fonctions de Juge au tribunal de commerce, qui sont tout à la fois électives et temporaires.

Cependant le tribunal de commerce de Paris offre deux exemples du contraire ; ainsi une ordonnance royale du 5 février 1819 a nommé M. Vignon président honoraire du tribunal et lui a conféré le droit d'assister aux audiences (1).

M. Vignon avait été successivement juge-consul et président du tribunal, il avait rempli ces dernières fonctions durant seize années consécutives, il avait fait partie de la commission chargée de rédiger le projet du Code de commerce, il était officier de la Légion d'honneur. Les longs et éminents services rendus par cet homme laborieux et modeste, vrai type du magistrat consulaire, firent sans doute oublier les critiques que pouvait soulever sa nomination comme président honoraire, mais la susceptibilité du tribunal de commerce de Paris fut vivement excitée, lorsque le même titre fut conféré à M. Hacquart par une ordonnance royale du 29 mai 1830 (2).

Et cependant, à la différence de l'ordonnance de 1819, celle-ci ne donnait pas à M. Hacquart le droit d'assister aux audiences avec voix consultative. Néanmoins, malgré la haute estime et l'affection qu'il avait pour son ancien président, malgré l'honneur qui rejaillissait de cette distinction sur la compagnie tout entière, le tribunal, scrupuleux défenseur de la légalité, prit, à la date du 19 juin 1830, la délibération suivante :

« Après une discussion longue et approfondie, le tribunal, « réuni en assemblée générale,

« Considérant que les Juges de commerce ne reçoivent leur

---

(1) Cette ordonnance est ainsi conçue : — « Art. 1er. — Le sieur Vignon est nommé Président honoraire du tribunal de commerce de Paris.

« Art. 2. — Il prendra rang dans toutes les cérémonies après le président en exercice.

« Art. 3. — Il pourra assister aux audiences et y aura voix consultative.

« Art. 4. — Notre garde des sceaux, secrétaire d'Etat au département de la justice est chargé de l'exécution de la présente ordonnance. »

(2) Ordonnance du Roi du 29 mai 1830.

« Art. 1er. — Le sieur Hacquart, ancien président du tribunal de commerce séant à Paris, est nommé président honoraire du même tribunal.

« Art. 2. — Notre garde des sceaux, ministre secrétaire d'Etat au département de la justice, est chargé de l'exécution de la présente ordonnance. »

« institution du roi qu'après avoir été élus par l'assemblée des
« notables commerçants ;

« Que leurs fonctions sont temporaires ; qu'après deux an-
« nées révolues, elles cessent de droit et ne peuvent revivre
« que par une nouvelle élection, après les délais prescrits par
« la loi ;

« Que, lorsque le temps de leur exercice est expiré, les an-
« ciens Juges ne peuvent, à quelque titre que ce soit, siéger
« sur les bancs du tribunal, assister aux assemblées générales
« ou particulières, prendre part à ses délibérations pas même
« avec voix consultative ; que ce serait porter atteinte à l'insti-
« tution des tribunaux de commerce et à leur indépendance si
« des présidents honoraires sans mission de leurs pairs, sans
« autorité judiciaire, avaient le droit ou la faculté d'exercer
« une influence permanente sur des juges qui se succèdent,
« puisque le terme de leurs fonctions n'est que de deux
« années ;

« Que, sans vouloir examiner si le titre de président hono-
« raire, légalement parlant, peut être donné à d'anciens prési-
« dents de tribunaux de commerce ; et, tout en appréciant
« l'intention bienveillante qu'a eue le gouvernement de récom-
« penser de longs et anciens services, ce titre, dans aucun cas,
« ne doit conférer des droits, des attributions, des prérogatives
« à celui ou à ceux qui l'ont reçu ;

« Qu'à la vérité M. Vignon, après avoir présidé pendant de
« longues années la justice consulaire, et avoir exercé le
« premier les fonctions de président, lors de l'institution
« des tribunaux de commerce, a reçu, par une ordonnance
« royale, en 1817, le titre de président honoraire avec cer-
« taines attributions, mais que cette exception unique ne
« peut être invoquée comme règle générale, et que, dans
« tous les cas, il est toujours temps de rentrer dans les
« voies légales ; que c'est sans doute d'après ce principe que
« l'ordonnance du 29 mai dernier, qui nomme M. Hacquart
« président honoraire du tribunal, ne lui confère aucune attri-
« bution.

« D'après ces considérations, le tribunal, réuni en assemblée
« générale, arrête à l'unanimité des membres présents :

« 1° Qu'il est donné acte à M. le président de la communica-
« tion de l'ordonnance du roi du 29 mai dernier, qui nomme
« M. Hacquart président honoraire du tribunal de commerce
« du département de la Seine ;

« 2° Qu'il n'y a pas lieu de s'occuper des mesures à prendre

« pour assurer l'exécution de ladite ordonnance, puisque cette
« exécution demeure étrangère au tribunal ;

« 3° Que M. le président accusera réception de l'ordonnance
« à M. le procureur général en lui adressant copie, signée par
« le greffier en chef, de la présente délibération. »

Le 10 juillet 1830, M. le procureur général écrivit au président qu'il avait communiqué cette délibération à M. le garde
des sceaux, et que Sa Grandeur lui avait fait connaître que la
mise à exécution de l'ordonnance devait se borner à la communication officielle qui en avait été faite au tribunal et dont
il avait donné acte par sa délibération ; que le seul droit que
cette ordonnance conférait au sieur Hacquart était celui de
joindre à ses qualifications le titre honorable qu'il avait plu au
roi de lui accorder comme témoignage et récompense de ses
longs et loyaux services. M. le procureur général faisait, en
outre, remarquer que cette interprétation résultait du rapprochement de cette ordonnance avec celle qui avait précédemment conféré le même titre à M. Vignon, puisqu'elle ne
lui avait pas accordé les mêmes prérogatives qu'à son prédécesseur.

Depuis lors, l'honorariat ne fut plus conféré à aucun magistrat consulaire, mais le tribunal, mu par un sentiment de justice et de respectueuse gratitude envers quelques-uns de ses
présidents, a décidé par plusieurs délibérations que leurs por-
traits seraient placés dans la chambre de ses assemblées générales.

III. *Honneurs et préséances*. — Un procès-verbal dressé en
1597 constate que, dès l'origine de la juridiction consulaire,
« lorsque l'élection étoit terminée, les Juges et Consuls sor-
« tants alloient chercher les élus et faisoient avec eux des vi-
« sites au premier président, au procureur général et aux
« avocats généraux. »

Cet usage s'est perpétué jusqu'à nos jours. En effet, aussitôt
que les membres du tribunal de commerce qui viennent d'être
élus ont été institués par le souverain, le président demande
audience au premier président et au procureur général pour
les leur présenter avant la prestation de serment.

Cette démarche, qui n'a rien d'obligatoire, est néanmoins
dictée par les convenances et, fidèlement observée de tout
temps, elle ne saurait tomber en désuétude. Cependant aucune remontrance ne pourrait être adressée aux magistrats
consulaires qui omettraient de s'y conformer.

Les honneurs et les préséances sont de deux sortes, les uns

constituent des devoirs, et les autres des droits et prérogatives; les uns comme les autres résultent pour les dignitaires, les autorités, les corps constitués et les membres qui en font partie, du rang qu'ils occupent dans la hiérarchie politique, administrative ou judiciaire.

Cérémonies publiques. — *Rang et préséances.* — Dans les cérémonies publiques le président et les membres du tribunal de commerce ont un rang et une place qui sont déterminés par le décret du 24 messidor an xII : Ce même décret indique les honneurs civils à rendre par les tribunaux de commerce, et règle également les honneurs civils et militaires qui leur sont dus. Il suffirait donc de consulter le texte de ce décret; néanmoins il n'est peut-être pas inutile de mentionner ici les principales dispositions qui régissent la matière et de rappeler les usages qui sont généralement observés.

Le président du tribunal de commerce, aux termes de l'article 1er dudit décret, prend rang et séance après le président du tribunal de première instance et avant les maires.

L'article 8, qui règle l'ordre dans lequel les autorités doivent marcher dans les cérémonies publiques, dispose que les membres des tribunaux de commerce suivront les officiers de l'état-major de la place et précéderont les juges de paix.

Quant au rang des Juges entre eux, il est déterminé par les décrets des 30 mars 1808 et 18 août 1810, ainsi qu'il a été dit plus haut.

IV. *Honneurs civils.* — Les honneurs civils à rendre au Souverain sont déterminés par les articles 21 à 28 du titre III; les articles 13 à 27 du titre V indiquent ceux qui sont dus aux princes français; les articles 3 et 4 du titre VII, ceux auxquels les ministres ont droit.

A Paris, le 1er janvier de chaque année, le tribunal de commerce présente ses hommages au Souverain. Il se rend en corps aux Tuileries, conduit par son président, assisté du greffier, et accompagné de ses huissiers audienciers qui marchent en avant.

Le jour de la fête de l'Empereur, il assiste également, en corps, au *Te Deum* qui est chanté en l'église métropolitaine.

Autrefois, le 1er janvier et le jour de la fête du Roi, le président, au nom du tribunal, adressait au Souverain un discours préalablement délibéré conformément au décret du 25 février 1809, qui, au retour du tribunal, était, ainsi que la réponse du Roi, consigné sur le registre des délibérations avec le récit de la présentation et du cérémonial observé. Depuis le rétablissement de l'Empire, tout discours a été supprimé.

Dans ces deux circonstances, comme pour toutes les cérémonies publiques auxquelles doivent assister les grands corps de l'Etat, les corps constitués et les diverses autorités, le tribunal de commerce est convoqué par le ministre de la justice dans les attributions et sous la surveillance duquel il est placé par l'article 630 du Code de commerce.

Lors de la nomination d'un ministre de la justice, les Cours et tribunaux vont le complimenter : le tribunal de commerce va également complimenter, par une députation, le ministre à son avénement.

A l'installation du premier président de la Cour de cassation, tous les tribunaux de la ville où réside cette Cour lui envoient une députation composée de la moitié des membres de chaque tribunal pour le féliciter.

Ces visites doivent être rendues dans les vingt-quatre heures (art. 9).

Les premiers présidents des autres Cours et tribunaux doivent recevoir la visite des autorités dénommées après eux et résidant dans la même ville.

Cette visite doit également être faite dans les vingt-quatre heures de l'installation et rendue dans les vingt-quatre heures suivantes (art. 10).

Lorsqu'il est nommé un nouveau procureur général près la Cour de cassation ou près la Cour impériale, le tribunal de commerce de Paris leur rend la même visite qu'aux premiers présidents desdites Cours.

Ce tribunal est également dans l'usage, le 1er janvier et lors de l'installation des nouveaux magistrats consulaires, de rendre visite par députation aux Ministres de la justice et du commerce, au premier président de la Cour impériale, au procureur général et au préfet de la Seine.

A ces mêmes époques, le président en exercice reçoit la visite en corps des membres du tribunal.

V. *Honneurs militaires.* — Les Cours de justice ont droit à des honneurs militaires. Ces honneurs sont réglés par l'article 13 du titre 1er du décret de messidor et par le titre XX du même décret.

Une escorte de troupes de ligne ou de gendarmerie doit être fournie aux tribunaux de commerce ; elle est de quinze hommes commandés par un sergent (art. 4, titre XX).

Les gardes, devant lesquelles passe une Cour ou un tribunal, prennent les armes; — Pour un tribunal de première instance, elles se reposent dessus et les tambours se tiennent prêts à battre (art. 6 et 7, titre XX).

VI. *Honneurs funèbres.* — Lorsqu'une des personnes désignées dans l'article 1er du titre Ier du décret de messidor vient à décéder, toutes les personnes qui occupent, dans l'ordre des préséances, un rang inférieur à celui du défunt, assistent à son convoi, et occupent entre elles l'ordre prescrit par le susdit article.

Les corps assistent, en totalité ou par députation, au convoi suivant la dignité ou le rang de la personne décédée, ainsi qu'il est réglé pour les honneurs civils, comme il a été dit ci-dessus.

Si le président du tribunal de commerce meurt en exercice, les honneurs funèbres lui sont rendus par tous les membres du tribunal, assistés des greffier, commis-greffiers et huissiers audienciers; les autorités, sur lesquelles il a droit de préséance, notamment les juges de paix, les prud'hommes, doivent assister à son convoi.

L'usage du tribunal de commerce de Paris est de se faire représenter par une députation composée de deux Juges et deux Juges suppléants, conduite par le président, aux obsèques de ceux de ses membres qui meurent dans l'exercice de leurs fonctions. Cette députation assiste en robe au convoi.

Le même usage est suivi à l'égard des anciens membres du tribunal lorsque le président est officiellement informé du décès par la famille : toutefois la députation est en habit de ville.

L'usage est également de prononcer un discours sur la tombe du défunt, s'il s'agit d'un magistrat consulaire en exercice ou d'un ancien président du tribunal.

Ce discours prononcé par le président ou par le juge qui le remplace est, au retour du tribunal ou de la députation, consigné sur le registre des délibérations ainsi que le cérémonial observé.

VII. *Discours et adresses.* — Le décret du 25 février 1809 a réglé tout ce qui est relatif aux discours et adresses faits au nom d'un des corps de l'État. Ce décret contient les dispositions suivantes :

« 1° Tout discours ou adresse fait au nom d'un des corps de « l'État, politiques, administratifs, judiciaires ou littéraires, « par leur président, ne pourra être prononcé qu'après avoir « été préalablement soumis à l'approbation respective de « chaque corps.

« 2° Lorsque la rédaction du projet de discours ou d'adresse
« n'aura pas été confiée à une commission, le président en
« sera chargé de droit.

« 3° Lorsqu'une commission en aura été chargée, elle dési-
« gnera un de ses membres pour la rédaction; elle entendra
« ensuite la lecture, discutera s'il y a lieu, arrêtera les
« changements, additions ou retranchements que le rédacteur
« exécutera, et le projet, adopté par la commission, sera en-
« suite soumis à l'assemblée générale.

« 4° Lorsque le président sera chargé de la rédaction, une
« commission de cinq membres sera formée par le sort, et
« l'on procédera comme il est dit à l'article précédent.

« 5° Les discours ou adresses, lus et approuvés dans l'as-
« semblée générale, seront inscrits sur les registres du secré-
« tariat; ou sur le procès-verbal, et expédition en sera re-
« mise au président chargé de porter la parole. »

VIII. *Vacances et congés.* — Les tribunaux de commerce n'ont
pas de vacances. Cela résulte des dispositions de la loi du 21
fructidor an IV, qui détermine la durée des vacances pour les
tribunaux civils, et décrète une exception pour les tribunaux
de commerce. Cette exception est renouvelée dans l'arrêté du
gouvernement du 5 fructidor an VIII, article 3.

Les membres des tribunaux de commerce, comme tous les
autres magistrats, ne peuvent s'absenter sans avoir obtenu un
congé dans les formes prescrites par les articles 17 du décret
du 30 mars 1808; 24 et suivants du décret du 6 juillet 1810
et 30 du décret du 18 août 1810.

Une absence de quelques jours ne nécessite pas l'obtention
d'un congé régulier, alors que le service n'en doit pas souffrir; mais le magistrat qui s'absente doit en prévenir le président du tribunal et le président de l'audience à laquelle il est
attaché, afin qu'il soit pourvu à son remplacement momentané, s'il est besoin, pour la bonne administration de la
justice. Il est également nécessaire que le greffier en soit informé pour qu'aucun acte ne reste en souffrance.

IX. *Fêtes légales.* — Les tribunaux de commerce, bien qu'ils
n'aient pas de vacances, sont tenus d'observer les dimanches
et jours de fêtes légales.

Les jours fériés et fêtes légales sont : 1° le dimanche (loi du
18 germinal an X, art. 57); 2° les jours de *Noël*, de l'*Assomp-
tion*, de l'*Ascension* et de la *Toussaint* (arrêté du 29 germinal
an X); 3° le 1er janvier (avis du conseil d'État du 13-23 mars
1810).

Les tribunaux de commerce ne peuvent donc tenir ni audience, ni assemblées de faillites aucun des jours susmentionnés.

Ils doivent s'abstenir également de siéger le jour de la fête du souverain, bien qu'il ne soit pas par lui-même jour de fête légale ; mais l'observation en est recommandée par décision ministérielle du 28 octobre 1807, et par une circulaire du ministre de la justice du 18 avril 1833.

Le tribunal de commerce de Paris, depuis déjà un certain nombre d'années, est dans l'habitude de vaquer le vendredi et le samedi de la semaine sainte, et les lundis de Pâques et de la Pentecôte ; le greffier a l'ordre de refuser dans les faillites de convoquer les créanciers pour la huitaine qui précède soit un jour de fête légale, soit un des jours ci-dessus indiqués, lorsque la convocation a pour objet de délibérer sur le concordat ou sur le sursis au concordat.

CHAPITRE X.

TRIBUNAUX CIVILS JUGEANT COMMERCIALEMENT.

Dans les arrondissements où il n'y a pas de tribunaux de commerce, les juges du tribunal civil exercent, comme nous l'avons vu, les fonctions et connaissent des matières attribuées aux Juges de commerce (640, C. comm.).

Ainsi, les tribunaux civils, jugeant commercialement, ont la même compétence que les tribunaux de commerce et, devant eux, la forme de procéder est la même.

Les parties doivent donc comparaître en personne ou par un fondé de procuration spéciale (421, C. p. civ., et 627, C. comm.).

Le ministère des avoués, conformément aux dispositions des articles 414 du Code de procédure civile et 627 du Code de commerce, est interdit devant les tribunaux civils, jugeant commercialement, aussi bien que devant les tribunaux de commerce : l'avoué cesse d'agir en sa qualité d'officier ministériel, il n'est plus, ne peut plus être mandataire *ad litem*, puisqu'il est hors de sa fonction ; il doit donc être expressément autorisé par la partie elle-mème présente à l'audience ou muni d'un pouvoir spécial.

Ces prescriptions sont d'une obligation rigoureuse pour les tribunaux; elles ont d'ailleurs motivé l'ordonnance royale du 10 mars 1825, qui prescrit la mention au plumitif, soit de l'autorisation, soit du pouvoir spécial donné par la partie à un tiers, et charge le président du tribunal de veiller à l'exécution de cette mesure et d'en rendre compte, chaque mois, au procureur général près la Cour royale.

Quant à la procédure, elle est réglée par les articles 414 à 442 qui forment le titre XXV du Code de procédure civile.

Les jugements des tribunaux civils, jugeant commercialement, sont, comme ceux des tribunaux de commerce, de plein droit exécutoires par provision avec ou sans caution ; mais ce n'est qu'à l'audience tenue par le tribunal, comme tribunal civil, qu'ils peuvent être compétemment saisis des questions relatives à l'exécution des décisions rendues par eux en matière commerciale.

D'après la jurisprudence de la Cour de cassation, le ministère public, comme faisant partie intégrante des tribunaux civils, doit siéger et a le droit de prendre la parole dans les audiences commerciales, la composition des tribunaux civils ne devant subir aucune modification en pareille circonstance. C'est ce que la Cour de cassation a formellement jugé par trois arrêts en date des 21 avril et 15 juillet 1846, rendus sur le réquisitoire et conformément aux conclusions de M. le procureur général Dupin.

Mais c'est là une exception ; car, en principe, la juridiction commerciale et le ministère public sont deux institutions essentiellement incompatibles.

Pour appuyer d'autant mieux cette solution, M. le procureur général a cru nécessaire, comme l'avait fait M. le garde des sceaux, d'expliquer et de justifier, avec cette autorité qui s'attache à son nom et à son talent, les motifs qui n'ont pas permis et ne permettent pas d'admettre le ministère public dans les tribunaux spéciaux de commerce.

Cependant, quelques réclamations se sont élevées contrairement à cette opinion, et la question ayant été de nouveau agitée, il nous a paru utile d'extraire, tant de la lettre de M. le garde des sceaux que du réquisitoire, les passages suivants qui expliquent parfaitement les motifs d'où ressort une incompatibilité absolue entre l'organisation du ministère public et celle de la juridiction consulaire.

Extrait de la lettre du ministre de la justice au procureur
général près la Cour de cassation.

« ... On reconnaît que, si les magistrats du parquet peuvent et
« doivent assister (dans les tribunaux civils) aux audiences
« commerciales, ils y conservent nécessairement le droit de
« donner leurs conclusions. Mais, dit-on, il y aura dès lors une
« différence essentielle entre la manière de juger les affaires
« commerciales dans les tribunaux civils, et celle de les juger
« dans les tribunaux de commerce.

« Cette objection, en réalité, a moins de force qu'on ne pa-
« raît le supposer. En s'abstenant d'établir un ministère public
« auprès des juridictions consulaires, le législateur n'a pas eu
« seulement en vue la nature des affaires qui leur sont soumi-
« ses, il a surtout craint l'*excessive influence* que pourrait
« exercer sur des juges électifs et souvent étrangers à l'étude
« du droit un magistrat jurisconsulte investi de fonctions qui,
« pour être véritablement utiles, auraient dû émaner d'une
« autre source, ou du moins être conférées pour un long espace
« de temps. Il a voulu éviter, dans ces juridictions, le *conflit*
« de deux éléments distincts.

« Cette considération n'existe pas pour les tribunaux civils.
« Là, il est évident que le concours du ministère public ne sau-
« rait présenter jamais aucun inconvénient, et qu'il offrira
« parfois de véritables avantages.

« Mais, objecte-t-on encore, l'instruction des affaires com-
« merciales doit, d'après l'article 641 du Code de commerce,
« avoir lieu devant un tribunal civil dans la même forme que
« devant un tribunal de commerce. Le principe sera méconnu
« s'il faut communiquer au ministère public et entendre ses
« conclusions. L'inobservation de ces formalités entachera de
« nullité certains jugements qui seraient bien rendus s'ils éma-
« naient d'un tribunal de commerce.

« Il est douteux qu'en aucun cas, la communication au
« ministère public soit obligatoire dans les matières commer-
« ciales. L'article précité semble s'y opposer, et, d'ailleurs,
« l'exécution de cette mesure serait fort difficile dans les affaires
« où la loi suppose que les parties comparaîtront en personne.
« Il est, par suite, également douteux que l'absence de conclu-
« sions de la part des membres du parquet puisse jamais vicier
« les jugements qui interviennent en cette matière! »

Extrait du réquisitoire de M. le procureur général Dupin.

« .... Sans doute la juridiction commerciale, dans sa spécia-
« lité, a des avantages qu'on ne saurait méconnaître ; elle
« offre, dans ceux qui en sont investis, une connaissance plus
« particulière des usages et des transactions du commerce ; à
« Lyon, les soieries ; à Rouen, les tissus ; dans les ports de mer,
« tout ce qui tient au commerce maritime. En élisant leurs
« Juges, les négociants ont égard aux besoins et aux exigences
« de chaque localité. *Ajoutez la rapidité de la procédure, les*
« *frais diminués ou épargnés. Dans un tribunal ainsi constitué,*
« *il n'y a pas de ministère public, on le conçoit ; il serait contre*
« *sa nature d'être élu par les citoyens, et on pourrait voir quelque*
« *embarras à faire fonctionner ensemble deux magistratures d'o-*
« *rigine diverse et d'esprit différent.*

« A ceux qui invoquent l'uniformité comme le caractère dis-
« tinctif de nos institutions modernes, je réponds que l'unifor-
« mité n'est requise et ne doit avoir lieu qu'entre choses par-
« faitement semblables. Or, les tribunaux civils ne peuvent
« pas être assimilés en tout aux tribunaux de commerce, puis-
« que ce sont deux systèmes différents d'organisation ; d'où il
« suit que, pour rechercher l'uniformité des jugements, quant
« à la nature des affaires commerciales, on créerait une ano-
« malie bien plus choquante en introduisant une troisième es-
« pèce de tribunaux, qui ne seraient ni des tribunaux de com-
« merce, puisqu'ils ne seraient pas élus, ni des tribunaux civils
« parfaits, puisqu'on en retrancherait le ministère public ; il
« vaut mieux reconnaître que, s'il y a diversité, c'est parce
« qu'en effet il y a deux juridictions de nature et d'institution
« différentes qui fonctionnent, chacune avec son caractère
« propre, même en jugeant des affaires de même nature. »

Ajoutons à ces graves considérations l'autorité de la Cour
de cassation qui, lorsqu'elle fut consultée en 1807, trancha la
question par cette phrase :

« *Qu'on place un commissaire du Gouvernement dans les tribu-*
« *naux de commerce ; avec lui entreront mille difficultés. Il vou-*
« *dra conduire le tribunal, il l'influencera toujours.* »

Les tribunaux civils jugeant commercialement doivent-ils se
dessaisir des affaires commerciales qui se trouvent en instruction devant eux, au moment où un tribunal de commerce vient
à être créé dans l'étendue de leur juridiction ?

L'affirmative ne nous paraît pas douteuse.

Bien que les tribunaux civils exercent la plénitude de juridiction et que, sous ce rapport, on juge généralement qu'ils sont compétents pour statuer même sur des contestations entre commerçants, lorsque la demande en dessaisissement est tardivement formée, il faut bien considérer que, dans la question qui nous occupe, le tribunal, n'étant pas saisi comme tribunal civil, mais jugeant commercialement et par exception, n'exerce pas sa juridiction ordinaire ; il a été appelé à statuer au lieu et place d'un tribunal de commerce, et parce qu'il n'existait pas de tribunal de commerce dans la localité au moment où l'instance a été introduite ; ce n'est donc que par suite d'une circonstance tout accidentelle qu'il a été saisi ; la cause cessant, l'effet doit nécessairement cesser ; d'où il suit que le tribunal civil est tenu de prononcer d'office le renvoi de toutes les instances commerciales pendantes devant lui, à partir du jour où le nouveau tribunal de commerce, institué précisément pour connaître de toutes les demandes commerciales de son ressort territorial, a été installé pour rendre la justice au nom du souverain.

Et le dessaisissement doit être absolu, en quelque état que soit, à ce jour, la procédure, et alors même qu'il n'y aurait plus que le jugement à rendre après délibéré, sans quoi il y aurait trouble dans les juridictions, le jugement, qui serait prononcé à l'audience du tribunal civil, jugeant commercialement, sur une affaire commerciale, après qu'un tribunal de commerce a été installé spécialement pour rendre jugement sur toutes les affaires de cette nature, serait un jugement rendu par des juges sans pouvoir, puisqu'ils se trouvent par l'installation même de leurs successeurs dépouillés du pouvoir dont ils avaient été jusque-là investis exceptionnellement et par ce seul motif qu'il n'y avait pas de tribunal de commerce dans l'arrondissement (art. 640, C. com.).

C'est dans ce sens que s'est prononcée la Cour impériale de Bruxelles, par son arrêt du 21 décembre 1812 (1).

---

(1) « *Arrêt de la Cour impériale de Bruxelles du 21 décembre 1812.*

« Vu le décret impérial du 6 octobre 1809, portant établissement d'un tribunal de commerce à Saint-Nicolas, arrondissement de Termonde ;

« Et attendu que, depuis l'établissement des tribunaux de commerce, et notamment depuis l'émanation du Code de procédure civile, d'après l'article 640 du Code de commerce, les tribunaux de première instance *n'exercent plus la juridiction consulaire* dans les arrondissements où il

C'est la décision qui doit être adoptée, malgré l'opinion contraire de Carré, *Lois de la compétence*, t. 4, quest. 245, p. 16 et suiv., opinion qui a été victorieusement réfutée par Nouguier, *Des tribunaux de commerce*, t. 1er, p. 56.

CHAPITRE XI.

DISCIPLINE DES TRIBUNAUX DE COMMERCE. — PRINCIPES GÉNÉRAUX. — JURIDICTION.

I. *Principes généraux.* — Tous les magistrats sont soumis à l'action disciplinaire à raison non-seulement des devoirs spé-

---

n'existe pas de tribunal de commerce, *comme juridiction propre et ordinaire*, mais comme juridiction *extraordinaire ou déléguée;*

« Que c'est aussi d'après ce principe que les tribunaux de première instance, chargés en même temps de la juridiction consulaire, se considèrent comme deux tribunaux distincts, et qu'en observant, en matière commerciale, les formes de procéder devant les tribunaux de commerce, établies par le Code de procédure civile, ils doivent souvent renvoyer de leur propre tribunal, siégeant commercialement, au même tribunal, siégeant civilement;

« Qu'il suit de ce principe que, lorsqu'un tribunal de commerce s'établit dans un arrondissement où il n'en existait pas, le tribunal de première instance de cet arrondissement est dessaisi de plein droit de la juridiction consulaire, qui ne lui était qu'attribuée ou déléguée par la loi;

« Qu'en conséquence, ce tribunal n'ayant plus alors le pouvoir de juger consulairement, les causes de commerce pendantes devant lui doivent être portées au tribunal de commerce établi dans son arrondissement, à moins qu'à l'instar de ce que portent les édits des rois de France de 1563 et 1715, le décret de son établissement n'excepte de son attribution les affaires commerciales déjà intentées et pendantes devant le tribunal ordinaire du même arrondissement;

« Attendu que l'argument tiré de la loi 30, D., *De judiciis*, invoquée par l'intimé, ne paraît applicable qu'au cas qu'une des deux parties litigantes, pouvant décliner la juridiction du juge devant lequel l'action est introduite, a consenti, *quod acceperit judicium*, c'est-à-dire que la juridiction a été prorogée du consentement des parties, ce qui n'a pas eu lieu dans l'espèce, et ce qui ne pouvait même avoir lieu, puisqu'il s'agit ici d'une juridiction extraordinaire ou délégué, qui, d'après les principes, ne peut être prorogée vis à vis du juge, qui n'est pas investi d'une juridiction de même espèce;

« Attendu qu'il résulte de ce qui précède que, puisque le décret impérial, qui établit à Saint-Nicolas le tribunal de commerce dont est appel, n'a pas excepté de ses attributions les causes commerciales pendantes au tribunal civil de Termondes, ce tribunal de commerce a blessé les lois sur la compétence, en se déclarant incompétent dans la cause que l'appelant a portée à sa connaissance;

« Par ces motifs... Infirme. »

ciaux qui sont relatifs à leurs fonctions, mais aussi à raison de leurs actes comme simples particuliers. L'inobservation des uns et des autres peut entraîner contre eux une répression. Ces devoirs sont les mêmes pour les juges consulaires que pour les membres des autres Cours et tribunaux.

Un magistrat manque à ses devoirs professionnels s'il ne garde pas le secret des délibérations, soit qu'il y ait pris part, soit qu'il en ait eu connaissance (Ord. de Philippe de Valois, 1344; Constitution de l'an III, article 208; C. d'instruction crim., article 309), — s'il fait acception de personnes, ou se détermine par des considérations particulières (l'Hôpital, *Discours au parlement de Rouen*, 17 août 1563; d'Aguesseau, *Mercuriale* de 1698); — s'il sacrifie la justice à la politique ou à la pitié (cassation, 15 prairial an XI); — s'il n'apporte pas dans l'accomplissement de ses fonctions toute l'exactitude qu'elles exigent, — s'il s'absente sans congé, — s'il méconnaît directement ou indirectement l'autorité hiérarchique ou le respect qui est dû aux décisions judiciaires.

Comme simple particulier, le magistrat compromet la dignité de son caractère s'il se rend coupable d'un crime ou d'un délit, ou même s'il mène une vie privée qui soit une cause de scandale, s'il affecte des opinions politiques contraires aux obligations que lui impose son serment (d'Aguesseau, *Mercuriale* 1re, 9e et suiv. — Loi du 29 avril 1810, articles, 49 et 50. Cassation 2 germinal an XIII, 8 décembre 1809; 27 juillet 1810; 30 mai 1832; 14 janvier 1833; 5 août 1834; 25 avril 1835; 12 janvier 1844; Limoges, 19 avril 1833).

II. *Juridiction.* — Le garde des sceaux a un pouvoir disciplinaire sur les membres des Cours et tribunaux. Ce pouvoir, qui lui a été conféré par les lois des 27 avril 1791, 10 vendémiaire an IV, et 28 avril 1810 et par le sénatus-consulte du 16 thermidor an X, article 82, résulte spécialement à l'égard des membres des tribunaux de commerce de l'article 630 du Code de commerce, qui a placé ces tribunaux dans les attributions et sous la surveillance du ministre de la justice.

Le ministre de la justice peut, lorsqu'il le juge convenable, mander auprès de lui les magistrats pour s'expliquer sur les faits qui leur sont imputés (article 57, loi du 20 avril 1810). Il est seul compétent pour vérifier les dénonciations portées contre des magistrats et prononcer sur leur fausseté.

S'il intervient contre un magistrat une condamnation en matière criminelle ou même en simple police, le jugement doit être transmis au garde des sceaux qui apprécie les faits au point de vue disciplinaire et défère, s'il y a lieu, à la Cour de cassation le magistrat condamné (article 59 de la loi du 20 avril 1810).

Mais le garde des sceaux ne peut exercer directement son pouvoir disciplinaire que sur les magistrats individuellement, et non sur les Cours et tribunaux, comme corps.

Morin, dans son *Traité de la discipline des Cours et tribunaux*, tome 1er, n° 47, dit qu'à l'égard des corps judiciaires le droit du garde des sceaux se borne à ne pas approuver leurs décisions disciplinaires ou à déférer à la Cour de cassation celles qui ne sont susceptibles d'être annulées que par elle.

Les tribunaux de première instance sont justiciables, pour les faits disciplinaires, de la Cour de cassation et de la Cour impériale. Ils ont juridiction sur leurs propres membres, leur président excepté. Ce pouvoir disciplinaire est régi notamment par le sénatus-consulte du 16 thermidor an x, article 82, et par la loi du 20 avril 1810.

Les décisions disciplinaires sont prises en assemblée générale de la compagnie.

Les juges suppléants doivent assister à ces assemblées, mais ils n'ont voix délibérative qu'autant qu'ils remplacent des juges titulaires.

Le premier Président d'une Cour impériale a, vis à vis de tous les magistrats du ressort, le droit d'avertissement : ce même droit appartient au Président d'un tribunal à l'égard des membres de ce tribunal. Cet avertissement n'a pas le caractère d'une pénalité.

Mais Carnot, *Discipline judiciaire*, n° 33, pense que les tribunaux de commerce n'ont pas sur leurs membres de pouvoir disciplinaire proprement dit. Toutefois il est d'avis que le Président d'un tribunal de commerce, dont un membre compromettrait sa dignité de juge, devrait le prévenir qu'il se verrait forcé de le dénoncer au ministre de la justice s'il ne s'amendait pas.

Les tribunaux de commerce, comme tous les autres corps judiciaires, ont le droit et le devoir de régler par des délibérations tout ce qui concerne la tenue des audiences, l'ordre et la discipline intérieurs.

Ils ont également un pouvoir disciplinaire sur ceux qui remplissent une fonction auprès d'eux, tels que greffiers, commis-greffiers, huissiers audienciers et même sur les avocats quand ils sont dans l'exercice de leur ministère, ainsi que nous l'expliquons plus amplement au paragraphe de la répression des délits d'audience.

Les greffiers des tribunaux de commerce peuvent être avertis ou même réprimandés par le Président du tribunal, qui doit, en outre, s'il y a lieu, les dénoncer au ministre de la justice (article 62 de la loi du 30 avril 1810).

Ici l'avertissement donné aux greffiers n'a plus le même caractère qu'à l'égard du juge, il constitue une véritable pénalité disciplinaire et il en est de même, à bien plus forte raison, de la réprimande, lorsqu'elle leur est infligée par le Président.

A l'égard des commis-greffiers, non-seulement le Président les avertit par la réprimande s'il y a lieu, mais de plus, après une seconde réprimande, le tribunal peut, le commis greffier inculpé entendu ou dûment appelé, ordonner qu'il cessera sur-le-champ ses fonctions; et le greffier est tenu de se faire remplacer dans le délai fixé par le tribunal (décret du 18 août 1810, article 26).

CHAPITRE XII.

AUDIENCES. — COMPOSITION DU TRIBUNAL. — POLICE, POUVOIR DISCRÉTIONNAIRE DU PRÉSIDENT. — DÉLITS, RÉPRESSION IMMÉDIATE, POUVOIR DU TRIBUNAL. — DÉLITS DISCIPLINAIRES. — DÉLITS DONNANT LIEU A L'APPLICATION DE VÉRITABLES PEINES. — DÉLITS COMMUNS ET CRIMES.

1. On appelle *audience* tout à la fois le lieu où se rend la justice et le temps pendant lequel une Cour, un tribunal ou un magistrat quelconque de l'ordre judiciaire est en séance.

A part certaines matières spéciales indiquées par la loi et qui doivent être jugées en chambre du conseil, toute audience, dans les différents degrés de juridiction de l'ordre judiciaire, doit être publique à peine de nullité des décisions rendues. Toutefois le tribunal peut ordonner que les plaidoiries auront lieu à huis-clos, si la discussion publique devait entraîner ou du scandale ou des inconvénients graves; mais, dans ce cas, le tribunal est tenu d'en délibérer et de rendre compte de sa délibération au procureur général près la Cour impériale, et le jugement même, en pareil cas, ne doit être prononcé qu'a-près la réouverture des portes.

Il peut également, lorsqu'il reconnaît que la publicité, en dehors de l'audience, pourrait être dangereuse, interdire qu'il soit rendu compte de l'affaire dans les journaux.

L'audience commence au moment où le tribunal entre en séance. Dans l'usage, le Président déclare l'audience ouverte. Elle finit lorsque, le Président ayant déclaré l'audience levée, les magistrats ont quitté leurs siéges.

Sans être complétement terminée, l'audience peut être suspen-due. Pendant la suspension, qui est plus ou moins longue, sui-vant les causes qui l'ont motivée, les magistrats se retirent dans la chambre du conseil.

Tout ce qui vient d'être dit s'applique aux *audiences de fail-lite*, ou, autrement dit, aux assemblées de créanciers tenues sous la présidence du Juge-commissaire.

Dans les divers cours et tribunaux, le service des audiences, pour le jour, pour l'heure, et pour les membres qui doivent composer la chambre ou la section qui siége, est arrêté par des règlements intérieurs, pris, sous forme de délibération, par le corps judiciaire lui-même, sous le contrôle du ministre de la justice, dont l'approbation n'a pas besoin d'être explicite et ressort de ce fait seul que le ministre n'a point improuvé.

II. *Composition du tribunal.* — Un tribunal n'est complet et régulièrement constitué qu'autant qu'il est composé du nom-bre de magistrats exigé pour la validité des jugements, et que ceux-ci sont assistés du greffier ou d'un commis-greffier, qui est chargé de tenir la plume et de dresser procès-verbal de la séance, ou de porter au plumitif toutes les décisions rendues.

Les jugements, dans les tribunaux de commerce, doivent être rendus par trois Juges au moins; aucun suppléant ne peut être appelé que pour compléter ce nombre (626, C. com.).

On a prétendu faire résulter, de cette prescription de l'art. 626 du Code de commerce, qu'un jugement, rendu par un Juge et deux suppléants, serait nul, parce que les suppléants n'auraient pas alors complété, mais bien composé le tribunal, les jugements étant prononcés à la pluralité des voix. Mais la jurisprudence a décidé, avec raison, qu'un pareil jugement était régulier. En effet, la disposition ci-dessus rappelée doit être entendue en ce sens qu'en dehors du nombre de sup-pléants nécessaire pour compléter le tribunal, c'est-à-dire pour participer à la décision avec voix délibérative, les autres sup-pléants présents à l'audience n'ont que voix consultative et ne peuvent concourir au jugement. La Cour de Paris notamment a jugé, le 16 mars 1846, qu'un suppléant, qui avait assisté aux plaidoiries avec deux Juges et un autre suppléant, participait régulièrement au jugement, en cas d'empêchement de l'un des deux Juges titulaires, survenu depuis les plaidoiries.

La solution, au surplus, ne saurait être douteuse en présence des termes de l'article 4 du décret du 6 octobre 1809, qui est ainsi conçu :

« Lorsque, par des récusations ou des empêchements, il « ne restera pas dans les tribunaux de commerce un nombre « suffisant de juges ou de suppléants, ces tribunaux seront « *complétés par des négociants*, pris sur la liste formée en vertu « de l'art. 609 du Code de commerce. »

En effet, dès lors que le tribunal pourrait être complété par *des commerçants notables*, à bien plus forte raison, peut-il l'être par *des suppléants* qui ont titre et qualité de magistrats investis, comme nous venons de le dire, du pouvoir judiciaire et comme l'avait déjà jugé un arrêt de la Cour royale de Paris du 24 août 1833 (Sirey, 33, 2, 513).

Il a été plusieurs fois décidé que les décrets des 30 mars 1808 et 6 juillet 1810, sur la discipline et l'organisation du service dans les cours et tribunaux, ne sont pas applicables aux tribunaux de commerce, au moins en ce qui concerne le remplacement du Président ou des Juges en cas d'empêchement, et qu'en conséquence, la règle, d'après laquelle les suppléants, les avocats et les avoués ne peuvent être appelés que dans l'ordre de leur nomination ou de leur inscription au tableau, pour compléter un tribunal civil, et après constatation de l'empêchement des titulaires précédents, ne s'appliquait pas aux tribunaux de commerce (1), et que, du moment où un suppléant ou un com-

---

(1) Du 18 août 1825 (*Arrêt de la Cour de cassation*).

LA COUR, —«Attendu que l'article 49 de la loi du 30 mars 1808, qui déter-« mine l'ordre dans lequel seront appelés les juges suppléants pour com-« pléter le nombre des juges des tribunaux de première instance, n'est point « applicable aux tribunaux de commerce ; — Qu'ainsi il est inutile d'exami-« ner si, dans le tribunal de commerce de Saint-Hippolyte, l'appel du second « suppléant au lieu du premier a été régulier ; — Rejette. »

Du 17 juin 1856 (*Arrêt de la Cour de cassation*).

« LA COUR, — Sur la première branche du premier moyen : « Attendu que le tribunal qui a rendu le jugement attaqué était régu-« lièrement composé, puisqu'il était composé de deux juges et d'un juge « suppléant ; — Que l'article 226, Code comm., n'exige autre chose pour la « validité des jugements en ce qui concerne la composition du tribunal, si « ce n'est qu'ils soient rendus par trois juges au moins, et qu'aucun juge

merçant notable avait été appelé à siéger, il y avait suffisante présomption de l'empêchement des Juges ou des suppléants et de l'observation du rang de nomination ou d'inscription.

Mais, il est, dans tous les cas, préférable de procéder d'après les mêmes errements que dans les tribunaux civils.

III. *Police. Pouvoir discrétionnaire du Président.* — La justice est de toutes les institutions humaines celle qui a le plus droit au respect. Pour assurer ce respect et le concilier avec la publicité des audiences, il était donc indispensable d'armer les magistrats d'un pouvoir discrétionnaire qui leur permît de faire cesser, de réprimer même sur-le-champ toute atteinte à la dignité de la justice, tout trouble apporté à l'exercice de leur mission.

M. Treilhard, orateur du gouvernement, dans l'exposé de motifs fait au Corps législatif à la séance du 4 avril 1806, s'exprimait ainsi à ce sujet :

« Quant aux audiences, je n'ai pas besoin de dire qu'elles « seront nécessairement publiques, et que ceux qui y assistent « doivent se tenir dans le silence et dans le respect. Malheur « au juge qui, n'étant pas pénétré de la dignité de ses fonc-« tions, oubliant qu'il a l'honneur de rendre la justice au nom « du souverain, aurait la coupable faiblesse de souffrir des « murmures et des mouvements irrespectueux ! la loi l'arme « d'un pouvoir ; il rendra compte également et de l'emploi « qu'il en aura fait, et de l'emploi qu'il aurait dû en faire. »

Les articles 88 et 89 du Code de procédure civile (décrété le 14 avril 1806 et promulgué le 24 du même mois), ont formulé, à cet égard, les droits et les devoirs des magistrats.

Lors de la discussion de l'article 370 du Code criminel (article 504 du Code d'instruction criminelle, décrété le 12 décembre 1808, promulgué le 22 du même mois), le procès-verbal de la séance du Conseil d'Etat, tenue sous la présidence de l'Empereur, porte :

« suppléant ne soit appelé que pour compléter ce nombre;—Que cet arti-« cle n'exige pas, comme les art. 2 et 3 du décret du 30 mars 1808, et l'art. « 41 du décret du 6 juillet 1810, que le président absent ou empêché soit « remplacé par le juge le plus ancien selon l'ordre du tableau;

« Attendu d'ailleurs que les énonciations du jugement attaqué font pré-« sumer que M. Cuvelier n'a été appelé à présider le tribunal que parce « que le Président titulaire était absent ou empêché, et qu'il était le juge « le plus ancien suivant l'ordre du tableau;—Que le juge suppléant n'a été « appelé à compléter le tribunal qu'à raison de l'insuffisance des juges ti-« tulaires pour le composer. — Rejette. »

« Sa Majesté dit que l'avertissement préalable est inutile :
« il convient beaucoup mieux au bon ordre et à la dignité des
« tribunaux qu'on expulse d'abord ceux qui donnent des si-
« gnes d'approbation ou d'improbation, ou qui excitent quelque
« tumulte. La rigueur qu'on déploie dans ces cas ne blesse pas
« les droits du citoyen; car ils ne consistent pas à troubler
« l'exercice de la justice. »

La section de législation du Tribunat s'était réservé d'examiner en temps et lieu comment les articles 89, 90 et 91 du Code
de procédure civile, devaient être rendus communs aux Cours
d'appel et aux tribunaux de commerce.

Lors de la *relue,* dit M. Locré, la section ajouta ce qui suit :
« La section ne croit pas qu'on ait besoin d'un article par-
« ticulier qui rende leurs dispositions communes aux Cours
« d'appel et aux tribunaux de commerce. Elles le seront de
« droit aux Cours d'appel, en vertu de l'article 462; aux tribu-
« naux de commerce, attendu que le titre de la procédure
« devant les tribunaux de commerce ne contient que des règles
« spéciales, et qu'ainsi les règles générales leur sont applica-
« bles. »

La police de l'audience appartient donc au Président, c'est-à-
dire au magistrat qui préside, quels que soient d'ailleurs son titre
et son rang. Il est investi, comme on l'a vu, d'un pouvoir discrétionnaire et sans contrôle, et peut, en conséquence, prescrire
toutes les mesures qu'il juge convenables, et tout ce qu'il
ordonne pour le maintien de l'ordre doit être exécuté ponctuellement et à l'instant; lui seul est juge de la convenance et
de l'opportunité des instructions et des ordres qu'il donne;
lui seul, comme il arrive fréquemment, surtout dans les affaires criminelles, a le droit de faire disposer le local où se tient
l'audience comme il le croit nécessaire à la bonne administration de la justice, et même d'user des places comme bon
lui semble.

Ce droit du Président d'audience ne lui a jamais été contesté,
même lorsqu'il a pu donner lieu à des abus ; jamais il ne pourra
être contesté à aucun magistrat, à quelque degré que celui-ci
soit placé dans la hiérarchie judiciaire, parce que, dans l'enceinte de l'audience qu'il préside, le magistrat est souverain,
et qu'une atteinte portée à sa dignité atteindrait en même
temps la magistrature tout entière et la majesté même du souverain au nom duquel toute justice est rendue.

Telle a été la pensée du législateur, tel est le but qu'il s'est
proposé quand il a édicté les articles 88 et 89 du Code de pro-

cédure civile, et 504 du Code d'instruction criminelle, dont il est utile de reproduire ici le texte même :

Art. 88 (Code proc. civ.). « — Ceux qui assisteront aux audien-
« ces se tiendront découverts, dans le respect et le silence ; tout ce
« que le Président ordonnera pour le maintien de l'ordre sera
« exécuté ponctuellement et à l'instant.

« La même disposition sera observée dans les lieux où, soit
« les juges, soit les procureurs impériaux, exerceront des fonc-
« tions de leur état. »

Art. 89. — « Si un ou plusieurs individus, quels qu'ils soient,
« interrompent le silence, donnent des signes d'approbation ou
« d'improbation, soit à la défense des parties, soit aux discours
« des juges ou du ministère public, soit aux interpellations,
« avertissements ou ordres des Président, juge-commissaire
« ou procureur impérial, soit aux jugements ou ordonnances,
« causent ou excitent du tumulte de quelque manière que ce
« soit, et si, après l'avertissement des huissiers, ils ne rentrent
« pas dans l'ordre sur-le-champ, il leur sera enjoint de se reti-
« rer, et les résistants seront saisis et déposés à l'instant dans la
« maison d'arrêt pour vingt-quatre heures ; ils y seront reçus
« sur l'exhibition de l'ordre du Président qui sera mentionné
« au procès-verbal de l'audience. »

Art. 504 (Code Inst. crim.). — « Lorsqu'à l'audience ou en
« tout autre lieu où se fait publiquement une instruction judi-
« ciaire, l'un ou plusieurs des assistants donneront des signes
« publics soit d'approbation, soit d'improbation, ou exciteront
« du tumulte, de quelque manière que ce soit, le Président ou
« le juge les fera expulser ; s'ils résistent à ses ordres, ou s'ils
« rentrent, le Président ou le juge ordonnera de les arrêter
« et conduire dans la maison d'arrêt ; il sera fait mention de
« cet ordre dans le procès-verbal ; et, sur l'exhibition qui en
« sera faite au gardien de la maison d'arrêt, les perturbateurs
« y seront reçus et retenus pendant vingt-quatre heures. »

Ainsi, tout individu, assistant à l'audience, qui ne se tiendrait pas découvert, dans le respect et le silence, qui n'obéirait pas ponctuellement et sur-le-champ à tout ce que le Président ordonnerait relativement à la tenue de l'audience, qui donnerait des signes d'approbation ou d'improbation quel qu'en soit le motif, qui causerait ou exciterait du tumulte, pourrait se voir enjoindre, par le Président, l'ordre de se retirer, et s'il résistait, ou s'il rentrait, il serait saisi et déposé à l'instant dans la maison d'arrêt pour vingt-quatre heures.

Cette peine infligée par le Président serait exécutée par provision, et l'individu arrêté serait retenu à la maison d'arrêt par le gardien, sur la seule exhibition qui lui serait faite de l'ordre du Président mentionné au procès-verbal de l'audience et signé du greffier tenant la plume ainsi que du président.

A l'audience, c'est le Président qui donne ou retire la parole soit aux parties, à leurs mandataires ou à leurs avocats, soit même aux juges chargés de faire un rapport oral ; c'est lui qui dirige les débats, et qui prononce les jugements; en un mot, c'est au magistrat qui préside qu'appartient la police de l'audience, parce qu'il est l'organe du tribunal, et que sur lui pèse la responsabilité de tout ce qui touche à la bonne administration de la justice.

Le décret du 30 mars 1808, portant règlement pour la police et la discipline des Cours et tribunaux, complète les pouvoirs du Président en ce qui touche l'instruction de l'affaire et les débats à l'audience par une disposition spéciale, contenue dans son article 34 et ainsi conçue :

« Lorsque les juges trouveront qu'une cause est suffisam-
« ment éclaircie, le Président *devra* faire cesser les plaidoiries. »

IV. *Délits. Répression immédiate. Pouvoir du tribunal.* — Les considérations qui nécessitaient de conférer au président un pouvoir en quelque sorte discrétionnaire pour la police de l'audience, exigeaient que des pouvoirs identiques fussent donnés à toutes les juridictions pour réprimer et punir à l'instant même les faits commis à l'audience lorsqu'ils auraient un caractère délictueux.

Ce pouvoir des tribunaux est déterminé tout à fois par les articles 90 et suivants du Code de procédure civile, et par l'article 505 du Code d'instruction criminelle qui sont ainsi conçus :

Art. 90 (Code procédure civile). — « Si le trouble est causé
« par un individu remplissant une fonction près le tribunal, il
« pourra, outre la peine ci-dessus, être suspendu de ses fonc-
« tions; la suspension, pour la première fois, ne pourra excéder
« le terme de trois mois. Le jugement sera exécutoire par provi-
« sion, ainsi que dans le cas de l'article précédent.

Art. 91.—« Ceux qui outrageraient ou menaceraient les juges
« ou officiers de justice dans l'exercice de leurs fonctions, seront,
« de l'ordonnance du Président, du Juge-Commissaire ou du
« Procureur Impérial, chacun dans le lieu où la police lui appar-
« tient, saisis et déposés à l'instant dans la maison d'arrêt, inter-
« rogés dans les vingt-quatre heures, et condamnés par le tribu-
« nal, sur le vu du procès-verbal qui constatera le délit, à une

« détention qui ne pourra excéder le mois, et à une amende qui
« ne pourra être moindre de vingt-cinq francs, ni excéder trois
« cents francs.

« Si le délinquant ne peut être saisi à l'instant, le tribunal
« prononcera contre lui, dans les vingt-quatre heures, les pei-
« nes ci-dessus, sauf l'opposition que le condamné pourra former
« dans les dix jours du jugement, en se mettant en état de
« détention. »

Art. 505 (Code instruction criminelle).—« Lorsque le tumulte
« aura été accompagné d'injures ou voies de fait donnant lieu à
« l'application ultérieure de peines correctionnelles ou de police,
« ces peines pourront être, séance tenante et immédiatement
« après que les faits auront été constatés, prononcées, savoir :

« Celles de simple police, sans appel, de quelque tribunal ou
« juge qu'elles émanent ;

« Et celles de police correctionnelle, à la charge de l'appel,
« si la condamnation a été portée par un tribunal sujet à
« appel, ou par un juge seul. »

Ainsi que l'a expliqué la section de législation du Tribunat,
comme on l'a vu plus haut, les tribunaux de commerce sont
investis, de même que tous les autres tribunaux, du pouvoir de
prononcer tout à la fois des peines disciplinaires, correctionnelles et de simple police.

L'inexpérience même des tribunaux consulaires nécessite
quelques développements sur une matière aussi délicate que
celle de la répression des délits d'audience ; surtout si l'on considère combien il importe que la majesté de la justice et la dignité des magistrats soient efficacement protégées dans une
juridiction où les magistrats sont à chaque moment en contact
direct avec leurs justiciables.

V. *Délits disciplinaires.* — Des délits ou même des fautes
peuvent être commis à l'audience par des personnes qui remplissent une fonction près du tribunal. Ces délits ou ces fautes
donnent lieu, à raison de la qualité du coupable, à une répression particulière. Tel est l'objet des dispositions des articles 90
et 1036 du Code de procédure ; de l'article 103 du décret du
30 mars 1808, et, spécialement en ce qui concerne les avocats,
des articles 39 du décret du 14 décembre 1810 et des articles
16, 19 et 43 de l'ordonnance du 20 novembre 1822.

Si donc l'individu qui a causé le trouble, soit en interrompant
le silence, soit en donnant des signes d'approbation ou d'improbation, ou qui a excité du tumulte de quelque manière que
ce soit, et n'est pas rentré dans l'ordre sur-le-champ après

l'avertissement des huissiers, remplit une fonction quelconque près le tribunal, tel qu'un greffier, un huissier audiencier, ou bien encore un avocat en costume, aux termes de l'article 90, C. pr., le tribunal peut, indépendamment de l'expulsion de l'audience et même des vingt-quatre heures de détention à la maison d'arrêt en vertu de l'ordre du Président, suspendre cet individu de ses fonctions pendant trois mois, pour la première fois, et cette décision sera exécutoire par provision.

Le décret du 30 mars 1808, contenant règlement pour la police et la discipline des cours et tribunaux (titre VI. — Dispositions générales; article 102), détermine les peines disciplinaires que les tribunaux peuvent infliger aux officiers ministériels et aux avocats qui, dans l'exercice de leurs fonctions, sont en contravention aux lois et règlements.

Ces peines sont, suivant la gravité des circonstances :

1° L'injonction d'être plus exact, ou circonspect ;

2° La défense de récidiver ;

3° La condamnation aux dépens en leur nom personnel des officiers ministériels qui ont instrumenté dans la cause, c'est-à-dire dans les tribunaux de commerce, aux greffiers et aux huissiers.

4° La suspension à temps, sans que pour la première fois cette suspension puisse excéder le terme de trois mois (C. p., 90).

L'impression et même l'affiche des jugements à leurs frais peuvent aussi être ordonnées, et leur destitution ou radiation du tableau peut être provoquée, s'il y a lieu.

Si la faute a été commise à l'audience, la peine est prononcée à l'audience par un jugement auquel ne concourent que les juges ayant voix délibérative.

Les condamnations ainsi prononcées ne sont pas susceptibles d'être attaquées au fond devant la Cour de cassation, mais seulement pour incompétence ou excès de pouvoir (Cassation, 25 janvier 1834 et 8 janvier 1838).

Si la faute commise n'a pas été découverte à l'audience, les mesures de discipline sont arrêtées en assemblée générale du tribunal (les juges absents étant remplacés par des suppléants et les autres suppléants n'ayant que voix consultative), à la Chambre du conseil, après avoir appelé l'individu inculpé. Ces mesures ne sont point sujettes à l'appel, ni au recours en cassation, sauf le cas où la suspension serait l'effet d'une condamnation prononcée en jugement (décret du 30 mars 1808, article 103).

Les fautes de discipline commises en dehors de l'audience

doivent être jugées par le tribunal en assemblée générale dans la Chambre du conseil (Grenoble, 16 mars 1827).

Le tribunal, statuant disciplinairement en Chambre du conseil, ne peut prononcer que des peines disciplinaires édictées par le décret du 30 mars 1808, mais non des peines correctionnelles ou de simple police, comme s'il statuait à l'audience publique sur un délit d'audience (Cassation, 17 novembre 1830).

Mais les peines de discipline, pour fautes commises à l'audience, ne peuvent être prononcées en audience publique que par les magistrats devant lesquels elles ont été commises (Aix, 8 septembre 1821).

Les tribunaux apprécient souverainement si les faits qui se passent à leur audience sont attentatoires ou non à la dignité de l'audience et à la gravité des fonctions qui y sont exercées (cassation, 6 août 1844).

Si les juges diffèrent le prononcé de leur jugement, ils doivent faire retenir et constater, par procès-verbal, la nature de l'offense ou de l'irrévérence et les expressions qui la constituent. Et, à raison de la nécessité de motiver leur jugement, ils doivent exprimer en quoi consiste l'offense ou l'irrévérence et rapporter les termes offensants ou irrespectueux qui ont donné lieu à la peine prononcée (Metz, 20 mai 1820).

La question s'est élevée de savoir si les avocats sont soumis au pouvoir disciplinaire des tribunaux. On soutenait que ce pouvoir ne leur était pas applicable et ne concernait que les officiers ministériels, mais le contraire a été jugé le 5 décembre 1833 par la Cour de Paris, le 17 mars 1836 par la Cour d'Aix, le 6 avril 1837 par la Cour d'Orléans et le 8 janvier 1838 par la Cour de cassation.

Toutefois, un tribunal de commerce ne peut interdire la barre à un avocat, sans l'avoir préalablement appelé et entendu. Dans le cas contraire, sa décision doit être considérée comme ayant été rendue par défaut, et dès lors elle est susceptible d'opposition (Lyon, 18 août 1841).

Lorsque le fait qui donne lieu à des poursuites disciplinaires a été commis par une corporation entière ou par la chambre qui représente cette corporation, elles sont valablement dirigées contre celui qui représente le corps ou la Chambre et spécialement contre le bâtonnier de l'ordre des avocats, s'il s'agit d'une délibération prise par l'ordre entier, l'intervention des avocats n'est pas recevable dans une pareille poursuite (Cassation, 5 avril 1841).

De tout ce qui précède il ressort que le pouvoir disciplinaire des tribunaux, sur les avocats et officiers ministériels, ne peut être exercé qu'autant que le prévenu a agi dans les fonctions dont il est revêtu et que cette fonction avait un caractère légal auprès des juges qui tenaient l'audience, car autrement il n'est plus qu'un simple particulier. Ainsi un avoué ne pourrait être puni disciplinairement par un tribunal de commerce, parce que, son ministère étant interdit devant cette juridiction, il n'agirait point dans sa qualité d'officier ministériel.

VI. *Délits donnant lieu à l'application de véritables peines.* — Outre les mesures de police qui peuvent être prises par le Président en vertu des art. 90 du Code de procédure civile et 504 du Code d'instruction criminelle, à l'audience même, tout tribunal a le droit et le devoir de juger et de punir séance tenante les délits relatifs au respect dû à la justice et à ses officiers.

Si le fait constitue un outrage ou une menace, soit envers les Juges, soit envers les officiers de justice dans l'exercice de leurs fonctions, ou un tumulte accompagné d'injures ou de voies de fait, il revêt alors le caractère d'un véritable délit, qui donne lieu, suivant la gravité du cas, à l'application des peines de simple police ou de police correctionnelle (C. pr., 91. C. inst. crim., 505).

Le tribunal pourra condamner le coupable : — 1° sans appel, à une peine de simple police, c'est-à-dire à une amende de un franc à quinze francs, ou à un emprisonnement d'un jour à cinq jours; — 2° et à charge d'appel, à une peine correctionnelle qui ne pourra excéder un mois de détention, et une amende de vingt-cinq francs à trois cents francs (C. pr., 91. C. inst. crim., 505. C. pénal, 40,464).

Mais un tribunal de commerce ne serait pas compétent pour connaître des délits communs ni des crimes commis à son audience, son incompétence ressort de l'attribution de juridiction faite par les articles 92 du Code de procédure civile, 181, 506, 507 et 508 du Code d'instruction criminelle (Carnot sur l'article 507, nos 5 et 6; Le Sellyer, t. 4, 522, nos 1712 et 1713).

VII. *Délits communs et crimes.* — Les tribunaux de commerce, qui ont compétence pour réprimer, par des peines correctionnelles ou de simple police et même par des peines disciplinaires, les délits ou les fautes qui touchent au respect dû à la justice ou à l'accomplissement des devoirs imposés à ceux qui doivent lui servir d'auxiliaires, les tribunaux de commerce, disons-nous, seraient incompétents pour réprimer et punir les délits communs et les crimes commis à leur audience.

Ce droit n'existe que pour les Cours et les tribunaux civils à l'égard des délits communs et pour les Cours seules à l'égard des crimes.

La juridiction exceptionnelle, établie par l'article 481 du Code d'instruction criminelle, ne permet pas qu'elle soit étendue aux tribunaux de commerce (Legraverend, t. 1er, p. 538 et 539 ;—Le Sellyer, t. 4, p. 521, nos 1674, 1675 et 1676.).

Mais si les tribunaux de commerce n'ont pas le droit de juger les délits communs et les crimes commis à leur audience, il reste pour eux le devoir de les constater et d'en assurer la répression par tous les moyens en leur pouvoir.

Ce devoir leur est imposé par l'article 92 du Code de procédure civile, qui leur prescrit d'envoyer le prévenu en état de mandat de dépôt devant le tribunal compétent, pour être poursuivi et puni suivant les règles établies par le Code d'instruction criminelle.

Quant aux mesures préliminaires et aux voies à prendre, en pareil cas, elles sont tracées par l'article 506 du Code d'instruction criminelle, aux termes duquel le tribunal, après avoir fait arrêter le délinquant et dressé procès-verbal des faits, doit envoyer les pièces et le prévenu devant les Juges compétents.

Le Juge-commissaire qui préside une audience de faillite, ou autrement dit une assemblée de créanciers, en un mot, tout magistrat consulaire, Président, Juge ou suppléant, qui fait une instruction en audience publique, a non-seulement les pouvoirs attribués au Président pour la police de l'audience, c'est-à-dire le droit d'expulser les perturbateurs et d'ordonner leur dépôt à la maison d'arrêt, mais encore tous ceux qui compètent au tribunal lui-même pour réprimer, séance tenante, les délits relatifs au respect dû à la justice; comme lui, il peut prononcer, sans appel, des peines de simple police, et, à charge d'appel, de peines correctionnelles (C. Proc., 91. Inst. crim, 505).

CHAPITRE XIII.

PRÉSIDENT DU TRIBUNAL DE COMMERCE. — SES ATTRIBUTIONS.

I. *Assignation à bref délai.* — Dans les cas qui requièrent célérité, le Président du tribunal de commerce peut permettre d'assigner, même de jour à jour et d'heure à heure.

Son ordonnance est exécutoire nonobstant opposition ou appel (art. 417, C. pr. civile). L'urgence est appréciée d'une manière sommaire par le Président sur les faits exposés dans la requête qui lui est présentée.

D'après une jurisprudence à peu près constante, le Président ne peut abréger que le délai d'ajournement, mais non celui qui doit être observé à raison des distances.

Toutefois cette jurisprudence, spécialement relative à l'application de l'article 72 du Code de procédure civile, et d'ailleurs controversée nous paraît encore moins applicable en matière commerciale qu'en matière civile. En effet, un titre particulier du Code de procédure est consacré à la forme de procéder devant les tribunaux de commerce, et ce n'est pas, comme le Président du tribunal civil, en vertu de l'article 72 que le Président du tribunal de commerce permet d'assigner à bref délai, mais en vertu d'une disposition spéciale contenue dans l'article 417, dont la combinaison avec les articles qui le précèdent ou le suivent exclut toute restriction à l'exercice de ce droit en ce qui concerne les délais de distance.

II. *Audiences.* — Le Président, à défaut de roulement proprement dit, comme dans les tribunaux civils composés de plusieurs chambres, organise le service des audiences et des faillites, et détermine les jours auxquels doivent siéger les différents membres du tribunal, soit pour l'audience, soit pour la tenue des assemblées de créanciers, dans les faillites.

Le Président peut, si bon lui semble, présider toutes les audiences du tribunal.

La police de l'audience lui appartient ainsi qu'il a été dit précédemment (*V. Délits d'audience*); mais lorsqu'il ne préside pas, elle est exercée par le Juge qui le remplace sur le siége.

Il convoque le tribunal pour les assemblées générales; dresse l'ordre du jour des matières à mettre en délibération dans ces assemblées; dirige et résume la discussion et enfin surveille la rédaction des procès-verbaux qui est faite par le greffier.

Il désigne et conduit les députations qui doivent représenter le tribunal dans les cérémonies publiques, forme et réunit les commissions chargées d'étudier et d'élaborer les projets et les questions soumis au tribunal.

Dans toutes ces circonstances la présidence lui appartient comme pour les audiences.

Il veille au maintien de l'ordre et de la discipline dans le sein du tribunal; il est le gardien et le défenseur de tout ce qui intéresse la dignité, les droits et prérogatives de la compagnie dont il est le chef.

Il a un droit d'initiative pour les mesures urgentes et d'un caractère purement provisoire ; mais, pour tout ce qui engage la responsabilité du tribunal, il doit le consulter et agir suivant la décision prise en commun, ainsi qu'il est prescrit par le décret à l'égard des discours et adresses.

III. *Commerce maritime. Vente et dépôt de marchandises.* — Le Président peut, en cas de refus par le consignataire de recevoir les marchandises, autoriser le capitaine du navire soit à en vendre une partie pour le paiement de son fret et à déposer le surplus (C. com., 305), soit à les déposer en mains tierce jusqu'au paiement du fret (C. com., 306).

Capitaine de navire. — *Registre de bord et rapports de mer.* — Le Président vise le registre de bord des capitaines de navire (C. com., 224, 242); son visa doit être requis dans les vingt-quatre heures de l'arrivée du navire.

Il reçoit également le rapport que le capitaine est tenu de faire à son arrivée sur toutes les circonstances de son voyage (C. com., 242, 243); et aussi, en cas de relâche forcée ou de naufrage, sur les causes de la relâche ou du naufrage (C. com., 245, 246).

Il vérifie le rapport du capitaine du navire naufragé, notamment en interrogeant les gens de l'équipage et, s'il est possible, les passagers, sans préjudice des autres preuves (C. com., 247).

Les faits consignés au registre de bord dans les délibérations prises par le capitaine et les principaux de l'équipage relativement au jet du chargement et aux mesures prises pour le salut du navire sont affirmés par le capitaine devant le Président du tribunal de commerce du premier port où le navire aborde, et dans les vingt-quatre heures de son arrivée (C. com., 413).

IV. *Exécution de jugement.* — *Commission ou remplacement d'huissier.* — D'après l'art. 442 du Code de procédure civile, les tribunaux ne doivent pas connaître de l'exécution de leurs jugements.

La commission d'un huissier pour signifier un jugement est considérée comme un acte relatif à l'exécution de ce jugement, et, par suite, le Président du tribunal de commerce n'est pas compétent pour remplacer par ordonnance sur requête l'huissier qui avait été commis.

C'est au Président du tribunal civil que la requête doit être présentée dans des cas pareils, soit qu'il s'agisse de commettre un huissier lorsque la loi exige qu'une signification sera faite par huissier commis, soit qu'il y ait lieu de pourvoir à la nomination ou au remplacement d'un notaire, d'un commissaire priseur ou d'un courtier, pour l'exécution d'un jugement.

Toutefois, il en serait autrement si le jugement avait réservé au Président le droit de remplacer, en cas d'empêchement, l'officier ministériel commis par le tribunal.

V. *Faillites, déclaration d'office.* — Le Président reçoit et transmet au tribunal l'avis que les juges de paix sont tenus de lui donner, sans délai, des scellés par eux apposés soit d'office, soit sur la réquisition d'un ou plusieurs créanciers au domicile d'un commerçant en cas de disparition du débiteur ou de détournement de tout ou partie de son actif (C. com., 457, 458).

Il ne requiert pas le tribunal qu'il préside de prononcer d'office la faillite d'un commerçant, mais il doit le saisir de toutes les communications qui lui sont faites dans ce but, soit officiellement par le procureur impérial ou par les juges de paix, soit même officieusement.

Faillite. Réhabilitation. Formalités. Enquête. Avis. — Lorsqu'un commerçant failli demande sa réhabilitation, des expéditions de la demande certifiées par le procureur général près la Cour impériale sont par lui adressées au Président du tribunal de commerce qui les transmet au greffier, et veille à ce qu'elles soient affichées tant dans la salle d'audience qu'à la Bourse, et à la maison commune, et insérées dans les journaux judiciaires (C. com., 607).

Pendant les deux mois que cette demande en réhabilitation doit rester affichée, le Président fait une enquête sur les caractères de la faillite du commerçant qui veut se réhabiliter, sur la sincérité de sa libération intégrale envers tous ses créanciers, sur les oppositions qui ont pu être formées, sur son honorabilité, et, à l'expiration du délai de deux mois, il rend compte du tout au procureur général en lui transmettant le certificat dressé par le greffier, et les pièces qui constatent l'accomplissement des formalités d'affiche et d'insertion, auxquelles il joint une copie des oppositions, s'il en a été formé, et donne son avis sur l'admissibilité de la demande en réhabilitation (C. com., 608 et 609).

Tout arrêt portant réhabilitation est transmis au Président du tribunal de commerce, pour qu'il en fasse faire la lecture en audience publique, et la transcription sur les registres du tribunal (C. com., 611).

Le Président doit donc veiller à ce que ces lecture et transcription soient faites, et même à ce qu'il soit fait mention de l'arrêt de réhabilitation en marge de la minute du jugement qui a déclaré la faillite.

VI. *Greffe.* — Le Président a la surveillance du greffe dans tous les détails qui intéressent la bonne administration de la justice. Son autorité, qui s'appuie sur celle du procureur général et du garde des sceaux, doit assurer la stricte et régulière observation de toutes les dispositions législatives qui régissent les greffes et les greffiers, et des règlements intérieurs arrêtés par le tribunal dans l'intérêt des justiciables. Cette surveillance, qui est de tous les moments, doit être constatée tous les mois par une démarche officielle et spéciale faite dans l'intérieur du greffe.

Visite mensuelle du greffe et procès-verbal de vérification. — Dans les cinq premiers jours de chaque mois, le Président du tribunal doit faire au greffe l'examen des répertoires, et constater l'état matériel et de situation des feuilles d'audience, et de toutes les minutes d'actes reçus et passés dans le greffe durant le mois précédent (ordonnance royale du 5 novembre 1823).

Il vérifie en même temps si le greffier a fait mention expresse dans la minute des jugements soit du pouvoir spécial donné par la partie à un tiers, soit de l'autorisation qu'un tiers a reçue de défendre une partie présente à l'audience (ordonnance royale du 10 mars 1825).

Il dresse procès-verbal de ces vérifications et l'envoie dans les cinq jours suivants au procureur général (ordonnances, 5 novembre 1823 et 10 mars 1825).

VII. *Grosse. Délivrance d'une deuxième grosse.* — Aux termes de l'article 854 du Code de procédure civile, une seconde expédition exécutoire d'un jugement ne peut être délivrée à la même partie qu'en vertu d'ordonnance du président du tribunal où il a été rendu.

Il semblerait, d'après le texte de cet article, que l'ordonnance doit, en pareil cas, être rendue par le président du tribunal de commerce lorsqu'il s'agit de la délivrance d'une deuxième grosse d'un jugement de ce tribunal, mais la Cour de cassation (1) a jugé que cette mesure, ayant pour but de parvenir à

---

(1) Arrêt de la Cour de cassation, chambre civile, 11 août 1847.

« LA COUR ; — Attendu que la levée de la deuxième grosse d'un jugement a pour but de parvenir à l'exécution du jugement, et que l'ordonnance,

l'exécution du jugement, constituait un acte de juridiction qui n'était pas de la compétence du président du tribunal de commerce, et rentrait dans les attributions du président du tribunal civil de l'arrondissement : ainsi l'avaient décidé un jugement du tribunal civil de la Seine, en date du 30 avril 1845, et l'arrêt confirmatif rendu, le 25 août 1845, par la Cour de Paris contre lequel était dirigé le pourvoi.

VIII. *Légalisation.* — Le Président du tribunal de commerce légalise la signature des membres du tribunal, du greffier, des commis-greffiers et des huissiers audienciers.

Il légalise également la signature des agents de change et des courtiers de marchandises et d'assurances qui prêtent serment devant le tribunal de commerce. Il devrait, par ce même motif, légaliser celle des courtiers gourmets piqueurs de vins. Mais il n'a point qualité pour légaliser la signature des particuliers, même commerçants, ni même celles des fonctionnaires ci-dessus désignés lorsqu'ils agissent en leur nom privé. C'est au maire que cette légalisation doit être demandée.

Cependant les règlements sur la télégraphie privée attribuent au Président du tribunal de commerce le droit de légaliser la signature de la personne qui envoie un télégramme; souvent même les cahiers des charges dans les adjudications faites par les différents ministères et par les autorités

---

qui autorise le requérant à se faire délivrer cette deuxième grosse, est un acte de juridiction; — Attendu que la plénitude de juridiction appartient aux tribunaux civils; qu'en disant que les formalités prescrites pour la délivrance de secondes grosses des actes devant notaires seront observées, le § 2 de l'article 854, C. proc. civile, se réfère nécessairement aux articles 844 et 845 du même Code; — Que l'article 844 porte en termes formels que c'est au président du tribunal civil de première instance que la requête doit être présentée; — Que, d'après l'article 845, en cas de contestation, les parties doivent se pourvoir en référé, par conséquent, devant le président du tribunal civil de première instance; — Qu'il n'a pu être dans la pensée du législateur de faire porter successivement devant deux présidents de tribunaux différents deux demandes ayant le même objet; — Que si, d'après le § 1er de l'article 854, une deuxième expédition exécutoire d'un jugement ne peut être délivrée à la même partie qu'en vertu d'ordonnance du président du tribunal *où il a été rendu*, il résulte, de la combinaison de ces articles avec les articles 844 et 845, qu'il n'a eu pour but que d'indiquer, entre les présidents des tribunaux de première instance, celui auquel il y aurait lieu de recourir; — Que de tout ce qui précède il suit qu'en confirmant le jugement qui a ordonné que le greffier du tribunal de commerce délivrerait les deuxièmes grosses requises des divers jugements de ce tribunal, l'arrêt attaqué n'a pas violé le § 1er de l'article 854, C. pr. civ., et a fait une juste application tant du § 2 du même article que de l'article 844 du même Code; — Rejette. »

Cette question a été tranchée dans le même sens par un jugement du tribunal civil de Bourges, du 18 mars 1847 (rapporté par Dalloz, t. 47, 3e partie, 111).

administratives portent que les pièces à produire soit par les soumissionnaires, soit par les adjudicataires ou concessionnaires, seront légalisées par le président du tribunal de commerce. Une semblable légalisation ne saurait compromettre gravement le magistrat qui la donne et la réserve avec laquelle on doit user des pouvoirs conférés à une juridiction d'exception serait certainement excessive si elle allait jusqu'à compromettre, par un refus, les intérêts de ceux pour lesquels cette juridiction a été spécialement instituée.

Pour les pièces qui doivent servir hors de la France continentale la signature du président est légalisée par le ministre de la justice, celle du ministre de la justice par le ministre des affaires étrangères, et celle-ci par l'ambassadeur ou le consul de la puissance où la pièce doit être envoyée.

S'il s'agit d'une pièce destinée aux colonies françaises, c'est le ministre de la marine et des colonies qui légalise la signature du ministre de la justice.

La légalisation de la signature d'un juge ou de tout autre fonctionnaire n'est nécessaire que si la pièce doit sortir du ressort du tribunal, néanmoins elle est exigée pour les pièces qui sont produites aux administrations publiques.

Les grosses des jugements sont mises à exécution dans tout l'Empire, sans qu'il soit besoin de faire légaliser la signature du greffier.

Cependant, s'il s'agit d'une expédition, d'un extrait ou d'un certificat délivré par ce même greffier pour être produit à une administration publique, la légalisation de la signature est indispensable.

IX. *Gage commercial. Vente.* — L'article 93 du Code de commerce (modifié par la loi du 23-29 mai 1863) qui autorise le créancier à faire procéder, huit jours après une mise en demeure, à la vente publique des objets donnés en gage, s'il n'est payé à l'échéance, permet au créancier gagiste de recourir à l'autorité du président du tribunal de commerce, pour faire désigner une autre classe d'officiers ministériels que les courtiers. Mais l'intervention du président doit se borner à cette désignation, il ne peut ni autoriser la vente elle-même, ni commettre un officier ministériel nominativement. S'il le faisait, il engagerait sa responsabilité morale et commettrait, dans tous les cas, un excès de pouvoir évident.

Aux termes de la loi du 28 mai-11 juin 1858 sur les négociations concernant les marchandises déposées dans les maga-

sins généraux, le porteur d'un warrant peut, comme le créancier gagiste en matière commerciale, à défaut de paiement à
l'échéance et huit jours après le protêt, faire vendre aux enchères et en gros les marchandises engagées. Cette vente doit
être faite par les officiers publics indiqués par la loi du 28 mai-
11 juin 1858 sur les ventes publiques de marchandises en gros,
c'est-à-dire par les courtiers. Or, il peut arriver, et il est arrivé, que ces officiers publics se sont trouvés, pour diverses
causes, dans l'impossibilité de vendre les objets ou marchandises warrantés. En pareil cas, il y a lieu de s'adresser au
président du tribunal de commerce qui, procédant par analogie, fera application de l'article 93 du Code de commerce et
désignera une autre classe d'officiers publics.

X. *Lettres de change et billets à ordre perdus.* — Conformément aux articles 151 et 152 du Code de commerce, le président
autorise celui qui a perdu une lettre de change ou un billet à
ordre à en requérir paiement, et à dresser acte de protestation
pour la conservation de son recours contre les tireurs et endosseurs.

Cette autorisation est accordée sur la justification que le requérant fait de sa propriété par ses livres et à la charge par
lui de fournir bonne et valable caution.

Malgré les termes des articles 151 et 152 du Code de commerce, le président ne doit pas se montrer trop rigoureux sur
les justifications qui lui sont fournies pour établir la propriété,
car souvent les moments pressent, il s'agit de conserver des
recours, et le titre perdu peut être payable dans un lieu éloigné
du domicile de celui qui en est le propriétaire. La représentation en temps utile de ses livres et même d'un extrait certifié
par un juge peut dès lors être impossible, il se peut même
qu'il ne soit pas commerçant et n'ait pas de livres. D'ailleurs
la caution est une garantie contre l'abus que l'on voudrait
faire d'une autorisation trop facilement accordée.

Si l'échéance du titre était passée, le président n'autoriserait pas à faire l'acte de protestation, et s'il apparaissait que
les formalités de protêt et de dénonciation n'eussent pas été
remplies ou qu'elles ne l'eussent pas été régulièrement, il devrait même se borner à autoriser à requérir paiement de
l'effet contre qui de droit seulement et sans rien préjuger sur
la conservation du recours.

La solvabilité de la caution ne peut être appréciée que par
le tribunal de commerce, le président doit donc s'abstenir d'admettre celle qui serait offerte dans la requête à lui présentée.

De même, il ne peut dispenser de fournir caution, quelle que soit, d'ailleurs, la solvabilité du propriétaire de l'effet perdu. Les prescriptions des articles 151 et 152 du Code de commerce sont impératives à cet égard.

Seul le président du tribunal de commerce est compétent pour autoriser le paiement d'une lettre de change ou d'un billet à ordre perdu, alors même que le titre ne constituerait qu'une simple promesse et ne porterait pas la signature d'un commerçant, et qu'il n'aurait pas une cause commerciale.

Warrants et récépissés de marchandises. — Celui qui a perdu un récépissé ou un warrant peut demander et obtenir par ordonnance du juge, en justifiant de sa propriété et en donnant caution, un duplicata s'il s'agit d'un récépissé, le paiement de la créance garantie s'il s'agit de warrants (loi du 27 mai 1858, art. 12).

Les formalités à remplir sont les mêmes qu'en cas de perte d'une lettre de change, ou d'un billet à ordre, et l'ordonnance du président est accordée sous les mêmes conditions.

Titres au porteur. — Le pouvoir accordé au président d'autoriser le paiement d'un effet de commerce, *nonobstant* la perte du titre, ne s'étend pas au-delà des effets négociables par la voie de l'endossement. Ainsi il ne peut suppléer par son ordonnance à la perte d'un billet ou d'un chèque au porteur, d'un billet de banque, d'une obligation d'une société anonyme telle que le Crédit foncier de France, les compagnies de chemin de fer.

Son intervention, qui se justifie par la nécessité de remplir à jour fixe les formalités prescrites par les articles 160 et suivants du Code de commerce pour la conservation du recours contre les différents obligés, tireur, endosseur de la lettre de change, ou du billet à ordre, n'a donc pas de raison d'être à l'égard du titre au porteur. D'ailleurs, comment pourrait-on justifier l'emploi de simples mesures conservatoires qui doivent s'appuyer sur une présomption certaine de propriété, lorsque le titre est de telle nature qu'il se transmet par la simple tradition.

Cependant si, dans les statuts d'une société anonyme approuvée par le gouvernement, une clause avait attribué ce droit au président, il pourrait alors, faisant acte de juridiction gracieuse et procédant en vertu des conventions qui font la loi des parties contractantes, remplacer le titre par son ordonnance dans les conditions et aux charges prévues par ces statuts.

Bons du trésor, obligations départementales ou municipales. —
En cas de perte d'un bon du trésor (1), d'une obligation dépar-
tementale ou municipale, le titre fût-il à ordre, le propriétaire
ne pourrait suivre la voie tracée par les articles 151 et suivants
du Code de commerce ; le président du tribunal de commerce
serait alors incompétent.

XI. *Livres de commerce.* — Aux termes de l'article 12 du Code
de commerce, les livres de commerce régulièrement tenus,
peuvent être admis par le juge, pour faire preuve entre commerçants pour faits de commerce.

Il arrive fréquemment qu'un commerçant n'a pour établir
une créance, ou justifier de sa libération, d'autre preuve à
fournir que ses livres de commerce dont il a constamment besoin, et dont il ne pourrait se dessaisir sans laisser en arrière
des écritures qu'il doit passer tous les jours.

Conséquemment si, à raison d'un procès devant un tribunal
autre que celui de son domicile, un commerçant est obligé de
produire un extrait de ses livres, cet extrait peut être certifié
par le président du tribunal de commerce, ou par un juge
qu'il délègue à cet effet.

Le juge se borne à certifier l'exactitude littérale de l'extrait
qui lui est soumis, lequel doit être, en quelque sorte, la photo-
graphie des livres qu'on lui représente, et dont on veut s'épar-
gner le déplacement ; mais il ne peut déduire aucune conséquence de son examen, car il ne lui appartient pas de porter
une appréciation dans un débat qu'il n'a pas à juger.

Le but de cette mesure étant d'éviter aux commerçants le
déplacement de leurs livres, et la gêne qui en résulterait pour
eux, il n'y a lieu d'y recourir qu'autant qu'il s'agit de livres
courants ou que l'extrait doit être produit devant un tribunal
éloigné de leur domicile, ou remis à une administration publique, à l'appui d'une réclamation ; toute certification d'extrait
serait donc justement refusée lorsque les livres eux-mêmes
pourraient être facilement produits.

XII. *Livres. Registres et repertoires des greffier, huissiers
audienciers et courtiers.* — Le président cote et paraphe les registres et répertoires dont la tenue est imposée au greffier

---

(1) V. *Journal des tribunaux de commerce*, n° 2311, t. VI, p. 499, jugement du 27 octobre 1857, par lequel le tribunal de commerce de la Seine
s'est déclaré incompétent pour statuer sur la demande en paiement d'une
traite émise par le Trésor qui avait été perdue (*Jardin c. le Ministre des
finances*). — Deux jugements du même tribunal, 27 février 1822 (*Faróville*)
et 5 avril 1848 (*Bourdon*), sont conformes.

du tribunal, aux huissiers audienciers et aux courtiers de marchandises et d'assurances.

XIII. *Marchés de Sceaux et de Poissy. Nomination d'experts pour les bestiaux provenant de ces marchés.* — A Paris, le président du tribunal de commerce nomme des vétérinaires en qualité d'experts pour rechercher et constater les causes de la mort des bestiaux provenant des marchés de Sceaux et de Poissy destinés à l'approvisionnement de la boucherie de Paris.

Aux termes de deux arrêts du Parlement, l'un du 4 septembre 1673, et l'autre du 13 juillet 1699, ce dernier servant de règlement entre les bouchers de Paris et les marchands forains sur la garantie des bestiaux, et d'une ordonnance de police, approuvée le 25 mars 1830 par le ministre de l'intérieur, les marchands forains sont garants envers les bouchers, pendant neuf jours, de la mort des bestiaux par eux vendus sur les marchés de Sceaux et de Poissy.

Les bestiaux morts naturellement dans les abattoirs sont envoyés à la ménagerie du Muséum d'histoire naturelle par les inspecteurs de la boucherie, ainsi que toutes les viandes (dans quelque lieu qu'ils les trouvent) qu'ils reconnaissent ne pouvoir être livrées à la consommation ; et des artistes vétérinaires doivent être nommés par le président du tribunal de commerce aux fins de procéder à l'autopsie de l'animal et de rechercher les véritables causes de sa mort, qui sont constatées par un procès-verbal, pour assurer l'action en garantie contre le vendeur.

Deux jugements, l'un du tribunal de commerce de Paris du 6 février 1839 (affaire Desneux c. Boudard), l'autre du tribunal de commerce de Versailles du 20 février 1839 (affaire Pillet c. Delarue), confirmés le 18 mai suivant par arrêts de la Cour de Paris, ont décidé que la loi du 26 mai 1838, sur les vices rédhibitoires, n'a point abrogé les anciens règlements ni dérogé aux lois de police sanitaire. Le pourvoi formé contre cet arrêt a été rejeté par la Cour de cassation le 19 janvier 1841 (1).

_____

(1) « La Cour ; — Attendu que l'arrêt de règlement rendu par le Parlement de Paris le 4 septembre 1673, renouvelé par un autre arrêt de règlement du 13 juillet 1699, et confirmé par une ordonnance du Roi du 1er juin 1782, constitue un règlement spécial aux marchés de Sceaux et de Poissy, qui approvisionnent la ville de Paris, régie, à plusieurs égards, par des règlements exceptionnels ;

« Attendu qu'en consultant soit les termes, soit l'esprit des dispositions

Les experts commis par le président en pareil cas doivent prêter serment entre ses mains avant de procéder à leur mission.

XIV. *Ordonnance d'exequatur.* — Les anciens articles 51 et suivants du Code de commerce avaient confié à la juridiction arbitrale le jugement des contestations entre associés dans les sociétés commerciales.

Cette juridiction spéciale et forcée a cessé d'exister. La loi du 17 juillet 1856, en la supprimant, a attribué au tribunal de commerce la connaissance des contestations sociales.

Comme conséquence de cette modification, ce n'est plus le président du tribunal de commerce qui doit rendre exécutoires les sentences arbitrales entre associés et pour raison d'une société de commerce, lorsque volontairement les contestations ont été soumises à des arbitres; car ces arbitres n'ont plus un caractère forcé. L'article 61 du Code de commerce est abrogé et avec lui ont disparu les pouvoirs conférés au président du tribunal de commerce.

Aujourd'hui l'article 1020 du Code de procédure civile est seul applicable; en conséquence, toutes sentences arbitrales, quel qu'en soit l'objet et quelle que soit la qualité des parties en cause, doit être déposée au greffe du tribunal civil et revêtue de l'ordonnance d'*exequatur* par le président de ce tribunal.

XV. *Saisie conservatoire.* — Le porteur d'une lettre de change protestée faute de paiement peut, en obtenant la permission du président du tribunal de commerce, saisir conservatoire-

---

législatives précitées, on demeure convaincu qu'elles n'ont point eu pour but essentiel de déterminer, au point de vue du droit civil, des vices rédhibitoires en matière de vente d'animaux; vices que l'ancienne législation, comme le Code civil lui-même, avant la loi du 26 mai 1888, abandonnait à l'usage des lieux; — Qu'en effet lesdites dispositions, outre qu'elles ne s'appliquent qu'à une espèce d'animaux et à deux marchés, manifestement dans le rapport qu'ils ont avec la ville de Paris, ne sauraient s'expliquer par les principes relatifs à l'action rédhibitoire; — Que la responsabilité à laquelle elles soumettent les marchands de bœufs envers les bouchers, pendant un délai fixe, a lieu pour toutes espèces de maladies, en cas de mort des animaux seulement, et à la charge de certaines mesures prescrites aux bouchers relativement à la conduite à Paris et à la nourriture des bœufs; — Qu'à ce caractère il faut reconnaître un règlement exceptionnel, déterminé par des considérations particulières à la ville de Paris, fondé sur des motifs de police et de salubrité publique, et que n'a point abrogé la loi du 26 mai 1838, qui, en réglant sous un point de vue général les cas et les délais de l'action rédhibitoire en matière de vente d'animaux, n'a voulu qu'établir dans cette partie de la législation civile une désirable uniformité;

« Rejette, etc..: »

ment les effets mobiliers des tireur, accepteurs et endosseurs C. comm. 172).

Le même droit existe en faveur du porteur d'un billet à ordre protesté, les dispositions relatives aux lettres de change étant applicables aux billets à ordre, notamment en ce qui concerne les devoirs et droits du porteur (C. comm., 172, 187).

Dans les cas qui requièrent célérité, et alors même qu'il ne s'agirait point d'une lettre de change ou d'un billet à ordre, le président du tribunal de commerce peut également permettre de saisir les effets mobiliers, en assujettissant, suivant l'exigence des cas, le demandeur à donner caution ou à justifier de solvabilité suffisante.

Ses ordonnances sont exécutoires nonobstant opposition ou appel (C. pr. civ., 417).

La Cour de Bastia a jugé qu'elles peuvent être attaquées par voie d'opposition devant le tribunal de commerce (1) et par

---

(1) COUR IMPÉRIALE DE BORDEAUX (première chambre).

Présidence de M. Raoul Duval, premier président. Audience du 7 avril 1862.

« LA COUR; — Attendu que les ordonnances autorisant saisie conservatoire, rendues sur simple requête en vertu de l'article 417 du Code de procédure civile, sans assignation préalable du débiteur, ne sont par cela même que des actes de juridiction gracieuse introduits pour répondre à des besoins d'urgence;

« Attendu que de tels actes ne sont généralement pas susceptibles d'opposition, cette voie de recours étant toujours au profit de l'opposant la conséquence du droit d'être préalablement appelé et entendu;

« Que si cependant la rédaction de l'article 417 implique pour le débiteur, quoiqu'il n'ait pas dû être appelé, un droit d'opposition à l'ordonnance rendue, il n'est pas moins certain que l'exercice de ce droit change radicalement la nature de la question à décider, puisqu'il met un procès en débat à la place d'une supplique sans contradicteur;

« D'où, il faut conclure que la question ainsi transformée cesse d'appartenir à la juridiction gracieuse, pour entrer dans le domaine du contentieux; qu'elle ne peut, dès lors, être reportée devant le juge qui a fait droit à la requête, puisque celui-ci statuerait successivement en deux qualités différentes; qu'étant ainsi de nature exceptionnelle et établie contrairement aux principes du droit commun, cette opposition ne comporte pas davantage, en ce qui touche la compétence des magistrats appelés à la juger, l'application de la règle ordinaire en pareille matière;

« Attendu, en effet, que le droit de prononcer sur les contestations qui s'élèvent entre les citoyens n'est pas délivré à un seul juge, hors des hypothèses prévues par l'article 806 sur les référés;

« Attendu que l'opposition dont il s'agit crée entre les parties un véritable litige jusque-là non existant, et dont elle est le premier acte; que, conformément aux principes dominants de l'organisation judiciaire des tribunaux de première instance ou de commerce, le jugement d'une telle contestation ne peut donc être soumis qu'au tribunal, tandis que le président ne saurait être compétent pour y statuer à lui seul;

« Par ces motifs: — La Cour, faisant droit de l'appel interjeté par Drahonnet; — Dit que l'ordonnance du 10 janvier 1862 a été incompétemment rendue; — Renvoie l'intimé à se pourvoir ainsi qu'il avisera. »

appel devant la Cour impériale. Mais l'appel n'est recevable qu'après qu'on a épuisé le recours par opposition (arrêt Bastia, 22 décembre 1863. Affaire Renou c. Parodi).

La compétence exclusive du président du tribunal de commerce pour autoriser une saisie conservatoire n'est pas douteuse, cette mesure n'étant permise que lorsqu'il s'agit d'assurer le paiement d'une dette commerciale (1), soit qu'elle résulte d'une lettre de change ou d'un billet à ordre ou d'un acte de commerce quelconque, puisque les dispositions en vertu desquelles cette mesure peut être autorisée sont consignées soit dans le Code de commerce sous les articles 172 et 187,

---

(1) Arrêt de la Cour de Toulouse, 26 avril 1861.

Du 26 avril 1861. (Cour impériale de Toulouse, 3e chambre.) Président, M. Martin; M. Tourné, avocat général; MM. Louzeral et Fourtanier, avocats.

« La Cour; — Attendu que le titre sous lequel est écrit l'article 417 (C. proc.) qui permet la saisie conservatoire, et qui est celui de la procédure devant les tribunaux de commerce, par la spécialité de ses dispositions, prouve suffisamment que les règles du droit commun ne sont pas applicables; — Que, lorsque la célérité est un des éléments de succès des opérations commerciales, il importe que les marchandises et les denrées qui peuvent être les seules garanties du créancier ne soient pas enlevées; — Que, lorsqu'il se peut agir d'un débiteur qui, étranger au lieu où les objets sont momentanément placés, a le moyen de les faire disparaître en s'éloignant lui-même, il est essentiel que, par une mesure exceptionnelle, le gage puisse être gardé pour celui qui peut ne pas avoir d'autre moyen d'assurer l'exercice de son droit; — Que, dans cette situation, le président du tribunal de commerce a été avec raison investi de la faculté de permettre la saisie conservatoire des choses dont la propriété sera ultérieurement réglée; — Qu'elle n'est point donnée au président du tribunal civil; et que la spécialité de l'article 417 ne permet pas de transporter le droit de faire ces actes de conservation en faveur de ceux qui ne sont pas placés dans la situation qui fait accorder cette faveur aux négociants. »

Tribunal civil de la Seine, deuxième chambre, — Présidence de M. Rolland de Villargues, 11 mai 1859.

« Le Tribunal,
« Attendu qu'il résulte de la combinaison des articles 417 du Code de procédure et 172 et 187 du Code de commerce, que la saisie conservatoire ne peut être autorisée que sous la double condition d'un fait commercial et du péril dans le retard; — Que cette mesure exorbitante du droit commun, prescrite dans l'intérêt du commerce, ne peut être étendue aux matières civiles;
« Attendu que la créance alléguée par Sax aurait pour cause des dommages-intérêts résultant du délit de contrefaçon reconnu à la charge de Gautrot; qu'elle est donc purement civile;
« Attendu d'ailleurs que l'urgence n'est aucunement justifiée;
« Par ces motifs: — Déclare nulle la saisie conservatoire, en fait mainlevée; — Ordonne l'exécution provisoire sans caution et condamne Sax aux dépens. »

soit dans le Code de procédure civile sous l'article 417 qui fait partie du titre XXV, intitulé *Procédure devant les tribunaux de commerce.*

Toutefois, dans la pratique, le président du tribunal civil accorde l'autorisation de saisir conservatoirement pour dette commerciale, puisant sa compétence dans la plénitude de juridiction des tribunaux civils.

Aussi, pour éviter un conflit, le président du tribunal de commerce de Paris est dans l'habitude de ne point répondre les requêtes qui lui sont présentées à fin de saisie conservatoire : cette abstention, de faire usage d'un droit qui lui appartient, remonte à 1818, époque à laquelle M. Martin, fils d'André, alors président du tribunal de commerce, ayant cru devoir, à ce sujet, se plaindre au garde des sceaux de ce qu'il considérait comme un empiétement sur ses prérogatives, et n'ayant pas obtenu satisfaction, donna sa démission.

XVI. *Sociétés à responsabilité limitée. Nomination des commissaires.* — Dans les sociétés à responsabilité limitée, l'assemblée générale annuelle désigne un ou plusieurs commissaires, associés ou non, chargés de faire un rapport à l'assemblée générale de l'année suivante sur la situation de la société, sur le bilan et sur les comptes présentés par les administrateurs.

La délibération contenant approbation du bilan et des comptes est nulle, si elle n'a été précédée du rapport des commissaires. A défaut de nomination des commissaires par l'assemblée générale, ou en cas d'empêchement ou de refus d'un ou de plusieurs commissaires nommés, il est procédé à leur nomination ou à leur remplacement par ordonnance du président du tribunal de commerce du siége de la société, à la requête de tout intéressé, les administrateurs dûment appelés.

XVII. *Transports de marchandises. Nomination d'experts.* — En cas de refus ou contestation pour la réception d'objets transportés par un voiturier, batelier, ou par un chemin de fer, le président du tribunal de commerce, sur la requête qui lui est présentée à cet effet par le voiturier ou le destinataire, nomme un ou plusieurs experts pour vérifier et constater l'état desdits objets (art. 106, C. com.).

L'ordonnance doit prescrire que l'expertise aura lieu en présence du voiturier ou lui dûment appelé, si la requête est présentée par le destinataire, ou bien, au contraire, en présence du destinataire si les diligences sont faites par le voiturier. S'il y avait urgence, le président pourrait autoriser à appeler la partie adverse sans observer le délai de vingt-quatre heures, il pourrait même dispenser de procéder contradictoirement s'il y avait péril en la demeure.

Ces expertises n'ont pas le même caractère de gravité que celles ordonnées par jugement et après débats contradictoires, et ne sont pas assujetties aux formalités rigoureuses édictées par les articles 302 et suivants du Code de procédure civile.

Dans la pratique suivie à Paris, un seul expert est nommé; il procède sans avoir prêté serment, il ne dépose pas son procès-verbal au greffe; il le remet à la partie intéressée qui le signifie en tête de son assignation si l'affaire ne se termine pas amiablement.

Ces sortes d'expertises sont confiées généralement à des commerçants notables qui ne prennent aucuns honoraires : de cette façon, dans ces contestations presque toujours minimes et urgentes, des frais et des lenteurs sont évités et ne font pas obstacle au règlement amiable d'avaries souvent sans importance.

L'article 106 du Code de commerce, en permettant au voiturier ou au destinataire d'objets transportés de s'adresser au président du tribunal de commerce, pour faire nommer des experts, est légalement sans application lorsque la contestation s'agite entre vendeur et acheteur, en un mot, lorsqu'elle est étrangère au fait du transport, cas spécial pour lequel cette mesure a été autorisée.

Si le président autorisait une expertise en pareille circonstance, il excéderait donc ses pouvoirs; pour rester dans la rigoureuse application du texte il devrait s'abstenir, quels que fussent l'intérêt et l'utilité d'une constatation immédiate; ce n'est pas à lui de l'ordonner, il doit renvoyer les parties intéressées à se pourvoir comme bon leur semble. Tel est l'avis de M. le garde des sceaux (1).

---

(1)   Paris, le 1er août 1862.
« Monsieur le Président,

« Vous me demandez, par votre lettre du 26 juillet dernier, si je verrais
« quelque obstacle à ce que, par une application d'analogie de l'article 106
« du Code de commerce, vous ordonniez une expertise pour vérifier *la*
« *qualité* d'une marchandise expédiée des départements ou de l'étranger,
« que le destinataire prétend être différente de celle convenue entre le
« vendeur et lui. Jusqu'à présent, vous vous êtes, comme MM. les pré-
« sidents, vos prédécesseurs, invariablement refusé à faire droit sur ce
« point aux demandes qui vous ont été adressées.
« Je ne puis, Monsieur le Président, que vous engager à persister dans
« cette manière d'agir.

Transport de marchandises. Dépôt ou séquestre. — Le dépôt ou séquestre et le transport dans un dépôt public des marchandises qui sont refusées par le destinataire, ou dont ce dernier ne peut prendre livraison soit parce qu'elles sont revendiquées ou frappées d'opposition, soit par toute autre cause, peut être ordonné par le président sur la requête du voiturier.

En pareil cas, le dépôt est ordonné à la charge des revendications ou oppositions qui tiennent aux mains du dépositaire pour la conservation des droits des tiers.

Si le voiturier n'est pas payé de ses frais et avances, le dépositaire peut être autorisé à les rembourser, et par ce remboursement il se trouve subrogé à tous les droits et priviléges du voiturier.

Voiturier. Vente des objets transportés. — Le président peut ordonner la vente des objets transportés jusqu'à concurrence du prix de la voiture.

Le voiturier n'a pas besoin d'assigner en paiement, il lui suffit de présenter requête au président du tribunal de commerce et ce magistrat autorise la vente non-seulement pour les frais de transport, mais encore pour le remboursement des avances faites par le voiturier et pour lesquelles il a un droit de rétention.

« L'article 106 du Code de commerce est seulement applicable aux dif-
« férends entre le voiturier et le destinataire; c'est un principe consacré
« par la jurisprudence la plus ancienne; la raison de la loi n'est pas moins
« claire que son texte; le voiturier et le destinataire sont sur les lieux, en
« présence l'un de l'autre; il s'agit de constater un fait, qui n'intéresse
« que le contrat de transport; des délais et des frais sont inutiles; la loi a
« donc pu donner au président des pouvoirs exceptionnels.
    « Mais la question de savoir si une marchandise est ou non conforme à
« l'échantillon; si la qualité fournie est ou n'est pas la qualité promise,
« touche essentiellement au contrat de vente lui-même; ce n'est plus un
« simple fait à constater, c'est, avant tout, une convention à interpréter;
« un litige sur le fond même du droit prétendu par l'acheteur; le vendeur
« n'est pas présent; dans ce cas, le tribunal seul peut ordonner l'exper-
« tise, conformément aux articles 305 et 429 du Code de procédure
« civile.
    « Assurément un constat de la qualité de la marchandise, à son arrivée
« dans les magasins de l'acheteur, peut avoir de l'utilité; mais rien ne
« s'oppose à ce que l'acheteur fasse, à ses risques et périls, procéder à ce
« constat par des hommes compétents, dont la déclaration serait reçue par
« un officier public. Le rapport ne serait, à la vérité, qu'un simple docu-
« ment; mais comme celui ordonné par le président n'aurait pas une
« plus grande valeur légale, il me paraît inutile de faire, en semblable
« circonstance, intervenir son autorité.
    « Recevez, Monsieur le Président, l'assurance de ma considération très-
« distinguée.
                « *Le garde des sceaux, ministre de la justice,*
                        « DELANGLE. »

Quelquefois même, dans l'intérêt de toutes les parties et pour la conservation même de la chose, la vente de la totalité des objets transportés peut et doit être autorisée sur la requête du voiturier, par exemple, s'il s'agit de fruits, de poissons, en un mot, de marchandises dont le dépérissement est imminent.

Il peut même être procédé à la vente hors la présence des parties et sans aucune formalité judiciaire.

XVIII. *Vente de cuirs verts.* — Par dérogation aux articles 20, 21, 22 et 23 du décret du 12 mars 1859, les ventes publiques en gros des cuirs verts, à Paris, peuvent avoir lieu mensuellement et d'avance, sans exhibition matérielle ni exposition préalable, mais après autorisation donnée sur requête par le président du tribunal de commerce (décret du 23 mai 1863).

CHAPITRE XIV.

GREFFE. — GREFFIER. — CONDITIONS D'ADMISSION. — FONCTIONS, CARACTÈRE. — INCOMPATIBILITÉS. — DROITS ET PRÉROGATIVES. COSTUME. — DEVOIRS ET OBLIGATIONS. — DROITS ET ÉMOLUMENTS. — GREFFIER INTÉRIMAIRE. — DISCIPLINE. — COMMIS GREFFIER.

I. A l'origine de la juridiction consulaire, les Juge et Consuls choisissaient eux-mêmes leur scribe ou greffier. En effet, l'article 18 de l'Edit de novembre 1563 est ainsi conçu :

« Permettons auxdits Juge et Consuls de choisir et nom-
« mer pour leur scribe et greffier telle personne d'expérience,
« marchand ou autre qu'ils aviseront, lequel fera toute expé-
« dition en bon papier, sans user de parchemin; et lui défen-
« dons très-étroitement de prendre pour ses salaires et vaca-
« tions autre chose qu'un sol tournois pour feuillet, à peine de
« punition corporelle, et d'en répondre par lesdits Juge et
« Consuls, en leur propre et privé nom, en cas de dissimula-
« tion et connivence. »

Par un règlement fait en 1576, les Juge et Consuls avaient enjoint à leur greffier de se rendre en personne à l'audience une heure d'avance pour enregistrer les causes, les appeler à tour de rôle et écrire les *dictons* des jugements qui se donnaient *pour les procès par défaut.*

Quand l'audience était commencée, il ne pouvait recevoir aucun exploit ni *confabuler* avec quelque personne que ce fût devant le siége ; il avait au bout de la salle un clerc qui recevait les exploits et les mémoires des parties arrivées après le commencement de l'audience et qui expédiait les ordonnances et sentences que les parties demandaient.

Henri IV, dont les finances étaient épuisées après le siége de Paris, ne pouvant plus *rien tirer du pauvre peuple, dont la misère et l'impuissance est si grande*, porte l'édit, fit rentrer dans son domaine les offices du greffier et des clercs du greffe, et les vendit moyennant finances.

Les Juge et Consuls obtinrent de racheter le droit de nommer directement auxdites places, mais cette faveur, qui leur fut accordée par une déclaration du Roi de 1617, ne leur fut concédée « qu'à la charge par lesdits Juge et Consuls de rem- « bourser la finance *payée au coffre* de Sa Majesté pour les « greffe et places de clercs, de payer à son épargne la « somme de trois mille livres, et de soulager les pauvres jus- « ticiables d'une partie des droits payés auxdits greffe et places « de clercs. »

La loi du 7 septembre 1790 supprima les offices de greffiers en même temps que les anciens tribunaux, mais les fonctions de greffier furent maintenues dans les nouveaux tribunaux et notamment lors de la réorganisation de l'an VIII.

Depuis, le Code de commerce, dans son article 624, a décidé qu'il y aurait près de chaque tribunal de commerce un greffier, nommé par l'Empereur, dont les droits, vacations et devoirs seraient fixés par un règlement d'administration publique, et la loi du 28 avril 1816, article 91, a compris les greffiers parmi les fonctionnaires et officiers publics qui peuvent transmettre leur charge et présenter un successeur.

Ce fonctionnaire est désigné sous le titre de *greffier du tribunal de commerce*. Son admission est subordonnée à certaines conditions, et ses fonctions, qui comportent diverses incompatibilités, en même temps qu'elles lui confèrent des droits et des prérogatives, lui imposent des devoirs et des obligations.

II. *Conditions d'admission.* — Pour être greffier d'un tribunal de commerce, il faut :

1° Être âgé de vingt-cinq ans accomplis (art. 1er de la loi du 16 ventôse an XI) ;

2° Avoir travaillé soit dans un greffe, soit dans une étude d'avoué ou de notaire, soit chez un receveur d'enregistrement : mais la loi du 20 avril 1810, articles 64 et 65, n'exige le grade

de licencié en droit que pour le greffier en chef de la Cour de
cassation ou d'une Cour impériale;

3° Etre Français et jouir de ses droits civils et civiques;

4° Avoir satisfait aux lois sur le recrutement (art. 2 et 48 de
la loi du 23 mai 1832);

5° Etre présenté à la nomination de l'Empereur par le titulaire, sa veuve ou ses héritiers (art. 91 de la loi du 28 avril
1816).

Le candidat adresse sa demande et les pièces à l'appui au
ministre de la justice par l'intermédiaire du tribunal de commerce qui les transmet, avec l'avis du tribunal, au procureur
impérial, lequel fait l'instruction, prend les renseignements
nécessaires et, à son tour, transmet le tout au procureur général près la Cour impériale du ressort.

Après sa nomination, le greffier ne peut être admis à remplir
ses fonctions qu'en justifiant qu'il a versé son cautionnement
et après avoir prêté serment (loi du 31 août 1836). Ce n'est pas
devant la Cour impériale, comme les Juges, mais devant le
tribunal de commerce, auquel il est attaché, que le greffier
doit prêter serment. La Cour impériale serait incompétente
pour le recevoir (1).

---

(1) Arrêt de la Cour de cassation du 22 mars 1843 (*Tallonneau*).

Du 22 mars 1843. (*Chambre des requêtes.*) MM. *Zangiacomi, président;
Félix Faure, rapporteur; Delangle, avocat général.*

« LA COUR; — Vu l'article 80 de la loi du 27 ventôse an VIII, l'article 1er, titre IX, de la loi du 24 août 1790; l'article 4, titre V, de la loi du
13 août 1791, et l'article 26 du décret du 30 mars 1808;

« Attendu que l'article 1er, titre IX, de la loi du 24 août 1790, porte que
le serment des greffiers nommés près des tribunaux de commerce sera
reçu par les juges de ces tribunaux; que cette disposition est rappelée et
confirmée par la loi du 13 août 1791, titre V, article 4, qui se réfère aux tribunaux de commerce des villes maritimes;

« Attendu que cette disposition textuelle n'a été abrogée par aucune loi subséquente; — Que notamment l'article 26 du décret du 30 mars
1808 ne comprend point les greffiers des tribunaux de commerce parmi
les membres des tribunaux dont le serment doit être reçu par les Cours
royales;

« Attendu, en fait, que la Cour royale de Poitiers, par sa décision du
23 décembre 1842, a déclaré que le sieur Tallonneau, nommé greffier du
tribunal de commerce de Niort, devait prêter serment devant la première
chambre de ladite Cour, et qu'à cet effet l'audience aurait été renvoyée à
huitaine;

« Que cette décision a été rendue malgré l'opposition ou contre l'avis
du ministère public, seul chargé, comme organe du gouvernement, de
requérir, en exécution des ordonnances royales portant nomination de
fonctionnaires de l'ordre judiciaire, l'admission au serment desdits fonctionnaires, admission que les tribunaux ne peuvent ordonner d'office et
sans le concours du ministère public;

III. *Fonctions, caractère*. — Domat (*Droit public*, livre II, titre V, section 1re), dit que, « de toutes les fonctions qui en- « trent dans l'ordre de l'administration de la justice, il n'y en « a point qui aient autant de liaison aux fonctions de juge que « celles des greffiers; car ils doivent écrire ce qui est dicté ou « prononcé par les juges et demeurer dépositaires des arrêts, « jugements et autres actes qui doivent subsister, et en déli- « vrer des expéditions aux parties; c'est leur seing qui fait la « preuve de la vérité de ce qu'ils signent. » Et il faut ajouter avec Bacon « que le greffier est vraiment le doigt de la Cour « (*digitus est curiæ egregius*), et que ses avertissements sont sou- « vent utiles aux magistrats. »

Le greffier fait essentiellement partie du tribunal, sa pré- sence est une condition substantielle de la régularité des juge- ments et de toute décision judiciaire ou procès-verbal dont il doit rester minute.

Quant à la signature du greffier, bien qu'elle constitue, comme sa présence, une des conditions substantielles exigées pour la validité des décisions et actes des juges, cependant, en cas d'impossibilité de signer, survenue depuis la décision pro- noncée, le président ou le juge pourrait y apposer seul sa signa- ture en constatant l'empêchement du greffier et en se confor- mant aux prescriptions de l'article 37 du décret du 30 mars 1808.

Seul le greffier a qualité pour délivrer des expéditions ou extraits des actes et jugements dressés ou rendus dans le tribunal auprès duquel il exerce ses fonctions et, comme officier public, il donne aux actes et jugements qu'il ré- dige et aux expéditions qu'il en délivre le caractère authen- tique.

IV. *Incompatibilités*. — Toutes fonctions de l'ordre adminis- tratif ou judiciaire sont incompatibles avec celles de greffier (lois des 24 vendémiaire an III et 20 mars 1831, 20 mars 1791, 25 ventôse an II, 24 messidor an v, 25 ventôse an XI; ordon-

« Qu'ainsi, en se déclarant compétente pour recevoir le serment du sieur Tallonneau, et ce malgré l'opposition du ministère public, la Cour royale de Poitiers a faussement appliqué l'article 26 du décret du 30 mars 1808, violé formellement soit l'article 1er, titre IX, de la loi du 24 août 1790, soit les lois qui règlent les attributions du ministère public, et com- mis un double excès de pouvoir;

« Par ces motifs;

« Annule pour excès de pouvoir l'arrêt de la Cour royale de Poitiers du 23 décembre 1842; — Ordonne qu'à la diligence du procureur général le présent arrêt sera imprimé et transcrit sur le registre de ladite Cour. »

nance du 20 novembre 1822, décision ministérielle 28 mai 1824).

Ainsi, un greffier ne peut être adjoint, maire, sous-préfet, préfet, juge, membre du parquet, avocat, notaire, avoué, huissier, percepteur, instituteur primaire, agent de l'administration des forêts, de l'enregistrement et des domaines, des douanes, des contributions indirectes ou des postes, etc. Tout négoce lui est interdit de même que toute agence d'affaires.

Aux termes de l'article 63 du décret du 20 avril 1810, on ne peut, sans avoir obtenu des dispenses, être greffier d'un tribunal si on est parent ou allié d'un membre de ce tribunal jusqu'au degré d'oncle et de neveu inclusivement. Ces dispenses sont pareillement nécessaires au greffier pour continuer d'exercer les fonctions si l'alliance n'est survenue qu'après sa nomination.

Mais il n'y a pas incompatibilité avec les fonctions électives telles que celles de conseiller général, conseiller d'arrondissement, conseiller municipal, ni avec celles de juré (1).

Il n'y a pas non plus motif de récusation à raison de la parenté du greffier avec l'une des parties en cause, l'article 378 du Code de procédure civile ne lui est pas applicable, il ne peut être l'objet d'un désaveu, parce que les actes qu'il a reçus ou rédigés contiendraient des énonciations mensongères.

V. *Droits et prérogatives.*—Le greffier, bien qu'il fasse partie du tribunal auquel il est attaché, n'est pas magistrat, il prend rang après les juges et les suppléants (décret du 6 juillet 1816, art. 36).

Il peut se dispenser du service de la garde nationale, ainsi que l'a décidé la Cour de cassation par deux arrêts en date des 21 juillet 1832 (affaire Cordico) et 21 mars 1834 (affaire Courte).

Il est fonctionnaire public, mais non agent du gouvernement et peut être poursuivi sans l'autorisation du Conseil d'Etat exigée

---

(1) Arrêt du 8 janvier 1846. — (*Cour de cassation.*)

« LA COUR; — Attendu sur le quatrième moyen qu'il résulte des pièces produites en exécution de l'arrêt interlocutoire du 18 décembre dernier, que le sieur Collignon, l'un des jurés, présenté par le demandeur comme incapable, est greffier du tribunal de commerce; — Que les fonctions de greffier, différant essentiellement de celles de juge, ne peuvent être considérées comme déclarées incompatibles avec celles de juré par l'article 383 du Code d'instruction criminelle;

« Attendu, d'ailleurs, que la procédure est régulière, et que a peine a été légalement appliquée; — Rejette. »

par l'article 75 de la Constitution du 22 frimaire an VIII (Cassation, 26 décembre 1807).

Comme fonctionnaire public il reçoit un traitement de l'Etat, mais il n'est assujetti à aucune retenue et n'a point droit à une retraite (loi du 27 ventôse an VIII, art. 92).

Il est soumis à un cautionnement qui est fixé par la loi du 28 avril 1816, article 88, à 3,000 francs dans tous les départements et 8,000 francs pour Paris.

Aux termes de l'article 91 de la loi du 28 novembre 1816, le greffier, sa veuve ou ses héritiers ont le droit de présenter un successeur. Il cesserait d'en être ainsi en cas de destitution du titulaire. L'office ferait alors retour à l'Etat qui en disposerait sur la présentation du tribunal, en imposant au successeur, suivant les circonstances, de consigner la valeur de l'office.

VI. *Costume.* — Le greffier porte le même costume que les juges et suppléants, mais sans galon d'argent à la toque. Ce galon est remplacé par un bord en velours (décret du 2 nivôse an XI, art. 5).

Il doit revêtir son costume soit à l'audience, soit dans les cérémonies publiques, en un mot, toutes les fois qu'il assiste le tribunal ou un juge dans l'exercice de ses fonctions.

VII. *Devoirs et obligations.* — Le greffier doit tenir son greffe ouvert tous les jours, excepté les dimanches et fêtes, aux heures réglées par le tribunal, de manière qu'il le soit au moins huit heures par jour (décret du 30 mars 1808, art. 90).

Il tient la plume aux audiences, depuis leur ouverture jusqu'à ce qu'elles soient terminées ; toutefois il peut s'y faire remplacer par un commis-greffier assermenté, mais il doit assister en personne aux audiences solennelles et aux assemblées générales. Ce n'est qu'en cas d'empêchement légitime qu'il peut en être dispensé et être admis à se faire suppléer par un commis (décret du 30 mars 1808, art. 91, loi du 6 juillet 1810, art. 56 et 57). Dans ce cas, c'est au plus ancien commis-greffier à le remplacer.

Le greffier doit présenter à la nomination du tribunal et faire admettre au serment le nombre de commis-greffiers nécessaire pour le suppléer dans l'exercice de ses fonctions (loi du 27 ventôse an VIII, art. 92, décret du 18 août 1810, art. 24, et 30 janvier 1811, art. 6 et suivants).

Il est chargé du paiement des commis expéditionnaires, et de toutes les dépenses du greffe (décret du 30 janvier 1811, art. 8).

2º PARTIE.   8

Il est obligé de résider dans la ville où est établi le tribunal (décret du 30 mars 1808, art. 100).

Il doit conserver avec soin les collections des lois et autres ouvrages à l'usage du tribunal, et veiller à la garde de toutes les pièces qui lui sont confiées et de tous les papiers du greffe (décret du 30 mars 1808, art. 93).

Le greffier, sous la surveillance du président, dresse l'inventaire du mobilier fourni au tribunal par le département, et il en est responsable s'il n'y a pas de concierge constitué gardien. Il consigne chaque année, sur cet inventaire, tous les changements survenus dans le mobilier, et en cas de mutation, il est procédé à un récolement (décret du 20-30 juillet 1853).

Il doit tenir dans le meilleur ordre les rôles et les différents registres qui sont prescrits par la loi, et celui des délibérations du tribunal (décret du 30 mars 1808, art. 92).

Le greffier qui délivre expédition d'un jugement avant qu'il ait été signé est poursuivi comme faussaire (C. pr. civ., 139), et cela encore bien qu'il ait agi sans fraude (Cassation, 22 août 1817).

Il doit avoir un répertoire à colonnes et y inscrire jour par jour, sans blanc ni interligne et par ordre de numéros, tous les actes et jugements qui sont enregistrés sur les minutes, à peine de cinq francs d'amende pour chaque omission (lois du 22 frimaire an VII, art. 49, et 16 juin 1824).

Ce répertoire doit être coté et paraphé par le président du tribunal et communiqué, à toute réquisition, aux préposés de l'enregistrement, à peine de 50 francs d'amende, en cas de refus.

Le greffier est obligé de tenir un registre coté et paraphé par le président, sur lequel il inscrit jour par jour les actes sujets au droit de greffe, les expéditions qu'il délivre, la nature de chaque expédition, le nombre des rôles, les noms des parties avec mention de celle à laquelle l'expédition est délivrée. Il est tenu de communiquer ce registre aux préposés de l'enregistrement toutes les fois qu'il en est requis (loi du 21 nivôse an VII, art. 13).

Il doit, ainsi qu'il est dit plus loin, inscrire le détail des déboursés et des droits auxquels chaque acte a donné lieu au pied des expéditions qu'il délivre.

Aux termes de l'article 4 de l'arrêté du 8 messidor an VIII (27 juin 1800), il doit aussi tenir un état détaillé par jour et par article tant du produit de ses émoluments que des diverses dépenses du greffe. La tenue de ce registre est de la plus grande importance; lui seul peut établir régulièrement les produits du greffe et permet de fixer avec certitude la valeur de l'office en cas de cession.

Mandataires, Assistance ou Procuration spéciale. — Lorsqu'une partie est défendue devant le tribunal de commerce par un tiers, le greffier doit faire mention expresse, dans la minute du jugement, soit de l'autorisation que ce tiers a reçue de la partie présente à l'audience, soit du pouvoir spécial qui lui a été donné, et viser ce pouvoir qui doit lui être exhibé avant l'appel de la cause (art. 627, C. com., et ordonnance royale du 10 mars 1825, art. 1).

Mise au rôle. — Le droit de mise au rôle est perçu par le greffier suivant les instructions que comporte la loi du 21 ventôse an VII, et toutes les causes doivent être inscrites dans l'ordre de leur présentation sur un registre ou rôle général tenu au greffe, coté et paraphé par le président. Cette inscription doit être faite la veille au plus tard du jour où l'on se présente à l'audience (décret du 30 mars 1808, art. 19, circulaire du ministre de la justice du 26 septembre 1808).

Jugements. Feuille d'audience. — Les greffiers des tribunaux de commerce doivent, comme ceux des tribunaux civils, porter immédiatement sur la feuille d'audience tous les jugements tels qu'ils sont rendus (1), signer la minute avec le président et faire

---

(1) *Circulaire du grand juge, ministre de la justice, du 26 septembre 1808, adressée aux procureurs généraux.*

« Son Excellence M. le ministre des finances m'informe, messieurs, que dans la plupart des greffes on se contente de porter sur la feuille d'audience des notes tellement succinctes, tellement inexactes des jugements, que les préposés de la règle ne peuvent parvenir à liquider les droits de ceux qui sont susceptibles d'être enregistrés sur la minute.

« Cette manière de procéder est absolument contraire à la lettre et à l'esprit du Code de procédure; il ne faut que lire l'article 138 pour se convaincre qu'il n'y a plus aujourd'hui d'autre minute que la feuille d'audience, que tous les jugements doivent y être portés tels qu'ils sont rendus, et qu'ils doivent être signés chaque jour par le président et par le greffier.

« C'est également ce que porte le décret réglementaire du 30 mars dernier, article 36, d'où il suit que la feuille d'audience doit contenir, non de simples notes, mais bien le dispositif de chaque jugement avec les motifs qui lui servent de base.

« Vainement les greffiers allèguent que la rédaction des jugements ne devant être faite que sur la signification des qualités, aux termes de l'article 142, de simples notes sur la feuille d'audience leur suffisent pour cette rédaction.

« C'est confondre des dispositions essentiellement différentes dans leur contexture et dans leurs effets.

« L'article 138 a évidemment pour but de fixer le sort des jugements

mention en marge de la feuille d'audience des juges qui y ont

---

et d'en assurer les dispositions de manière à rendre toute altération impossible.

« L'article 142 n'a d'autre objet que de déterminer la forme dans laquelle les jugements doivent être rédigés pour être délivrés aux parties, et ce que cette rédaction doit contenir.

« Le premier concerne les minutes, qui doivent être transcrites chaque jour sur la feuille et signées par le président et le greffier.

« L'autre est relatif aux expéditions qui ne doivent être faites que quand les parties les demandent, et d'après les qualités signifiées ; ce qui ne se ressemble en aucune manière.

« Vous voudrez bien communiquer ces instructions au greffier, et veiller à ce que les jugements qui se rendent à chaque audience soient transcrits sur la feuille et signés conformément à l'article 138 du Code.

« Aux termes de l'article 19 du décret du 30 mars 1808, il doit être tenu au greffe un registre ou rôle général, coté et paraphé par le président, et sur lequel doivent être inscrites toutes les causes dans l'ordre de leur présentation. Cette inscription doit être faite la veille au plus tard du jour où l'on se présentera à l'audience.

« Le droit de mise au rôle est perçu suivant les inscriptions que comporte la loi du 21 ventôse an VII.

« Les greffiers des tribunaux de commerce doivent, comme ceux des tribunaux civils, porter sur la feuille d'audience tous les jugements tels qu'ils sont rendus (article 138 du Code de procédure). »

2e *Circulaire du grand juge, ministre de la justice, du* 31 *octobre* 1809.

« Quelques greffiers de ces tribunaux (les tribunaux de commerce), porte la circulaire, ont prétendu que l'article 138 du Code de procédure civile, qui veut qu'il soit rédigé minute de chaque jugement aussitôt qu'il est rendu, et que cette minute soit signée par le président et le greffier, ne concernait pas les tribunaux de commerce, parce qu'il exige que le greffier indique en marge de la feuille d'audience les noms des juges et celui du procureur impérial, et qu'il n'existe pas de ministère public près les tribunaux de commerce ; que les juges de ces tribunaux ne sont aux yeux de la loi que des conciliateurs ; qu'il arrive souvent que les parties, quoique jugées, se concilient devant les juges mêmes, et le jugement, restant sans effet, n'est pas même rédigé.

« Enfin ils invoquent l'article 614 du Code de commerce, qui porte qu'il y aura près de chaque tribunal de commerce un greffier et des huissiers nommés par le gouvernement, et que leurs droits, vacations et devoirs seront fixés par un règlement d'administration publique : ils en concluent que les usages observés jusqu'ici dans les tribunaux de commerce doivent subsister jusqu'à l'émission du règlement annoncé par cet article.

« Ces prétentions ne sont pas fondées.

« En effet, quoique le Code de commerce, livre IV, titre 1er, nombre 10, semble ajourner la fixation des droits, vacations et devoirs des greffiers à l'époque où ils seront déterminés par un règlement d'administration publique, néanmoins il résulte :

« 1° De l'article 642 du Code de commerce que la forme de procéder devant les tribunaux de commerce sera celle tracée par les tribunaux civils ;

« 2° De l'article 643 du même Code spécial pour l'instruction des affaires commerciales, que l'on doit se conformer, pour la rédaction et l'expédition des jugements, aux articles 141 et 146 du Code de procédure civile, dont le premier veut que la rédaction des jugements contienne les noms des juges, les noms, professions et demeures des parties, leurs conclusions,

assisté. Cette mention est également signée par le président et par le greffier (Code de procédure, 138) (1).

---

l'exposition sommaire des points de fait et de droit, les motifs et les dispositifs des jugements, pour qu'ils soient en forme exécutoire.

« Ainsi, il est hors de doute que les règles tracées par le Code de procédure pour la rédaction et l'expédition des jugements rendus par les tribunaux de première instance doivent s'appliquer aux jugements que rendent les tribunaux de commerce, et les greffiers de ces tribunaux doivent avoir une feuille d'audience timbrée pour y inscrire tous les jugements. Les greffiers des tribunaux de commerce étant assimilés à ceux des tribunaux civils pour la tenue de la feuille d'audience, il en résulte pour eux la nécessité de se conformer à l'article 49 de la loi du 22 frimaire an VII, et d'inscrire sur leurs répertoires tous les actes et jugements susceptibles d'être enregistrés sur la minute.

« Cependant ils ne sont tenus de porter sur cette feuille que les motifs et les dispositifs des jugements, sauf, lorsqu'il s'agit de les expédier, à recourir aux pièces de la procédure pour y prendre les autres détails. »

(1) *Circulaire de M. le garde des sceaux relative à la tenue régulière des feuilles d'audience* (23 décembre 1822).

« Monsieur le procureur général, la négligence que quelques magistrats ont apportée à surveiller la tenue régulière des feuilles d'audience, et à les faire immédiatement revêtir des formalités prescrites par la loi, a, dans plusieurs circonstances et dans différents sièges, occasionné la nullité d'un grand nombre de jugements, et par suite compromis les intérêts de plusieurs familles. Dans la crainte que de pareilles fautes, véritable calamité pour la société, ne se renouvellent, je crois devoir vous rappeler les dispositions des lois sur cette matière importante, et vous inviter à tenir la main à leur exécution.

« L'article 138 du Code de procédure civile porte :

« Le président et le greffier signeront la minute de chaque jugement « aussitôt qu'il sera rendu. Il sera fait mention, en marge de la feuille « d'audience, des juges et du procureur du roi qui y auront assisté; cette « mention sera également signée par le président et le greffier. »

« Le règlement du 30 mars 1808 a donné quelques développements à cette disposition par les articles suivants :

« ART. 36. Le greffier portera sur la feuille d'audience du jour la mi- « nute de chaque jugement aussitôt qu'il sera rendu; il fera mention, en « marge, des noms des juges et du commissaire du gouvernement, ou de « son substitut, qui y auront assisté.

« *Celui qui y aura présidé* vérifiera cette feuille à l'issue de l'audience « ou dans les vingt-quatre heures, et signera, ainsi que le greffier, chaque « minute de jugement et les mentions faites en marge.

« ART. 37. Si, par l'effet d'un accident extraordinaire, le président se « trouvait dans l'impossibilité de signer la feuille d'audience, elle devra « l'être, dans les vingt-quatre heures suivantes, par le plus ancien des « juges ayant assisté à l'audience. Dans le cas où l'impossibilité de signer « serait de la part du greffier, il suffira que le président en fasse mention « en signant. »

« Les articles 18, 433, 470, 1016 et 1020 du Code de procédure rendent les règles ci-dessus développées applicables aux jugements rendus par les juges de paix et par les tribunaux de commerce, aux arrêts des Cours royales et aux sentences arbitrales.

« L'article 139 du Code de procédure civile a prescrit que les greffiers qui délivreraient expédition d'un jugement avant qu'il ait été signé, fussent poursuivis comme faussaires.

Si le président, par l'effet d'un accident extraordinaire, est dans l'impossibilité de signer la feuille d'audience, elle est si-

---

« L'article 140 enjoint aux procureurs du roi et généraux de se faire représenter, tous les mois, les minutes des jugements, et de vérifier s'il a été satisfait aux dispositions ci-dessus, et, en cas de contraventions, d'en dresser procès-verbal pour être procédé ainsi qu'il appartiendrait.

« L'article 74 du règlement du 30 mars 1808 indique la marche à suivre, dans l'intérêt des parties, pour réparer l'omission de ces formalités essentielles; il est ainsi conçu : « Si les feuilles d'une ou plusieurs audiences « n'ont pas été signées dans les délais et ainsi qu'il est réglé par les arti- « cles 36 et 37, il en sera référé par le procureur général à la Cour royale, « devant la chambre que tient le premier président. Cette chambre « pourra, suivant les circonstances, et sur les conclusions par écrit du « procureur général, autoriser un des juges qui auraient concouru à ces « jugements à les signer. »

« Cette dernière disposition ne doit, il est vrai, recevoir son application que dans des cas extrèmement rares. Toutefois elle a été adoptée pour le bien des justiciables, afin d'éviter, autant que possible, que leur repos fût troublé par l'inobservation des formalités indépendantes de leur volonté; mais cette disposition de faveur ne peut autoriser la négligence des magistrats et des greffiers à s'acquitter avec la plus grande exactitude des obligations qui leur sont imposées par les articles 138 du Code de procédure civile, 36 et 37 du règlement du 30 mars 1808. Les officiers du ministère public sont spécialement chargés de surveiller cette partie du service, et j'attends de leur zèle qu'ils s'empresseront de répondre au vœu de la loi : tout oubli sur ce point serait réprimé sévèrement.

« J'appelle également toute leur sollicitude sur la stricte exécution des articles 76, 78, 95, 96, 114, 128, 135, 164, 176, 196, 211, 234, 370 et 470 du Code d'instruction criminelle, relatifs à la rédaction et à la signature des informations, mandats, ordonnances, jugements et arrêts en matière de simple police, de police correctionnelle, et en matière criminelle; quoique la loi ait prononcé des peines contre l'inobservation des formalités prescrites par ces articles, je suis informé que dans quelques sièges il existe un très-grand relâchement sur ce point.

« Je n'ignore pas non plus que, par condescendance pour quelques magistrats, les greffiers souffrent que les minutes des jugements et autres actes judiciaires sortent du greffe, et soient colportés dans la ville et envoyés même quelquefois à la campagne pour les faire revêtir de signatures indispensables. Ces déplacements de minutes sont un abus qu'on ne peut tolérer, et qui prêtent d'ailleurs à de grands dangers. C'est au greffe même, ou dans la chambre du conseil, que les magistrats doivent faire leurs vérifications et apposer leurs signatures sur les actes auxquels ils ont concouru.

« J'aime à espérer qu'il me suffira d'avoir rappelé les dispositions de la loi, pour qu'aucune infraction aux règles sur une matière aussi grave ne se reproduise plus, et qu'on ne verra plus des magistrats s'absenter avant de s'être assurés qu'ils ne laissent aucun acte en souffrance.

« J'attends enfin des magistrats du ministère public qu'ils s'occuperont le plus tôt possible de vérifier l'ordre et la tenue des anciennes minutes du greffe, et que, s'il s'y trouvait quelques irrégularités, ils s'empresseront de m'en rendre compte, en me faisant connaître toutes les circonstances dans lesquelles elles se présentent.

« Une prompte vérification est d'autant plus à désirer, qu'il est peut-être encore possible de réparer quelques-unes de ces irrégularités, et que chaque jour peut enlever les moyens d'y remédier.

« Afin de ramener à l'exécution de la loi, et pour m'assurer que les dispositions de l'article 140 du Code de procédure civile ne sont point consignée par le plus ancien des juges ayant assisté à l'audience, mais elle ne pourrait l'être, après les délais impartis, par un juge qui aurait concouru au jugement, sans qu'il y ait été préalablement autorisé par arrêt de la première chambre de la Cour impériale sur les conclusions écrites du procureur général (décret du 30 mars 1808, art. 37 et 74).

Si c'était le greffier qui a tenu la plume qui fût dans l'impossibilité de signer la feuille d'audience, il suffirait que le président en fit mention en signant (décret du 30 mars 1808, art. 37).

C'est en tête de la feuille d'audience que l'empêchement de signer, de la part du président ou du greffier, doit être mentionnée ainsi que l'arrêt de la Cour qui autoriserait un juge à signer.

Les qualités des jugements des tribunaux de commerce, qu'ils soient contradictoires ou par défaut, se règlent dans le greffe en dehors des parties ou de leurs mandataires et sans signification; c'est du moins ce qui ressort d'un usage constant et aussi du paragraphe 1er de l'ordonnance du 9 octobre 1826 qui fixe les droits des greffiers, et, d'une manière implicite, de trois circulaires du ministre de la justice des 26 septembre 1808, 3 août 1809 et 9 octobre 1826.

La tenue des feuilles d'audience, des répertoires, des registres et minutes de tous les actes et jugements reçus et passés dans le greffe, est spécialement placée sous la surveillance du président du tribunal qui doit, aux termes des ordonnances

---

dérées comme une vaine formalité, MM. les procureurs généraux, procureurs du roi, présidents de tribunaux de commerce et juges de paix devront, sous leur responsabilité personnelle, rédiger à la fin de chaque mois, et après récolement des minutes sur le répertoire, procès-verbal de la situation des feuilles d'audiences et de toutes autres minutes du mois expiré. Ces procès-verbaux descriptifs des irrégularités et infractions reconnues, ou négatifs, s'il n'en existe aucune, seront adressés par les présidents des tribunaux de commerce et les juges de paix aux procureurs du roi, et par ceux-ci transmis avec les procès-verbaux de vérification des minutes des tribunaux, auxquels ils sont attachés, aux procureurs généraux, qui devront me rendre un compte général du résultat des procès-verbaux partiels, et aviser sans délai aux moyens de réparer les irrégularités commises. J'attache une très-grande importance à l'exécution de cette mesure, qui fera cesser un abus désastreux.

« Je vous prie de donner connaissance de cette lettre à la Cour, aux tribunaux de première instance et de commerce, et aux juges de paix du ressort.

« Vous voudrez bien m'en accuser la réception.

« *Le garde des sceaux de France, Ministre de la justice,*

« *Signé* Comte DE PEYRONNET. »

royales des 5 novembre 1823 et 10 mars 1825, en faire chaque mois la vérification et constater leur état matériel et de situation dans un procès-verbal qu'il transmet au procureur général de la Cour impériale du ressort.

VIII. *Droits et émoluments.* — Le greffier reçoit un traitement de l'Etat.

Il lui est accordé une remise sur les droits de greffe qui sont perçus par son intermédiaire et qu'il verse entre les mains des receveurs de l'enregistrement (loi du 21 ventôse an VII, articles 1, 4, 10 et 24, et loi du 23 juillet 1820, art. 2).

Cette remise ne se prélève que sur le droit principal et non sur le décime, qui appartient en entier à l'Etat.

En outre, le greffier a droit à des émoluments pour la rédaction des jugements, procès-verbaux et autres actes, reçus ou passés dans son greffe.

Ces émoluments ont été fixés par la loi du 11 mars 1799 et par les décrets des 12 juillet 1808, 20 janvier 1810, article 60, et 6 janvier 1814.

Ce dernier décret, qui était spécial au tribunal de commerce de Paris, a été abrogé par une ordonnance du 9 octobre 1825, qui a déterminé les droits que les greffiers de tous les tribunaux de commerce pourraient percevoir indépendamment des droits et remises qui leur sont accordés par la loi du 11 mars 1799 et par le décret du 12 juillet 1808.

Diverses modifications ont été apportées à ce tarif par un arrêté du gouvernement provisoire en date du 8 avril 1848.

Aux termes de l'article 4 du décret du 24 mai 1854, les allocations établies par l'ordonnance des 9-12 octobre 1825, et l'arrêté modificatif du 8 avril 1848, au profit des greffiers des tribunaux de commerce, ont été accordées aux greffiers des tribunaux civils qui exercent la juridiction commerciale.

Enfin, certains droits fixes sont attribués aux greffiers par le décret du 8-10 décembre 1862, comme remboursement du papier timbré qu'ils emploient pour la minute des jugements, actes, procès-verbaux et répertoires.

Au moyen du traitement, des remises et droits accordés par le gouvernement aux greffiers, ils demeurent chargés du traitement des commis-greffiers assermentés, des commis expéditionnaires et de tous employés du greffe, quelles que soient leurs fonctions, ainsi que des frais de bureau, papier libre, rôles, registres, encre, plumes, lumières, chauffage des commis et généralement de toutes les dépenses du greffe (loi du 27 ventôse an VIII, décret du 30 janvier 1811, art. 8).

Le greffier est solidairement responsable des amendes, restitutions, dépens, dommages-intérêts résultant des contraventions, délits ou crimes dont ses commis peuvent se rendre coupables dans l'exercice de leurs fonctions, sauf son recours contre eux (décrets des 6 juillet 1810, art. 59; 18 août 1810, art. 27).

Expéditions. — Les greffiers des tribunaux de commerce doivent inscrire au pied des expéditions qu'ils délivrent aux parties le détail des déboursés et des droits auxquels chaque acte a donné lieu. A défaut d'expédition, ils écrivent ce détail sur des états signés d'eux qu'ils remettent aux parties (art. 2 de l'ordonnance du 9 octobre 1825).

Pour simplifier et uniformiser l'exécution de cette règle, les greffiers font généralement imprimer, sur la première feuille des expéditions, le détail des droits et déboursés, sauf à remplir les chiffres susceptibles de varier.

Le nombre de rôles contenus dans chaque expédition doit aussi être mentionné par le greffier. Cette indication, en effet, permet au débiteur de se rendre compte du coût des actes et copies de pièces qu'on lui signifie, ou dont on lui réclame le paiement.

Les greffiers des tribunaux de commerce ont le droit d'exiger la consignation du coût des actes dont on leur demande la délivrance ou l'expédition. Les difficultés sur la quotité de la consignation réclamée constituent une simple question de taxe provisoire et de discipline intérieure qui sont de la compétence exclusive du président du tribunal auquel le greffier est attaché (1).

------

(1) Du 13 juin 1865. — (*Tribunal civil de Poitiers.*)

« Le Tribunal,
« Considérant que, si les tribunaux de commerce ne peuvent, aux termes de l'article 442 du Code de procédure civile, connaître de l'exécution de leurs jugements, il ne s'agit aucunement, dans l'espèce, de l'exécution d'un semblable jugement, à l'encontre des parties en cause, mais uniquement de la délivrance, demandée par l'une d'elles au greffier, d'une expédition d'un jugement préparatoire et du procès-verbal d'expertise faite en exécution de ce jugement;
« Considérant que, si le refus pur et simple, du greffier du tribunal de commerce de Poitiers, de délivrer l'expédition demandée, le devait, comme tout autre dépositaire, rendre justiciable du tribunal civil, aux termes des articles 839 et 553 du Code de procédure civile, il n'en saurait être ainsi du débat entre la partie demanderesse et lui sur le chiffre des frais qui pourraient lui être légitimement dus, et dont il est fondé à demander la consignation préalable;
« Considérant que, dans sa réponse à la sommation du 30 janvier, le greffier a déclaré que la somme offerte de 25 francs était insuffisante;—Que,

Il est d'ailleurs interdit, aux greffiers des tribunaux de commerce et à leurs commis, de recevoir, sous quelque prétexte que ce soit, d'autres ou plus forts droits que ceux qui leur sont attribués par l'article 23 de la loi du 21 ventôse an VII (11 mars 1799), par le décret du 12 juillet 1808, par l'ordonnance royale du 9 octobre 1825 et par l'article 2 du décret du 8 décembre 1862, sous peine, par les contrevenants, selon la gravité des cas, d'être destitués, traduits en police correctionnelle, pour être condamnés à l'amende ou poursuivis extraordinairement en vertu de l'article 174 du Code pénal, sans préjudice de toute restitution et des dommages-intérêts s'il y a lieu.

Les présidents des tribunaux de commerce sont spécialement chargés d'informer les procureurs généraux des contraventions commises par les greffiers, relativement à la perception des droits (art. 5 de l'ordonnance royale du 9 octobre 1825).

IX. *Greffier intérimaire*. — En cas de vacance de l'office du greffier, celui qui en remplit par intérim les fonctions jouit du traitement ainsi que des émoluments qui y sont attachés, à la charge de pourvoir à toutes les dépenses du greffe (décret du 30 janvier 1811, art. 32).

Le greffier intérimaire est commis par le tribunal avant d'exercer ses fonctions, qu'il remplit jusqu'à la nomination du nouveau titulaire.

---

pour opérer la délivrance de l'expédition demandée, il exigeait la consignation de 100 francs, offrant au surplus de s'en rapporter à la décision du président de son tribunal; et qu'en outre dans ses conclusions signifiées il a déclaré qu'il n'a jamais refusé l'expédition demandée, et qu'il était prêt et qu'il offrait encore de la délivrer sur la consignation d'une somme de 100 francs;

« Considérant que, dans ses conclusions signifiées, le demandeur Frémy a, de son côté, expressément conclu à ce que le tribunal fixât, dès à présent, le montant des frais du greffier pour l'expédition dont il lui demande la délivrance;

« D'où il résulte que le tribunal est expressément saisi par les deux parties de l'appréciation et de la fixation de la somme dont le greffier peut être fondé à exiger la consignation préalable;

« Considérant que, réduite à ces termes, la question à apprécier par le tribunal se trouve n'être plus qu'une simple question de taxe provisoire et de discipline intérieure, de la compétence exclusive du président du tribunal auquel appartient le greffier; — Que, par suite, c'est à tort qu'elle a été déférée à la juridiction du tribunal;

« Par ces motifs;

« Le tribunal, jugeant en matière sommaire et en premier ressort, se déclare incompétent sur la demande de Frémy, et renvoie la cause et les parties devant le juge qui doit en connaître; condamne Frémy aux dépens de l'instance. »

(V. dans le même sens arrêt du 8 mars 1865 (Cour impériale de Pau), rapporté au *Journal du Palais*, 2e livraison de 1865, p. 210.)

Le commis-greffier assermenté nommé greffier intérimaire est tenu, lorsqu'il reprend ses fonctions de commis-greffier, de prêter un nouveau serment en cette qualité (arrêt de la Cour de Caen du 5 mai 1829).

En cas d'empêchement des greffier et commis-greffiers, les tribunaux peuvent appeler immédiatement, pour les remplacer, un employé du greffe ou toute autre personne, qui prend la plume après avoir prêté serment.

L'empêchement est constaté en tête de la feuille d'audience ainsi que la prestation de serment du greffier improvisé, et le tout est signé par le président de l'audience seul.

Les fonctions, ainsi conférées par le tribunal, sont essentiellement provisoires et cessent avec l'obstacle qui avait nécessité la mesure.

Les choses se passeraient de la même manière s'il s'agissait d'une séance de faillite. Ce serait alors le juge-commissaire qui prendrait toutes les mesures exigées par les circonstances.

X. *Discipline.* — Pour la discipline, le greffier est placé sous la double autorité du tribunal auquel il est attaché et du ministre de la justice.

Il est averti ou réprimandé par le président du tribunal et dénoncé, s'il y a lieu, au ministre de la justice (loi du 20 avril 1810, art. 62).

Le ministre peut proposer sa révocation (loi du 27 ventôse an VII, art. 92, et 28 avril 1816, art. 91).

Le greffier peut être averti, réprimandé ou destitué, mais il ne peut être suspendu. A l'égard des greffiers, dit M. Pascalis, il n'y a pas d'intermédiaire entre la réprimande et la destitution.

Les commis-greffiers assermentés sont avertis et réprimandés, s'il y a lieu, par le président du tribunal (décrets des 6 juillet 1810, art. 58, et 18 août 1810, art. 26).

Après une seconde réprimande, le tribunal peut, après avoir entendu le commis-greffier inculpé ou lui dûment appelé, ordonner qu'il cessera ses fonctions sur-le-champ, et dans ce cas, le greffier est tenu de le faire remplacer dans le délai qui a été fixé par le tribunal.

XI. *Commis-greffiers.* — Les commis-greffiers sont nommés par le tribunal sur la présentation du greffier (loi du 27 ventôse an VII, art. 92, décret du 18 août 1810, art. 24).

Ils doivent, comme lui, prêter serment avant d'exercer leurs fonctions et peuvent le suppléer dans l'exercice des siennes, mais ils ne sont assujettis à aucun cautionnement.

Ils sont soumis à l'obligation de résider dans la ville où siége le tribunal (décret du 30 mars 1808).

Ils font partie du tribunal qu'ils assistent, au même titre que le greffier titulaire, et dès lors ils sont soumis aux mêmes incompatibilités et interdictions, et jouissent des mêmes prérogatives, ils peuvent, en conséquence, se dispenser du service de la garde nationale (arrêt de la Cour de cassation du 31 juillet 1841) (1).

Le premier ou, plus exactement, le plus ancien commis-greffier, en cas de vacance de la charge, est d'ordinaire commis pour faire l'intérim, mais il ne remplit pas la vacance de plein droit. C'est au tribunal qu'il appartient de nommer le greffier *intérimaire.*

Le costume des commis-greffiers consiste dans la robe de

---

(1) Du 31 juillet 1841. — (*Arrêt de la Cour de cassation.*)

« LA COUR ; — Vu les lois organiques de l'ordre judiciaire des 16-24 août 1790, titre 9, article 2, 27 ventôse an VIII (18 mars 1810), article 92, et 20 avril 1810, articles 62 et 63, et les dispositions des Codes de procédure civile et d'instruction criminelle sur l'authenticité des jugements ;

« Vu spécialement l'article 36 du décret du 6 juillet 1810, inscrit sous la rubrique *du rang des membres de la Cour royale entre eux* par lequel les commis assermentés sont, ainsi que le greffier en chef, compris parmi les membres de la Cour ;

« Vu enfin l'article 28 de la loi du 22 mars 1831, sur la garde nationale, ainsi conçu :

« Peuvent se dispenser du service de la garde nationale, nonobstant leur « inscription, les membres des Cours et tribunaux ; »

« Attendu qu'aucun tribunal ne peut se constituer sans l'assistance d'un greffier ; — Que, dès lors, le greffier assistant est un membre nécessaire des Cours et tribunaux, et remplace le greffier titulaire, nommé par le Roi au même titre que celui-ci ;

« Que l'article 63 de la loi du 20 avril 1810 établit une incompatibilité pour cause de parenté entre les juges et les greffiers ;

« Attendu que le demandeur a justifié de son admission comme greffier assermenté de la Cour royale de Metz ; — Que le refus, fait par le jury de révision de la garde nationale de le rayer des contrôles du service ordinaire sur sa réclamation, n'a pas autorisé le conseil de discipline à prononcer contre lui des peines pour un service dont la loi l'avait dispensé ;

« D'où il suit que le jugement attaqué a violé ledit article 28 et méconnu les règles de sa compétence, et a faussement appliqué l'article 89 de la loi du 22 mars 1831 ;

« Par ces motifs :

« La Cour casse et annule le jugement du 25 mai 1841, rendu par le conseil de discipline du 2e bataillon de la 2e légion de la garde nationale de Metz ;

« Ordonne la restitution de l'amende consignée, l'impression du présent arrêt, et sa transcription sur les registres dudit conseil ; — Et attendu que les faits imputés au demandeur ne constituent aucune contravention au service de la garde nationale, déclare n'y avoir lieu à prononcer aucun renvoi. »

laine noire fermée, sans simarre ni ceinture, la toque en drap noir à bord de velours, la cravate blanche et le rabat en batiste plissé. Ils doivent porter leur costume toutes les fois, qu'ils sont dans l'exercice de leurs fonctions.

CHAPITRE XV.

AGRÉÉS. — HISTORIQUE. — CARACTÈRE ET UTILITÉ DE LA PROFESSION. — RÈGLEMENTS ET DISCIPLINE, CHAMBRE DE DISCIPLINE. — TARIF. — COSTUME. — TABLEAU DES AVOCATS A LA COUR IMPÉRIALE DE PARIS.

1. *Historique.* — L'organisation spéciale de la juridiction consulaire, son objet et son but ont, de tout temps, fait proscrire de cette juridiction non-seulement les avocats et les procureurs, mais encore les plaidoiries proprement dites.

Dans toutes les occasions le législateur a formulé sa pensée à cet égard de la manière la plus nette et la plus positive. — Si l'on consulte l'ancienne législation, on voit dans les lettres patentes du 6 août 1349, comme dans celles du mois de mars 1462, que les difficultés devaient être jugées *sans long procez et figure de plaids.*

Puis l'Edit de 1563 lui-même porte, article 4 :

« Et pour *couper chemin à toute longueur et ôter l'occasion de
« faire et plaider*, voulons et ordonnons que tous ajournements
« soient libellés et qu'ils contiennent demande certaine ; et
« *feront toutes les parties comparoir en personne* à la première
« assignation *pour être ouïes par leur bouche*, s'ils n'ont de légi-
« time excuse de maladie ou absence ; èsquels cas enverront,
« par écrit, leur réponse signée de leur main propre, ou, audit
« cas de maladie, de l'un de leurs parents, voisins ou amis,
« ayant de ce charge et procuration spéciale, dont il fera ap-
« paroir à ladite assignation, *le tout sans aucun ministère d'a-
« vocat ou procureur.* »

Ces prescriptions furent reproduites par les articles 1 et 2 de l'ordonnance de 1667.

Cependant les archives du tribunal de commerce de Paris et l'histoire elle-même constatent que, dès son établissement, la juridiction consulaire vit réunis contre elle tous les officiers possesseurs de charges auprès des autres juridictions, qui, tendant toujours à élargir le cercle dans lequel ils exerçaient leurs fonctions, et à s'emparer de la direction de tous les procès, lui suscitaient des difficultés incessantes qu'accroissaient encore la tiédeur et la répugnance du plus grand nombre des commerçants à se charger eux-mêmes du soin de leurs affaires contentieuses.

Ces officiers, jaloux de voir les magistrats consulaires tolérer déjà des défenseurs étrangers, excités peut-être à la lutte par l'antagonisme de tous les corps qui avaient droit de justice et cherchaient à empiéter sur les attributions des Juges et Consuls, rendirent souvent bien difficile à exercer l'autorité disciplinaire du Juge.

L'existence des agréés se lie trop intimement à celle de la juridiction consulaire elle-même, pour que, sans sortir de notre cadre, nous ne donnions pas sur ce point quelques détails qui présentent un certain intérêt.

Un recueil publié en 1841 par M. Guibert, avocat, ancien agréé au tribunal de commerce de Paris, et auquel nous empruntons les observations qui précèdent, contient la relation suivante de ce qui se passa en la juridiction un jour du mois de novembre 1622.

« L'audience tenant, il s'étoit présenté un nommé Delaplace, procureur au Châtelet, pour plaider une cause contre « des vitriers; auquel Delaplace fut enjoint de se retirer d'autant qu'il n'étoit de la qualité requise suivant l'édit. A quoi « il n'auroit voulu obtempérer et auroit fait plusieurs insolences et empêché l'audience publique; pour raison de quoi, il « auroit été condamné à six livres d'amende, qu'il auroit été « refusant de payer; pour laquelle amende il auroit été retenu « en une chambre derrière le siège des juges en attendant « l'issue de l'audience. — Entrant dans ladite chambre il auroit dit : qu'il étoit capitaine de son quartier et auroit deux « cents hommes à son commandement pour se tirer de là. Et, « de fait, ayant par la fenêtre jeté quelque mémoire ou écrit, « incontinent se seroient amassés devant ladite juridiction « plusieurs sergents et autres personnes inconnues, ayant « épées et autres armes, lesquels se seroient saisis des portes « de la maison et salle judiciaire avec insolence et scandale. — « Et quelque temps après y seroit survenu M. Le Bailleul, lieu- « tenant civil, prévost des marchands, lequel auroit fait sortir « ledit Delaplace de ladite chambre, en la présence desdits

« Juge et Consuls et l'auroit emmené avec lui et se seroient au
« même instant lesdites personnes retirées. »

Un fait à peu près semblable se passa en 1626 et se trouve
constaté en ces termes : « Il (un sieur René Montyer, procureur
« en la Cour) avoit commis de grandes violences et proféré plu-
« sieurs paroles injurieuses contre Nous (les Juge et Consuls),
« au grand scandale de la justice, du public et de nous-
« mêmes. »

Une plainte fut portée à la Cour et un *huissier en icelle* commis pour informer.

Le délinquant ayant fait sa soumission et s'étant rétracté par
écrit, les Juge et Consuls acceptèrent sa rétractation, mais
exigèrent qu'il payât l'amende à laquelle ils l'avaient condamné.

Une déclaration du mois de février 1620 avait autorisé la
création de nouvelles charges de procureurs dans toutes les
juridictions. On tenta d'appliquer cette ordonnance au siége
consulaire de Paris, mais ces tentatives furent énergiquement
repoussées par les Juge et Consuls, qui se pourvurent au Conseil du Roi et obtinrent, le 10 janvier 1630, un arrêt qui décida
que l'Edit n'était pas applicable à leur juridiction.

En 1634 la même décision fut prise à l'égard du consulat
de Troyes, auprès duquel des procureurs en titre étaient déjà
pourvus d'office et en plein exercice.

Enfin, en 1658, un sieur Icandol acheta du roi sept charges
de procureur près la juridiction consulaire de Paris et les re-
vendit; mais les sept acquéreurs ne purent parvenir à se
mettre en possession desdites charges et obtinrent contre lui
des sentences des Juge et Consuls qui les déchargèrent de leurs
obligations.

Le 31 décembre 1658, à la suite de nouvelles réclamations
auxquelles cette circonstance avait donné lieu de la part des
Juge et Consuls, un arrêt du conseil d'Etat exempta la juridiction consulaire de Paris, *à toujours, pour le passé comme pour
l'avenir*, de l'Edit de création des procureurs et mit un terme
à des tentatives incessantes jusque-là.

Cependant depuis longtemps déjà des conseils avaient fait
leur apparition devant la juridiction commerciale. Ces conseils,
qui étaient d'anciens commerçants versés dans les usages du
commerce, n'avaient aucun caractère officiel. D'abord tolérés,
ils avaient été ensuite, au nombre de six, admis par les juges,
lorsqu'à la date du 4 mars 1659 une délibération, prise par
l'assemblée des Juge et Consuls en exercice et des anciens

membres de la juridiction, régularisa la situation faite aux justiciables par l'Edit qui, en leur accordant de se faire représenter par mandataire lorsqu'ils ne pourraient, pour raison de maladie, d'absence ou autres causes, être ouïs par leur bouche, leur défendait néanmoins de recourir au ministère des avocats et procureurs.

Cette délibération est ainsi conçue : « En l'assemblée des « anciens Juges et Consuls, sur ce qu'il a été proposé qu'autre- « fois il auroit été souffert, en cette juridiction, quelques particu- « liers, pauvres marchands, au nombre de six, pour soulager les « justiciables de conseils, et les instruire en ce qu'ils pourroient « avoir à faire dans cette juridiction; — Que, depuis, il en « auroit été encore souffert quelques-uns, qui composent à pré- « sent le nombre de neuf, et que journellement il s'en présen- « toit pour faire les mêmes fonctions; — Que, si on en souffroit « un plus grand nombre, il seroit à craindre que cela ne fût « préjudiciable;

« La compagnie (les anciens Juges et Consuls) est d'avis :

« Que lesdits particuliers qui composent ce nombre de neuf « seront soufferts et diminueront tant qu'il plaira à Messieurs. « — Et, pour ces raisons qui nous ont été représentées, a été « avisé que dès à présent, ni à l'avenir, ne sera souffert aucuns « particuliers autres que les neuf qui sont à présent; et, en cas « de mort ou de retraite de l'un d'eux, seront réduits au nom- « bre de six, sans qu'il en puisse être souffert un plus grand « nombre pour quelque cause et occasion que ce puisse être, « sans l'avis de MM. les Juge et Consuls en charge, et de « MM. les anciens Juges et Consuls qui seront pour cet effet « convoqués en assemblée. »

Ce fut donc l'obligation d'éloigner les avocats et les procu- reurs, dont le ministère était interdit, et la nécessité de ne point abandonner à des gens sans aveu la défense des intérêts de ceux qui ne pouvaient ou ne voulaient pas les défendre eux-mêmes, qui engendrèrent d'abord la tolérance des *conseils* et ensuite leur reconnaissance définitive sous la dénomination d'*agréés*, laquelle, ayant été employée dans une délibération du 28 décembre 1747, prévalut à partir de cette époque.

Ainsi, grâce à la fermeté et à la sagesse des premiers ma- gistrats consulaires, put être atteint le but que s'était pro- posé l'édit de 1563, sans que cependant les parties fussent privées de la faculté de se faire représenter et défendre, et sans que la multitude des défenseurs, leurs habitudes de procédure et de plaidoirie, et l'absence de discipline aient pu compromettre les bienfaits résultant pour le commerce d'une juridiction spéciale dont l'établissement fut et restera l'une des gloires de deux grands ministres, l'Hospital et Colbert.

Choisis par les magistrats, placés sous leur autorité et leur surveillance immédiates, limités dans leur nombre, les agréés devaient contribuer à assurer la promptitude et la régularité de la justice, conserver les traditions, maintenir la jurisprudence et, par leur expérience, éclairer des juges qui se renouvellent chaque année.

Lorsqu'arriva la Révolution, les agréés furent, à leur tour, comme l'avaient été les juges, l'objet d'attaques et de dénonciations.

Le 3 germinal an III, ils furent accusés auprès du comité de législation générale de la Convention, d'être l'objet, de la part du tribunal, d'une faveur qui était une tendance à ramener les priviléges et une atteinte à l'égalité républicaine.

Le 14 germinal le tribunal répondit au comité dans les termes suivants :

« De tout temps il y a eu auprès des juridictions consulaires
« et, par suite, au tribunal de commerce, des citoyens dont
« les fonctions se bornent à aider les parties de leurs conseils,
« et à les défendre à l'audience lorsqu'ils en sont chargés ; impro-
« prement on les nomme *Procureurs aux Consuls*, car, par l'édit
« de 1563 et l'ordonnance de 1673, et diverses lois abrogées, le
« ministère des avocats et procureurs est expressément inter-
« dit dans les juridictions consulaires ; ces citoyens n'étaient
« donc et ne sont encore que de simples défenseurs officieux,
« instruits des usages et de la jurisprudence du commerce, habi-
« tués à plaider d'une manière concise et dégagée de toutes les
« subtilités du droit ; ils sont d'une grande utilité tant pour
« les parties que pour les juges.

« On voit que cette profession demande une étude particulière
« qui attire naturellement à ceux qui l'exercent une certaine
« préférence que l'on doit attribuer à leurs talents, connus des
« clients, et non à l'arbitraire du tribunal, qui a grand soin,
« au contraire, de ne leur donner de confiance qu'après s'être
« assuré de leurs connaissances et bonne moralité. Ils ne font
« pas plus corporation que les autres défenseurs officieux ;
« mais il s'ensuit que la presque totalité des causes qui se por-
« tent au tribunal sont présentées par eux ; il n'est donc pas
« étonnant qu'ils occupent longtemps le barreau, les uns ou
« les autres, et comme il n'est pas possible que toutes les cau-
« ses se plaident à la fois, ils ont été obligés d'établir entre eux

2ᵉ PARTIE.   9

« un certain ordre pour débarrasser de préférence les parties
« présentes à l'audience, et plaider chacun alternativement
« une ou deux causes. Cet ordre est le seul que la multiplicité
« des affaires ait permis jusqu'ici pour accélérer les jugements,
« et l'expérience l'a démontré, le plus propre à maintenir l'é-
« galité, autant que faire se pouvait.

« Car, d'un côté, dans notre tribunal, où la présence des
« parties est toujours utile et souvent indispensable, la préfé-
« rence est certainement due à celui qui vient en personne
« assister à sa cause; et, de l'autre, sur cent cinquante à deux
« cents causes qui s'inscrivent journellement sur notre plumi-
« tif, il peut arriver que l'un des défenseurs officieux, attachés
« à notre tribunal, ait à lui seul quarante ou cinquante causes,
« et, comme l'inscription sur le plumitif s'en fait sur la pré-
« sentation des assignations, il s'ensuit que ce défenseur, dont
« les actes sont inscrits de suite, tiendrait à lui seul une grande
« partie de l'audience, s'il ne quittait le barreau qu'après que
« toutes ces causes seraient jugées contradictoirement ou par
« défaut. Il occasionnerait une perte de temps considérable
« par des appels inutiles, lorsque ses adversaires seraient ab-
« sents, et préjudicierait ainsi aux parties présentes venues à
« l'audience avant les siennes.

« Quant aux défenseurs officieux du dehors, toutes les fois
« qu'ils se présentent au tribunal, loin de les écarter, nous et
« nos prédécesseurs les avons toujours écoutés avec plaisir,
« lorsque, se renfermant dans l'esprit de notre tribunal, ils ne
« nous ont occupés que des faits précis de la cause et des
« moyens dont elle est susceptible; nous leur avons même
« accordé des audiences extraordinaires lorsque les circon-
« stances l'ont exigé.

« Cette explication était nécessaire pour vous donner une
« idée des motifs qui ont pu occasionner la plainte qui vous a
« été portée. Nous ne vous dissimulerons pas que le reproche
« qu'elle nous a attiré de votre part nous a été fort doulou-
« reux, et que, loin d'avoir la faiblesse de nous prêter à au-
« cunes manœuvres, comme on vous l'a fait entendre, nous
« sommes partisans zélés de l'égalité devant la loi, sans la-
« quelle le bon ordre ne peut subsister, et que nous avons
« soin qu'il ne soit fait aucun passe-droit. »

Les dénonciations se multipliaient contre les magistrats et
le barreau : le 8 prairial an III, un juge du tribunal de commerce de Paris, M. Ledainte, avait été arrêté par ordre du comité de salut public. Les tapisseries de la salle d'audience

avaient dû être remplacées par d'autres, fournies par la manu-
facture des Gobelins, parce qu'elles étaient soi-disant entachées
de signes de féodalité. Les places occupées au barreau par les
agréés donnèrent lieu elles-mêmes à des réclamations.

Le 8 pluviôse an VII, le citoyen ministre de la justice écrivit au tribunal :

« On me dénonce, citoyens, un abus introduit dans votre tri-
« bunal et que vous devez vous empresser de faire disparaître.
« Les défenseurs officieux, m'écrit-on, entourent le bureau du
« greffier. L'accès en est interdit à tout autre par les huissiers,
« l'usage des placets n'ayant pas lieu, les causes sont appelées
« par les défenseurs, espèce d'arbitraire qui oblige les parties
« à se servir de leur ministère. Il paraît aussi que ces défen-
« seurs ont, aux deux côtés de la salle, un bureau occupé par
« un clerc qui y tient registre. Vous reconnaîtrez facilement
« tout ce qu'a de préjudiciable et d'illégal un pareil ordre de
« travail. »

Le 14 pluviôse le tribunal répondit :

« Il ne manque à cette dénonciation que la vérité : et, pour
« vous en convaincre, il est nécessaire d'entrer dans quelques
« détails à cet égard. Vous savez, citoyen ministre, que la
« multitude des causes dont est chargé notre tribunal, et qui
« pour la plupart n'arrivent qu'au moment et pendant tout le
« cours de l'audience, donne lieu nécessairement à une grande
« affluence d'individus, tant parties que défenseurs et huissiers
« du dehors, qui apportent leurs exploits aux défenseurs, at-
« tendu que l'usage et la nécessité permettent d'assigner du jour
« au lendemain pour les affaires de commerce, qui toutes re-
« quièrent célérité. C'est aussi pour cela qu'il y a un bureau de
« la régie d'enregistrement particulier au tribunal et dans son
« intérieur.

« Cette affluence d'individus est inévitable, et comme tous
« voudraient faire passer leurs causes à la fois, ce qui est impos-
« sible, nous avons établi un ordre qui se suit invariablement,
« c'est que chacun des défenseurs prend son tour pour faire ju-
« ger une cause et non plusieurs de suite, afin que les défenseurs
« qui n'ont qu'un petit nombre de causes et souvent qu'une
« seule, ne soient pas obligés d'attendre que ceux qui en ont un
« grand nombre les aient fait juger toutes. C'est donc pour pren-
« dre ce tour que les défenseurs paraissent entourer le bureau
« du greffier qui est devant le tribunal. Nous devons observer
« ici que quand des parties se présentent sans défenseurs pour
« plaider elles-mêmes, comme elles en ont le droit, nous avons

« soin de les faire passer sans les assujettir au tour, afin de les
« renvoyer plus tôt à leur commerce ou à leur travail. Il en est
« de même des voituriers qui arrivent des départements, qui,
« à cause du nombre de leurs chevaux, ne peuvent souffrir de
« retard, ni être remis au jour d'audience suivant... Il en est
« de même des citoyens de la campagne...

« Examinons maintenant ce qui a peut-être donné lieu à une
« méprise de la part du dénonciateur, s'il est de bonne foi. Il
« est ou défenseur ou simple partie : ce que nous ignorons;
« mais, dans l'un ou l'autre cas, il ne portait aucune marque
« distinctive, et s'il ne s'est pas fait reconnaître aux huissiers
« audienciers pour défenseur ou pour partie, voulant plaider
« elle-même, ils l'ont obligé à coup sûr de s'asseoir sur les
« banquettes qui sont dans l'audience jusqu'à l'appel de sa
« cause, conformément aux ordres qu'ils en ont du tribunal.
« C'est donc aux citoyens qui ont affaire dans l'enceinte à
« s'annoncer pour ce qu'ils sont, afin de pouvoir prendre leur
« tour.

« Quant aux bureaux que les défenseurs ont aux deux côtés
« de la salle d'audience, cet établissement très-nécessaire a eu
« lieu de tout temps pour les défenseurs qui, avant la Révolu-
« tion, étaient attachés particulièrement au tribunal et ne plai-
« daient pas ailleurs, où ils n'auraient pas été admis, n'étant ni
« avocats ni procureurs en titre d'office. Ces défenseurs ont donc
« continué leurs fonctions concurremment avec ceux des autres
« tribunaux qui viennent au nôtre depuis la nouvelle organisa-
« tion judiciaire. La majeure partie d'entre eux ont conservé
« tous leurs anciens clients, attendu leur connaissance plus par-
« ticulière des lois et des usages du commerce. Il s'ensuit né-
« cessairement qu'ils ont beaucoup plus de causes que les au-
« tres, et d'autant mieux qu'ils ne vont pas plaider ailleurs.
« C'est donc à raison de cette grande quantité d'affaires qu'ils
« ont à ces bureaux des registres tenus par leurs clercs, qui y
« inscrivent toutes les causes à mesure qu'elles leur arrivent.
« Ceci ne nuit assurément à personne, et vous conviendrez,
« sans doute, citoyen ministre, que cet ordre de travail, loin
« d'être préjudiciable et illégal comme a voulu vous le per-
« suader le dénonciateur, ne présente, au contraire, qu'une
« très-grande utilité. »

En présence d'agressions, toujours renouvelées au nom de
l'abus des priviléges, il fallait bien, surtout dans ces temps de
trouble, qu'un ministre de la république sauvât sa popula-
rité. Aussi, dans une lettre du 24 pluviôse, le citoyen minis-

tre de la justice, se déclarant satisfait des explications sur la tenue des audiences, ajoutait-il :

« Quant à l'usage que vous avez adopté d'accorder des bu-
« reaux à quelques défenseurs attachés à votre tribunal, je n'y
« trouve pas d'inconvénient, si ces bureaux ne leur sont point
« exclusivement réservés et s'ils peuvent être occupés indis-
« tinctement par tout autre défenseur. Autrement ce serait un
« privilége véritable attaché à l'ancienneté de quelques-uns
« d'entre eux, ou à l'étendue de leur clientèle ; et vous sentez
« parfaitement ce qu'un semblable privilége aurait de contraire
« au principe d'égalité qui, dans l'ordre judiciaire actuel, doit
« régner entre tous les défenseurs officieux. »

Mais ces agitations, qui furent tantôt le prélude, tantôt le contre-coup des révolutions, n'eurent d'autres résultats que de troubler la justice dans son œuvre, et laissèrent debout et intact ce que déjà près de deux siècles avaient consacré.

Enfin, arrivèrent le Consulat et, bientôt après, l'Empire, qui devaient mettre un terme à toutes ces idées de changements, et dégager l'avenir des appréhensions qu'elles pouvaient avoir suscitées.

En effet, la question de savoir si les parties pourraient se faire défendre, et si l'usage des agréés serait maintenu, fut portée et résolue au Conseil d'Etat.

Lors de la rédaction du projet de Code de procédure civile, la commission chargée de rédiger le projet avait proposé d'instituer des avoués près les tribunaux de commerce; la Cour de cassation, la plupart des Cours d'appel et notamment celles de Paris, de Rennes, de Riom et presque tous les siéges consulaires protestèrent contre cette innovation inconciliable avec les tribunaux de commerce.

« Beaucoup de commerçants, disait la Cour de cassation, ex-
« pédient seuls leurs affaires et il faut leur en conserver la fa-
« culté. Pour les autres, il faut accorder aux tribunaux de com-
« merce le droit de désigner un certain nombre de mandataires
« avec faculté de les révoquer; c'est le seul moyen d'éloigner de
« ces tribunaux la chicane, ennemie mortelle du commerce. »

« On se demande, disait la Cour d'appel de Dijon, pourquoi
« ces ministres des formes auprès d'un tribunal où les formes
« sont étrangères? »

« Mais ces fonctionnaires ne sont-ils qu'inutiles? »

« Quoi! le commerçant ne pourra plus venir lui-même de-
« vant ses pairs pour y faire valoir ses droits ou y proposer ses
« défenses!

« Quoi! il ne sera plus possible d'arriver aux pieds de la
« justice commerciale, qu'à travers tous les détours de la chi-
« cane !

« Cette innovation, on ne craint pas de le dire, dénature en-
« tièrement la belle institution de ces tribunaux.

« Dans la bouche des justiciables, les contestations étaient
« simples ; elles ne sortaient pas de la sphère des connaissan-
« ces des juges; en sera-t-il de même lorsque l'art des prati-
« ciens les aura dénaturées? lorsqu'au lieu de l'affaire il s'a-
« gira de juger des questions de procédure, des exceptions tirées
« des règles observées dans les juridictions ordinaires, des fins
« de non-recevoir, etc.? On ne craint pas de le dire, pour pro-
« noncer sur ces questions, élaguer tous ces détours de la chi-
« cane, et arriver rapidement au point de la contestation, il faut
« d'autres connaissances que celles que donne l'habitude du
« commerce. »

Lors de la discussion au Conseil d'Etat le 23 floréal an VIII
(13 mai 1805), le procès-verbal de la séance où la question
d'exclure les défenseurs officieux fut débattue et résolue porte :

« L'article 416 est discuté. »

« M. le grand juge ministre de la justice demande si du moins
« les parties pourront se faire défendre.

« M. Treilhard dit qu'on a considéré cette faculté comme
« abusive : les avocats jettent de l'embarras dans l'esprit des
« juges de commerce...

« M. l'archichancelier dit qu'il n'y a pas de raison pour chan-
« ger ce qui existe. Toujours, depuis l'ordonnance de 1673,
« des agréés, quoique non immatriculés, ont rempli auprès
« des tribunaux de commerce les fonctions de défenseurs.
« Pourquoi vouloir tout à coup changer de si longues habi-
« tudes et forcer chacun de plaider lui-même sa cause? Cette
« innovation pourrait avoir des conséquences fâcheuses, sur-
« tout si l'on donne une juridiction étendue aux tribunaux de
« commerce.

« Il vaudrait mieux garder le silence sur ce point.

« M. le grand juge, ministre de la justice, dit qu'en réduisant
« les plaideurs à se défendre eux-mêmes, on établirait une
« chance beaucoup trop inégale entre l'homme éloquent et
« celui qui n'a pas l'habitude de la parole.

« La disposition qui excluait les défenseurs officieux est re-
« tranchée, et le surplus de l'article est adopté. »

Plus tard, lorsque fut rédigé et discuté le projet du Code de
commerce, les choses furent expliquées bien plus nettement

encore, la commission chargée de la rédaction du projet s'exprima ainsi :

« Pour rendre aux tribunaux consulaires, dit la Commission, « leur ancienne activité, il convient de leur laisser la faculté « d'admettre un certain nombre d'agréés d'une probité con- « nue, et instruits dans les affaires de commerce, pour repré- « senter les parties qui ne peuvent comparaître en personne. « Ces agréés existent depuis la création des tribunaux de com- « merce ; ils sont élevés dans les principes de ces tribunaux, ils « ne peuvent faire aucune procédure ; ils sont révocables à vo- « lonté s'ils s'écartent de la stricte règle à laquelle ils sont as- « sujettis par les règlements de police intérieure ; enfin, leur « ministère n'est point forcé pour les parties, qui peuvent se « défendre elles-mêmes, ou se faire représenter par un parent « ou un ami. »

Mais la section de l'intérieur ne partagea pas cet avis et proposa l'article suivant : « Il est interdit aux tribunaux de com- « merce d'agréer, pour plaider devant eux, des hommes de loi « ou des praticiens particulièrement désignés. »

M. Jaubert, dans la séance du 9 mai 1807, fit observer : « Que le Code de procédure a sagement décidé que le ministère « des avoués ne serait pas nécessaire dans les tribunaux de com- « merce, mais que, dans l'état actuel des choses, il existe des « agréés qui plaident pour la partie, lorsqu'elle ne peut ou ne « veut se défendre elle-même. Si cette institution était détruite, « et que la partie fût obligée de prendre au hasard un défen- « seur, elle serait exposée à être trompée, car il n'est pas facile « aux particuliers de distinguer, dans une foule de personnes « souvent inconnues, celles qui méritent leur confiance sous le « rapport des talents et de la probité ; il faudrait donc, sans « rendre le ministère des agréés forcé, permettre de dresser un « tableau de gens exercés et éprouvés, qu'on offrirait à la con- « fiance du public. »

« Il faudrait même, continua M. Bégouen, laisser un pouvoir « discrétionnaire au tribunal de commerce pour la formation « du tableau et pour la police des agréés. »

Le Prince Archichancelier termina la discussion en disant : « qu'on pourrait se borner à déclarer que le ministère des « avoués n'est pas nécessaire dans les tribunaux de commerce « sans confirmer ni détruire les agréés. Par là on resterait dans « l'état actuel, chaque tribunal de commerce conservant ses « usages. C'est la force des choses qui a introduit les agréés « dans les tribunaux. Il serait d'autant plus dangereux de sup-

« primer les agréés et de laisser plaider pour les parties qui-
« conque voudrait se charger de leur défense, que le tribunal de
« commerce n'aurait aucune police sur tous ces défenseurs. »

Et sur la proposition de M. Réal, qu'il suffisait « de se borner à rappeler l'article 414 du Code de procédure, » la rédaction
de l'article 627 du Code de commerce fut adoptée par le Conseil d'Etat.

Mais les justiciables demeurèrent libres de choisir telles personnes que bon leur semblerait pour fondés de pouvoirs, car
les agréés ne sont pas, comme les avoués, des officiers dont le
ministère soit forcé. Ce sont simplement des hommes sans aucun caractère public que les tribunaux jugent capables de représenter les parties et qu'ils recommandent à leur confiance.
S'en sert qui veut.

Tels sont les motifs qui ont déterminé le législateur du premier
Empire à introduire dans nos Codes les dispositions contenues
dans les articles 414 et 421 du Code de procédure civile, et
627, § 1er, du Code de commerce, ainsi conçus :

« Art. 414. La procédure devant les tribunaux de commerce
« se fait sans le ministère d'avoués.

« Art. 421. Les parties seront tenues de comparaître en per-
« sonne ou par le ministère d'un fondé de procuration spéciale. »

« Art. 627, § 1er, C. de com. Le ministère des avoués est inter-
« dit dans les tribunaux de commerce, conformément à l'article
« 414 du Code de procédure civile ; nul ne pourra plaider pour
« une partie devant ces tribunaux, si la partie présente à l'audience
« ne l'autorise, ou s'il n'est muni d'un pouvoir spécial. Ce pou-
« voir, qui pourra être donné au bas de l'original ou de la co-
« pie de l'assignation, sera exhibé au greffier avant l'appel de
« la cause, et par lui visé sans frais. »

Ainsi fut définitivement tranchée, après enquête et discussion, la question des agréés.

Ces dispositions législatives ont été complétées par l'avis du
Conseil d'Etat du 9 mars 1825 et par l'ordonnance royale du
10 mars 1825, qui a prescrit les formalités nécessaires pour assurer et constater l'exécution des prescriptions ci-dessus rappelées.

*Avis du conseil d'Etat relativement aux agréés près le tribunal de
commerce, du 9 mars 1825.*

« Les sections réunies du Comité du contentieux du Conseil
« d'Etat, qui, d'après le renvoi fait par M. le garde des sceaux,

« ministre de la justice, ont pris connaissance d'un rapport sou-
« mis à Son Excellence par le directeur des affaires civiles de
« son ministère sur la question de savoir : s'il y a lieu de pro-
« poser une loi qui indiquerait le mode de l'élection, détermi-
« nerait les conditions requises pour être agréé aux tribunaux
« de commerce, spécifierait les fonctions qui sont incompati-
« bles avec celles d'agréé, leur imposerait l'obligation de don-
« ner un cautionnement, déciderait la question de savoir si
« leurs charges sont vénales ou non, et, enfin, leur donnerait
« un caractère public.

« Vu l'article 421 du Code de procédure civile et l'article 427
« du Code de commerce;

« Vu l'avis du Comité de législation du 16 septembre 1820,
« portant que les agréés ne peuvent être dispensés de la repré-
« sentation du pouvoir spécial exigé par l'article 627 du Code
« de commerce;

« Vu la lettre écrite le 6 octobre 1820 par M. le garde des
« sceaux au procureur général de Lyon, et par laquelle Son
« Excellence a décidé cette question conformément à l'avis du
« comité de législation;

« Considérant que l'on ne pourrait donner aux agréés un
« caractère public, leur imposer l'obligation de fournir un cau-
« tionnement, les soumettre à des conditions d'éligibilité, dé-
« terminer les fonctions qui seraient incompatibles avec les
« leurs, et les autoriser à présenter des successeurs, sans les
« transformer en officiers ministériels, c'est-à-dire sans leur
« conférer le droit exclusif de représenter les parties devant les
« tribunaux de commerce, et sans leur attribuer des hono-
« raires;

« Qu'une telle mesure dénaturerait l'institution des tribunaux
« de commerce, où il est également nécessaire que la justice
« soit prompte et rendue au moins de frais possible, que les
« formes soient simples et faciles, et que toutes les parties jouis-
« sent d'une liberté indéfinie, soit pour se défendre elles-mê-
« mes, soit pour choisir les mandataires auxquels elles veulent
« confier leur cause.

« Considérant que, dans la plupart des tribunaux de com-
« merce, les agréés sont admis à plaider sur la simple repré-
« sentation de l'original ou de la copie de l'assignation, et sans
« être, comme l'exige l'article 627 du Code de commerce,
« autorisés par la partie présente, ou munis d'un pouvoir spé-
« cial;

« Que cet abus très-grave est signalé d'une manière positive

« dans le rapport soumis à M. le garde des sceaux par le direc-
« teur des affaires civiles;

« Que déjà l'illégalité de ce mode de procéder a été re-
« connue par la décision ministérielle du 6 octobre 1820,
« conforme à l'avis du Comité de législation du 6 septembre
« précédent;

« Qu'il importe non-seulement de rappeler les tribunaux de
« commerce à l'observation des règles tracées sur ce point par
« le législateur, mais encore de prendre des mesures qui les
« empêchent de s'en écarter à l'avenir.

« Sont d'avis :

« 1° Qu'il n'y a pas lieu de proposer une loi ayant pour objet
« de donner aux agréés un caractère public, de leur imposer
« l'obligation de fournir un cautionnement, de les soumettre à
« des conditions d'éligibilité, de déterminer les fonctions qui
« seraient incompatibles avec les leurs, ni enfin de les autori-
« ser à présenter des successeurs;

« 2° Qu'il y a lieu de soumettre au roi le projet d'ordonnance
« ci-joint :

« Ordonnance du Roi du 10 mars 1825.

« CHARLES, etc. — Vu l'article 421 du Code de procédure ci-
« vile, l'article 627 du Code de commerce et l'article 6 de l'or-
« donnance du 5 novembre 1823;

« Considérant que tout individu, quelle que soit sa profes-
« sion ou son titre, qui plaide devant le tribunal de commerce
« la cause d'autrui, doit, conformément à l'article 627 ci-des-
« sus transcrit, être autorisé par la partie présente, ou muni
« d'un pouvoir spécial;

« Qu'il importe de rappeler à l'observation de cette disposi-
« tion ceux des tribunaux de commerce qui pourraient s'en être
« écartés, et d'établir des règles qui en garantissent désormais
« la stricte exécution;

« Sur le rapport de notre garde des sceaux, ministre secré-
« taire d'Etat au département de la justice, notre Conseil d'Etat
« entendu;

« Nous avons ordonné et ordonnons ce qui suit :

« Art. 1er. Lorsqu'une partie aura été défendue devant le
« tribunal de commerce par un tiers, il sera fait mention
« expresse, dans la minute du jugement qui interviendra, soit
« de l'autorisation que ce tiers aura reçue de la partie présente,
« soit du pouvoir spécial dont il aura été muni.

« Art. 2. Les magistrats chargés de procéder à la vérification
« ordonnée par l'article 6 de l'ordonnance du 5 novembre 1823,
« s'assureront si la formalité prescrite par l'article précédent
« est observée dans tous les jugements rendus entre des parties
« qui ont été défendues, ou dont l'une a été défendue par un
« tiers ; ils consigneront, dans leur procès-verbal, le résultat
« de leur examen à cet égard.

« Art. 3. En cas de contravention à l'article 1er de la pré-
« sente ordonnance, il en sera rendu compte à notre garde
« des sceaux, pour être pris, à l'égard des greffiers, telles me-
« sures qu'il appartiendra. »

Comme on vient de le voir, tandis que, d'une part, tous les
édits, déclarations, ordonnances, lois, avis du conseil d'Etat,
ont invariablement persisté, depuis l'édit du 6 août 1349 jusqu'à nos jours, à affranchir la juridiction commerciale du ministère des procureurs et des avoués, d'autre part, et comme
corollaire de cette interdiction, le conseil d'Etat, les orateurs
du gouvernement, la Cour de cassation et les cours d'appel ont
constamment et unanimement proclamé l'utilité des agréés et
la nécessité de maintenir les tribunaux de commerce dans le
droit de les choisir.

La profession d'agréé n'est plus seulement un fait, son existence, depuis longtemps consacrée par l'usage, l'est aujour-
d'hui par la loi qui l'a rangée au nombre des professions patentables.

II. *Caractère et utilité de la profession.* — Le caractère propre
et l'incontestable utilité de la profession d'agréé ne sauraient
être mieux définis, en termes aussi simples et aussi clairs, que
ne l'a fait, dans un de ses remarquables discours d'installation,
un ancien président du tribunal de commerce de Paris.

« Agréés, disait M. Denière, lors de l'installation de 1862,
« notre juridiction a, pour première règle, de décider *ex œquo et*
« *bono.* Tel est le motif pour lequel les parties doivent, devant
« nous, comparaître en personne, ou par un fondé de procu-
« ration spéciale ; telle est aussi la cause qui défend notre
« barre à la postulation des officiers ministériels.

« Le tribunal, en vous agréant, lorsque déjà vous êtes ins-
« crits au tableau des avocats, vous désigne à la confiance des
« justiciables, et vous représentez comme simples mandataires,
« porteurs de pouvoirs, les clients qui vous choisissent pour
« défendre leurs intérêts. Votre expérience des affaires et votre
« connaissance des usages du commerce constituent le seul
« mais le véritable privilége de votre profession.

« L'utilité du concours que vous prêtez à notre justice est
« attestée par l'ancienneté de votre origine, qui remonte aux
« premiers temps de notre institution. Persévérez dans la voie
« que vos devanciers vous ont tracée, et, par votre exacte dis-
« cipline, par la probité de vos conseils, et de vos plaidoiries,
« vous perpétuerez au barreau consulaire les traditions qui
« font l'honneur de l'ordre dans les rangs duquel vous avez
« débuté. »

III. *Règlements et discipline.* — Les règlements qui régissent
les agréés émanent, les uns du tribunal qui les admet, les
autres de la compagnie même des agréés.

Lors de son admission, l'agréé s'engage à observer ces règlements ; préalablement le traité de cession et les pièces qui établissent l'honorabilité et la capacité du candidat sont examinés par la chambre des agréés et soumis au tribunal.

Aucune condition d'âge n'existe, mais, à de rares exceptions
près, on a toujours exigé des candidats qu'ils aient accompli
leur vingt-cinquième année.

Depuis longtemps déjà la première condition, pour être
agréé par le tribunal de commerce de Paris, est d'être licencié
en droit ; il faut, de plus, avoir travaillé dans une étude d'a-
voué ou d'agréé et plaider, à titre de stage, pendant deux à
trois mois, devant ce tribunal, les affaires de son prédécesseur
avec l'assistance de ce dernier.

Le tribunal n'admet un agréé qu'après que son aptitude a
été justifiée par cette épreuve qui a fait échouer plus d'une
candidature.

Ces conditions d'admissibilité sont réglées par des délibérations intérieures du tribunal qui prononce ou refuse l'admission sans avoir à la motiver ni à rendre compte à personne de
sa décision.

Autrefois les agréés, avant d'entrer en fonctions, prêtaient
serment en audience publique, mais, sur les observations faites
par M. le procureur général près la Cour de Paris, et consignées dans sa lettre du 29 juin 1829, ce tribunal a décidé
que le serment serait à l'avenir prêté devant l'assemblée générale des juges réunis dans la salle de leurs délibérations (1).

---

(1) Du 29 juin 1829.

« Monsieur le Président,

« J'ai reçu, avec les pièces y annexées, la lettre que vous m'avez fait
« l'honneur de m'écrire le 18 juin présent mois.

Un arrêt de la Cour royale de Pau, du 1er septembre 1818, a jugé qu'un agréé ne pouvait être interdit ni suspendu par le tribunal de commerce (1).

« J'apprécie les graves considérations que vous invoquez et faites valoir « en faveur du maintien de l'état actuel des choses, en ce qui concerne les « agréés de Paris;

« Mais il me semble qu'il y a une distinction essentielle à faire entre « des règlements de discipline intérieure et des actes qui, par leur publi- « cité, acquièrent un caractère d'authenticité que la loi ne leur recon- « naît pas.

« L'ordonnance du 10 mars 1825 prescrit l'exécution positive des arti- « cles 421 du Code de procédure civile, et 627 du Code de commerce, il « en résulte que les agréés n'ont aucun caractère public.

« Que le tribunal ait, par un règlement intérieur, reconnu l'existence « de mandataires spéciaux plus particulièrement honorés de sa confiance, « c'est une mesure qui a pu être commandée par l'intérêt des justiciables et « par la nécessité;—Que, pour avoir plus de garantie encore par un règle- « ment intérieur, le tribunal ait arrêté que ces mandataires spéciaux prê- « teraient serment, c'est ce qui aurait pu être considéré comme étant, « sinon très-légal, au moins sans inconvénient. J'ajoute qu'il est possible « d'expliquer dans ce sens la disposition de l'article 4 du règlement inté- « rieur du 21 décembre 1809, dont vous m'avez fait l'honneur de m'a- « dresser une expédition;

« Mais que ce serment soit prêté en audience publique, qu'on donne « ainsi en apparence aux agréés la qualité de fonctionnaires publics « qu'ils n'ont pas;—Que l'on ajoute publiquement à la formule légale du « serment une clause absolument insolite d'obéissance aux arrêtés et « ordonnances du tribunal, c'est ce qui me paraît une violation de la loi « qui ne doit pas se perpétuer.

« Je pense donc que le tribunal ne doit plus à l'avenir admettre les « agréés à prêter serment en audience publique, et que ce serment dans « tous les cas ne peut s'étendre qu'à la promesse d'obéissance aux lois, et « de remplir avec probité les fonctions d'agréés, lorsqu'elles sont confiées « par les clients.

« Je suis, etc.

« (Signé) JACQUINOT PAMPELUNE. »

Délibération du tribunal sur le serment des agréés et le mode de sa pres-
tation.

(Du 23 octobre 1829.)

« Le tribunal, vu la lettre de M. le Procureur général, du 29 juin « juin 1829,

« ARRÊTE: — Qu'à l'avenir les agréés prêteront devant lui, dans la cham- « bre de ses délibérés, Messieurs convoqués, le serment ci-après:

« Vous jurez fidélité au Roi, obéissance à la Charte constitutionnelle, « aux lois du royaume. Vous jurez de remplir avec honneur et probité « les fonctions d'agréé que le tribunal vous confie, et de vous conformer « à ses arrêtés et règlements. »

(1) Du 1er septembre 1818. — (*Arrêt de la Cour royale de Pau.*) — M. Fi-
garol, 1er président; M. Berdoy, avocat général.

« LA COUR; — Attendu que, d'après la loi, les tribunaux, auprès des- « quels sont établis des avoués pour postuler dans des causes dont la dé- « fense leur est confiée, ont seuls le droit d'interdire ou de suspendre ces

Cette décision est parfaitement juridique, mais nous ne pouvons admettre sans réserve la solution qui en ressort. En effet, s'il est incontestable que les agréés ne sont pas des officiers ministériels attachés au tribunal devant lequel ils plaident, si même, quoique licenciés en droit et avocats, ils ne doivent pas être considérés comme des avocats exerçant leur ministère, mais seulement comme des mandataires représentant leurs mandants en vertu d'une procuration spéciale, c'est-à-dire comme de simples particuliers étrangers à l'ordre judiciaire et affranchis de la discipline légale, néanmoins on ne peut contester au tribunal, qui leur a donné son agrément, le droit de le leur retirer soit définitivement, soit temporairement. Ce n'est plus, en pareil cas, de la part du tribunal de commerce, l'exercice de ce pouvoir disciplinaire que la loi donne aux tribunaux sur les avocats et les officiers publics remplissant auprès d'eux une fonction de leur ministère, ni dès lors l'application d'une peine disciplinaire proprement dite, mais bien le retrait ou la suspension d'un titre dont la collation est purement volontaire et dont la privation momentanée ou définitive n'affecterait pas, en la personne de l'agréé suspendu ou destitué, le droit de représenter une partie comme tout autre mandataire.

« officiers ministériels lorsqu'ils s'écartent des bienséances et des convenances inséparables de leur état;—Qu'il ne saurait être permis aux tribunaux de commerce d'exercer une semblable juridiction sur les personnes qui, étant chargées du mandat de leurs justiciables, se présentent en cette qualité pour défendre les intérêts qui leur sont confiés, ces personnes n'étant nullement sous leur dépendance, et leur devenant absolument étrangères à la fin de leur mission;

« Attendu que les droits des tribunaux consulaires se bornent au maintien de l'ordre et de la décence dans les audiences, et à rappeler à leurs devoirs ceux qui s'en écartent; — Que le tribunal de commerce de Pau ayant, par son jugement du 18 août dernier, prononcé l'interdiction du sieur L... pendant deux mois, non parce qu'il aurait manqué au respect qui lui était dû, mais bien parce qu'il n'aurait pas fait certaines révélations au sujet de quelques additions prétendues faites après coup dans la minute d'un jugement, fait grave, mais que toutes les circonstances détruisent, a commis un excès de pouvoir et créé des peines qui n'existent pas; — Que d'ailleurs le sieur L... n'ayant pas été entendu ni mis à même de se défendre, c'est le cas, sous ce double rapport, d'annuler le jugement dont est appel, et de le décharger de l'interdiction contre lui prononcée;

« Et, statuant sur l'appel, que la partie de Dejernon a interjeté envers le jugement du tribunal de commerce séant à Pau à la date du 18 août dernier, et disant droit au réquisitoire de M. le procureur général du roi, — annule ledit jugement, — Et, procédant par nouveau, — décharge la partie de Dejernon de l'interdiction contre elle prononcée par ledit jugement; — ordonne la restitution de l'amende, sans dépens. »

Telle est aussi l'opinion de Bioche, *Dictionnaire de procédure*, v° Agréé, n° 17; Favard de Langlade, v° Agréé, n° 4; Nouguier, *Des tribunaux de commerce*, t. Ier, page 128.

Dans ses conclusions, lors de l'arrêt du 25 juin 1850, M. Dupin, procureur général à la Cour de cassation, s'exprimait, à cet égard, dans les termes suivants : « Comme les « agréés n'ont aucun caractère public, ils ne peuvent être des-« titués ou suspendus; le tribunal sans doute a toujours le « droit de les rayer du tableau dressé par lui, mais il ne peut « leur défendre de remplir près de lui les fonctions de manda-« taire des parties. »

Nous pouvons encore citer dans le même sens un jugement du tribunal civil de Versailles, en date du 24 février 1844, rapporté par le journal le *Droit*, dans son numéro du 27, qui, sur les conclusions conformes de M. Rabou, procureur du roi, a décidé :

1° Que, les agréés ne tenant leur titre que de la libre volonté des tribunaux de commerce, ceux-ci ont un pouvoir discrétionnaire pour prononcer contre eux la déchéance ou la destitution ;

2° Que la destitution d'un agréé, prononcée par une délibération du tribunal de commerce qui l'avait nommé, anéantit de plein droit la cession qu'il avait consentie antérieurement de son cabinet; il ne lui reste plus rien qui puisse être l'objet d'une transaction ;

3° Que les tribunaux de commerce peuvent imposer au successeur d'un agréé destitué le paiement d'une somme dans l'intérêt de certains créanciers déterminés, etc. ; —Que les autres créanciers sont sans droit pour contester cette attribution.

Toutefois, la décision par laquelle un tribunal de commerce révoque ou suspend un agréé ne peut jamais revêtir la forme et le caractère d'un jugement; elle ne doit résulter que d'une délibération intérieure.

Chambre de discipline. — La discipline à l'égard des agréés ne s'exerce pas seulement par le tribunal de commerce, mais encore par leur chambre de discipline; ici encore les peines appliquées n'ont aucun caractère légal, mais, en cas de résistance, elles trouveraient une sanction auprès du tribunal.

D'après les règlements de la compagnie, les peines disciplinaires que peut appliquer la chambre des agréés, sont :

1° Le rappel à l'ordre;

2° La censure simple par la décision qui est notifiée;

3° La censure avec réprimande par le président à l'agréé en personne devant la chambre assemblée ;

4° Une amende ;

5° L'interdiction temporaire de l'entrée de la chambre.

Si la plainte portée contre un agréé avait été renvoyée par le tribunal à la chambre de discipline, elle serait tenue de lui en faire son rapport.

Si l'inculpation paraissait grave, la chambre s'adjoindrait six agréés, par la voie du sort, et, ainsi formée, émettrait son opinion, au scrutin secret et par forme de simple avis ; mais, en aucun cas, la chambre des agréés ne pourrait prononcer elle-même la révocation ou radiation de l'agréé inculpé ni même sa suspension. En effet, on comprend que le tribunal seul, qui a donné son agrément, puisse le retirer ou le suspendre.

L'organisation actuelle des agréés près le tribunal de commerce de Paris a été réglée par une délibération intérieure de ce tribunal, en date du 21 décembre 1809, dont le préambule est ainsi conçu :

« Le tribunal, considérant que l'institution des agréés près « les tribunaux de commerce est presque aussi ancienne que « celle de ces tribunaux eux-mêmes ; que l'utilité des agréés « dans les affaires commerciales, pour les grandes villes, a été « reconnue de tous les temps ; que leur institution n'est point « contraire à la loi qui prohibe près ces tribunaux le ministère « des avoués, puisque chacun des justiciables est maintenu « dans le droit de se défendre en personne ;

« Considérant que, l'utilité des agréés étant reconnue, il im- « porte que leur organisation soit telle que les négociants y « trouvent sûreté et célérité, et le tribunal une garantie de sa « confiance ;

« Arrête, etc.... »

Par ce règlement, fait avec un soin qui dénote la haute et sage expérience de ses rédacteurs, le tribunal, après avoir établi une chambre de discipline, dont il a déterminé la composition et les attributions, a institué une bourse commune où les agréés versent une partie de leurs émoluments pour faire un fonds qui se répartit trimestriellement et se renouvelle sans cesse de manière à soutenir l'équilibre au profit des cabinets les moins occupés. Les bases de ce règlement subsistent toujours et il n'a subi que des modifications de détail toujours acceptées par les agréés.

IV. *Tarif.* — Après la promulgation du Code de commerce, le ministre de la justice, s'occupant des frais faits devant la juridiction commerciale, demanda des renseignements au tribunal de commerce. Ces renseignements ayant été fournis, le ministre fit observer :

« Qu'il n'y avait rien trouvé qui concernât les défenseurs « agréés, admis par le tribunal pour plaider les causes des par-« ties, et que l'émolument qu'ils perçoivent ne devait pas être « arbitraire. »

Le tribunal répondit, le 27 mai 1808 :

« Si nous n'avons pas parlé des honoraires des agréés lors-« qu'ils sont employés par les parties, c'est parce qu'il n'est « rien passé en taxe à ce sujet dans les frais, attendu que, dans « notre tribunal, les parties ont droit de plaider elles-mêmes « leurs causes ; que nos agréés ne sont pas des avoués, et qu'ils « ne font aucune écriture, leur ministère se réduisant à plaider « pour les parties qui ne veulent pas le faire elles-mêmes, au « lieu que, pour les avoués des tribunaux ordinaires qui font « des écritures, la loi a fixé leurs droits. Or, il s'ensuit que « les parties conviennent de gré à gré avec nos agréés de leurs « honoraires : cependant, il est assez d'usage que, pour des « causes qui se terminent dans la même audience, on leur paie « 3 francs. »

Depuis lors, le tribunal de commerce de Paris a déterminé par un règlement les émoluments que les agréés pourraient réclamer à leurs clients ; mais ce tarif, qui n'est qu'une mesure d'ordre et de discipline purement intérieure, n'est pas obligatoire pour la partie qui a recours à un agréé (1);

---

(1) *Circulaire du garde des sceaux ministre de la justice, du 22 mai 1845, relative à l'illégalité des tarifs de frais et dépens adoptés par les tribunaux de commerce.*

Paris, le 22 mai 1845.

« Monsieur le procureur général, la loi ne reconnaît point de défenseur en titre près des tribunaux de commerce. C'est ce qui résulte des articles 414 du Code de procédure civile, et 627 du Code de commerce ; de l'avis du conseil d'État en date du 9 mars 1825, et de l'ordonnance royale du 10 du même mois.

« Devant les juridictions consulaires, les affaires se jugent sommairement ; il n'y a pas de procédure proprement dite, et les dépens, auxquels une partie est condamnée, ne doivent jamais consister que dans les simples déboursés, tels que les droits d'huissier, de timbre, de greffe et d'enregistrement. Si la partie qui a obtenu gain de cause s'est fait assister d'un conseil ou représenter par un mandataire, elle ne peut obtenir, à titre de dépens, la répétition de ce qu'elle a payé à ce conseil ou mandataire. Établir par un tarif des droits de cette nature, et *les comprendre dans la taxe des dépens* dont la condamnation est prononcée, ce serait changer l'institution des tribunaux de commerce, méconnaître les dispositions de la loi, et commettre un excès de pouvoir.

il n'a été adopté que dans l'intérêt des justiciables, pour empêcher des réclamations exagérées. Ce n'est donc pas un tarif dans l'acception légale du mot. Aussi cette mesure, qui rentre dans les pouvoirs et les attributions du tribunal, n'a-t-elle jamais été l'objet d'aucune critique.

Les agréés n'étant pas des officiers ministériels, mais de simples mandataires dont le ministère n'est pas forcé, leurs honoraires ne peuvent, sans excès de pouvoir, être passés en taxe et mis à la charge de la partie qui est condamnée aux dépens. (Cassation, 19 juillet 1827, 17 janvier 1842, 12 juillet 1847, 25 juin 1850, 26 août 1850, 16 mars 1852.) — Toutefois,

---

« Ces principes ont été formellement reconnus par un arrêt de la Cour de cassation rendu sur la dénonciation du gouvernement, le 17 janvier 1842. (Bulletin officiel des arrêts de cassation, partie civile, année 1842, n. 8.)

« Cependant il paraît que quelques tribunaux de commerce ont adopté des tarifs de frais et dépens qui servent de base aux taxes des magistrats consulaires; — Que d'autres tribunaux, sans avoir pris une délibération expresse, reconnaissent et consacrent une série d'émoluments dont ils font une sorte de tarif non écrit, ou bien appliquent à leurs agréés les dispositions du chapitre premier, titre II, livre 2, du décret du 16 février 1807, relatives aux droits attribués aux avoués dans les affaires sommaires; — Qu'enfin certains tribunaux de commerce comprennent les émoluments alloués aux agréés dans la *liquidation des dépens*, et augmentent ainsi indûment la masse des frais à payer par la partie qui succombe.

« Il importe, Monsieur le procureur général, de faire cesser cesabus. Je vous invite, en conséquence, à recueillir et à me transmettre des renseignements sur ce qui se pratique dans les divers tribunaux de commerce, ou dans les tribunaux de ressort de première instance de votre ressort chargés de juger les affaires commerciales, et à me faire parvenir des expéditions de toutes les délibérations qui auraient été prises par ces tribunaux pour établir des tarifs.

« Vous voudrez bien également adresser un exemplaire de la présente circulaire à chacun de vos substituts, et à chacun de MM. les présidents des tribunaux de première instance et de commerce de votre ressort, en informant ces magistrats que l'*allocation en taxe* d'honoraires et émoluments, qui, en vertu des prétendus tarifs, serait mise *à la charge de la partie condamnée aux dépens*, pourrait être dénoncée à la Cour de cassation, aux termes de l'article 80 de la loi du 27 ventôse an VIII, comme contenant un excès de pouvoir.

« Recevez, Monsieur le procureur général, l'assurance de ma considération très-distinguée.

Le garde des sceaux ministre de la justice et des cultes,
Signé N. MARTIN (du Nord).

Le maître des requêtes directeur des affaires civiles et du sceau,
Signé GARNIER-DUBOURGNEUF. »

Les principes développés dans cette circulaire avaient déjà été consacrés par la Cour de cassation dans un arrêt du 17 janvier 1842, et l'ont été de nouveau par les nombreux arrêts de la même Cour cités ci-dessus (voir *Journal des Tribunaux de commerce*, t. 1er, p. 308, n° 253. Le procureur général à la Cour de cassation c. le tribunal de commerce de Sarlat).

il a été jugé que les frais d'enregistrement du pouvoir donné par les parties aux agréés pour les représenter sont à la charge de la partie qui succombe et doivent être compris dans la liquidation des dépens (Cassation, 5 novembre 1835) (1). Cette décision, qui est critiquée par MM. Bioche et Goujet, comme contraire au principe d'après lequel, en matière de taxe, toute procuration facultative de la part d'une partie doit rester à sa charge, a toujours été suivie au tribunal de commerce de Paris, et n'a jamais soulevé aucune contestation depuis l'arrêt précité; en effet, il n'est pas exact de dire que, dans cette circonstance, la procuration soit facultative.

V. *Costume.* — Les agréés n'ayant aucun caractère public, il ne pouvait leur être assigné un costume, puisque le costume est le signe distinctif de ceux qui exercent une fonction instituée par la loi. Cependant, les agréés au tribunal de commerce de Paris ont adopté un costume dont l'origine est fort ancienne, et qui est, à peu de chose près, le même que celui des notaires : il consiste en un frac et un pantalon noirs, cravate blanche, rabat plissé en batiste, toque d'avocat et manteau court à collet de serge noire, avec queue en moire de soie de même couleur, attaché sur l'habit et descendant jusqu'à l'extrémité des pans.

Les agréés plaidaient néanmoins sans costume, lorsqu'ils le revêtirent, pour assister, le 18 mars 1847, aux obsèques de M. Martin, du Nord, garde des sceaux, ministre de la justice, auxquelles ils avaient été convoqués officiellement. Depuis lors, ils n'ont pas cessé de le porter à l'audience.

VI. *Tableau des avocats à la Cour impériale de Paris.* — Ainsi qu'il a été dit précédemment, l'une des premières conditions depuis longtemps établies pour être admis comme agréé par le tribunal de commerce de Paris, est d'être licencié en droit et d'avoir prêté le serment d'avocat.

Autrefois les agréés, en cessant leurs fonctions, reprenaient la robe d'avocat pour plaider soit devant la Cour, soit devant

---

(1) Du 5 novembre 1835. — *Arrêt de la Cour de cassation.*

« LA COUR; — Sur le quatrième moyen, tiré de ce que le jugement attaqué contiendrait un excès de pouvoir dans la disposition qui considère comme faisant partie des dépens à la charge des condamnés le coût de l'enregistrement de la procuration donnée par le tiers porteur à son agréé;

« Attendu que le pouvoir est nécessaire à l'agréé pour représenter une partie; — Que la formalité de l'enregistrement est exigée pour toutes pièces, tous actes à produire en justice; — Qu'ainsi le quatrième moyen est sans fondement; — Rejette. »

le tribunal civil, soit même devant le tribunal de commerce ;
cela ne souffrait nulle difficulté de la part ni des avocats, ni
des agréés eux-mêmes.

Un ancien agréé, M⁰ Horson, s'est même acquis une juste
réputation dans les affaires commerciales portées devant la
Cour. Mais depuis, le conseil de l'ordre des avocats à la Cour
de Paris, par un arrêté du 26 juin 1832, renouvelé le 24 novembre 1835, a décidé qu'à l'avenir aucune personne ne serait
admise dans l'ordre après avoir exercé les fonctions d'agréé,
à cause de la similitude qui existerait entre cette profession et
celle d'agent d'affaires.

Le motif de cette exclusion prononcée par d'anciens confrères
peut être considéré comme bien rigoureux, quand on sait
en quoi consistent et comment s'exercent à Paris les fonctions
d'agréé, quand on connaît l'honorabilité des membres de cette
compagnie, leur exacte discipline, l'incontestable talent de la
plupart d'entre eux, et surtout quand on se reporte aux décisions par lesquelles le conseil d'Etat, notamment aux dates des
1ᵉʳ septembre 1841, 19 avril 1844 et 19 décembre 1846, a assimilé les agréés aux avocats, et les a déchargés de la patente
toutes les fois qu'on a tenté de les imposer en les assimilant
aux agents d'affaires, avant que la loi les ait rangés, comme les
avocats, au nombre des patentables.

On peut invoquer en faveur des agréés une décision formelle
de la Cour de cassation elle-même qui, malgré la résistance du
conseil de l'ordre des avocats à ladite Cour, a ordonné qu'un ancien agréé serait admis comme avocat à la Cour de cassation.

Quoi qu'il en soit, la décision du conseil de l'ordre des avocats à la Cour de Paris peut trouver sa justification dans le
principe qui, en règle générale (1), laisse les avocats juges sou-
verains de l'admission au tableau.

Cette mesure, prise à l'égard des agréés, qui repose sur ce
motif qu'en acceptant des procurations pour représenter en
justice, on doit être considéré comme agent d'affaires, implique
nécessairement que les avocats ne peuvent s'immiscer dans les
fonctions d'agréé. Il serait d'ailleurs impossible qu'il en fût au-

---

(1) Ce principe n'est pas cependant d'une application absolue. La Cour
de cassation, par un arrêt en date du 15 février 1864, a rejeté le pourvoi
dirigé par le bâtonnier de l'ordre des avocats à la Cour impériale d'Alger contre un arrêt de cette Cour en date du 24 février 1862 ordonnant
qu'un avocat serait inscrit sur le tableau des avocats à la Cour impériale
d'Alger, malgré le refus fait par le conseil de l'ordre de l'admettre. (Avocats d'Alger c. Aynos ou Enos.)

trement, puisque l'avocat ne peut que développer les conclusions prises par la partie ou son mandataire ; il faudrait donc, de toute nécessité, pour lui comme pour toute personne, ou qu'il fût mandataire lui-même, ce qui lui est interdit, ou qu'il fût assisté et autorisé par la partie présente à l'audience ou par le fondé de procuration spéciale de la partie.

CHAPITRE XVI.

POUVOIR SPÉCIAL NÉCESSAIRE POUR COMPARAÎTRE AU NOM DE LA PARTIE. — ENREGISTREMENT. — LÉGALISATION.

I. *Pouvoir spécial.*—Nous avons vu que, devant les tribunaux de commerce, les parties, lorsqu'elles ne comparaissent pas en personne, sont tenues de se faire représenter soit par le ministère d'un agréé fondé de procuration spéciale, soit par tout autre mandataire de son choix (C. pr. civ. ; 421 ; C. comm., 627).

Cette prescription était plus ou moins exactement observée par les tribunaux lorsqu'elle a été confirmée par un avis du conseil d'Etat, en date du 9 mars 1825, suivi de l'ordonnance royale du 10 du même mois.

Depuis lors, les dispositions de cette ordonnance ont toujours été strictement exécutées au tribunal de commerce de Paris. Nul n'y est admis à représenter une partie s'il n'est porteur du pouvoir spécial exigé par les articles 421 du Code de procédure civile et 627 du Code de commerce, et ce pouvoir, dûment enregistré, est, conformément aux prescriptions de ce dernier article et de l'ordonnance susdatée, exhibé au greffier et par lui visé sans frais, avant l'appel de la cause, puis mentionné d'une manière expresse dans la minute et dans les qualités du jugement.

Si un tiers défend une partie présente à l'audience, il est pareillement fait mention, dans la minute et dans les qualités du jugement, de l'assistance de la partie et de l'autorisation par elle donnée à ce tiers.

Aucune exception ni dérogation n'est faite aux règles ci-dessus rappelées, avocats, agréés, avoués, agents d'affaires, tous sans distinction les observent fidèlement.

L'inobservation de ces règles, en même temps qu'elle constituerait une infraction à la loi, serait la cause d'un grave préjudice pour le trésor; aussi le président du tribunal, en faisant chaque mois la visite du greffe prescrite par l'article 6 de l'ordonnance royale du 5 novembre 1823, s'assure qu'elles sont exactement observées par les mandataires et par le greffier et il rend compte de sa vérification au procureur général.

La faculté de recourir à un mandataire est une faveur accordée aux justiciables des tribunaux de commerce, pour le cas où ils ne pourraient se présenter en personne; c'est pour ce motif que la loi n'a pas permis que l'on pût constituer un mandataire général; et quand elle a exigé un pouvoir spécial, elle a entendu un pouvoir pour chaque affaire et non point un pouvoir contenant d'une manière spéciale le droit de représenter en toutes circonstances le mandant devant le tribunal de commerce, tant en demandant qu'en défendant (1).

---

(1) Du 19 juillet 1825. — (Cour de cassation.)

« Le procureur général expose qu'il est chargé par monseigneur le garde des sceaux de dénoncer à la Cour un arrêté pris, le 29 avril 1825, par le tribunal de commerce de la ville de Reims.

« Il s'agit de l'interprétation de l'article 627 du Code de commerce.

« La question s'est élevée à l'occasion d'un agréé qui s'est présenté au greffe du tribunal pour y faire inscrire une cause, comme fondé de procuration spéciale pour toutes les affaires de commerce que son client pourrait avoir, soit en demandant, soit en défendant.

« Le greffier n'a pas trouvé que cette procuration fût spéciale, dans le sens de l'article 627 du Code de commerce, et de l'ordonnance royale du 10 mars 1825. Il a refusé l'inscription.

« L'agréé en a référé au tribunal, qui s'est assemblé dans la chambre du conseil, et qui, après avoir motivé son opinion sur la question, a prononcé, par disposition générale et réglementaire, en ces termes :

« Nous arrêtons provisoirement, et jusqu'à ce qu'il en ait été ordonné « par l'autorité supérieure, qu'un mandat donné à un tiers, pour repré- « senter le mandant, dans toutes les affaires commerciales qu'il peut avoir « devant le tribunal, est suffisamment spécial; — Qu'il doit être enregistré « et visé par le greffier; — Enfin, que le mandataire doit joindre à ce « pouvoir soit l'original, soit la copie de l'assignation, de manière qu'il « soit hors de doute qu'il a pouvoir suffisant et instruction pour plaider, « jusqu'à révocation dûment notifiée;

« En conséquence, ordonnons au greffier de se conformer au présent « arrêté, qui sera adressé en expédition à M. le procureur général de la « Cour royale de Paris. — Ainsi délibéré en la chambre du conseil. »

« Peut-être eût-on fermé les yeux sur ce mode de prononcer, en considérant que le vice de la disposition générale et réglementaire s'affaiblissait en présence de la cause qui l'avait fait naître et à laquelle elle s'appliquait;

« Mais, la disposition étant erronée au fond, on ne pouvait pas mettre en doute la nécessité d'une annulation.

« L'exposant a saisi la section des requêtes, conformément à l'article 80 de la loi du 27 ventôse an VIII, parce qu'avant tout c'est de l'excès de pouvoir qu'il faut s'occuper. C'est même de l'excès de pouvoir seulement que

II. *Enregistrement*. — Avant et depuis la promulgation du Code de commerce l'administration de l'Enregistrement avait

---

la section peut connaître, suivant le même article; mais, quelques réflexions sur le fond prouveront de plus fort combien il était important de faire anéantir un arrêté contre lequel il n'existait d'autre recours qu'une dénonciation d'office.

« L'article 627 du Code de commerce porte : « Le ministère des avoués « est interdit dans les tribunaux de commerce, conformément à l'ar- « ticle 414 du Code de procédure civile; nul ne pourra plaider pour une « partie devant ces tribunaux, si la partie présente à l'audience ne « l'autorise où s'il n'est muni d'un pouvoir spécial. Ce pouvoir, qui « pourra être donné au bas de l'original ou de la copie de l'assi- « gnation, sera exhibé au greffier avant l'appel de la cause, et par lui « visé sans frais. »

« La question est de savoir ce que c'est qu'un pouvoir spécial.

« L'article 1987 du Code civil porte : « Le mandat est ou spécial pour une « affaire ou certaines affaires seulement, ou général et pour toutes les « affaires du mandant. »

« Ce serait abuser de cet article que d'appliquer la spécialité à toute une classe d'affaires qui seraient innomées et qu'on désignerait seulement *in genere*.

« Cette désignation *in genere* aurait un caractère de généralité comme l'institution d'un légataire à titre universel.

« Mais, sans nous appesantir sur cette théorie, il est sensible que la spécialité dont a voulu parler l'article 627 du Code de commerce est une spécialité inhérente aux affaires qui sont portées ou qui vont s'être devant le tribunal. On n'a qu'à examiner avec soin l'ensemble de l'article, se pénétrer du but de la disposition, et l'on restera convaincu que ces procurations indéfinies, qui ont certainement quelques avantages, mais encore plus d'inconvénients, sont contraires à l'esprit et à la lettre de la législation.

« L'ordonnance royale du 10 mars 1825 est tout à fait conçue dans le sentiment de la prohibition;

« Mais, nous attachant au point unique qui donne caractère à l'exposant auprès de la section des requêtes, il est sans doute démontré, par le contexte matériel de l'arrêté dont il s'agit, que le tribunal de commerce de Reims a excédé ses pouvoirs et violé l'article 5 du Code civil.

« Ce considéré, il plaise à la Cour, vu la lettre de monseigneur le garde des sceaux, vu l'article 80 de la loi du 27 ventôse an VIII, annuler l'arrêté dont l'expédition est ci-jointe, pris le 29 avril dernier par ledit tribunal de commerce de Reims; ordonner qu'à la diligence de l'exposant l'arrêt à intervenir sera imprimé et transcrit sur les registres de ce tribunal.

« Fait au parquet, ce 13 juillet 1825.

« (Signé) MOURRE. »

ARRÊT.

« LA COUR; — Vu l'article 80 de la loi du 28 ventôse an VIII, portant;

« Le gouvernement, par la voie de son commissaire, dénonce à la sec- « tion des Requêtes de la Cour de cassation les actes par lesquels les tri- « bunaux auraient excédé leurs pouvoirs;

« Vu la lettre par laquelle, aux termes dudit article, M. le garde des sceaux a chargé le procureur général près la Cour de lui déférer un arrêté pris par le tribunal de commerce de la ville de Reims le 29 avril dernier, comme renfermant un excès de pouvoir;

« Vu ledit arrêté;

« Attendu qu'il n'appartient qu'à la loi seule de statuer pour l'avenir,

tenté vainement d'exiger que les pouvoirs en vertu desquels les parties étaient représentées devant le tribunal de commerce fussent préalablement enregistrés.

Le tribunal avait constamment résisté à cette prétention du fisc en s'appuyant sur le texte de l'article 627 du Code de commerce, où il est dit : « Ce pouvoir, qui pourra être donné « au bas de l'original ou de la copie de l'assignation, sera « exhibé au greffier avant l'appel de la cause, et par lui visé « sans frais. »

Cet article non-seulement ne parle pas de l'enregistrement, mais encore ses termes paraissaient au tribunal exclure cette formalité et les frais qu'elle entraîne ; conséquemment le greffier avait reçu l'ordre d'accepter et de viser les pouvoirs sans qu'ils fussent enregistrés.

Cependant l'administration des domaines, tout en renonçant à exiger des mandataires la représentation d'une procuration enregistrée, donna, de son côté, l'ordre à ses préposés de percevoir les droits d'enregistrement de la procuration en même temps que ceux d'enregistrement de la minute des jugements.

Cet état de choses dura jusqu'en 1825, dit Me Badin, ancien agréé au tribunal de commerce de Paris, dans un mémoire qui est aux archives de la compagnie des agréés.

« A cette époque, ajoute-t-il, un agent d'affaires ayant obte- « nu un jugement contradictoire à l'occasion duquel la régie « avait perçu le droit d'enregistrement du pouvoir donné par « le défendeur, prétendit que le demandeur ne devait pas « avancer et payer ce droit. Il assigna la régie en restitution, « et la régie fut condamnée à restituer.

« De suite elle donna l'ordre à ses receveurs de ne plus rece- « voir ce droit jusqu'à de nouvelles instructions. Mais, pour ne « pas perdre son avantage, elle fit rendre l'ordonnance royale « du 10 mars 1825, qui prescrit l'exhibition et la mention ex- « presse, dans les minutes du jugement, du pouvoir spécial « sans aucune distinction.

---

et par des dispositions qui, obligeant la généralité des citoyens, constituent ce que l'on appelle en droit *communis præceptum* ;

« Attendu que l'arrêté dénoncé porte le caractère de généralité, puisqu'il dispose pour l'avenir et en forme de règlement général, et que conséquemment il renferme un excès de pouvoir ;

« Par ces motifs, faisant droit sur le réquisitoire du procureur général, déclare nul et comme non avenu l'arrêté du tribunal de commerce de la ville de Reims, du 29 avril dernier, et ordonne qu'à la diligence du procureur général le présent arrêt sera imprimé et transcrit sur les registres du tribunal de commerce. »

« Cette ordonnance fut rendue sur un avis du conseil d'Etat.
« L'autorité ne consulta pas les tribunaux, qui ne connurent la-
« dite ordonnance que par son insertion dans le *Moniteur.*

« C'était sous le ministère de M. de Peyronnet. Le tribunal
« de commerce de Paris demanda à faire des observations ; il
« trouva peu de faveur à se faire écouter et dut se conformer à
« la nouvelle prescription. »

La loi du 22 frimaire an VII, ne permettant pas d'énoncer
un acte non enregistré, l'obligation, imposée par l'ordonnance
de 1825, de faire mention expresse dans la minute des jugements du pouvoir spécial donné au mandataire avait pour
conséquence forcée l'enregistrement de ce pouvoir.

Les inconvénients et les frais que l'exécution de cette ordonnance occasionne aux justiciables sont signalés par le mémoire précité dans les termes suivants :

« Il ne s'écoule pas une audience, dit Me Badin, qu'il n'in-
« tervienne des jugements par défaut contre les défendeurs
« absents et qui se trouvent assignés pendant leur absence.
« Continuellement les agréés reçoivent de province, la veille de
« la comparution, des affaires qui ne sont pas accompagnées
« d'un pouvoir en la forme. Les femmes des justiciables qui
« demeurent hors de Paris se présentent à eux sans la signa-
« ture du mari, qu'elles ne parviennent pas toujours à rejoin-
« dre. C'est surtout pour les pouvoirs en demandant que les
« huissiers éprouvent de grandes difficultés. Une foule d'assi-
« gnations ne sont pas placées, et doivent être recommencées
« plusieurs fois, faute d'avoir pu se procurer à temps un pou-
« voir écrit. Tous ces inconvénients, qui signalent la contra-
« diction qui existe entre l'exigence de l'ordonnance et les vé-
« ritables besoins de la juridiction, disparaîtraient si la juris-
« prudence primitive n'avait pas été troublée. »

Nous ne voudrions pas, pour notre part, admettre la critique de Me Badin. Il est regrettable, il est vrai, que la formalité
exigée par l'ordonnance de 1825 ait pour conséquence des
embarras et quelquefois une aggravation de frais devant une
juridiction où tout doit être simple, rapide et peu coûteux,
mais quelle mesure est sans inconvénient? Et, au lieu de rechercher les inconvénients, nous dirions volontiers : les petits
côtés d'une règle; ne vaut-il pas mieux s'attacher aux avantages qu'elle assure à la justice et aux justiciables pour l'intérêt public comme pour l'intérêt privé ?

III. *Légalisation.* — Tout mandataire, qui représente une partie devant le tribunal de commerce de Paris, est tenu de faire

préalablement légaliser la signature de son mandant sur le pouvoir en vertu duquel il se présente.

Les agréés seuls sont dispensés de remplir cette formalité qui est rigoureusement exigée de tous autres mandataires. Telle est d'ailleurs l'unique distinction faite par le tribunal en faveur des agréés.

Cette mesure, si rationnelle, a, de temps à autre, soulevé des réclamations ; des contestations se sont même produites, notamment en 1830, en 1832 et 1848, c'est-à-dire à la suite des révolutions ou des troubles politiques.

L'obligation imposée aux uns et la dispense accordée aux autres, critiquée par les gens d'affaires à la recherche d'une clientèle, comme constituant tout à la fois une illégalité et un privilége, n'est cependant, de la part des magistrats, que l'exercice d'un droit incontestable pour ne pas dire l'accomplissement du devoir qui leur incombe de vérifier l'identité soit des personnes, soit de la signature des justiciables cités à comparaître devant eux. Ils peuvent donc renoncer à cette garantie spéciale lorsqu'ils ne la jugent pas nécessaire pour couvrir leur responsabilité.

Au surplus cette mesure, qui trouverait à Paris sa justification, s'il en était besoin, dans le nombre exceptionnel des affaires portées devant le tribunal de commerce, a été formellement approuvée par le procureur général près la Cour royale de Paris (1) ; puis, par une décision prise par le conseil d'administration de la justice, à la date du 6 octobre 1830 et approu-

---

(1) *Lettre de M. le procureur général près la Cour royale de Paris, sur la légalisation des pouvoirs.*

« Paris, le 24 septembre 1830.

« Monsieur le président ,

« J'ai reçu la lettre que vous m'avez fait l'honneur de m'écrire le 14 de ce mois, et par laquelle vous me demandez si je considère la légalisation des signatures comme le complément indispensable des pouvoirs que les parties peuvent donner pour les représenter devant les tribunaux de commerce ;

« La légalisation, monsieur le président, est une formalité, qui a pour objet de donner à une signature inconnue un caractère authentique qu'elle ne peut avoir par elle-même ; mais cette formalité n'est point de rigueur, et les magistrats, qui *ont droit de l'exiger* comme une garantie destinée à mettre leur responsabilité à couvert, *peuvent aussi en dispenser* les agréés établis auprès d'eux, et dont le caractère leur inspire une confiance suffisante pour leur attester la vérité des signatures ;

« Je suis avec une considération distinguée, monsieur le Président , votre très-humble et très-obéissant serviteur.

« (*Signé*) BERNARD (de Rennes). »

vée, le 13 du même mois, par le garde des sceaux (1), elle a été
de plus sanctionnée par de nombreuses décisions judiciaires

---

(1) *Avis du conseil d'administration du ministère de la justice sur la légalisation des pouvoirs.*

(*Séance du 6 octobre 1830.*)

« Le conseil, sur le rapport de M. le directeur des affaires civiles ;
« Vu le mémoire par lequel le sieur Pirmé, avocat, réclame contre la légalisation des pouvoirs exigée de la part de tous mandataires, autres que
les agréés, qui se présentent pour plaider devant la juridiction consulaire
du département de la Seine ;
« Vu également les pièces adressées par le pétitionnaire à l'appui de sa
réclamation ;
« Considérant qu'il résulte, de l'exposé fait par le sieur Pirmé, que le
tribunal de commerce de la Seine est dans l'usage d'exiger de la part
de tout mandataire, autre qu'un agréé, qui se présente à son audience
pour y plaider, la légalisation du pouvoir dont il est porteur en obéissant
aux lois ;
« Considérant que, si l'article 627 du Code de commerce et l'ordonnance du 10 mars 1825, n'ont pas prescrit, en termes formels, l'accomplissement de cette formalité, ils ont, en autorisant la comparution des parties
par mandataires, investi les tribunaux de commerce du droit de s'assurer
de l'identité des personnes citées avec celles représentées ;
« Que dans le silence de la loi les magistrats sont, à juste titre, arbitres
des moyens à employer pour parvenir à ce but ;
« Considérant que la formalité de la légalisation est en elle-même l'un
des modes les plus propres à parvenir à l'exécution de la loi ;
« Considérant que, si les agréés sont dispensés de la formalité précitée,
c'est en raison des garanties qu'ils offrent par eux-mêmes au tribunal dont
ils tiennent leur nomination, et qui a pu par ce motif les dispenser de certaines formalités, ou leur accorder certains privilèges à l'égard de mesures
purement administratives et d'ordre intérieur ;
« Considérant que la préférence accordée dans ces circonstances aux
agréés sur les avocats ne peut être dès lors l'objet ni d'une critique
sérieuse, ni de l'intervention de l'administration, à laquelle cette compagnie est entièrement étrangère ;
« Est d'avis de proposer à M. le garde des sceaux de rejeter la réclamation formée par le sieur Pirmé ; — En conséquence, de décider que la formalité de la *légalisation des pouvoirs, exigée par le tribunal de commerce
du département de la Seine de la part de tout mandataire non agréé, continuera à être exécutée comme par le passé.*
« Le conseiller d'Etat président du conseil,
« (*Signé*) MÉRILHOU. »

Décision approuvée le 13 octobre 1830.

« Le garde des sceaux de France, ministre secrétaire d'Etat au département de la justice,
« (*Signé*) DUPONT (de l'Eure) (scellé). »

« Certifié conforme à Paris, le 30 décembre 1831 ;
« Le conseiller d'Etat, secrétaire général du ministère de la justice,
« (*Signé*) Ch. RENOUARD. »

« Paris, le 6 janvier 1832.

« Monsieur le président,
« Je vous adresse, d'après le désir que vous avez exprimé par votre
lettre du 26 de ce mois, l'ampliation d'un avis émané du conseil d'admi-

rendues, il est vrai, par le tribunal de commerce, mais qui n'ont été l'objet d'aucun recours (1).

Certains mandataires, pour se soustraire à cette formalité, ont même imaginé de faire légaliser par le maire de leur arrondissement les pouvoirs dont ils étaient chargés, ou bien de faire constater le mandat et certifier la signature du mandant par l'huissier instrumentant; mais ici encore le tribunal de commerce a coupé court à des tentatives de postulation de la part de certains huissiers en décidant (2), avec raison, que

---

nistration du ministère de la justice, le 6 octobre 1830, approuvé le 13 du même mois par l'un de mes prédécesseurs, et portant qu'il n'y a lieu de blâmer les formalités imposées par le tribunal que vous présidez à tout mandataire autre que les agréés.

« Quant aux difficultés que ces mandataires éprouveraient de la part de l'autorité administrative, pour obtenir la légalisation de la signature de leurs mandants, j'ai adressé récemment à ce sujet des observations à M. le ministre de l'intérieur.

« Recevez, monsieur le président, l'assurance de ma parfaite considération.

« (*Le garde des sceaux,*)

« (*Signé*) BARTHE. »

(1) Du 27 août 1830. — *Présidence de M. Lemoine Tacherat.*

« Une cause avait été présentée pour être inscrite sur le plumitif par un sieur V..., jurisconsulte, lequel n'avait de son client qu'un pouvoir enregistré, mais non légalisé;

Le greffier ayant refusé de recevoir cette cause, le sieur V... prétendit que le tribunal ne pouvait se dispenser de l'admettre. Il intervint alors la décision suivante :

« LE TRIBUNAL, après en avoir délibéré conformément à la loi;

« Attendu que la loi autorise toute partie à se défendre elle-même devant le tribunal de commerce; — Qu'on peut également y soutenir ses droits par un fondé de pouvoir; — Que, si la jurisprudence du tribunal est de n'admettre que des fondés de pouvoirs porteurs desdits pouvoirs dûment légalisés, cette mesure a pour but de prévenir des fraudes et les abus qui pourraient s'introduire si l'on suivait une marche contraire;

« Attendu qu'il n'y a pas monopole, puisque chacun a le droit de venir se défendre; — Qu'en toute circonstance le tribunal s'est montré ennemi des priviléges illégaux; — Que cependant il ne lui appartient pas de réformer un usage dont jusqu'à présent la sagesse a été reconnue;

« Par ces motifs :

« Le tribunal dit qu'il n'y a lieu, quant à présent, au placement de la cause dont s'agit. »

(Du 7 septembre 1830, jugement identique.)

(2) Du 15 mai 1834. — *Présidence de M. Lebobe.*

« Le tribunal de commerce du département de la Seine a rendu le jugement dont la teneur suit :

« Le jeudi 15 mai 1834, entre le sieur E. A. D... fils aîné, lamineur et fabricant de plaqué, patenté le 25 avril 1834, n. 402, 4e classe, demeurant à Paris, rue Montorgueil, n. 51, lequel a fait élection de domicile chez le sieur L..., homme de loi, rue de la Lune, n. 10, demandeur, aux termes

cette légalisation devait être faite par le maire du domicile du mandant.

---

de son exploit fait par Frécourt, huissier, en date du 12 de ce mois, enregistré, afin d'obtenir la condamnation, et par corps, de :

« Premièrement, 67 fr. 65 c., montant de son mémoire de fournitures, enregistré ;

« Deuxièmement, et de 300 fr. de prêt ;

« Et la dame veuve C..., fabricante de maillechort, rue du Marché-Neuf, n. 20 ;

« À l'appel de la cause et sur l'interpellation à lui faite par le greffier de justifier du pouvoir en vertu duquel il prétendait se présenter pour le demandeur, le sieur L..., sus-dénommé et domicilié, a déclaré se présenter en vertu du pouvoir résultant pour lui, tant du pouvoir donné par le demandeur lui-même au bas de l'original de l'exploit sus-daté que du contexte même de cet acte signifié à la défenderesse le 12 de ce mois, enregistré et commençant ainsi :

« Et la requête du sieur E.-A. D... fils aîné, lamineur et fabricant de plaqué patenté le 25 avril 1834, n. 402, 4e classe, demeurant à Paris, rue Montorgueil, n. 51, lequel fait élection de domicile, chez le sieur L..., homme de loi, demeurant à Paris, rue de la Lune, n. 10, auquel il déclare donner par ces présentes qu'il a revêtues de sa signature en la présence et sous les yeux de l'huissier soussigné, tous pouvoirs spéciaux et aussi étendus que possible à l'effet de comparaître en son lieu et place, par devant le tribunal ci-après désigné, et y soutenir les intérêts du requérant jusqu'à jugement définitif, j'ai, etc.

« Sur le refus fait par le greffier d'admettre et viser le pouvoir à lui présenté par ledit L..., comme étant irrégulier, faute de la légalisation exigible, aux termes des usages et règlements du tribunal,

« Le tribunal, d'office,—Après en avoir délibéré conformément à la loi :

« Attendu que, sur la demande introduite par D... fils aîné contre la veuve Cl..., le sieur L... se présente pour le demandeur sans un pouvoir légalisé ; — Que l'exploit dont il excipe pour régulariser ce pouvoir ne peut produire effet, puisque cet acte émane d'un huissier qui ne tient pas de la loi le caractère nécessaire pour donner une authenticité aux signatures ; — Que, si les articles 421 du Code de procédure et 627 du Code de commerce n'ont pas formellement prescrit l'obligation de faire légaliser les signatures des justiciables qui se font représenter par un fondé de pouvoir sous seing privé, le tribunal, dans l'intérêt même des justiciables, reste l'arbitre des moyens qu'il croit propres à s'assurer de l'identité des personnes citées et représentées ; — Que le pouvoir notarié dans le ressort, ou le pouvoir sous seing privé légalisé, sont les seuls moyens légaux offrant toutes les garanties nécessaires ; — Que, dans la cause, ni l'une ni l'autre de ces formalités n'a été remplie ;

« Attendu que le tribunal peut déroger à ces principes en faveur des agréés, reçus et assermentés près de lui ;

« Par ces motifs :

« Le tribunal déclare le pouvoir insuffisant et irrégulier, et ordonne que la cause ne sera appelée en vertu de ce pouvoir, sauf au sieur L... ou au demandeur à se présenter régulièrement ;

« Ainsi, jugé en audience publique, par le tribunal où siégeaient M. Lebobe, chevalier de l'ordre royal de la Légion d'honneur, juge présidant l'audience, et MM. Levaigneur et Libert fils aîné, chevalier de l'ordre royal de la Légion d'honneur, juges suppléants, en présence de M. Hennequin, juge suppléant. »

(Du 30 janvier 1840.) — *Présidence de M. Pépin Lehalleur.*

« À l'appel des causes un clerc de M. X....., huissier, et M. Charrière, se qualifiant homme de loi, se sont présentés porteurs de onze pouvoirs sous

Depuis que la Constitution a réglé le droit de pétition, le Sénat lui-même a eu à s'occuper de cette question ; dans sa

---

seings privés, et ont requis défaut contre les défendeurs qui ne comparaissaient pas ;

« Le tribunal, s'étant retiré en la chambre du conseil pour se conformer aux prescriptions de l'article 434 du Code de procédure civile, a prononcé à la reprise de l'audience le jugement suivant :

« Le tribunal, procédant conformément aux dispositions de l'article 434 du Code de procédure civile, à la vérification des demandes appelées sous les nos 100, 101, 102, 103, 104, 105, 106, 107, 108, 109, 110, et après en avoir délibéré conformément à la loi ;

« En ce qui concerne les cinq premières, formées à la requête du sieur Dussaux contre M. Buval ; Dussaux contre Garnier ; dame Vret, Vergnon contre Marie ; Hurel contre Guillaume et Leroy et Bonin frères contre Jollivet ;

« Attendu que les demandeurs n'ont point comparu en personne et ont essayé de se faire représenter par un sieur Brancard, clerc de l'huissier X...,

« En ce qui concerne la sixième, aussi formée à la requête de Bonin frères contre Buval ;

« Attendu que les demandeurs n'ont point également comparu et ont aussi essayé de se faire représenter par un sieur Charrière, se qualifiant homme de loi à Paris ;

« Mais, attendu que les pouvoirs sous seings privés représentés par ces mandataires, et vérifiés en la chambre du conseil, n'ont pas les formes nécessaires pour inspirer au tribunal la confiance et la vérité voulue pour ces sortes de mandats ; — Qu'en effet ces pouvoirs sont visés pour légalisation par M. le maire du dixième arrondissement de Paris, dans lequel les demandeurs annoncent être réellement domiciliés, mais que l'individualité de ces demandeurs n'est justifiée par le maire que sur la simple attestation de X..., qui instrumente dans ces affaires ;

« Attendu que, si, par ses usages et sa jurisprudence habituelle, le tribunal, dans l'intérêt des justiciables, admet comme pouvoir valable le mandat sous seing privé revêtu de la légalisation du maire, cette admission ne peut être consacrée qu'autant que ce fonctionnaire atteste individuellement l'identité du mandant ;

« Que c'est cette connaissance de l'individualité du mandant par un officier municipal de cet ordre qui peut inspirer au tribunal confiance dans la sincérité de la demande et dans la volonté du demandeur ;

« Attendu que, dans l'espèce, les irrégularités qui viennent d'être signalées s'augmentent et s'aggravent encore dans les cinq premières demandes ci-dessus énoncées, par le fait que, contrairement au vœu et aux dispositions précises des monuments de législation et de jurisprudence supérieure sur cette matière, l'huissier X..., instrumentaire dans ces causes, tend évidemment à devenir mandataire indirect et défenseur postulant devant le tribunal de commerce, ce qui pourrait exposer les justiciables et l'administration de la justice aux plus graves inconvénients ;

« En ce qui concerne les cinq autres demandes, formées à la requête du sieur Levasseur contre Lahaye ; du sieur Cauvard contre veuve Legoy ; Clerc et Decaix, syndic de la faillite Schmit et Lepocq ; Cauvard contre Moitier et Schwohaine ; veuve Decaen contre Julien Chamon et Terville ; et encore le sieur Cauvard contre Decagny, par exploits du même huissier X..., et tous les demandeurs également représentés par le sieur B..., en vertu de pouvoirs semblables à ceux précédemment signalés ;

« Outre les motifs ci-dessus énoncés ;

« Attendu que les demandeurs dans ces causes ne sont point indiqués comme domiciliés dans le 10e arrondissement de cette ville ; — Que dès lors

séance du 5 avril 1864, non-seulement il a passé à l'ordre du jour sur la pétition d'un agent d'affaires qui l'avait saisi de ses doléances, mais la commission, dans son rapport, a démontré la tolérance du tribunal en constatant qu'il n'exige pas la légalisation des pouvoirs en matière de faillite.

« Cette distinction, dit M. Dumas, rapporteur, qui est toute « favorable d'ailleurs aux agents d'affaires, se justifie par la « nature même du mandat et par les moyens qui existent d'en « contrôler la sincérité. Dans les faillites, en effet, la procura- « tion est accompagnée des titres et de la correspondance du « mandant ; elle est certifiée par la signature du mandataire ;

---

le maire de cet arrondissement municipal ne peut avoir valablement qualité pour attester dans cette circonstance l'individualité de ces demandeurs, qui doivent recourir respectivement au maire de l'arrondissement dans lequel ils sont réellement domiciliés ;

« Par ces motifs :

« Le tribunal, d'office, déclare nuls et non avenus les défauts surpris à sa confiance en l'audience de ce jour à la requête des demandeurs susnommés ; — En conséquence, renvoie lesdits demandeurs à mieux procéder, et les condamne aux dépens, sauf leur recours, si toutefois ils en ont, contre qui de droit. »

(Du 27 février 1840.)

« Le sieur Charrière, l'un des clercs de M. C....., huissier, s'est présenté porteur de sept pouvoirs qui lui ont été donnés par sept personnes ;

« Le tribunal s'étant fait remettre les originaux d'assignation et les pouvoirs donnés au sieur Charrière, s'est retiré dans la chambre du conseil, et, après délibéré, a prononcé le jugement suivant :

« Attendu que les prescriptions légales, maintenues et perpétuées par la jurisprudence des diverses autorités judiciaires, interdisent aux huissiers les postulations et mandats de défenses devant les tribunaux de commerce ;

« Attendu qu'il est de principe, notamment en matière d'ordre public, que ce qui est défendu directement ne peut être tenté ou fait par la voie indirecte et subreptice ;

« Attendu, enfin, que déjà l'huissier C..... a tenté de cumuler les fonctions d'huissier instrumentaire et de postulant direct dans les causes soumises au tribunal de commerce de Paris ;

« Que cet officier public a été suffisamment averti par jugement de ce tribunal, en date du 19 janvier dernier, que ce cumul de fonctions était inconvenant, et pouvait être contraire à l'intérêt des justiciables et à la bonne administration de la justice ;

« Attendu, en fait, que le mandataire dénommé aux pouvoirs représentés dans les causes dont il s'agit, travaille habituellement à l'étude de C....., et doit être considéré comme agissant pour le compte et sous l'influence de cet officier ministériel ;

« Que, dès lors, la persévérance de l'huissier C... est une irrévérence envers le tribunal, qui peut devenir l'objet d'une sévère répression ;

« Par ces motifs ;

« Le tribunal, après en avoir délibéré conformément à la loi, dit qu'il n'y a lieu d'admettre le placement des causes dont il s'agit, et condamne les demandeurs aux dépens, sauf leur recours contre qui de droit, et notamment contre l'huissier C..... »

« les formalités de production, de vérification et d'affirmation
« de la créance sous serment, sont autant de garanties contre la
« fraude, tandis que tous ces moyens de contrôle échappent
« lorsqu'il s'agit de la comparution à l'audience. »

Dans sa séance du 6 mai 1865, le Sénat passait encore à
l'ordre du jour sur une nouvelle pétition formulée dans le
même but et par le même pétitionnaire.

CHAPITRE XVII.

HUISSIERS-AUDIENCIERS. — NOMBRE. — NOMINATION. — COSTUME. —
ATTRIBUTIONS ET SERVICE. — DROITS ET ÉMOLUMENTS.

I. *Nombre, nomination.* — Le tribunal de commerce de
Paris a quatre huissiers-audienciers, les autres tribunaux de
commerce n'en ont que deux, conformément aux dispositions
des articles 5 et 6 du décret du 6 mars 1809.

Le deuxième paragraphe de l'article 6 dudit décret porte
que les huissiers-audienciers seront, autant que possible, choisis parmi ceux déjà nommés par l'Empereur.

Il semblerait donc que les tribunaux de commerce peuvent
choisir leurs huissiers-audienciers en dehors des huissiers ordinaires, mais le contraire ressort de la combinaison de l'article 624 du Code de commerce, du titre V du décret du 30
mars 1808, et des articles 1 et 2 du décret du 14 juin 1813 sur
l'organisation et le service des huissiers, et aussi d'une décision ministérielle du 22 mai 1824.

La Cour de cassation a même jugé, par arrêt du 14 décembre
1836 (procureur-général à la Cour de cassation c. tribunal de
commerce d'Amiens), qu'ils doivent être pris parmi les huissiers
résidant au lieu où siége le tribunal de commerce.

Le titre d'audiencier est conféré par une délibération du tribunal après enquête et sur le rapport d'une commission prise
dans son sein.

Les huissiers-audienciers, indépendamment du serment par
eux prêté devant le tribunal civil en qualité d'huissiers ordinaires, prêtent un nouveau serment devant le tribunal de commerce qui les admet.

II. *Costume.* — Les huissiers-audienciers portent la toque en drap avec bord de velours, la robe de laine à larges manches, la cravate blanche et de rabat en batiste plissé.

Dans les premiers temps de la juridiction consulaire, les huissiers-audienciers n'avaient pas de marques distinctives, ils finirent par être *rudoyés* et *rebutés* en pleine audience et n'y pouvaient plus maintenir l'ordre et le silence, les juge et consuls leur ordonnèrent alors de porter une baguette à la main, et ce signe étant devenu insuffisant, il fut pris, à la date du 19 novembre 1635, une délibération conçue dans les termes suivants :

« Sur les désordres survenus en la juridiction consulaire de« puis quelques mois en çà, l'audience tenant, pour raison de « ce que les huissiers-audienciers voulant faire payer l'amende « à quelques particuliers par nous condamnés à cause de l'in« solence par eux faite, ils en auroient été empêchés opiniâtré« ment, rebutés par lesdits condamnés et autres des assistants, « qui, après, s'en seroient excusés, feignant ne pas connaître « les huissiers-audienciers pour ne porter aucune marque « d'office. Ce qui nous auroit donné occasion d'enjoindre « auxdits audienciers de faire le service pendant les audiences, « tant dans le parquet que dans la salle, comme aussi dans la « chambre du conseil ; et d'avoir la baguette à la main, comme « il a été et demeuré observé par leurs devanciers et comme « ils y sont obligés. Ensuite de quoi, lesdits quatre huissiers « nous auroient présenté leur requête et bien humble suppli« cation, à ce que, leur enjoignant de porter la baguette, nous « eussions aussi pour agréable de leur permettre de porter, « lors des audiences, un manteau à manches et la toque, ainsi « que font les audienciers des Comptes, du Grand Conseil et « audienciers des Cours, afin que les parties justiciables et as« sistants rendissent plus de respect et silence, lorsqu'ils en « seroient par lesdits huissiers admonestés et non pour en tirer « avantage, mais pour s'acquitter de leur devoir, le tout à « leurs dépens. »

Ainsi autorisés, les huissiers-audienciers portèrent, à partir de cette époque, quand ils étaient de service, une toque de camelot de Lille, fil retors ou turquie, avec le manteau à manches de drap, serge ou camelot noir.

Ce costume, qui est, à peu de chose près, celui d'aujourd'hui, avait été modifié par le décret du 2 septembre 1790 sur l'organisation judiciaire dont l'article 10 était ainsi conçu :

« Les huissiers faisant le service de l'audience seront vêtus
« de noir, porteront au cou une chaîne dorée descendant sur
« la poitrine, et auront à la main une canne noire à pomme
« d'ivoire. »

III. *Attributions et service.* — Les huissiers-audienciers, aux
termes des décrets des 30 mars 1808 et 14 juin 1813, sont chargés exclusivement de faire le service personnel aux audiences,
aux assemblées générales ou particulières, aux enquêtes et autres
commissions du tribunal auquel ils sont attachés.

Ils assistent avec le tribunal aux cérémonies publiques.

Les huissiers-audienciers maintiennent l'ordre et le silence,
ils font sortir ceux qui troublent l'audience, exécutent les
ordres du président, et veillent à ce que le tribunal ne soit pas
troublé pendant ses délibérations dans la chambre du conseil
(décret du 30 mars 1808, art. 96). Ils font l'appel des causes et
signifient les actes pour lesquels ils sont commis par le tribunal, par le président, ou par les juges-commissaires aux enquêtes et aux faillites.

Au tribunal de commerce de Paris les huissiers-audienciers
signifient, à l'exclusion des huissiers ordinaires, les jugements
par défaut, ceux de défaut profit joint et tous les actes relatifs
à des instances pendantes, tels qu'assignations en ouverture ou
lecture de rapports, reprises d'instances, conclusions rectificatives, additionnelles ou autres.

De tout temps, les huissiers-audienciers ont joui de ce privilége, qui leur a été attribué et reconnu par divers édits, déclarations, arrêts et règlements, privilége que le tribunal a confirmé par différentes délibérations et même consacré par plusieurs
jugements (1).

---

(1) Du 24 juillet 1784. — *Arrêt de la Cour de Parlement.*

« Louis, par la grâce de Dieu, roi de France et de Navarre : au premier
huissier de notre Cour de Parlement ou autre notre huissier ou sergent sur
ce requis, sçavoir faisons que :

« Notredite Cour donne acte aux parties de Cocquebert de ce que celle
de Thuriot de la Rozière déclare par sa requête, du 25 juin dernier, ne
vouloir contester la demande desdites parties de Cocquebert, insérée
en l'arrêt de notredite Cour du premier dudit mois d'avril, et s'en rapporte au contraire à la prudence de notredite Cour, en conséquence
ordonne que les édits, déclarations, arrêts et règlements concernant
les fonctions attribuées aux huissiers-audienciers des consuls de Paris,
ceux qui leur donnent le droit exclusif d'exploiter dans certains cas,
privativement à tous autres, notamment la déclaration du 1er mai
1708, registrée le 23 janvier 1709 ; celle du 24 juin 1710, registrée le
10 juillet suivant ; l'arrêt du conseil du 19 octobre 1734 ; les lettres patentes
obtenues sur icelui, le 6 novembre de la même année, registrées le

Peut-être y aurait-il un véritable intérêt pour la bonne administration de la justice à ce qu'ils fussent aussi chargés

7 mai 1735; l'arrêt du conseil du 16 dudit mois de novembre 1734; les lettres patentes obtenues sur icelui le 1er février 1735 et registrées ledit jour 7 mai suivant; et enfin les arrêts de notredite Cour des 17 août 1740 et 22 avril 1752, seront exécutés selon leur forme et teneur, conformément à iceux;

« Maintient et garde les parties de Cocquebert dans le droit et possession où elles sont, exclusivement à tous autres huissiers, soit au Châtelet ou autres juridictions, de faire seuls dans ladite ville et faubourgs de Paris toutes réassignations, remises de causes, toutes significations de jugements interlocutoires, en telle nature et dans tels cas que ce puisse être; ensemble celle des ordonnances des juges-consuls et actes qui se passent en leur greffe, dans le cas où il en existe, les sommations de se trouver devant les arbitres nommés par les jugements interlocutoires, comme suite et exécution d'iceux; les assignations en nomination d'autres arbitres, soit en cas de déport, mort ou autrement; les assignations en ouverture de rapport desdits arbitres, les sommations aux créanciers pour vérifier, les assignations aux témoins, pour être ouïs en enquête;

« Fait défenses à tous autres huissiers de faire aucuns desdits actes, à peine de nullité, et être contraints, pour la première fois, en vertu du présent arrêt et sans qu'il en soit besoin d'autres, en vingt livres de restitution envers les parties de Cocquebert, payables, pour chacun desdits actes qui seront faits en contravention aux règlements, sur la simple signification qui sera faite à l'huissier contrevenant de l'acte fait en fraude, et en cas de récidive, au quadruple de ladite indemnité;

« Fait défenses aux greffiers des consuls d'expédier aucune sentence ou ordonnance, sur les exploits qui seraient faits dans les cas ci-dessus exprimés, leur enjoint de les remettre aux parties de Cocquebert; à peine d'être garants de ladite indemnité, à laquelle ils seront contraints aussi en vertu du présent arrêt, sur la dénonciation qui leur sera faite des sentences ou ordonnances qu'ils auront délivrées;

« Ordonne qu'aucuns desdits exploits et actes ne pourront, en aucuns cas, entrer en taxe, ni être répétés par les huissiers qui les auront faits à celui à la requête de qui ils auront opéré;

« Et, pour avoir, par ladite partie de Thuriot de la Rozière, donné assignation, le 4 mars dernier, en ouverture d'un rapport d'arbitre, et pour procéder aux fins des « jugements interlocutoires rendus entre Combo « et Mondon, lui fait, pour cette fois seulement, défenses de récidiver, « sous les peines ci-dessus exprimées; — Lui fait, du consentement des « parties de Cocquebert, remise de l'indemnité : — Ordonne que le pré- « sent arrêt sera, à la diligence des parties de Cocquebert, lu à l'audience « des juges-consuls, registré en leur greffe, pour être exécuté selon sa « forme et teneur; — Enjoint aux greffiers de ce faire, sous les peines « de droit, et qu'il sera notifié à tous les huissiers; — A cet effet, permet « de le faire imprimer, dépens entre les parties compensés.

« Si mandons mettre le présent arrêt à exécution.

« Donné en Parlement, le 24 juillet 1784, et de notre règne le « onzième.

« Par la chambre, signé Lebret. — Collationné, signé Berthelot. — Con- « trôlé et scellé extraordinairement le 30 juillet 1784, signé, Paporet, « syndic; — signifié tant à procureur qu'à domicile. »

Le tribunal de commerce de Paris, à la date du 2 juillet 1819, a pris un arrêté portant :

« 1o Que tous les actes que nécessitent les causes pendantes en ce « tribunal, depuis mais non compris l'ajournement, jusqu'au jugement « définitif, seront faits exclusivement par les huissiers-audienciers;

exclusivement de signifier les assignations en débouté d'opposition.

Eu égard aux avantages accordés à ses huissiers-audienciers, et pour assurer d'autant mieux l'accomplissement de leurs obligations, le tribunal leur impose de ne se livrer à aucun des actes ordinaires de la profession d'huissier et de se renfermer dans le service et les commissions dont ils sont chargés en leur qualité d'huissiers-audienciers. Ils n'ont donc point d'étude, leurs bureaux sont établis au siége même du tribunal et c'est là que se préparent tous les actes de leur ministère.

Les huissiers-audienciers ne versent pas à la bourse commune les émoluments des appels de cause et des significations qu'ils font en vertu de leurs attributions spéciales, mais ils partagent entre eux ces émoluments par portions égales.

IV. *Droits et émoluments.* — Les décrets et arrêtés relatifs à la taxe des frais et dépens des huissiers ordinaires sont applicables aux huissiers-audienciers pour tous les actes qu'ils peuvent être appelés à faire.

Les huissiers-audienciers, quoiqu'ils soient commis pour faire des significations ou autres opérations, ne peuvent exiger d'autres ni plus forts droits que les huissiers ordinaires; et ils sont obligés comme eux de se conformer à toutes les dispositions du Code. (Décret du 16 février 1807, chap. V, art. 152.)

« 2° Que M. le président voudra, en donnant connaissance de cet arrêté « au président de la chambre des agréés, les inviter à s'y conformer et « donner au greffier l'ordre de ne pas recevoir et faire inscrire au plumitif « les actes ci-dessus désignés qui ne seraient pas faits par ses huissiers-« audienciers. »

Par jugements des 31 juillet 1827, 12 mars 1828 et 29 avril 1836, le tribunal a ordonné la radiation de diverses causes dans lesquelles l'assignation avait été donnée contrairement au règlement arrêté le 2 juillet 1819 et a rappelé le greffier à l'exécution dudit règlement.

Et tout récemment, diverses infractions ayant été commises en ce qui concerne les actes attribués aux huissiers-audienciers du tribunal de commerce de Paris, la chambre des huissiers a adressé, le 3 février 1864, à tous les membres de la communauté un avis par lequel il est rappelé « que les huissiers poursuivants doivent toujours et rigoureusement s'abs-« tenir de signifier eux-mêmes les jugements rendus par défaut, quand « bien même ces jugements auraient été suivis d'acquiescement; — Qu'il « en est de même des jugements de défaut profit joint, aussi bien que de « tous actes relatifs à des instances pendantes, tels qu'assignations ou som-« mations en ouverture ou lecture de rapport, reprises d'instances, conclu-« sions rectificatives, additionnelles ou autres. » — Enfin elle annonce, « qu'elle veillera avec soin à l'exécution des règlements et des instruc-« tions sur ce chef, et que toute nouvelle infraction serait réprimée « sévèrement. »

Mais il leur est alloué un droit spécial pour l'appel des causes.

Ce droit, qui était réglé à trente centimes pour les huissiers-audienciers des tribunaux de commerce, a été, par un arrêté du gouvernement provisoire en date du 8 avril 1848, réduit à vingt centimes.

Le registre, sur lequel les huissiers-audienciers sont tenus de répertorier leurs actes (loi du 22 frimaire an VII, art. 49 et suiv.), doit être coté et paraphé par le président du tribunal auprès duquel ils sont établis. (Avis du conseil d'État du 6 juillet 1810.)

Les actes des différents huissiers-audienciers d'un tribu- nal sont répertoriés sur un répertoire qui leur est commun à tous.

CHAPITRE XVIII.

ARBITRES RAPPORTEURS. — HISTORIQUE. — RÉCUSATION. — RAP-
PORTS. — DISCIPLINE. — LIQUIDATEURS.

I. *Historique.* — L'article 3 de l'édit de 1563 porte : « Des- « quelles matières et différends nous avons, de notre pleine « puissance et autorité royale, attribué et commis la connais- « sance à nos juge et consuls, ou aux trois d'eux..., appelé avec « eux, si la matière y est sujette, et en sont requis par les par- « ties, tel nombre de *personnes de conseil* qu'ils aviseront. »

C'est en vertu du principe posé dans cette disposition que la juridiction consulaire eut recours aux *conseillers*, institution au- jourd'hui remplacée par les *arbitres rapporteurs*.

L'organisation des *conseillers* paraît remonter aux premiers temps de la juridiction. Toutefois, on ne trouve dans les ar- chives du tribunal de commerce de Paris aucune trace de l'é- poque précise de leur apparition ; mais leur existence est con- statée par le *Recueil de ce qui s'observe en la Juridiction,* imprimé en 1668, chez Robert Ballard, où on lit : « La se- « maine suivante de l'installation desdits élus, ils font délivrer « par leur greffier et signifier par leurs huissiers-audienciers, « aux maîtres et gardes des Corps et Communautés des Mar-

« chands de cette ville, commissions à eux adressantes, à ce
« qu'ils aient à élire et choisir certains Marchands de leurs
« Corps et Communautés, pour assister lesdits Juge et Consuls,
« à tour et par semaine, de conseil, ès-jour d'audience et extra-
« ordinaires qu'ils seront mandés, *à peine d'amende contre les*
« *défaillants.* »

Comme on le voit, la nomination des *conseillers* n'appartenait pas aux juge et consuls, mais aux six corps des marchands.

D'après un manuscrit de M. Gorneau, daté de 1771, les nouveaux juges et consuls, aussitôt après leur installation et dans
les premiers jours de février, faisaient signifier aux huit corps
des marchands la commission de procéder au choix des *con-*
seillers pour les aider tant aux jours ordinaires qu'extraordi-
naires, et quand ils seraient mandés par les huissiers audienciers,
et de n'en élire aucun qui y ait passé depuis trois ans, afin que
chacun se ressente du labeur.

Ces conseillers étaient au nombre de quarante, et ils étaient
désignés savoir : deux par le corps de la draperie ; deux par le
corps de la pelleterie ; quatre par le corps de la bonneterie ;
quatre par le corps de l'orfévrerie ; quatre par le corps de la
librairie et de l'imprimerie ; six par le corps de l'apothicairerie
et de l'épicerie ; six par le corps des marchands de vins, et
douze par celui de la mercerie.

Comme les juge et consuls, les conseillers n'entraient en
fonctions que par moitié, les uns au mois de février et les autres au mois d'août, de façon à ce qu'une moitié des conseillers eût toujours six mois d'expérience des affaires de plus que
l'autre moitié ; ils prêtaient, en la chambre du conseil, serment de bien et fidèlement remplir les fonctions de conseiller
et étaient appelés par les huissiers-audienciers une semaine
à l'avance pour faire leur service dans l'ordre déterminé par
un tableau semestriel que le consulat dressait au moment de
leur entrée en fonctions de manière à ce qu'ils fussent toujours
cinq ou six en exercice.

Deux Déclarations royales des 15 décembre 1722 et 26 juin
1723, et un arrêt du Parlement du 17 juillet 1724, constatent
que l'harmonie ne régna pas toujours entre les conseillers et
les juge et consuls.

Sur les plaintes de ces derniers, le 24 juin 1767, le procureur
général fit même rendre par le Parlement un arrêt pour contraindre les conseillers à faire leur service exactement, *sous*
peine d'amende qui seroit arbitrée par les juge et consuls.

Telles furent les causes qui firent disparaître l'institution des conseillers et pour lesquelles le législateur de 1807 permit aux tribunaux de commerce de remplacer les auxiliaires qu'ils perdaient en chargeant des *arbitres* d'instruire les affaires dont l'instruction ne peut se faire à l'audience.

En effet, aux termes du Code de procédure, le tribunal de commerce peut, s'il y a lieu, renvoyer les parties devant des arbitres pour examen de comptes, pièces et registres; il nomme un ou trois arbitres pour entendre les parties et les concilier, si faire se peut, sinon donner leur avis.

Les arbitres sont nommés d'office par le tribunal, à moins que les parties n'en conviennent à l'audience (Code proc., 429).

II. *Récusation.* — La récusation des arbitres ne peut être proposée que dans les trois jours de leur nomination (C. proc., 308, 430).

III. *Rapports.* — Les arbitres rapporteurs sont prévenus par le greffier lorsque des affaires sont renvoyées devant eux. Ils remplissent leur mission sans prêter serment. Ils ont, comme les experts, pour le paiement de leurs honoraires, une action solidaire contre toutes les parties (Montpellier, 24 août 1821).

Leur rapport est déposé au greffe du tribunal (C. proc., 319, 431).

Le tribunal de commerce de Paris nomme fréquemment pour arbitres rapporteurs les chambres syndicales qui, depuis quelques années, se sont formées dans presque toutes les branches de commerce et d'industrie.

En droit, ces nominations ont été critiquées comme contraires au texte et à l'esprit de la loi qui veulent que la personne choisie comme arbitre soit désignée nominativement, afin que les parties puissent user à son égard du droit de récusation ; en fait, juges et justiciables reconnaissent les services que les chambres syndicales bien organisées peuvent rendre à la justice consulaire.

Les rapports d'arbitres sont remis au greffe clos et cachetés; sur l'enveloppe sont inscrits les noms des parties et un numéro d'ordre qui sont reproduits sur un registre spécial. De cette façon, les frais qu'entraîne l'acte de dépôt sont évités s'il n'est pas donné suite à l'affaire par un motif quelconque, et ce n'est qu'après que les plaideurs ont ressaisi l'audience que les rapports sont ouverts et que le greffier dresse acte de leur dépôt.

D'après une pratique autorisée par le ministre des finances, sur l'avis du ministre de la justice, et nonobstant les réclamations de l'enregistrement (lettre du Ministre des finances au Ministre de la justice du 19 mars 1833) (1), les rapports d'arbitres ne sont pas délivrés aux parties sous forme d'expédition, elles en prennent au greffe des copies sur papier non timbré et qui ne sont pas signées du greffier.

Les honoraires d'arbitrage sont généralement consignés par le demandeur. Ils sont ensuite taxés par le tribunal au moment du jugement et compris dans les dépens liquidés au profit de la partie qui en a fait l'avance afin de lui en permettre le recouvrement contre son adversaire. S'ils n'avaient pas été taxés et liquidés par le jugement même, la taxe n'en pourrait être faite ultérieurement que par le président du tribunal civil.

Le tribunal de commerce a toujours interdit aux personnes par lui choisies de prendre la qualité d'arbitre rapporteur. Cela serait formellement contraire aux règlements du tribunal, et notamment à une délibération du 4 janvier 1840.

En effet, les arbitres rapporteurs n'exercent pas une profession, ils remplissent une mission, ils sont simplement les délégués de la justice, écoutant, compulsant et instruisant pour elle la contestation soumise à sa décision ; ils ne peuvent donc point, en cette qualité, être soumis à l'impôt de la patente (2).

---

(1)　　　　　　　　　　　　　　　　　　　　« 19 mars 1833.
　　　« Monsieur et cher collègue,

　« Vous m'avez fait l'honneur de me transmettre, avec votre avis approbatif, les observations de M. le procureur général près la Cour royale de Paris, et de M. le président du tribunal de commerce de la Seine, sur la réclamation que l'administration de l'enregistrement m'avait adressée contre l'usage où est ce tribunal de faire donner lecture des avis ou rapports d'arbitres déposés au greffe sur la minute même qui est apportée à l'audience ou d'après des copies prises au greffe sur papier non timbré.

　« L'examen des observations de ces deux magistrats m'a convaincu comme vous, monsieur et cher collègue, qu'il n'y a pas lieu d'insister pour le changement d'un usage établi depuis longtemps au tribunal de commerce de Paris, afin d'assurer la prompte expédition des affaires et alléger les charges du commerce.

　　　　　　　　　　　　　　　« (Signé) HUMANN. »

(2) CONSEIL DE PRÉFECTURE DE LA SEINE. — Présidence de M. le président Dieu.

（Audience du 15 août 1864.)

　Le conseil, après avoir entendu le rapport de M. le conseiller Loysel, et les observations orales de M. Rolland, a, sur les conclusions conformes

Le rapport fait au Corps législatif, dans sa séance du 24 avril 1806, s'exprimait en ces termes à propos des arbitres rapporteurs (art. 429, C. pr. civ.).

« L'utilité de cette espèce de tribunal de famille se fait mieux « sentir qu'elle ne peut s'expliquer ; et s'il n'en résulte pas « toujours une heureuse conciliation, du moins l'avis de ces « arbitres aura-t-il l'avantage de réduire les débats à leurs vé- « ritables termes, et d'en faciliter la décision pour ceux à qui « seuls la loi la confie. »

L'expérience a démontré que le rapporteur de la loi de 1806 ne s'était pas trompé. Les tribunaux de commerce ont fréquemment recours aux renvois devant arbitres, et les statistiques constatent les heureux résultats produits par ce mode d'instruction.

En effet, les arbitrages, en faisant disparaître du rôle des affaires qui ne pourraient être instruites par les juges eux-mêmes, amènent la conciliation des deux tiers de ces affaires, dont l'autre tiers ne revient devant les tribunaux qu'après des vérifications et des constatations qui, en dehors de l'avis

---

de M. David, commissaire du gouvernement, prononcé la décharge de la patente par un arrêté ainsi conçu :
« Le conseil de préfecture : — Vu la loi du 25 mars 1844 ; — Vu l'arrêté « d'assimilation du 21 novembre 1863 ; — Vu, etc....
« Considérant, qu'aux termes de l'article 429 du Code de procédure « civile, la mission d'un arbitre rapporteur a pour objet la conciliation des « parties ou l'instruction de l'affaire telle qu'aurait à y procéder un juge « rapporteur lui-même ;
« Qu'il en est seulement chargé pour telle ou telle affaire déterminée en « raison de ses connaissances spéciales, et non d'une manière habituelle et « permanente ; d'où il suit que la mission d'arbitre rapporteur confiée au « sieur Rolland par le tribunal de commerce ne constitue pas une profes- « sion que la loi ait assujettie à la patente ;
« Considérant que l'assimilation faite par l'arrêté du 21 novembre 1863 « de la mission d'arbitre rapporteur avec la fonction de mandataire salarié « pour l'administration des faillites n'est pas fondée ;
« Qu'en effet, l'arbitre rapporteur n'accomplit aucun acte d'administra- « tion, et se borne à rendre compte au tribunal de ce qu'il a fait, vu ou « vérifié, ou à donner son avis sur l'affaire ;
« Que dès lors il n'existe aucune analogie pouvant servir de base à l'ar- « rêté d'assimilation ;
« Considérant qu'il n'est pas établi que le sieur Rolland exerce d'autre « profession sujette à patente ;
« Arrête :
« Il est accordé pour 1863, au sieur Rolland, décharge de la taxe de pa- « tente à laquelle il a été imposé. »
L'administration s'est pourvue contre cette décision, mais son pourvoi a été rejeté par le conseil d'Etat.
Déjà la question s'était présentée plusieurs fois et avait été généralement résolue dans le même sens par le conseil de préfecture, notamment à la date du 23 mai 1859 et aussi par le conseil d'Etat, le 30 juillet 1857.

émis par l'arbitre, garantissent aux plaideurs une plus exacte justice.

Le tribunal de commerce de Paris ne confie les arbitrages qu'à un certain nombre de personnes admises par lui et dont la liste est révisée chaque année. De cette façon, il a sur ses arbitres rapporteurs une action disciplinaire qui lui permettrait de retrancher de sa liste ceux qui compromettraient d'une manière quelconque la bonne administration de la justice.

V. *Discipline.* — Les arbitres rapporteurs sont placés sous la surveillance du président, qui défère tout ce qui est relatif aux arbitrages et aux arbitres à une commission spéciale choisie dans le sein du tribunal et renouvelée tous les ans.

Ainsi que nous l'avons dit, les chambres syndicales sont fréquemment chargées d'arbitrages, le tribunal de commerce de Paris a d'autant plus volontiers recours aux connaissances spéciales de ces chambres qu'elles sont composées de commerçants se réunissant pour donner un concours gratuit à la juridiction commerciale et non pour rechercher une occasion de bénéfices. La gratuité de leur concours a été de tout temps la condition sous laquelle il a été accepté et, à cet égard, le tribunal a même été jusqu'à prendre, à la date du 9 janvier 1844, une délibération dans le but d'éviter que l'on admette en taxe dans la liquidation des dépens toute rétribution exigée par une chambre syndicale pour la confection d'un rapport.

Nous avons vu que la mission d'arbitre-rapporteur ne constitue point une profession, et que les personnes auxquelles le tribunal de commerce confère cette mission, ne peuvent même prendre le titre ou la qualité d'arbitre-rapporteur.

Les arbitres-rapporteurs doivent faire tous leurs efforts pour concilier les parties, et, en cela, ils usent d'une influence légitime, car ils obéissent au vœu de la loi et au mandat que leur donne la justice qui les nomme; mais, en aucun cas, ils ne doivent tenter de modifier leur mandat pour se faire donner par les parties des pouvoirs plus étendus et se constituer leur juge en les amenant à signer un compromis, parce qu'alors ils useraient de leur influence d'une manière qui ne serait plus légitime, ils mettraient fin à un procès; non plus comme conciliateurs, par une transaction volontaire et amiable, mais en substituant leur autorité à celle de la justice régulière dont ils ne sont que les délégués et à laquelle ils doivent compte de l'accomplissement de leur mission ; c'est ce que tout récemment encore le président du tribunal de commerce de Paris rappelait en ces termes : « Jamais, ainsi qu'il a été dit, par « erreur ou par ignorance, l'arbitre rapporteur ne reçoit du « tribunal une délégation de justice qui lui permette d'im- « poser aux parties sa décision personnelle et de les sous- « traire ainsi aux débats de l'audience et à l'appréciation du « juge (1). »

Ces réflexions si judicieuses, faites par une voix aussi auto- risée, ne pourraient manquer de porter leurs fruits si, par un excès de zèle, quelque auxiliaire de la juridiction consulaire s'était écarté de la règle.

VI. *Liquidateurs.* — La loi du 17 juillet 1856, en attribuant aux tribunaux de commerce la connaissance des contestations entre associés pour raison d'une société de commerce, leur a implicitement conféré le choix du liquidateur en cas de disso- lution prononcée par justice ou de désaccord entre les parties, après une dissolution amiable.

Ainsi donc, à moins que les parties ne s'entendent sur la no- mination du liquidateur, il est, comme les arbitres rappor- teurs, désigné d'office par le tribunal de commerce.

Si, à raison des circonstances, aucun des associés ne peut être chargé de la liquidation, cette liquidation est confiée à un tiers étranger à la société.

Les liquidateurs nommés par le tribunal de commerce de Paris, lorsqu'ils sont pris en dehors des associés, sont choisis dans une liste dressée et révisée chaque année dans les mêmes formes que celle des arbitres-rapporteurs et, comme eux, ils rendent compte de la manière dont ils ont rempli leur mission en déposant au greffe leur travail de liquidation et, en cas de difficultés, leur avis sur les contestations.

La loi n'a point déterminé, par des dispositions spéciales, les pouvoirs des liquidateurs. Ces pouvoirs sont ceux qui résultent non-seulement du mandat, mais aussi des usages commerciaux ; ils sont donc des plus étendus ; ce sont *tous les pouvoirs néces- saires pour mener à bonne fin la liquidation ;* dès lors, ce que fait un liquidateur est à l'abri de toute critique du moment où il agit en bon père de famille, et sa responsabilité ne pourrait être engagée que par une faute lourde ou par des faits de pré- varication.

_____

(1) Discours de M. le président Berthier à la séance d'installation du 19 août 1865.

CHAPITRE XIX.

TRADUCTEURS-INTERPRÈTES.

L'ordonnance de la marine du mois d'août 1681 (titre VII) a créé les interprètes et les courtiers conducteurs des maîtres de navires.

L'article 80 du Code de commerce a conservé cette institution dans les termes suivants :

« Les courtiers interprètes et conducteurs de navires font « le courtage des affrétements; ils ont, en outre, seuls le « droit de traduire, en cas de contestations portées devant « les tribunaux, les déclarations, chartes-parties, connaisse- « ments, contrats, et tous actes de commerce dont la traduc- « tion serait nécessaire ; enfin, de constater le cours du fret « et du nolis.

« Dans les affaires contentieuses de commerce, et pour le « service des douanes, ils serviront seuls de truchements à tous « étrangers, maîtres de navires marchands, équipages de vais- « seau et autres personnes de mer. »

Mais la nature toute spéciale des fonctions attribuées aux courtiers interprètes et conducteurs de navires ne permettait pas d'en établir ailleurs que dans les ports de mer. Cependant, il arrive assez fréquemment dans les autres places de commerce, à raison même de leurs relations internationales de plus en plus fréquentes, que des pièces, des correspondances en langues étrangères sont produites en justice. De là l'usage immémorial qui s'est établi dans les tribunaux de commerce, et même dans les cours et tribunaux civils, de conférer à certaines personnes le titre et les attributions de traducteur-interprète de telle ou telle langue lorsque dans la ville où siége le tribunal il n'existe pas de courtiers interprètes.

Ces traducteurs-interprètes sont choisis par les tribunaux après que leur capacité et leur moralité ont été vérifiées par une commission ou par un membre du tribunal qui en fait rapport, et, sur le vu d'un extrait de la délibération, délivré par le greffier pour constater leur nomination, ils sont ordinairement admis à prêter serment devant les cours et tribunaux qui les ont nommés.

Cet usage répond aux besoins du commerce et ne présente aucun inconvénient. En effet, il a pour résultat de combler une lacune sans porter atteinte à aucun droit.

Une traduction d'ailleurs qui n'a pas été ordonnée en justice et faite, après serment prêté, par une personne spécialement commise à cet effet, ne fait pas foi, et elle ne peut être regardée que comme une pièce privée et dépourvue de tout caractère juridique.

CHAPITRE XX.

GARDES DU COMMERCE.

La contrainte par corps est une voie d'exécution qui rentre dans les attributions des huissiers; toutefois, en conformité des dispositions de l'article 625 du Code de commerce, des officiers ministériels spéciaux ont été établis à Paris, pour l'exécution des jugements emportant la contrainte par corps : la forme de leur organisation et leurs attributions ont été déterminées par le décret du 14 mars 1808 (1).

---

(1) *Décret du 14 mars 1808 concernant les gardes du commerce.*

1. Le nombre des gardes du commerce qui doivent être établis dans le département de la Seine, pour l'exécution de la contrainte, en conformité de l'article 625 du Code de commerce, est fixé à dix. — Les fonctions des gardes du commerce sont à vie. — Ils seront nommés par l'Empereur.

2. Le tribunal de première instance et le tribunal de commerce présenteront chacun une liste de candidats en nombre égal à celui des gardes à nommer.

3. Le grand juge ministre de la justice nommera un vérificateur, qui sera attaché au bureau des gardes du commerce.

4. Avant d'entrer en fonctions, le vérificateur et les gardes du commerce prêteront serment entre les mains du président du tribunal de première instance.

5. Le vérificateur et les gardes du commerce seront tenus de fournir chacun un cautionnement de six mille francs, lequel sera versé à la caisse d'amortissement.

6. Le bureau des gardes du commerce sera établi dans le centre de la ville de Paris. — Il sera ouvert tous les jours, depuis neuf heures du matin jusqu'à trois, et depuis six heures du soir jusqu'à neuf.— Les gardes du commerce seront tenus de s'y trouver alternativement, et aux jours nommés, pour le service entre eux.

L'article 625 du Code de commerce portait que les gardes du commerce seraient *établis pour la ville de Paris seulement*; le dé-

7. Les gardes du commerce sont exclusivement chargés de l'exécution des contraintes par corps, et ne pourront, en aucun cas, être suppléés par huissiers, recors et autres personnes quelconques. — Ils pourront être commis par le tribunal de commerce à la garde des faillis, conformément à l'article 455, livre III du Code de commerce.

8. Les gardes du commerce auront une marque distinctive, en forme de baguette, qu'ils seront tenus d'exhiber aux débiteurs condamnés, lors de l'exécution de la contrainte.

9. Avant de procéder à la contrainte par corps les titres et pièces seront remis au vérificateur, qui en donnera récépissé.

10. Tout débiteur dans le cas d'être arrêté pourra notifier au bureau des gardes du commerce les oppositions ou appels, ou tous autres actes par lesquels il entend s'opposer à la contrainte prononcée contre lui. — Le vérificateur visera l'original des significations.

11. Le vérificateur ne pourra remettre au garde du commerce les titres et pièces qu'après avoir vérifié qu'il n'est survenu aucun empêchement à l'exécution de la contrainte. — Il en donnera un certificat, qui sera annexé aux pièces. — En cas de difficultés, il en sera préalablement référé au tribunal qui doit en connaître.

12. Il sera tenu par le vérificateur deux registres, cotés et paraphés par le président du tribunal de première instance. — Le premier contiendra, jour par jour, et sans aucun blanc, la mention des titres et pièces remis pour les créances, des noms, qualités et demeures des poursuivants et débiteurs, et de la signification faite de l'arrêt, sentence ou jugement. — Le deuxième servira à inscrire les oppositions ou significations faites par le débiteur, lesquelles oppositions ou significations ne pourront être faites qu'au bureau des gardes du commerce.

13. Dans le cas où la notification, faite par le débiteur, d'aucun acte pouvant arrêter l'exercice de la contrainte, sera faite postérieurement à la remise des titres et pièces au garde du commerce, le vérificateur sera tenu d'en donner avis sur-le-champ au garde saisi des pièces, qui donnera reçu de cet avis, et sera obligé de surseoir à l'arrestation, jusqu'à ce qu'il en ait été autrement ordonné.

14. Si, lors de l'exercice de la contrainte, le débiteur offre de payer les causes de la contrainte, le garde du commerce chargé de faire l'arrestation recevra la somme offerte (*aujourd'hui* le tiers du principal et accessoires, et caution pour le surplus. L. 17 avril 1832, *sur la contrainte par corps*, art. 24): mais, dans ce cas, il sera tenu de la remettre, dans les vingt-quatre heures, au créancier qui l'aura chargé; et à défaut par le créancier de la recevoir, quel que soit son motif, le garde déposera, dans les vingt-quatre heures suivantes, la somme reçue à la caisse d'amortissement.

Loi du 26 mars-1er avril 1855. — Art. 2. L'article 15 du décret du 14 mars 1808 est abrogé. Il est remplacé par la disposition suivante:

15. « Dans le cas prévu par le paragraphe 5 de l'article 781 du Code de procédure civile, il ne peut être procédé à l'arrestation qu'en vertu d'une ordonnance du président du tribunal civil, qui désigne un commissaire de police chargé de se transporter dans la maison avec le garde du commerce. » (*L. du 26 mars 1855.*)

16. En cas de rébellion prévu par l'article 785, le garde chargé de l'arrestation en constatera la nature et les circonstances; il pourra établir garnison aux portes, et partout où le débiteur pourrait trouver la facilité de s'évader; il pourra requérir la force armée, qui ne pourra lui être refusée, et, en sa présence et avec son secours, procéder à l'arrestation.

17. Si le débiteur arrêté allègue avoir déposé ou fait signifier au bureau des gardes des pièces qu'il prétendrait suffisantes pour suspendre l'arres-

cret rendu pour l'exécution de cette disposition déclare qu'ils sont *établis pour le département de la Seine*. Cela nous paraît plus

---

tation, et qu'il ne justifie pas du récépissé du vérificateur pour la remise desdites pièces, ou de l'original desdites significations, visé par le même vérificateur, il sera passé outre à l'arrestation, sauf néanmoins le cas prévu par l'article 786 du Code judiciaire.

18. En exécution de l'article 789, la consignation d'un mois d'aliments sera faite par le garde du commerce, qui cependant ne sera jamais tenu d'en faire l'avance, et pourra surseoir à l'arrestation tant qu'il ne lui aura pas été remis de deniers suffisants pour effectuer ladite consignation.

19. En exécution de l'article 793, seront observées, pour les recommandations, les mêmes formalités que pour les arrestations ordonnées par les articles 783, 784, 789. — Néanmoins le garde n'aura pas besoin de témoins; et au lieu du procès-verbal d'arrestation, il donnera copie du procès-verbal de recommandation. — Le garde du commerce chargé de l'arrestation sera responsable de la nullité de son arrestation, provenant des vices de forme commis par lui. En conséquence, il tiendra compte, aux créanciers, des frais relatifs à l'arrestation annulée. — Le vérificateur sera responsable du dommage-intérêt accordé au débiteur par suite d'erreur ou de fausse énonciation dans les certificats émanés de lui.

20. §§ 1 et 2, relatifs à l'arrestation et à la recommandation, *abrogés* par l'arrêté du 24 mars 1849, art. 2. — V. ci-après. — § 3. Le droit de garde au domicile d'un failli sera de cinq francs.

21. Il sera alloué au garde du commerce : — 1o pour le dépôt des pièces par le créancier, 3 fr.; — 2o pour le visa apposé sur chaque pièce produite ou signifiée par le créancier ou le débiteur, 25 c.; — 3o pour le certificat mentionné en l'article 11, droit de recherche compris, 2 fr., outre les droits d'enregistrement. (*Abrogé* par l'arrêté du 24 mars 1849, art. 3, qui reproduit la même disposition dans les mêmes termes, sauf mention de l'enregistrement.)

22. Le tiers des droits attribués aux gardes du commerce par l'article 20 sera par chacun d'eux rapporté chaque semaine, et mis en bourse commune entre les mains de celui d'entre eux qu'ils jugeront à propos de choisir, pour être ensuite partagé, tous les trois mois, entre les gardes du commerce seulement.

23. Les salaires fixés par l'article 21 seront mis en bourse commune pour subvenir aux frais de bureau de toute nature.

24. Il sera prélevé sur cette bourse commune une somme de trois mille francs pour le traitement annuel du vérificateur.

25. Après les prélèvements prescrits par les deux articles ci-dessus, le surplus sera partagé tous les trois mois, et par portions égales, entre le vérificateur et chacun des gardes du commerce.

26. Le fonds des bourses communes établies par les articles 22 et 23 ci-dessus ne sera susceptible d'opposition que pour fait de charge. — L'opposition ne durera que trois mois après l'époque de la distribution, à moins qu'il n'en soit autrement ordonné par le tribunal.

27. Si une partie a des plaintes à former, pour lésion de ses intérêts, contre un garde du commerce dans l'exercice de ses fonctions, elle pourra porter sa réclamation au bureau, qui vérifiera les faits, et fera réparer le dommage s'il trouve la plainte fondée. Si la plainte a pour objet une prévarication du garde, le bureau dressera procès-verbal de l'accusation et des dires du plaignant et du garde, lequel procès-verbal il sera tenu de remettre, dans les vingt-quatre heures, au procureur impérial près le tribunal civil du département, pour par lui être pris tel parti qu'il avisera; sans préjudice des diligences réservées à la partie lésée. — Sur les conclusions du procureur impérial, le tribunal pourra interdire pendant un an le garde accusé. — Quel que soit le jugement, le procureur impérial en donnera avis au grand juge ministre de la justice.

conforme à l'organisation particulière de tout ce qui se rattache, dans ce département, à l'administration de la justice. M. Coin-Delisle est d'avis que, sur aucun point de l'arrondissement soumis à la juridiction du tribunal de le Seine, la contrainte par corps ne pourrait être exercée par un huissier et qu'une recommandation faite par huissier serait nulle.

Les gardes du commerce sont nommés par l'Empereur, sur la présentation du tribunal de première instance et du tribunal de commerce; ils prêtent serment devant le tribunal civil. Tout ce qui est relatif à leurs attributions n'a subi aucun changement, depuis le décret de 1808, leurs droits seuls ont été modifiés par le décret du 24 mars 1849 (1).

---

(1) *Arrêté du 24 mars 1849 qui modifie le Tarif des frais en matière de contrainte par corps.*

LE PRÉSIDENT DE LA RÉPUBLIQUE,

Sur le rapport du garde des sceaux, ministre de la justice,
Vu l'article 15 de la loi du 13 décembre 1848, sur la contrainte par corps, lequel article est ainsi conçu : « Dans les trois mois qui suivront la pro-
« mulgation de la présente loi, un arrêté du pouvoir exécutif, rendu dans
« la forme des règlements d'administration publique, modifiera le tarif
« des frais en matière de contrainte par corps; »
Vu le titre XV du livre V de la première partie du Code de procédure civile;
Vu la loi du 17 avril 1832;
Vu le décret du 14 mars 1808, concernant les gardes du commerce;
Vu l'ordonnance du 19 janvier 1846, concernant la taxe allouée aux gendarmes pour la capture des délinquants insolvables;
Le conseil d'État entendu,

ARRÊTE :

ART. 1er. Il est alloué à tous huissiers :
1o (Code de proc., art. 780),
Pour l'original de la signification du jugement qui prononce la contrainte par corps avec commandement. . . . . 2 f. 00 c.
Pour la copie, le quart. 0   50
Pour droit de copie du jugement. 2   00
Sans qu'il puisse être passé d'autres droits en taxe, dans le cas où la signification et le commandement seraient faits par actes séparés;
2o (Code de proc., art. 796),
Pour l'original de la signification du jugement qui déclare un emprisonnement nul.. 2 f. 00 c.
Pour la copie à laisser au geôlier ou au gardien, le quart. . . 0   50
2. Il est alloué aux gardes du commerce ou aux huissiers :
1o (Code de proc., art. 783 et 789),
Pour le procès-verbal d'emprisonnement d'un débiteur, y compris l'assistance de deux recors et l'écrou,
A Paris. . . . . 40 f.
Ailleurs. 30
Pour la copie du procès-verbal d'emprisonnement et de l'écrou, le tout ensemble.. 2
Il ne pourra être passé en taxe aucun procès-verbal de perquisition pour lequel les gardes du commerce ou huissiers n'auront point de recours,

Le tribunal de commerce de Paris ordonne, dans le dispositif de ses jugements, que l'huissier par lui commis fera, par un seul et même acte, la signification du jugement et le commandement prescrit par l'article 780 du Code de procédure civile, tendant à l'exercice de la contrainte par corps.

Cette mesure a été prise en 1856 sur la demande du parquet du tribunal de la Seine, fondée sur ce que l'article 1er du dé-

---

même contre leur partie ; les sommes ci-dessus leur étant allouées en considération de toutes les démarches qu'ils pourraient faire, autres que celles expressément rémunérées par le présent tarif.

2o (Code de proc., art. 784),
Pour la vacation tendant à obtenir l'ordonnance du juge de paix, à l'effet, par ce dernier, de se transporter dans le lieu où se trouve le débiteur condamné par corps, et à requérir son transport.. . 2 f. 00 c.

3o (Code de proc., art. 786),
Pour vacation en référé, si le débiteur arrêté le requiert. . . 5 00

4o (Code de proc., art. 792 et 793),
Pour un acte de recommandation d'un débiteur emprisonné sans assistance de recors. 3 00
Pour chaque copie à donner au débiteur et au geôlier, le quart, 0 75

3. Il est alloué aux gardes du commerce :
(Décret du 14 mars 1808, art. 21),
Pour le dépôt des pièces par le créancier. 3 00
Pour le visa apposé sur chaque pièce produite ou signifiée par le créancier ou le débiteur. 0 25
Pour le certificat mentionné en l'article 11 du décret du 14 mars 1808, droit de recherche compris 2 00

4. Il est alloué aux huissiers, pour rédaction du pouvoir spécial exigé par l'article 556 du Code de procédure civile. . . . . . . 1 f.

5. Il ne sera alloué aucun droit au gardien ou geôlier à raison de la transcription sur son registre du jugement prononçant la contrainte par corps.

6. Outre les fixations établies par les quatre premiers articles, seront alloués les simples déboursés de timbre et d'enregistrement justifiés par pièces régulières.

7. Il ne sera rien alloué aux huissiers et aux gardes du commerce pour leur transport jusqu'à un demi-myriamètre.
Il leur sera alloué, au-delà d'un demi-myriamètre :
Pour frais de voyage, qui ne pourra excéder une journée de cinq myriamètres, savoir : au-delà d'un demi-myriamètre, et jusqu'au myriamètre, pour aller et retour. . . . . 4 f.
Au-delà d'un myriamètre, il sera alloué, par chaque demi-myriamètre, sans distinction. 2

8. Sont et demeurent abrogés les articles 51, 52, 53, 54, 55, 56, 57 et 58 du premier décret du 16 février 1807, les deux premiers paragraphes de l'article 20 et l'article 21 du décret du 14 mars 1808, concernant les gardes du commerce.

9. Le garde des sceaux, ministre de la justice, est chargé de l'exécution du présent arrêté, qui sera inséré au Bulletin des lois.
Fait à Paris, au palais de l'Élysée-National, le 24 mars 1849.

Le président de la République,
Signé Louis-Napoléon Bonaparte.

Le garde des sceaux, ministre de la justice,
Signé Odilon Barrot.

cret de 1849 dispose que la signification du jugement prononçant la contrainte par corps et le commandement ne pourront, lorsqu'ils seront faits par actes séparés, motiver d'autres et plus forts droits que ceux fixés audit article. Les avantages et même la légalité de cette décision ont été contestés.

CHAPITRE XXI.

FAILLITES.

§ Ier.

INSTRUCTION ET ACTES OFFICIELS.

I. *Instruction générale sur l'exécution de la loi des faillites, du 28 mai 1838.*

Circulaire de M. le garde des sceaux, ministre de la justice, adressée à MM. les procureurs généraux près les Cours royales, le 8 juin 1838.

« Paris, le 8 juin 1836.

« Monsieur le procureur général,

« La nouvelle loi sur les faillites a pour objet principal de pourvoir, mieux que ne le faisait le Code de 1807, à la juste et prompte distribution des ressources qui composent l'actif du débiteur. Pour atteindre ce but, il a été nécessaire de simplifier la liquidation, de la rendre plus rapide, de diminuer les frais et sans ériger toujours la fraude en présomption légale, de prendre, pour la prévenir ou la réprimer, des mesures qu'indiquait l'expérience. Ces divers points embrassent l'ensemble de la loi. L'étude qui en sera faite peut seule mettre le commerce et les tribunaux en état de la bien comprendre. S'il s'élève des difficultés dans l'application, les documents qui l'ont préparée et la jurisprudence aideront à les résoudre. Il est seulement un petit nombre de ses dispositions qui réclament de ma part quelques instructions, parce qu'elles tracent des obligations particulières aux juges-commissaires, aux tribunaux de commerce et au ministère public.

« I. C'est aux premiers moments de la faillite que des précautions doivent surtout être prises pour prévenir les détournements. Souvent alors, les créanciers, incertains s'il existera un actif quelconque, s'arrêtent devant la crainte de n'être pas remboursés des frais qu'ils avanceraient, et le failli demeure libre ou de s'approprier les fonds et les marchandises qui sont d'une disposition facile, ou de les employer à satisfaire ceux qu'il veut favoriser. L'article 461 remédie à cet inconvénient, en déclarant que l'avance des premiers frais sera faite par le trésor public, lorsque les deniers appartenant à la faillite *ne pourront y suffire immédiatement.* Ces premiers frais seront ceux *du jugement de déclaration de la faillite, d'affiche de ce jugement et de son insertion dans les journaux, d'apposition de scellés, d'arrestation et d'incarcération.* Puisque dans ces circonstances le trésor fait les avances, il sera nécessaire de se conformer au décret du 18 juin 1811, relatif aux frais de justice criminelle. Ainsi, il devra être fourni un mémoire séparé pour chaque objet de dépense, savoir : — 1° pour les frais du jugement de déclaration de la faillite; — 2° pour les frais d'apposition de scellés ; — 3° pour les frais d'arrestation ; — 4° pour les frais d'incarcération ; — 5° pour les frais d'affiche, — et 6° pour les frais d'insertion dans les journaux.

« Ces frais seront payés par les receveurs de l'enregistrement, au moyen d'une ordonnance du juge-commissaire, qui sera apposée au bas de chacun des mémoires, dans la forme du modèle ci-joint, n° 1er (Voir au formulaire *ordonnances du Juge-commissaire*).

« Le juge-commissaire devra prendre les mesures nécessaires pour qu'il soit exactement tenu note au greffe des diverses sommes qu'il aura ordonnancées, afin que le greffier puisse dresser l'état de liquidation qui doit ultérieurement servir au recouvrement des frais avancés par le trésor public. Ce recouvrement doit avoir lieu aussitôt que l'actif de la faillite présentera quelques ressources : tel est le vœu de l'article 461. Le juge-commissaire fera donc, sans retard, préparer l'état de liquidation au bas duquel il mettra son ordonnance, conformément au modèle ci-joint, n° 2 (Voir au formulaire, *ibid*).

L'envoi de cet état sera fait au directeur de l'enregistrement et des domaines, qui demeure chargé d'en faire payer le montant.

« Les instructions ci-dessus ayant été communiquées à M. le ministre des finances, leur exécution n'éprouvera pas de difficultés.

« Vous avez pu remarquer, monsieur le procureur général, qu'au nombre des frais dont l'avance doit être faite, se trouvent ceux d'*incarcération*. Je comprends dans cette dénomination les *aliments*, dont la consignation est indispensable. En effet, lorsque les frais peuvent être avancés par les syndics, il n'est pas douteux qu'ils doivent faire cette consignation, et des instructions ont été données dans ce sens par le ministère de la justice, le 30 avril 1827. Le trésor étant momentanément substitué aux syndics pour les avances de frais, la condition du débiteur ne peut changer ; il faut que les mêmes obligations s'accomplissent.

« II. Les tribunaux de commerce mettront d'autant plus de soin dans le choix des syndics provisoires qui doivent être désignés par le jugement déclaratif de la faillite, que les créanciers étant appelés immédiatement à donner leur avis sur l'utilité de leur remplacement ou de la confirmation de leurs pouvoirs, le choix du tribunal serait exposé à une critique plus ou moins vive s'il avait été fait avec peu de réflexion. Quoique, d'après l'article 642, les syndics définitifs eux-mêmes puissent être étrangers à la masse des créanciers, il ne devra être usé de cette faculté qu'avec une grande réserve (1). Si des désignations de syndics étrangers devenaient fréquentes, il pourrait en résulter avec le temps une habitude à laquelle il serait difficile de se soustraire. En général, il n'y a que de l'inconvénient à créer, auprès des tribunaux, des professions dépourvues de caractère officiel. Les administrateurs ainsi désignés ne manqueraient pas d'accepter leur mandat dans l'espérance d'un salaire que des syndics créanciers réclameront plus rarement. Prendre les syndics parmi ceux des créanciers connus qui inspirent le plus de confiance, telle doit être la règle générale. Choisir ces syndics parmi d'autres personnes, telle doit être l'exception que pourront déterminer des motifs dont l'appréciation dépendra entièrement des circonstances.

« III. La suite et l'unité dans l'administration de la faillite seront les avantages attachés à la permanence du syndicat ;

---

(1) Il a été reconnu depuis, au contraire, qu'il y avait tout à la fois, et pour assurer la marche régulière de la justice et dans l'intérêt même, bien entendu, des créanciers, utilité et nécessité à admettre des syndics *en titre*, étrangers à la faillite, ainsi qu'il est expliqué ci-après au § 3 du présent chapitre.

mais, d'un autre côté, cette permanence même pourrait être nuisible dans certains cas. Il fallait donc qu'elle pût prendre fin, si les syndics n'usaient pas convenablement de leurs pouvoirs : c'est ce qu'a prévu la loi. Il n'est pas impossible que la masse des créanciers cède à des préventions; plus souvent elle se montrera négligente, à cause de la difficulté d'en réunir la majorité. C'est au tribunal qu'est confié le droit, sur la proposition du juge-commissaire, de retirer aux syndics, ou à l'un d'eux, le mandat qu'il leur a donné. Le failli et chacun des créanciers seront reçus à provoquer son action : il pourra agir aussi d'office. Les tribunaux de commerce ne sauraient trop se montrer attentifs à ce qu'une attribution aussi essentielle soit exercée sans exagération, mais aussi sans faiblesse. Il ne sera pas nécessaire pour cela que l'abus soit allé jusqu'à la fraude; il est évident que la conduite privée des syndics peut altérer la confiance qui a été placée en eux, et la simple négligence amener aussi la nécessité d'un changement de mandataires (art. 467).

« IV. Placés sous la direction immédiate et continue du juge-commissaire, les syndics procèdent à la vente du mobilier et des marchandises d'après son autorisation. Le mode ordinaire sera celui des ventes judiciaires. La loi cependant a voulu que, sur la permission du juge, cette vente pût se faire même à *l'amiable* : une telle faculté sera surtout d'un usage avantageux dans les petites faillites, afin d'éviter des frais ; elle pourra ne pas être inutile même dans les faillites plus importantes, lorsque, par exemple, une vente en bloc de marchandises promettra un prix plus élevé qu'on ne pourrait l'espérer d'une vente aux enchères. Cette disposition est encore l'une de celles dont l'application présenterait de graves inconvénients, si elle n'était réglée avec précaution et discernement ; elle ne produira que du bien si le juge-commissaire et les syndics se laissent guider uniquement par le sentiment éclairé de leurs devoirs, et par l'appréciation saine et juste des intérêts qui leur sont confiés (art. 486).

« V. L'avance des fonds nécessaires à la poursuite ne peut être exigée du trésor public qu'à raison des premiers actes de la faillite. Si l'état de pénurie complète qui détermine ce secours se prolongeait, les articles 527 et 528 veulent que le tribunal prononce *la clôture de la faillite*, et rende ainsi chaque créancier à la liberté de ses actions individuelles, le droit de contrainte par corps compris. Le jugement qui contiendra cette décision ne sera rétracté que sur la preuve qu'il existe des fonds suffisants pour la poursuite, ou sur la consignation de ces fonds entre les mains des syndics. C'est l'expérience qui a fait sentir l'utilité de ces dispositions. La conduite du commerçant qui continue ses affaires, malgré l'insuffisance de son actif comparé à ses engagements, et qui en attend, pour s'arrêter, l'entier épuisement, est exclusive de la bonne foi. On peut croire que l'exemple cessera de s'en reproduire, lorsque celui qui le donnerait sera prévenu par la loi qu'il perdrait jusqu'à l'espérance des immunités résultant de l'état de faillite, et sur lesquelles il aurait pu compter, comme un dernier refuge qui ne saurait lui échapper.

« VI. Par des motifs aussi graves, mais d'un ordre différent, la loi demande au ministère public une surveillance non moins attentive que celle qui est exigée des juges commerciaux et des syndics.

« C'est d'abord au procureur du Roi, de concert avec ceux-ci, qu'est confiée, par l'article 460, l'exécution de l'ordre en vertu duquel, dès que la faillite éclate, le débiteur sera déposé dans la maison d'arrêt pour dettes, mesure que la prudence conseillera presque toujours. Si le débiteur n'est que malheureux, un sauf-conduit doit bientôt le rendre à sa famille et à la liberté. Si l'examen de sa conduite justifie des poursuites rigoureuses, il lui aura été impossible de s'y soustraire par la fuite. '

« VII. Le procureur du Roi exigera soigneusement l'envoi qui doit lui être fait, dans les vingt-quatre heures, par le greffier du tribunal de commerce, d'un extrait de tout jugement déclaratif de faillite, aux termes de l'article 459. Il ne souffrira aucun retard qui ne soit justifié dans la remise du mémoire des syndics qu'eux-mêmes sont obligés d'adresser au juge-commissaire dans la quinzaine de leur entrée ou de leur maintien en fonctions. Cette prescription de l'article 482 ne serait accomplie qu'en apparence, si les syndics manquaient de s'expliquer sérieusement sur les causes, les circonstances, les caractères de la faillite, et si cet acte dégénérait en une simple formalité. '

« Par ces documents, autant que par les autres renseignements qu'il peut recueillir, le magistrat forme son opinion sur la faillite. Il se contente de veiller sur la suite des opérations, ou, reconnaissant des indices de banqueroute, il se détermine à une plus active intervention.

« Ce pouvoir d'examen et d'investigation est aussi étendu que les circonstances le commanderont. L'inventaire peut amener la découverte de faits par lesquels la conduite du failli sera jugée avec plus de certitude. Il ne tiendra qu'au procureur du Roi d'assister à cet acte important, de recueillir les preuves qui s'offriront à lui, de s'emparer des pièces de conviction. Son droit de recherche ne serait pas complet, s'il n'allait, ainsi que l'autorisent les articles 483 et 604, jusqu'à exiger, à *toute époque*, communication des actes, papiers et livres relatifs à la faillite, et à réclamer des syndics tous les renseignements qui seront jugés nécessaires.

« En cas de poursuite pour banqueroute, il ne s'agit plus d'une simple communication des pièces, titres et papiers de la faillite, mais d'une remise à faire entre les mains du procureur du Roi : c'est ce que prescrit l'article 602. Ce magistrat devra comprendre combien ce dessaisissement peut être gênant pour l'administration des syndics. Aussi doit-il veiller à ce que ces derniers, qui en trouvent d'ailleurs l'autorisation formelle dans l'article 603, aient toutes les facilités convenables pour une communication prompte et commode, toutes les fois qu'ils jugeront nécessaire de recourir aux papiers du failli.

« VIII. Il est très-souvent arrivé que ceux même qui souffrent de la faillite ont consenti à couvrir d'un voile les actes les plus répréhensibles, dans l'intention de ne pas éloigner un arrangement amiable qui leur promet un dividende quelconque. Cette facilité devient un encouragement à de condamnables spéculations, et l'impunité excite aux désordres de même nature. Si une poursuite, quand il en existe de justes motifs, peut contrarier quelques créanciers en particulier, elle doit profiter par l'influence de l'exemple à la moralité du commerce en général. Le ministère public saura donc, lorsque les délits lui paraîtront caractérisés, s'élever au-dessus des considérations de l'intérêt privé, qui perdront, au reste, de leur force, la loi nouvelle rendant désormais moins coûteuse et plus prompte une liquidation judiciaire. En se préservant de toute exagération, en évitant tout acte de rigueur qui deviendrait dangereux dès que la nécessité n'en serait pas démontrée, il maintiendra l'autorité des lois, au risque même de faire manquer des arrangements auxquels seraient disposés des créanciers ou complaisants ou trop résignés.

« IX. L'action publique ne pouvant, en général, faire l'objet d'une transaction, l'existence d'un concordat ne saurait l'arrêter. C'est ce que l'article 524 reconnaît formellement en déclarant, s'il s'agit d'une poursuite en banqueroute frauduleuse, qu'elle peut être commencée alors même qu'un concordat a été signé. Une disposition ayant été introduite dans le projet soumis en dernier lieu aux Chambres, pour interdire, du moins dans cette circonstance, la poursuite en banqueroute simple, le retranchement en a été déterminé par l'intention de laisser également, dans ce cas, le ministère public libre d'agir ainsi qu'il le jugera convenable.

« X. Vous remarquerez, monsieur le procureur général, que les articles 587, 588, 590 et 592 contiennent des règles nouvelles, relativement aux frais qu'occasionne la poursuite en banqueroute. D'après la législation précédente, la faillite les supportait, même lorsque le résultat de cette poursuite avait été d'amener une condamnation. La loi veut avec raison qu'à l'avenir en matière de banqueroute frauduleuse, le trésor acquitte toujours ces frais, quelle que soit l'issue de la poursuite. Elle déclare qu'il en sera ainsi en banqueroute simple, quand le ministère public aura poursuivi directement. Lors même qu'en ce dernier cas les créanciers auraient saisi le tribunal correctionnel ou se seraient portés parties civiles, le trésor public prendra encore les frais de justice à sa charge, si le débiteur failli a été condamné. Vous comprendrez sans peine les motifs de ces innovations, dont l'objet essentiel consiste à rendre aussi à la poursuite toute sa liberté. Les créanciers se montreront plus empressés à donner au ministère public des renseignements dont la conséquence, en rendant son intervention nécessaire, ne sera pas la diminution de leur gage. Le ministère public hésitera moins, de son côté, à introduire un débat dont l'issue, quoi qu'il arrive, ne doit plus préjudicier aux intérêts privés qui sont engagés dans la faillite. Il importait que de tels avantages fussent obtenus même au prix de quelques sacrifices à la charge de l'État. L'attention de vos substituts devra être appelée d'une manière particulière sur ce changement important de la législation. Ils auront soin désormais de saisir les tribunaux de justice répressive, en ne considérant que les faits en eux-mêmes, et en se préoccupant moins qu'ils ne pouvaient être portés à le faire auparavant, des conséquences de la poursuite, relativement aux créanciers.

« XI. Le Code de commerce, en vigueur depuis 1807, avait renfermé dans un cercle trop étroit les caractères spéciaux de la complicité en matière de banqueroute. Il a été trop souvent reconnu que des actes coupables échappaient à l'application de la loi, par l'effet d'une définition incomplète : que souvent, d'ailleurs, des tiers pouvaient avoir commis des détournements et des recels, sans qu'il fût prouvé que le failli eût participé à

ces faits. Il fallait prévoir aussi la malversation, rare sans
doute, mais possible, des syndics, et il ne pouvait suffire de l'atteindre par une action civile qui défie l'insolvabilité, quand elle
existe inconnue au moment où ces mandataires sont nommés,
ou quand elle arrive inopinément. Enfin l'intérêt de la morale
publique et celui des créanciers honnêtes réclamaient depuis
longtemps contre l'impunité accordée aux traités par lesquels
un créancier vend au failli, au prix d'avantages particuliers et
pour l'aider à tromper la masse, une adhésion mensongère au
concordat, dont il ne doit pas subir la loi. Un chapitre spécial
a dû, en conséquence, statuer sur *les crimes et délits commis
dans les faillites par d'autres que par les faillis*. Les peines de la
banqueroute y sont distribuées aux complices, et celles du vol
aux parents du failli coupables de détournement frauduleux
lorsque le détournement aura été commis à l'insu de celui-ci.
Le syndic qui malverse s'exposera aux pénalités dont la loi
frappe l'abus de confiance. Le créancier qui, clandestinement,
obtient des conditions à part, et vient cependant apporter son
consentement apparent aux conditions du concordat, encourt
un emprisonnement qui peut aller jusqu'à une année, et une
amende dont le *maximum* est de 2,000 fr.; s'il est syndic la
peine de l'emprisonnement pourra s'élever à deux ans.

« Ces dispositions doivent exercer une influence salutaire.
S'il reste isolé, le failli réalisera difficilement des projets de
fraude et de spoliation. Souvent aussi l'assistance coupable
qui s'offre à lui l'entraîne seule à se livrer à des actes frandu-
leux. Ces secours intéressés deviendront moins hardis et moins
fréquents dès que l'impunité n'y sera plus attachée. C'est donc
là une des parties de la loi nouvelle dont il est bien important
encore d'assurer l'entière exécution.

« XII. Le ministère public, surveillant de l'exécution de toutes
les lois, devra porter son attention sur plusieurs articles de la
loi nouvelle qui ont pour but de proscrire les lenteurs inutiles
et de terminer promptement les incidents de procédure. Ainsi
les articles 582 et 583 abrègent les délais d'appel et créent des
fins de non-recevoir. S'il arrivait qu'au mépris de ces dispositions, un recours fût exercé mal à propos ou hors du délai, le
ministère public appelé à donner ses conclusions ne devrait
pas manquer de faire ressortir la dérogation qui a été apportée
au droit commun.

« Les tribunaux de commerce seront quelquefois obligés de
surseoir au jugement des contestations que feront naître les
faillites, jusqu'à ce qu'une question qui n'est pas de leur com-

pétence ait été jugée par les tribunaux ordinaires ; d'autres fois ils croiront devoir ordonner le sursis (voir les art. 500 et 512). Cet obstacle, résultant des lois sur la compétence, peut être nuisible aux opérations de la faillite. Je ne puis trop vous recommander, monsieur le procureur général, d'employer tous vos efforts à hâter la marche de la justice et l'expédition des affaires dans les tribunaux dont le jugement préalable tiendrait en suspens les contestations pendantes devant la juridiction consulaire, afin que les sursis ne soient que le moins possible une cause de dommage.

« Je vous prie, monsieur le procureur général, d'observer avec soin les effets généraux de la nouvelle loi, de m'en rendre compte, et de m'indiquer les doutes que je n'aurais point prévus et qui seraient de nature à être levés par des instructions ultérieures. Vous voudrez bien transmettre un exemplaire de celles-ci à chacun des tribunaux de commerce de votre ressort, ainsi qu'à vos substituts. Je vous invite aussi à m'en accuser réception.

« Recevez, monsieur le procureur général, l'assurance de ma considération très-distinguée.

« *Le garde des sceaux, ministre secrétaire d'État de la justice et des cultes,*

« BARTHE. »

Le sous-secrétaire d'État,

Signé PARANT.

II. *Mesures à prendre à l'égard de la personne du failli.*

Avis du Conseil d'État du 5 août 1840 sur l'interprétation de l'article 460 de la loi du 28 mai 1838.

Le comité de législation consulté par M. le garde des sceaux sur le sens de l'article 460 de la loi du 28 mai 1838, et sur la marche que doit suivre le ministère public agissant d'après cet article ;

Vu la lettre de M. le procureur général près la Cour royale de Paris du 13 avril 1840 ;

Vu l'avis du conseil d'administration du ministère de la justice du 5 mai 1840, et autres pièces jointes au dossier ;

Vu la loi du 28 mai 1838, la loi du 17 avril 1832, et le décret du 4 mars 1808 ;

Considérant que l'article 460 de la loi du 28 mai 1848, en confiant l'exécution du jugement qui aura ordonné l'incarcération du failli, soit au ministère public, soit aux syndics, a introduit un droit nouveau qu'on ne doit pas laisser sans effet ;

Que l'intention de la loi ne peut avoir été de prescrire dans tous les cas de l'incarcération du failli, ce qui serait souvent inutile et quelquefois nuisible, ou même injuste ; mais qu'elle a voulu donner au ministère public le droit d'agir lorsque les syndics n'agiraient pas, et que pourtant l'incarcération du failli lui paraîtrait utile et juste ;

Que ce droit n'a pas été conféré au ministère public dans le seul intérêt privé du créancier, mais aussi dans l'intérêt public ; pour intimider par de justes sévérités les commerçants de mauvaise foi, et déjouer les calculs fondés sur l'intérêt ou la faiblesse des créanciers ;

Considérant que les articles 460 et 461 de la loi du 28 mai 1838 ne chargent nullement le ministère public qui fait incarcérer le failli de pourvoir à ses aliments ; que l'on est à cet égard resté dans le droit commun, le ministère public n'ayant à s'occuper que sous le rapport moral et judiciaire de l'action qui lui est confiée, et l'État pourvoyant lui-même aux aliments de ceux que le ministère public fait incarcérer dans un intérêt général, sauf répétition de ses avances, s'il y a lieu ;

Que, s'il en était autrement, si, par exemple, dans l'hypothèse prévue, l'action du ministère public était subordonnée à la vérification à faire de l'insuffisance des fonds de la faillite et au bon vouloir du juge-commissaire, cette action serait le plus souvent illusoire ;

Considérant que l'article 28 de la loi du 17 avril 1832 n'est applicable qu'aux incarcérations faites dans l'intérêt privé des créanciers et à leur poursuite ;

Que la loi du 17 avril 1832 n'a pas abrogé le décret du 4 mars 1808 ; que lorsque l'État doit fournir des aliments, il ne peut y avoir lieu à consignation, parce que, suivant les expressions du décret, l'État pourvoit lui-même, par des fonds généraux, aux dépenses des prisons et aux subsistances des prisonniers ;

Considérant que dans le cas où, pour un motif quelconque, l'État doit faire l'avance des aliments, il y a, quant à la consignation, même raison de décider que dans le cas où il doit les fournir ;

Est d'avis :

1° Que l'article 460 du Code de commerce doit être entendu en ce sens que le ministère public n'est pas tenu de requérir, dans tous les cas, l'incarcération du failli, mais qu'il en a le droit suivant les circonstances, lors même que les syndics ne le demandent pas ;

2° Que cette incarcération, faite dans l'intérêt public aussi bien que dans l'intérêt des créanciers, ne doit pas être précédée d'une consignation d'aliments ; — Que l'État doit faire l'avance des aliments pour tout le temps durant lequel la détention sera maintenue par le ministère public, non pas en se les consignant à lui-même, mais en les fournissant en nature au détenu, sauf son recours contre la faillite, dès qu'elle aura des fonds disponibles, conformément à l'article 451 ;

3° Qu'il conviendrait de donner au parquet des instructions dans le sens du présent avis.

Circulaire de M. le garde des sceaux relative à l'interprétation de l'article 460 de la loi du 28 mai 1838.

Paris, le 1ᵉʳ octobre 1840.

Monsieur le procureur général,

L'interprétation de l'article 460 de la loi du 28 mai 1838 a donné lieu à quelques doutes quant à l'exécution, de la part du ministère public, des dispositions qui ordonnent le dépôt de la personne du failli dans une maison d'arrêt pour dettes. Le comité de législation du Conseil d'Etat, à qui j'ai soumis les difficultés qui avaient été soulevées, a délibéré le 5 août dernier un avis portant en substance :

1° Que l'article 460 du Code de commerce doit être entendu en ce sens que le ministère public n'est pas tenu de requérir dans tous les cas l'incarcération du failli, mais qu'il en a le droit, suivant les circonstances, lors même que les syndics ne le demandent pas;

2° Que cette incarcération, faite dans l'intérêt public aussi bien que dans l'intérêt des créanciers, ne doit pas être précédée d'une consignation d'aliments ; — Que l'Etat doit faire l'avance des aliments pour tout le temps pendant lequel la détention sera maintenue par le ministère public, non pas en se les consignant à lui-même, mais en les fournissant en nature au prévenu, sauf son recours contre la faillite dès qu'elle aura des fonds disponibles, conformément à l'article 461.

Je partage entièrement l'opinion du comité de législation, et vous invite, en conséquence, à transmettre des instructions à vos substituts pour faciliter l'exécution des mesures qu'ils croiront devoir prendre en vertu de l'article 460 de la loi du 28 mai 1838.

Recevez, monsieur le procureur général, l'assurance de ma considération distinguée.

Le garde des sceaux, ministre de la justice et des cultes,
Signé VIVIEN.

III. *Clôture pour insuffisance d'actif.*

1. *Timbre et enregistrement en débet en cas d'insuffisance d'actif.* — Le jugement qui prononce la clôture des opérations d'une faillite en conformité de l'article 527 du Code de commerce, pour cause d'insuffisance d'actif, doit être enregistré en débet aux termes d'une décision du 20 juillet 1843, concertée entre le ministre des finances et le ministre de la justice, et insérée dans l'instruction n° 1697, § 4.

Le 21 octobre 1845, le ministre des finances a pareillement décidé, d'accord avec le ministre de la justice (instruction du 22 juin 1846, n° 1755) que, dans les faillites sans actif, les procès-verbaux de dissolution d'union peuvent être rédigés sur papier visé pour timbre et enregistrés en débet, sauf le recouvrement des droits contre le failli s'il devenait solvable.

§ II.

JUGES-COMMISSAIRES AUX FAILLITES.

Historique. — *Fonctions du juge-commissaire.* — *Rapports des juges-commissaires.*

I. *Historique.* — La juridiction consulaire nommait autrefois des *commissaires aux faillites.* D'après l'usage établi à Paris depuis la déclaration du 13 septembre 1739, ces commissaires étaient renouvelés au mois d'août de chaque année ; ils étaient au nombre de cinq, savoir : le juge et deux des consuls, dont les fonctions avaient pris fin au mois de février précédent, auxquels on adjoignait deux des consuls choisis parmi ceux en exercice.

Antérieurement à la déclaration de 1739, les faillis déposaient au greffe de la juridiction leurs livres et registres et leur bilan, mais les assemblées de créanciers avaient lieu chez les notaires. La déclaration du 13 janvier 1716 avait interdit dans toute faillite l'exercice de ses droits de créancier à toute personne qui n'aurait pas préalablement affirmé sa créance, et elle avait prescrit que, dans l'étendue de la ville, prévôté et vicomté de Paris, cette affirmation serait faite par-devant le prévôt de Paris, ou son lieutenant, et dans les autres villes, par devant les juges et consuls; mais cette distinction cessa à partir de la déclaration de 1739, qui ordonna que, dans tout le royaume, les créanciers se retireraient devant les juges et consuls, et que, par eux ou par d'anciens consuls et commerçants qu'ils commettraient, les bilans, titres et pièces seraient examinés sans frais. Débiteur et créanciers devaient comparaître en personne devant le commissaire qui dressait un procès-verbal dont la copie était annexée à la requête en homologation.

Aujourd'hui, c'est par le jugement qui déclare la faillite que le juge-commissaire est nommé. Il doit faire partie du tribunal de commerce, et peut être, à toute époque, remplacé par un autre membre du tribunal.

II. *Fonctions du juge-commissaire.* — Le juge-commissaire est chargé spécialement d'accélérer et de surveiller les opérations de la faillite et la gestion du syndic.

Un des devoirs les plus délicats que cette mission lui impose, celui qui exige le plus de soin, dans son accomplissement, consiste dans la présidence des assemblées de créanciers convoqués par son ordre.

Il doit éclairer les créanciers sur l'objet de l'assemblée ou de la délibération, sur l'étendue de leurs droits, sur leurs devoirs et, en outre, prévenir chacun contre les déchéances et les peines auxquelles l'inexpérience pourrait l'exposer. A cet effet, il donne à l'assemblée lecture du texte même de la loi.

Pour présider une assemblée de créanciers, le juge-commissaire doit toujours être assisté du greffier et revêtu de son costume.

C'est à lui qu'appartient la police de l'assemblée, et à cet égard il a les mêmes droits et les mêmes pouvoirs que le président à l'audience et le tribunal siégeant, aux termes des articles 88, 89, 91, 92 du Code de procédure civile, 181, 504, 505, 506 du Code d'instruction criminelle, ainsi qu'il a été expliqué précédemment pour la police de l'audience et la répression des délits d'audience.

III. *Rapports des juges-commissaires.* — *Dispense des droits de timbre, d'enregistrement et de greffe.* — En matière de faillite, le juge-commissaire doit, aux termes de l'article 452 du Code de commerce, faire au tribunal de commerce le rapport de toutes les contestations que la faillite peut faire naître et qui sont de la compétence de ce tribunal.

Ces rapports sont considérés comme de simples notes ou renseignements d'ordre intérieur destinés à former la conviction du tribunal auquel ils sont destinés, et une décision du ministre des finances, en date du 10 mai 1832, a déclaré, conformément à l'avis émis le 24 avril précédent par le conseil d'administration, que ces documents étaient exempts de tous droits de timbre, d'enregistrement et de greffe.

Il en est de même des rapports et avis que les juges-commissaires de faillite doivent fournir sur le sauf-conduit, le maintien ou le remplacement des syndics, l'homologation du concordat, l'excusabilité, etc.

§ III.

SYNDICS DE FAILLITES.

Désignation et fonctions générales des syndics. — *Discipline.* — *Incompatibilités.* — *Rapports des syndics.* — *Indemnité due aux syndics.*

I. *Désignation et fonctions générales des syndics.* — En matière de faillite, la loi qualifie *syndic* celui ou ceux à qui les tribunaux de commerce confient la mission de représenter la masse des créanciers et le débiteur pour administrer, liquider et répartir l'actif du failli dans l'intérêt de tous.

Cette dénomination est donc parfaitement d'accord avec son étymologie, empruntée aux deux mots grecs : σύν et δίκη.

Les syndics sont des administrateurs judiciaires pour ce qui concerne la liquidation des faillites. Ils sont, en outre, les auxiliaires de la justice répressive puisqu'ils doivent, aux termes de l'article 482 du Code de commerce, éclairer le juge-commissaire et le procureur impérial sur tous les actes du failli qui peuvent avoir le caractère d'un crime ou d'un délit. Mais ils ne relèvent néanmoins que du juge-commissaire, qui, sauf recours au tribunal, a seul la surveillance de leur administration. C'est à lui qu'ils doivent faire connaître tous les faits et circonstances pouvant influer sur les opérations de la faillite, et spécialement sur ceux qui sont de nature à empêcher l'obtention d'un secours ou d'un sauf-conduit, l'homologation du concordat ou l'excusabilité du failli.

Leurs fonctions sont des plus délicates et des plus difficiles à remplir. Elles ont été longtemps confiées soit à des créanciers, manquant presque toujours des connaissances spéciales nécessaires, soit à des agents d'affaires, aussi peu soucieux de leur considération personnelle que des intérêts qui leur étaient confiés. Elles constituent aujourd'hui, à Paris, une profession sérieuse et ceux qui sont admis à l'exercer méritent, par leur honorabilité et par les services qu'ils rendent, aussi bien l'estime des commerçants que celle des magistrats consulaires qui les voient quotidiennement à l'œuvre.

Pour la profession de syndics de faillites, comme pour les agréés, c'est la force même des choses qui veut qu'il en soit ainsi dans les grandes villes. En effet, comment prétendre raisonnablement qu'à Paris, par exemple, les quinze ou dix-huit cents faillites qui sont déclarées annuellement pourront être convenablement gérées et administrées par des personnes inconnues du tribunal, qui n'aura sur elles aucune action ? comment exiger de magistrats commerçants une surveillance sérieuse et utile sur une pareille quantité de faillites, si elles étaient disséminées entre un nombre de syndics égal à celui des affaires ?

L'usage adopté de confier l'administration des faillites à des personnes capables, qui, ayant la confiance du tribunal, commandent celle des justiciables, n'a d'ailleurs par lui-même rien de contraire à la loi. Ce qui se pratique est donc ce qu'il y avait de mieux à faire, et c'est le cas de dire, avec M. Dupin, *optima legum interpres consuetudo*.

Cela est si vrai, pour Paris en particulier, qu'avant la loi de 1838 les procédures s'y accumulaient par milliers sans que le tribunal eût aucun moyen de les faire mettre à fin, et, cependant, le nombre des faillites déclarées, qui maintenant n'est pas moindre de 1,500 à 1,800 par an, ne dépassait pas alors une moyenne de 330 ! En effet, pour les trente années qui se sont écoulées de 1808 à 1838 le chiffre des faillites est de 9,886.

Ce n'est donc qu'en recourant aux mesures autorisées par la nouvelle loi que les rôles purent être débarrassés de toutes ces procédures.

C'est ainsi d'abord que le tribunal de commerce de Paris prononça d'office la clôture, pour insuffisance d'actif, de plusieurs milliers de faillites déclarées sous l'ancienne loi en leur faisant application du nouvel article 527 du Code de commerce, après avoir obtenu du ministre des finances une première décision en date du 20 juillet 1843, qui autorisait l'enregistrement en débet des jugements de clôture, et qu'ensuite il en fit terminer, par des syndics de son choix, quelques autres milliers, pour lesquelles le ministre des finances consentit également, par une seconde décision en date du 21 octobre 1845, à ce que les procès-verbaux de dissolution d'union dans ces faillites fussent visés pour timbre et enregistrés en débet.

Ces faits et les deux décisions ministérielles de 1843 et 1845, concertées entre le ministre des finances et le garde des sceaux, démontrent déjà combien il était impossible de confier, en principe, les fonctions de syndic à des personnes prises parmi les créanciers, et, dès lors, tout ce qu'il y avait d'impraticable dans les instructions contenues, à cet égard, dans la circulaire adressée aux procureurs généraux par M. le garde des sceaux, sur l'exécution de la loi de 1838 à la suite de la promulgation de cette loi.

Cette impossibilité ressortait des paroles mêmes de M. Quesnault, qui avait été choisi pour rapporteur de la commission nommée par la Chambre des députés et qui s'était lui-même exprimé ainsi, à la Chambre, dans la séance du 17 mars 1838 :

« Dans la réalité, a-t-on dit, ce ne sont pas les créanciers « du failli, ce ne sont pas des négociants qui peuvent donner « aux affaires de la faillite un temps et des soins que réclament « leurs propres affaires; si quelques créanciers recherchaient « cette mission, il serait à craindre qu'un si grand zèle ne fût « inspiré par leur intérêt personnel, en opposition avec l'inté- « rêt de la masse. Mais, habituellement, la nécessité force de « confier l'administration de la faillite à des agents qui, n'é- « tant point organisés et soumis à une discipline, ne présentent « point une responsabilité suffisante. Ne trouverait-on pas plus « de garanties dans des *curateurs* institués en titre d'office, « nommés par l'autorité publique, assujettis à verser un cau- « tionnement, et soumis, comme tous les officiers ministériels, « à la discipline de leur corps et à la surveillance du ministère « public.

« La majorité de votre commission, messieurs, n'a point « accueilli la proposition de créer une classe nouvelle d'offi-

« ciers publics pour l'administration des biens des faillis. Les
« faillites sont des accidents heureusement assez rares, au
« moins dans les places de commerce de second ordre. Partout
« les petites faillites sont, de beaucoup, les plus nombreuses.
« Ces affaires ne suffiraient point pour occuper, d'une manière
« assez avantageuse, une classe spéciale d'officiers publics.
« Une corporation, réduite à trouver un aliment dans ces af-
« faires, qui sont un malheur pour tout le monde, serait envi-
« ronnée de défaveur, et, par suite de cette défaveur, elle ne
« serait peut-être pas assez honorablement composée. Le
« moindre inconvénient de cette création serait d'exclure de
« toutes les faillites une gestion gratuite et de rendre l'admi-
« nistration trop dispendieuse, surtout pour les petites fail-
« lites. »

Depuis, ces réflexions du rapporteur de la loi de 1838 ont
été, en 1844, corroborées pour la première partie de la manière
suivante, par M. Nouguier, dans son ouvrage sur les tribunaux
de commerce (t. 1er, p. 219) :

« La nomination des créanciers serait la pire des choses :
« un commerçant est présumé connaître les pratiques du
« commerce ; mais, étranger à la science du droit, il ignore
« presque toujours les prescriptions de la loi. Or, comme les
« faillites sont entourées de formes nombreuses, compliquées
« de détails difficiles, un commerçant est en général un mau-
« vais syndic. Plus une faillite marche avec rapidité, et moins
« elle est chargée de frais onéreux pour les créanciers. Or,
« comme les transactions commerciales absorbent beaucoup
« de temps et de soins, un commerçant, obligé de surveiller
« ses propres affaires, serait encore, et par cela seul, un mau-
« vais syndic. Enfin, cette tendance des créanciers à obtenir
« du failli des avantages particuliers, est devenue si générale,
« si funeste, que la loi nouvelle a mis ces tentatives au rang
« des délits. Or, le créancier syndic intimiderait le failli et sa
« famille et arracherait à leur faiblesse ces avantages réprou-
« vés. Sous ce dernier rapport, ce ne serait plus un syndic in-
« capable, ce serait un syndic dangereux, que celui qui cumu-
« lerait les deux qualités.

« Prendre les syndics au hasard, et dans toutes les profes-
« sions, ce serait encore s'exposer à bien des mécomptes : alors
« que des épreuves préliminaires n'ont pas été subies, com-
« bien on en trouverait qui seraient dépourvus d'intelligence,
« de zèle, de probité ! D'ailleurs, ces agents temporaires, in-
« connus du tribunal, ignorant les usages, échappant à sa

« surveillance, ne présenteraient aucune de ces garanties que
« commandent les intérêts de la masse.

« Reste la confection d'une liste spéciale de candidats aux
« fonctions de syndics. Si, dans les petites localités, le syn-
« dicat ne peut offrir un aliment convenable à une profession
« exclusive, malheureusement dans les lieux où le commerce
« existe sur une grande échelle, les faillites sont fréquentes
« et roulent sur des sommes considérables. Il en résulte que
« des syndics, honorablement doués, peuvent y gagner légiti-
« mement un suffisant salaire. »

Quant à la conclusion du rapporteur de 1838, elle est réfutée
par M. Nouguier, qui continue ainsi :

« On rencontre dans le rapport fait par M. Quesnault, en
« 1838, à la Chambre des députés, une réflexion empruntée à
« la discussion de 1807. Cette réflexion qui, par l'emphase des
« mots, frappe d'abord l'imagination, n'est point, en réalité, de
« nature à faire impression sur un esprit réfléchi. Que dit-on?
« Une corporation réduite à trouver un aliment dans ces af-
« faires, qui sont un malheur pour tout le monde, serait envi-
« ronnée de défaveur, et, par suite de cette défaveur, elle ne
« serait peut-être pas assez honorablement composée. » Cette
appréciation n'est point exacte. « En premier lieu, si l'estime
« publique s'attache surtout à certaines professions, elle ne
« manque pas non plus à ceux qui, dans une sphère moins
« élevée, ont une conduite irréprochable. *C'est l'homme qui*
« *fait la place et non la place qui fait l'homme.* En second lieu,
« il ne faut pas voir les choses sous un seul aspect, car les insti-
« tutions les plus respectables seraient flétries en quelque sorte.
« Ne pourrait-on dire, avec ce système, que le militaire reçoit
« une solde pour tuer son semblable; que le magistrat, que
« l'avocat vivent des procès qui sont une plaie sociale? Non,
« *la mission des syndics n'est pas aussi fâcheuse qu'on le pense,*
« *elle a quelque chose d'intéressant au point de vue de l'ordre pu-*
« *blic et des besoins du commerce.* Celui qui rend les catas-
« trophes commerciales moins funestes, qui restitue au com-
« merçant malheureux, mais honnête, sa liberté d'action,
« *celui-là n'est pas indigne de la considération de ses concitoyens,*
« *et la profession qu'il exerce est loin d'être vouée à la défa-*
« *veur.* »

II. *Discipline.* — Le tribunal de commerce de Paris révise
et arrête chaque année la liste des syndics de faillites; leur
nombre n'est pas limité; il varie suivant les besoins du service.
En dehors de la révocation, qui peut être prononcée contre eux,

même d'office, aux termes de l'article 467, Code de commerce, il leur est formellement interdit de s'occuper d'affaires. Ils sont, au point de vue disciplinaire, soumis à la surveillance du président du tribunal auprès duquel fonctionne, sous la dénomination de *comptabilité centrale des faillites*, un service qui enregistre et contrôle chaque jour non-seulement toutes les recettes et dépenses effectuées par le syndic dans les diverses faillites qu'il administre, mais aussi les versements de fonds à la Caisse des dépôts et consignations, les retraits de deniers consignés et en un mot toutes les opérations généralement quelconques auxquelles peut donner lieu la gestion syndicale.

Les syndics ne forment pas une corporation, cependant ils ont adopté certains règlements dont le principal objet est d'assurer autant qu'il est possible, de la part de tous, une manière de procéder uniforme; plusieurs d'entre eux sont délégués chaque année pour maintenir cette uniformité et pour veiller à l'exécution des mesures ordonnées par le tribunal. Mais ils n'ont, bien entendu, les uns à l'égard des autres aucune action disciplinaire.

Lorsqu'un syndic cesse de faire partie de la liste, il n'a point de successeur, sa retraite ne peut être l'objet d'aucun traité; elle ne donne pas lieu à l'admission d'un nouveau syndic; le syndic démissionnaire continue, à moins d'empêchement, d'administrer les faillites en cours dont il est chargé et si, pour une cause quelconque, il ne peut les mener à fin, le tribunal le remplace en répartissant ses affaires entre les autres syndics.

III. *Incompatibilités.* — Aux termes de l'article 463 du Code de commerce, aucun parent ou allié du failli, jusqu'au quatrième degré inclusivement, ne peut être nommé syndic. Telle est la seule incompatibilité édictée par la loi.

Rien ne s'opposerait donc légalement à ce qu'un étranger fût nommé syndic : mais, cependant, il pourrait y avoir quelque inconvénient à lui confier ces fonctions. En effet, l'étranger ne présente pas les mêmes garanties que le régnicole.

Dans le ressort de la Cour impériale de Paris, il est interdit aux huissiers d'accepter le mandat de syndic. Cette prohibition a fait l'objet d'une circulaire en date du 25 août 1853, adressée à MM. les procureurs impériaux, par laquelle M. le procureur général a signalé, comme un abus, l'usage qui s'était introduit dans plusieurs tribunaux, d'investir les huissiers des fonctions de syndic.

Cette circulaire est ainsi conçue :

« Paris, le 25 août 1853.

« Monsieur le procureur impérial,

« Un abus s'est introduit dans plusieurs tribunaux de commerce de mon ressort. Il consiste à investir les huissiers des fonctions de syndic dans les faillites.

« Vous comprendrez facilement les dangers qu'il entraîne au double point de vue de la considération due à ces officiers ministériels et de la bonne administration de la justice : je peux ajouter que ces fonctions sont incompatibles avec l'accomplissement des devoirs professionnels qu'il vous appartient de maintenir.

« La nature du mandat confié par la loi au syndic, son étendue, son influence sur le sort des créanciers et du failli réclament l'indépendance de la personne. Quelle sera l'indépendance de l'huissier qui parmi les intérêts nombreux, souvent contraires, remis à sa garde, trouvera les intérêts de ses clients? En admettant que son impartialité résiste aux entraînements qui la sollicitent, le soupçon de créanciers aigris par la ruine n'atteindra-t-il pas quelquefois les actes les plus sages de l'huissier-syndic, quelle qu'ait pu être la loyauté de ses intentions.

« D'autres considérations, fondées sur la loi elle-même, exigent la répression énergique de l'abus que je vous signale.

« L'arrêté du 18 thermidor an XI, confirmé par l'article 39 du décret du 14 juin 1813 et l'article 4 de la loi du 3 mars 1840, interdisent expressément aux huissiers le droit d'assister les parties comme conseils devant la justice ou de les représenter comme procureurs fondés. Cette prohibition, qui a son principe dans les attributions légales de ces officiers ministériels, est trop évidemment incompatible avec l'acceptation du mandat de syndic, pour qu'il soit nécessaire de la faire ressortir.

« La Cour de cassation, s'appuyant sur ces principes, a décidé, le 10 mars 1847, qu'un huissier ne pouvait représenter un créancier dans les contestations auxquelles la vérification des créances peut donner lieu en matière de faillite. Cette solution, que je vous invite à faire respecter, ajoute une autorité nouvelle aux considérations que je viens de vous indiquer.

« Il importe de mettre immédiatement un terme à l'état de choses que je dénonce à votre vigilance. Vous aurez en consé-

, quence à faire connaître cette circulaire aux magistrats consulaires de votre ressort et à vous entendre avec eux pour en assurer l'exécution. Il convient aussi d'appeler auprès de vous le président de la chambre syndicale des huissiers et de lui faire savoir que tout manquement à ces instructions sera sévèrement réprimé.

« Quant aux huissiers actuellement chargés des fonctions de syndic, vous aurez à en constater le nombre et à me faire savoir son importance eu égard au nombre total des faillites ouvertes. Je laisse à votre appréciation le soin de décider les cas particuliers dans lesquels il conviendra d'exiger la démission des titulaires.

« J'appelle très-expressément votre attention sur l'objet de cette circulaire ; vous voudrez bien m'informer, dans le plus bref délai, de l'exécution qu'elle aura reçue dans l'étendue du ressort de votre parquet.

« Recevez, monsieur le procureur impérial, l'assurance de ma considération distinguéé.

« *Le conseiller d'Etat, procureur général impérial,*
« Signé ROULAND. »

IV. *Rapport des syndics sur les causes et caractères de la faillite.* — Comme on l'a vu plus haut, les syndics, en même temps qu'ils sont les représentants légaux des intérêts civils de la masse des créanciers, doivent un certain concours à la justice répressive. En effet, l'article 482 du Code de commerce leur prescrit de consigner dans un mémoire les causes et circonstances principales ainsi que les caractères de la faillite.

Le syndic doit remettre ce mémoire dans la quinzaine de son entrée ou de son maintien en fonctions, c'est-à-dire dans le plus bref délai possible, et apporter beaucoup de soin à sa rédaction, car ce mémoire sert généralement de base à la décision relative aux poursuites en banqueroute frauduleuse ou simple qu'il pourrait y avoir lieu d'exercer contre le failli, et, dans tous les cas, c'est un document des plus utiles pour apprécier la conduite du failli aussi bien au point de vue commercial qu'au point de vue criminel.

Ce n'est pas au procureur impérial, mais bien au juge-commissaire que le syndic adresse et remet son rapport, car il importe non-seulement que celui-ci en prenne connaissance et le transmette lui-même au parquet, mais encore qu'il puisse, pour cet acte comme pour tous autres, exercer son droit de surveillance et l'autorité disciplinaire qu'il tient de la loi à l'égard du syndic.

Les règles pour la rédaction de ce rapport sont tracées par les deux lettres suivantes adressées au président du tribunal de commerce de la Seine :

« Paris, le 14 novembre 1842.

« Monsieur le président,

« Au moment où le tribunal s'occupe avec une juste sollicitude de ce qui concerne les devoirs des syndics et les garanties qu'il convient d'exiger d'eux, je crois devoir vous adresser quelques observations sur le mode de rédaction des rapports qu'ils sont chargés de présenter suivant la loi et qui me parviennent ensuite par votre intermédiaire.

« La loi n'a assujetti ces documents à aucune forme particulière, et ma pensée n'est pas de réclamer à ce sujet une complète et peut-être fâcheuse uniformité ; je sais en outre qu'à l'époque où ce mémoire doit être fourni, on ne peut ordinairement avoir recueilli qu'un petit nombre de renseignements utiles, en sorte que tout ce qui peut être exigé des syndics, c'est, ainsi que s'exprime l'article 480, un compte sommaire d'après l'état apparent de la faillite.

« Cependant, comme, suivant le même article, ce rapport doit renfermer tout ce qui se rattache aux causes et circonstances de la faillite et aux caractères qu'elle paraît avoir, je pense qu'on pourrait, dans les cas les plus ordinaires, faire porter les explications dont il s'agit sur les divers points suivants :

« 1° La date du jugement de faillite ;

« 2° S'il a été rendu sur déclaration, ou sur assignation, ou d'office ;

« 3° S'il y a eu dispense de scellés, et, dans ce cas, si, en réalité, l'inventaire a pu se terminer complétement le même jour ;

« 4° Si le failli est incarcéré ; si c'est à la requête du ministère public ou des syndics ; si, dans ce cas, un sauf-conduit est demandé ; ou bien si, au contraire, le sauf-conduit a été accordé ; si, par suite, le failli n'a pas été incarcéré ; ou s'il a été mis en liberté ; ou, enfin, si le tribunal a seulement exprimé l'avis d'un sursis à l'incarcération ; s'il convient de prolonger ce sursis, etc. ; .

« 5° Quel est le domicile actuel du failli, ou celui de sa famille, lorsqu'il est incarcéré;

« 6° L'historique sommaire et par date du commerce du failli, les vicissitudes qu'il a subies, les faits qui ont amené la cessation des paiements;

« 7° Le passif et l'actif tels qu'ils résultent du bilan, et ensuite le passif et l'actif rectifiés d'après les éléments qui ont pu être recueillis;

« 8° La cause du déficit;

« 9° L'état de la comptabilité;

« 10° Une opinion motivée sur le point de savoir si le failli s'est ou non placé dans l'un des cas de banqueroute simple ou frauduleuse déterminés par la loi.

« J'attacherai aussi beaucoup d'importance aux développements qui pourront se trouver dans l'apostille de M. le juge-commissaire.

«Veuillez, monsieur le président, faire donner des instructions dans ce sens aux divers syndics de faillite, et leur recommander d'une manière spéciale d'être exacts à vous faire parvenir leurs rapports dans les délais de la loi. Je désirerais en outre que ceux des rapports qui peuvent comporter une mesure urgente, telle qu'une instruction criminelle, me fussent adressés par un envoi séparé, tout retard en ces matières étant en général irréparable.

« Agréez, monsieur le président, l'assurance de ma considération distinguée.

« Par duplicata,

« Le procureur de la République,
« Signé Lascoux. »

« Paris, le 10 mars 1852.

« Monsieur le président,

« L'un de mes prédécesseurs a adressé, le 14 novembre 1842, au tribunal de commerce, une lettre contenant des instructions détaillées sur la forme qu'il serait convenable d'adopter pour la rédaction des rapports des syndics.

« Depuis cette époque, de nouveaux syndics ont été désignés par le tribunal, et quelques-uns ne se conforment pas toujours très-exactement aux indications renfermées dans la lettre sus-indiquée.

« Je vous prie de vouloir bien la faire représenter et en rappeler l'observation à chacun de MM. les syndics.

« Je sais bien que les rapports ne peuvent jamais être parfaitement complets, surtout à raison de la brièveté du délai dans lequel ils doivent être fournis ; mais il est presque toujours possible d'y présenter au moins d'une manière sommaire quelques explications sur chacun des points que cette lettre a énumérés.

« Il est surtout désirable que je puisse être immédiatement fixé sur le caractère que présente la faillite et sur les mesures que je puis avoir à prendre sur ce sujet. Le syndic ne doit pas craindre d'émettre à ce moment une opinion qu'il pourra être plus tard obligé de rétracter ; il ne peut évidemment être tenu de deviner ce que le développement de la faillite lui apportera d'éléments nouveaux de conviction, et il ne s'expose à aucun reproche lorsqu'il se borne à faire connaître que, d'après les renseignements recueillis, le failli se trouve ou ne se trouve point dans l'un des cas de banqueroute simple ou frauduleuse qui sont prévus par la loi.

« Je vous serai obligé de me faire connaître la suite que vous aurez donnée à cette communication.

« Agréez, monsieur le président, l'assurance de ma considération distinguée.

« *Le procureur de la République*,

« Signé LASCOUX. »

V. *Indemnité due aux syndics.* — Aux termes de l'article 462 du Code de commerce, les syndics ont droit à une indemnité. Cette indemnité est arbitrée par le tribunal de commerce sur la requête du syndic et l'avis du juge-commissaire de la faillite, elle est touchée par le syndic après qu'il a rendu compte de sa gestion.

Ce n'est pas sans intention que le législateur a employé le mot *arbitrer*, lorsqu'il a parlé de l'indemnité qui pourrait être allouée au syndic. En effet, la rémunération qui lui est due ne peut, en pareille matière, être fixée d'après une règle invariable ; dès lors un tarif serait impossible. Il fallait donc, pour le règlement de cette indemnité, s'en remettre à l'arbitrage du tribunal de commerce qui possède tous les éléments nécessaires pour apprécier équitablement les travaux accomplis et les services rendus.

En dehors de l'indemnité arbitrée par le tribunal, les syndics n'ont droit à aucunes vacations ni à aucuns émoluments, et leur compte ne peut contenir que les déboursés et dépenses par eux réellement effectués et dûment justifiés par les pièces de comptabilité.

Un syndic qui stipulerait à son profit ou même recevrait une remise d'un officier ministériel ou de toute autre personne encourrait la révocation de ses fonctions et serait immédiatement rayé de la liste par le tribunal.

Les syndics ne doivent payer les frais exposés par les officiers ministériels qu'ils emploient que sur la taxe de leurs mémoires.

§ IV.

COMPTABILITÉ DES FAILLITES.

La loi du 28 mai 1838, dans les faillites, a retiré aux créanciers le droit de désigner les syndics de la masse, et a mis leur nomination à la disposition du tribunal de commerce.

Cette modification était indispensable pour faire cesser les abus qui existaient sous l'empire de l'ancienne législation ; en effet, l'indifférence des créanciers rendait illusoire l'exercice du droit de nomination.

Les agents d'affaires, munis de pouvoirs qu'ils allaient solliciter en nombre suffisant pour avoir la majorité, se nommaient eux-mêmes, imposaient ainsi leur volonté à la minorité et donnaient une mauvaise direction à la faillite.

C'est une heureuse innovation introduite dans le Code, mais elle a fait peser sur les tribunaux consulaires une certaine responsabilité morale.

Il était donc nécessaire de placer la gestion du syndic sous une surveillance active du juge-commissaire.

Il fallait même que les créanciers pussent s'assurer que l'actif, gage de leurs créances, est bien administré ; que les deniers de la masse sont, conformément aux prescriptions de la loi, déposés à la caisse des consignations, et qu'enfin leurs intérêts ne sont pas compromis par le mandataire commis par justice.

Pour atteindre ce but, le tribunal de commerce de la

Seine a organisé une comptabilité centrale, fonctionnant au siége même du tribunal, qu'il a placée sous la surveillance de son président et qu'il met à la disposition des créanciers qui viennent y puiser gratuitement tous les renseignements dont ils ont besoin.

La comptabilité des faillites a été organisée au tribunal de commerce de Paris par M. Devinck, alors président.

Le présent paragraphe est la reproduction du compte que M. Devinck a rendu, le 2 avril 1850, au ministre du commerce.

Il n'y a été apporté d'autres modifications que celles nécessitées par les nouvelles mesures dont l'exigence du service a démontré, depuis lors, la nécessité.

Mode de fonctionnement de la comptabilité.

Les syndics déposent quotidiennement au tribunal la relation de ce qu'ils ont fait dans la journée précédente.

Cette relation est faite par chacun d'eux sur une feuille journal qui présente l'énonciation des opérations auxquelles ont donné lieu leurs différentes faillites, et, par débit et crédit, celle des sommes encaissées ou payées, ainsi que l'enregistrement de tous les actes et ordonnances. (Voir le modèle n° 1, ci-après.)

A la fin du mois, il y a donc autant de feuilles déposées que de jours au mois, les jours fériés exceptés ; les additions du débit et du crédit de chaque feuille sont portées sur une feuille de récapitulation qui solde par la somme dont le syndic est débiteur ou créancier. (Voir le modèle n° 3.)

Le chef de la comptabilité du tribunal tient, pour chaque syndic, un grand livre spécial, sur lequel un compte est ouvert à chacune des faillites dont est chargé le même syndic. Les écritures énoncées aux feuilles journalières sont reportées sur ce grand livre au compte de la faillite qu'elles concernent et à celui de la Caisse des consignations. (Voir le modèle n° 2.)

Les écritures tenues au tribunal ne sont que la reproduction de celles que le syndic passe lui-même sur un journal et au grand-livre, qui restent entre ses mains. Aussi doit-il, à la fin du mois, dresser et déposer une balance et un résumé en même temps que la récapitulation dont il est question plus haut. (Voir les modèles nos 4 et 5.)

Vérification faite de l'exactitude de ces états, le chef de la comptabilité du tribunal contrôle et réunit tous ces éléments et en compose le journal du mois. (Voir le modèle n° 1.)

Dans la balance particulière de chaque syndic se trouvent indiqués dans une première colonne les noms des diverses faillites dont il est le syndic, et dans les colonnes suivantes, en regard du nom des différentes faillites et pour chacune d'elles :

1° Le montant des versements faits à la caisse des consignations;

2° Celui des sommes payées par le syndic ;

3° Celui des sommes retirées de la caisse des consignations;

4° Celui des sommes reçues pour la faillite;

5° Le solde à la caisse des consignations ;

6° La balance : 1° au débit de la faillite; 2° et au crédit de la faillite; et ensuite comme renseignements : 1° les noms des juges-commissaires ; 2° le degré d'avancement de chaque faillite; 3° et enfin dans une dernière colonne la cause qui empêche de terminer la faillite.

De même que pour la balance générale, le syndic, au moyen des totaux que présente sa balance particulière, en résume les résultats pour l'ensemble de ses faillites dans un tableau conforme au modèle n° 5 qui comprend, comme on le verra plus loin :

1° Le crédit ou le débit des faillites ;

2° Le débit de la caisse des consignations ;

3° Le crédit ou le débit du syndic ;

4° Le nombre des faillites en cours à la balance précédente;

5° Celui des faillites reçues pendant le mois;

6° Celui des faillites terminées ou clôturées pendant le mois ;

7° Celui des faillites en cours à ce jour;

8° Celui des répartitions en cours à la précédente balance;

9° Celui des répartitions ouvertes pendant le mois;

10° Celui des répartitions soldées;

11° Celui des répartitions en cours à ce jour;

12° Le montant des répartitions ordonnancées pendant ce mois;

13° Et le montant des dividendes que les créanciers n'ont pas touchés dans les répartitions et que le syndic a déposés à leur compte personnel à la Caisse des consignations.

Les balances partielles sont alors résumées dans une balance générale (voir le modèle n° 6) qui présente, dans une première colonne, *les noms des différents syndics*, et, dans les colonnes suivantes, en regard du nom des divers syndics, et *pour chacun* d'eux :

1° Le nombre des faillites qu'il a reçues pendant le mois qui vient de finir ;

2° Celui des faillites terminées : 1° par reddition de comptes ; 2° par clôture pour insuffisance d'actif ; 3° par rapport ou infirmation du jugement déclaratif ;

3° Celui des faillites en cours ;

4° Celui des répartitions ouvertes dans le mois ;

5° Celui des répartitions soldées ;

6° Celui des répartitions en cours ;

7° Le montant des répartitions ordonnancées dans le mois ;

8° Celui des dividendes que les créanciers ne sont pas venus toucher dans les répartitions en cours et que le syndic a déposés à leur compte personnel à la Caisse des consignations ;

9° Le débit des syndics vis à vis des faillites dont ils sont chargés ;

10° Le crédit des syndics ;

11° Le montant des dépôts faits à la caisse des consignations ;

12° Le débit des faillites ;

13° Et le crédit des faillites ;

Au moyen des totaux de ces différentes colonnes on établit ensuite la balance définitive présentant :

1° Le crédit ou le débit des syndics ;

2° Le débit de la Caisse des consignations ;

3° Le crédit ou le débit des faillites ;

4° Le nombre des faillites en cours à la balance précédente ;

5° Celui des faillites déclarées ou réouvertes pendant le mois ;

6° Le nombre des faillites terminées pendant le mois :

7° Par reddition de compte ;

8° Par clôture ;

9° Par rapport ou infirmation du jugement déclaratif ;

10° Celui des faillites restant en cours à la fin du mois.

Les dividendes qui reviennent aux créanciers après liquidation de l'union ou du concordat par abandon d'actif sont payés directement par la Caisse des consignations, sur un état de répartition et contre des mandats proposés par le syndic, ordonnancés par le juge-commissaire et légalisés par le président du tribunal.

Lorsqu'un créancier n'est pas venu retirer des mains du syndic, dans le délai fixé par l'ordonnance de répartition, soit ordinairement de soixante jours, le mandat qui lui revient, le montant de son dividende est transporté à la Caisse des consignations, à son crédit personnel, par voie de virement, et les intérêts, dès ce moment, courent à son profit.

Cette opération permet au syndic qui a rendu le compte de sa gestion aux créanciers et obtenu son quitus, de solder la répartition définitive qui ne peut être faite par lui qu'après la reddition et l'approbation de son compte.

Aucun compte n'est soumis aux créanciers avant d'avoir été vérifié au bureau de la comptabilité centrale et reconnu conforme aux écritures passées pendant le cours de la faillite.

Les déclarations journalières des syndics se trouvent contrôlées par les états qui sont remis périodiquement par la Caisse des consignations, pour constater les dépôts effectués pour toutes les faillites, et par les Chambres des notaires, des avoués, des commissaires-priseurs, et des courtiers de commerce, pour indiquer les ventes mobilières ou immobilières opérées pour les syndics, et enfin par le Comptoir national d'escompte qui est chargé des encaissements à faire sur la province.

Cette organisation a eu pour résultat, non-seulement d'amener l'uniformité et la régularité dans les écritures tenues par les syndics, mais aussi de rendre la vérification beaucoup plus facile et certaine.

En effet, chacun est obligé, à la fin de la journée, de constater sur sa feuille ce qu'il a fait, ou ce qu'il aurait dû faire, ce qu'il a encaissé, et ce qu'il doit par conséquent déposer à la Caisse des consignations ;

Un contrôle journalier est ainsi établi par la passation des écritures, et MM. les juges-commissaires peuvent, à tous les instants, exercer leur surveillance. A la leur vient encore s'ajouter celle des parties intéressées qui ont le droit de prendre communication de la comptabilité et ne peuvent, dès lors, suspecter la régularité des opérations des syndics ni l'emploi des fonds dont ils sont dépositaires.

MODÈLES

CONCERNANT LA

COMPTABILITÉ DES FAILLITES

FEUILLE QUOTIDIENNE ET JOURNAL D'UN SYNDIC.

Mr (nom du syndic) **JOURNAL du** (jour, mois et an).

NOMS DES FAILLITES.	Indication des recettes, dépenses ou opérations faites par le syndic dans les faillites dénommées dans la colonne précédente.	SYNDIC A DIVERS.	DIVERS A SYNDIC.

Nota. — Les différentes feuilles quotidiennes remises par le syndic sont réunies, à la fin du mois, par le chef de la comptabilité et forment le Journal du mois de chaque syndic.

FEUILLE DE RÉCAPITULATION DU MOIS DE .....

Mr ..... Syndic.

NOMS DES FAILLITES.	Récapitulation des recettes et dépenses du syndic d'après chaque feuille quotidienne.	SYNDIC A DIVERS.	DIVERS A SYNDIC.
	Solde du mois précédent.		
	Feuille du 1er		
	Feuille du 2.		
	Feuille du 3.		
	Et ainsi de suite pour chaque jour jusqu'à la fin du mois.		
	Solde à nouveau...		
	Totaux.....		

(Modèle n° 2.)

GRAND LIVRE DE Mr ..... Syndic (1).

Faillite du Sieur ..... (nom, prénoms, profession, domicile).

JUGE-COMMISSAIRE,

M⁽ʳ⁾ ....

DATES.	Indication des sommes déposées à la Caisse des consignations ou payées par le syndic.	VERSEMENTS A LA CAISSE DES CONSIGNATIONS.	DOIT	DATES.	Indication des sommes reçues de divers ou retirées de la Caisse des consignations.	RETRAITS DE LA CAISSE DES CONSIGNATIONS.	AVOIR
		TOTAUX....				TOTAUX....	

(1) Ce grand livre existe tout à la fois chez chaque syndic et à la comptabilité centrale des faillites, au tribunal de commerce, pour chaque syndic.

BALANCE PARTICULIÈRE D'UN SYNDIC.

BALANCE au des **Faillites dont Mr ..... est Syndic.**

NOMS DES FAILLITES.	Versements à la Caisse des consignations.	Sommes payées pour la faillite.	Retraits de la Caisse des consignations.	Sommes reçues pour la faillite.	Solde à la Caisse des consignations.	BALANCE		Degré d'avancement de la faillite.	Noms des juges-commissaires.	Observations du Syndic.
						AU DÉBIT DE LA FAILLITE.	AU CRÉDIT DE LA FAILLITE.			

Nota.—Immédiatement à la suite de sa balance, et comme complément indispensable, le syndic porte les répartitions, et de l'ensemble ressort sa balance finale.

RÉSUMÉ DE LA BALANCE PARTICULIÈRE D'UN SYNDIC.

M^r (nom du syndic) **Son RÉSUMÉ DU MOIS** de ..... 18...

BALANCE	DÉBIT		CRÉDIT	
Faillites...	»	»	»	»
Caisse des consignations...	»	»	»	»
Syndic..	»	»	»	»
TOTAUX...............				
Faillites en cours à la précédente balance...........................				»
Faillites reçues dans le courant du mois.............................				»
ENSEMBLE...........				»
Faillites terminées dans le courant du mois par reddition de compte............				
— — — par clôture.................				»
— — — par jugement de rapport ou arrêt infirmatif...... }				
Faillites en cours à la fin du mois.................................				
Répartitions en cours à la précédente balance.......................				»
Répartitions ouvertes dans le courant du mois (montant à).....				»
ENSEMBLE...........				»
Répartitions soldées dans le courant du mois........................				»
Répartitions en cours à la fin du mois.............................				
Montant des dividendes non touchés par les créanciers et déposés par le syndic à la Caisse des consignations au compte personnel de chaque créancier.............................			»	»

INDICATION DES PRINCIPALES OPÉRATIONS,

FORMALITÉS ET ORDONNANCES

QUE LES SYNDICS DOIVENT MENTIONNER, A LEUR DATE, DANS LEURS

FEUILLES QUOTIDIENNES (*modèle n° 1.*)

INDÉPENDAMMENT DE CE QUI TOUCHE PLUS DIRECTEMENT A LA

COMPTABILITÉ PROPREMENT DITE.

Du ..... Jugement qui déclare la faillite.

Du ..... Affiche et insertion du jugement déclaratif (art. 440).

Du ..... Assemblée pour le syndicat (art. 462).

Du ..... Jugement qui nomme le syndic définitif (art. 462).

Du ..... Jugement de sauf-conduit (art. 472).

Du ..... Délai de 20 jours pour la production des titres (art. 492).

Du ..... Ouverture du procès-verbal d'affirmation des créances (art. 493).

Du ..... Clôture du procès-verbal d'affirmation (art. 502).

Du ..... Jugement qui reporte la date de la cessation de paiement au ...

Du ..... Avis d'instruction en banqueroute.

Du ..... Assemblée pour consulter les créanciers sur le sursis (art. 510 et 511).

Du ..... Jugement de clôture pour insuffisance d'actif (art. 527).

Du ..... Jugement qui rapporte la clôture (art. 528).

Du ..... Concordat (art. 507).

Du ..... Jugement d'homologation du concordat (art. 513).

Du ..... Reddition de compte par le syndic au failli (art. 519).

Du ..... Union ou jugement de refus d'homologation du concordat (art. 529 et 515).

Du ..... Jugement de syndicat définitif (art. 529).

Du ..... Jugement autorisant à vendre à forfait les droits et actions non recouvrés (art. 570).

Du ..... Reddition de compte par le syndic aux créanciers (art. 537).

Du ..... Jugement sur l'excusabilité du failli (art. 539 et 540).

Du ..... Jugement qui fixe l'indémnité du syndic à ..... (art. 462).

Du ..... Dépôt du rapport du syndic pour M. le procureur impérial (art. 482).

Du ..... Ordonnance pour dispense de scellés (art. 455).

Du ..... Ordonnance autorisant à continuer l'exploitation (art. 470).

Du ..... Ordonnance pour secours au failli et à sa famille (art. 474).

Du ..... Ordonnance pour vente des objets sujets à dépérissement (art. 470).

Du ..... Ordonnance pour vente des meubles et marchandises (art. 486).

Du ..... Ordonnance pour vente des immeubles (art. 534 et 572).

Du ..... Ordonnance autorisant à transiger avant concordat ou union (art. 487).

Du ..... Ordonnance autorisant à transiger après union (art. 535).

Du ..... Ordonnance pour paiement des priviléges (art. 551).

Du ..... Ordonnance pour retrait des sommes déposées à la Caisse des consignations (art. 489).

BALANCE GÉNÉRALE DRESSÉE A LA COMPTABILITÉ CENTRALE DES FAILLITES.

BALANCE au (jour, mois et an).

NOMS DES SYNDICS.	Faillites reçues.	FAILLITES TERMINÉES			Faillites en cours.	RÉPARTITIONS			Montant des répartitions ordonnancées.	Dividendes non touchés par les créanciers et consignés par le syndic.
		Reddition de compte	Clôture	TOTAL		Ouvertes	Soldées	En cours		

NOMS DES SYNDICS.	DÉBIT DES SYNDICS.	CRÉDIT DES SYNDICS.	CAISSE DES CONSIGNATIONS.	DÉBIT DES FAILLITES.	CRÉDIT DES FAILLITES.

Mʳ .....

Syndic.

COMPTE DE LA RÉPARTITION DE ..... POUR % OUVERTE DANS

LA FAILLITE DU SIEUR ..... (*nom, profession, domicile*).

DATES.	Indication des dividendes payés aux créanciers par mandats sur la Caisse des consignations.	Sommes à la Caisse des consignations.	DOIT
	Somme à la Caisse des consignations pour la répartition....... A M. ...., son dividende........ A M. ...., id .... Dividendes non touchés et portés, par voie de virement, au compte personnel des sieurs ...., créanciers retardataires............		

DATES.	Détail des sommes payées par la Caisse des consignations pour dividendes.	Sommes retirées de la Caisse des consignations.	AVOIR
	Somme retirée de la Caisse pour la répartition.................. Dividende payé à M. .... id. M. .... Dividendes non touchés et portés, par voie de virement, au compte personnel des sieurs ...., créanciers retardataires............		

§ V.

ASSEMBLÉES DE CRÉANCIERS.

*Syndicat. — Vérification et affirmation des créances. — Délibé-
ration sur le concordat. — Sursis en cas de poursuite en banqueroute frauduleuse ou simple. — Constitution de l'union. —
Secours. — Continuation d'exploitation après union. — Aliénation à forfait. — Reddition de compte. — Excusabilité.*

I. *Assemblée pour le syndicat.*

A l'assemblée des créanciers présumés, convoqués pour la
constitution du syndicat définitif, en exécution de l'article 462
du Code de commerce, le Juge-commissaire, assisté du greffier, après avoir déclaré la séance ouverte, invite le syndic
à prendre place auprès de lui et s'adressant aux créanciers,
leur dit :

« Messieurs, le sieur X..... a été déclaré en faillite par juge-
« ment de ce tribunal et M..... nommé syndic provisoire.

« En conséquence, et conformément à l'article 462 du Code
« de commerce, nous vous avons fait convoquer pour vous
« consulter tant sur la composition de l'état des créanciers
« présumés que sur la nomination de nouveaux syndics, s'il
« y a lieu, ou l'adjonction d'un ou deux syndics au sieur.....
« nommé syndic provisoire par le jugement déclaratif de la
« faillite.

« Nous vous invitons à faire vos observations à cet égard.

« Monsieur le greffier, veuillez faire l'appel nominal. »

II. *Vérification et affirmation des créances.*

A l'assemblée des créanciers convoqués en conformité de
l'article 493 du Code de commerce, le juge-commissaire, assisté
du greffier et en présence du syndic et du failli, déclare la
séance ouverte, et s'adressant aux créanciers, il leur dit :

« Messieurs, nous vous avons fait convoquer en exécution
« de l'article 493 du Code de commerce pour procéder à la vé-
« rification et à l'affirmation des créances.

« Avant de commencer ces opérations, nous allons vous don-
« ner lecture du deuxième paragraphe de l'article 593 du Code
« de commerce :

Art. 593, § 2. — « Seront condamnés aux peines de la
« banqueroute frauduleuse les individus convaincus d'avoir
« frauduleusement présenté dans la faillite et affirmé, soit en
« leur nom, soit par interposition de personnes, des créances
« supposées.

« Le greffier va faire l'appel nominal, et chacun de vous, à
« l'appel de son nom, devra s'approcher du bureau. »

A chaque créancier individuellement qui se présente, le juge-
commissaire lui fait lever la main et lui dit :

« Vous affirmez que votre créance, admise pour la somme
« de....., est sincère et véritable. »

III. *Délibération sur le concordat.*

A l'assemblée des créanciers, vérifiés et affirmés, convoqués pour délibérer sur la formation du concordat, le juge-
commissaire, assisté du greffier, après avoir invité le syndic à prendre place auprès de lui, s'adressant aux créanciers,
leur dit :

« Messieurs, nous vous avons fait convoquer, en conformité
« des articles 504 et 505 du Code de commerce, à l'effet d'en-
« tendre le rapport du syndic sur l'état et les circonstances de
« la faillite, et délibérer ensuite sur les propositions de concor-
« dat qui pourront vous être faites par le failli.

« Vous allez d'abord entendre la lecture du rapport que les
« syndics ont à vous faire, en exécution de l'article 506 du
« Code de commerce, sur l'état de la faillite, sur les formalités
« qui ont été remplies et les opérations qui ont eu lieu. Vous
« entendrez ensuite le failli.

« La parole est aux syndics pour donner lecture de leur rap-
« port. »

Cette lecture terminée, et après avoir demandé aux créanciers s'ils ont quelques observations à faire sur ce rapport, la
parole est donnée au failli pour faire ses propositions : le juge-
commissaire en fait le résumé en les comparant aux conclusions du rapport du syndic, et il ajoute :

« Avant de procéder à la discussion et au vote du concordat,
« nous allons vous rappeler les dispositions des articles 508,
« 593 § 2, 597 et 598 du Code de commerce.

« Ces articles sont ainsi conçus :

Art. 508. — « Les créanciers hypothécaires inscrits ou dis-
« pensés d'inscription, et les créanciers privilégiés ou nantis
« d'un gage, n'auront pas voix dans les opérations relatives
« au concordat pour lesdites créances, et ils n'y seront comptés
« que s'ils renoncent à leurs hypothèques, gages ou pri-
« viléges.

« Le vote au concordat emportera de plein droit cette renon-
« ciation.

Art. 593. — « Seront condamnés aux peines de la banque-
« route frauduleuse :

« 2° Les individus convaincus d'avoir frauduleusement pré-
« senté dans la faillite, soit en leur nom, soit par interposition
« de personnes, des créances supposées.

Art. 597. — « Le créancier qui aura stipulé, soit avec le
« failli, soit avec toutes autres personnes, des avantages parti-
« culiers à raison de son vote dans les délibérations de la fail-
« lite, ou qui aura fait un traité particulier duquel résulterait
« en sa faveur un avantage à la charge du failli, sera puni
« correctionnellement d'un emprisonnement qui ne pourra
« excéder une année et d'une amende qui ne pourra être
« au-dessus de deux mille francs. — L'emprisonnement pour-
« ra être porté à deux ans si le créancier est syndic de la
« faillite (1).

Art. 598. — « Les conventions seront en outre déclarées
« nulles à l'égard de toutes personnes, et même à l'égard du
« failli.

---

(1) Un arrêt de la chambre criminelle de la Cour de cassation du 2 avril
1863, portant rejet du pourvoi formé contre un arrêt de la Cour impériale
de Paris en date du 27 décembre 1862, a décidé que : l'art. 597 du Code de
commerce, qui punit correctionnellement de l'emprisonnement celui qui
stipule, soit avec le failli, soit avec toutes autres personnes, des avantages
particuliers à raison de son vote dans les délibérations de la faillite, est
applicable non-seulement au créancier, mais aussi au mandataire, et qu'il en
est ainsi alors même que le mandataire n'aurait point personnellement
profité de la stipulation illicite et en aurait fait compte à son mandant.

Cet arrêt, en date du 2 avril 1863, est ainsi conçu : •

« LA COUR;—Sur le moyen résultant de la fausse application de l'article 597,
Code commerce, en ce que, d'une part, L...... n'était point créancier
de la faillite du sieur Chatel, et que de l'autre il n'aurait personnellement
recueilli aucun bénéfice de la stipulation incriminée :

« Attendu que, si l'article sus-visé dispose que le créancier qui aura
stipulé, soit avec le failli, soit avec toutes autres personnes, des avanta-

« Le créancier sera tenu de rapporter à qui de droit les
« sommes ou valeurs qu'il aura reçues en vertu des conven-
« tions annulées. »

Lorsque la délibération est épuisée, le juge-commissaire,
résumant les propositions faites par le failli, dit aux créanciers :

« Ainsi que vous venez de l'entendre, votre débiteur vous
« demande de lui faire remise de..... pour cent et vous pro-
« met de payer les..... pour cent non remis de la manière
« suivante : ....

« L'exécution des engagements pris par le failli est garantie
« par le cautionnement solidaire du sieur..... (si un cautionne-
« ment a été offert).

« Le greffier va procéder à l'appel nominal des créanciers vé-
« rifiés et affirmés et des créanciers admis par provision.

---

ges particuliers à raison de son vote dans les délibérations de la faillite,
sera puni correctionnellement, cette disposition, qui a pour but de garantir
la loyauté des opérations de la faillite et de maintenir l'égalité entre les
créanciers, doit s'entendre de toute personne ayant droit et qualité pour
être admise à voter dans les délibérations relatives à la faillite :

« Que, si la disposition dont s'agit désigne spécialement les créanciers,
c'est parce que, le plus ordinairement, c'est le créancier qui se présente
en personne dans les assemblées nécessitées par les opérations de la
faillite, mais que, si la stipulation délictueuse émane du mandataire
par lequel le créancier est autorisé, suivant l'article 505, Code commerce, à se faire représenter, la responsabilité pénale, par une conséquence nécessaire de l'esprit de la loi et de l'objet qu'elle s'est proposé,
doit atteindre le mandataire, lorsqu'il est constaté qu'il a frauduleusement agi ;

« Qu'il importe peu, dans ce cas, que le bénéfice de la spéculation
illicite ne soit pas resté dans les mains du mandataire, mais ait été ultérieurement remis par lui au créancier, le délit se trouvant consommé par
le fait seul de la stipulation d'un avantage particulier, destiné à rémuné-
rer le vote donné dans la délibération et le préjudice qui a été pour
la masse des créanciers de la faillite la conséquence de cette stipulation
exécutée :

« Et attendu que l'arrêt attaqué constate, en fait, que L...., mandataire de Potier, pour le représenter dans la faillite du sieur Chatel, a reçu,
à Paris, une somme de 500 francs comme rémunération du vote favorable
qu'il a donné, le 23 mai dernier, au concordat du failli ; — Que ce vote
n'a été accordé par lui qu'après avoir fait un premier refus à la date du
16 mai 1862, conforme à la volonté de son mandant ; — Qu'entre les deux
réunions des créanciers de la faillite, une promesse avait été faite à L....,
par l'intermédiaire du sieur Bardillon, agent d'affaires, mandataire du failli ;
— Qu'elle a été réalisée plus tard ; — Que de ces faits déclarés constants,
l'arrêt attaqué a tiré bon droit, la conséquence qu'investi de tous les droits
du sieur Potier, qu'il représentait complètement dans les opérations de la
faillite, L.... était personnellement passible, à raison de la stipulation
illicite dont il s'agit, de la peine portée en l'article 597, Code de commerce ;
qu'en statuant ainsi, l'arrêt (rendu par la Cour impériale de Paris, ch. corr.,
le 27 déc. 1862) a fait une saine application de l'article sus-visé ; —
Rejette. »

V. *Journal des tribunaux de commerce*, n° 4470, t. XII, p. 499.

« Chacun de vous, à l'appel de son nom, voudra bien répondre
« par *oui* ou par *non* s'il accepte ou refuse d'accepter les propo-
« sitions qui viennent de vous être faites. »

L'appel nominal étant terminé, le greffier procède au dé-
pouillement des votes et le résultat obtenu est porté à la connaissance des créanciers dans les termes suivants :

Première hypothèse. — *Acceptation du concordat par les deux
majorités, en nombre et en somme.*

« Le projet de concordat ayant été accepté par un nombre
« de créanciers formant la majorité et représentant, en outre,
« les trois quarts de la totalité des créances vérifiées et affir-
« mées, ou admises par provision, conformément à la sec-
« tion V du chapitre V, nous proclamons son adoption par
« l'assemblée et nous invitons toutes les parties à le signer
« séance tenante, à l'appel de leur nom.

Deuxième hypothèse. — *Acceptation du concordat par une seule
des deux majorités, soit en nombre, soit en somme, et remise
à huitaine de la délibération.*

« Le projet de concordat n'ayant été accepté que par une
« seule des deux majorités prescrites par la loi, soit la majorité
« en nombre de tous les créanciers qui ont affirmé leurs
« créances (1), ou qui ont été admis par provision, soit la ma-
« jorité des trois quarts en somme de toutes les créances affir-
« mées ou admises par provision, nous ajournons la délibé-
« ration à huitaine pour tout délai, en conformité de l'arti-
« cle 509 du Code de commerce. »

Troisième hypothèse. — *Assemblée pour reprendre la délibération
ouverte sur le concordat.* — *Formation du concordat ou de
l'union.*

Après avoir déclaré la séance ouverte, le juge-commissaire
dit aux créanciers :

---

(1) La question de savoir si les créanciers qui ne se présentent pas doivent être comptés est cependant vivement controversée; la Cour de Bordeaux, par un arrêt du 21 mars 1865 (Sen et autres, c. Maufras), s'est prononcée pour la négative et la Cour de cassation a admis, le 17 janvier 1866,
le pourvoi dirigé c. arrêt de la Cour de Metz du 22 décembre 1863, qui
avait décidé que l'on devrait compter tous les créanciers affirmés.

« Messieurs, à la dernière séance, les propositions faites par
« votre débiteur n'ayant pas réuni les deux majorités exigées
« par la loi pour la formation du concordat, nous vous avons
« ajournés à huitaine, conformément aux prescriptions de l'ar-
« ticle 509 du Code de commerce, et vous avez été, en consé-
« quence, convoqués de nouveau pour aujourd'hui à l'effet de
« reprendre la délibération sur la formation d'un concordat
« avec le failli.

« Nous vous prévenons qu'aux termes de l'article 509 du
« Code de commerce les résolutions prises et les adhésions don-
« nées, lors de la première assemblée, demeurent sans effet.

« Le syndic va de nouveau vous donner lecture de son rap-
« port et vous entendrez ensuite le failli.» (La suite comme à la
première séance.)

L'appel nominal étant terminé, le juge-commissaire fait
connaître le résultat, comme il est dit à la première hypothèse,
s'il y a acceptation de concordat;

Si, au contraire, le concordat n'est pas accepté, il l'annonce
dans les termes suivants :

« Le projet de concordat n'ayant pas encore, à cette deuxième
« et dernière assemblée, été accepté par les deux majorités
« exigées par la loi pour sa formation, nous déclarons les
« créanciers en état d'union, conformément aux dispositions
« de l'article 529 du Code de commerce.

« Nous invitons les créanciers à faire immédiatement les ob-
« servations qu'ils ont à présenter tant sur les faits de la ges-
« tion que sur l'utilité du maintien ou du remplacement des
« syndics. »

Après avoir pris note des observations, s'il en est fait, le
juge-commissaire ajoute :

« Vous avez maintenant à décider si un secours pourra
« être accordé au failli sur l'actif de la faillite, conformé-
« ment à l'article 530 du Code de commerce, lequel est ainsi
« conçu :

Art. 530. — « Les créanciers seront consultés sur la ques-
« tion de savoir si un secours pourra être accordé au failli sur
« l'actif de la faillite.

« Lorsque la majorité des créanciers présents y aura con-
« senti, une somme pourra être accordée au failli à titre de se-
« cours sur l'actif de la faillite. Les syndics en proposeront la
« quotité, qui sera fixée par le juge-commissaire, sauf re-
« cours au tribunal de commerce, de la part des syndics seule-
« ment. »

« Le greffier va faire l'appel et chacun de vous, à l'appel de
« son nom, voudra bien répondre par *oui* ou par *non* s'il ac-
« corde ou s'il refuse un secours au failli. »

Quatrième et dernière hypothèse. — Rejet des propositions par les
deux majorités.

« Le projet de concordat n'ayant réuni ni la majorité en
« nombre ni les trois quarts en somme (ou ayant été rejeté par
« les deux majorités en nombre et en somme), nous déclarons
« les créanciers de plein droit en état d'union conformément à
« l'article 529 du Code de commerce. »

(La suite comme à la troisième hypothèse pour ce qui concerne le maintien ou le remplacement des syndics et le secours
à accorder au failli.)

IV. *Délibération sur le sursis au concordat ou la constitution de*
l'union, en cas d'instruction en banqueroute frauduleuse contre
le failli (art. 540, C. com.).

À l'assemblée des créanciers convoqués à l'effet de délibérer
sur le sursis à statuer en cas d'acquittement du failli, le juge-
commissaire, assisté du greffier, et en présence du syndic, après
avoir déclaré la séance ouverte, donne la parole au syndic pour
faire son rapport aux créanciers, et cette lecture terminée, il
s'adresse aux créanciers en ces termes :

« Messieurs, une instruction en banqueroute frauduleuse
« ayant été commencée contre votre débiteur, nous vous avons
« fait convoquer, conformément à l'article 540, 2e paragraphe,
« pour que vous décidiez si vous vous réservez de délibérer sur
« un concordat en cas d'acquittement et si, en conséquence,
« vous entendez surseoir à statuer jusqu'après l'issue des pour-
« suites.

« Conformément à l'article 506 du Code de commerce, le
« syndic va vous faire un rapport sur l'état de la faillite, sur
« les formalités qui ont été remplies et les opérations qui ont
« eu lieu. »

Après la lecture du rapport du syndic, le juge-commissaire
ajoute :

« Le sursis ne pouvant être prononcé qu'à la majorité en nom-
« bre et en somme déterminée par l'article 507, le greffier va

« faire l'appel, et chacun de vous, à l'appel de son nom,
« voudra bien répondre par *oui* ou par *non* s'il consent au
« sursis ou s'il le refuse. Nous vous prévenons que, par le
« refus de sursis, vous serez de plein droit constitués en état
« d'union. »

Puis, après que le vote a eu lieu, le juge-commissaire en fait
connaître le résultat dans les termes suivants :

Première hypothèse. — *Ajournement à huitaine pour une deuxième délibération.*

« Le sursis n'ayant été accepté que par l'une des deux majo-
« rités voulues par la loi, nous ajournons les créanciers à hui-
« taine pour reprendre la délibération. »

Deuxième hypothèse. — *Sursis accordé.*

« La double majorité en nombre et en somme s'étant pro-
« noncée en faveur du sursis, la délibération sur la formation
« d'un concordat ou la déclaration des créanciers en état d'u-
« nion est ajournée jusqu'après l'issue des poursuites en ban-
« queroute frauduleuse commencées contre le failli. »

Troisième hypothèse. — *Refus de sursis.* — *Union.*

« Le sursis n'ayant réuni aucune des deux majorités voulues
« par la loi (ou s'il s'agit d'une deuxième délibération après re-
« mise à huitaine, le sursis n'ayant pas réuni la double ma-
« jorité voulue par la loi), nous déclarons les créanciers en
« état d'union, et s'ils ont des observations à faire soit sur la
« gestion, soit sur l'utilité du maintien ou du remplacement
« des syndics, nous les invitons à les formuler immédia-
« tement. »

Nota. Dans le cas où le failli ne serait poursuivi que pour
banqueroute simple, les créanciers peuvent également, aux
termes de l'article 541 du Code de commerce, surseoir à délibérer sur le concordat jusqu'après l'issue des poursuites. Les
formalités sont les mêmes que pour le cas de poursuite en *banqueroute frauduleuse*, à cette différence près que, si le sursis n'est
pas prononcé, l'union ne s'ensuit pas de plein droit, et qu'on
passe outre à la délibération immédiate sur le concordat.

V. *Assemblée pour la constitution de l'union et du syndicat définitif, après condamnation du failli comme banqueroutier frauduleux.*

A l'assemblée des créanciers convoqués pour la constitution
de l'union lorsque le failli a été condamné comme banqueroutier frauduleux, le juge-commissaire, assisté du gréffier, en
présence du syndic et le failli dûment appelé, après avoir
déclaré la séance ouverte, donne la parole au syndic pour
la lecture de son rapport, puis, s'adressant aux créanciers, il
leur dit :

« Messieurs, le paragraphe 1er de l'article 510 du Code de com-
« merce est ainsi conçu :

« Si le failli a été condamné comme banqueroutier fraudu-
« leux, le concordat ne pourra être formé. »

« En conséquence, votre débiteur ayant été condamné pour
banqueroute frauduleuse il n'y a pas lieu de délibérer sur un
concordat, nous vous déclarons de droit en état d'union (la
suite comme il a été dit précédemment pour le maintien
ou le remplacement des syndics et le secours à accorder au
failli). »

VI. *Assemblée pour délibérer sur la continuation de l'exploitation, après union (art. 532 du Code de commerce).*

A l'assemblée des créanciers convoqués pour délibérer en
conformité de l'article 532 du Code de commerce, le juge-
commissaire, assisté du greffier, en présence du syndic et du
failli, après avoir déclaré la séance ouverte, s'adressant aux
créanciers, leur dit :

« Messieurs, nous vous avons convoqués pour que vous
« décidiez si vous voulez donner mandat aux syndics de
« continuer l'exploitation de l'actif, conformément aux dis-
« positions de l'article 532 du Code de commerce. Nous
« allons vous donner lecture dudit article et de l'article
« suivant :

Art. 532. — « Les syndics représentent la masse des créan-
« ciers et sont chargés de procéder à la liquidation.

« Néanmoins les créanciers pourront leur donner mandat
« pour continuer l'exploitation de l'actif.

« La délibération qui leur conférera ce mandat en déterminera
« la durée et l'étendue, et fixera les sommes qu'ils pourront
« garder entre leurs mains à l'effet de pourvoir aux frais et dé-
« penses. Elle ne pourra être prise qu'en présence du juge-com-
« missaire, et à la majorité des trois quarts des créanciers en
« nombre et en somme.

« La voie de l'opposition sera ouverte contre cette délibéra-
« tion au failli et aux créanciers dissidents.

« Cette opposition ne sera pas suspensive de l'exécution.

Art. 533. — « Lorsque les opérations des syndics entraîne-
« ront des engagements qui excéderaient l'actif de l'union,
« les créanciers qui auront autorisé ces opérations seront
« seuls tenus personnellement au-delà de leur part dans
« l'actif, mais seulement dans les limites du mandat qu'ils
« auront donné ; ils contribueront au prorata de leurs
« créances. »

Après que les créanciers ont entendu le syndic et le failli, s'il
y a lieu, et qu'ils ont fait leurs observations sur l'étendue et la
durée des pouvoirs à conférer aux syndics, le juge-commissaire
fait procéder à l'appel nominal, et puis fait connaître le résultat
de la délibération en ces termes :

« La double majorité des trois quarts en nombre et en somme,
« exigée par l'article 532 du Code de commerce, ayant émis un
« avis favorable, les syndics sont autorisés à continuer l'ex-
« ploitation de l'actif dans les conditions qui viennent d'être
« déterminées par les créanciers et dont il va être dressé pro-
« cès-verbal. »

VII. *Assemblée pour reddition de compte* (art. 536). — *Maintien
ou remplacement du syndic.*

A l'assemblée des créanciers, convoqués en exécution de
l'article 536 du Code de commerce, le juge-commissaire,
assisté du greffier, en présence du syndic et du failli, après
avoir déclaré la séance ouverte, s'adressant aux créanciers,
leur dit :

« Messieurs, nous vous avons fait convoquer, conformément
« aux dispositions de l'article 536 du Code de commerce; le
« syndic va vous rendre compte de sa gestion jusqu'à ce jour et
« du degré d'avancement de la liquidation de la faillite; si
« vous avez des observations à faire, vous voudrez bien les pré-

« senter immédiatement et donner votre avis sur le maintien
« ou le remplacement du syndic.

VIII. *Assemblée pour délibérer sur l'aliénation à forfait de droits
et actions non recouvrés* (art. 570).

A l'assemblée des créanciers, convoqués en exécution de
l'article 570 du Code de commerce, le juge-commissaire,
assisté du greffier, en présence du syndic et du failli, après
avoir déclaré la séance ouverte, s'adressant aux créanciers,
leur dit :

« Messieurs, nous vous avons fait convoquer, conformément
« à l'article 570 du Code de commerce, à la demande de plu-
« sieurs d'entre vous, pour vous consulter sur l'avantage ou
« l'intérêt qu'il peut y avoir de traiter à forfait des droits et
« actions dont le recouvrement n'a pas été opéré par le syndic
« et à les aliéner.

« Vous allez entendre le rapport du syndic et chacun de vous,
« à l'appel de son nom, présentera ses observations et répon-
« dra par *oui* ou par *non* s'il est d'avis que l'aliénation doit ou
« ne doit pas avoir lieu. »

IX. *Assemblée pour reddition de compte définitif. — Dissolution
de l'union et délibération sur l'excusabilité* (art. 537).

A l'assemblée des créanciers, convoqués en exécution de
l'article 537 du Code de commerce, le juge-commissaire, assisté du greffier, en présence du syndic et du failli, après
avoir déclaré la séance ouverte, s'adressant aux créanciers,
leur dit :

« Messieurs, nous vous avons fait convoquer, conformément
« aux dispositions de l'article 537 du Code de commerce,
« pour recevoir le compte définitif que le syndic va vous rendre
« de sa gestion, déclarer si vous l'approuvez, et lui donner dé-
« charge de ses fonctions.

« Vous aurez ensuite à donner votre avis sur l'excusabilité
« du failli.

« Chacun de vous, à l'appel de son nom, voudra bien ré-
« pondre par *oui* ou par *non* s'il est d'avis que le failli est ex-
« cusable. »

L'appel nominal étant terminé et les créanciers ayant consigné leurs dires et observations sur l'excusabilité du failli, le juge-commissaire déclare l'union dissoute.

§ VI.

DISTINCTION ENTRE LES FAILLITES ET LES ORDRES ET CONTRIBUTIONS.

Caractères particuliers qui distinguent les faillites des ordres et contributions. — Assimilation erronée. — Réfutation.

Les faillites sont souvent comparées aux distributions par voie d'ordre ou de contribution qui se règlent devant les tribunaux civils. Si cette comparaison n'était pas aussi erronée, on serait tenté de dire qu'elle est injuste.

Cette erreur a été démontrée avec autant d'autorité que de précision par un président du tribunal de commerce de Paris (1) qui, rendant compte des travaux de ce tribunal, s'exprimait ainsi :

« Quant à la marche des faillites, nous devons constater « que cette année il n'en a pas été mis à fin moins de 1,456, « soit 78 de plus que dans l'exercice précédent.

« Ce chiffre, par son importance, justifie l'approbation don- « née à nos travaux, en cette matière, par Son Exc. le garde « des sceaux, lors de son dernier compte-rendu de la justice « commerciale. Dans ce dernier compte-rendu le chef de la « justice, faisant remarquer les *différences qui distinguent l'ad-* « *ministration et la liquidation des faillites du règlement des* « *ordres et des contributions,* signalait *les obstacles qui s'op-* « *posent, dans l'état actuel de la législation,* à une prompte « liquidation des faillites.

« Ces considérations, qui empruntent une si grande autorité « à la voix respectée dont elles émanent, méritent quelques dé- « veloppements.

---

(1) Discours d'installation prononcé le 19 juillet 1862 par M. Denière.

« Combien les faillites, ainsi qu'il est justement observé, ne
« diffèrent-elles pas, en effet, des ordres et contributions !

« Dans l'ordre et la contribution, tout est simple et rapide ;
« l'actif à distribuer est réalisé ; la production des titres et
« l'admission des créances n'entraînent que peu de forma-
« lités et de litiges ; des contestations s'élèvent-elles sur le
« règlement provisoire, elles sont vidées par un seul et même
« jugement, et l'appel de ce jugement est la seule cause in-
« dépendante du tribunal du premier degré qui puisse retarder
« la répartition des deniers entre les ayants droit.

« Dans la faillite, au contraire, toute une série de difficultés
« séparent le moment où elle s'ouvre de celui où elle pourra
« prendre fin. La faillite prononcée, surgissent les oppositions
« au jugement déclaratif et les contestations relatives à la fixation
« du jour de l'ouverture. Après l'inventaire laborieusement éta-
« bli et l'examen de la comptabilité scrupuleusement étudiée,
« commencent les opérations de vérification des créances, et
« naissent, comme conséquence, les nombreux procès indivi-
« duels en admission, en rapport des sommes indûment tou-
« chées, en revendication, qui motivent autant de décisions dis-
« tinctes en première instance et en appel. Ce n'est enfin que
« lorsque tous ces débats multiples, toutes ces opérations nom-
« breuses, souvent interrompues par une poursuite criminelle
« ou correctionnelle, ont été mises à fin, qu'il peut être utile-
« ment procédé, dans l'intérêt de la masse et du failli, à la con-
« vocation pour le concordat.

« Le concordat voté est soumis à l'homologation du tribu-
« nal, et ici encore la décision qui accorde ou rejette l'homo-
« logation est susceptible d'appel.

« Le concordat est-il refusé et l'union déclarée, il faut pour-
« suivre la réalisation et la répartition de l'actif. Apparaissent
« alors les difficultés inhérentes à l'administration momentanée
« et à la cession du fonds de commerce, à la liquidation des
« marchandises, à la vente des immeubles, suivie dans la forme
« et les délais prescrits pour les biens des mineurs, au recou-
« vrement des créances à long terme. L'attente de l'extinction
« d'un usufruit et de l'ouverture d'une succession que le failli
« doit appréhender comme héritier à réserve, se présente sou-
« vent aussi comme une entrave persistante à la prompte solu-
« tion que conseille l'intérêt des créanciers commerçants. Ces
« diverses causes de retard ainsi analysées, nous en résumons
« les conséquences dans un état récapitulatif embrassant l'en-
« semble des faillites en cours.

« Au 30 juin dernier, 1,488 faillites restaient à terminer :

168 étaient arrêtées faute de fonds immédiatement dis-
      ponibles.
162 par difficultés de vérification de créances.
247 par instances diverses.
 70 par instructions criminelles et correctionnelles.
102 par ventes d'immeubles, ordres et contributions.
 34 par liquidation de successions.
 47 par difficultés sur prétentions des propriétaires.
203 par liquidation d'actif et de créances à terme.
455 avaient été déclarées dans les trois derniers mois.

1,488 total égal.

« Nous aurons atteint le but que nous nous proposons si,
« exposant les obstacles qu'expliquent le caractère commercial
« de la faillite et les prescriptions de la loi, nous avons en
« même temps fait apprécier l'activité intelligente que réclame
« une gestion aussi compliquée. »

CHAPITRE XXII.

BOURSES DE COMMERCE. — AGENTS DE CHANGE ET COURTIERS.

§ Ier.

BOURSES DE COMMERCE.

L'origine des *Bourses de commerce* est des plus anciennes. La
Loggia, appelée plus tard le *Collége des marchands*, dont on
voit encore les ruines, fut, dit-on, construite à Rome 492 ans
avant l'ère chrétienne.

D'après Savary, l'appellation actuelle aurait été tout d'abord
employée au seizième siècle, pour désigner, à Bruges, l'endroit
où se réunissaient les commerçants, et viendrait des trois bourses
sculptées sur la porte de la maison qui leur servait de lieu de
réunion et dont le propriétaire s'appelait d'ailleurs Wander
Burse.

Diverses nations de l'Europe adoptèrent successivement cette même dénomination.

En France, c'est en 1549 que fut établie, à Toulouse, la première Bourse de commerce. Celle de Rouen, appelée *Convention de Rouen*, puis celle de Montpellier, furent fondées, l'une en 1556 et l'autre en 1691.

Pour Paris, l'édit de novembre 1563, qui créa tout à la fois l'institution des *juges-consuls des marchands*, et la *place commune des marchands*, appelée plus tard *Place du change*, peut être considéré comme l'origine de la Bourse.

La place commune des marchands eut d'abord son siége à l'abbaye de Saint-Magloire, rue Saint-Denis, puis au cloître Saint-Médéric. Cependant les commerçants s'assemblaient sous la galerie Dauphine, dans la grand'cour du Palais-de-Justice, et, à partir de 1720, dans le jardin de l'hôtel de Soissons. Mais, jusque-là, cette institution n'avait aucun caractère légal et elle n'en reçut un que par l'arrêt du conseil du 24 septembre 1724. Le nom de *Bourse* fut alors substitué à celui de *Place du change* qu'elle avait pris en dernier lieu, et son siége fut établi rue Vivienne, à l'hôtel de Nevers, dans une dépendance de l'hôtel Mazarin où elle resta jusqu'en 1793.

Fermée en exécution du décret du 27 juin 1793, elle fut réouverte par celui du 6 floréal an III. Elle tint jusqu'au 9 octobre 1810 dans l'église des Petits-Pères, d'où elle fut transférée provisoirement dans la galerie dite de Virginie, au palais du ci-devant Tribunat (Palais-Royal), et enfin au palais de la Bourse où elle fut installée le 6 novembre 1826.

Les courretiers de change et deniers, de soie, de drap et autres marchandises, furent choisis d'abord par les prévôts des marchands, les échevins ou les juges-consuls, et prêtaient serment entre leurs mains, mais un édit du mois de juin 1572 les obligea à se faire recevoir par les baillis, sénéchaux et autres juges royaux de leur résidence et reconnu en titre d'office tous ceux déjà existants (Guyot, *Rép.*, v° *Agent de change*).

Les fonctions de courretiers de change, banque et marchandises furent interdites par un arrêt du conseil du 15 avril 1595, sous peine de punition corporelle, de crime de faux, et de 500 écus d'amende à quiconque n'aurait pas obtenu de lettres de provision (Guyot, *Rép.* — Mollot, *Bourses de commerce*).

Comme on le voit, les fonctions d'agents de change et de courtiers étaient cumulées. Ceux qui les exerçaient furent qualifiés *agents de change* par les édits de 1613 et 1639, mais la séparation de leurs attributions ne date que des arrêts du conseil des 26 novembre 1784 et 5 septembre 1786.

§ I

AGENTS DE CHANGE.

La loi du 28 ventôse an IX, en conférant au gouvernement le droit d'établir des bourses de commerce dans les villes où il le juge nécessaire, lui a laissé le soin d'y instituer des agents de change et d'en déterminer le nombre suivant les besoins du commerce.

L'article 6 de la loi du 28 ventôse an IX porte : « Il y a des « agents de change dans toutes les villes qui ont des bourses de « commerce. »

Cette disposition a été reproduite par l'article 75 du Code de commerce. Néanmoins il n'existe pas d'agents de change dans quelques villes pourvues de bourses de commerce, tandis qu'il y en a dans un certain nombre de places dépourvues d'une bourse (Mollot, *Bourses de commerce*, n° 73).

Les agents de change sont nommés par l'Empereur (art. 75, C. com.).

Les règles à suivre pour cette nomination, lorsqu'il s'agit d'une ou plusieurs places nouvellement créées ou du remplacement d'un agent de change destitué, sont tracées par les arrêtés du 29 germinal an IX, articles 5 et 8, et du 27 prairial an X, article 24.

En pareils cas, le tribunal de commerce doit désigner, dans une assemblée générale et spéciale, dix banquiers ou négociants, et pour Paris, huit banquiers et huit négociants.

Cette assemblée forme une liste double du nombre d'agents de change à nommer, laquelle liste est adressée au préfet du département, qui peut y ajouter les noms d'autres candidats, sans toutefois excéder le quart du total. Le préfet la transmet au ministre compétent, qui peut aussi ajouter un nombre de candidats égal au quart de la première liste, et présente ensuite la liste entière à l'Empereur qui fait la nomination.

Dans les villes où il existe déjà des agents de change, les syndics donnent leur avis sur la personne qu'il s'agit de pourvoir.

Les individus qui ne jouissent pas des droits de citoyen français ne peuvent être nommés agents de change (art. 7, arrêté du 29 germinal an IX et art. 2 du décret du 1er octobre 1862).

Un étranger devrait donc obtenir préalablement la naturalisation.

D'après le règlement de la Compagnie des agents de change de Paris, il fallait être âgé de vingt-cinq ans pour être nommé agent de change. Cette condition, qui ne résultait pas formellement de la loi, était d'ailleurs conforme tout à la fois aux arrêts du conseil des 30 août 1720, article 4, et 24 septembre 1724, article 21, cependant la circulaire du 26 août 1841, n'exigeait que vingt-un ans, mais le décret du 1er octobre 1862 a fait de l'âge de vingt-cinq ans une condition impérative.

Le candidat doit également, aux termes de l'arrêté du 29 germinal an IX, article 6, justifier qu'il a exercé les fonctions d'agent de change, banquier ou négociant, ou qu'il a travaillé dans une maison de banque, de commerce, ou chez un notaire, à Paris, pendant quatre ans au moins.

Ceux qui ont fait faillite ne peuvent être agents de change, s'ils n'ont été réhabilités (art. 83, C. com.).

Les agents de change placés d'abord dans les attributions du ministre de l'intérieur, l'ont été ensuite dans celles du ministre du commerce, mais les agents de change, institués près des bourses départementales, ont été rattachés aux attributions du ministre des finances, par un décret du 2 juillet 1862.

A l'égard des agents de change de Paris, une ordonnance royale du 29 mai 1816 (1) les a placés dans les attributions du ministre des finances, et a réglé d'une manière spéciale ce

---

(1)   Au château des Tuileries, le 29 mai 1816.

LOUIS, par la grâce de Dieu, roi de France et de Navarre;
Nous étant fait représenter les édits, déclarations, arrêts de notre Conseil, lettres patentes concernant les agents de change, banque, finance, de notre bonne ville de Paris, et notamment la déclaration du 19 mars 1786, ainsi que l'arrêt de notre conseil d'Etat du 10 septembre suivant, et les lettres patentes intervenues sur icelui le 4 novembre de la même année, qui fixent irrévocablement à soixante le nombre des agents de change de Paris, sans pouvoir être augmenté sous quelque prétexte que ce soit;
Vu les articles 90 et 91 de la loi sur les finances, du 16 avril dernier, qui, en statuant sur le supplément de cautionnement à fournir par les agents de change, accorde aux titulaires la faculté de disposer de leurs offices avec notre agrément:
Vu la loi du 28 ventôse an IX (19 mars 1801), qui attribue au gouvernement la nomination des agents de change, que la loi du 8 mai 1791 avait supprimés;
Informé de l'insuffisance du règlement du 29 germinal an IX, en ce qui concerne les agents de change de Paris;

qui concerne leur nomination, leur surveillance et leur discipline.

Les articles 90 et 91 de la loi de finances du 16 avril 1816 a

---

Voulant y pourvoir, et jugeant que, pour assurer à cette compagnie la confiance et l'estime qui doivent l'environner, il est utile de la rendre, en quelque sorte, gardienne de sa propre considération, en établissant dans son sein une autorité surveillante, composée de ses membres les plus instruits et les mieux famés;

Sur le rapport de notre ministre secrétaire d'Etat des finances, et de l'avis de notre Conseil,

Nous avons ordonné et ordonnons ce qui suit:

Art. 1er. La compagnie des agents de change, banque, finance et commerce de notre bonne ville de Paris reste placée dans les attributions de notre ministre secrétaire d'Etat des finances.

Art. 2. S'il est nécessaire de compléter le nombre desdits agents de change fixé par l'arrêt du conseil du 10 septembre 1786, les nominations aux charges complémentaires seront, sur une liste triple du nombre des vacances à remplir, proposées par la chambre syndicale de la compagnie à notre ministre secrétaire d'Etat des finances, qui nous soumettra la liste des candidats qu'il jugera dignes de notre choix.

Art. 3. La chambre syndicale aura sur les membres de la compagnie la surveillance et l'autorité d'une chambre de discipline; elle veillera avec le plus grand soin à ce que chaque agent de change se renferme strictement dans les limites légales de ses fonctions; elle pourra, suivant la gravité des cas, censurer, suspendre les contrevenants de leurs fonctions, et provoquer auprès de notre ministre des finances leur destitution.

Art. 4. Les agents de change qui voudront, conformément à l'article 91 de la loi sur les finances du 28 avril dernier, disposer de leurs charges, seront tenus de faire agréer provisoirement leurs successeurs par la chambre syndicale, qui exprimera son adhésion motivée, et les présentera à notre ministre des finances chargé de les agréer définitivement, pour être, sur sa proposition, nommés par nous.

La même faculté est, aux mêmes conditions, accordée aux veuves et enfants des agents de change qui décéderont dans l'exercice de leurs fonctions.

Art. 5. En cas de vacance d'un office dont il n'aura point été disposé conformément à l'article précédent, il y sera pourvu dans les formes prescrites par l'article 2.

Art. 6. Les édits, déclarations, lettres patentes et arrêts de notre conseil, qui déterminent les attributions des agents de change et interdisent à tout individu, non pourvu de leurs offices, de s'immiscer dans leurs fonctions, et tous autres règlements qui régissent actuellement la compagnie, sont maintenus, sauf les changements et modifications que la chambre syndicale croira nécessaire de proposer à notre ministre secrétaire d'Etat des finances pour être soumis par lui à notre approbation.

Art. 7. Les dispositions contraires à la présente ordonnance sont abrogées.

Art. 8. Notre ministre secrétaire d'Etat des finances est chargé de la présente ordonnance.

Donné à Paris, au château des Tuileries, le 29 mai de l'an de grâce 1816, et de notre règne le vingt et unième.

Signé LOUIS.

Contre-signé le comte CORVETTO.

Au château des Tuileries, le 3 juillet 1816.

LOUIS, par la grâce de Dieu, roi de France et de Navarre, à tous ceux qui ces présentes verront, salut;

reconnu aux agents de change la faculté de disposer de leurs offices avec l'agrément du gouvernement.

Tout ce qui est relatif à la cession, à la présentation du suc-

---

Vu l'article 91 de la loi du 28 avril présente année, après avoir réglé par notre ordonnance du 29 mai 1816 le mode de nomination des agents de change de Paris, placés dans les attributions du ministre secrétaire d'Etat au département des finances;

Voulant statuer sur celui qu'il convient d'adopter, tant pour les agents de change des autres places que pour les courtiers de commerce de tout le royaume, les uns et les autres ressortissant au ministère de l'intérieur

Sur le rapport de notre ministre secrétaire d'État au département de l'intérieur,

Nous avons ordonné et ordonnons ce qui suit :

Art. 1er. Dans le cas de transmission prévu par l'article 91 de la loi du 28 avril dernier, les agents de change et courtiers de commerce pourront présenter leurs successeurs, à la charge, par ces derniers, de justifier de la manière ci-après déterminée qu'ils réunissent les qualités requises.

La même faculté est accordée aux veuves et enfants des titulaires qui décéderaient en exercice.

Art. 2. Les demandes de transmission seront adressées aux préfets, et par eux renvoyées aux tribunaux de commerce du ressort.

Ces tribunaux donneront leur avis motivé sur l'aptitude et la réputation de probité du candidat présenté, en se conformant d'ailleurs aux articles 6 et 7 de l'arrêté du 29 germinal an IX (19 avril 1801).

Les demandes seront ensuite communiquées par le préfet aux syndics et adjoints des agents de change et des courtiers, pour avoir leurs observations.

Partout où il n'existe pas de syndics et adjoints, l'avis favorable du tribunal sera suffisant.

Art. 3. Les formalités remplies, la demande sera adressée à notre ministre secrétaire d'État de l'intérieur, par le préfet qui y joindra son avis.

Notre ministre secrétaire d'État agréera définitivement le candidat et le proposera à notre nomination.

Art. 4. Les agents de change ou courtiers de commerce, leurs veuves ou enfants, ne pourront jouir du bénéfice de l'article 91 de la loi du 28 avril dernier, s'ils ne justifient du versement intégral du cautionnement, tant en principal qu'à titre de supplément.

Art. 5. Il n'est rien changé au mode actuel de nomination des agents de change et des courtiers de commerce, toutes les fois qu'il n'y aura pas lieu à l'article 91 de ladite loi.

Art. 6. Notre ministre secrétaire d'État au département de l'intérieur est chargé de l'exécution de la présente ordonnance.

Donné en notre château des Tuileries, le 3 juillet, l'an de grâce 1816, e de notre règne le vingt-deuxième.

Signé LOUIS.

Contre-signé LAINÉ.

CIRCULAIRE.

(*Exécution des dispositions de la loi du 25 juin 1841, sur la transmission des offices.*)

Paris, le 26 août 1841.

Monsieur le préfet, la loi du 25 juin 1841, modifiant la loi du 21 avril 1832, contient pour la transmission des offices des dispositions nouvelles ainsi conçues :

cesseur, aux conditions d'admission et aux diverses formalités à remplir, est réglé par les ordonnances des 29 mai et 3 juillet 1816 sus-mentionnées; la loi du 25 juin 1841, la circulaire

---

« Art. 6. A compter de la promulgation de la présente loi, tout traité ou convention ayant pour objet la transmission à titre onéreux ou gratuit, en vertu de l'article 91 de la loi du 28 avril 1816, d'un office, de la clientèle, des minutes, répertoires, recouvrements et autres objets en dépendant, devra être constaté par écrit et enregistré, avant d'être produit à l'appui de la demande de nomination du successeur désigné.

« Les droits d'enregistrement seront perçus selon les bases et quotités ci-après déterminées.

« Art. 7. Pour les transmissions à titre onéreux, le droit d'enregistrement sera de deux pour cent du prix exprimé dans l'acte de cession et du capital des charges qui pourront ajouter au prix.

« Art. 8. Si la transmission de l'office et des objets en dépendant s'opère par suite de disposition gratuite entre-vifs ou à cause de mort, les droits établis pour les donations de biens meubles par les lois existantes seront perçus sur l'acte ou écrit constatant la libéralité, d'après une évaluation en capital.

« Dans aucun cas, le droit ne pourra être au-dessous de deux pour cent.

« Art. 9. La perception aura lieu conformément à l'article 7, lorsque l'office transmis par décès passera à l'un des héritiers : lorsqu'il passera à l'héritier unique du titulaire, le droit de deux pour cent sera perçu d'après une déclaration estimative de la valeur de l'office et des objets en dépendant.

« Cette déclaration sera faite au bureau de l'enregistrement de la résidence du titulaire décédé. La quittance du receveur devra être jointe à l'appui de la demande de nomination du successeur.

« Le droit acquitté sur cette déclaration ou sur le traité fait entre les cohéritiers sera imputé, jusqu'à due concurrence, sur celui que les héritiers auront à payer, lors de la déclaration de succession, sur la valeur estimative de l'office, d'après les quotités fixées pour les biens meubles par les lois en vigueur.

« Art. 10. Le droit d'enregistrement de transmission des offices, déterminé par les articles 7, 8 et 9 ci-dessus, ne pourra, dans aucun cas, être inférieur au dixième du cautionnement attaché à la fonction ou à l'emploi.

« Art. 11. Lorsque l'évaluation donnée à un office pour la perception du droit d'enregistrement d'une transmission à titre gratuit, entre-vifs ou par décès, sera reconnue insuffisante, ou que la simulation du prix exprimé dans l'acte de cession à titre onéreux sera établie d'après des actes émanés des parties ou de l'autorité administrative ou judiciaire, il sera perçu, à titre d'amende, un droit en sus de celui qui sera dû sur la différence de prix ou d'évaluation.

« Les parties, leurs héritiers ou ayants cause sont solidaires pour le paiement de cette amende.

« Art. 12. En cas de création nouvelle de charges ou offices, ou en cas de nomination de nouveaux titulaires sans présentation, par suite de destitution ou par tout autre motif, les ordonnances qui y pourvoiront seront assujetties à un droit d'enregistrement de vingt pour cent sur le montant du cautionnement attaché à la fonction ou à l'emploi.

« Toutefois, si les nouveaux titulaires sont soumis, comme condition de leur nomination, à payer une somme déterminée pour la valeur de l'office, le droit d'enregistrement de deux pour cent sera exigible sur cette somme, sauf l'application du minimum de perception établi à l'article 10 ci-dessus. Ce droit devra être acquitté avant la prestation de serment du nouveau titulaire, sous peine du double droit.

« Art. 13. En cas de suppression d'un titre d'office, lorsqu'à défaut de traité, l'ordonnance qui prononcera l'extinction fixera une indemnité à payer au

ministérielle du 26 août de la même année et le décret du 1er octobre 1862.

Les agents de change ont seuls le droit de faire les négocia-

---

titulaire de l'office supprimé ou à ses héritiers, l'expédition de cette ordonnance devra être enregistrée dans le mois de la délivrance, sous peine du double droit.

« Le droit de deux pour cent sera perçu sur le montant de l'indemnité.

« Art. 14. Les droits perçus en vertu des articles qui précèdent seront sujets à restitution toutes les fois que la transmission n'aura pas été suivie d'effet.

« S'il y a lieu seulement à réduction du prix, tout ce qui aura été perçu sur l'excédant sera également restitué.

« La demande en restitution devra être faite conformément à l'article 61 de la loi du 22 frimaire an VII, dans le délai de deux ans, à compter du jour de l'enregistrement du traité ou de la déclaration. »

Par l'effet de ces dispositions, les instructions qui vous ont été adressées à diverses époques au sujet de la transmission des offices de courtiers ou d'agents de change doivent être modifiées.

Dans l'état actuel, les pièces à produire à l'appui des demandes en transmission, sont : — 1° la démission du cédant ; — 2° sa commission ; — 3° l'acceptation du cessionnaire ; — 4° son acte de naissance, constatant qu'il est Français (art. 7, arrêté du 29 germinal an IX) et qu'il est âgé de plus de vingt et un ans ; — 5° un certificat attestant qu'il a travaillé dans le commerce pendant quatre ans au moins (art. 6 dudit) ; — 6° un certificat du tribunal de commerce établissant qu'il n'a pas fait faillite (art. 83, C. com.) ni abandon de biens ou atermoiement (art. 7, arrêté du 29 germinal an IX) ; — 7° l'avis du tribunal de commerce sur sa moralité et sa capacité (art. 2, ordonnance du 3 juillet 1816) ; — 8° l'avis du syndicat des agents de change et courtiers (art. 2, ordonnance du 3 juillet 1816), ou, à défaut de syndicat, des agents de change ou courtiers en exercice.

Dans le cas de décès du titulaire en exercice, sa démission est remplacée par son acte de décès et par les pièces nécessaires pour justifier du droit de ses héritiers ou ayants cause à disposer de son office.

L'article 34 de la loi du 21 avril 1832 soumettait les nominations d'agents de change ou de courtiers au paiement d'un droit d'enregistrement de dix pour cent du montant du cautionnement, et les nouveaux titulaires ne pouvaient être admis au serment et installés dans leurs fonctions qu'en justifiant de l'enregistrement de leur commission. Le paiement du droit était donc postérieur à la nomination.

Les dispositions de la loi du 25 juin 1841 ayant transporté le droit, dans la plupart des cas, sur l'acte même qui opère la transmission de l'office, le paiement de ce droit devra être effectué, sauf ce qui sera dit ci-après, avant la nomination du titulaire, et les pièces à produire par le candidat présenté seront, indépendamment de celles qui ont été énumérées plus haut, savoir :

1° Dans le cas de transmission à titre onéreux, *l'acte de cession de l'office* ;

2° Dans le cas de transmission par suite de disposition à titre gratuit, entre-vifs ou à cause de mort, *l'acte ou écrit constatant la libéralité* ;

Et 3° dans le cas de transmission par succession à l'héritier unique du titulaire, *une déclaration estimative de la valeur de l'office et la quittance du receveur de l'enregistrement.*

Dans les trois cas ci-dessus déterminés, *l'acte de cession, l'acte constatant la libéralité ou la pièce contenant la déclaration estimative de la valeur de l'office,* devront être revêtus de la formalité de l'enregistrement, et joints aux pièces de la demande.

Les dispositions qui précèdent s'appliquent d'ailleurs exclusivement aux

tions des effets publics et autres susceptibles d'être cotés; de faire pour le compte d'autrui les négociations des lettres de

---

transmissions d'offices effectuées en exécution de l'article 91 de la loi du 28 avril 1816; pour les nominations à des places nouvellement créées ou devenues vacantes par suite d'abandon ou destitution des titulaires, ou par tout autre motif, le droit d'enregistrement, fixé par la loi du 25 juin dernier à vingt pour cent du montant du cautionnement, sera perdu, comme précédemment, sur la première expédition de l'ordonnance de nomination du titulaire, et je n'ai rien à changer aux instructions qui vous ont été transmises à cet égard.

Je vous prie, Monsieur le Préfet, de communiquer sans retard la présente circulaire, dont je vous adresse des exemplaires, aux chambres syndicales d'agents de change ou de courtiers, ou, à défaut de chambres syndicales, aux agents de change ou courtiers en exercice existant dans votre département. Il importe que vous vouliez bien, pour éviter tout retard dans la transmission des offices, veiller exactement à l'observation des dispositions qu'elle renferme.

Je vous serai obligé de m'accuser réception de cette circulaire.

Recevez, Monsieur le Préfet, l'assurance de ma considération la plus distinguée.

Le ministre secrétaire d'Etat de l'agriculture et du commerce,
Signé L. CUNIN-GRIDAINE.

Décret du 1er octobre 1862.

NAPOLÉON, etc. — Sur le rapport de notre ministre secrétaire d'Etat au département des finances; — Vu l'art. 91 de la loi du 28 avril 1816 et l'ordonnance des 29 mai et 11 juin 1816; — Vu la loi du 2 juillet 1862, qui modifie les articles 74, 75 et 90, C. com.; — Vu le décret du 2 juillet 1862 relatif aux agents de change près des bourses départementales pourvues d'un parquet; — Notre conseil d'Etat entendu; — Avons décrété, etc. :

Art. 1. Les agents de change ne peuvent user de la faculté de présenter leurs successeurs qu'en faveur des candidats qui ont obtenu préalablement l'agrément de la chambre syndicale de la compagnie et avec lesquels ils ont traité des conditions de leur démission par un acte soumis au ministre des finances et approuvé par lui.

2. Nul ne peut être agent de change, s'il n'est Français;

S'il n'a vingt-cinq ans accomplis;

S'il ne produit un certificat d'aptitude et d'honorabilité signé par les chefs de plusieurs maisons de banque et de commerce.

3. La présentation des candidats par les chambres syndicales est adressée :

A Paris, au ministre des finances, directement;

Dans les départements, au préfet, qui transmet les demandes au ministre, avec son avis motivé.

Cette présentation est accompagnée de la démission du titulaire, du traité passé avec lui et des pièces établissant que les conditions prescrites par les articles 1 et 2 ont été remplies.

4. L'agent de change nommé par l'Empereur ne peut être admis à prêter le serment prescrit par l'article 16 du sénatus-consulte du 25 décembre 1852, ni entrer en fonctions, qu'autant qu'il a justifié du versement au trésor de son cautionnement.

Ce cautionnement est fixé ainsi qu'il suit :

A Paris, 250,000 francs;

A Lyon, 40,000 francs;

A Marseille et à Bordeaux, 30,000 francs;

A Toulouse et à Lille, 12,000 francs;

5. Les titulaires actuellement en possession des offices d'agent de change sont tenus de compléter le cautionnement exigé par l'article 4 en deux

change ou billets et de tous papiers commerçables, et d'en constater le cours (art. 76, C. com.).

Ils peuvent faire, concurremment avec les courtiers de marchandises, les négociations et le courtage des ventes et achats des matières métalliques. Ils ont seuls le droit d'en constater le cours (art. 76, C. com.).

Il est défendu de s'immiscer dans les fonctions d'agent de change. L'immixtion est punie de peines correctionnelles. Cependant un décret du 13 octobre 1859 a autorisé les agents de change de Paris à s'adjoindre un ou deux commis principaux, qui, après avoir été admis par la chambre syndicale, pouvaient opérer en Bourse pour le compte, au nom et sous la responsabilité du titulaire. On leur donnait généralement le nom d'*assesseurs*.

La plupart des charges d'agents de change étaient, à Paris surtout, l'objet d'une association. Bien que ces sociétés fussent contractées avec l'autorisation de la chambre syndicale et même du ministre des finances, cependant la jurisprudence persista jusqu'au dernier moment à déclarer qu'elles étaient entachées d'une nullité radicale.

C'est pour mettre un terme à la situation anormale qu'engendraient les décisions judiciaires sur le règlement des droits des intéressés, lors de la liquidation sociale, que l'article 75 du Code de commerce a été modifié par la loi du 2 juillet 1862, qui a autorisé les agents de change près des bourses pourvues d'un parquet à s'adjoindre des bailleurs de fonds intéressés et créé une espèce de société tout à la fois nouvelle et *sui generis*.

Les agents de change ne peuvent faire aucune opération de commerce ou de banque pour leur compte, ni s'intéresser directement ou indirectement, ou sous un nom interposé, dans

---

termes égaux : le premier dans les six mois qui suivront la promulgation du présent décret, et le second, six mois après.

6. Les agents de change sont tenus, lorsqu'ils en sont requis par les parties, de délivrer récépissé des sommes qui leur sont versées et des valeurs qui leur sont déposées.

7. Il est interdit aux agents de change d'avoir soit en France, sur une place autre que celle pour laquelle ils auront été nommés, soit à l'étranger, des délégués chargés de les représenter ou de leur transmettre directement des ordres.

8. Lorsque les agents de change se sont adjoint des bailleurs de fonds intéressés, les actes qui ont été passés à cet égard, après avoir été communiqués à la chambre syndicale et au ministre des finances, sont publiés par extrait, conformément aux dispositions des articles 42 et suivants du Code de commerce.

aucune entreprise commerciale, ni recevoir ou payer pour le compte de leurs commettants (art. 85, C. com.).

Il leur est défendu de se rendre garants de l'éxécution des marchés dans lesquels ils s'entremettent (art. 86, C. com.).

Toute contravention à ces interdictions est punie de la destitution et d'une amende dont la condamnation est prononcée par le tribunal de police correctionnelle (art. 87, C. com.).

Un agent de change, destitué en vertu de l'article 87 du Code de commerce, ne peut être réintégré dans ses fonctions (art. 28, C. com.).

Tout agent de change déclaré en faillite est poursuivi comme banqueroutier (art. 89, C. com.).

Toutes les opérations des agents de change doivent être consignées jour par jour, et par ordre de dates, sans ratures, interlignes, ni transpositions, et sans abréviations ni chiffres, dans un livre revêtu des formalités prescrites par l'article 11 du Code de commerce. Ce livre doit également indiquer toutes les conditions des ventes, achats, assurances et négociations généralement quelconques faites par leur ministère (art. 84, C. com.).

Tout ce qui est relatif à la négociation et à la transmission des effets publics est régi par des règlements d'administration publique (art. 90, C. com.).

Les agents de change sont soumis à un cautionnement et ne peuvent être admis au serment, avant d'entrer en fonctions, que sur la représentation de leur commission et du récépissé de leur cautionnement.

Le cautionnement, comme celui de tous les officiers publics, est affecté par privilége à la garantie des faits de charge qui peuvent résulter des fautes commises par l'agent de change dans l'exercice de ses fonctions.

Avant de retirer leur cautionnement de la caisse d'amortissement, les agents de change sont tenus de déclarer au greffe du tribunal de commerce dans le ressort duquel ils exercent qu'ils cessent leurs fonctions. Cette déclaration reste affichée pendant trois mois dans le lieu des séances du tribunal, elle est en outre affichée à la Bourse pendant le même délai.

Les oppositions sur le cautionnement sont reçues soit au greffe, soit à la caisse d'amortissement.

Le retrait du cautionnement ne peut être ensuite opéré que sur la production de certificats délivrés par le syndic de la compagnie et par le greffier du tribunal pour constater l'accomplissement de ces formalités. Le certificat délivré par le greffier doit être visé par le président du tribunal et constater que, pendant le délai sus-énoncé, il n'a été prononcé contre l'agent de change démissionnaire aucune condamnation pour fait relatif à ses fonctions et qu'il n'a été formé aucune opposition au greffe.

Les agents de change sont placés sous la discipline de leur chambre syndicale, qui fait des règlements auxquels ils sont tenus d'obéir.

Les noms et demeures de tous les agents de change sont inscrits sur un tableau qui doit être placé dans un lieu apparent du tribunal de commerce et à la Bourse (arrêté du 29 germinal an ix, art. 10).

§ III.

COURTIERS.

Les fonctions de courtiers de marchandises ont la même origine que celles des agents de change. Ainsi qu'on l'a vu plus haut, elles furent longtemps cumulées et ce n'est que dans les arrêts du conseil du 26 novembre 1784 et 5 septembre 1786 qu'on trouve les premières traces de la séparation de leurs attributions.

Le mode de nomination des courtiers, leur organisation, leurs devoirs et leur discipline sont les mêmes que ceux des agents de change. Comme eux, ils sont soumis à un cautionnement et prêtent serment devant le tribunal de commerce avant d'entrer en fonctions.

Ils sont placés dans les attributions du ministère du commerce. La transmission de leurs offices a fait l'objet de diverses ordonnances royales et circulaires ministérielles.

Le prix stipulé pour la cession d'un office de courtier doit, selon les plus récentes instructions ministérielles, être fixé d'après la moyenne des produits pendant les cinq dernières années de l'exercice du titulaire de la charge et ne peut excéder le capital nécessaire pour atteindre un rendement de quinze pour cent.

Il y a des courtiers de marchandises, des courtiers d'assurances, des courtiers interprètes et conducteurs de navires, des courtiers de transport par terre et par eau (art. 77, C. com.).

Le même individu peut, si l'acte du gouvernement qui l'institue l'y autorise, cumuler les fonctions d'agent de change, de courtier de marchandises ou d'assurances et de courtier interprète et conducteur de navires (art. 81, C. com.). Cette autorisation, donnée simultanément ou successivement, peut restreindre ce cumul à l'une des fonctions ou l'étendre à plusieurs et même à toutes.

Les noms et demeures de tous les courtiers doivent, comme ceux des agents de change, être inscrits sur un tableau placé dans un lieu apparent du tribunal de commerce et à la Bourse (arrêté du 29 germinal an IX, art. 10).

Courtiers de marchandises.

Les courtiers de marchandises seuls ont le droit de faire le courtage des marchandises, d'en constater le cours; ils font le courtage des matières métalliques concurremment avec les agents de change, mais ils ne peuvent en constater le cours; ce droit n'appartient qu'aux agents de change (art. 78, C. com.).

A la différence du commissionnaire, le courtier n'opère pas en son nom, mais bien seulement comme intermédiaire.

Les opérations des courtiers doivent être constatées sur le registre prescrit par l'article 84 du Code de commerce et dans les formes qui y sont indiquées.

Indépendamment du courtage, les courtiers vendent aux enchères publiques les marchandises à l'état de matière première et celles destinées au commerce ou à l'industrie.

La vente des meubles et des marchandises confectionnées, qui peuvent être livrés directement à l'usage et à la consommation des particuliers, rentre plus spécialement dans les attributions des commissaires-priseurs.

Les mêmes objets peuvent souvent être vendus aussi bien par un courtier que par un commissaire-priseur. Il suffira de citer comme exemple l'article 486 du Code de commerce, qui permet au juge-commissaire d'une faillite de désigner la classe d'officiers publics dans laquelle le syndic devra choisir celui dont il voudra employer le ministère; et l'article 5 de la loi du 25 juin 1841 sur les ventes aux enchères de marchandises neuves.

Toutefois les courtiers ne peuvent être chargés de procéder à une vente par suite d'exécution, mais les courtiers sont les officiers publics préposés par la loi pour les ventes publiques aux enchères de marchandises en gros, dans les cas, aux conditions et suivant les formes indiqués par les décrets des 22 novembre 1811, 17 avril 1812, la loi du 15 mai 1818 et les ordonnances des 1er juillet 1848 et 9 avril 1819, décret du 24 mars 1848, art. 9, lois des 28 mai 1858 et 9 juillet 1861 relatives aux ventes de marchandises en gros; loi du 28 mai 1858, art. 7, et décret du 12 juin 1859, relatifs aux warrants, magasins généraux et salles de ventes publiques. — Loi du 23 mai 1863 (art. 93, modifié du Code de commerce. Vente d'objets donnés en gage).

Néanmoins, lorsque, comme nous l'avons dit, une vente est la conséquence de poursuites d'exécution forcée, elle ne peut être faite par un courtier; ces ventes rentrent exclusivement dans les attributions des commissaires-priseurs, sans qu'il puisse être dérogé à cette règle par les tribunaux; si la vente est seulement autorisée par justice, les juges peuvent désigner la classe d'officiers publics qui devra y procéder.

Le courtier qui fait une vente publique, alors surtout qu'elle a été ordonnée ou autorisée par justice, doit en dresser procès-verbal comme tout officier vendeur (1).

---

(1) *Décret du 22 novembre* 1811.

Art. 1er. Les ventes publiques de marchandises à la Bourse et aux enchères que l'art. 492 du Code de commerce (aujourd'hui 486 du Code) autorise les courtiers de commerce à faire en cas de faillite, pourront être faites par eux dans tous les cas, même à Paris, avec l'autorisation du tribunal de commerce, donnée sur requête.

Un décret du 17 avril 1812, auquel est joint un tableau des marchandises que les courtiers de commerce peuvent vendre à Paris, a déterminé le mode d'exécution du précédent décret.

En voici les dispositions principales :

Art. 1er. Les marchandises désignées au tableau annexé au présent décret sont celles que les courtiers de commerce, à Paris, peuvent vendre à la Bourse et aux enchères, après l'autorisation du tribunal de commerce, donnée sur requête.

Art. 2. Dans les autres villes de notre empire, les tribunaux et les chambres de commerce dresseront un état des marchandises dont il pourrait être nécessaire, dans certaines circonstances, d'autoriser la vente à la Bourse et aux enchères, par le ministère des courtiers de commerce et le soumettront à l'approbation de notre ministre des manufactures et du commerce.

Les tribunaux et les chambres de commerce donneront aussi leur avis sur les projets de règlement locaux relatifs aux mesures d'exécution.

Art. 3. Dans toutes les villes, toutes les fois qu'il s'agira de procéder à de telles ventes publiques et aux enchères, avant que les tribunaux de commerce puissent accorder leur autorisation, sauf les cas de faillite, les courtiers déposeront au greffe du tribunal de commerce une déclaration sur papier timbré, du négociant, fabricant ou commissionnaire qui aura demandé la faculté de vendre aux enchères, portant que les marchandises à vendre à la Bourse en vente publique et aux enchères sont sa pro-

Courtiers d'assurances.

Les courtiers d'assurances rédigent les contrats ou polices d'assurances concurremment avec les notaires, ils en

---

priété, ou bien qu'elles lui ont été adressées du dehors par des marchands
ou négociants qui l'ont autorisé à les vendre et à les réaliser par la voie
de la vente publique et à la Bourse, ou bien encore que le produit desdites
marchandises doit servir à rembourser des avances faites, ou à payer des
acceptations accordées par suite de l'envoi desdites marchandises, néanmoins et malgré les cas énoncés ci-dessus, les tribunaux de commerce seront juges de la validité des motifs.

Art. 6. Les lots ne pourront être, d'après l'évaluation approximative et
selon le cours moyen des marchandises, au-dessous de 2,000 francs pour la
place de Paris, et de 1,000 francs pour les autres places de commerce.

Les tribunaux de commerce pourront les fixer à un taux plus élevé;
mais, dans aucun cas, les lots ne pourront excéder une valeur de 5,000
francs.

Ordonnance royale du 1er juillet 1818.

Art. 1er. « Lorsqu'il y aura lieu à faire quelques changements dans le tableau des espèces de marchandises que les courtiers de commerce à Paris
peuvent vendre à la Bourse et aux enchères, dans les formes déterminées
par le décret du 17 avril 1812 et l'article 74 de la loi du 15 mai 1818, le
tribunal de commerce et la chambre de commerce de Paris concourront
à ces changements dans le même sens que l'ordonne, pour le reste du
royaume, l'article 2 du décret précité; leurs avis seront soumis au ministre
de l'intérieur, qui statuera.

Art. 2. « Notre ministre de l'intérieur est chargé de l'exécution de la
présente ordonnance. »

Les tableaux de marchandises que peuvent vendre les courtiers sont
donc, comme on le voit, essentiellement variables.

Ordonnance royale du 19 avril 1819.

Art. 1er. « Les ventes publiques de marchandises à l'enchère, faites par le
ministère des courtiers, pourront avoir lieu au domicile du vendeur, ou en
tout autre lieu convenable, dans les villes où il n'y aura pas de local affecté
à la Bourse et fréquenté par les commerçants.

« Il sera prononcé sur cette faculté par les tribunaux de commerce auxquels, en vertu de l'article 492 du Code de commerce (aujourd'hui 486 du
nouveau Code des faillites), des décrets des 22 novembre 1811 et 17 avril
1812 et de l'article 74 de la loi du 15 mai 1818, il appartient d'autoriser les
ventes publiques de marchandises par le ministère des courtiers.

Art. 2. « Dans les villes où la Bourse est ouverte et fréquentée, les tribunaux de commerce pourront aussi permettre la vente à domicile ou ailleurs,
mais seulement dans le cas où ils estimeront que l'état ou la nature de la
marchandise ne permet pas qu'elle soit exposée en vente à la Bourse, ou
qu'elle y soit vendue sur échantillons.

Art. 3. « Dans tous les cas, l'ordonnance du tribunal fixera le lieu et
l'heure des ventes, de manière que la réunion des courtiers et le concours
des acheteurs puissent leur conserver le même degré de publicité.

Art. 4. « Il ne pourra être mis aux enchères, dans lesdites ventes, que les
marchandises spécifiées dans l'ordonnance du tribunal, lesquelles ne pour-

attestent la vérité par leur signature, certifient le taux des primes pour tous les voyages de mer ou de rivière (art. 79, C. com.).

Les courtiers d'assurances près la Bourse de Paris ont été établis par une ordonnance royale du 18 décembre 1816, ils ne forment qu'une seule compagnie avec les courtiers de marchandises. Leur nombre, d'abord fixé à cinq par l'ordonnance de 1816, a été porté à huit par une ordonnance du 17 juin 1818. Ils sont soumis, pour leur admission et la transmission des charges, aux mêmes conditions que les courtiers de marchandises.

A Paris, le courtage dû aux courtiers d'assurances avait été réglé en exécution de l'ordonnance du 18 décembre 1816 par une délibération du tribunal de commerce de la Seine approuvée le 19 mars 1817 par le ministre de l'intérieur; il était d'un huitième pour cent sur la somme assurée.

Bien qu'à la charge de l'assuré, le courtage était, d'après l'usage de la place, payé par les assureurs.

Depuis lors, une ordonnance royale, du 29 avril 1847, a fixé ce droit à sept et demi pour cent du montant de la prime de la somme assurée et mise à la charge exclusive des assureurs.

Les assurances maritimes ou fluviales seules rentrent dans les attributions des courtiers d'assurances. Cela ressort tout à la fois du texte de l'article 79 du Code de commerce et de l'ordonnance du 18 décembre 1816.

---

ront être d'autre espèce que celles qui seront comprises aux états dressés en conformité du décret du 17 avril 1812 et de notre ordonnance du 1er juillet 1818.

Art. 5. « Les tribunaux de commerce pourront, par leurs ordonnances motivées, déroger à la fixation du maximum et du minimum de la valeur des lots portés au décret du 17 avril 1812, s'ils reconnaissent que les circonstances exigent cette exception; sous la réserve néanmoins qu'ils ne pourront autoriser la vente des articles pièce à pièce, ou en lots à la portée immédiate des particuliers consommateurs, mais seulement en nombre ou quantité suffisante d'après les usages, pour ne pas contrarier les opérations du commerce en détail.

Art. 6. « Les dispositions du décret du 17 avril 1812, contraires à celles de la présente ordonnance, sont abrogées.

Art. 7. « Notre garde des sceaux, ministre secrétaire d'État de la justice, et notre ministre secrétaire d'État de l'intérieur, sont chargés de l'exécution de la présente ordonnance, qui sera insérée au *Bulletin des lois*.

« Donné en notre château des Tuileries, le 9 avril, l'an de grâce 1819 et de notre règne le vingt-quatrième.

« *Signé* LOUIS.

« *Contre-signé* le comte DECAZES. »

Courtiers interprètes et conducteurs de navires.

Ces courtiers, connus plus généralement sous le nom de *courtiers maritimes*, font le courtage des affrétements ; ils ont, en outre, seuls le droit de traduire, en cas de contestations portées devant les tribunaux, les déclarations, chartes-parties, connaissements, contrats, et tous actes de commerce dont la traduction est nécessaire ; enfin ils constatent les cours du fret et du nolis.

Dans les affaires contentieuses de commerce, et pour le service des douanes, ils servent seuls de truchements à tous étrangers, maîtres de navire, marchands, équipages de vaisseau et autres personnes de mer (art. 80, C. com.).

A l'égard des courtiers interprètes et conducteurs de navires, le Code de commerce n'a fait, à peu de chose près, que reproduire les dispositions de l'ordonnance de la marine du mois d'août 1681, titre VII, et, comme il a été dit plus haut à propos des conducteurs interprètes, il n'en existe que dans les places où se fait le commerce de mer ; en effet, ils n'auraient point ailleurs de raison d'être, si ce n'est pour les traductions de pièces écrites en langues étrangères et produites en justice dans les affaires contentieuses. Mais, ainsi que nous l'avons fait remarquer, la plupart des cours et tribunaux ont suppléé à cette lacune en s'attachant certaines personnes qu'ils admettent même au serment et prennent le nom de *traducteurs interprètes*.

Les traductions faites par les courtiers interprètes n'ont qu'un caractère officieux quand elles sont faites à la demande d'une seule des parties. Pour qu'elles fassent foi en justice, il faut qu'elles aient été ordonnées par un tribunal et faites par un courtier interprète spécialement commis ou convenu entre les parties.

Aux termes de la loi du 28 mai 1858 et du décret du 4-22 mai 1861, les courtiers peuvent dans tout l'empire vendre les navires aux enchères publiques ; en conséquence, les courtiers maritimes peuvent être désignés par le juge-commissaire, en matière de faillite, pour procéder à la vente des navires dépendant de l'actif du failli, conformément aux dispositions de l'article 486 du Code de commerce.

Les bases d'un tarif pour les commissions que les courtiers peuvent percevoir ont été consignées dans une ordonnance royale du 14-21 novembre 1835. Mais les droits perçus résultent presque partout de l'usage des lieux ; ils n'ont été déterminés que pour quelques ports, parmi lesquels Fécamp, le Havre, Honfleur et Cette, par les ordonnances des 18 juin 1818, 12 novembre 1818 et 9 juin 1847.

Courtiers de transport par terre et par eau.

Les courtiers de transport par terre et par eau, constitués selon la loi, ont seuls, dans les lieux où ils sont établis, le droit de faire le courtage du transport par terre et par eau : ils ne peuvent cumuler, dans aucun cas et sous aucun prétexte, les fonctions de courtiers de marchandises, d'assurances, ou de courtiers conducteurs de navires (art. 82, C. com.).

Cette institution est demeurée sans organisation et est devenue inutile par suite de l'établissement des commissionnaires de transport.

Indépendamment des différentes espèces de courtiers établis par le Code de commerce et qui sont nommés par le chef de l'Etat, il existe encore, à Paris, une autre sorte de courtiers connus sous le nom de *courtiers-gourmets-piqueurs de vins*.

Courtiers-gourmets-piqueurs de vins.

Les courtiers-gourmets-piqueurs de vins ont été institués par le décret du 15 décembre 1813, ils sont nommés par le ministre du commerce, sur la présentation du préfet de police, et prêtent serment devant le tribunal de commerce du département de la Seine.

Cette institution, engendrée par les nécessités du commerce des vins, a remplacé une foule d'offices créés par une série d'édits et d'ordonnances et abolis en 1791, tels que : 1° les *pontonniers du port au vin ou grève*; — 2° les *jaugeurs de vins*; — 3° les *déchargeurs de vins*; — 4° les *crieurs de vins et de corps* qui devaient leur origine à un édit de 1415; — 5° les *jurés vendeurs de vins*, institués par les édits de février 1567, octobre 1610, juillet 1611, et janvier 1612; — 6° les *courtiers de vins, cidres et autres boissons*, établis par un édit de 1615; — 7° les *jurés courtiers de vins*, qu'une ordonnance de la ville, de 1672, avait

chargé de goûter sur les ports les vins qui arrivaient et de vérifier la jauge indiquée sur les tonneaux.

Les attributions des courtiers-gourmets-piqueurs de vins,
leur nombre, leur organisation, leurs rétributions et leur discipline sont déterminés par le décret de création, du 15 décembre 1813, qui est ainsi conçu :

DÉCRET DU 15 DÉCEMBRE 1813, PORTANT RÈGLEMENT SUR LE COMMERCE DES VINS A PARIS.

SECTION V. — *Des courtiers-gourmets-piqueurs de vins.*

Art. 13. « Il sera nommé des courtiers-gourmets-piqueurs
de vins ; le nombre ne pourra excéder cinquante.

Art. 14. « Leurs fonctions seront :

« 1° De servir, exclusivement à tous autres, dans l'entrepôt,
d'intermédiaires, quand ils en seront requis, entre les vendeurs
et acheteurs de boissons ;

« 2° De déguster, à cet effet, lesdites boissons, et d'en indiquer fidèlement le crû et la qualité ;

« 3° De servir aussi, exclusivement à tous autres, d'experts en
cas de contestation sur la qualité des vins, et d'allégation contre
les voituriers et bateliers arrivant sur les ports ou à l'entrepôt,
que les vins ont été altérés ou falsifiés.

Art. 15. « Ils seront tenus de porter, pour se faire reconnaître, dans l'exercice de leurs fonctions, une médaille d'argent
aux armes de la ville, et portant pour inscription : *courtiers-
gourmets-piqueurs de vins*, n°...

Art. 16. « Ils seront nommés par notre ministre du commerce, sur la présentation du préfet de police, et à la charge
de représenter un certificat de capacité des syndics des marchands de vins.

Art. 17. « Ils fourniront un cautionnement de 1,200 francs,
qui sera versé à la caisse du Mont-de-Piété, et dont ils recevront un intérêt de 4 0/0.

Art. 18. « Ils ne pourront faire aucun achat ou vente pour
leur compte ou par commission sous peine de destitution.

Art. 19. « Ils prêteront serment devant le tribunal de commerce du département de la Seine, et y feront enregistrer leur
commission.

Art. 20. « Ils ne pourront percevoir, pour leur commission d'achat ou de dégustation comme experts, autre ni plus fort droit que celui de 75 centimes par pièce de deux hectolitres et demi, payable moitié par le vendeur, moitié par l'acheteur.

Art. 21. « Le tiers de ce droit sera mis en bourse commune, pour être réparti, tous les trois mois, également, entre tous les courtiers, les deux autres appartiendront au courtier qui aura fait la vente.

Art. 22. « Ils nommeront entre eux, à la pluralité des voix, un syndic et six adjoints, lesquels formeront un comité chargé d'exercer la discipline, de tenir la bourse commune, et d'administrer les affaires de la compagnie sous la surveillance du préfet de police et l'autorité du ministre du commerce et des manufactures.

Art. 23. « Tout courtier-gourmet-piqueur de vins contre lequel il sera porté plainte d'avoir favorisé la fraude à l'entrée des barrières, ou à la sortie de l'entrepôt, ou de toute autre manière, sera destitué par notre ministre du commerce, s'il reconnaît, après instruction faite par notre préfet de police, que la plainte est fondée.

Art. 24. « Tout individu exerçant frauduleusement les fonctions desdits courtiers sera poursuivi conformément aux règles établies à l'égard de ceux qui exercent clandestinement les fonctions de courtiers de commerce.

Art. 25. « Les courtiers de commerce près la Bourse de Paris continueront toutefois l'exercice de leurs fonctions pour le commerce des vins, et pourront déguster, peser à l'aréomètre et constater la qualité des eaux-de-vie et esprits déposés à l'entrepôt, concurremment avec les courtiers-gourmets-piqueurs de vins.

« Notre ministre des manufactures et du commerce est chargé de l'exécution du présent décret. »

CHAPITRE XXIII.

CONSEILS DE PRUD'HOMMES.

Dans l'origine, les prud'hommes étaient choisis par les municipalités pour aplanir les difficultés qui pouvaient s'élever entre les marchands qui fréquentaient les foires. C'est ainsi que le conseil de la ville de Paris, par une délibération qui remonte au règne de Philippe le Bel, institua vingt-quatre prud'hommes, et que Louis XI, par lettres patentes du 21 avril 1464 (rapportées *suprà*, p. 5, en note), autorisa les conseillers de la ville et cité de Lyon : « d'*eslire et commettre aucun preu-* « *d'homme suffisant et idoine que mestier sera*, pour veiller à « ce que, pendant les foires, aucun sergent ni autre officier ne « commette aucune extorsion ou vexation à l'égard desdits « marchands et pour appoincter et accorder amiablement ceux- « ci sur les questions et débats qui pourroient s'élever entre « eux à raison desdites foires. »

La loi du 22 germinal an XI (12 avril 1803) régla la police des manufactures, fabriques et ateliers, les obligations des ouvriers et des patrons, les marques de fabrique, et attribua juridiction au préfet de police, à Paris, aux commissaires généraux de police dans les villes où il en était établi, et aux maires et adjoints dans les autres lieux, pour connaître de toutes les affaires de simple police entre les ouvriers et apprentis, les manufacturiers, fabricants et artisans.

Les autres contestations devaient être portées devant les tribunaux auxquels la connaissance en était attribuée par les lois.

L'établissement et l'organisation des conseils de prud'hommes datent de la loi du 18 mars 1806 (1), qui était spéciale à la

---

(1) *Loi portant établissement d'un Conseil de prud'hommes à Lyon.*

(Du 18 mars 1806.)

NAPOLÉON, par la grâce de Dieu et les constitutions de la République, Empereur des Français, à tous présents et à venir, salut.

Le Corps législatif a rendu, le 18 mars 1806, le décret suivant, conformément à la proposition faite au nom de l'Empereur, et après avoir entendu les orateurs du conseil d'État et des sections du Tribunat le même jour.

TITRE PREMIER.

Institution et nomination des prud'hommes.

Art. 1er. Il sera établi à Lyon un conseil de prud'hommes, composé de neuf membres, dont cinq négociants-fabricants, et quatre chefs d'atelier.

2. Le mode de nomination sera déterminé par un règlement d'administration publique.

3. Les négociants-fabricants ne pourront être élus prud'hommes s'ils n'exercent depuis six ans dans cet état, ou s'ils ont fait faillite.

Les chefs d'atelier ne pourront être élus prud'hommes s'ils ne savent lire et écrire, s'ils n'ont au moins six ans d'exercice de leur état, ou s'ils sont rétentionnaires de matières données à employer par les ouvriers.

ville de Lyon et qui a successivement été appliquée à toutes
les villes dans lesquelles ont été par la suite établis ces
conseils.

---

4. Le conseil de prud'hommes se renouvellera par tiers chaque année,
le premier jour du mois de janvier.

Trois membres, dont un négociant-fabricant et deux chefs d'atelier, seront renouvelés la première année.

Deux négociants-fabricants et un chef d'atelier seront renouvelés à
chacune des deux années suivantes.

5. Les membres du conseil de prud'hommes sont toujours rééligibles.

TITRE II.

Des fonctions des prud'hommes.

SECTION Ire.

De la conciliation et du jugement des contestations entre les fabricants,
ouvriers, chefs d'atelier, compagnons et apprentis.

6. Le conseil de prud'hommes est institué pour terminer, par la voie de
conciliation, les petits différends qui s'élèvent journellement, soit entre
des fabricants et des ouvriers, soit entre des chefs d'atelier et des compagnons ou apprentis.

Il est également autorisé à juger jusqu'à la somme de soixante francs,
sans forme ni frais de procédure, et sans appel, les différends à l'égard
desquels la voie de conciliation aura été sans effet.

7. A cet effet, il sera tenu chaque jour, depuis onze heures du matin
jusqu'à une heure, un bureau de conciliation, composé d'un prud'homme
fabricant et d'un prud'homme chef d'atelier, devant lesquels se présenteront les parties en contestation.

8. Il se tiendra une fois par semaine, au moins, un bureau général ou
conseil de prud'hommes, lequel pourra prononcer, au nombre de cinq
membres au moins, ainsi qu'il est dit dans l'article précédent, sur tous les
différends qui lui auront été renvoyés par le bureau de conciliation.

9. Tout différend portant sur une somme supérieure à celle de soixante
francs, qui n'aura pu être terminé par la voie de conciliation, sera porté
devant le tribunal de commerce ou devant les tribunaux compétents.

SECTION II.

Des contraventions aux lois et règlements.

10. Le conseil de prud'hommes sera spécialement chargé de constater,
d'après les plaintes qui pourraient lui être adressées, les contraventions
aux lois et règlements nouveaux ou remis en vigueur.

11. Les procès-verbaux dressés par les prud'hommes pour constater ces
contraventions seront renvoyés aux tribunaux compétents, ainsi que les
objets saisis.

12. Le conseil de prud'hommes constatera également, sur les plaintes
qui lui seront portées, les soustractions de matières premières qui pourraient être faites par les ouvriers au préjudice des fabricants, et les infidélités commises par les teinturiers.

13. Les prud'hommes, dans les cas ci-dessus, et sur la réquisition verbale ou écrite des parties, pourront, au nombre de deux au moins, assistés
d'un officier public, dont un fabricant et un chef d'atelier, faire des visites
chez les fabricants, chefs d'atelier, ouvriers et compagnons.

Les procès-verbaux constatant les soustractions ou infidélités seront

L'art. 34 de cette loi autorisait, en effet, le gouvernement à créer des conseils de prud'hommes dans toutes les villes de fabriques qu'il jugerait convenable.

---

adressés au bureau général des prud'hommes, et envoyés, ainsi que les objets formant pièces de conviction, aux tribunaux compétents.

SECTION III.
De la conservation de la propriété des dessins.

14. Le conseil de prud'hommes est chargé des mesures conservatrices de la propriété des dessins.

15. Tout fabricant qui voudra pouvoir revendiquer par la suite, devant le tribunal de commerce, la propriété d'un dessin de son invention, sera tenu d'en déposer aux archives du conseil de prud'hommes, un échantillon plié sous enveloppe revêtue de ses cachet et signature, sur laquelle sera également apposé le cachet du conseil de prud'hommes.

16. Les dépôts de dessins seront inscrits sur un registre tenu *ad hoc* par le conseil de prud'hommes, lequel délivrera aux fabricants un certificat rappelant le numéro d'ordre du paquet déposé, et constatant la date du dépôt.

17. En cas de contestation entre deux ou plusieurs fabricants sur la propriété d'un dessin, le conseil de prud'hommes procédera à l'ouverture des paquets qui auront été déposés par les parties; il fournira un certificat indiquant le nom du fabricant qui aura la priorité de date.

18. En déposant son échantillon, le fabricant déclarera s'il entend se réserver la propriété exclusive pendant une, trois ou cinq années, ou à perpétuité: il sera tenu note de cette déclaration.

A l'expiration du délai fixé par ladite déclaration, si la réserve est temporaire, tout paquet d'échantillon déposé sous cachet dans les archives du conseil devra être transmis au conservatoire des arts de la ville de Lyon, et les échantillons y contenus être joints à la collection du conservatoire.

19. En déposant son échantillon, le fabricant acquittera entre les mains du receveur de la commune une indemnité qui sera réglée par le conseil de prud'hommes, et ne pourra excéder un franc pour chacune des années pendant lesquelles il voudra conserver la propriété exclusive de son dessin, et sera de dix francs pour la propriété perpétuelle.

TITRE III.
Des règlements de compte, et de la police entre les maîtres d'ateliers et les négociants.

20. Tous les chefs d'atelier actuellement établis, ainsi que ceux qui s'établiront à l'avenir, seront tenus de se pourvoir, au conseil de prud'hommes, d'un double livre d'acquit pour chacun des métiers qu'ils feront travailler, dans la quinzaine à dater du jour de la publication pour ceux qui travaillent, et dans la huitaine du jour où commenceront à travailler ceux qu'ils monteront à neuf.

Sur ce livre d'acquit, paraphé et numéroté, et qui ne pourra leur être refusé lors même qu'ils n'auraient qu'un métier, seront inscrits les nom, prénom et domicile du chef d'atelier.

21. Il sera tenu au conseil de prud'hommes un registre sur lequel lesdits livres d'acquit seront inscrits; le chef d'atelier signera, s'il le sait, sur le registre, et sur le livre d'acquit qui lui sera délivré.

22. Le chef d'atelier déposera le livre d'acquit du métier qu'il destinera au négociant-manufacturier, entre ses mains, et pourra, s'il le désire, en exiger un récépissé.

Le décret du 11 juin 1809-20 février 1810, qui contient le
règlement sur les conseils de prud'hommes encore en vigueur,

23. Lorsqu'un chef d'atelier cessera de travailler pour un négociant, il
sera tenu de faire noter sur le livre d'acquit, par ledit négociant, que le
chef d'atelier a soldé son compte; ou, dans le cas contraire, la déclaration
du négociant spécifiera la dette dudit chef d'atelier.

24. Le négociant possesseur du livre d'acquit le fera viser aux autres
négociants occupant des métiers dans le même atelier, qui énonceront la
somme due par le chef d'atelier, dans le cas où il serait leur débiteur.

25. Lorsque le chef d'atelier restera débiteur du négociant-manufacturier
pour lequel il aura cessé de travailler, celui qui voudra lui donner de
l'ouvrage fera la promesse de retenir la huitième partie du prix des façons
dudit ouvrage, en faveur du négociant dont la créance sera la plus ancienne
sur ledit registre, et ainsi successivement, dans le cas où le chef d'atelier
aurait cessé de travailler pour ledit négociant, du consentement de ce
dernier ou pour cause légitime : dans le cas contraire, le négociant-manufacturier qui voudra occuper le chef d'atelier, sera tenu de solder celui qui
sera resté créancier en compte de matières, nonobstant toute dette antérieure, et le compte d'argent jusqu'à cinq cents francs.

26. La date des dettes que les chefs d'atelier auront contractées avec les
négociants qui les auraient occupés, sera regardée comme certaine vis à vis
des négociants et maîtres d'atelier seulement, et, à l'effet des dispositions
portées au présent titre, après l'apurement des comptes, l'inscription de
la déclaration sur le livre d'acquit et le visa du bureau des prud'hommes.

27. Lorsqu'un négociant manufacturier aura donné de l'ouvrage à un
chef d'atelier dépourvu de livre d'acquit pour le métier que le négociant
voudra occuper, il sera condamné à payer comptant tout ce que ledit chef
d'atelier pourrait devoir en compte de matières, et en compte d'argent
jusqu'à cinq cents francs.

28. Les déclarations ci-dessus prescrites seront portées par le négociant-
manufacturier, sur le livre d'acquit resté entre les mains du chef d'atelier,
comme sur le sien.

TITRE IV.
Dispositions diverses.

29. Le conseil de prud'hommes tiendra un registre exact du nombre de
métiers existants et du nombre d'ouvriers de tout genre employés dans la
fabrique, pour lesdits renseignements être communiqués à la chambre de
commerce toutes les fois qu'il en sera requis.

À cet effet, les prud'hommes sont autorisés à faire dans les ateliers une
ou deux inspections par an, pour recueillir les informations nécessaires.

30. Les fonctions des prud'hommes négociants-fabricants sont purement
gratuites.

31. Il sera attaché au conseil de prud'hommes un secrétaire et un commis avec mille francs.

32. Toutes les fonctions des prud'hommes et de leur bureau seront
entièrement gratuites vis à vis des parties; ils ne pourront réclamer, pour
les formalités remplies par eux, d'autres frais que le remboursement du
papier et du timbre.

33. En cas de plaintes en prévarication portées contre les membres du
conseil de prud'hommes, il sera procédé contre eux suivant la forme établie à l'égard des juges.

34. Il pourra être établi par un règlement d'administration publique,
délibéré en conseil d'État, un conseil de prud'hommes dans les villes de
fabriques où le gouvernement le jugera convenable.

35. Sa composition pourra être différente selon les lieux; mais ses
attributions seront les mêmes.

sauf les nombreuses modifications apportées par la nouvelle législation, se divise ainsi qu'il suit :

Titre Ier. Composition des conseils de prud'hommes, mode et époque du renouvellement de leurs membres (art. 1-3).

Titre II. Attribution et juridiction des conseils de prud'hommes.

Section Ire. Des attributions des conseils de prud'hommes (art. 4-9).

Section II. De la juridiction (art. 10-12).

Titre III. Mode de nomination et d'installation des prud'hommes (art. 13-20).

Titre IV. Du bureau particulier et du bureau général des prud'hommes (art. 21-28).

Titre V. Des citations (art. 29-31).

Titre VI. Des séances du bureau particulier et du bureau général des prud'hommes, et de la comparution des particuliers (art. 32-40).

Titre VII. Des jugements par défaut et des oppositions à ces jugements (art. 41-44).

Titre VIII. Des jugements qui ne sont pas définitifs et de leur exécution (art. 45-47).

Titre IX. Des enquêtes (art. 48-53).

Collationné à l'original, par nous président et secrétaires du Corps législatif. Paris, le 18 mars 1806.

Signé REINAUD-LASCOUR, *vice-président;*

BONNOT, BLANC, GAUTIER, SORET (de Seine-et-Oise), *secrétaires.*

Mandons et ordonnons que les présentes, revêtues des sceaux de l'État, insérées au Bulletin des lois, soient adressées aux Cours, aux Tribunaux et aux autorités administratives, pour qu'ils les inscrivent dans leurs registres, les observent et les fassent observer ; et notre Grand-Juge, ministre de la justice, est chargé d'en surveiller la publication.

Donné en notre palais des Tuileries, le 28 mars de l'an 1806, de notre règne le second.

Signé NAPOLÉON.

Vu par nous, Archi-Chancelier de l'Empire,
Signé CAMBACÉRÈS.

Le Grand-Juge, Ministre de la Justice,
Signé REGNIER.

Par l'Empereur :

Le Ministre, Secrétaire d'État,
Signé HUGUES B. MARET.

Titre X. De la récusation des prud'hommes (art. 54-57).

Titre XI. Des sommes qui seront payées aux secrétaires des conseils de prud'hommes, aux greffiers des tribunaux de commerce et aux huissiers (art. 58-63).

Titre XII. Dispositions générales.

Section Ire. De l'inspection des prud'hommes dans les ateliers et du livret dont les ouvriers doivent être pourvus (art. 64-67).

Section II. Du local où seront placés les conseils de prud'hommes et des frais qu'entraînera la tenue de leurs séances (art. 68-71).

La législation, qui régit les conseils de prud'hommes, est très-incomplète; elle se compose d'une foule de décrets qui n'ont eu d'autre objet que de régler, suivant les occurrences du moment, les difficultés qui se présentaient, jusqu'à ce qu'une loi générale, qui est maintenant soumise à l'étude, vienne combler cette lacune.

Ainsi, dans l'état actuel, la nomination des membres des conseils de prud'hommes, leurs attributions, leur juridiction et leur compétence, la forme de procéder devant eux, la récusation des membres du conseil, l'exécution de leurs jugements, leur discipline et le tarif des frais ont fait l'objet des diverses décisions dont la note que nous joignons ici donne la nomenclature (1).

---

(1) *Législation qui régit les conseils de prud'hommes.*

Loi du 18 mars 1806 portant établissement d'un conseil de prud'hommes à Lyon, — déclarée, par les articles 34 et 35, applicable à tous les conseils de prud'hommes qui pourront être créés.

Décret du 3 juillet 1806. — Règlement sur le mode de nomination des membres du conseil de prud'hommes de Lyon.

Décret du 11 juin 1809 et avis du conseil d'Etat du 20 février 1810. — Règlement sur les conseils. — Cet avis du conseil d'Etat arrête la rédaction définitive du décret du 11 juin 1809.

Décret du 3 août 1810 réglant la juridiction des prud'hommes : — 1o pour les intérêt civils; — 2o en matière de police.

Décret du 5 septembre 1810, attributif de juridiction aux conseils des prud'hommes à l'égard des marques apposées sur la quincaillerie et la coutellerie.

Décret du 8 novembre 1810. — Nombre des membres du conseil de prud'hommes et juridiction, — spécial à la ville de Lyon.

Décret du 1er avril 1811 qui attribue aux conseils la surveillance spéciale des fabriques de savon.

Décret du 22 décembre 1812, articles 8 et suivants, qui règlent la compétence des conseils à l'égard de la taille des draps en cas de contrefaçon ou imitation des *lisières*.

Ordonnance du 12 novembre 1828, qui autorise les membres des conseils à porter une marque de distinction dans l'exercice de leurs fonctions.

L'ordonnance du 12 novembre 1828, qui autorise les membres des conseils de prud'hommes à porter dans l'exercice de leurs fonctions une marque distinctive, résume parfaitement, dans le considérant qui la précède, la nature et l'importance de ces fonctions.

Elle est ainsi conçue :

Ordonnance du 12 novembre 1828.

« Vu la loi du 18 mars 1806, les décrets des 3 juillet 1806, 11 juin 1809, 20 février et 3 août 1810, portant création de con-

---

Ordonnance du 15 janvier 1832, qui modifie l'organisation du conseil des prud'hommes de Lyon.

Ordonnance du 21 juin 1833. Mode d'élection des membres du conseil de Lille.

Ordonnance du 21 décembre 1834. Mode de renouvellement des membres du conseil de Lyon.

Loi du 27 mai 1848. Nouvelle organisation et nouveau mode d'élection. — Cette loi a été abrogée d'abord à l'égard de Lyon et de Saint-Etienne, par le décret du 2 mars 1852, et à l'égard de toutes les autres villes par la loi du 1er juin 1853.

Loi du 6 juin 1848. Organisation pour le cas où trois intérêts distincts se trouvent en présence. — (Même observation.)

Constitution du 4 novembre 1848. Article 88. — « Les prud'hommes con-« servent leur organisation et leurs attributions jusqu'à ce qu'il y ait été « dérogé par une loi. »

Loi du 7 août 1850 sur le timbre et l'enregistrement des actes concernant les conseils de prud'hommes.

Loi du 22 février 1851, sur l'apprentissage. — Art. 2. « Les secrétaires « des conseils de prud'hommes peuvent recevoir les contrats d'apprentis-« sage. » (Art. 18 et 19.)

Loi du 14 mai 1851 sur les livrets. — Art. 7. « Les contestations qui « pourraient s'élever relativement à la délivrance des congés ou à la réten-« tion des livrets seront jugées par les conseils de prud'hommes (dans les « lieux où ces tribunaux sont établis). »

Décret du 2 mars 1852 qui replace les conseils de prud'hommes de Lyon et de Saint-Etienne sous le régime antérieur aux décrets des 27 mai et 6 juin 1848.

Loi du 1er juin 1853 sur l'établissement, l'organisation et la juridiction des conseils de prud'hommes.

Décret du 16 novembre 1854. Dispositions en cas de refus de service.

Décret du 26 juillet 1858. Juridiction des quatre conseils de prud'hommes de Paris.

Décret du 8 septembre 1860. Régime disciplinaire.

Décret du 5 juin 1861. Dépôt des dessins et des modèles de fabrique provenant des pays étrangers.

Loi du 3 juin 1864 sur le régime disciplinaire des conseils de prud'hommes.

Nota. La loi du 22 juin 1857 *sur les marques de fabrique et de commerce* ne fait aucune mention des conseils de prud'hommes, soit pour le dépôt des marques, soit pour la répression des contrefaçons.

seils de prud'hommes en diverses villes de notre royaume, et
qui, en leur donnant le caractère d'officiers publics, règlent
l'exercice de leur juridiction, les chargent de constater les contraventions aux lois et règlements en fait d'industrie, et les autorisent à faire des visites et vérifications dans les manufactures et fabriques.

« Sur le rapport de notre garde des sceaux (comte Portalis),
— notre conseil d'Etat entendu,

« Nous avons ordonné et ordonnons ce qui suit :

« Art. 1er. Les membres des conseils de prud'hommes
porteront, dans l'exercice de leurs fonctions, soit à l'audience, soit au dehors, une médaille d'argent suspendue à
un ruban noir en sautoir, le tout conformément au modèle
ci-annexé.

« Art. 2. Notre garde des sceaux et notre ministre du commerce sont chargés, chacun en ce qui le concerne, de l'exécution de la présente ordonnance, qui sera insérée au *Bulletin
des lois.* »

Les fonctions et attributions des conseils de prud'hommes
consistent principalement à concilier et à juger les contestations entre les fabricants, ouvriers, chefs d'atelier, compagnons et apprentis, et à constater les contraventions aux lois et
règlements relatifs aux manufactures, fabriques et ateliers et à
veiller à l'exécution des mesures conservatrices de la propriété
des dessins.

Le mode d'élection des conseils de prud'hommes est aujour-
d'hui régi par la loi du 1er juin 1853, qui détermine les
conditions exigées pour être électeurs et éligibles, la composition des conseils, celle du bureau général et du bureau particulier dans chacun d'eux, et leur compétence en premier et
dernier ressort.

Cette loi a, en outre, réglé la signature des jugements, leur
péremption lorsqu'ils sont rendus par défaut, leur exécution
provisoire avec ou sans caution, et a maintenu, pour tout ce
qu'elles n'avaient pas de contraire, les dispositions des lois,
décrets et ordonnances antérieurs.

Dans les affaires qui sont de leur compétence, les conseils de
prud'hommes constituent, relativement aux tribunaux de commerce, le premier degré de juridiction. En conséquence, l'appel de leurs sentences doit être porté devant le tribunal de
commerce dans le ressort duquel ils sont établis, et, à défaut de
tribunal de commerce, devant le tribunal civil jugeant commercialement.

Loi du 1er juin 1853,

Sur l'établissement, l'organisation et la juridiction des conseils de prud'hommes.

ARTICLE 1er. — Les conseils de prud'hommes sont établis par décrets rendus dans la forme des règlements d'administration publique, après avis des chambres de commerce ou des chambres consultatives des arts et manufactures. — Les décrets d'institution déterminent le nombre des membres de chaque conseil. — Ce nombre est de six au moins, non compris le président et le vice-président.

Art. 2. — Les membres des conseils de prud'hommes sont élus par les patrons, chefs d'atelier, contre-maîtres et ouvriers appartenant aux industries dénommées dans les décrets d'institution, suivant les conditions déterminées par les articles ci-après.

Art. 3. — Les présidents et les vice-présidents des conseils de prud'hommes sont nommés par l'Empereur. Ils peuvent être pris en dehors des éligibles. Leurs fonctions durent trois années. Ils peuvent être nommés de nouveau. Les secrétaires des mêmes conseils sont nommés et révoqués par le préfet sur la proposition du président.

Art. 4. — Sont électeurs : — 1° les patrons âgés de vingt-cinq ans accomplis et patentés depuis cinq années au moins et depuis trois ans dans la circonscription du conseil; — 2° les chefs d'atelier, contre-maîtres et ouvriers, âgés de vingt-cinq ans accomplis, exerçant leur industrie depuis cinq ans au moins et domiciliés depuis trois ans dans la circonscription du conseil.

Art. 5. — Sont éligibles les électeurs âgés de trente ans accomplis et sachant lire et écrire.

Art. 6. — Ne peuvent être éligibles ni électeurs, les étrangers ni aucun des individus désignés dans l'article 15 de la loi du 2 février 1852 (1).

---

(1) Décret organique du 2 février 1852 pour l'élection des députés au Corps législatif.

L'article 15 contient l'énumération, sous dix numéros, des diverses incapacités, et se réfère à un grand nombre d'articles du Code pénal et à une foule de lois spéciales auxquelles il faut se reporter.

Art. 7. — Dans chaque commune de la circonscription, le maire, assisté de deux assesseurs qu'il choisit, l'un parmi les électeurs patrons, l'autre parmi les électeurs ouvriers, inscrit les électeurs sur un tableau qu'il adresse au préfet. — La liste électorale est dressée et arrêtée par le préfet.

Art. 8. — En cas de réclamation, le recours est ouvert devant le conseil de préfecture ou devant les tribunaux civils, suivant les distinctions établies par la loi sur les élections municipales.

Art. 9. — Les patrons, réunis en assemblée particulière, nomment directement les prud'hommes patrons. — Les contre-maîtres, chefs d'atelier et les ouvriers, également réunis en assemblées particulières, nomment les prud'hommes ouvriers en nombre égal à celui des patrons. — Au premier tour de scrutin, la majorité absolue des suffrages est nécessaire, la majorité relative suffit au second tour.

Art. 10. — Les conseils de prud'hommes sont renouvelés par moitié tous les trois ans. Le sort désigne ceux des prud'hommes qui sont remplacés la première fois. — Les prud'hommes sont rééligibles. — Lorsque, par un motif quelconque, il y a lieu de procéder au remplacement d'un ou plusieurs membres d'un conseil de prud'hommes, le préfet convoque les électeurs. — Tout membre élu en remplacement d'un autre ne demeure en fonctions que pendant la durée du mandat confié à son prédécesseur.

Art. 11. — Le bureau général est composé, indépendamment du président ou du vice-président, d'un nombre égal de prud'hommes patrons et de prud'hommes ouvriers. Ce nombre est au moins de deux prud'hommes patrons et de deux prud'hommes ouvriers, quel que soit celui des membres dont se compose le conseil.

Art. 12. — Les jugements des conseils de prud'hommes sont signés par le président et par le secrétaire.

Art. 13. — Les jugements des conseils de prud'hommes sont définitifs et sans appel, lorsque le chiffre de la demande n'excède pas 200 fr. en capital. — Au-dessus de 200 fr., les jugements sont sujets à l'appel devant le tribunal de commerce.

Art. 14. — Lorsque le chiffre de la demande excède 200 fr., le jugement de condamnation peut ordonner l'exécution immédiate et à titre de provision jusqu'à concurrence de cette somme, sans qu'il soit besoin de fournir caution. — Pour le surplus, l'exécution provisoire ne peut être ordonnée qu'à la charge de fournir caution.

Art. 15. — Les jugements par défaut qui n'ont pas été exécutés dans le délai de six mois sont réputés non avenus.

Art. 16. — Les conseils de prud'hommes peuvent être dissous par un décret de l'Empereur, sur la proposition du ministre compétent.

Art. 17. — L'autorité administrative peut toujours, lorsqu'elle le juge convenable, réunir les conseils de prud'hommes, qui doivent donner leur avis sur les questions qui leur sont posées.

Art. 18. — Après la promulgation de la présente loi, il sera procédé au renouvellement intégral des conseils de prud'hommes existants.

Art. 19. — Sont maintenues les dispositions des lois, décrets et ordonnances qui ne sont pas contraires à la présente loi.

La loi du 1er juin 1853 qui, ainsi qu'on le voit, est loin d'être complète et laisse subsister toutes les dispositions antérieures qui ne lui sont pas contraires, doit donc être coordonnée avec la loi du 18 mars 1806, qui forme la base de la législation, et aussi avec tous les décrets et toutes les ordonnances que nous avons indiqués.

Mais en la comparant tout spécialement avec le décret du 3 juillet 1806, contenant règlement sur les conseils de prud'hommes de Lyon, on reconnaît que la loi de 1853 abroge tous les articles de ce décret qui s'appliquaient à un intérêt général, sauf les articles 10 et 11, qui sont ainsi conçus :

Décret du 3 juillet 1806.

Art. 10. — « Tout marchand fabricant, tout chef d'atelier, tout ouvrier cité devant les prud'hommes, sera tenu de s'y rendre en personne au jour et à l'heure fixés, sans pouvoir se faire remplacer, hors le cas d'absence ou de maladie; alors seulement il sera admis à se faire représenter par un de ses parents, un négociant ou marchand, exclusivement porteur de sa procuration. » (Cette disposition se trouve reproduite littéralement par l'article 29 du décret du 11 juin 1808-20 février 1810.)

Art. 11. — « Tout particulier qui sera dans le cas d'être appelé au bureau général ou particulier des prud'hommes sera cité par l'huissier attaché à ce bureau; et, dans le cas où il ne comparaîtrait pas, il sera passé outre au jugement. » — (Le décret du 11 juin 1808-20 février 1810, art. 30 et 31, exige qu'il y ait un réassigné.)

Cette loi laisse également subsister en principe l'article 8, qui est relatif au *serment*.

Art. 8. — « Les prud'hommes prêteront entre les mains du « préfet serment d'obéissance à la Constitution, de fidélité à « l'Empereur et de remplir leurs devoirs avec zèle et intégrité. »

Depuis la promulgation de la loi de 1853, qui a profondément modifié ce décret, diverses décisions sont encore venues ajouter certaines dispositions qui ont eu pour objet de la compléter, et que les divers incidents qui se sont successivement produits rendaient nécessaires pour assurer la marche régulière des conseils de prud'hommes.

C'est ainsi qu'un décret du 16 novembre 1854, ayant pour objet d'assurer le fonctionnement régulier du conseil, décide, que : « Tout membre d'un conseil des prud'hommes qui, sans « motifs légitimes, refuserait de faire le service auquel il serait « appelé, pourra, après procès-verbal du président dudit con-« seil, constatant sa mise en demeure, être considéré comme « démissionnaire. » — Disposition qui se trouve reproduite dans la loi du 3 juin 1864, la dernière rendue jusqu'à ce jour sur la matière.

Un décret du 26 juillet 1858, spécial à la ville de Paris, règle sur des bases nouvelles la classification des industries soumises à la juridiction des quatre conseils de prud'hommes de Paris en divisant leurs attributions ainsi qu'il suit : 1° *métaux*, — 2° *tissus*, — 3° *produits chimiques*, — 4° *industries diverses*. (Voir les tableaux annexés au décret et indiquant par catégories les professions soumises à la juridiction de chaque conseil. — *Bull.* 626, p. 189 et suiv.)

Un décret du 8 septembre 1860 a réglé le régime disciplinaire des conseils de prud'hommes ainsi qu'il suit :

Art. 1er. « Tout membre d'un conseil de prud'hommes qui aura manqué gravement à ses devoirs dans l'exercice de ses fonctions pourra, sur la plainte du président du conseil ou du préfet, être frappé d'une des peines suivantes : la censure, — la suspension, pour un temps qui ne pourra excéder six mois, — la destitution.

Art. 2. « La censure et la suspension seront prononcées par arrêté ministériel, et la destitution par décret impérial. »

Ce décret encore se trouve refondu dans la loi du 3 juin 1864, qui a eu pour objet de régler le régime disciplinaire des conseils de prud'hommes.

A cet égard, le rapporteur de la loi (M. Josseau), après avoir rappelé l'état de la législation et les dispositions du décret du 16 novembre 1854, sur le refus de service, s'exprimait en ces termes :

« L'insuffisance de cette première mesure ne tarda pas à se
« manifester dans certains conseils, des manquements beau-
« coup plus graves que de simples refus de service, des actes
« d'insubordination, des injures, d'autres faits d'une nature
« différente amenèrent le gouvernement à appliquer à cette
« destitution un régime disciplinaire analogue à celui qui existe
« dans d'autres corps organisés. — De là, messieurs, le décret
« du 8 septembre 1860. — Mais ce décret lui-même, malgré
« le pouvoir dont il armait l'administration, fut impuissant à
« atteindre le but que l'on s'était proposé. D'une part, en effet,
« la réélection immédiate du prud'homme dont la destitution
« avait été prononcée devait détruire tout l'effet moral de la
« peine, et faire pénétrer au sein du conseil un germe de dis-
« sentiment. D'autre part, certains doutes, dont nous n'avons
« pas à apprécier la valeur, s'étant élevés sur la constitutionna-
« lité de ces décrets, on put craindre que leur autorité n'en fût
« atteinte. Dans cette situation, le gouvernement, obligé de s'a-
« dresser au Corps législatif pour lui demander une sanction
« efficace à la peine de destitution trop facile à éluder, s'em-
« pressa de saisir cette occasion pour lui soumettre l'organisa-
« tion tout entière du régime disciplinaire des conseils de pru-
« d'hommes. Tel est, messieurs, l'objet du projet de loi qui
« vous a été proposé. »

Loi du 4 juin 1864.

Art. 1er. « Tout membre d'un conseil de prud'hommes qui, sans motifs légitimes et après mise en demeure, se refuserait à remplir le service auquel il est appelé, pourra être déclaré démissionnaire.

« Le président constate le refus de service par un procès-verbal contenant l'avis motivé du conseil, le prud'homme préalablement entendu ou dûment appelé.

« Si le conseil n'émet pas son avis dans le délai d'un mois, à dater de la convocation, il est passé outre.

« Sur le vu du procès-verbal, la démission est déclarée par arrêté du préfet.

« En cas de réclamation, il est statué par le ministre de l'agriculture, du commerce et des travaux publics, sauf recours au conseil d'Etat pour cause d'excès de pouvoir.

Art. 2. « Tout membre d'un conseil de prud'hommes qui aura manqué gravement à ses devoirs, dans l'exercice de ses fonctions, sera appelé par le président devant le conseil pour s'expliquer sur les faits qui lui sont reprochés.

« Si le conseil n'émet pas son avis motivé dans le délai d'un mois à dater de la convocation, il est passé outre.

« Un procès-verbal est dressé par le président.

Art. 3. « Le procès-verbal est transmis par le préfet, avec son avis, au ministre.

« Les peines suivantes peuvent être prononcées suivant les cas.

« La censure, — la suspension pour un temps qui ne peut excéder six mois, — la déchéance.

« La censure et la suspension sont prononcées par arrêté ministériel; la déchéance est prononcée par un décret impérial.

Art. 4. « Le prud'homme contre lequel la déchéance a été prononcée ne peut être élu aux mêmes fonctions pendant six ans, à dater du décret impérial. »

Tel est l'état actuel de la législation concernant les conseils de prud'hommes.

Une foule de décrets ont d'ailleurs institué des conseils de prud'hommes dans un grand nombre de villes.

FIN DE LA DEUXIÈME PARTIE.

NOUVEAU MANUEL

DES

TRIBUNAUX DE COMMERCE

TROISIÈME PARTIE

FORMULAIRE GÉNÉRAL.

JUGEMENTS.

ORDONNANCES. — ACTES ET PROCÈS-VERBAUX.

FORMULAIRE GÉNÉRAL

CHAPITRE PREMIER.

FORMULES DES JUGEMENTS.

§ Iᵉʳ.

DES JUGEMENTS EN GÉNÉRAL.

1. *Jugement par défaut (qualités).*

Entre le sieur (nom, prénoms, profession, demeure), lequel a fait élection de domicile chez (indication du domicile élu), demandeur, comparant en personne (ou comparant par .....) (nom et demeure du mandataire), ayant charge suivant pouvoir sous signature privée, dûment enregistré par le receveur et visé par le greffier — d'une part :

Et le sieur (nom, prénoms, profession, demeure).

Défendeur défaillant, — d'autre part :

Point de fait :

Suivant exploit de ....., huissier à ....., en date du ....., enregistré, le demandeur a fait assigner le défendeur à comparaître cejourd'hui devant le tribunal pour s'entendre condamner, par toutes les voies de droit et même par corps, à payer la somme de ....., montant du billet dont la teneur suit (copier le titre et la mention d'enregistrement) (1); et pour, en outre, s'entendre condamner aux intérêts suivant la loi et aux dépens; et voir ordonner l'exécution provisoire du jugement à intervenir, nonobstant appel et sans caution.

A l'appel de la cause, le défendeur n'ayant point comparu, ni personne pour lui, quoique dûment appelé, le demandeur (ou le sieur ....., mandataire pour le demandeur) a requis défaut et pour le profit l'adjudication de ses conclusions.

Point de droit :

Les conclusions de la demande devaient-elles être adjugées?..:

La contrainte par corps devait-elle être prononcée?...

L'exécution provisoire nonobstant appel et sans caution devait-elle être ordonnée?...

Quid des dépens?...

2. *Jugement contradictoire (qualités).*

Entre le sieur ....., etc.

Demandeur comparant, etc. — d'une part :

Et le sieur ....., etc.

Défendeur comparant, etc. — d'autre part :

Point de fait :

Suivant exploit (la suite comme aux jugements par défaut).

A l'appel de la cause, le défendeur (ou le mandataire du défendeur) a opposé l'incompétence du tribunal à raison de la matière et du domicile et subsidiairement sous réserve d'appel du jugement sur la compétence, la nullité de la procédure, la nullité du titre, le défaut de qualité du demandeur et enfin le mal fondé de la demande.

Le demandeur a répliqué aux conclusions du défendeur, déclarant qu'il persistait en sa demande.

Point de droit :

Le tribunal devait-il se déclarer incompétent à raison soit de la matière, soit du domicile?...

Devait-il déclarer la procédure nulle?...

Devait-il prononcer la nullité du titre?...

---

(1) S'il s'agit d'une demande ayant un objet autre que le paiement d'un billet, analyser les motifs et les conclusions de la demande.

Devait-il déclarer le demandeur non recevable ou mal fondé en sa demande?...

Ou bien, au contraire, devait-il rejeter les exceptions opposées et adjuger au demandeur les conclusions de la demande?...

Quid des dépens?

3. Jugement par défaut (dispositif).

LE TRIBUNAL;

Après en avoir délibéré conformément à la loi, jugeant en premier (ou en dernier) ressort;

Attendu que le défendeur ne comparaît pas ni personne pour lui, donne au demandeur, ce requérant, défaut contre le défendeur, et, pour le profit, considérant que les conclusions de la demande ne sont pas contestées, qu'elles ont été vérifiées et qu'elles paraissent justes;

Par ces motifs :

Condamne le défendeur par toutes les voies de droit et même par corps, conformément aux lois des ..... à payer au demandeur la somme de ..... avec les intérêts tels que de droit; condamne, en outre, le défendeur aux dépens taxés et liquidés à ..... en ce compris.....

Ordonne l'exécution provisoire du présent jugement nonobstant appel, mais à la charge par le demandeur de fournir caution ou de justifier de solvabilité suffisante; — d'office, commet ....., huissier-audiencier pour signifier le présent jugement.

4. Jugement de défaut, profit joint, ordonnant la réassignation des défaillants (1).

LE TRIBUNAL;

Après en avoir délibéré, etc.;

En ce qui touche les sieurs .....

Attendu qu'ils ne comparaissent pas, ni personne pour eux; vu l'article 153 du Code de procédure civile, donne au deman-

---

(1) Il est de jurisprudence constante que le défaut profit-joint avec réassignation, qui est obligatoire pour les tribunaux civils, est purement facultatif pour les tribunaux de commerce.

deur, ce requérant, défaut contre lesdits sieurs ..... non comparants, et, pour en adjuger le profit, attendu la connexité le joint à la cause d'entre le sieur ..... (demandeur) et les sieurs ..... (défendeurs) comparant, et pour être statué par un seul et même jugement à l'égard de toutes les parties, continue la cause à ..... semaines, soit au prochain .....,— dépens réservés; ordonne que les défendeurs seront réassignés pour l'audience du ..... par ....., huissier-audiencier, que le tribunal commet d'office pour signifier le présent jugement aux termes de l'article 435 du Code de procédure civile.

5. *Jugement de défaut-congé.*

Le TRIBUNAL ;
Après en avoir délibéré, etc. ;
Attendu que le demandeur ne comparaît pas, donne au défendeur, ce requérant, défaut contre le demandeur, et pour le profit, attendu que les conclusions (à fin d'incompétence ou toutes autres conclusions en défense) prises par le défendeur ne sont pas contestées, qu'elles paraissent justes ;
Par ces motifs, et vu l'article 434, C. proc. civ. :
Donne audit défendeur congé de la demande, se déclare incompétent, etc. ;
Condamne le demandeur aux dépens taxés et liquidés à ..... et pour signifier le présent jugement aux termes de l'article 435 du Code de procédure civile, d'office, commet ....., huissier-audiencier.

6. *Jugement de défaut-congé, rendu contre le demandeur originaire sur l'opposition formée par le défendeur à un premier jugement par défaut.*

Le TRIBUNAL ;
Après en avoir délibéré, etc.,
Attendu la non-comparution de ....., ni de personne pour lui, donne au sieur ....., ce requérant, défaut contre ..... et pour le profit, attendu que les conclusions de l'opposition ne sont pas contestées, qu'elles paraissent justes, reçoit le sieur ....., opposant au jugement contre lui rendu en ce tribunal au profit de ..... le ....., et statuant sur ladite opposition donne à ..... (l'opposant), défaut-congé de la demande formée

contre lui. En conséquence, le décharge des condamnations prononcées par ledit jugement, fait défense à ..... de mettre ni faire mettre ledit jugement à exécution, à peine de nullité, de tous dépens et dommages et intérêts, et condamne le sieur ..... aux dépens, taxés et liquidés à ....., en ce compris ....., et, pour signifier le présent jugement aux termes de l'article 435 du Code de procédure civile, commet d'office ... ., huissier-audiencier.....

7. *Jugement d'incompétence ratione personæ sur déclinatoire, ou ratione materiæ (sur déclinatoire ou d'office).*

LE TRIBUNAL ;
Après en avoir délibéré, etc. ;
Attendu que le défendeur n'est pas domicilié dans le ressort du tribunal, ou attendu que le fait sur lequel repose la demande ne constitue pas un acte de commerce, qu'en effet, etc. ..... qu'ainsi le tribunal, (à raison du domicile du défendeur, — ou à raison de la matière), — n'est pas compétent pour en connaître ;
Par ces motifs :
Statuant en 1er ressort, se déclare incompétent et renvoie les parties à se pourvoir devant les juges qui doivent en connaître, condamne le demandeur aux dépens.

7 bis. *Jugement d'incompétence à l'égard d'un citoyen suisse.*

LE TRIBUNAL ;
Après en avoir délibéré, etc. ;
Attendu qu'il est justifié que le sieur ..... est citoyen suisse, qu'il résulte du traité entre la France et la Suisse, en date du 18 juillet 1828, que les citoyens suisses ne peuvent être distraits de leurs juges naturels ; qu'il s'ensuit que, dans l'espèce, le tribunal est incompétent pour en connaître ;
Par ces motifs :
Se déclare incompétent et condamne le demandeur aux dépens.

8. *Jugement de renvoi et sursis en cas de dénégation de signature.*

LE TRIBUNAL ;
Après en avoir délibéré, etc. ;

Attendu que le défendeur déclare dénier la signature qui lui est attribuée; — Donne acte de la dénégation et renvoie les parties devant les juges qui doivent en connaître. En conséquence, surseoit à statuer jusqu'après la décision à intervenir sur l'incident, — dépens réservés.

8 bis. *Jugement sur le renvoi opposé par le signataire d'un billet à ordre ou d'une lettre de change réputée simple promesse, qui porte des signatures de commerçants et de non-commerçants.*

LE TRIBUNAL;
Après en avoir délibéré, etc.;
Sur le renvoi proposé par X. :
Attendu que le titre ne contient pas toutes les énonciations prescrites par l'article 110 du Code de commerce, que dès lors il ne constitue pas une lettre de change régulière en la forme (ou bien encore, attendu qu'il résulte des renseignements fournis, que la lettre de change dont il s'agit, régulière en la forme, contient une supposition de lieu, qu'en conséquence elle ne constitue qu'une simple promesse aux termes de l'article 112 du Code de commerce);
Mais, attendu que, si le défendeur n'est pas commerçant et n'a pas fait acte de commerce dans l'espèce, au titre figure la signature d'un justiciable de ce tribunal;
Qu'en conséquence le tribunal est compétent pour en connaître;
Par ces motifs et vu l'article 637 du Code de commerce :
Retient la cause, et au fond, etc.

9. *Jugement déclarant le titre prescrit, et déférant au défendeur le serment requis par le demandeur.*

LE TRIBUNAL;
Après en avoir délibéré, etc.;
Attendu que le titre dont paiement est réclamé est échu le ..... (ou a été protesté le ....., dans le délai de la loi), que le demandeur ne justifie d'aucun acte interruptif de la prescription, que dès lors il y a lieu de la déclarer acquise au défendeur;
Par ces motifs :

Déclare le titre prescrit;

Mais, attendu que le demandeur a déclaré déférer au défendeur le serment prescrit par l'article 189 du Code de commerce;

D'office, continue la cause à ..... pour, par le défendeur, prêter en personne le serment à lui déféré, — dépens réservés, etc.

10. *Jugement donnant acte de la prestation d'un serment litis-décisoire et déclarant en conséquence le demandeur non recevable.*

LE TRIBUNAL;

Vu le jugement du ..... rendu par ce tribunal;

Attendu que le défendeur, présent à la barre, offre de prêter le serment litis-décisoire qui lui a été déféré, admet le sieur ..... à prêter ledit serment;

Et, après que M. le président de l'audience lui a dit :

« Vous jurez et affirmez (reproduire les termes mêmes dans lesquels le serment a été déféré), »

Le sieur ..... ayant, la main droite levée, répondu à haute et intelligible voix : « Je le jure, »

Le tribunal donne acte au défendeur du serment par lui prêté, — Déclare en conséquence le demandeur non recevable en sa demande et le condamne aux dépens, etc.

11. *Jugement de renvoi devant arbitre-rapporteur.*

LE TRIBUNAL;

Après en avoir délibéré, etc.;

Considérant que les faits de la cause ne sont pas suffisamment éclaircis, ordonne, avant faire droit, que les parties, tous droits et moyens respectivement réservés (1), se retireront devant le sieur ..... qu'il nomme d'office arbitre-rapporteur, lequel se fera représenter les titres et pièces, enregistrés conformément à la loi, entendra les parties, les conciliera, si faire se peut, sinon rédigera, sur papier timbré, son rapport qu'il

(1) *Tous droits et moyens réservés*, cette formule ne comprend pas le déclinatoire, un tribunal ne pouvant ordonner une mesure d'instruction avant d'avoir affirmé sa propre compétence.

enverra clos et cacheté au greffe de ce tribunal, pour être ensuite conclu et statué ce qu'il appartiendra ; ordonne qu'avis de
sa nomination sera transmis à l'arbitre par le greffier de ce
tribunal ;— Dit qu'en cas de refus ou d'empêchement de l'arbitre
nommé et, sur l'avis donné au tribunal, il sera pourvu d'office
à son remplacement, — dépens réservés.

12. *Jugement de remplacement d'un arbitre.*

LE TRIBUNAL ;
Après en avoir délibéré, etc.;
Attendu que l'arbitre précédemment nommé par jugement
de ce tribunal en date du ....., ne peut se charger de la mission
à lui confiée ;
D'office, nomme en son remplacement le sieur ..... en qualité
d'arbitre-rapporteur, lequel procédera dans les termes du jugement sus-énoncé et sera avisé de sa nomination par le greffier
de ce tribunal, — dépens réservés.

13. *Jugement de débouté d'opposition rendu par défaut-congé contre l'opposant.*

LE TRIBUNAL ;
Après en avoir délibéré, etc.;
Attendu que A. ne comparaît pas, ni personne pour lui, sur
son opposition, donne à B., ce requérant, défaut congé contre
A., et, pour le profit :
Considérant que l'opposant ne justifie pas du mérite de son
opposition, que B. est fondé en jugement, dont les causes ont
été vérifiées et paraissent justes ;
Par ces motifs et vu l'article 434 du Code de procédure
civile :
Déboute, etc.

14. *Jugement de débouté d'opposition rendu par défaut sur assignation en débouté donnée à l'opposant.*

LE TRIBUNAL ;
Après en avoir délibéré, etc.;
Attendu que le défendeur ne comparaît pas, ni personne
pour lui, donne au demandeur, ce requérant, défaut contre le

défendeur, et, pour le profit, considérant que le demandeur est fondé en jugement, que les conclusions à fin de débouté d'opposition ne sont pas contestées; qu'elles ont été vérifiées et qu'elles paraissent justes;

Par ces motifs :

Déboute, etc.

15. *Jugement autorisant l'exécution provisoire sans caution sur la justification de la solvabilité du demandeur.*

LE TRIBUNAL;

Après en avoir délibéré, etc., — (jugeant en dernier ressort);

Attendu que, par jugement de ce tribunal, en date du ....., B. a été condamné à payer à A. la somme principale de .....; que ledit jugement a ordonné que l'exécution provisoire, en cas d'appel, n'aurait lieu qu'à charge de fournir caution ou de justifier de solvabilité suffisante ;

Attendu que ce jugement a été frappé d'appel, que A., invoquant sa solvabilité, demande à être autorisé à poursuivre l'exécution provisoire dudit jugement sans être tenu de donner caution;

Attendu, qu'en effet, le demandeur justifie de solvabilité suffisante, qu'il y a lieu de faire droit à sa demande ;

Par ces motifs :

Autorise le demandeur à poursuivre, nonobstant l'appel et sans y préjudicier, l'exécution provisoire du jugement dudit jour ....., sans qu'il soit besoin par ledit demandeur de fournir caution, dépens réservés, sur lesquels il sera statué par les juges d'appel; — Dit que le présent jugement sera exécuté selon sa forme et teneur, n'étant susceptible ni d'opposition ni d'appel, conformément à l'article 441 du Code de procédure civile.

16. *Jugement d'admission de caution pour l'exécution provisoire d'un jugement nonobstant appel.*

LE TRIBUNAL;

Après en avoir délibéré, etc.;

Attendu que la solvabilité du sieur ..... (nom, profession et demeure de la caution) est suffisante pour garantir l'exécu-

tion provisoire, nonobstant l'appel, du jugement rendu le .....
par ce tribunal, au profit du demandeur contre le défendeur;

Par ces motifs :

Admet la caution offerte ;

Dit qu'elle fera sa soumission au greffe de ce tribunal, en
la manière ordinaire et accoutumée, et qu'après signification de l'acte de cautionnement, il sera passé outre à l'exécution provisoire, nonobstant appel, du jugement dont il
s'agit; — dépens réservés, sur lesquels il sera statué par les
juges d'appel;

Ordonne que le présent jugement sera exécuté selon sa
forme et teneur, n'étant susceptible ni d'opposition ni d'appel, conformément à l'article 441 du Code de procédure
civile.

17. *Jugement constatant la lecture et publication d'un jugement de séparation de biens.*

LE TRIBUNAL;

Après en avoir délibéré, etc. ;

Vu l'article 872 du Code de procédure civile, donne acte des lecture et publication à l'instant faites par le greffier, sur l'ordre du
président de l'audience, d'un jugement rendu le ..... par la .....
chambre du tribunal civil de première instance de ....., ledit
jugement portant, entre autres choses, que la dame X...
est et demeure séparée, quant aux biens, d'avec le sieur X...,
son mari.

18. *Jugement constatant la lecture et publication d'un jugement de séparation de corps et de biens.*

LE TRIBUNAL;

Après en avoir délibéré, etc. ;

Vu les articles 872 et 880 du Code de procédure civile,
donne acte des lecture et publication à l'instant faites par le
greffier, sur l'ordre du président de l'audience, d'un jugement
rendu le ..... par la ..... chambre du tribunal civil de première
instance de ....., ledit jugement portant, entre autres choses,
que la dame V... est et demeure séparée de corps et de biens
d'avec ledit V..., son mari.

19. *Procès-verbal dressé en tête d'une feuille d'audience pour constater que les jugements n'ont pu être signés par le président de l'audience.*

Audience publique du tribunal de commerce de ..... tenue à ..... (la date), par M. A..., juge présidant l'audience, et MM. B..., juge, C..., juge suppléant, en présence de MM. D... et F..., aussi juges suppléants, assistés du sieur ....., commis-greffier assermenté; et, attendu que M. ....., juge, ayant présidé l'audience, se trouve dans l'impossibilité de signer les feuilles de la présente audience, elles ont été signées, en vertu de l'article 37 du décret du 30 mars 1808, par M. ....:.., le plus ancien des juges, ayant assisté à l'audience.

Nota.— Cette mention doit être signée par le juge et par le greffier.—Si la feuille d'audience n'avait pu être signée dans les délais fixés par la loi, il faudrait se reporter aux formalités indiquées *suprà*, p. 119.

20. *Jugement donnant acte de la prestation de serment d'un agent de change ou courtier.*

Le TRIBUNAL;

Après avoir entendu le sieur ....., lequel a requis qu'il plût au tribunal procéder à la réception de son serment en qualité d'agent de change (ou de courtier), fonctions auxquelles il a été nommé par décret de S. M. ....., en date du ....., faisant droit aux réquisitions dudit sieur ....., a ordonné la lecture du décret dont il s'agit, laquelle a été faite par le greffier en ces termes (copier le décret):

Après cette lecture, le tribunal, vu ledit décret, vu le récépissé délivré au sieur ....., de la somme de ....., versée pour lui servir de cautionnement en ladite qualité; vu l'article 14 de la constitution, et le sénatus-consulte du 25 décembre 1858, a admis ledit sieur ..... à la prestation de serment.

En conséquence, M. le président de l'audience ayant dit au sieur ....., présent à la barre :

« Vous jurez obéissance à la constitution et fidélité à l'Em-
« pereur, vous jurez aussi de remplir avec honneur et probité
« les fonctions qui vous sont confiées, »

Ledit sieur ..:.. ayant, la main droite levée, répondu à haute et intelligible voix : « Oui, je le jure, »

Le tribunal lui donne acte de son serment et le renvoie à ses fonctions.

21. *Jugement déclarant une société nulle ou dissoute et nommant un liquidateur étranger.*

LE TRIBUNAL;
Après en avoir délibéré, etc.;
(Reproduire les motifs.)
Par ces motifs :
Déclare nulle (ou dissoute) la société formée entre ..... et ayant pour objet .....;
Nomme le sieur ....., demeurant à ....., liquidateur de cette société; confère audit sieur ..... tous les pouvoirs nécessaires pour mener à fin la liquidation de cette société; dit qu'en fin de liquidation, le liquidateur rendra son compte aux associés, et qu'en cas de difficultés ledit compte sera soumis à l'homologation du tribunal, parties présentes ou dûment appelées;
Ordonne qu'extrait du présent jugement, en ce qui touche la nullité (ou la dissolution) de la société et la nomination du liquidateur, sera déposé au greffe de ce tribunal, affiché et inséré dans les formes et délais prescrits par la loi;
Ordonne l'exécution provisoire, en cas d'appel, à charge de fournir caution ou de justifier de solvabilité suffisante, mais sans préjudicier aux mesures d'administration et d'urgence que le liquidateur devra prendre nonobstant l'appel interjeté;
— Condamne le défendeur aux dépens, qui seront employés en frais de liquidation.

§ II.

JUGEMENTS EN MATIÈRE DE FAILLITE.

22. *Jugement de déclaration de faillite sur dépôt de bilan.*

LE TRIBUNAL;
Vu la déclaration de cessation de paiements et le dépôt de bilan faits au greffe du tribunal;
Déclare le sieur ....., rue ....., n° ....., en état de faillite; — Fixe provisoirement à la date de ce jour l'époque de la cessa-

tion de paiements du sieur ..... ; — Ordonne que, si fait n'a
été, les scellés seront apposés par M. le juge de paix de l'arrondissement du failli, partout où besoin sera, conformément
aux articles 455 et 458 du Code de commerce, à l'effet de quoi
avis du présent jugement sera sur-le-champ adressé par le
greffier audit Juge de paix ; nomme M. ....., membre du
tribunal, juge-commissaire de ladite faillite, et le sieur .....,
demeurant à ....., rue ....., n° ....., syndic provisoire ;

Ordonne que, conformément à l'article 455 précité, la personne du failli sera mise en dépôt dans la maison d'arrêt pour
dettes et que, dans cet état, il ne pourra être reçu contre lui
ni écrou ni recommandation pour aucune espèce de dettes ;

Ordonne que le présent jugement sera affiché et inséré dans
les journaux judiciaires, conformément à l'article 442 du Code
de commerce et suivant le mode établi par l'article 42 du
même Code.

23. *Jugement de déclaration de faillite sur assignation.*

LE TRIBUNAL ;
Après en avoir délibéré, etc. ;
Attendu qu'il ressort des débats et des pièces produites que
le défendeur est en état de cessation de paiements ;
Par ces motifs et vu l'article 437 du Code de commerce :
Déclare le sieur (nom, prénoms, profession, domicile) en
état de faillite ouverte ; fixe provisoirement (la suite comme à
la formule précédente), en ajoutant : Condamne le défendeur
aux dépens taxés et liquidés à la somme de ..... en ce compris ....., lesquels dépens seront employés en frais privilégiés
de faillite.

24. *Jugement de déclaration de faillite d'office.*

LE TRIBUNAL ;
Après en avoir délibéré, etc. ;
Attendu qu'il résulte des renseignements transmis au tribunal par M. le procureur impérial (si les renseignements émanent du parquet) ou par M. le juge de paix du ..... arrondissement, que le sieur ..... a disparu de son domicile, que les
scellés y sont apposés et qu'il est en état de cessation de
paiements ;

Par ces motifs :

D'office, déclare le sieur ..... en état de faillite ouverte, etc. (la suite comme à la formule n° 22); — Dit que les scellés seront apposés partout où besoin sera, etc.

25. *Jugement de sauf-conduit accordé sur requête du failli.*

LE TRIBUNAL ;

Après en avoir délibéré, etc.;

Vu la requête présentée, ensemble l'avis de M. le juge-commissaire de la faillite du sieur ....., prenant en considération les motifs exposés, accorde au failli un sauf-conduit, sans caution, limité à .... mois de ce jour, et néanmoins révocable à volonté, à la charge, par le failli, de se présenter toutes les fois qu'il en sera requis, sous les peines portées par la loi, et à la charge, en outre, dans le cas où il serait détenu à la requête du ministère public, conformément à l'article 460 du Code de commerce, d'acquitter, entre les mains du directeur de la maison d'arrêt pour dettes, les frais d'incarcération et d'aliments qui seraient dus.

26. *Jugement de sauf-conduit sur assignation au créancier incarcérateur.*

LE TRIBUNAL ;

Après en avoir délibéré, etc.;

(Rapporter les considérants.)

Par ces motifs :

Accorde au failli un sauf-conduit sans caution, limité à ... mois du jour de sa mise en liberté, et néanmoins révocable à volonté, à la charge par le failli de se présenter toutes les fois qu'il en sera requis, sous les peines portées par la loi; — Déclare le présent jugement commun avec le créancier incarcérateur; — En conséquence fait main-levée de l'écrou auquel il a été procédé à la requête de ce dernier;

Dit que sur le vu du présent jugement et s'il n'est détenu pour autre cause, le failli sera mis immédiatement en liberté, à quoi faire tout directeur contraint, quoi faisant bien et valablement déchargé, et condamne le demandeur aux dépens;

Et attendu que le présent jugement est rendu en dernier ressort, et qu'il n'est susceptible d'aucun recours, ordonne qu'il sera exécuté selon sa forme et teneur;

Et, pour le signifier, si besoin est, au directeur de la maison d'arrêt pour dettes, — commet d'office ....., huissier-audiencier .....

27. *Jugement accordant un sauf-conduit sur requête ou assignation à charge de fournir caution.*

LE TRIBUNAL ;

Après en avoir délibéré, etc. ;

(A la suite les considérants.)

Attendu qu'il y a lieu toutefois d'imposer au failli l'obligation de verser, comme cautionnement, au syndic, une somme de ..... francs ; .

Par ces motifs :

Accorde, etc. ;

A la charge par le failli de verser aux mains du syndic la somme de ..... francs, à titre de cautionnement, laquelle, en cas de besoin, servira aux opérations de la faillite, et dit que, sur la justification du dépôt entre les mains du syndic de la faillite de la somme ci-dessus fixée et s'il n'est détenu pour autre cause, etc.

28. *Jugement rapportant une déclaration de faillite.*

LE TRIBUNAL ;

Après en avoir délibéré, etc. ;

(Rapporter les considérants.)

Par ces motifs :

Ouï M. le juge-commissaire en son rapport oral fait à l'audience (1), déclare nul et de nul effet le jugement du ....., déclaratif de la faillite du sieur ....., rapporte ledit jugement et remet les parties au même et semblable état qu'avant icelui ;

---

(1) Le jugement prononçant en matière de faillite ne peut être rendu que par les mêmes juges qui ont assisté à l'audience à laquelle le juge-commissaire a fait son rapport, à moins que ce rapport ne soit écrit.

Ordonne qu'aux requête et diligences du syndic mention du présent jugement sera faite partout où besoin sera et que, par la voie du greffe, extrait du jugement sera affiché et inséré dans les journaux judiciaires suivant le mode établi par l'article 42 du Code de commerce ; — Dit que le syndic rendra immédiatement compte de sa gestion ; — Qu'il remettra au failli tous ses titres, livres, papiers, et qu'aussitôt les fonctions de juge-commissaire cesseront ; — Dit que les dépens du présent jugement, même le coût, etc., seront employés en frais de syndicat.

29. *Jugement de nomination de syndic définitif* (art. 462, C. com.).

LE TRIBUNAL ;

Après en avoir délibéré, etc. ;

Vu le procès-verbal, enregistré, dressé le ....∴ par M. le juge-commissaire de la faillite du sieur....., duquel il résulte que, conformément à l'article 462 du Code de commerce, les créanciers ont été consultés tant sur la composition de l'état des créanciers présumés que sur la nomination de nouveaux syndics ;

Vu également l'état des créanciers présumés et le rapport de M. le juge-commissaire, nomme pour syndic définitif de ladite faillite (nom et demeure), lequel remplira lesdites fonctions telles qu'elles sont décrites dans les articles 468 et suivants du Code de commerce, sous la surveillance de M. le juge-commissaire ; — Ordonne que le présent jugement sera exécuté suivant sa forme et teneur.

30. *Jugement de remplacement provisoire d'un syndic.*

LE TRIBUNAL ;

Après en avoir délibéré, etc. ;

Attendu qu'il résulte des renseignements fournis par M. le juge-commissaire de la faillite du sieur ...... qu'il y a lieu par le tribunal et dans l'intérêt de la bonne administration de la faillite de désigner provisoirement un syndic au lieu et place du sieur ..... précédemment nommé d'office, nomme le sieur ....., syndic provisoire de la faillite du sieur ....., pour être ensuite procédé ainsi que de droit.

81. *Jugement portant fixation de l'époque de la cessation des paiements, condamnation à rapport et annulation d'hypothèques.*

LE TRIBUNAL ;

Après en avoir délibéré, etc. ;

Attendu que par jugement en date du ....., enregistré, le tribunal a déclaré en état de faillite le sieur ....., et a provisoirement fixé au même jour la date de la cessation des paiements ;

Attendu que le syndic demande aujourd'hui que cette date soit reportée au ..... ; que les hypothèques postérieurement inscrites au profit de ..... soient annulées et que le paiement fait à ..... soit également annulé ;

En ce qui touche la fixation de l'époque à laquelle T..... a cessé ses paiements :

Attendu qu'il est constant que, dès le ....., T..... était en état de cessation de paiements, — Que cet état a subsisté jusqu'au ....., époque à laquelle a été déclarée la faillite ; — Que cela ressort notamment (analyser les faits qui caractérisent la situation du failli) ; — Qu'en conséquence il y a lieu de fixer au ..... la cessation des paiements :

En ce qui touche les conclusions prises contre T..... ;

Attendu que D..... a reçu, le ....., en paiement d'une dette antérieure des marchandises de T....., pour une somme de ..... ;

Attendu que ce paiement a eu lieu avec connaissance de la cessation de paiement de T..... et en fraude des droits des autres créanciers ; — Qu'il y a lieu d'obliger D..... à rapporter à la masse la valeur desdites marchandises ;

En ce qui touche les conclusions prises contre P..... et R..... :

Attendu que ces défendeurs ont pris sur les biens de T....., des inscriptions d'hypothèques conventionnelles (ou judiciaires) au bureau des hypothèques de ..... pour dettes antérieurement contractées, savoir : P....., le ..... volume ....., n° .....,R ..... le ....., etc..... ; — Que l'époque réelle de la cessation des paiements étant fixée au ....., ces hypothèques sont nulles et sans effet au regard de la masse et que les inscriptions prises doivent être radiées ;

Par ces motifs :

Ouï M. le juge-commissaire de la faillite en son rapport oral fait à l'audience de ce jour, reporte et fixe définitivement au ....., la date de la cessation des paiements du sieur T..... ;

Ordonne qu'aux requête et diligences du syndic, mention du présent jugement sera faite partout où besoin sera, et que, par la voie du greffe, extrait de ce jugement sera affiché et inséré dans les journaux judiciaires suivant le mode établi par l'article 42 du Code de commerce ; — Condamne D..... à payer à ..... (syndic), ès nom la somme principale de ..... avec les intérêts de droit ; à satisfaire ce que dessus sera, etc..... ; — Déclare nulles les inscriptions prises par les sieurs P..... et B..... ; — En conséquence, fait mainlevée desdites inscriptions et ordonne leur radiation, à quoi faire sera le conservateur des hypothèques contraint, quoi faisant décharge, etc.

32. *Jugement de clôture des opérations d'une faillite pour insuffisance d'actif.*

LE TRIBUNAL ;
Après en avoir délibéré, etc. ;
Vu le rapport de M. le juge-commissaire de la faillite du sieur ....., constatant que les opérations de ladite faillite se trouvent arrêtées par suite de l'insuffisance de l'actif ;

D'office, faisant application des dispositions de l'article 527 du Code de commerce, déclare clôturées les opérations de ladite faillite ; — Dit, en conséquence, que chaque créancier rentrera dans l'exercice de ses actions individuelles, tant contre les biens que contre la personne du failli, et que néanmoins il sera sursis à l'exécution du présent jugement pendant un mois à partir de ce jour ; — Dit qu'aux requête et diligences du syndic, mention du présent jugement sera faite par tout où besoin sera, et que, par la voie du greffe, extrait de ce jugement sera affiché et inséré dans les journaux judiciaires suivant le mode établi par l'article 42 du Code de commerce.

33. *Jugement de réouverture d'une faillite après clôture des opérations pour insuffisance d'actif.*

LE TRIBUNAL ;
Après en avoir délibéré, etc. ;

Vu le rapport de M. le juge-commissaire de la faillite du sieur ....., constatant qu'il existe fonds suffisants pour mettre à fin les opérations de la faillite;

Rapporte le jugement du ....., prononçant la clôture des opérations de la faillite pour insuffisance de l'actif; — Dit que le syndic dressera et déposera immédiatement au greffe de ce tribunal un bilan des créances qui ont pu survenir depuis le jugement de clôture; — Dit en outre qu'aux requête et diligences du syndic mention du présent jugement sera faite partout où le besoin sera et que, par la voie du greffe, extrait de ce jugement sera affiché et inséré dans les journaux judiciaires suivant le mode établi par l'article 42 du Code de commerce.

34. *Jugement par défaut homologuant une transaction dans une faillite.*

LE TRIBUNAL;

Après en avoir délibéré, etc. ;

Attendu la non-comparution du défendeur ni de personne pour lui, donne au demandeur audit nom, ce requérant, défaut contre le défendeur et pour le profit; — Vu la requête présentée à M. le juge-commissaire de la faillite du sieur ....., ensemble l'ordonnance de ce magistrat, autorisant le syndic à transiger, ladite ordonnance enregistrée; — Vu également la transaction dont s'agit; — Et attendu qu'elle paraît avantageuse pour la masse, homologue ladite transaction pour être exécutée selon sa forme et teneur; — Dit que les dépens seront employés en frais de syndicat, et, pour signifier le présent jugement aux termes de l'article 435 du Code de procédure, commet d'office ....., huissier-audiencier.

35. *Jugement ordonnant de passer outre aux délibérations dans une faillite et décidant que le créancier contesté sera admis par provision.*

LE TRIBUNAL;

Après en avoir délibéré, etc.;

Attendu que A.... a demandé son admission au passif de la faillite du sieur X....., pour une somme de ....., dont il se prétend créancier; attendu que le syndic, contestant la légitimité de cette créance, refuse de l'admettre et demande qu'il soit passé outre aux délibérations pour la formation du concordat, et conclut subsidiairement à ce que le tribunal décide si le défendeur sera admis par provision dans les délibérations et détermine pour quelle somme ; attendu que la cause n'est pas en état de recevoir jugement définitif, que cependant il est urgent de procéder à l'assemblée pour la formation du concordat, et attendu qu'il convient conformément à l'article 499 du Code de commerce d'ordonner que A..... sera admis par provision dans les délibérations pour une somme de .....

Par ces motifs :

Ouï M. le juge-commissaire de la faillite en son rapport oral fait à l'audience de ce jour, jugeant en dernier ressort;—Et, vu l'article 499 du Code de commerce, ordonne qu'il sera passé outre aux opérations de la faillite du sieur ....., et à toutes convocations pour la formation du concordat ; — Décide par provision que A..... sera admis dans les délibérations pour une somme de ....., et qu'il prendra part auxdites délibérations pour ladite somme; au fond, continue la cause au ....., — dépens réservés, etc. ; — Vu l'article 583, § 4, du Code de commerce, ordonne que le présent jugement sera exécuté selon la forme et teneur, n'étant susceptible ni d'opposition ni d'appel.

36. *Jugement relevant de la déchéance un créancier en retard de produire et d'affirmer dans une faillite.*

LE TRIBUNAL ;

Après en avoir délibéré, etc. ;

Attendu que les délais pour la vérification et l'affirmation des créances dans la faillite du sieur ..... sont expirés ; attendu que le demandeur n'a pas fait vérifier ses titres ; qu'il y a lieu de le relever de la déchéance encourue; attendu d'ailleurs que le syndic déclare s'en rapporter à justice ;

Par ces motifs :

Autorise le demandeur à produire, en la forme ordinaire, ses titres et, après vérification et admission s'il y a lieu, à affirmer entre les mains de M. le juge-commissaire, en la manière accoutumée, la sincérité de sa créance, pour ensuite prendre part aux opérations de la faillite; — Et vu les circonstances de la cause, condamne le demandeur aux dépens.

37. *Jugement d'homologation de concordat.*

LE TRIBUNAL ;

Après en avoir délibéré, etc.;

Vu la requête présentée, ensemble l'avis de M. le juge-commissaire de la faillite du sieur ....., demeurant à ....., rue ....., n° ....., ayant égard aux motifs exposés, et adoptant l'avis exprimé par M. le juge-commissaire, homologue le concordat, enregistré, passé le ....., entre le sieur. ..... et ses créanciers, pour être exécuté selon sa forme et teneur tant avec les créanciers signataires qu'avec les créanciers non signataires ;

Dit qu'aux requête et diligences du syndic mention du présent jugement sera faite partout où besoin sera, et que, par la voie du greffe, extrait de ce jugement, contenant les conditions sommaires de ce concordat, sera affiché et inséré dans les journaux judiciaires, suivant le mode établi par l'article 42 du Code de commerce.

38. *Jugement d'homologation de concordat par abandon.*

LE TRIBUNAL, etc. ;

(Après la formule ordinaire d'homologation de concordat ajouter ce qui suit :)

Attendu que le concordat dont s'agit contient abandon d'actif; que les créanciers ont été consultés sur le maintien ou le remplacement du syndic ; — Vu le rapport de M. le juge-commissaire de la faillite ..... ; — Attendu que le sieur .... (syndic) peut être maintenu syndic ;

Par ces motifs :

Maintient le sieur ..... en qualité de syndic pour, conformément à l'article 541 du Code de commerce, modifié par la loi du 19 juillet 1856, procéder sous la surveillance de M. le juge-commissaire, à la liquidation et à la répartition de l'actif abandonné ;

Dit qu'aux requête et diligences, etc.

39. *Jugement portant refus d'homologation de concordat.*

LE TRIBUNAL ;

Après en avoir délibéré, etc. ;

(Après les considérants.)

Par ces motifs et vu l'article 515 du Code de commerce :

Refuse d'homologuer le concordat passé le ....., entre le sieur ..... et ses créanciers, annule en conséquence ledit concordat à l'égard de tous les intéressés, et attendu qu'aux termes de l'article 529 du Code de commerce les créanciers sont de plein droit en état d'union; — Renvoie ces derniers ainsi que le failli à se pourvoir devant M. le juge-commissaire pour être procédé conformément à la loi ; — Dit qu'aux requête, etc.; — Dit que les dépens du présent jugement, même le coût, etc., seront employés en frais de syndicat.

40. *Jugement de résolution de concordat.*

LE TRIBUNAL ;

Après en avoir délibéré, etc. ;

(Reproduire les considérants et continuer comme suit :)

Par ces motifs et vu les articles 520 et suivants du Code de commerce :

Déclare résolu, pour inexécution des conditions y contenues, le concordat passé le ..... entre le sieur (noms, profession, domicile) et ses créanciers ;

Nomme pour juge-commissaire M. ....., l'un des membres du tribunal, et pour syndic le sieur ..... ;

Dit que les opérations de ladite faillite se suivront conformément à la loi ; — Que le syndic pourra faire apposer les scellés ; — Qu'il procédera sans retard, avec l'assistance du juge de paix, sur l'ancien inventaire au récolement des valeurs actives et, s'il y a lieu, à un supplément d'inventaire ; qu'il dressera un bilan supplémentaire qu'il déposera immédiatement au greffe du tribunal; — Qu'il fera remplir, par la voie du greffe, les formalités d'affiche et invitations à produire ; — Dit qu'il n'y aura pas lieu à nouvelle vérification des créances antérieurement admises, que mention de ces créances sera faite d'office sur ce nouveau procès-verbal par M. le juge-commissaire, sans préjudice du rejet ou de la réduction de celles qui depuis auraient été payées en tout ou en partie, ce qui sera opéré après simple avis donné aux créanciers ;

Dit qu'aux requête et diligences, etc., et par la voie du greffe, extrait de ce jugement sera affiché conformément à l'article 442 et suivant le mode prescrit par l'article 42 du Code de commerce;

Condamne le défendeur aux dépens, qui seront employés en frais privilégiés de syndicat.

41. *Jugement de maintien de syndic définitif après union*
(art. 529, C. com.).

LE TRIBUNAL;

Après en avoir délibéré, etc.;

Vu le procès-verbal enregistré, dressé le ..... par M. .....,
juge-commissaire de la faillite du sieur ....., duquel il résulte
que les créanciers ont été déclarés en union; — Vu également
l'article 529 du Code de commerce et le rapport de M. le juge-
commissaire; — Continue le sieur ..... dans les fonctions de
syndic définitif de la faillite.

41 *bis. Jugement de maintien ou remplacement de syndic
définitif au cours de l'union* (art. 536, C. com.).

LE TRIBUNAL;

Après en avoir délibéré, etc.;

Vu le procès-verbal enregistré, dressé le ..... par M. ......,
juge-commissaire de la faillite du sieur ....., duquel il résulte
que les créanciers de ladite faillite en état d'union ont été, conformément à l'article 536 du Code de commerce, consultés sur
le maintien ou le remplacement du syndic définitif; — Vu également le rapport de M. le juge-commissaire; — Nomme pour
syndic définitif (nom et demeure), lequel remplira lesdites
fonctions, telles qu'elles sont décrites dans les articles 468 et
suivants du Code de commerce sous la surveillance de M. le
juge-commissaire.

42. *Jugement de révocation d'un syndic* (art. 467 et 583,
§ 1er, C. com.).

LE TRIBUNAL;

Après avoir entendu, en la *chambre du conseil*, le rapport de
M. le juge-commissaire de la faillite du sieur ....., et les explications de M. ....., syndic de ladite faillite (s'il comparaît),
et en avoir délibéré conformément à la loi, jugeant en dernier
ressort et en *audience publique*;

(Si le syndic ne comparaît pas, ajouter ici : Attendu que le sieur ....., syndic de ladite faillite, ne se présente pas pour fournir ses explications, quoique appelé par lettre du greffier conformément aux ordres de M. le juge-commissaire, donne défaut contre lui ;)

Attendu que (préciser les griefs, car il importe au syndic révoqué que la mesure prise contre lui ne puisse être attribuée à des causes inexactes qui pourraient nuire à sa considération lorsqu'il ne serait, en réalité, coupable que de négligence) ;

Attendu qu'il ressort de ce qui précède que le sieur ..... ne remplit pas convenablement les fonctions qui lui ont été conférées et qu'il y a lieu dès lors de prononcer sa révocation ;

Par ces motifs et vu les articles 467 et 583, § 1er, du Code de commerce :

Déclare le sieur ..... révoqué des fonctions de syndic de la faillite du sieur .....

Ordonne, en conséquence, qu'il rendra immédiatement compte de sa gestion conformément à la loi ;

Nomme M. ..... syndic provisoire de ladite faillite au lieu et place dudit sieur ..... ;

Ordonne que le présent jugement sera exécuté selon sa forme et teneur, n'étant susceptible ni d'opposition, ni d'appel ou de recours en cassation ;

Condamne le sieur ..... aux dépens faits pour parvenir à sa révocation, lesquels dépens le nouveau syndic est, dans tous les cas, autorisé à employer en frais de syndicat.

43. *Jugement arbitrant l'indemnité d'un syndic.*

LE TRIBUNAL ;
Après en avoir délibéré, etc. ;

Vu la requête présentée, ensemble l'avis de M. le juge-commissaire de la faillite du sieur ....., prenant en considération les motifs exposés, arbitre à la somme de ..... l'indemnité due au sieur ....., syndic, qui ne la recevra, conformément aux dispositions de l'article 462 du Code de commerce, qu'après avoir rendu compte de sa gestion.

44. *Jugement prononçant sur l'excusabilité d'un failli.*

LE TRIBUNAL ;
Après en avoir délibéré, etc. ;

Vu le procès-verbal, enregistré, dressé le ....., par M. le juge-commissaire de la faillite du sieur ....., duquel il résulte que les créanciers ont été consultés sur l'excusabilité du failli ; — Vu également l'article 538 du Code de commerce, ensemble le rapport de M. le juge-commissaire, — Et adoptant les motifs qui y sont exprimés, — Déclare le failli excusable (ou non excusable).

44 bis. *Jugement nommant un membre du tribunal pour suppléer le juge-commissaire d'une faillite momentanément empêché.*

LE TRIBUNAL ;

Après en avoir délibéré, etc. ;

Attendu l'empêchement momentané de M. ....., juge-commissaire de la faillite du sieur ....., d'office nomme M. ....., juge en ce tribunal, pour suppléer M. ....., à l'assemblée des créanciers de la faillite dudit sieur ....., convoqués pour .....

§ III.

ORDRES, PROCÈS-VERBAUX ET JUGEMENTS RELATIFS A LA POLICE DES AUDIENCES.

45. *Ordre du président pour l'arrestation et le dépôt d'un perturbateur dans la maison d'arrêt, pour trouble ou tumulte à l'audience publique.*

Nous, président du tribunal de commerce de ....., présidant, cejourd'hui ..... 18....., l'audience publique dudit tribunal ; — Vu les pouvoirs à nous conférés par les articles 88 et 89 du Code de procédure civile, et l'article 504 du Code d'instruction criminelle ;

Attendu que le sieur ....., malgré les avertissements des huissiers-audienciers, a troublé l'audience (par des signes d'approbation ou d'improbation, soit pendant le prononcé d'un jugement, soit pendant la plaidoirie d'une affaire, ou a causé du tumulte en faisant .....), et que, nonobstant nos injonctions, il ne s'est point retiré (ou est rentré dans la salle d'audience) ;

Nous avons ordonné et ordonnons qu'il soit arrêté et conduit dans la maison d'arrêt ;

Ordonnons au gardien de la maison d'arrêt de recevoir le sus-nommé sur l'exhibition du présent ordre et de le retenir pendant vingt-quatre heures ;

Ce qui sera exécuté par mesure de police, sans opposition ni appel, même avec l'assistance de la force publique, si besoin est ; — Et, à cet effet, commettons N...., huissier-audiencier, pour représenter à qui de droit la feuille d'audience contenant le présent ordre ;

Donné à ....., les jour, mois et an que dessus ;

Et nous avons signé avec le greffier tenant la plume.

Nota. — Outre la peine ci-dessus infligée par le président, si le trouble a été causé par un individu remplissant une fonction près le tribunal (avocat, greffier, huissier-audiencier), le tribunal peut, aux termes de l'article 90 du Code de procédure civile, le suspendre de ses fonctions pour trois mois.

S'il y avait outrage ou menace envers les juges ou les officiers de justice, ce qui constituerait un délit, il y aurait lieu indépendamment : 1° de l'arrestation et du dépôt ordonnés par le président comme mesure de police ; — 2° et de la peine disciplinaire infligée par le tribunal, — d'appliquer les dispositions de l'article 91 du Code de procédure civile.

46. *Ordre d'un juge-commissaire pour l'arrestation et le dépôt d'un perturbateur dans la maison d'arrêt pour trouble ou tumulte à une séance publique de faillite.*

Nous, juge au tribunal de commerce de....., commissaire à la faillite du sieur ....., président, cejourd'hui .,... 18...., l'assemblée des créanciers de ladite faillite, convoqués pour (indiquer l'opération), assisté du sieur ....., greffier ;

Vu les pouvoirs à nous conférés par les articles 88 et 89 du Code de procédure civile et l'article 504 du Code d'instruction criminelle ;

Attendu que le sieur ..... a troublé la séance par (signes d'approbation ou d'improbation, à ce que disait le juge-commissaire ou toute autre personne à laquelle il avait donné la parole, ou a causé du tumulte en faisant .....), et que, malgré nos injonctions, il ne s'est point retiré (la suite comme à la formule pour le président d'audience).

Nota. — Les observations faites dans la note précédente, qui suit la formule relative au président, s'appliquent pareillement au juge-commissaire, avec cette différence, toutefois, que ce dernier, réunissant en sa personne les pouvoirs du président et ceux du tribunal, pourrait non-seulement ordonner l'arrestation et le dépôt, par mesure de police, mais encore prononcer, séance tenante, les peines disciplinaires et même correctionnelles auxquelles il y aurait lieu de recourir.

47. *Procès-verbal et jugement d'un délit disciplinaire commis à l'audience publique par un individu remplissant une fonction près le tribunal (avocat, greffier, huissier-audiencier).*

Le tribunal de commerce de ....., tenant, cejourd'hui ..... 18....., son audience publique, où siégeaient MM. ......, assistés du sieur ...., greffier, tenant la plume ;

(Constater les faits et circonstances de la faute ou du délit disciplinaire, les observations et injonctions faites par le président de l'audience, les excuses ou explications présentées par l'inculpé, qui doit être entendu dans sa défense.)

Vu les constatations et explications qui précèdent ;

Le tribunal ordonne qu'il se retirera de suite dans la chambre du conseil pour dresser procès-verbal et en délibérer.

Et après que, de tout ce que dessus a été dressé le présent procès-verbal, le tribunal, étant rentré à l'audience publique, a fait donner par le greffier lecture du procès-verbal qui venait d'être dressé et a prononcé immédiatement (1) le jugement dont la teneur suit :

Vu les décrets (2) du 30 mars 1808, 14 décembre 1810, et l'ordonnance du 20 novembre 1822 ;

Attendu que les faits constatés (les analyser) constituent une infraction aux règles de la discipline, une atteinte à la dignité de la justice et un manque de respect envers les magistrats ;

Le tribunal fait défense à Me ....., avocat, de ....., à l'avenir ....., et pour l'avoir fait malgré les avertissements du président, le condamne (suivant la gravité de la faute commise, à l'une des peines suivantes) : à l'avertissement, à l'interdiction pour ....., mois (l'interdiction temporaire ne peut excéder une année), à la radiation du tableau (3), ordonne qu'expédi-

---

(1) Si le tribunal ne prononçait pas immédiatement, il y aurait lieu de clore le procès-verbal en indiquant qu'il serait ultérieurement statué, lequel procès-verbal devrait, dans ce cas, être signé par le président et par le greffier.

(2) S'il s'agissait d'un greffier ou d'un huissier-audiencier, ce sont les décrets relatifs à la discipline de ces fonctionnaires qui devraient être visés et les peines y portées qu'il faudrait appliquer.

(3) Si, indépendamment du délit disciplinaire, il y avait eu trouble ou tumulte accompagné d'injures ou de voies de fait envers les juges ou les officiers de justice, le tribunal pourrait en outre faire application des dis-

tion du présent jugement sera transmis par le greffier à M. le procureur général.

Ainsi fait et jugé par MM. ....., en présence de M. ....., juge suppléant, et signé sur la minute par les juges ayant voix délibérative et le greffier.

48. *Procès-verbal et jugement, par un juge-commissaire, d'un délit disciplinaire commis à une séance publique de faillite par un individu remplissant une fonction près le tribunal (avocat, greffier, huissier-audiencier).*

Nous, juge au tribunal de commerce de ....., commissaire de la faillite du sieur ....., président, cejourd'hui ..... 18....., l'assemblée des créanciers de ladite faillite, convoqués pour (indiquer l'opération), assisté du sieur ....., greffier (la suite comme à la formule qui précède).

Nota. — Les observations consignées dans l'annotation jointe à la formule précédente s'appliquent pareillement au juge-commissaire qui, en pareil cas, réunit les pouvoirs du président et du tribunal.

49. *Procès-verbal et ordre d'arrestation à raison d'un délit commun (1) ou d'un crime commis à l'audience publique.*

Le tribunal de commerce de ....., tenant, cejourd'hui ..... 18....., son audience publique où siégeaient MM. ....., assistés du sieur ....., greffier,

(Constater d'une manière aussi précise et détaillée que possible les faits constitutifs du délit, du crime et les circonstances dans lesquelles il a été commis, ainsi que les pièces saisies et mises sous les scellés.)

Et, attendu que les faits ci-dessus constituent un crime (ou un délit);

Le tribunal, vu les articles 92 du Code de procédure civile, 181 et 506 du Code d'instruction criminelle;

Ordonne que le sieur ....., saisi par ordre de M. le président

---

positions de l'article 90 du Code de procédure civile, ou renvoyer sur ce chef l'inculpé devant les juges compétents.

(1) L'expression *délit commun* est employée ici pour distinguer les délits ordinaires de ceux qui, purement relatifs à la discipline ou concernant seulement la police de l'audience, ne peuvent être dès lors commis que par certaines personnes.

de l'audience, demeurera arrêté et sera conduit dans la maison d'arrêt; — Et le renvoie, en état de mandat de dépôt, devant le tribunal compétent pour être poursuivi et jugé suivant les règles établies par le Code d'instruction criminelle;

Ordonne, en outre, que les pièces ci-dessus décrites et placées sous les scellés demeureront saisies et seront par le greffier transmises immédiatement à M. le procureur impérial, avec expédition (sur papier libre) du présent procès-verbal dont une autre expédition sera remise au gardien de la maison d'arrêt;

Commet ....., huissier-audiencier, pour mettre le présent ordre à exécution.

Fait et dressé les jour, mois et an que dessus, et a, le président de l'audience, signé avec le greffier tenant la plume.

50. *Procès-verbal et ordre d'arrestation à raison d'un délit commun ou d'un crime commis à une séance publique de faillite.*

Nous, juge au tribunal de commerce de ....., commissaire à la faillite du sieur ....., président, cejourd'hui ..... 18....., l'assemblée des créanciers de ladite faillite, convoquée pour (indiquer l'opération), assisté du sieur ...., greffier (la suite comme à la formule précédente).

§ IV.

ORDONNANCES DU PRÉSIDENT.

51. *Ordonnance portant commission d'un juge pour vérifier des livres de commerce et certifier un extrait à envoyer en province ou à produire à une administration publique pour remplacer les livres et justifier soit une fourniture, soit l'origine française de marchandises renvoyées de l'étranger.*

Nous, président du tribunal de commerce de ..... ;

Vu la requête qui précède, commettons M. ....., l'un des membres du tribunal, à l'effet de vérifier les livres du requérant et certifier ensuite l'exactitude et la conformité de l'extrait desdits livres, pour servir et valoir ce que de droit.

A ....., le

52. *Ordonnance désignant pour vendre les objets donnés en gage un officier ministériel autre qu'un agent de change ou un courtier* (art. 93, C. com.).

Nous, président du tribunal de commerce de .....;

Vu la requête qui précède et l'article 93 du Code de commerce, ensemble la nature des objets donnés en gage, sans rien préjuger sur les droits des parties;

Disons que la vente desdits objets sera faite par un commissaire-priseur (ou un notaire).

A ....., le

53. *Ordonnance portant commission d'expert pour constater l'état de marchandises transportées* (art. 106, C. com.).

Nous, président du tribunal de commerce de ....;

Vu la requête qui précède et l'article 106 du Code de commerce;

Commettons M. ...., à l'effet de procéder, en présence du voiturier (ou du destinataire), ou lui dûment appelé, à l'examen et vérification des marchandises dont il s'agit, constater leur état et leur poids, le déficit et les avaries, s'il en existe, leur cause apparente, l'importance du dommage et du tout dresser procès-verbal, pour servir ce que de droit.

A ...., le

54. *Ordonnance autorisant un voiturier à déposer des marchandises et à faire constater préalablement leur état* (art. 106, C. com.).

Nous, président du tribunal de commerce de ....;

Vu la requête qui précède et l'article 106 du Code de commerce;

Autorisons l'exposant à déposer les marchandises dont il s'agit chez M. ....., entrepositaire à ....., lequel procédera, en présence des parties, ou elles dûment appelées, à l'examen et vérification desdites marchandises, constatera leur état et leur poids, le déficit et les avaries, s'il en existe, leur cause apparente, l'importance du dommage et du tout dressera procès-verbal pour servir et valoir ce que de droit.

A ....., le

55. *Ordonnance autorisant un voiturier à faire vendre les marchandises transportées pour le prix du transport et à décharger et séquestrer le surplus* (art. 106, C. com.).

Nous, président du tribunal de commerce de ....;

Vu la requête qui précède et l'article 106 du Code de commerce ;

Autorisons l'exposant à faire procéder par M. ...... (commissaire-priseur ou courtier), en présence du destinataire ou lui dûment appelé, à la vente des marchandises composant le chargement dont il s'agit, à concurrence de la somme nécessaire pour payer ce qui est dû au requérant;

L'autorisons, en outre, à décharger le surplus desdites marchandises dans les magasins ou chantiers ..... (indiquer le lieu du dépôt), et ce aux frais, risques et périls de qui il appartiendra.

A ....., le

56. *Ordonnance portant refus de nomination d'expert lorsqu'il n'y a pas lieu à l'application de l'article 106 du Code de commerce.*

Nous, président du tribunal de commerce de ....;

Vu la requête qui précède et les motifs qui y sont exposés;

Considérant qu'il ne s'agit pas, dans l'espèce, de refus ou contestation pour la réception d'objets transportés, ni de difficultés entre le voiturier, le commissionnaire ou le destinataire, d'où il suit qu'il n'y a pas lieu à l'application de l'article 106 du Code de commerce;

Par ces motifs, renvoyons l'exposant à se pourvoir ainsi qu'il avisera.

A ...., le

57. *Ordonnance autorisant à requérir paiement d'un effet de commerce perdu avant l'échéance et à dresser acte de protestation* (art. 151 et suivants, C. com.).

Nous, président du tribunal de commerce de .....;

Vu la requête qui précède et les articles 151 et suivants du Code de commerce, ensemble la justification de la propriété;

Autorisons l'exposant à requérir paiement de l'effet de ....., dont il s'agit et à faire dresser acte de protestation, si besoin est, pour la conservation de ses droits, à la charge soit de fournir une caution bonne et valable (1), soit de déposer la somme de ......, à la Caisse des consignations, avec affectation spéciale à la garantie de l'effet sus-énoncé pendant le délai fixé par l'article 155 du Code de commerce.

A ...., le

58. *Ordonnance autorisant à requérir paiement d'un effet perdu après l'échéance et non protesté, ou protesté soit tardivement, soit sans autorisation du juge* (art. 151 et suiv., C. com.).

Nous, président du tribunal de commerce de .....;

Vu la requête qui précède et les articles 151 et suivants du Code de commerce, ensemble la justification de la propriété ;

Sans rien préjuger sur les formalités remplies pour la conservation des recours, autorisons l'exposant à requérir, *contre qui de droit,* paiement de l'effet de ...., dont il s'agit, à la charge (la suite comme dans l'ordonnance précédente).

A ....., le

59. *Ordonnance autorisant à assigner sans observer les délais* (art. 417, C. procédure civile).

Nous, président du tribunal de commerce de .....;

Vu la requête qui précède et l'article 417 du Code de procédure civile ;

Autorisons l'exposant à assigner le sieur ....., devant le tribunal, aujourd'hui, pour l'audience du ....., aux fins de ladite requête, et ce par l'un des huissiers-audienciers du tribunal.

A ....., le

---

(1) Le président ne pourrait dispenser de fournir caution en se fondant sur la solvabilité du requérant, les dispositions de la loi, en pareil cas, sont impératives et ne laissent pas au juge la même latitude que dans le cas prévu par l'article 439 du Code de procédure civile où il s'agit d'autoriser l'exécution provisoire d'un jugement nonobstant appel.

60. *Ordonnance autorisant dans un cas urgent à saisir les effets mobiliers d'un débiteur* (art. 417, C. de procéd. civ.) (1).

Nous, président du tribunal de commerce de .....;

Vu la requête qui précède et l'article 417 du Code de procédure civile, ensemble la justification de l'urgence et du péril en la demeure ;

Autorisons l'exposant, à ses risques et périls, à faire saisir par ....., l'un des huissiers-audienciers du tribunal, que nous commettons à cet effet, les effets mobiliers du sieur ....., et ce, pour sûreté de la somme de ....., à laquelle nous évaluons provisoirement la créance, mais à la charge d'assigner, si fait n'a été, en paiement, dans les vingt-quatre heures de la saisie, devant le tribunal de commerce et pour la plus prochaine audience ; — Ce qui sera exécuté nonobstant opposition ou appel ;

Réservons au sieur ..... la faculté d'arrêter l'exécution de la présente permission en déposant, tous droits réservés, la susdite somme entre les mains de l'huissier, lequel en fera immédiatement la consignation légale ;

Disons qu'en cas d'opposition à notre ordonnance, il sera statué par le tribunal de commerce, parties dûment appelées, même d'heure à heure.

A ....., le

61. *Ordonnance autorisant une saisie conservatoire sur le débiteur d'un effet de commerce protesté* (art. 172, C. com.) (2).

Nous, président du tribunal de commerce de .....;

Vu la requête qui précède et l'article 172 du Code de commerce ; ensemble la justification de l'urgence et du péril en la demeure ;

Autorisons l'exposant à faire saisir conservatoirement par ....., l'un des huissiers-audienciers de ce tribunal que nous commettons à cet effet, les meubles et marchandises du sieur

---

(1 et 2) Le président du tribunal de commerce est seul compétent pour autoriser une semblable saisie. La Cour impériale de Paris, première chambre, vient encore de le décider par un arrêt du 9 janvier 1866, infirmant pour incompétence une ordonnance du président du tribunal civil de la Seine (affaire Ober et Jones, etc.).

....., et ce, pour sûreté de la somme de ....., montant de l'effet sus-énoncé, dûment protesté, faute de paiement, et à la charge d'assigner, si fait n'a été, en paiement dans les vingt-quatre heures de la saisie devant le tribunal de commerce et pour la plus prochaine audience; — Ce qui sera exécuté nonobstant opposition ou appel;

Réservons au sieur ..... la faculté d'arrêter l'exécution de la présente permission en déposant, tous droits réservés, la susdite somme entre les mains de l'huissier, lequel en fera immédiatement la consignation légale;

Disons qu'en cas d'opposition à notre ordonnance il sera statué par le tribunal de commerce, parties dûment appelées, même d'heure à heure.

A ....., le

62. *Ordonnance autorisant, en cas de perte du titre, à requérir la délivrance d'un duplicata de récépissé de marchandises warrantées ou le paiement d'un warrant.*

Nous, président du tribunal de commerce de ....;

Vu la requête qui précède et l'article 12 de la loi du 20 mai 1858, ensemble la justification de la propriété;

Autorisons l'exposant à requérir du directeur des magasins généraux (indiquer les magasins généraux où les marchandises sont déposées) — la délivrance d'un duplicata du récépissé sus-mentionné (s'il s'agit d'un récépissé), — le paiement de la somme de ..... montant de la créance garantie (s'il s'agit du warrant), — et ce, à la charge de fournir bonne et valable caution.

A ....., le

63. *Ordonnance autorisant la vente publique de cuirs verts, sans exhibition matérielle ni exposition préalable (décret du 23 mai 1863).*

Nous, président du tribunal de commerce de la Seine;

Vu la requête qui précède, ensemble la loi du 28 mai 1858 et le décret du 23 mai 1863 portant dérogation aux articles 20, 21, 22 et 23 du règlement d'administration publique, décrété le 12 mars 1859;

Autorisons l'exposant à faire vendre aux enchères publiques dans ses magasins de la rue ....., n° ....., sans exhibition matérielle ni exposition préalable, les cuirs verts dont il s'agit, mais à la charge par le courtier de se conformer aux dispositions particulières aux ventes publiques de marchandises en gros, édictées par le décret du 12 mars 1859, auxquelles il n'est point expressément dérogé par le décret du 23 mai 1863;

Disons que notre présente ordonnance sera exécutée en une seule vente.

A Paris, le

64. *Ordonnance portant commission d'un tiers expert en exécution de conventions diplomatiques internationales, pour l'exécution des traités de commerce.*

Nous, président du tribunal de commerce de ....;
Vu la requête qui précède;
Vu l'article ..... de la convention diplomatique du ....., conclue entre la France et ......, ensemble le désaccord des experts choisis par les parties;
Nommons M. ....., en qualité de tiers expert pour procéder, ainsi que de droit, en conformité de la convention diplomatique sus-visée.

A ....., le

65. *Ordonnance portant commission d'un vétérinaire pour faire l'autopsie d'un bœuf mort provenant des marchés de Sceaux ou de Poissy, et vendu pour l'approvisionnement de Paris.*

Nous, président du tribunal de commerce de la Seine ....;
Vu la requête qui précède;
Commettons M. ...., médecin vétérinaire, à l'effet de procéder à l'ouverture du bœuf ..... dont il s'agit, rechercher et constater les causes de sa mort, et du tout dresser procès-verbal pour servir et valoir ce que de droit;
Disons qu'avant de procéder à sa mission l'expert par nous commis prêtera serment entre nos mains.

A Paris, le

66. *Ordonnance portant acceptation d'une commission rogatoire et fixation de jour ou délégation d'un juge pour l'exécuter.*

Nous, président du tribunal de commerce de ..... ;
Vu la requête qui précède et le jugement rendu par le tribunal de ....., dûment enregistré ;
Acceptons la commission rogatoire à nous donnée par ledit jugement et, y déférant, fixons le ....., heure ....., pour procéder à l'exécution de ladite commission rogatoire en notre cabinet au tribunal ;
Ou commettons M. ..., l'un des membres du tribunal, pour procéder à l'exécution de ladite commission rogatoire, aux jour, heure et lieu qui seront par lui ultérieurement fixés.
A ...., le

67. *Ordonnance autorisant, au profit du déposant, l'ouverture d'un dépôt fait au greffe pour conserver la propriété d'un modèle ou d'une marque de fabrique.*

Nous, président du tribunal de commerce de ..... ;
Vu la requête présentée par le *déposant* (ou ses ayants droit) ;
Attendu qu'il justifie d'un intérêt à la représentation des objets déposés ;
Ordonnons l'apport immédiat des boîtes et du paquet dont s'agit, pour, après ouverture et exhibition, être procédé aux constatations utiles, et, ensuite, lesdites boîtes et paquet, étant clos et scellés, être rétablis au dépôt du greffe de ce tribunal.
A ...., le

68. *Procès-verbal de la vérification mensuelle faite au greffe par le président* (ordonnances royales des 5 novembre 1823 et 10 mars 1825).

L'an 186..., le ....., nous, président du tribunal de commerce de ....., en exécution des ordonnances royales des 5 novembre 1823 et 10 mars 1825, avons fait au greffe du tribunal l'examen des répertoires et vérifié l'état matériel et de situation des feuilles d'audience du mois ..... dernier, ainsi que la tenue des actes et jugements reçus et passés pendant ce mois, dans ledit greffe,

Nous constatons qu'il nous a paru que tout était en règle.

Nous nous sommes, en outre, assuré que la formalité, prescrite par l'article 1er de l'ordonnance du 10 mars 1825, était exactement observée;

De tout quoi nous avons dressé le présent procès-verbal les jour, mois et an que dessus.

69. *Légalisation de signature.*

Vu, par nous, président du tribunal de commerce de ....., pour légalisation de la signature de M. (nom et qualité), apposée ci-dessus.

A ....., le

§ V.

PROCÈS - VERBAUX EN MATIÈRE DE FAILLITE.

70. *Procès-verbal de l'assemblée tenue pour la nomination des syndics définitifs* (art. 462, C. com.).

L'an mil huit cent soixante ....., le ..... (jour et heure), par devant nous (nom et prénoms), juge au tribunal de commerce, séant à ....., et commissaire de la faillite du sieur ..... (nom, prénoms, profession), demeurant à ...., étant en la salle des assemblées de créanciers, sise audit tribunal, assisté de (nom et prénoms), commis-greffier près ce tribunal;

Ont comparu :

1° Le sieur (nom, prénoms, profession, domicile);

2° (Et ainsi de suite);

Tous les sus-nommés, créanciers présumés de la présente faillite, légalement convoqués par lettres du greffier et insertions dans les journaux, pour, conformément à l'article 463 du Code de commerce, donner leur avis sur la composition de l'état des créanciers présumés et la nomination de nouveaux syndics.

L'assemblée étant constituée sous notre présidence, la séance a été ouverte par l'appel nominal (1).

Les comparants n'ont fait aucune observation sur la composition de l'état des créanciers présumés, et ils ont demandé le maintien du sieur (nom), syndic provisoire, en qualité de syndic définitif (— ou ils ont demandé que le sieur ..... fût nommé syndic définitif ou adjoint au sieur .....)

De tout ce que dessus nous avons dressé le présent procès-verbal que nous avons signé avec le greffier.

71. *Procès-verbal de vérification et affirmation des créances.*

L'an mil huit cent soixante ....., le ..... (jour et heure), par devant nous (nom et prénoms), juge suppléant au tribunal de commerce de ....., séant à ....., et commissaire à la faillite du sieur (nom, prénoms, profession, domicile), étant en la salle ordinaire des assemblées de créanciers, sise audit tribunal, assisté de (nom, prénoms), commis-greffier assermenté près ce tribunal, en présence du sieur ....., syndic de ladite faillite,
　　Ont comparu :

1° Les sieurs (nom, prénoms, profession, domicile), représentés par le sieur (nom, prénoms, domicile), leur mandataire, suivant pouvoir sous signature privée, enregistré et ci-annexé, lesquels ont été reconnus créanciers et admis au passif de la faillite — pour la somme de (*trois mille cent francs*), montant d'un bordereau sur timbre de 1 franc, — pour (*deux acceptations du failli sur timbre de 1 franc, échues les 15 et 31 juillet 1865*), — et a le comparant ès-noms affirmé entre nos mains que cette créance est sincère et véritable, dont acte et a signé après lecture.

　　　　　　　　　　　　　　　　(*Signature.*)

2° Le sieur ..... (et ainsi de suite pour chacun des créanciers).

　　　　　　　　　　　　　　　　(*Signature.*)

Aucun autre créancier n'étant présent, nous avons ajourné l'opération au jour qui sera ultérieurement fixé (ou à tels jour

---

(1) Si aucun créancier ne se présente le procès-verbal est ainsi rédigé : a comparu le sieur (nom), syndic provisoire de la faillite, lequel a dit que : tous les créanciers présumés, etc. (la suite comme au modèle ci-dessus), et le procès-verbal se termine comme suit : — aucun créancier ne s'étant présenté, nous avons dit qu'il en serait référé au tribunal.
De tout ce que dessus nous avons dressé le présent procès-verbal, que nous avons signé avec le greffier.

et heure), et de ce que dessus nous avons dressé le présent procès-verbal, que nous avons signé avec le syndic et le greffier.

(*Signatures.*)

Et cejourd'hui (an, mois, jour et heure), par devant nous, juge-commissaire à la présente faillite, assisté du greffier, en présence du syndic, ont comparu :

3° Le sieur ..... (la suite comme précédemment).

Aucun autre créancier ne se présentant pour affirmer sa créance, nous avons déclaré closes les opérations de vérification et d'affirmation, et avons dressé le présent procès-verbal, que nous avons signé avec le syndic et le greffier.

(*Signatures.*)

72. *Procès-verbal de délibération sur le concordat et remise à huitaine pour deuxième délibération.*

L'an mil huit cent soixante ....., le ..... (jour et heure), par devant nous ...., juge suppléant au tribunal de commerce de ....., séant à ....., et commissaire à la faillite du sieur (nom, prénoms, profession, domicile), étant en la salle ordinaire des assemblées de créanciers, sise audit tribunal, assisté de (nom et prénoms), commis-greffier assermenté près ce tribunal;

Ont comparu les sieurs :

C.	créancier de . . .	600 fr.	»
Ch	—	. . . 373	70
B.	—	. . . 3,777	85

Tous créanciers vérifiés et affirmés, ou admis par provision, qualifiés et domiciliés au procès-verbal de vérification des créances, légalement convoqués par lettres du greffier et insertions dans les journaux, pour entendre le rapport du syndic, délibérer sur la formation du concordat, l'admettre ou s'entendre déclarer en état d'union, et, dans ce dernier cas, être consultés tant sur les faits de la gestion que sur l'utilité du maintien ou du remplacement du syndic.

La séance étant ouverte, le sieur (nom), syndic, a donné lecture du rapport prescrit par l'article 506 du Code de commerce, lequel rapport est demeuré ci-annexé.

Le failli, par l'organe de son conseil, a donné lecture d'un projet de concordat par lequel il offrait de payer (*trente pour cent, savoir : huit pour cent dans un et deux ans et sept pour cent dans trois et quatre ans du jour de l'homologation*).

Ce concordat, mis aux voix, a été accepté par tous les créanciers présents, sauf les sieurs H..... et G..... B..... et Cⁱᵉ.....

Calcul fait, nous avons reconnu que le concordat n'avait obtenu que l'une des deux majorités prescrites par la loi, celle en nombre. En conséquence, nous avons ajourné la délibération à huitaine pour tout délai.

De ce que dessus nous avons dressé le présent procès-verbal que nous avons signé avec le greffier.

78. *Procès-verbal de délibération sur le concordat* (art. 50⁷ et 509, C. com.).

L'an mil huit cent soixante ....., le ..... (jour et heure), par devant nous (nom et prénoms), juge suppléant au tribunal de commerce de ....., et commissaire de la faillite du sieur (nom, prénoms, profession, domicile), étant en la salle des assemblées de créanciers, sise audit tribunal, assisté de (nom, prénoms), commis-greffier assermenté près le tribunal.

Sont comparus les sieurs :

B.... et R...., représentés par C...., créanciers de. . . . . Fr.	3,100 »
B...., oncle et neveu.	1,000 17
C.... et Cⁱᵉ.	1,468 70
L...., ...	842 66
P...., ...	60 60
M...., ...	159 »
D...., ...	42 »
Ch.... et Cⁱᵉ.	1,022 45
U...., ...	175 »
B...., ...	1,819 30
D...., ...	620 »
D...., ...	2,878 35

Tous les sus-nommés, créanciers vérifiés et affirmés, ou admis par provision, qualifiés et domiciliés au procès-verbal de vérification des créances, légalement convoqués pour (1) entendre le rapport du syndic et délibérer sur le concordat, l'admettre ou s'entendre déclarer en état d'union.

La séance étant ouverte, le sieur (nom), syndic, a donné lecture du rapport prescrit par l'article 506 du Code de commerce, lequel rapport est demeuré ci-annexé.

Le failli, par l'organe de son conseil, a donné lecture d'un projet de concordat par lequel il offrait (*l'abandon de son actif réalisé et à réaliser, avec engagement de parfaire cent pour cent en cinq ans, par cinquième d'année en année, à partir du jour de l'homologation*).

Ces propositions, mises aux voix, ont été acceptées par tous les créanciers présents.

Calcul fait, nous avons reconnu : — 1° que les créanciers affirmés, ou admis par provision, ayant le droit de prendre part à la délibération sur le concordat, étaient au nombre de (*treize*), et formaient une somme de (*quatorze mille cent quatre-vingt-dix-huit francs vingt-trois centimes*).

2° Et que ceux ayant acccepté le concordat étaient au nombre de (*douze*) et représentant une somme de (*treize mille cent quatre-vingt-dix-huit francs vingt-trois centimes*).

En conséquence, le concordat ayant réuni les deux majorités prescrites par la loi, nous avons proclamé son adoption et admis les parties à le signer séance tenante (2).

L'assemblée ayant rempli sa mission, nous l'avons dissoute.

De tout ce que dessus nous avons dressé le présent procès-verbal auquel nous avons annexé le concordat et l'avons signé avec le greffier.

74. *Procès-verbal de reddition de compte par le syndic au failli après homologation de concordat (art. 519, C. com.).*

L'an mil huit cent soixante ....., le ..... (jour et heure), par devant nous (nom, prénoms), juge suppléant au tribunal de commerce de ...., séant à ...., et commissaire à la faillite du sieur (nom, prénoms, profession, domicile) ;

---

(1) S'il s'agit d'une deuxième délibération après remise à huitaine, continuer ainsi : — Pour reprendre la délibération sur le concordat proposé par le failli.

(2) Si le concordat contenait un abandon d'actif, il faudrait ajouter :
Les créanciers, par nous consultés, ont demandé le maintien ou la nomination du sieur ....., en qualité de syndic, à l'effet de procéder à la réalisation et à la répartition de l'actif abandonné.

Étant en la chambre du conseil, sise audit tribunal, assisté de (nom, prénoms), commis-greffier assermenté près ce tribunal,

Sont comparus :

Le sieur (nom, prénoms), syndic de la faillite ;

Et le sieur (nom), ci-dessus qualifié et domicilié ;

Lesquels se sont volontairement présentés devant nous et ont procédé ainsi qu'il suit :

Observation préliminaire.

Par jugement de ce tribunal, en date du ....., enregistré, le concordat consenti par les créanciers a été homologué, en conséquence, rien ne s'opposant à la reddition du compte du syndic, il a été présenté et rendu de la manière suivante :

Compte en deniers.

La recette s'est élevée à la somme de. Fr.	687	90
Et la dépense à celle de.	753	85
Excédant en dépense.	65	65

Ce compte, reconnu exact par le failli, est demeuré ci-annexé.

Remise de l'actif.

Le failli reconnaît par ces présentes que le syndic l'a remis en possession, après récolement préalablement fait, de tous les livres, titres, papiers, objets mobiliers et marchandises composant l'actif de la faillite, et déclare en donner bonne et valable décharge.

De son côté, le syndic déclare rendre, comme de fait il rend au failli la libre jouissance de ses droits pour, par lui, les exercer comme il l'entendra, voulant, par ces présentes, que remise lui soit valablement faite de tout ce qui pourra lui appartenir, donnant à cet effet mainlevée de toutes oppositions, saisies-arrêts ou autres empêchements généralement quelconques que le syndic avait pu former dans l'intérêt de la masse avant le concordat (1).

_____

(1) Sauf, bien entendu, les stipulations contraires qui pourraient avoir été insérées au concordat.

Approbation de gestion.

En conséquence de tout ce qui précède, le failli déclare approuver toutes les opérations faites par le syndic pendant le cours de sa gestion, et il s'engage à ne le rechercher en aucune manière pour raison d'icelle.

Clôture de la faillite.

Au moyen de ce que dessus, les opérations de cette faillite étant entièrement terminées, nous déclarons que les fonctions de syndic et de juge-commissaire cessent dès ce moment.

Fait et dressé le présent procès-verbal, les jour, mois et an que dessus, et l'avons signé avec les parties et le greffier après lecture.

75. *Procès-verbal de délibération sur le concordat. — Refus par les deux majorités et constitution de l'union* (art. 507, 529 et 530, C. com.).

L'an mil huit cent soixante ....., le ..... (jour et heure), par devant nous (nom, prénoms), juge suppléant au tribunal de commerce de ....., séant à ....., et commissaire à la faillite du sieur (nom, prénoms, profession, domicile);

Étant en la salle ordinaire des assemblées de créanciers, sise audit tribunal, assisté de (nom et prénoms), commis-greffier assermenté près ce tribunal;

Ont comparu les sieurs :

C...., créancier de. . . . . Fr.	600	»
Ch..., —	373	70
C...., —	3,775	85

Tous créanciers vérifiés et affirmés, ou admis par provision, qualifiés et domiciliés au procès-verbal de vérification des créances, légalement convoqués par lettres du greffier et insertions dans les journaux, pour entendre le rapport du syndic, délibérer sur la formation du concordat, l'admettre ou s'entendre déclarer en état d'union, et, dans ce dernier cas, être consultés tant sur les faits de la gestion que sur l'utilité du maintien ou du remplacement du syndic;

La séance étant ouverte, le sieur (nom), syndic, a donné lecture du rapport prescrit par l'article 506 du Code de commerce, lequel rapport est demeuré ci-annexé.

Le failli, par l'organe de son conseil, a donné lecture d'un projet de concordat par lequel il offrait de payer (trente pour cent, savoir : huit pour cent dans un et deux ans, et sept pour cent dans trois et quatre ans du jour de l'homologation).

Ce concordat, mis aux voix, a été accepté par tous les créanciers présents, sauf les sieurs H..... et G....., B..... et Cie.....

Calcul fait, nous avons reconnu que le concordat n'avait obtenu ni l'une ni l'autre des deux majorités exigées par la loi.

En conséquence, nous avons déclaré aux créanciers qu'ils se trouvaient de plein droit en état d'union, conformément à l'article 529 du Code de commerce.

Consultés par nous, les créanciers n'ont élevé aucune réclamation contre la gestion du syndic actuel dont ils ont demandé le maintien.

Sur la question prescrite par l'article 530 du Code de commerce, la majorité des créanciers présents (quatre sur sept) a consenti l'allocation d'un secours au failli.

De tout ce que dessus nous avons dressé le présent procès-verbal que nous avons signé avec le greffier.

76. *Procès-verbal de constitution d'union après condamnation du failli comme banqueroutier frauduleux* (art. 510, § 1er, 529 et 530, C. com.).

L'an mil huit cent soixante ....., le ..... (jour et heure), par devant nous (nom et prénoms), juge suppléant au tribunal de commerce de ....., séant à ....., et commissaire à la faillite du sieur (nom, prénoms, profession, domicile);

Etant en la salle des assemblées de créanciers, sise audit tribunal, assisté de (nom et prénoms), commis-greffier assermenté;

Sont comparus les sieurs :

C..... père, créancier de. . Fr.	147	»
D....., —	397	99
L....., —	259	»

. . . .

Tous créanciers vérifiés et affirmés, qualifiés et domiciliés au procès-verbal de vérification des créances, légalement convoqués par lettres du greffier, insertions dans les journaux, pour entendre le rapport du syndic;

Et attendu que, le failli ayant été condamné comme banqueroutier frauduleux par arrêt de la Cour d'assises de ....., en date du ..... 186..., le concordat ne peut être formé, s'entendre déclarer de plein droit en état d'union et donner leur avis tant sur les faits de la gestion que sur l'utilité du maintien ou du remplacement du syndic, et, en outre, sur la question de savoir si un secours sera accordé au failli sur l'actif de la faillite.

L'assemblée étant constituée sous notre présidence, le sieur ....., syndic, a donné lecture de son rapport sur l'état de la faillite, lequel rapport est demeuré ci-annexé;

Et le sieur (le failli) ne s'étant point présenté, quoique dûment appelé suivant acte de (nom), huissier à ....., en date du ..... dernier, enregistré;

Vu l'arrêt de condamnation sus-énoncé et daté, et le § 1er de l'article 510 du Code de commerce, nous avons déclaré aux créanciers qu'ils se trouvaient de plein droit en état d'union, conformément à l'article 529 du Code de commerce.

Consultés par nous, les créanciers présents n'ont élevé aucune réclamation contre la gestion du syndic actuel dont ils ont demandé le maintien.

Sur la question prescrite par l'article 530 du Code de commerce, ils ont à l'unanimité refusé l'allocation d'un secours au failli.

De tout ce que dessus nous avons dressé le présent procès-verbal que nous avons signé avec le greffier.

77. *Procès-verbal de délibération sur le sursis au concordat en cas de poursuites en banqueroute frauduleuse contre le failli et remise de la délibération à huitaine (art. 510, C. com.).*

L'an mil huit cent soixante ....., le ..... (jour et heure), par devant nous (nom, prénoms), juge suppléant au tribunal de commerce de ....., séant à ....., et commissaire à la faillite du sieur (nom, prénoms, profession, domicile);

Etant en la salle ordinaire des assemblées de créanciers, sise audit tribunal, assisté de (nom, prénoms), commis-greffier assermenté près ce tribunal,

Ont comparu les sieurs :

        P....., créancier de. . . . Fr.   4,070 60
        L... et M... — . . . . . . 60,270 »

Tous créanciers vérifiés et affirmés, qualifiés et domiciliés au procès-verbal de vérification, légalement convoqués en conformité de l'article 510 du Code de commerce, par lettres du greffier et insertions dans les journaux, pour :

Attendu que des poursuites sont commencées contre le failli, inculpé de banqueroute frauduleuse (1) ;

Décider s'ils se réservent de délibérer sur un concordat en cas d'acquittement, et si, en conséquence, ils surseoient à statuer jusqu'après l'issue des poursuites ;

La séance étant ouverte, le failli absent, quoique dûment appelé, suivant acte de (nom), huissier à ....., en date du ....., présent mois, enregistré ;

Le sieur (nom), syndic, a donné lecture de son rapport sur l'état de la faillite, lequel rapport est demeuré ci-annexé ;

Cette lecture terminée, les créanciers présents, consultés par nous, ont, d'un commun accord, consenti le sursis à statuer.

Calcul fait, nous avons reconnu que les créanciers accordant le sursis ne représentaient que l'une des deux majorités prescrites par la loi, celle des trois quarts en somme ; et, en conséquence, nous avons ajourné la délibération à huitaine pour tout délai (2).

De ce que dessus nous avons dressé le présent procès-verbal, et l'avons signé avec le greffier.

78. *Procès-verbal de reprise de la délibération sur le sursis au concordat, à raison de poursuites en banqueroute frauduleuse contre le failli* (art. 510, C. com.).

L'an mil huit cent soixante ....., le ..... (jour et heure), par devant nous (nom, prénoms), juge suppléant au tribunal de

---

(1) Dans le cas de poursuites en banqueroute simple, il y aurait lieu de procéder de la même manière, mais le sursis étant alors purement facultatif, en ce que son refus, loin d'entraîner l'union de plein droit, a au contraire, pour conséquence, la délibération immédiate sur le concordat, on est dans l'usage de constater par un seul et même procès-verbal la délibération sur le sursis et celle sur le concordat.

(2) Si le sursis ne réunissait ni l'une ni l'autre des deux majorités, le juge-commissaire déclarerait les créanciers en état d'union et les consulterait immédiatement sur les faits de la gestion, le maintien et le remplacement du syndic et sur le secours à accorder au failli.

commerce de ....., séant à ....., et commissaire à la faillite du
sieur (nom, prénoms, profession, domicile) ;

Étant en la salle ordinaire des assemblées de créanciers, sise
audit tribunal, assisté de (nom, prénoms), commis-greffier
assermenté près ce tribunal ;

Ont comparu les sieurs :

P....., créancier de...	Fr.	4,070 60	
L.....,	—	60,270	»
A.....,	—	2,688 21	
G.....,	—	4,058 71	
F.....,	—	52,448	»

Tous créanciers vérifiés et affirmés, qualifiés et domiciliés
au procès-verbal de vérification, légalement convoqués par
lettres du greffier et insertions dans les journaux, pour reprendre la délibération ouverte en exécution de l'article 510
du Code de commerce, et décider s'ils se réservent de délibérer
sur un concordat, et si, en conséquence, ils sursoient à statuer
jusqu'après l'issue des poursuites en banqueroute frauduleuse,
commencées contre le failli.

La séance étant ouverte, les créanciers présents, consultés
par nous, ont à l'unanimité consenti le sursis.

Calcul fait, nous avons reconnu que les créanciers vérifiés et
affirmés étaient au nombre de (sept) et formaient une somme
de (cent vingt-six mille cinq cent sept francs douze centimes), et
que ceux ayant consenti le sursis étaient au nombre de (cinq)
et représentaient une somme de (cent vingt-trois mille cinq
cent cinq francs).

En conséquence, le sursis ayant été voté par les deux majorités prescrites par la loi, nous avons proclamé son adoption,
et déclaré que les opérations seraient suspendues jusqu'à ce
qu'il ait été statué par la juridiction compétente sur l'inculpation de banqueroute frauduleuse dirigée contre le failli.

De ce que dessus, nous avons dressé le présent procès-verbal
et l'avons signé avec le greffier.

79. *Procès-verbal de délibération sur le concordat d'une société,
constitution de l'union, avis sur le maintien ou le remplacement du syndic et sur le secours* (art. 531, C. com.).

L'an mil huit cent soixante ....., le (jour et heure), par devant
nous (nom et prénoms), juge suppléant au tribunal de com-

merce du ....., séant à ....,, et commissaire à la faillite de la
société veuve G..... et Cⁱᵉ (objet et siége de la société ; noms,
prénoms et domicile de chacun des associés) ;

Etant en la salle des assemblées de créanciers, sise audit
tribunal , assisté de (nom et prénoms), commis-greffier assermenté ;

Sont comparus les sieurs :

C... père ..., créancier de. Fr.		147	»
D....	—	397	99
L....	—	259	»

Tous créanciers vérifiés et affirmés, qualifiés et domiciliés
au procès-verbal de vérification des créances, légalement convoqués par lettres du greffier et insertions dans les journaux
pour entendre le rapport du syndic, délibérer sur le concordat de la société en faillite, l'admettre ou s'entendre déclarer en état d'union, et, dans ce dernier cas, donner leur avis
tant sur les faits de la gestion que sur l'utilité du maintien
ou du remplacement du syndic, et ensuite délibérer, s'il y a
lieu, sur les concordats particuliers qui pourront être présentés
par un ou plusieurs des associés personnellement en conformité de l'article 531 du Code de commerce, rejeter ou admettre lesdits concordats personnels ;

L'assemblée étant constituée sous notre présidence, la dame
veuve G..... et le sieur G..... fils, présents en personne,

Le sieur ....., syndic, a donné lecture de son rapport
sur l'état de la faillite, lequel rapport est demeuré ci-
annexé.

Et le sieur C....., l'un des associés faillis, ne s'étant point
présenté pour, conjointement avec ses co-associés, proposer
un concordat au nom de la société veuve G.... et Cⁱᵉ, quoique
dûment appelé suivant acte de (nom), huissier à ...., en date
du ...... dernier, enregistré, nous avons déclaré aux créanciers
qu'ils se trouvaient de plein droit en état d'union, conformément à l'article 529 du Code de commerce.

Consultés par nous, les créanciers présents n'ont élevé aucune réclamation contre la gestion du syndic actuel, dont ils
ont demandé le maintien.

Sur la question prescrite par l'article 530 du Code de commerce, ils ont à l'unanimité consenti l'allocation d'un secours
aux faillis (ou à ceux des associés n'ayant pas obtenu de concordat particulier).

De tout ce que dessus nous avons dressé le présent procès-verbal et l'avons signé avec le greffier.

80. *Procès-verbal de délibération sur le concordat particulier présenté par l'un des membres d'une société en faillite* (art. 531, C. com.).

L'an mil huit cent soixante ....., le ..... (jour et heure), par-devant nous (nom et prénoms), juge au tribunal de commerce de ...., séant à ...., et commissaire à la faillite de la dame veuve G.... et Cie (objet et siége de la société; nom, prénoms et domicile de chacun des associés);

Etant en la salle des assemblées de créanciers, sise audit tribunal, assisté de (nom et prénom), commis-greffier assermenté près ce tribunal;

Sont comparus les sieurs:

C...., créancier de . . Fr.	147	»
D...., —	....	397 99

Tous les sus-nommés, créanciers affirmés, qualifiés et domiciliés au procès-verbal de vérification des créances, légalement convoqués par lettres du greffier et insertions dans les journaux, pour entendre le rapport du syndic prescrit par l'article 506 du Code de commerce et procéder au concordat de la société en faillite ou s'entendre déclarer en état d'union, et, au dernier cas, être immédiatement consultés sur les faits de la gestion du syndicat et le maintien ou le remplacement des syndics, et ensuite délibérer, s'il y a lieu, sur les concordats particuliers qui pourront être présentés par un ou plusieurs des associés personnellement, en conformité de l'article 531 du Code de commerce, rejeter ou admettre lesdits concordats particuliers;

L'assemblée étant constituée sous notre présidence, il a été donné lecture du rapport prescrit par l'article 506 du Code de commerce, qui a été déposé et annexé au procès-verbal; — Et les créanciers ayant été déclarés en état d'union à défaut de concordat avec la société en faillite, le sieur G.... fils a, par l'organe de son conseil, donné lecture d'un projet de concordat par lequel il offrait de payer personnellement (vingt pour cent en cinq ans, par cinquième, d'année en année). Ce concordat, mis aux voix, a été accepté par tous les créanciers présents.

Calcul fait, nous avons reconnu que le concordat n'avait obtenu que l'une des majorités (celle en nombre), en conséquence nous avons ajourné la délibération à huitaine, pour tout délai.

L'assemblée ayant rempli sa mission, nous l'avons dissoute.

De tout ce que dessus nous avons dressé le présent procès-verbal, que nous avons signé avec le greffier.

81. *Procès-verbal de constitution de l'union, après refus d'homologation de concordat.*

L'an mil huit cent soixante ....., le ..... (jour et heure), par-devant nous (nom et prénoms), juge suppléant au tribunal de commerce de ...., séant à ....., et commissaire de la faillite du sieur (nom, prénoms, profession et domicile);

Etant en la salle ordinaire des assemblées de créanciers, sise audit tribunal, assisté de .... (nom et prénoms), commis-greffier assermenté près ce tribunal;

Ont comparu les sieurs :

> N....., créancier de .... Fr.   5,275 65
> B....,   —   ....   1,632 »

Tous créanciers vérifiés et affirmés, qualifiés et domiciliés au procès-verbal de vérification des créances, légalement convoqués par lettres du greffier et insertions dans les journaux, pour :

Attendu que par jugement en date du ....., présent mois, enregistré, le tribunal a refusé d'homologuer le concordat passé entre le failli et les créanciers le ..... dernier, enregistré, et que, par suite de ce jugement, lesdits créanciers se trouvent de plein droit en état d'union;

Donner leur avis tant sur les faits de la gestion que sur l'utilité du maintien ou du remplacement du syndic.

La séance étant ouverte, les créanciers présents, consultés par nous, ont demandé le maintien du sieur (nom), syndic actuel, et ils ont, à la majorité de (*cinquante-deux*) contre (*cinq*), consenti l'allocation d'un secours au failli;

De ce que dessus, nous avons dressé le présent procès-verbal que nous avons signé avec le greffier.

§ 2. *Procès-verbal de reddition de compte définitif du syndic et dissolution de l'union* (art. 537, C. com.).

L'an mil huit cent soixante ....., le ..... (jour et heure), par-devant nous (nom et prénoms), juge suppléant au tribunal de commerce de ...., séant à ....., commissaire à la faillite du sieur (nom, prénoms, profession, domicile) ;

Etant en la salle ordinaire des assemblées de créanciers, sise audit tribunal, assisté de (nom et prénoms), commis-greffier assermenté près ce tribunal ;

Ont comparu les sieurs :

    B...., créancier de. . . . . Fr.   1,268 80
    D....,   —   . . . .   1,011 »
    G....,   — 1,404 85

Tous créanciers affirmés, qualifiés et domiciliés au procès-verbal de vérification des créances, légalement convoqués par lettres du greffier et insertions dans les journaux, pour entendre le rapport, ensemble le compte qui sera rendu par le syndic définitif, le débattre, le clore et l'arrêter, et, s'il y a lieu, lui donner décharge de ses fonctions.

L'assemblée étant constituée sous notre présidence, la séance a été ouverte par l'appel nominal, le failli absent, quoique dûment appelé suivant acte de (nom), huissier à ....., en date du ...., (jour), présent mois, enregistré ;

Le sieur (nom), syndic, a donné lecture d'un rapport sur l'état de la faillite et a déposé à l'appui le compte détaillé de ses recettes et dépenses ; lesquels rapport et compte sont demeurés ci-annexés ;

Il en résulte qu'une répartition de (vingt pour cent) a été faite aux créanciers, et que, déduction faite des frais de syndicat, le solde de l'actif réalisé s'élève à la somme de ..... et représente un deuxième et dernier dividende de (quatre francs quinze centimes pour cent francs) à la disposition des créanciers.

Les créanciers présents ont approuvé sans observation ni réserve le compte et la gestion du syndic, et, attendu que la liquidation de la faillite se trouve terminée, ils ont déclaré donner audit syndic bonne et valable décharge de ses fonctions, et en conséquence, l'union a été dissoute de plein droit.

De tout ce que dessus nous avons dressé le présent-verbal que nous avons signé avec le greffier.

83. *Procès-verbal de délibération sur l'excusabilité du failli* (art. 537, C. com.).

L'an mil huit cent soixante....., le ..... (jour et heure), par-devant nous (nom et prénoms), juge suppléant au tribunal de commerce de ....., séant à ....., commissaire à la faillite du sieur (nom, prénoms, profession, domicile) ;

Etant en la salle ordinaire des assemblées de créanciers, sise audit tribunal, assisté de (nom et prénoms), commis-greffier assermenté près ce tribunal ;

Ont comparu les sieurs :

B...., créancier de. . . Fr.   1,268 80
D....,   —   .....   1,011 »

Tous créanciers vérifiés et affirmés, qualifiés et domiciliés au procès-verbal de vérification, légalement convoqués en conformité de l'article 537 du Code de commerce, par lettres du greffier et insertions dans les journaux.

La séance étant ouverte, et le syndic ayant rendu compte de sa gestion, ainsi qu'il résulte de notre procès-verbal de ce jour dressé séparément des présentes, nous avons invité les créanciers présents à se prononcer sur l'excusabilité du failli.

Et, de suite, tous les créanciers présents ont émis l'opinion que le failli était excusable, sauf les sieurs D..... et K..... qui ont émis un avis contraire ;

Après quoi, nous avons dit qu'il en serait référé au tribunal pour être statué conformément à l'article 538 du Code de commerce.

De ce que dessus nous avons dressé le présent procès-verbal et l'avons signé avec le greffier.

84. *Procès-verbal de délibération sur l'excusabilité des faillis en matière de société* (art. 537, C. com.).

L'an mil huit cent soixante ....., le .... (jour et heure), par-devant nous, juge suppléant au tribunal de commerce de...., séant à ...., et commissaire à la faillite de la dame veuve G....

et Cie (objet et siége de la société; noms, prénoms et domicile de chacun des associés) ;

Etant en la salle ordinaire des assemblées de créanciers, sise audit tribunal, assisté de (nom et prénoms), commis-greffier assermenté près ce tribunal;

Ont comparu les sieurs :

D...., créancier de.... Fr.   397 99
T....,   — 476 79

Tous créanciers vérifiés et affirmés, qualifiés et domiciliés au procès-verbal de vérification des créances, légalement convoqués en conformité de l'article 537 du Code de commerce, par lettres du greffier et insertions dans les journaux.

La séance étant ouverte et le syndic ayant rendu compte de sa gestion, ainsi qu'il résulte de notre procès-verbal de ce jour dressé séparément des présentes, nous avons invité les créanciers présents à se prononcer sur l'excusabilité des faillis ;

Et, de suite, en ce qui touche les dame veuve G... et G... fils.

Ces derniers ayant obtenu des créanciers de la société chacun un concordat personnel aux termes de l'article 531 du Code de commerce, qui a été homologué par le tribunal, les créanciers n'ont pas dû être appelés à donner leur avis sur l'excusabilité à leur égard;

En ce qui touche le sieur C.... (ou sauf les sieurs D.... et K.... qui ont été d'un avis contraire), tous les créanciers présents ont, à l'unanimité, émis l'opinion qu'il était excusable;

Après quoi, nous avons dit qu'il en serait référé au tribunal pour être statué conformément à l'art. 538 du Code de commerce ;

De ce que dessus nous avons dressé le présent procès-verbal que nous avons signé avec le greffier.

§ VI.

ORDONNANCES SUR REQUÊTES EN MATIÈRE DE FAILLITE.

85. *Ordonnance dispensant le syndic de faire apposer les scellés*
(art. 455, C. com.).

Requête. — A Monsieur .....,

Juge au tribunal de commerce de ....., et juge-commissaire de la faillite du sieur .....

Monsieur le Juge-Commissaire,

Le soussigné (nom, prénoms, profession, domicile), syndic provisoire de ladite faillite ,

A l'honneur de vous exposer :

Que la faillite ..... a été déclarée par jugement en date du ....;

Qu'il résulte des renseignements recueillis que les valeurs mobilières, dépendant de l'actif de ladite faillite, peuvent être inventoriées en un seul jour, sans qu'il soit nécessaire de faire apposer les scellés ;

Pourquoi le soussigné vous prie, monsieur le Juge-Commissaire, de vouloir bien, en conformité des dispositions de l'article 455 du Code de commerce, l'autoriser à faire l'inventaire des valeurs mobilières dépendant de l'actif de la faillite, sans apposition de scellés ;

Et vous ferez justice.

(Signature.)

Ordonnance. — Nous, juge-commissaire de la faillite du sieur ..... ;

Vu la requête qui précède et l'article 455 du Code de commerce ;

Attendu que, d'après les renseignements recueillis par le syndic, l'actif du failli peut être inventorié en un seul jour ; — Dispensons le syndic provisoire de faire apposer les scellés, à la charge de procéder immédiatement à l'inventaire conformément aux prescriptions de l'article 480 du Code de commerce.

Donné à ....., le

86. *Ordonnance autorisant le syndic à demander au Trésor l'avance des frais relatifs à la déclaration de faillite* (art. 461, C. com.).

Requête. — A Monsieur .....,

Juge au tribunal de commerce de ..... et juge-commissaire de la faillite du sieur .....

Monsieur le Juge-Commissaire,

Le soussigné (nom, prénoms, domicile), syndic provisoire de la faillite du sieur .....,

A l'honneur de vous exposer :

Que les deniers appartenant à ladite faillite ne peuvent suffire immédiatement aux frais du jugement de déclaration de la faillite — (*ou bien*, d'affiche et d'insertion dans les journaux du jugement de déclaration de la faillite, — *ou* aux frais d'apposition des scellés au domicile et sur les magasins du failli, — *ou* encore aux frais d'arrestation du failli);

Que les frais dudit jugement — (*ou* d'affiche et d'insertion dudit jugement, etc. (1), s'élèvent à. . . . .   »   »

Timbre du présent. . . . .   » 50

Total. . . . . .   »» »»

Pourquoi l'exposant vous prie, monsieur le Juge-Commissaire, de vouloir bien ordonner que l'avance de la somme ci-dessus soit faite par le Trésor, en conformité de l'article 461 du Code de commerce;

Et vous ferez justice.   (*Signature.*)

Je, soussigné, greffier du tribunal de commerce séant à . . . . ., certifie la régularité de la dépense portée en la requête ci-dessus.

(*Signature.*)

Ordonnance. — Nous, juge au tribunal de commerce de . . . . ., séant à . . . . ., et juge-commissaire de la faillite;

Vu le mémoire, d'autre part;

Vu l'article 461 de la loi du 28 mai 1838 sur les faillites et banqueroutes;

Vu, enfin, le décret du 18 juin 1811 sur les frais de justice;

Attendu que les deniers appartenant à la faillite ne suffisent pas, quant à présent, pour subvenir au paiement des frais;

Mandons et ordonnons au receveur de l'enregistrement, établi à . . . . ., de payer à M. . . . . ., syndic, la somme de . . . . ., à laquelle nous avons réglé le susdit mémoire.

Fait à . . . . ., le

(*Signature du juge-commissaire.*)

Pour acquit de la somme de . . . . .

Fait à. . . . ., le

Le syndic de la faillite.

86 (bis). *Ordonnance autorisant le Trésor à poursuivre le recouvrement des frais par lui avancés à la faillite.*

État de liquidation des frais avancés par le Trésor public sur ordonnance du juge-commissaire dans la faillite du

---

(1) Il doit être fait une requête spéciale et rendu une ordonnance séparée pour chaque nature de frais dont le Trésor fait l'avance.

sieur ..... (désigner les nom et prénoms, la profession et le domicile).

1° Frais du jugement de déclaration de faillite (détailler tous les frais qui s'appliquent à ce jugement), ci. .   »   »

2° Frais d'apposition des scellés (détailler les frais),ci.   »   »

3° Frais d'arrestation et d'incarcération du failli (détailler les frais), ci. . . . .   »   »

4° Frais d'affiche et d'insertion du jugement dans les journaux (détailler les frais), ci. . . . .   »   »

         Total. . . . . .   »»   »»

Certifié véritable par nous, greffier du tribunal (civil ou de commerce), séant à .....

        (*Signature.*)

Ordonnance. — Nous, juge-commissaire de la faillite du sieur .....,

Avons arrêté le présent état à la somme de ....., et attendu qu'il y a, dans la caisse de la faillite, deniers suffisants;

Ordonnons que le recouvrement de ladite somme sera poursuivi à la diligence de l'administration de l'enregistrement contre le sieur ..... (répéter les nom et prénoms, la profession et le domicile du failli), représenté par les syndics de la faillite dont le siége est à .....

Nota. — Dans l'usage, le remboursement s'effectue directement par le syndic au receveur de l'enregistrement qui a fait l'avance et qui en donne quittance timbrée par application d'un timbre mobile, sans état ni ordonnance préalable.

87. *Ordonnance donnant à l'un des syndics d'une faillite des autorisations spéciales à l'effet de faire séparément certains actes d'administration* (art. 465, C. com.).

   Requête. — A Monsieur .....,

Juge au tribunal de commerce de ....., et juge-commissaire de la faillite du sieur .....

   Monsieur le Juge-Commissaire,

   Les soussignés .....

agissant en qualité de syndics de la faillite du sieur ..... (cette requête peut être, en cas d'urgence, présentée par celui ou ceux des syndics qui demandent à agir séparément, mais, autant que cela sera possible, il faudra la faire présenter par tous les syndics de la faillite),

Ont l'honneur de vous exposer, monsieur le Juge-Commissaire, que, dans l'administration de la faillite ....., il y a lieu de (indiquer et spécifier les actes pour lesquels il y a nécessité d'agir séparément) ;

Que M. ....., l'un des soussignés, ne peut concourir auxdits actes à cause de (énoncer le motif d'empêchement) ;

Pourquoi les exposants, ès qualités, requièrent qu'il vous plaise, monsieur le Juge-Commissaire, donner à M. ....., l'un d'eux, l'autorisation spéciale de faire séparément les actes d'administration sus-énoncés ;

Et vous ferez justice.

(Signatures.)

Ordonnance. — Nous, juge-commissaire,

Vu la requête qui précède et l'article 465 du Code de commerce,

Donnons à M. ....., l'un des syndics de la faillite ....., l'autorisation spéciale de faire séparément les actes d'administration suivants : (indiquer le ou les actes pour lesquels l'autorisation est accordée).

Donné à ....., le

87 (bis). *Ordonnance renvoyant à se pourvoir sur des réclamations élevées contre quelqu'une des opérations du syndic ou sur une requête en révocation de syndic* (art. 466 et 467, C. com.).

Requête. — A Monsieur .....,

Juge au tribunal de commerce de ....., commissaire à la faillite du sieur .....

Monsieur le Juge-Commissaire,

Le soussigné (nom, prénoms, profession, domicile du réclamant) ;

A l'honneur de vous exposer

Que (le réclamant précisera dans sa requête les réclamations qu'il croit avoir à faire contre les opérations du syndic) ;

Pourquoi le soussigné demande qu'il vous plaise.....

Et vous ferez justice.

(Signature.)

Ordonnance. — Nous, juge-commissaire de la faillite du sieur ..... ;

Vu la requête qui précède et les faits exposés, ensemble

l'article 466 (ou l'article 467) du Code de commerce et après avoir entendu le sieur ..... en ses explications;

Attendu que les réclamations à nous adressées ne nous paraissent pas justifiées (ou de nature à motiver la révocation du syndic);

Disons qu'il n'y a lieu d'accueillir ladite requête ; en conséquence, renvoyons l'exposant à se pourvoir ainsi que de droit.

Donné à ....., le

88. *Ordonnance dispensant le syndic de faire mettre sous les scellés ou l'autorisant à faire extraire des scellés les objets à l'usage du failli et de sa famille* (art. 469, n° 1, C. com.).

Requête. — A Monsieur .....,

Juge au tribunal de commerce de ....., commissaire de la faillite du sieur .....

Monsieur le Juge-Commissaire,

Le soussigné, agissant comme syndic provisoire de ladite faillite, aux termes d'un jugement rendu par le tribunal de commerce, le .....;

A l'honneur de vous exposer :

Qu'il y a lieu, conformément à l'article 468 du Code de commerce, de requérir l'apposition des scellés au domicile du failli, mais qu'il convient de ne pas placer les scellés sur les vêtements, hardes, meubles et effets nécessaires au failli et à sa famille, et de lui en faire la délivrance ;

Ou bien :

Que les scellés ont été apposés au domicile du failli, mais qu'il convient d'en extraire les vêtements, hardes, meubles et effets nécessaires au failli et à sa famille et de lui en faire la délivrance ;

Lesquels effets consistent, savoir (énoncer le détail) ;

Pourquoi l'exposant vous prie, monsieur le Juge-Commissaire, de vouloir bien, conformément à l'article 469 du Code de commerce, le dispenser de faire placer sous les scellés — (*ou bien l'autoriser à faire extraire des scellés*) — les objets ci-dessus désignés, et à en faire la délivrance au failli ;

Et vous ferez justice.

(Signature.)

Ordonnance. — Nous, juge-commissaire de la faillite du sieur .....;

Vu la requête qui précède et les motifs exposés, ensemble l'article 469 du Code de commerce;

Attendu que les objets dont il s'agit consistant en vêtements, hardes, meubles et effets, sont nécessaires au failli et à sa famille ;

Dispensons le syndic de faire apposer les scellés sur les objets indiqués en la requête — (ou l'autorisons à faire extraire des scellés les objets indiqués en la requête) — et à faire la délivrance d'iceux au failli.

Donné à ....., le

89. *Ordonnance dispensant le syndic de faire mettre sous les scellés ou l'autorisant à faire extraire des scellés les objets servant à l'exploitation du fonds de commerce, et l'autorisant à continuer ladite exploitation (art. 469, n° 3, 470 et 480, C. com.).*

Requête. — A Monsieur .....,

Juge au tribunal de commerce de ....., commissaire à la faillite du sieur .....,

Monsieur le Juge-Commissaire ,

Le soussigné, agissant comme syndic provisoire de ladite faillite, aux termes d'un jugement rendu par le tribunal de commerce de ..... ;

A l'honneur de vous exposer :

Qu'il dépend de la faillite un fonds de commerce dont l'exploitation ne pourrait être interrompue sans préjudice pour les créanciers ;

Qu'il y a donc lieu, conformément à l'article 469, n° 3, du Code de commerce, de ne pas faire placer sous les scellés (ou d'extraire des scellés, s'ils ont été précédemment apposés), les objets servant à l'exploitation dudit fonds ainsi que les marchandises qui s'y trouvent ;

Qu'il y a lieu, en outre, conformément à l'article 470 du Code de commerce, d'en autoriser l'exploitation ;

Pourquoi l'exposant vous prie, monsieur le Juge-Commissaire, de le dispenser de faire placer sous les scellés — (ou l'autoriser à extraire des scellés) — les objets servant à l'exploitation du fonds de commerce, ensemble les marchandises qui en dépendent;

L'autoriser, en outre, à continuer l'exploitation dudit fonds de commerce.

Et vous ferez justice.

(Signature.)

Ordonnance. — Nous, juge-commissaire de la faillite du sieur .....;

Vu la requête qui précède et les motifs exposés, ensemble les articles 469 et 470 du Code de commerce;

Attendu que l'exploitation du fonds de commerce ne pourrait être interrompue sans préjudice pour les créanciers ;

Dispensons le syndic de faire placer sous les scellés — (ou l'autorisons à faire extraire des scellés), — les livres, papiers et objets servant à l'exploitation dudit fonds de commerce, ainsi que les marchandises qui en dépendent, à la charge, par ledit syndic, d'en faire immédiatement l'inventaire avec prisée, conformément aux prescriptions des articles 469 et 480 du Code de commerce ;

Autorisons, en outre, le syndic, à continuer l'exploitation du fonds de commerce ;

Donné à ....., le

90. *Ordonnance dispensant le syndic de faire mettre sous les scellés ou l'autorisant à faire extraire des scellés les objets sujets à dépérissement ou à dépréciation* (art. 469, n° 2, C. com.).

Requête. — A Monsieur .....,

Juge au tribunal de commerce de ....., commissaire à la faillite du sieur .....

Monsieur le Juge-Commissaire,

Le soussigné, agissant comme syndic provisoire de ladite faillite, aux termes d'un jugement rendu par le tribunal de commerce de .....,

A l'honneur de vous exposer :

Qu'il y a lieu, conformément à l'article 468 du Code de commerce, de requérir l'apposition des scellés au domicile du failli, mais qu'il existe divers objets sujets à dépérissement prochain ou à dépréciation imminente (les indiquer) et qu'il convient, conformément à l'article 469 du Code de commerce, de ne pas les placer sous les scellés.

Ou bien :

Que les scellés ont été apposés au domicile du failli, mais qu'il existe divers objets sujets à dépérissement prochain ou dépréciation imminente (les indiquer) et qu'il convient, conformément à l'article 469 du Code de commerce, de les extraire des scellés ;

Qu'il y a lieu, en outre, de procéder à la vente desdits objets aux enchères publiques, conformément à l'article 470 du Code de commerce ;

Pourquoi l'exposant vous prie, monsieur le Juge-Commissaire, de vouloir bien, conformément à l'article 469, le dispenser de faire placer sous les scellés — (*ou bien* l'autoriser à faire extraire des scellés) — les objets dont s'agit ;

L'autoriser, en outre, à faire vendre lesdits objets aux enchères publiques par le ministère d'un..... (indiquer la classe d'officiers publics dans laquelle le syndic pourra choisir celui qui devra procéder à la vente) ;

Et ce sera justice.

(Signature.)

Ordonnance. — Nous, juge-commissaire de la faillite du sieur ..... ;

Vu la requête qui précède et les motifs exposés, ensemble l'article 467 du Code de commerce ;

Attendu que les objets dont il s'agit sont sujets à dépérissement prochain ou à dépréciation imminente ;

Dispensons le syndic de faire apposer les scellés sur les objets indiqués en la requête — (ou à faire extraire des scellés les objets indiqués en la requête), — à la charge, par ledit syndic, de les inventorier immédiatement, et d'en faire la prisée conformément aux prescriptions de l'article 469 du Code de commerce ;

Autorisons en outre le syndic à faire procéder à la vente desdits objets (ou marchandises) par le ministère d'un (commissaire-priseur ou courtier).

Donné à ....., le

Nota. — Si une vente amiable paraissait préférable, indiquer le prix auquel cette vente pourra avoir lieu, ou tout au moins un prix minimum.

91. *Ordonnance fixant les secours alimentaires à donner au failli pour lui et sa famille avant le concordat ou l'union* (art. 474, C. com.).

Requête. — A Monsieur .....,

Juge au tribunal de commerce de ....., et juge-commissaire de la faillite,

Monsieur le Juge-Commissaire ,

Le sieur .....

A l'honneur de vous exposer, monsieur le Juge-Commissaire,

Que, par jugement du tribunal de commerce de ....., en date du ....., il a été déclaré en état de faillite ;

Qu'il se trouve dessaisi de l'administration de tous ses biens et dépourvu, par suite, des ressources qui lui sont nécessaires pour sa subsistance et celle de sa famille, composée de ..... personnes ;

Pourquoi l'exposant sollicite qu'il vous plaise, monsieur le Juge-Commissaire, fixer à la somme de ..... le secours alimentaire qui lui sera versé par le syndic sur l'actif de la faillite ;

Et vous ferez justice.

(*Signature.*

Soit communiqué au syndic de la faillite.

Le juge-commissaire,

Le syndic soussigné, considérant que la demande du failli est (ou n'est pas) en rapport avec ses besoins alimentaires et avec l'actif de la faillite, propose de fixer à la somme de ..... le secours alimentaire à remettre au failli.

Fait à ....., le

Signé.

Ordonnance. — Nous, juge-commissaire de la faillite du sieur ..... ;

Vu la requête qui précède ;

Vu la proposition du syndic de la faillite ;

Vu l'article 474 du Code de commerce ;

Fixons à la somme de ..... le secours alimentaire que le syndic est autorisé à prélever sur l'actif de la faillite et à remettre à ....., pour lui et sa famille.

Donné à ....., le

92. *Ordonnance autorisant le failli à comparaître par fondé de pouvoirs à la clôture de ses livres par le syndic* (art. 475, C. com.).

Requête. — A Monsieur ....,

Juge au tribunal de commerce de ...., et juge-commissaire de la faillite ....

Monsieur le Juge-Commissaire,

Le sieur ...., demeurant à ....,

A l'honneur de vous exposer

Qu'il a été déclaré en état de faillite par jugement de ce tribunal en date du .... ;

Que le syndic de sa faillite l'a appelé auprès de lui pour clore et arrêter les livres en sa présence ;

Qu'il lui est impossible de se rendre à cet appel (énoncer ici pour quel motif le failli ne peut comparaître) ;

Pourquoi il sollicite qu'il vous plaise, monsieur le Juge-Commissaire, l'autoriser à comparaître par fondé de pouvoirs aux fins ci-dessus ;

Et vous ferez justice.

(*Signature.*)

Ordonnance. — Nous, juge-commissaire ;

Vu la requête qui précède et l'article 475, § 3, du Code de commerce ;

Attendu que le failli justifie de causes d'empêchement valables, l'autorisons à comparaître par fondé de procuration pour voir clore et arrêter ses livres par le syndic.

Donné à ...., le

93. *Ordonnance autorisant le syndic à procéder à la vente des effets mobiliers ou marchandises de la faillite* (art. 486, C. com.).

Requête. — A Monsieur ....,

Juge au tribunal de commerce de ...., et juge-commissaire de la faillite ....

Monsieur le Juge-Commissaire,

Le sieur ...., demeurant à ...., agissant en qualité de syndic (provisoire ou définitif) de la faillite du sieur ...., aux

termes d'un jugement rendu par le tribunal de commerce
de ....., le ....., enregistré (1),

A l'honneur de vous exposer, monsieur le Juge-Commissaire,

Qu'il dépend de l'actif de la faillite ..... (énoncer la nature
et la qualité des objets à vendre) ;

Qu'il convient de procéder à la vente des objets mobiliers
(ou marchandises) sus-énoncés, attendu que (énoncer les motifs qui rendent la vente nécessaire ou utile).

Si la vente doit se faire à l'amiable ajouter :

Que M. ....., demeurant à ....., offre d'acheter à l'amiable
les objets mobiliers (ou les marchandises) aux conditions suivantes ....;

Que la vente amiable paraît plus avantageuse pour la masse
qu'une vente aux enchères publiques ;

Pourquoi l'exposant ès qualités requiert qu'il vous plaise,
monsieur le Juge-Commissaire, l'autoriser à procéder à la vente
des objets mobiliers (ou des marchandises) sus-énoncés, à l'a-
miable et dans les conditions ci-dessus relatées ;

Ou bien : A faire procéder à la vente aux enchères publiques
desdits objets mobiliers — ou marchandises — et déterminer,
dans ce dernier cas, la classe d'officiers publics par l'entremise
de laquelle il sera procédé à cette vente.

Et vous ferez justice.

(Signature.)

Ordonnance. — Nous, juge-commissaire ;

Vu la requête qui précède et l'article 486 du Code de commerce ;

le failli entendu.—(*Ou bien* : Le fAttendu que le failli ne comparaît pas, quoique dûment appelé par exploit de ....., huissier
à ....., en date du ....., enregistré, dont l'original restera
annexé à la présente ordonnance ; — Donnons défaut contre
....., et pour le profit ;)

Autorisons le syndic à vendre à l'amiable les objets mobiliers (ou marchandises), énoncés en la requête, à M. ....., aux
conditions relatées dans ladite requête.

Ou bien : Autorisons le syndic à faire procéder à la vente aux
enchères publiques des objets mobiliers (ou marchandises)
énoncés en la requête, par l'entremise d'un..... (désigner la
classe d'officiers publics qui devra faire la vente).

Donné à ....., le

---

(1) Cette mention doit être faite avec soin, elle peut éviter la production d'extraits du jugement de nomination des syndics.

94. *Ordonnance autorisant le syndic à transiger sur une con-testation intéressant la masse (art. 489 et 535, C. com.).*

Requête. — A Monsieur ....,

Juge au tribunal de commerce de ....., et juge-commissaire de la faillite .....

Monsieur le Juge-Commissaire,

Le sieur ....., agissant en qualité de syndic de la faillite (ou de l'union des créanciers de la faillite) du sieur ....,

A l'honneur de vous exposer

Qu'une contestation existe entre la faillite ..... et le sieur (exposer l'objet de la contestation et s'il y a procès engagé l'indiquer) ;

Que, sur cette contestation, l'exposant et le sieur ..... sont disposés à transiger aux conditions suivantes (relater sommairement les conditions de la transaction projetée);

Que cette transaction paraît avantageuse pour la masse ;

Pourquoi l'exposant ès qualités requiert qu'il vous plaise, monsieur le Juge-Commissaire, l'autoriser à transiger avec le sieur ....., aux conditions ci-dessus indiquées.

Et vous ferez justice.

(*Signature.*)

Ordonnance. — Nous, juge-commissaire ;

Vu la requête qui précède et l'article **487** du Code de commerce ;

Ouï le failli (*ou* : attendu que le failli dûment appelé par exploit de ....., huissier, en date du ....., enregistré, ne comparaît pas ;

Donnons défaut contre lui et pour le profit) ;

Considérant que la transaction est avantageuse pour la masse ;

Autorisons le syndic à transiger avec M. ....., aux conditions relatées dans la requête ;

(Si l'objet de la transaction est d'une valeur indéterminée ou qui excède 300 francs, ajouter :)

A la charge par le syndic de faire homologuer la transaction dans les termes de droit.

Donné à ....., le

95. *Ordonnance fixant les conditions du travail du failli employé par le syndic pour faciliter sa gestion* (art. 488, C. com.).

　　　　Monsieur le Juge-Commissaire,

Requête. — Le soussigné, syndic de la faillite du sieur ....., A l'honneur de vous exposer :

Que l'exploitation du fonds de commerce du sieur ..... araît pouvoir être continuée;—Qu'il importe de ne pas laisser périr ledit fonds ; — Que le concours du failli est utile pour cette exploitation, et qu'il y a lieu de lui allouer une somme mensuelle dont il vous appartient de fixer l'importance (article 488) ;

Pourquoi l'exposant demande qu'il vous plaise de déterminer la somme qu'il sera autorisé à allouer mensuellement au failli ;

Et vous ferez justice.

　　　　　　　　　　　　　　　(Signature.)

Ordonnance. — Nous, juge-commissaire de la faillite du sieur ..... ;

Vu la requête qui précède et l'article 488 du Code de commerce ;

Attendu que le syndic emploie le failli pour faciliter et éclairer sa gestion, fixons à la somme de ....., la rémunération que ledit syndic est autorisé à lui payer pour chaque mois de travail.

Donné à ..... ; le

96. *Ordonnance autorisant le syndic à retirer les deniers déposés à la caisse des consignations pour le compte de la faillite* (art. 489, C. com.).

　　　　Requête. — A Monsieur .....,

Juge au tribunal de commerce de ....., et juge-commissaire de la faillite du sieur .....

　　　　Monsieur le Juge-Commissaire,

Le soussigné syndic de ladite faillite .....,

Vous prie de vouloir bien l'autoriser, conformément aux dispositions de l'article 485 du Code de commerce, à retirer de la caisse des consignations, avec les intérêts y afférents, les sommes versées à ladite caisse pour le compte de la faillite, sur des mandats qui seront ultérieurement soumis à votre signature, au fur et à mesure des besoins de la gestion;

Et vous ferez justice.

(Signature.)

Ordonnance. — Nous, juge-commissaire de la faillite du sieur .....;

Vu la présente requête et les dispositions de l'article 489 du Code de commerce;

Autorisons le sieur ....., syndic de la faillite, à retirer de la caisse des consignations, avec les intérêts y afférents, les sommes versées à ladite caisse pour le compte de la faillite, lequel retrait sera opéré sur des mandats par nous délivrés et acquittés par le syndic.

Donné à ....., le

97. *Ordonnance prescrivant l'apport des livres d'un créancier ou ordonnant un compulsoire (art. 496, C. com.).*

Requête. — A Monsieur .....,

Juge au tribunal de commerce de ....., et juge-commissaire de la faillite du sieur .....

Monsieur le Juge-Commissaire,

Le soussigné (nom, prénoms et domicile), agissant au nom et comme syndic de la faillite .....,

A l'honneur de vous exposer,

Que la production faite par le sieur ....., se prétendant créancier pour une somme de ....., nécessite, pour sa vérification, la production des livres dudit sieur (ou la production d'un extrait fait par les juges du domicile du sieur .....);

En conséquence :

Vu l'article 496 du Code de commerce;

L'exposant demande qu'il vous plaise, monsieur le Juge-Commissaire;

Ordonner la production des livres du sieur ..... (ou un extrait certifié par les juges de son domicile).

Et vous ferez justice.

(Signature.)

Ordonnance. — Nous, juge-commissaire de la faillite du sieur .....;

Vu la requête qui précède et l'article 496 du Code de commerce ;

Attendu que la représentation des livres du sieur ..... (ou d'un extrait dûment certifié) est nécessaire pour la vérification de la créance dont il demande l'admission ;

Ordonnons que ledit sieur ..... sera tenu de nous représenter ses livres —(*ou* ordonnons que ledit sieur ..... sera tenu de nous apporter un extrait de ses livres fait par l'un des juges de son domicile).

Donné à ....., le

Nota. — La requête peut être présentée par tout créancier ayant le droit d'assister à la vérification aux termes de l'article 494.

Le juge-commissaire peut même prendre la mesure d'office; dans ce cas, l'ordonnance doit être portée sur le procès-verbal de vérification.

98. *Ordonnance arbitrant la somme que le syndic est autorisé à prélever sur les recettes qu'il doit consigner et à conserver pour les frais et dépenses de sa gestion* (art. 489, C. com.).

Requête. — A Monsieur .....,

Juge au tribunal de commerce de ....., et juge-commissaire de la faillite du sieur .....

Monsieur le Juge-Commissaire,

Le soussigné, agissant en qualité de syndic du sieur .....

A l'honneur de vous exposer

Que la faillite du sieur ..... comprend une exploitation pour laquelle il y a lieu de conserver en caisse la somme nécessaire pour subvenir aux frais et dépenses ;

Qu'aux termes de l'article 489 du Code de commerce, il vous appartient d'arbitrer les sommes qui seront conservées pour faire face aux frais et dépenses ;

Pourquoi le requérant vous prie d'arbitrer les sommes qui seront par lui conservées à cet effet ;

Et vous ferez justice.

(Signature.)

Ordonnance. — Nous, juge-commissaire de la faillite du sieur .....;

Vu la requête qui précède et le détail des sommes provenant

des ventes et recouvrements faits par le syndic, ensemble l'article 489 du Code de commerce;

Arbitrons à ..... la somme que le syndic est autorisé à prélever sur celles qu'il doit déposer à la caisse des consignations et à conserver entre ses mains pour satisfaire aux frais et dépenses de sa gestion.

Donné à ....., le

99. *Ordonnance autorisant le failli à se faire représenter par mandataire à l'assemblée du concordat* (art. 505, C. com.)

Requête. — A Monsieur.....,

Juge au tribunal de commerce de ....., et juge-commissaire de la faillite .....,

Monsieur le Juge-Commissaire,

Le sieur ....., demeurant à....., rue.....,

A l'honneur de vous exposer :

Que les créanciers sont convoqués pour le ....., afin de délibérer sur le concordat;

Qu'il se trouve dans l'impossibilité de se présenter en personne à cette assemblée — (Enoncer les motifs) ;

Qu'ayant obtenu un sauf-conduit, il ne peut s'y faire représenter que par des motifs approuvés par vous, monsieur le Juge-Commissaire, conformément à l'article 505 du Code de commerce;

Pourquoi l'exposant demande qu'il vous plaise

L'autoriser à se faire représenter à ladite assemblée par un fondé de pouvoir ;

Et vous ferez justice.   (*Signature*.)

Ordonnance. — Nous, juge-commissaire de la faillite .....

Vu la présente requête et les faits exposés, ensemble les dispositions de l'article 505 du Code de commerce:

Attendu que le failli justifie de motifs valables qui l'empêchent de se présenter au concordat; — L'autorisons à se faire représenter à ladite assemblée par un fondé de pouvoir.

Donné à ....., le

Nota. — Le failli, qui n'aurait pas été affranchi de la mise en dépôt ou n'aurait pas obtenu un sauf-conduit, ne pourrait être autorisé à se faire représenter par mandataire à l'assemblée du concordat.

En pareil cas, le juge-commissaire, soit qu'il accorde, ou qu'il refuse l'autorisation, apprécie souverainement les motifs d'empêchement exposés par le failli.

190. *Ordonnance fixant la quotité du secours accordé au failli
et à sa famille après l'union* (art. 530, C. com.).

Requête. — A Monsieur .....,

Juge au tribunal de commerce de ....., et juge-commissaire
de la faillite du sieur .....

Monsieur le Juge-Commissaire,

Le soussigné, syndic de ladite faillite .....,
A l'honneur de vous exposer :
Que les créanciers du sieur ..... ont été constitués en état
d'union le ..... ;
Que, consultés immédiatement sur la question du secours à
accorder au failli, ils ont émis un vote favorable ;
Qu'aux termes de l'article 530 du Code de commerce, il
vous appartient de fixer ce secours, sur la proposition que le
syndic doit faire de sa quotité ;
Pourquoi l'exposant demande qu'il vous plaise accorder au
failli un secours qu'il propose de fixer à la somme de ....., qui
lui sera versée par le syndic sur l'actif de la faillite ;
Et vous ferez justice.

(*Signature.*)

Ordonnance. — Nous, juge-commissaire de la faillite du
sieur..... ;
Vu la requête qui précède et les faits exposés, ensemble les
dispositions de l'article 530 du Code de commerce, la délibération des créanciers et la proposition faite par le syndic :
Attendu que les créanciers dudit sieur....., consultés en conformité de l'article 530 sus-visé, ont été, à la majorité, d'avis
qu'un secours pouvait être accordé au failli et à sa famille sur
l'actif de la faillite ;
Qu'il convient de fixer ledit secours en raison des circonstances de la faillite et de la situation du failli ;
Accordons au failli un secours que nous fixons à la somme
de ....., laquelle lui sera versée par le syndic sur l'actif de la
faillite.
Donné à ....., le

Nota. — Assez fréquemment, au lieu d'une somme d'argent, le juge-
commissaire autorise le syndic à remettre au failli, à titre de secours, tout
ou partie de son mobilier personnel.

Dans le cas où la requête serait présentée directement par le failli, le juge-commissaire en ordonnera la communication au syndic pour avoir son avis, dans lequel il devra indiquer, sur la requête même, le montant du secours qu'il propose.

101. *Ordonnance autorisant le syndic à vendre à l'amiable les effets mobiliers et marchandises appartenant à l'union* (article 534, C. com.).

Requête. — A Monsieur .....,

Juge-commissaire de la faillite du sieur .....

Monsieur le Juge-Commissaire,

Le soussigné ....., agissant au nom et comme syndic .....,
A l'honneur de vous exposer :

Que les créanciers de la faillite du sieur.... ont été déclarés en état d'union le.....;

Que de l'actif de ladite faillite dépendent les marchandises et les effets mobiliers ci-après désignés (soit dans la requête, soit dans un état annexé);

Que le syndic trouve à vendre à l'amiable lesdites marchandises et effets mobiliers moyennant la somme de .....;

Que cette offre est avantageuse pour les intérêts de la masse;

Pourquoi il requiert qu'il vous plaise :

Après avoir entendu le failli dans ses explications, autoriser le syndic à vendre à l'amiable les marchandises et effets mobiliers dont l'état est ci-annexé moyennant un prix qui ne pourra être inférieur à la somme de.....

Et ce sera justice.

(Signature.)

Ordonnance. — Nous, juge-commissaire de la faillite du sieur ....;

Vu la requête ci-dessus et les articles 486 et 534 du Code de commerce,

Ouï le failli dans ses explications;

Autorisons le syndic à vendre à l'amiable les marchandises et effets mobiliers dépendant de l'actif de l'union, détaillés en la requête — (ou en l'état ci-annexé) ou moyennant un prix qui ne pourra être inférieur à la somme de .....

Donné à ...., le

Nota. — Après la déclaration de l'union, la loi, article 534, impose au syndic l'obligation de poursuivre la vente des immeubles, marchandises et effets mobiliers du failli.

Quant aux *immeubles*, l'article 572 prescrit l'*autorisation* du juge-commissaire.

Quant aux *marchandises* et *effets mobiliers*, si le syndic fait procéder à la *vente dans les formes légales*, aucune autorisation n'est prescrite et on n'aperçoit aucun motif d'y recourir, puisque le failli est dessaisi et que l'article 534 prescrit au syndic de faire procéder à la vente. On comprend qu'il n'en soit pas de même dans le cas de *vente amiable* et que l'ordonnance du juge-commissaire soit indispensable.

Les effets mobiliers comprennent les actions, obligations, ou toutes valeurs autres que les créances actives.

A l'égard des créances actives, le syndic a mission de les liquider et de les recouvrer; si elles n'ont pas été recouvrées, il y a lieu alors de procéder conformément à l'article 570 pour traiter à forfait de tout ou partie des droits et actions qui n'ont pu être recouvrés.

102. *Ordonnance autorisant le syndic à retirer un gage et à rembourser le créancier nanti* (art. 547, C. com.).

Requête. — A Monsieur ......,

Juge au tribunal de commerce de ....., et juge-commissaire à la faillite du sieur .....

Monsieur le Juge-Commissaire,

Le soussigné, syndic de la faillite .....,
A l'honneur de vous exposer :

Que le failli a remis à titre de gage au sieur ..... divers objets ou marchandises (les désigner) pour lui garantir le remboursement de sa créance en principal et accessoires;

Que ce gage a été régulièrement constitué;

Que, d'après le compte arrêté avec le créancier, sa créance en principal, intérêts et accessoires, s'élève à la somme de .....;

Que, d'un autre côté, d'après l'estimation qui en a été faite, il est certain que la valeur des objets ou marchandises remis en gage représente une somme supérieure à la créance;

Qu'il y a donc intérêt pour la faillite à retirer lesdits objets ou marchandises en remboursant la dette;

C'est pourquoi l'exposant vous prie, monsieur le Juge-Commissaire, de vouloir bien, conformément à l'article 547 du Code de commerce, l'autoriser à retirer le gage dont s'agit en remboursant la dette au créancier;

Et ce sera justice.

(*Signature.*)

Ordonnance. — Nous, juge-commissaire de la faillite du sieur .....;

Vu la requête qui précède et les faits exposés, ensemble l'article 547 du Code de commerce;

Autorisons le syndic à retirer les objets ou marchandises donnés en gage par le sieur ....., en remboursant à ce dernier le montant de sa créance.

Donné à ....., le

103. *Ordonnance autorisant le syndic à faire une répartition et approuvant l'état par lui dressé à cet effet (art. 565 et suivants, C. com.).*

ÉTAT DE RÉPARTITION.

Faillite du sieur .....

RÉPARTITION DE ..... POUR CENT.

Numéros des mandats.	Noms et adresses des créanciers et de leurs mandataires autorisés à toucher.	Montant des créances affirmées.	Montant du dividende.	ÉMARGEMENT.

Le syndic de la faillite du sieur ..... requiert l'approbation par M. le juge-commissaire du présent état de répartition, dressé conformément aux articles 565 et 566 du Code de commerce.

Le 186

(Signature du syndic.)

Ordonnance. — Nous, juge-commissaire de la faillite du sieur ......;

Vu l'état de répartition qui précède, ensemble les articles 565, 566 et suivants du Code de commerce ;

Autorisons le syndic à répartir, conformément à l'état par lui dressé ci-dessus, la somme de ....., entre les sus-nommés, créanciers vérifiés et affirmés, pour le paiement du dividende leur revenant être fait directement à chacun d'eux par la caisse des dépôts et consignations sur les mandats par nous délivrés et acquittés par le syndic après émargement de l'état de répartition ;

Disons que les dividendes revenant aux créanciers qui ne se seront pas présentés dans le délai de ..... seront, par voie de virement et à la diligence du syndic, portés à la caisse des consignations au compte personnel de chaque créancier.

Donné à ....., le

104. *Ordonnance autorisant le syndic à payer un dividende nonobstant la perte des titres et bordereau de la créance* (art. 569, C. com.).

Requête. — A Monsieur .....,

Juge au tribunal de commerce de ....., et juge-commissaire de la faillite du sieur .....

Monsieur le Juge-Commissaire,

Le soussigné (nom, prénoms, profession, domicile),

A l'honneur de vous exposer :

Qu'il est créancier vérifié et qu'il a affirmé à la faillite du sieur ....., sous le n° ...... du procès-verbal ;

Que ses titres sont adirés ;

En conséquence, il demande qu'il vous plaise, monsieur le Juge-Commissaire,

Vu l'article 569, § 3, du Code de commerce ,

L'autoriser à toucher les dividendes lui revenant sur le vu du procès-verbal de vérification.

Et ce sera justice.

(Signature.)

Ordonnance. — Nous, juge-commissaire de la faillite du sieur ..... ;

Vu la requête qui précède et l'article 569, § 3, du Code de

commerce, ensemble le procès-verbal de vérification des créances et l'avis du syndic ;

Autorisons le paiement du dividende revenant à l'exposant sur sa créance vérifiée et affirmée nonobstant la perte de ses titres et bordereau.

Donné à ......, le

Nota. — Après la dissolution de l'union, les fonctions du juge-commissaire ayant cessé, c'est au tribunal de commerce que le créancier doit s'adresser.

105. *Ordonnance admettant la revendication de sommes encaissées par le syndic sur des remises en effets de commerce faites au failli à titre de mandat ou avec destination spéciale* (art. 574 et 579, C. com.).

Requête. — A Monsieur ......,

Juge au tribunal de commerce de ....., et juge-commissaire à la faillite du sieur .....

Monsieur le Juge-Commissaire,

Le soussigné .....,

A l'honneur de vous exposer :

Qu'il a remis au failli divers effets de commerce (ou autres titres) (les indiquer) avec le simple mandat d'en faire le recouvrement et d'en garder la valeur à sa disposition :

Ou bien :

Avec affectation spéciale desdits effets ou titres à des paiements déterminés (indiquer ces paiements) ;

(Indiquer, en outre, les faits ou les documents de nature à établir que telles ont été les conditions de cette remise) ;

Que les effets de commerce (ou titres) dont s'agit se trouvaient, au jour de la déclaration de faillite, dans le portefeuille du failli ; mais que, depuis lors, l'encaissement en a été fait par le syndic ;

Que l'exposant, qui, aux termes de l'article 574 du Code de commerce, était fondé à exercer la revendication de ces effets de commerce ou titres trouvés dans le portefeuille du failli est, par là même, fondé à revendiquer, entre les mains du syndic, les deniers provenant de l'encaissement qu'il en a fait, sauf la retenue des frais de commission et de recouvrement ;

C'est pourquoi l'exposant vous prie, monsieur le Juge-Commissaire, de vouloir bien, conformément aux articles 574 et

579 du Code de commerce, donner votre approbation à la présente revendication, et autoriser le syndic à lui restituer les fonds provenant desdits encaissements, sauf la retenue ci-dessus indiquée ;

Et ce sera justice.

(Signature.)

Soit communiqué au syndic.

(Signature du juge-commissaire.)

Avis du syndic. — Le soussigné, syndic de la faillite ....., est d'avis .....

(Signature.)

Ordonnance. — Nous, juge-commissaire de la faillite du sieur ..... ;

Vu la requête qui précède et les faits exposés, ensemble les articles 574 et 579 du Code de commerce et l'avis du syndic ;

Attendu que les remises en effets de commerce dont il s'agit existaient en nature dans le portefeuille du failli au moment de la déclaration de faillite ; — Qu'elles avaient été faites par le propriétaire avec le simple mandat d'en opérer le recouvrement et d'en garder la valeur à sa disposition — (ou qu'elles étaient par lui spécialement affectées à des paiements déterminés) ; que le montant desdites remises a été encaissé par le syndic ;

Faisant droit à la requête ; — Autorisons le syndic à rendre et restituer au sieur la somme de ....., montant des valeurs sus-énoncées et par lui revendiquées, mais sous déduction des frais et commissions de recouvrement.

Donné à ....., le

106. *Ordonnance admettant une revendication d'effets ou valeurs remis au failli à titre de mandat ou avec destination spéciale (art. 574 et 579, C. com.).*

Requête. — A Monsieur .....,

Juge au tribunal de commerce de ..... et juge-commissaire à la faillite du sieur .....

Monsieur le Juge-Commissaire,

Le soussigné .....

A l'honneur de vous exposer :

Qu'il a remis au failli divers effets de commerce ou autres titres (indiquer les effets ou titres) avec le simple mandat d'en faire le recouvrement et d'en garder la valeur à sa disposition;

Ou bien :

Avec affectation spéciale desdits effets ou titres à des paiements déterminés (indiquer ces paiements);

(Indiquer, en outre, les faits ou les documents qui établissent que telles ont été les conditions de cette remise);

Que les effets de commerce ou titres, dont s'agit, se trouvaient au jour de la faillite dans le portefeuille du failli ainsi qu'il résulte de l'inventaire du syndic,

Que l'exposant est donc fondé à en exercer la revendication, conformément à l'article 574 du Code de commerce;

En conséquence, il vous prie, monsieur le Juge-Commissaire, de vouloir bien, conformément aux articles 574 et 579 du Code de commerce, donner votre approbation à la présente revendication, et autoriser le syndic à lui restituer les effets de commerce ou titres dont s'agit;

Et ce sera justice.

(Signature.)

Soit communiqué au syndic.

Le juge-commissaire,

(Signature.)

Avis du syndic. — Le soussigné, syndic de la faillite;

Vu la requête qui précède et les justifications fournies, est d'avis qu'il y a lieu d'admettre la revendication.

(Signature.)

Ordonnance. — Nous, juge-commissaire de la faillite du sieur ....;

Vu la requête qui précède et les faits y exposés, ensemble les articles 574 et 579 du Code de commerce et l'avis du syndic;

Attendu que les remises en effets de commerce dont il s'agit existaient en nature dans le portefeuille du failli au moment de la déclaration de faillite; — Qu'elles avaient été faites par le propriétaire avec le simple mandat d'en opérer le recouvrement et d'en garder la valeur à sa disposition — (ou qu'elles étaient par lui spécialement affectées à des paiements déterminés);

Faisant droit à la requête, — Autorisons le syndic à rendre

et restituer au sieur ..... les valeurs sus-énoncées et par lui revendiquées.

Donné à ....., le

107. *Ordonnance admettant la revendication de marchandises consignées au failli* (art. 575, § 1er, 579, C. com.).

Requête. — A Monsieur .....,

Juge au tribunal de commerce de ....., et juge-commissaire de la faillite du sieur .....

Monsieur le Juge-Commissaire,

Le soussigné .....

A l'honneur de vous exposer :

Qu'à la date du ....., il a consigné au failli, à titre de dépôt (ou pour être vendues pour son compte), les marchandises ci-après indiquées, savoir :

(Indiquer les faits et documents de nature à établir que telles ont été les conditions de la remise ;)

Que ces marchandises existent encore en nature, et que l'exposant est en conséquence fondé à les revendiquer, conformément à l'article 575, § 1er, du Code de commerce;

C'est pourquoi l'exposant vous prie, monsieur le Juge-Commissaire, de vouloir bien, conformément audit article 575 et à l'article 579 du même Code, donner votre approbation à la présente revendication, et autoriser le syndic à lui remettre les marchandises dont s'agit;

Et ce sera justice.

(Signature.)

Soit communiqué au syndic.

Le juge-commissaire,
(Signature.)

Avis du syndic. — Le soussigné, syndic de la faillite ;

Vu la requête qui précède et les justifications fournies, est d'avis qu'il y a lieu d'admettre la revendication.

(Signature.)

Ordonnance. — Nous, juge-commissaire de la faillite du sieur .....;

Vu la requête qui précède et les faits exposés, ensemble les articles 575 et 579 du Code de commerce, et l'avis du syndic;

Attendu que les marchandises dont il s'agit, consignées au failli à titre de dépôt, — (ou pour être vendues pour le compte du propriétaire), — existaient en nature (en totalité ou en partie), au moment de la déclaration de faillite;

Faisant droit à la requête, — Autorisons le syndic à rendre et restituer au sieur ....., les marchandises sus-énoncées et par lui revendiquées, mais à la charge de rembourser à la masse les à-compte par lui reçus et les avances faites sur la marchandise.

Donné à ....., le

108. *Ordonnance admettant la revendication du prix de marchandises consignées au failli et par lui vendues avant la faillite (art. 575, § 2, et 579, C. com.).*

Requête. — A Monsieur ....,

Juge au tribunal de commerce de ....., et juge-commissaire de la faillite du sieur .....

Monsieur le Juge-Commissaire,

Le soussigné .....

A l'honneur de vous exposer :

Qu'à la date du ....., il a consigné au failli à titre de dépôt (ou pour être vendues pour son compte), diverses marchandises (les désigner);

(Indiquer, en outre, les faits et documents de nature à établir que telles ont été les conditions de la remise;)

Que les marchandises dont il s'agit ont été vendues par le failli, mais qu'au jour de la faillite le prix (ou partie du prix) s'élevant à ....., n'avait encore été ni payé, ni réglé en valeurs, ni compensé en compte courant entre le failli et l'acheteur;

Que ce prix est encore dû aujourd'hui, et que, par conséquent, l'exposant est fondé à le revendiquer, conformément à l'article 575, § 2, du Code de commerce;

Ou bien :

Que ce prix a été encaissé par le syndic, mais que l'exposant est fondé à le revendiquer, par application de l'article 575, § 2, du Code de commerce;

Et ce sous la déduction des à-compte par lui reçus et des avances qui lui ont été faites sur les marchandises;

En conséquence, il vous prie, monsieur le Juge-Commissaire, de vouloir bien, conformément aux articles 575, § 2, et 579 du Code de commerce, approuver la présente revendication et l'autoriser à poursuivre en son nom personnel le recouvrement du prix dont s'agit—(*ou bien* : autoriser le syndic à lui remettre la somme provenant de l'encaissement dudit prix, sous les déductions ci-dessus indiquées);

Et ce sera justice.

(Signature.)

Soit communiqué au syndic.

Le juge-commissaire,
(Signature.)

Avis du syndic. — Le soussigné, syndic de la faillite;

Vu la requête qui précède et les justifications fournies, est d'avis qu'il y a lieu d'admettre la revendication.

(Signature.)

Ordonnance. — Nous, juge-commissaire de la faillite du sieur ..... ;

Vu la requête qui précède et les faits y exposés, ensemble les articles 575 et 579 du Code de commerce et l'avis du syndic;

Attendu que les marchandises dont il s'agit, consignées au failli à titre de dépôt, — (ou pour être vendues pour le compte du propriétaire), — n'existaient plus en nature au moment de la faillite, mais que le prix (ou partie du prix) s'élevant à ....., n'avait encore été ni payé, ni réglé en valeurs, ni compensé en compte courant entre le failli et l'acheteur;

Faisant droit à la requête;—Autorisons le syndic à rendre et restituer au sieur ..... la somme de ....., mais sous déduction des à-compte par lui reçus et des avances faites sur la marchandise.

Donné à ....., le

109. *Ordonnance admettant la revendication de marchandises expédiées au failli* (art. 576 et 579, C. com.).

Requête. — A Monsieur .....,

Juge au tribunal de commerce de ..... et juge-commissaire de la faillite du sieur .....

Monsieur le Juge-Commissaire,

Le soussigné .....

A l'honneur de vous exposer :

Qu'il a vendu au sieur ....., failli, diverses marchandises (les désigner), qu'il lui a expédié ces marchandises par la voie de ...., et que le prix ne lui en a pas été payé ;

Qu'au jour de la faillite, la tradition de ces marchandises n'avait point été faite dans les magasins du failli, ni dans ceux d'aucun commissionnaire, chargé de les vendre pour son compte ; qu'elles existent au contraire entre les mains de ..... (Indiquer le dépositaire, voiturier ou transporteur), et que le failli ne les a point vendues antérieurement à sa faillite sur factures et connaissements ou lettres de voiture signées de l'exposant ;

Que l'exposant est donc fondé à les revendiquer conformément à l'article 576 du Code de commerce ;

C'est pourquoi il vous prie, monsieur le Juge-Commissaire, conformément aux articles 576 et 579 du Code de commerce, de vouloir bien approuver la présente revendication et l'autoriser à se faire remettre par le détenteur les marchandises dont s'agit ;

Aux offres que fait ledit exposant de rembourser les à-compte par lui reçus et de tenir compte à qui de droit de tous frais et avances pour les causes indiquées dans l'article 576 du Code de commerce ;

Et ce sera justice.

(*Signature.*)

Soit communiqué au syndic.

Le juge-commissaire,
(*Signature.*)

Avis du syndic. — Le soussigné, syndic de la faillite ;

Vu la requête qui précède et les justifications fournies, est d'avis qu'il y a lieu d'admettre la revendication.

(*Signature.*)

Ordonnance. — Nous, juge-commissaire de la faillite du sieur ..... ;

Vu la requête qui précède et les faits y exposés, ensemble les articles 576 et 579 du Code de commerce et l'avis du syndic ;

Attendu qu'il est justifié que, au moment de la déclaration de faillite, la tradition des marchandises expédiées au failli n'était pas encore effectuée dans ses magasins —(ou dans ceux d'un commissionnaire chargé de les vendre pour son compte);

Faisant droit à la requête;—Autorisons le sieur..... à se faire remettre les marchandises dont il s'agit par le tiers détenteur, mais à la charge par le revendiquant de rembourser ou de justifier du remboursement des à-compte reçus et de toutes avances faites sur la marchandise; quoi faisant, sera tout tiers détenteur bien et valablement déchargé.

Donné à ....., le

110. *Ordonnance admettant la revendication de marchandises expédiées au failli et déposées chez un tiers ou vendues par le syndic (art. 576 et 579, C. com.).*

Requête. — A Monsieur .....,

Juge au tribunal de commerce de ....., et juge-commissaire de la faillite du sieur .....,

Monsieur le Juge-Commissaire,

Le soussigné .....

A l'honneur de vous exposer :

Qu'il a vendu au sieur ....., failli, diverses marchandises (les désigner), qu'il lui a expédié ces marchandises par la voie de ....., et que le prix ne lui en a pas été payé;

Qu'au jour de la faillite, la tradition de ces marchandises n'avait point été faite dans les magasins du failli, ni dans ceux d'aucun commissionnaire chargé de les vendre pour son compte; — Qu'elles existaient, au contraire, entre les mains de (indiquer le détenteur), d'où elles ont été retirées par le syndic qui les détient — (ou qui les a vendues);

Que l'exposant, qui était fondé à les revendiquer aux mains du détenteur, conformément à l'article 576 du Code de commerce, est également fondé à en faire la revendication contre le syndic — (ou à revendiquer entre les mains du syndic le produit de la vente qu'il en a faite);

C'est pourquoi l'exposant vous prie, monsieur le Juge-Commissaire, de vouloir bien, conformément aux articles 576 et 579 du Code de commerce, donner votre approbation à la présente revendication, et autoriser le syndic à lui remettre les marchandises dont il s'agit — (ou le prix desdites marchandises);

Aux offres que fait ledit exposant de rembourser les à-compte qu'il a reçus et de tenir compte à qui de droit de tous frais et avances pour les causes indiquées dans l'article 576 du Code de commerce;

Et ce sera justice.

(Signature.)

Soit communiqué au syndic.

Le juge-commissaire,
(Signature.)

Avis du syndic. — Le soussigné, syndic de la faillite;

Vu la requête qui précède et les justifications fournies, est d'avis qu'il y a lieu d'admettre la revendication.

(Signature.)

Ordonnance. — Nous, juge-commissaire de la faillite du sieur .....;

Vu la requête qui précède et les faits y exposés, ensemble les articles 576 et 579 du Code de commerce et l'avis du syndic;

Attendu qu'il est justifié que la tradition des marchandises expédiées au failli n'a pas encore été effectuée dans ses magasins — (ou dans ceux du commissionnaire chargé de les vendre pour son compte);

Faisant droit à la requête; — Autorisons le syndic à rendre et restituer au sieur ....., soit les marchandises dont il s'agit, soit le prix d'icelles, à charge, par le revendiquant, de rembourser à la masse les à-compte reçus et les avances faites sur la marchandise.

Donné à ....., le

111. *Ordonnance renvoyant à se pourvoir sur une demande en revendication de marchandises expédiées au failli (art. 574, 575, 576 et 579, C. com.).*

(Mêmes requêtes que ci-dessus, selon les différents cas prévus aux n°s 105 et suivants).

Ordonnance. — Nous, juge-commissaire de la faillite du sieur .....;

Vu la requête qui précède et les faits y exposés, ensemble l'article 579 du Code de commerce et l'avis du syndic contraire à la revendication;

Attendu que la demande en revendication n'est pas admise par le syndic ;

Renvoyons l'exposant à se pourvoir ainsi que de droit.

Donné à ....., le

112. *Ordonnance autorisant le syndic à exiger la livraison de marchandises vendues au failli ou l'exécution d'un marché fait avant la faillite* (art. 578, C. com.) (1).

Requête. — A Monsieur .....,

Juge au tribunal de commerce de ....., et juge-commissaire de la faillite du sieur .....

Monsieur le Juge-Commissaire,

Le soussigné, agissant au nom et comme syndic du sieur ....., A l'honneur de vous exposer :

Que le sieur ....., failli, a acheté du sieur ..... diverses marchandises (les désigner), moyennant un prix de ...., mais que ces marchandises qui, avant la faillite, ne lui avaient pas été délivrées, et qui n'avaient pas non plus été expédiées, soit à lui, soit à un tiers pour son compte, sont retenues par le vendeur à qui le prix en est dû ;

Que le cours de ces marchandises est aujourd'hui plus élevé et qu'elles obtiennent ainsi une plus-value qui fait qu'il y aurait intérêt pour la faillite à en prendre livraison en payant le prix convenu ;

(S'il s'agit d'un marché, indiquer les conditions du marché et faire ressortir les avantages que présenterait son exécution.)

C'est pourquoi l'exposant vous prie, monsieur le Juge-Commissaire, de vouloir bien l'autoriser, conformément à l'article 578 du Code de commerce, à prendre livraison des marchandises dont il s'agit — (ou à exécuter le marché dont il s'agit), — en payant au vendeur le prix convenu ;

Et ce sera justice.

(Signature.)

Ordonnance. — Nous, juge-commissaire de la faillite du sieur ..... ;

---

(1) Pour faire cesser un droit d'option qui ne peut ui être que préjudiciable, le vendeur a le droit, aussitôt la déclaration de faillite, de mettre le syndic en demeure d'opter immédiatement pour l'exécution ou la non-exécution du marché.

Vu la requête qui précède et les faits y exposés, ensemble l'article 578 du Code de commerce ;

Attendu qu'il paraît avantageux pour la masse de prendre livraison des marchandises dont il s'agit — (ou d'exécuter le marché dont il s'agit) ;

Autorisons le syndic à exiger la livraison desdites marchandises — (ou l'exécution dudit marché), — en payant au vendeur le prix convenu entre lui et le failli.

Donné à ....., le

113. *Ordonnance autorisant le syndic à demander la conversion de poursuites de saisie immobilière* (art. 743 et 744, C. proc.).

Requête. — A Monsieur .....,

Juge au tribunal de commerce de ....., et juge-commissaire de la faillite du sieur .....

Monsieur le Juge-Commissaire,

Le soussigné, syndic de la faillite du sieur .....,

A l'honneur de vous exposer :

Que le sieur ....., créancier hypothécaire inscrit sur ....., situé à ....., appartenant au failli, a fait procéder à la saisie dudit immeuble ;

Qu'il y a lieu, dans l'intérêt de la masse, d'user du bénéfice des articles 743 et 744 du Code de procédure civile, en demandant la conversion de la saisie immobilière en vente sur publications judiciaires à la requête du syndic ;

Pourquoi il demande qu'il vous plaise

L'autoriser à demander au tribunal civil de ..... la conversion en vente sur publications judiciaires de l'immeuble sus-indiqué, en se conformant aux formes de droit ;

Et vous ferez justice.

(*Signature.*)

Ordonnance. — Nous, juge-commissaire de la faillite du sieur ..... ;

Vu la requête qui précède et les motifs y exposés, ensemble les articles 571 et 572 du Code de commerce, 743 et 744 du Code de procédure civile ;

Autorisons le syndic à demander la conversion en vente sur publications judiciaires de l'immeuble dont il s'agit, dont la

saisie immobilière est poursuivie sur le failli par le sieur .....,
devant le tribunal civil de ....., à la charge par ledit syndic de
se conformer aux formalités prescrites par la loi.

Donné à ....., le

114. *Ordonnance du juge-commissaire autorisant le syndic à
procéder à la vente d'un immeuble appartenant à l'union des
créanciers* (art. 572, C. com.).

Requête. — A Monsieur .....,
Juge au tribunal de commerce de ....., juge-commissaire de
la faillite du sieur .....

Monsieur le Juge-Commissaire,

Le soussigné .....,
agissant au nom et comme syndic de l'union des créanciers
de ladite faillite ,

A l'honneur de vous exposer :

Que les créanciers de la faillite du sieur ..... se sont constitués en état d'union à la date du ....., et que, par jugement du
....., il a été nommé syndic de l'union des créanciers de ladite
faillite ;

Qu'il dépend de l'actif soumis au régime de l'union un immeuble (indiquer en quoi consiste l'immeuble et où il est situé), à l'égard duquel aucune poursuite en expropriation n'a
été commencée avant l'union ;

Qu'aux termes de l'article 572 du Code de commerce l'exposant est tenu de procéder immédiatement, sous votre autorisation, à la vente dudit immeuble ;

En conséquence, l'exposant vous prie, monsieur le Juge-
Commissaire, de l'autoriser à poursuivre la vente de l'immeuble
dont s'agit, en se conformant aux prescriptions relatives à la
vente des biens de mineurs ;

Et vous ferez justice.

(Signature.)

Ordonnance. — Nous, juge-commissaire de la faillite du
sieur .....,

Vu la requête qui précède et l'article 572 du Code de commerce ;

Autorisons le syndic à procéder à la vente de l'immeuble
sus-indiqué suivant les formalités prescrites par la loi.

Donné à ....., le

115. *Bordereau d'inscription requise par le syndic sur les im-meubles du failli en exécution de l'article 490 du Code de commerce.*

Inscription est requise au bureau des hypothèques de l'arrondissement de ....., au profit de la masse des créanciers de la faillite du sieur (prénoms, nom, profession et domicile du failli);

Poursuites et diligences de M. (prénoms, nom et domicile du syndic), agissant au nom et comme syndic (provisoire ou définitif) de la faillite dudit sieur ....., nommé à cette qualité par le jugement du tribunal de commerce de ....., en date du ....., pour lequel domicile est élu .....,

En vertu :

Du jugement déclaratif de la faillite dudit sieur ....., rendu par le tribunal de commerce de ....., le .....

Et en conformité des dispositions de l'article 490, § 3, du Code de commerce ;

Pour toutes les sommes dues par ledit sieur (nom du failli), indéterminées,   Ci ..... indéterminées.

Sur tous les immeubles dudit sieur...., situés dans l'arrondissement de ....., et notamment sur .....

(Signature.)

Nota. —Enoncer le jugement de syndicat définitif, s'il a été rendu.

116. *Inscription du jugement d'homologation de concordat, re-quise par le syndic, en exécution de l'article 517 du Code de commerce.*

Le soussigné, syndic définitif de la faillite du sieur .....,

Requiert M. le conservateur du bureau des hypothèques de l'arrondissement de ....., d'inscrire le jugement du tribunal de commerce de ....., en date du ....., qui homologue le concordat intervenu entre le sieur ..... et ses créanciers, le ....., aux termes duquel ......

Déclarant que cette inscription est ainsi requise, conformément à l'article 517 du Code de commerce, à l'effet de conserver à chacun des créanciers dudit sieur ..... l'hypothèque inscrite audit bureau, en vertu du troisième paragraphe de l'article 490 du Code de commerce, le ....., vol. ....., n° .....

(Signature.)

Nota. — Cette inscription doit être requise par le syndic avant la reddition de son compte.

§ VII.

RAPPORTS DES JUGES-COMMISSAIRES EN MATIÈRE DE FAILLITE.

117. *Rapport du juge-commissaire pour la nomination du syndic définitif* (art. 462, C. com.).

A MM. les Président et Juges composant le tribunal de commerce de .....

Messieurs,

En notre qualité de juge-commissaire de la faillite du sieur (nom, prénoms, profession, domicile), nous avons l'honneur de vous présenter l'état des créanciers présumés ainsi que le procès-verbal de l'assemblée consultative tenue en exécution de l'article 462 du Code de commerce.

Il résulte des renseignements par nous recueillis sur la nature et l'importance de cette faillite que le nombre des syndics définitifs peut être fixé à (nombre);

En conséquence, nous vous proposons de nommer (nom et prénoms) pour remplir les fonctions de syndic définitif, telles qu'elles sont décrites aux articles 468 et suivants du même Code.

Fait à ....., le

Le juge-commissaire,

118. *Rapport du juge-commissaire sur le sauf-conduit demandé par le failli* (art. 472, C. com.).

A MM. les Président et Juges composant le tribunal de commerce de .....

Messieurs,

En notre qualité de juge-commissaire de la faillite du sieur (nom, prénoms, profession, domicile);

Vu les renseignements à nous fournis par le syndic ;

Vu l'article 472 du Code de commerce ;

Et considérant que, d'après l'état apparent de ses affaires, le failli peut rester (ou être mis) en liberté avec sauf-conduit provisoire de sa personne ;

Que, de plus, sa présence est utile pour faciliter la gestion du syndic ;

Nous avons l'honneur de vous proposer d'accorder au sieur ..... un sauf-conduit provisoire, révocable à volonté, sans caution (1), à la charge de se présenter toutes les fois qu'il en sera requis, sous les peines portées par la loi.

Le ..... 18...

Le juge-commissaire,

119. *Rapport du juge-commissaire pour faire clôturer la faillite en cas d'insuffisance d'actif* (art. 527, C. com.).

A MM. les Président et Juges composant le tribunal de commerce de .....

Messieurs,

En notre qualité de juge-commissaire de la faillite de....., nous avons l'honneur de vous exposer que cette faillite déclarée le ..... ne peut suivre son cours, faute de fonds suffisants pour mener à fin les opérations.

En conséquence, vu l'article 527 du Code de commerce, et avant qu'il soit passé outre à l'homologation du concordat ou à la formation de l'union ;

Nous vous proposons de prononcer d'office la clôture des opérations de la faillite du ....., ci-dessus dénommé, pour insuffisance d'actif.

Fait à ....., le

Le juge-commissaire,

---

(1) S'il y a lieu d'obliger le failli à fournir caution, le juge-commissaire terminera ainsi son rapport :

A la charge de déposer entre les mains du syndic, à titre de caution, la somme de ....., laquelle sera, en cas de besoin, employée à payer les frais de la faillite;

Et à la charge, en outre, de se présenter, etc.

120. *Rapport du juge-commissaire pour faire rapporter le jugement de clôture* (art. 528, C. com.).

A MM. les Président et Juges composant le tribunal de commerce de .....

Messieurs,

En notre qualité de juge-commissaire de la faillite du sieur (nom, prénoms, profession, domicile);

Vu l'article 528 du Code de commerce et les renseignements fournis par le syndic, desquels il résulte qu'il y a fonds suffisants pour reprendre et mener à fin les opérations de ladite faillite; — Et attendu que les frais des poursuites exercées én vertu de l'article 527 du Code de commerce ont été acquittés;

Nous avons l'honneur de vous proposer de rapporter le jugement du ....., qui a prononcé la clôture des opérations pour insuffisance d'actif, et d'ordonner que lesdites opérations seront reprises sur les derniers errements de la procédure;

Fait à ....., le .....

Le juge-commissaire,

121. *Rapport du juge-commissaire sur l'homologation du concordat* (art. 514, C. com.).

Requête. — A MM. les Président et Juges composant le tribunal de commerce de .....

Le soussigné ..,..,

Agissant au nom et comme syndic de la faillite du sieur .....

A l'honneur de vous exposer, qu'après l'accomplissement de toutes les formalités prescrites par la loi, il est intervenu, à la date du ....., entre le failli et ses créanciers, un concordat enregistré à ....., le ..... aux termes duquel .....

Qu'aucune opposition audit concordat n'a été formée dans la huitaine;

En conséquence, le syndic soussigné a l'honneur de vous prier, messieurs, de vouloir bien, sur l'avis émis par M. le juge-commissaire, statuer sur l'homologation dudit concordat.

(Signature.)

Rapport. — Messieurs,

En notre qualité de juge-commissaire de la faillite (nom, prénoms, domicile), nous avons l'honneur de vous faire notre rapport sur les caractères de cette faillite et sur l'admissibilité du concordat passé entre le failli et ses créanciers sous notre présidence, le .....

(*Exposer succinctement les caractères et circonstances de la faillite* (art. 514); — *Ensuite, les motifs tirés de l'intérêt public ou de l'intérêt des créanciers* (art. 515) (1); — *Et, enfin, conclure sur l'admissibilité du concordat.*)

S'il a été formé des oppositions, ce n'est plus par voie de requête qu'il doit être procédé, et, dans ce cas, le juge-commissaire fera tout à la fois son rapport sur les oppositions et sur l'admissibilité du concordat afin qu'il soit statué sur le tout par un seul et même jugement) (art. 512 et 513, C. com.).

En conséquence, nous sommes d'avis qu'il y a lieu (de déclarer les susdites oppositions mal fondées et) d'homologuer le concordat — (ou de faire droit aux susdites oppositions et refuser l'homologation du concordat).

(Si le concordat contient un abandon d'actif, le juge-commissaire continuera ainsi : — Et proposons de maintenir, M. (nom), dans les fonctions de syndic pour la réalisation et la répartition des biens abandonnés.)

Fait à ....., le .....

Le juge-commissaire,

122. *Rapport du juge-commissaire pour maintien ou remplacement de syndic après union (art. 529, C. com.).*

A MM. les Président et Juges composant le tribunal de commerce de ......

Messieurs,

En notre qualité de juge-commissaire de la faillite du sieur (nom, prénoms, profession, domicile), nous avons l'honneur de vous présenter le procès-verbal de l'assemblée tenue sous

---

(1) Le juge-commissaire mentionnera les condamnations qui auraient été prononcées contre le failli ou les faillites antérieures et la manière dont elles se sont terminées.

notre présidence, en exécution de l'article 529 du Code de commerce ;

Il résulte des observations faites par les créanciers à cette assemblée, et des renseignements par nous recueillis, qu'il y a lieu de maintenir — (ou de remplacer) le syndic ; — En conséquence, nous vous proposons de maintenir le sieur ...... dans les fonctions de syndic de ladite faillite — (ou de remplacer le sieur ....., et de nommer en son lieu et place le sieur ..... pour remplir les fonctions de syndic.)

Fait à ....., le .....

Le juge-commissaire,

123. *Rapport du juge-commissaire sur l'excusabilité du failli*
(art. 538, C. com.).

A MM. les Président et Juges composant le tribunal de commerce
de ......

Messieurs,

En notre qualité de juge-commissaire de la faillite du sieur (nom, prénoms, profession, domicile), nous avons l'honneur de vous présenter la délibération des créanciers, relative à l'excusabilité du failli, et notre rapport sur les caractères et les circonstances de cette faillite.

(Exposer succinctement les caractères et circonstances de la faillite, les causes qui ont empêché le concordat ou son homologation, l'avis des créanciers, et enfin indiquer l'importance du passif, le montant du dividende produit par la liquidation et les motifs d'ordre public qui s'opposeraient à l'excusabilité).

En conséquence, nous vous proposons de déclarer le failli — excusable — (ou non excusable).

Fait à ....., le .....

Le juge-commissaire,

Nota. — Les faillites antérieures et les condamnations prononcées contre le failli, s'il en existe, en un mot, tous les faits qui intéressent l'ordre public, doivent être rappelés dans ce rapport.

L'article 540 du Code de commerce, en disposant que certains individus ne pourront être déclarés excusables, ne met nullement le tribunal dans l'obligation d'accorder le bénéfice de l'excusabilité à ceux qui ne se trouvent dans aucun des cas prévus par ledit article, si les faits, appréciés au point de vue de la loyauté commerciale, rendent le failli indigne de cette faveur.

124. *Rapport du juge-commissaire sur la fixation de l'indemnité due au syndic (art. 462, C. com.).*

Requête. — *A MM. les Président et Juges composant le tribunal
de commerce de* .....

Le soussigné (nom, prénoms, profession, domicile), agissant
au nom et comme syndic de la faillite du sieur (nom, profession, domicile),

A l'honneur de vous exposer :

Que les opérations de cette faillite, déclarée par jugement
du ....., se sont terminées à la date du ....., par un concordat
— (ou par union de créanciers) ;

Qu'il est sur le point de rendre son compte conformément à
l'article 519 du Code de commerce — (ou 537, s'il y a union) ;

En conséquence :

L'exposant demande qu'il vous plaise, Messieurs, vouloir
bien, sur le rapport de M. le juge-commissaire, et conformément aux dispositions de l'article 462 du Code de commerce,
arbitrer l'indemnité à lui due, comme ayant été syndic provisoire et définitif de la faillite.

(Signature.)

Rapport. — Messieurs,

En notre qualité de juge-commissaire de la faillite du sieur
(nom, prénoms, domicile), nous avons l'honneur de vous
exposer que .....

(Exposer les motifs à l'appui de la fixation proposée en rappelant succinctement les principaux faits et incidents de la
gestion syndicale, et enfin indiquer notamment le chiffre du
passif affirmé, celui de l'actif d'après les évaluations consignées
dans le rapport du syndic et le résultat pour les créanciers) ;

En conséquence :

Vu l'article 462 du Code de commerce, et la requête du
sieur ....., nous proposons d'arbitrer à la somme de ..... l'indemnité qui peut lui être allouée et qu'il ne recevra qu'après
avoir rendu compte de sa gestion.

Fait à ....., le .....

Le juge-commissaire,

§ VIII.

PROCÈS-VERBAUX ET ACTES DE DÉPÔT EN GÉNÉRAL.

125. *Procès-verbal de déclaration de cessation de paiements et dépôt de bilan* (art. 438, C. com.).

Cejourd'hui (jour, mois et an), au greffe et par devant nous greffier, a comparu le sieur (nom, prénoms, profession, demeure), lequel, conformément aux articles 438 et 439 du Code de commerce a déclaré qu'il a cessé ses paiements et a déposé son bilan, certifié, daté, signé et enregistré;

Desquels déclaration et dépôt le comparant a requis acte, que nous lui avons octroyé, et nous avons rédigé le présent procès-verbal que nous avons signé avec lui après lecture.

(*Signatures.*)

126. *Procès-verbal d'affiche du jugement déclaratif de faillite et extrait à afficher* (art. 442, C. com.).

Nous, soussigné, greffier (1) du tribunal de commerce de ....
certifions avoir, conformément à l'article 442 du Code de com-

---

(1) La question de savoir si l'affiche par extrait, prescrite par l'article 442 du Code de commerce, devait être faite par le greffier du tribunal ou par un huissier-commis, a été soumise, en 1838, à M. le procureur-général près la Cour royale de Paris, qui l'a résolue dans la lettre suivante :

Paris, le 22 octobre 1838.

« Monsieur le Président du tribunal de commerce,

« Le greffier en chef de votre tribunal m'a consulté, le 21 septembre dernier, sur une difficulté qu'il rencontre dans l'application de la nouvelle loi sur les faillites; c'est à vous, comme son supérieur immédiat, qu'il eût dû d'abord soumettre ses doutes; c'est à vous que je dois adresser ma réponse en vous laissant le soin de lui donner les instructions nécessaires.

« Cet officier public me demande par qui doit être faite l'affiche par extrait, que prescrit l'article 442 de la loi du 28 mai 1858, des jugements de faillite, si c'est par un huissier-commis ou par le greffier du tribunal.

« Il me demande encore si, en supposant cette formalité remplie par un officier public autre que le greffier, un huissier-audiencier, par exemple, cette irrégularité aurait pour effet de prolonger indéfiniment le délai accordé au failli pour former opposition au jugement, délai que la loi fait partir du jour de l'affiche.

merce, affiché en la salle d'audience de ce tribunal l'extrait, rédigé sur timbre à cinquante centimes, d'un jugement rendu par ledit tribunal, le ....., lequel déclare en état de faillite ouverte le sieur ....., demeurant à ....., fixe à la date du ..... l'époque de la cessation des paiements, nomme M. ...., juge-commissaire, et M. ..... syndic provisoire.

En foi de quoi nous avons dressé le présent procès-verbal que nous avons signé.

(Signature.)

« Ce dernier point ne me paraît pas pouvoir faire question. La loi n'ayant pas prescrit un mode de constatation de l'affiche à peine de nullité, si l'affiche a été faite, qu'elle soit constatée par acte d'huissier ou de greffier, elle me semble devoir toujours avoir pour effet de faire courir les délais.

« La première question reste donc seule, moins grave dans ses conséquences que le greffier de votre tribunal ne semble le penser, mais assez importante encore pour mériter examen.

« L'article 457 du Code de commerce ancien portait que le jugement serait affiché et inséré par extrait, suivant le mode établi par l'article 683 du Code de procédure.

« Or, l'article 683 ne s'occupe que de l'insertion dans les journaux, et prescrit un mode de constatation spécial auquel le ministère des huissiers, comme celui du greffier, reste nécessairement étranger. Quant à l'affiche, il ne prescrit rien, et peut-être l'article 457 du Code de commerce eût-il pu renvoyer à l'article 682, en même temps qu'à l'article 683 du Code de procédure? Le mode de l'affiche se serait ainsi trouvé réglé.

« Quoi qu'il en soit, il est impossible de voir, dans les termes du Code de commerce ancien, l'obligation de faire constater l'affiche par procès-verbal d'huissier.

« L'article 448 de la loi nouvelle impose moins encore cette obligation en renvoyant à l'article 42 du Code de commerce, pour le mode de l'affiche; cet article, au contraire, exige que l'extrait soit remis au greffe pour être affiché; il semble qu'il suit de là qu'il sera affiché par le greffier lui-même, car il serait bizarre qu'il fallût un huissier pour venir constater l'acte d'un greffier;

« C'est ainsi, au surplus, que je l'ai vu pratiquer dans plusieurs tribunaux. Le greffier ne dresse pas même un procès-verbal en forme; il se contente de constater l'affiche sur le registre dont le décret du 12 juillet 1808 prescrit la tenue, pour constater toutes les affiches de ce genre, en matière de mariage de commerçants, de saisie immobilière, de purge légale, d'interdiction, de séparation de biens comme de faillite; et, quand la preuve lui est demandée que l'affiche a eu lieu, il délivre un extrait de son registre; c'est ordinairement un demi-rôle d'expédition.

« Je crois, monsieur le président, que c'est ce dernier mode qui doit être adopté et suivi; je ne verrai aucune raison pour faire une exception en matière des affiches analogues qui sont faites par le greffier, je crois, au contraire, que le dépôt de jugement de faillite rentre tout à fait dans les prévisions du décret du 12 juillet 1808, sur les droits de greffe; j'ajoute que ce mode doit même être moins coûteux qu'un procès-verbal d'huissier.

« Recevez, monsieur le président, l'assurance de ma considération très-distinguée.

« Pour M. le procureur-général empêché.

« *Le substitut délégué,*
« Signé GODON. »

Extrait à afficher.

D'un jugement rendu par le tribunal de commerce, séant
à ....., le ....,

Il a été extrait ce qui suit :

Vu la déclaration de cessation de paiements et le dépôt de
bilan fait au greffe,

Le tribunal déclare le sieur (nom, prénoms, profession, domicile) en état de faillite ouverte, en fixe l'époque à la date
du ..... ;

Ordonne que les scellés seront apposés conformément à l'article 458 du Code de commerce ;

Nomme M......, l'un des membres du tribunal, commissaire
à ladite faillite, et le sieur (nom, prénoms, profession, domicile) syndic provisoire ;

Ordonne que, conformément à l'article 455 du même Code,
le failli sera mis en dépôt dans la maison d'arrêt pour dettes,
et que le présent jugement sera affiché et inséré par extrait
dans les journaux ;

Pour extrait conforme, affiché en exécution de l'article 442
du Code de commerce, suivant procès-verbal en date du .....

Le greffier du tribunal.

127. *Dépôt d'inventaire par le syndic d'une faillite* (art. 480, C. com.).

Cejourd'hui (jour, mois et an), au greffe, et par devant nous,
greffier, a comparu le sieur ....., soussigné, syndic de la faillite du sieur (nom, prénoms, profession et domicile), lequel a
déposé entre nos mains l'inventaire par lui dressé le ....., enregistré ;

Duquel dépôt le comparant a requis acte que nous lui avons
octroyé, et il a signé avec nous, greffier, après lecture.

(Signatures.)

128. *Procès-verbal de dépôt d'acte de société commerciale* (art. 42 et suiv., C. com.).

Cejourd'hui (jour, mois et an), au greffe et pardevant
nous, greffier, a comparu (nom, prénoms, profession, domi-

cile) (1), lequel a, conformément aux articles 42 et suivants, livre Iᵉʳ, titre 3, du Code de commerce, fait le dépôt entre nos mains et requis l'affiche au tableau placé dans la salle d'audience de ce tribunal de l'extrait d'un acte sous seing privé, enregistré, fait à ....., le ..... (ou bien d'un acte reçu par Mᵉ ..... et son collègue, notaires à ....., le ....., enregistré);

Duquel il appert qu'une société (indiquer les noms des associés autres que les commanditaires, la nature et l'objet de la société, son siége, sa raison de commerce, sa durée, etc.);

Desquels comparution et dépôt le comparant a requis acte que nous lui avons octroyé, et nous avons immédiatement affiché au tableau à ce destiné l'extrait déposé qui restera pour minute au greffe, et, de tout ce que dessus, nous avons dressé le présent procès-verbal que nous avons signé avec le comparant, après lecture.

(Signatures.)

129. *Procès-verbal de dépôt d'acte ou jugement portant dissolution de société commerciale* (art. 42 et suiv., C. com.).

Cejourd'hui (jour, mois et an), au greffe et par devant nous, greffier, a comparu le sieur (nom, prénoms, profession, domicile), lequel a, conformément aux articles 42 et suivants, livre Iᵉʳ, titre 3, du Code de commerce, fait le dépôt entre nos mains et requis l'affiche au tableau placé dans la salle d'audience de ce tribunal, de l'extrait d'un acte passé devant Mᵉ .... et son collègue, notaires à ....., les ..... courant, enregistré — (ou bien d'un acte sous signatures privées, en date du ....., enregistré, — ou encore d'un jugement rendu le ..... par le tribunal de commerce de ....., enregistré);

Duquel il appert que la société (indiquer les noms des associés autres que les commanditaires, la nature et l'objet de la société, son siége, sa raison de commerce, sa durée, etc.) a été déclarée dissoute à partir du ..... — (ou nulle faute d'accomplissement des formalités prescrites par la loi) — et que M. (nom, prénoms, profession et domicile) a été nommé liquidateur de ladite société;

_____

(1) Si le dépôt est fait par un mandataire énoncer la procuration et son enregistrement et constater qu'elle est demeurée annexée.

Desquels comparution, dépôt et réquisition, nous avons
donné acte au comparant, et nous avons immédiatement affiché
au tableau à ce destiné l'extrait déposé qui restera pour minute au greffe, et de tout ce que dessus nous avons dressé le
présent procès-verbal que le comparant a signé avec nous
après lecture.

(Signatures.)

130. *Procès-verbal de dépôt d'acte de société à responsabilité
limitée et des délibérations relatives : — 1° à la nomination des
administrateurs et commissaires ; — 2° et à la vérification des
apports* (art. 42 et suiv., C. com.; — art. 8 de la loi du 23
mai 1863).

Première espèce.

Cejourd'hui (jour, mois et an), au greffe de ce tribunal, et
par devant nous, greffier soussigné, a comparu le sieur ....,
lequel ayant pouvoir, ainsi qu'il est énoncé en l'expédition
ci-après, a, en conformité de l'article 8 de la loi du 23 mai
1863, déposé, entre nos mains, pour être mis au rang de nos
minutes et communiqué à tous requérants :

1° L'expédition d'un acte reçu par M° ..... et son collègue,
notaires à ....., le ....., enregistré, contenant les statuts d'une
société à responsabilité limitée, formée par : 1° (nom, prénoms,
profession, domicile) ; 2° ..... ; 3° ..... ; etc., etc. ....., ayant
pour objet (spécifier l'objet de la société), sous la dénomination de : (reproduire la dénomination adoptée dans l'acte de
société), au capital de (somme), divisé en (nombre) actions
de (somme) chacune, ayant son siége à (lieu) ;

Ledit acte, contenant le tableau de toutes les actions qui sont
entièrement libérées, attribuées aux associés sus-nommés en
représentation de leurs apports respectifs ;

2° la copie certifiée de deux délibérations prises par l'assemblée générale des actionnaires de ladite société en date des
(jour, mois et an) ; lesdites délibérations prises conformément
aux articles 4 et 6 de la loi précitée, constatant la vérification
des apports et des avantages stipulés, nomment des administrateurs et un commissaire (ou plusieurs) et déclarent ladite
société définitivement constituée.

Duquel dépôt, ainsi fait au greffe, le comparant a requis

acte que nous lui avons octroyé, et nous avons dressé le présent procès-verbal qu'il a signé avec nous après lecture.

(Signatures.)

Deuxième espèce.

Cejourd'hui (jour, mois et an), au greffe de ce tribunal, et par devant nous, greffier soussigné, a comparu le sieur (nom, prénoms, profession, demeure), lequel ayant pouvoir, ainsi qu'il est énoncé en l'extrait ci-après, a, en conformité de l'article 9 de la loi du 23 mai 1863, fait le dépôt entre nos mains et requis l'affiche au tableau placé dans la salle d'audience de ce tribunal, de l'extrait dûment timbré, enregistré et signé par les administrateurs de la société ci-après :

1° D'un acte reçu par Mᵉ ..... et son collègue, notaires à ....., le ....., enregistré; contenant les statuts d'une société à responsabilité limitée, sous la dénomination de (reproduire la dénomination adoptée dans l'acte de société) au capital de ...., divisée en ..... actions de ..... chacune, ayant son siége à ..... et pour objet (spécifier l'objet de la société), et constatant que le fonds social étant intégralement constitué par les fondateurs dénommés audit acte, il n'y avait pas lieu à déclaration notariée de la part des fondateurs ;

2° Et de deux délibérations prises par l'assemblée générale des actionnaires de ladite société, en date du ....., conformément aux articles 4 et 6 de la loi précitée, constatant la vérification et l'approbation des apports et avantages stipulés, la nomination d'administrateurs et d'un commissaire (ou plusieurs), et déclarant ladite société définitivement constituée jour .....

Nous avons donné acte au comparant desdits dépôt et réquisition, nous avons affiché immédiatement au tableau l'extrait déposé qui restera pour minute au greffe, et nous avons dressé le présent procès-verbal que le comparant a signé avec nous à partir dudit après lecture.

(Signatures.)

131. *Procès-verbal de dépôt d'acte de mariage d'un commerçant* (art. 67 et suiv., C. com.; 872, C. pr. civ.).

Cejourd'hui (jour, mois et an) a été déposé au greffe, pour être affiché conformément à la loi, l'extrait rédigé par Mᵉ .....

d'un contrat de mariage passé devant lui et son collègue, notaires à ....., le ....., entre le sieur (nom, prénoms, profession, domicile) et la demoiselle .....

Duquel il appert que les époux ont adopté le régime de la....

Nous avons immédiatement inséré ledit extrait au tableau placé à cet effet dans l'auditoire de ce tribunal, et dressé le présent procès-verbal que nous avons signé.

(Signature du greffier.)

132. *Procès-verbal de dépôt de jugement portant interdiction ou nomination d'un conseil judiciaire (art. 413, C. Nap.).*

Cejourd'hui (jour, mois et an), au greffe, a été déposé pour être affiché conformément à la loi l'extrait rédigé par Me ....., avoué près le tribunal de première instance de ....., d'un jugement rendu par la ..... chambre dudit tribunal, le ....., enregistré ;

Duquel il appert :

Que le sieur ....., demeurant à ....., a été interdit de l'administration de sa personne et de ses biens — (*ou* : a été pourvu d'un conseil judiciaire en la personne de (nom, prénoms, profession, domicile du conseil judiciaire) ;

Nous avons immédiatement inséré ledit extrait au tableau à ce destiné, placé dans l'auditoire de ce tribunal, et de tout ce que dessus nous avons dressé le présent procès-verbal que nous avons signé.

(Signature du greffier.)

133. *Procès-verbal de dépôt d'une demande en séparation de biens.*

Cejourd'hui (jour, mois et an), a été remis au greffe, pour être affiché, conformément à la loi, l'extrait rédigé par Me ....., avoué près le tribunal civil de première instance de ....., et enregistré, d'une demande en séparation de biens formée par la dame ....., demeurant à ....., contre (nom, prénoms, profession, domicile) son mari, demeurant à .....

Nous avons immédiatement inséré ledit extrait au tableau à ce destiné, placé dans l'auditoire de ce tribunal, et dressé le présent procès-verbal que nous avons signé.

(Signature du greffier.)

134. *Procès-verbal de dépôt d'acte d'émancipation et autorisation de faire le commerce* (art. 2, C. com.; 487, C. Nap.).

Cejourd'hui (jour, mois et an), au greffe de ce tribunal et par devant nous, greffier, a comparu le sieur ....., demeurant à ....., lequel a, conformément à l'article 2 du Code de commerce, déposé entre nos mains et requis l'affiche au tableau, placé dans la salle d'audience de ce tribunal, de l'expédition d'un procès-verbal dressé par M. le juge de paix de ....., le ..... enregistré;

Duquel il appert :

Que le comparant, fils mineur de ....., demeurant à ....., et de la dame ....., a été émancipé et autorisé à faire le commerce ;

Nous avons donné acte au comparant desdits dépôt et réquisition et avons affiché immédiatement au tableau à ce destiné l'acte déposé qui restera pour minute au greffe. — En foi de quoi, nous avons dressé le présent procès-verbal que nous avons signé avec le comparant, après lecture.

(Signatures.)

135. *Procès-verbal de dépôt de marques de fabrique* (loi du 23 juin 1857; décret du 26 juillet et 11 août 1858.)

Cejourd'hui (jour, mois et an), à ..... heures, au greffe du tribunal de commerce de ....., et par devant nous, greffier dudit tribunal soussigné, a comparu le sieur (nom, prénoms, profession, domicile du comparant) (1) ;

Lequel a déposé entre nos mains deux exemplaires d'un dessin représentant sa marque de fabrique, destinée à (indiquer le produit auquel la marque est destinée); — ladite marque composée de ....., ou représentant ...., doit être im-

---

(1) Si le dépôt est effectué par un mandataire, le greffier indique également les nom, prénoms, profession et domicile de ce mandataire et fait mention du pouvoir qui reste annexé à l'acte de dépôt.

Le pouvoir doit être enregistré; et, s'il s'agit du dépôt d'une marque étrangère, il doit en outre être légalisé.

Le greffier du tribunal de commerce de Paris a, pour les dépôts de marques de fabrique, deux registres spéciaux dont l'un est exclusivement réservé aux marques étrangères.

primée en creux (ou en relief) sur lesdits produits au moyen
de .....

Duquel dépôt, qu'il déclare faire pour conserver la propriété
de ladite marque, le comparant a requis acte que nous lui
avons octroyé, et a signé avec nous, greffier, après lecture, le
présent procès-verbal dressé sous le numéro d'ordre .....

(Signatures.)

136. *Procès - verbal de dépôt de rapport d'arbitre* (art. 431, C. proc.).

Cejourd'hui (jour, mois et an), le rapport fait par M. .....,
en date du ....., dans la contestation entre le sieur ..... et le
sieur ..... en exécution de la mission à lui conférée par jugement du tribunal en date du ...., enregistré, ayant été adressé,
clos et cacheté, au tribunal et ouvert à l'audience du .....,
nous avons dressé le présent procès-verbal de dépôt et
signé .....

(Signature du greffier.)

137. *Procès-verbal d'affiche d'une demande en réhabilitation* (art. 607 et suiv., C. com.).

Cejourd'hui (jour, mois et an), nous, soussigné, greffier du
tribunal de commerce de ....., séant à ....., avons, en exécution de l'article 607 du Code de commerce, affiché au tableau
à ce destiné, placé à cet effet dans l'auditoire de ce tribunal,
la copie, adressée par M. le procureur-général près la Cour impériale de ..... à M. le président de ce tribunal, de la demande
en réhabilitation présentée à la Cour impériale de ....., par le
sieur ..... (nom, prénoms, profession, domicile);

En foi de quoi nous avons dressé le présent procès-verbal
dont mention est faite en marge de ladite demande de réhabilitation et avons signé.

(Signature du greffier.)

138. *Certificat constatant l'accomplissement des formalités prescrites sur une demande en réhabilitation* (art. 607 et suiv., C. com.).

Nous, soussigné, greffier du tribunal de commerce de .....,
séant à ......

Certifions que la demande en réhabilitation du sieur ..... a été affichée dans l'auditoire de ce tribunal, le ....., ainsi qu'il appert du procès-verbal dressé par nous ledit jour;

Que cette demande est restée exposée dans ledit auditoire pendant deux mois;

Que copies par nous adressées à ....., ont été affichées à la maison commune (ou à la Bourse), à ....., ainsi qu'il résulte des pièces ci-jointes;

Que ladite demande a été insérée par extrait dans les journaux judiciaires (les indiquer), ainsi que le constate un exemplaire de chacun desdits journaux enregistré et légalisé, et qu'enfin il n'est survenu au greffe *aucune opposition* à la demande en réhabilitation dudit sieur .....

En foi de quoi nous avons délivré le présent certificat pour servir et valoir ce que de raison.

Donné à ....., le .....

(Signature du greffier.)

139. *Certificat de non-opposition ni appel* (1).

Nous, soussigné, greffier du tribunal de commerce de .....,
Certifions, après vérification du registre tenu au greffe, conformément à l'article 163 du Code de procédure civile;

---

(1) La Cour de cassation a décidé, par un arrêt rendu en audience solennelle, que les greffiers des tribunaux de commerce étaient, comme les greffiers des tribunaux civils, obligés d'avoir un registre pour faire mention des oppositions et des appels, et comme conséquence de délivrer des certificats de non-opposition ni appel.

Arrêt de la Cour de cassation du 13 janvier 1859.

CHAMBRES RÉUNIES.

M. Troplong, premier président; — MM. Lascoux, rapporteur; — Dupin, procureur-général (conclusions contraires); — Hérold et Duquesnel, avocats.

« LA COUR; — Vu les articles 548, 549, 550 du Code de procédure civile;

« Attendu que l'article 548 du Code de procédure civile pose une règle générale qui s'applique à la fois aux tribunaux civils et aux tribunaux de commerce;—Que c'est ce qui résulte soit de la place de cet article, qui est compris sous la rubrique : *Règles générales sur l'exécution forcée des jugements et actes,* soit de cette circonstance que les articles qui le précèdent ou qui le suivent, notamment les articles 545, 546, 547, 552, 555, sont évidemment obligatoires, non-seulement pour les tribunaux civils, mais encore pour les tribunaux consulaires;—Que même l'article 553 porte une disposition spéciale aux tribunaux de commerce, ce qui prouve encore

Qu'il n'existe sur ledit registre aucune mention faite, aux termes de l'article précité, établissant qu'il y ait opposition à l'exécution ou appel du jugement rendu par le tribunal de commerce de ...... entre ....., d'une part, et le sieur ....., d'autre part, ledit jugement signifié à la requête du sieur ....., à ....., suivant exploit de ....., huissier à ....., en date du ....., enregistré, dont l'original nous a été représenté;

En foi de quoi nous avons délivré le présent certificat, requis en conformité des articles 164 et 548 du Code de procédure civile.

Donné au greffe, le ....

(Signature du greffier.)

Nota. Quand il y a plusieurs parties en cause et que le jugement n'a pas été signifié à toutes, par suite d'acquiescement ou autre cause, on doit ajouter : — Établissant qu'il y ait du chef du sieur ..... ou des sieurs ..... opposition .....

---

plus que le titre 6 du livre V du Code de procédure, général dans son ensemble, a eu pour but de régler l'exécution de tous les jugements rendus par les tribunaux inférieurs ;

« Attendu que, s'il en était autrement, on ne trouverait dans la loi aucune précaution pour préserver les tiers de l'exécution des jugements consulaires, puisque l'article 548 est celui qui leur donne la garantie dont ils ont besoin ; — Qu'on ne saurait supposer que le législateur soit tombé dans une si grave et dommageable omission ;

« Attendu que, s'il est vrai que l'article 548 domine l'exécution des jugements consulaires, en tant qu'il pose le principe protecteur des droits des tiers, on ne saurait admettre qu'on doive écarter celles des dispositions du même article qui organisent ce principe ; — Qu'il doit être pris dans son ensemble, c'est-à-dire dans la règle fondamentale qu'il édicte, et dans la procédure qu'il prescrit, sauf les différences résultant du mode exceptionnel de procéder dans les matières commerciales ;

« Attendu qu'on ne saurait conclure de ce que le ministère des avoués n'est pas admis dans ces mêmes matières, que ce qui, d'après l'article 548, doit se faire au greffe avec le concours de ces officiers ministériels dans les causes civiles, soit inexécutable en ce qui concerne les jugements consulaires et doive être rejeté pour faire place à une procédure arbitraire et dispendieuse, qui ne repose sur aucune disposition légale ; — Qu'il faut, au contraire, en tirer cette unique conséquence, que les parties, à qui la loi interdit de se faire représenter par des avoués, doivent exécuter par elles-mêmes, ou par un fondé de pouvoirs, les mesures portées dans l'article 548 et dans l'article 549 qui en est le complément; que cette substitution de la partie à l'avoué est de règle et de pratique constante dans tous les cas analogues, où des articles du Code de procédure civile doivent être étendus aux matières de commerce ; — Qu'il n'y a rien d'exorbitant à faire peser cette obligation sur les parties, puisque, présumées capables de veiller à leurs intérêts en vertu du système de la loi commerciale, on ne fait qu'exiger d'elles des actes conservatoires de leurs droits, actes qui ne sont que le corollaire soit de la volonté d'exécuter de la part du poursuivant, soit de l'opposition ou de l'appel émanés de la partie poursuivie; actes enfin qui se résolvent par la simple remise au greffier du tribunal de commerce, ici, de l'exploit de signification du jugement, là, de l'exploit d'opposition ou d'appel;

« Attendu qu'en jugeant le contraire, la Cour impériale de Rouen, par

140. *Formule de procès-verbal d'expertise* (art. 106, C. com.).

L'an mil huit cent ....., le ..... (indiquer ici les jour et heure auxquels l'expertise a eu lieu),

Je, soussigné (prénoms, nom, profession ou qualité et domicile), expert commis en conformité de l'article 106 du Code de commerce, aux termes d'une ordonnance rendue le ....., par M. le président du tribunal de commerce de ....., au bas de la requête à lui présentée par le sieur (prénoms, nom, profession et domicile du requérant), ladite ordonnance dûment enregistrée à ....., le (copier textuellement la mention d'enregistrement); me suis transporté dans les magasins du sieur ....., sis à ....., rue ....., n° ..., où, étant, j'ai, en présence dudit sieur (le requérant) et du sieur (indiquer les prénoms, nom, profession et domicile de celui contre lequel l'expertise a été requise) procédé, comme il suit, à l'accomplissement de la mission qui m'a été confiée par l'ordonnance sus-datée.

(1) (Après ce préambule, l'expert rendra compte de la façon dont il a opéré, en ayant soin de constater d'une manière claire et précise: — 1° L'état extérieur du colis faisant l'objet du litige; — 2° L'état des marchandises à l'intérieur du colis; — 3° Leur poids, s'il doit avoir quelque influence sur la décision à laquelle l'expertise peut servir de base, et notamment s'il s'agit d'un déficit; — 4° La nature de l'avarie; — 5° La cause du déficit ou de l'avarie; — 6° Et enfin l'expert devra donner l'appréciation raisonnée et détaillée du préjudice éprou-

---

l'arrêt attaqué, a formellement violé tant les principes de la matière que les articles de la loi ci-dessus visés;

« Casse et annule l'arrêt rendu le 25 février 1857 par la Cour impériale de Rouen, etc. »

Dans cette même affaire la Cour de cassation avait précédemment cassé l'arrêt rendu par la Cour impériale de Paris, le 22 juillet 1854.

Le premier arrêt de cassation, en date du 9 juin 1856, avait été lui-même rendu *après partage*.

(1) Dans le cas où la personne contre laquelle on a requis l'expertise ne serait pas présente aux opérations de l'expert, celui-ci ne pourrait procéder en son absence qu'autant qu'il y aurait été autorisé par les ordonnances, ou qu'une sommation préalable aurait été faite, et il devrait alors s'exprimer ainsi :

Après avoir attendu jusqu'à ..... heure, sans que le sieur..... ait comparu ni personne pour lui, quoique dûment appelé, suivant exploit du ministère de ...., huissier à ...., en date du ..... 18...., enregistré, dont l'original m'a été représenté, j'ai donné défaut contre ledit sieur (le défaillant) et procédé comme il suit, en présence du sieur (le requérant), à l'accomplissement de la mission qui m'a été confiée par l'ordonnance sus-datée.

vé, puis il terminera son procès-verbal dans les termes suivants :)

De tout quoi j'ai fait et rédigé le présent procès-verbal pour être, sur icelui, par les parties requis et par le tribunal statué ce qu'il appartiendra.

Clos et signé à ....., le ..... (date de la confection du procès-verbal).

Nota. — Le procès-verbal d'expertise, dont la formule précède, doit être rédigé sur papier timbré ; aucune pièce non revêtue de la double formalité du timbre et de l'enregistrement n'y peut être mentionnée à peine d'amende. — Dans la pratique, ce procès-verbal est remis à la partie qui a provoqué l'expertise, laquelle le signifie en tête de l'assignation, ce qui évite les frais d'un dépôt au greffe et d'une expédition.

FIN DE LA TROISIÈME ET DERNIÈRE PARTIE.

TABLE

PAR ORDRE CHRONOLOGIQUE

DES LOIS, DÉCRETS,

ARRÊTÉS, ORDONNANCES, AVIS DU CONSEIL D'ÉTAT ET CIRCULAIRES

INSÉRÉS

DANS LE NOUVEAU MANUEL DES TRIBUNAUX DE COMMERCE.

Nota. Le chiffre I indique le renvoi à la première partie et le chiffre II à la seconde.

---

(1) Toutes les circulaires qui ne portent pas une autre indication émanent du garde des sceaux.

FIN DE LA TABLE CHRONOLOGIQUE.

TABLE GÉNÉRALE

PAR ORDRE ALPHABÉTIQUE

DES MATIÈRES CONTENUES

DANS LE NOUVEAU MANUEL DES TRIBUNAUX DE COMMERCE.

Nota. Les chiffres romains I, II, III, indiquent les première, deuxième et troisième parties de l'ouvrage, et les chiffres arabes la pagination.

Première partie : *Législation commerciale.*

Deuxième partie : *Historique, organisation et attributions.*

Troisième partie : *Formulaire général.*

A

B

C

D

E

F

G

H

I

J

L

M

N

O

P

Q

R

S

T

U

V

W

FIN DE LA TABLE GÉNÉRALE.

APPENDICE

AU

MANUEL DES TRIBUNAUX DE COMMERCE

Années 1866 et 1867

TABLE GÉNÉRALE

DES MATIÈRES CONTENUES DANS L'APPENDICE

MANUEL DES TRIBUNAUX DE COMMERCE

APPENDICE 1868

—

Chapitre 1. — Modifications apportées au Code de Commerce.

—

§ 1er. — Sociétés commerciales.

Nota. — Les articles 31, 37 et 40 du Code de Commerce sont abrogés par l'article 47 de la loi du 14 juillet 1867.

Les articles 42, 43, 44, 45 et 46 du Code de Commerce sont abrogés par l'article 65 de la même loi.

La nécessité de faire autant de copies qu'il y a d'associés de l'acte sous seing privé constitutif de la société, n'est plus applicable d'après l'article 1er de la loi nouvelle, quant aux sociétés en commandite par actions et aux sociétés anonymes, formées par actes sous seing privé, ce qui modifie les dispositions de l'article 39 du Code de Commerce et de l'article 1325 du Code Napoléon.

Loi du 24-29 juillet 1867 sur les sociétés.

TITRE Ier.

DES SOCIÉTÉS EN COMMANDITE PAR ACTIONS.

1. Les sociétés en commandite ne peuvent diviser leur capital en actions ou coupons d'actions de moins de cent francs, lorsque ce capital n'excède pas deux cent mille francs, et de moins de cinq cents francs, lorsqu'il est supérieur. — Elles ne peuvent être définitivement constituées qu'après la souscription de la totalité du capital social et le versement, par chaque actionnaire, du quart au moins du montant des actions par lui souscrites. — Cette souscription et ces versements sont constatés par une déclaration du gérant dans un acte notarié. — A cette déclaration sont annexés la liste des souscripteurs, l'état des versements effectués, l'un des doubles de l'acte de société, s'il est sous seing-privé, et une expédition, s'il est notarié et s'il a été passé devant un notaire autre que celui qui a reçu la déclaration. — L'acte sous seing-privé, quel que soit le nombre des associés, sera fait en double original, dont l'un sera annexé, comme il est dit au paragraphe qui précède, à la déclaration de souscription du capital et de versement du quart, et l'autre restera déposé au siége social.

2. Les actions ou coupons sont négociables après le versement du quart.

3. Il peut être stipulé, mais seulement par les statuts constitutifs de la société, que les actions ou coupons d'actions pourront, après avoir été libérés de moitié, être convertis en actions au porteur par délibération de l'assemblée générale. — Soit que les actions restent nominatives après cette délibération, soit qu'elles aient été converties en actions au porteur, les souscripteurs primitifs qui ont aliéné les actions et ceux auxquels ils les ont cédées avant le versement de moitié restent tenus au payement du montant de leurs actions pendant un délai de deux ans, à partir de la délibération de l'assemblée générale.

4. Lorsqu'un associé fait un apport qui ne consiste pas en numéraire, ou stipule à son profit des avantages particuliers, la première assemblée générale fait apprécier la valeur de l'apport ou la cause des avantages stipulés. — La société n'est définitivement constituée qu'après l'approbation de l'apport ou des avantages, donnée par une autre assemblée générale, après une nouvelle convocation. — La seconde assemblée générale ne pourra statuer sur l'approbation de l'apport ou des avantages qu'après un rapport qui sera imprimé et tenu à la

disposition des actionnaires, cinq jours au moins avant la réunion de cette assemblée. — Les délibérations sont prises par la majorité des actionnaires présents. Cette majorité doit comprendre le quart des actionnaires et représenter le quart du capital social en numéraire. — Les associés qui ont fait l'apport ou stipulé des avantages particuliers soumis à l'appréciation de l'assemblée n'ont pas voix délibérative. — A défaut d'approbation, la société reste sans effet à l'égard de toutes les parties. — L'approbation ne fait pas obstacle à l'exercice ultérieur de l'action qui peut être intentée pour cause de dol ou de fraude. — Les dispositions du présent article relatives à la vérification de l'apport qui ne consiste pas en numéraire ne sont pas applicables au cas où la société à laquelle est fait ledit apport est formée entre ceux seulement qui en étaient propriétaires par indivis.

5. Un conseil de surveillance, composé de trois actionnaires au moins, est établi dans chaque société en commandite par actions. — Ce conseil est nommé par l'assemblée générale des actionnaires immédiatement après la constitution définitive de la société et avant toute opération sociale. — Il est soumis à la réélection aux époques et suivant les conditions déterminées par les statuts. — Toutefois le premier conseil n'est nommé que pour une année.

6. Ce premier conseil doit, immédiatement après sa nomination, vérifier si toutes les dispositions contenues dans les articles qui précèdent ont été observées.

7. Est nulle et de nul effet à l'égard des intéressés toute société en commandite par actions constituée contrairement aux prescriptions des articles 1er, 2, 3, 4 et 5 de la présente loi. — Cette nullité ne peut être opposée aux tiers par les associés.

8. Lorsque la société est annulée, aux termes de l'article précédent, les membres du premier conseil de surveillance peuvent être déclarés responsables, avec le gérant, du dommage résultant, pour la société ou pour les tiers, de l'annulation de la société. — La même responsabilité peut être prononcée contre ceux des associés dont les apports ou les avantages n'auraient pas été vérifiés et approuvés conformément à l'article 4 ci-dessus.

9. Les membres du conseil de surveillance n'encourent aucune responsabilité en raison des actes de la gestion et de leurs résultats. — Chaque membre du conseil de surveillance est responsable de ses fautes personnelles, dans l'exécution de son mandat, conformément aux règles du droit commun.

10. Les membres du conseil de surveillance vérifient les livres, la caisse, le portefeuille et les valeurs de la société. — Ils font, chaque année, à l'assemblée générale, un rapport dans lequel ils doivent signaler les irrégularités et inexactitudes qu'ils ont reconnues dans les inventaires, et constater, s'il y a lieu, les motifs qui s'opposent aux distributions des dividendes proposées par le gérant. — Aucune répétition de dividendes ne peut être exercée contre les actionnaires, si ce n'est dans le cas où la distribution en aura été faite en l'absence de tout inventaire ou en dehors des résultats constatés par l'inventaire. — L'action en répétition, dans le cas où elle est ouverte, se prescrit par cinq ans, à partir du jour fixé pour la distribution des dividendes. — Les prescriptions commencées à l'époque de la promulgation de la présente loi, et pour lesquelles il faudrait encore, suivant les lois anciennes, plus de cinq ans, à partir de la même époque, seront accomplies par ce laps de temps.

11. Le conseil de surveillance peut convoquer l'assemblée générale et, conformément à son avis, provoquer la dissolution de la société.

12. Quinze jours au moins avant la réunion de l'assemblée générale, tout actionnaire peut prendre par lui ou par un fondé de pouvoir, au siège social, communication du bilan, des inventaires et du rapport du conseil de surveillance.

13. L'émission d'actions ou de coupons d'actions d'une société constituée contrairement aux prescriptions des articles 1er, 2 et 3 de la présente loi, est punie d'une amende de cinq cents à dix mille francs. — Sont punis de la même peine : — Le gérant qui commence les opérations sociales avant l'entrée en fonctions du conseil de surveillance ; — Ceux qui, en se présentant comme propriétaires d'actions ou de coupons d'actions qui ne leur appartiennent pas, ont créé frauduleusement une majorité factice dans une assemblée générale, sans préjudice de tous dommages-intérêts, s'il y a lieu, envers la société ou envers les tiers ; — Ceux qui ont remis les actions pour en faire l'usage frauduleux. — Dans les cas prévus par les deux paragraphes précédents, la peine de l'emprisonnement de quinze jours à six mois peut, en outre, être prononcée.

14. La négociation d'actions ou de coupons d'actions dont la valeur ou la forme serait contraire aux dispositions des articles 1er, 2 et 3 de la présente loi, ou pour lesquels le versement du quart n'aurait pas été effectué conformément à l'article 2 ci-dessus, est punie d'une amende de cinq cents à dix mille francs. — Sont punies de la même peine toute participation à ces négociations et toute publication de la valeur desdites actions.

15. Sont punis des peines portées par l'article 405 du Code pénal, sans préjudice de l'application de cet article à tous les faits constitutifs du délit d'escroquerie : — 1° Ceux qui, par simulation de souscriptions ou de versements ou par publication, faite de mauvaise foi, de souscriptions ou de versements qui n'existent pas, ou de tous autres faits faux, ont obtenu ou tenté d'obtenir des souscriptions ou des versements ; — 2° Ceux qui, pour provoquer des souscriptions ou des versements, ont, de mauvaise foi, publié les noms de personnes désignées, contrairement à la vérité, comme étant ou devant être attachées à la société à un titre quelconque ; — 3° Les gérants qui, en l'absence d'inventaires ou au moyen d'inventaires frauduleux, ont opéré entre les actionnaires la répartition de dividendes fictifs. — Les membres du conseil de surveillance ne sont pas civilement responsables des délits commis par le gérant.

16. L'article 463 du Code pénal est applicable aux faits prévus par les trois articles qui précèdent.

17. Des actionnaires représentant le vingtième au moins du capital social peuvent, dans un intérêt commun, charger à leurs frais un ou plusieurs mandataires de soutenir, tant en demandant qu'en défendant, une action contre les gérants ou contre les membres du conseil de surveillance, et de les représenter, en ce cas, en justice, sans préjudice de l'action que chaque actionnaire peut intenter individuellement en son nom personnel.

18. Les sociétés antérieures à la loi du 17 juillet 1856, et qui ne se seraient pas conformées à l'article 15 de cette loi, seront tenues, dans un délai de six mois, de constituer un conseil de surveillance, conformément aux dispositions qui précèdent. — A défaut de constitution du conseil de surveillance dans le délai ci-dessus fixé, chaque actionnaire a le droit de faire prononcer la dissolution de la société.

19. Les sociétés en commandite par actions antérieures à la présente loi, dont les statuts permettent la transformation en société anonyme autorisée par le Gouvernement, pourront se convertir en société anonyme dans les termes déterminés par le titre II de la présente loi, en se conformant aux conditions stipulées dans les statuts pour la transformation.

20. Est abrogée la loi du 17 juillet 1856.

TITRE II.

DES SOCIÉTÉS ANONYMES.

21. A l'avenir, les sociétés anonymes pourront se former sans l'autorisation du Gouvernement. — Elles pourront, quel que soit le nombre des associés, être formées par un acte sous seing privé fait en double original. — Elles seront soumises aux dispositions des articles 29, 30, 32, 33, 34 et 36 du Code de commerce et aux dispositions contenues dans le présent titre.

22. Les sociétés anonymes sont administrées par un ou plusieurs mandataires à temps, révocables, salariés ou gratuits, pris parmi les associés. — Ces mandataires peuvent choisir parmi eux un directeur, ou, si les statuts le permettent, se substituer un mandataire étranger à la société et dont ils sont responsables envers elle.

23. La société ne peut être constituée si le nombre des associés est inférieur à sept.

24. Les dispositions des articles 1er, 2, 3 et 4 de la présente loi sont applicables aux sociétés anonymes. — La déclaration imposée au gérant par l'article 1er est faite par les fondateurs de la société anonyme ; elle est soumise, avec les pièces à l'appui, à la première assemblée générale, qui en vérifie la sincérité.

25. Une assemblée générale est, dans tous les cas, convoquée, à la diligence des fondateurs, postérieurement à l'acte qui constate la souscription du capital social et le versement du quart du capital, qui consiste en numéraire. Cette assemblée nomme les premiers administrateurs ; elle nomme également, pour la première année, les commissaires institués par l'article 32 ci-après. — Ces administrateurs ne peuvent être nommés pour plus de six ans : ils sont rééligibles, sauf stipulation contraire. — Toutefois, ils peuvent être désignés par les statuts, avec stipulation formelle que leur nomination ne sera point soumise à l'approbation de l'assemblée générale. En ce cas, ils ne peuvent être nommés pour plus de trois ans. — Le procès-verbal de la séance constate l'acceptation des administrateurs et des commissaires présents à la réunion. — La société est constituée à partir de cette acceptation.

26. Les administrateurs doivent être propriétaires d'un nombre d'actions déterminé par les statuts. — Ces actions sont affectées en totalité à la garantie de tous les actes de la gestion, même de ceux qui seraient exclusivement personnels à l'un des administrateurs. — Elles sont nominatives, inaliénables, frappées d'un timbre indiquant l'inaliénabilité et déposées dans la caisse sociale.

27. Il est tenu, chaque année au moins, une assemblée générale à l'époque fixée par les statuts. Les statuts déterminent le nombre d'actions qu'il est nécessaire de posséder, soit à titre de propriétaire, soit à titre de mandataire, pour être admis dans l'assemblée, et le nombre de voix appartenant à chaque actionnaire, eu égard au nombre d'actions dont il est porteur. — Néanmoins, dans les assemblées générales appelées à vérifier les apports, à nommer les premiers administrateurs et à vérifier la sincérité de la déclaration des fondateurs de la société, prescrite par le deuxième paragraphe de l'article 24, tout actionnaire, quel que soit le nombre des actions dont il est porteur, peut prendre part aux délibérations avec le nombre de voix déterminé par les statuts, sans qu'il puisse être supérieur à dix.

28. Dans toutes les assemblées générales, les délibérations sont prises à la majorité des voix. — Il est tenu une feuille de présence ; elle contient les noms et domicile des actionnaires et le nombre d'actions dont chacun d'eux est porteur. — Cette feuille, certifiée par le bureau de l'assemblée, est déposée au siège social et doit être communiquée à tout requérant.

29. Les assemblées générales qui ont à délibérer dans des cas autres que ceux qui sont prévus par les deux articles qui suivent, doivent être composées d'un nombre d'actionnaires représentant le quart au moins du capital social. — Si l'assemblée générale ne réunit pas ce nombre, une nouvelle assemblée est convoquée dans les formes et avec les délais prescrits par les statuts et elle délibère valablement, quelle que soit la portion du capital représenté par les actionnaires présents.

30. Les assemblées qui ont à délibérer sur la vérification des apports, sur la nomination des premiers administrateurs, sur la sincérité de la déclaration faite par les fondateurs aux termes du paragraphe 2 de l'article 24, doivent être composées d'un nombre d'actionnaires représentant la moitié au moins du capital social. — Le capital social, dont la moitié doit être représentée pour la vérification de l'apport, se compose seulement des apports non soumis à vérification. — Si l'assemblée générale ne réunit pas un nombre d'actionnaires représentant la moitié du capital social, elle ne peut prendre qu'une délibération provisoire. Dans ce cas, une nouvelle assemblée générale est convoquée. Deux avis, publiés à huit jours d'intervalle, au moins un mois à l'avance, dans l'un des journaux désignés pour recevoir les annonces légales, font connaître aux actionnaires les résolutions provisoires adoptées par la première assemblée, et ces résolutions deviennent définitives si elles sont approuvées par la nouvelle assemblée, composée d'un nombre d'actionnaires représentant le cinquième au moins du capital social.

31. Les assemblées qui ont à délibérer sur des modifications aux statuts ou sur des propositions de continuation de la société au delà du terme fixé pour sa durée, ou de dissolution avant ce terme, ne sont régulièrement constituées et ne délibèrent valablement qu'autant qu'elles sont composées d'un nombre d'actionnaires représentant la moitié au moins du capital social.

32. L'assemblée générale annuelle désigne un ou plusieurs commissaires, associés ou non, chargés de faire un rapport à l'assemblée générale de l'année suivante sur la situation de la société, sur le bilan et sur les comptes présentés par les administrateurs. — La délibération contenant approbation du bilan et des comptes est nulle, si elle n'a été précédée du rapport des commissaires. — A défaut de nomination des commissaires par l'assemblée générale, ou en cas d'empêchement ou de refus d'un ou de plusieurs des commissaires nommés, il est procédé à leur nomination ou à leur remplacement par ordonnance du président du tribunal de commerce du siège de la société, à la requête de tout intéressé, les administrateurs dûment appelés.

33. Pendant le trimestre qui précède l'époque fixée par les statuts pour la réunion de l'assemblée générale, les commissaires ont droit, toutes les fois qu'ils le jugent convenable dans l'intérêt social, de prendre communication des livres et d'examiner les opérations de la société. — Ils peuvent toujours, en cas d'urgence, convoquer l'assemblée générale.

34. Toute société anonyme doit dresser, chaque semestre, un état sommaire de sa situation active et passive. — Cet état est mis à la disposition des commissaires. — Il est, en outre, établi chaque année, conformément à l'article 9 du Code de commerce, un inventaire contenant l'indication des valeurs mobilières et immobilières et de toutes les dettes actives et passives de la société. — L'inventaire, le bilan et le compte des profits et pertes sont mis à la disposition des commissaires le quarantième jour, au plus tard, avant l'assemblée générale. Ils sont présentés à cette assemblée.

35. Quinze jours au moins avant la réunion de l'assemblée générale, tout actionnaire peut prendre, au siége social, communication de l'inventaire et de la liste des actionnaires, et se faire délivrer copie du bilan résumant l'inventaire et du rapport des commissaires.

36. Il est fait annuellement, sur les bénéfices nets, un prélèvement d'un vingtième au moins, affecté à la formation d'un fonds de réserve. — Ce prélèvement cesse d'être obligatoire lorsque le fonds de réserve a atteint le dixième du capital social.

37. En cas de perte des trois quarts du capital social, les administrateurs sont tenus de provoquer la réunion de l'assemblée générale de tous les actionnaires, à l'effet de statuer sur la question de savoir s'il y a lieu de prononcer la dissolution de la société. — La résolution de l'assemblée est, dans tous les cas, rendue publique. — A défaut par les administrateurs de réunir l'assemblée générale, comme dans le cas où cette assemblée n'aurait pu se constituer régulièrement, tout intéressé peut demander la dissolution de la société devant les tribunaux.

38. La dissolution peut être prononcée sur la demande de toute partie intéressée, lorsqu'un an s'est écoulé depuis l'époque où le nombre des associés est réduit à moins de sept.

39. L'article 17 est applicable aux sociétés anonymes.

40. Il est interdit aux administrateurs de prendre ou de conserver un intérêt direct ou indirect dans une entreprise ou dans un marché fait avec la société ou pour son compte, à moins qu'ils n'y soient autorisés par l'assemblée générale. — Il est, chaque année, rendu à l'assemblée générale un compte spécial de l'exécution des marchés ou entreprises par elle autorisés, aux termes du paragraphe précédent.

41. Est nulle et de nul effet à l'égard des intéressés toute société anonyme pour laquelle n'ont pas été observées les dispositions des articles 22, 23, 24 et 25 ci-dessus.

42. Lorsque la nullité de la société ou des actes et délibérations a été prononcée aux termes de l'article précédent, les fondateurs auxquels la nullité est imputable et les administrateurs en fonctions au moment où elle a été encourue, sont responsables solidairement envers les tiers, sans préjudice des droits des actionnaires. — La même responsabilité solidaire peut être prononcée contre ceux des associés dont les apports ou les avantages n'auraient pas été vérifiés et approuvés conformément à l'article 24.

43. L'étendue et les effets de la responsabilité des commissaires envers la société sont déterminés d'après les règles générales du mandat.

44. Les administrateurs sont responsables, conformément aux règles du droit commun, individuellement ou solidairement suivant les cas, envers la société ou envers les tiers, soit des infractions aux dispositions de la présente loi, soit des fautes qu'ils auraient commises dans leur gestion, notamment en distribuant ou en laissant distribuer sans opposition des dividendes fictifs.

45. Les dispositions des articles 13, 14, 15 et 16 de la présente loi sont applicables en matière de sociétés anonymes, sans distinction entre celles qui sont actuellement existantes et celles qui se constitueront sous l'empire de la présente loi. Les administrateurs qui, en l'absence d'inventaire ou au moyen d'inventaire frauduleux, auront opéré des dividendes fictifs, seront punis de la peine qui est prononcée dans ce cas par le nᵒ 3 de l'article 15 contre les gérants des sociétés en commandite. — Sont également applicables en matière de sociétés anonymes les dispositions des trois derniers paragraphes de l'article 10.

46. Les sociétés anonymes actuellement existantes continueront à être soumises, pendant toute leur durée, aux dispositions qui les régissent. — Elles pourront se transformer en sociétés anonymes dans les termes de la présente loi, en obtenant l'autorisation du Gouvernement et en observant les formes prescrites pour la modification de leurs statuts.

47. Les sociétés à responsabilité limitée pourront se convertir en sociétés anonymes dans les termes de la présente loi, en se conformant aux conditions stipulées pour la modification de leurs statuts. — Sont abrogés les articles 31, 37 et 40 du Code de commerce et la loi du 23 mai 1863, sur les sociétés à responsabilité limitée.

TITRE III.

DISPOSITIONS PARTICULIÈRES AUX SOCIÉTÉS A CAPITAL VARIABLE.

48. Il peut être stipulé, dans les statuts de toute société, que le capital social sera susceptible d'augmentation par des versements successifs faits par les associés ou l'admission d'associés nouveaux, et de diminution par la reprise totale ou partielle des apports effectués. — Les sociétés dont les statuts contiendront la stipulation ci-dessus seront soumises, indépendamment des règles générales qui leur sont propres suivant leur forme spéciale, aux dispositions des articles suivants.

49. Le capital social ne pourra être porté par les statuts constitutifs de la société au-dessus de la somme de deux cent mille francs. — Il pourra être augmenté par des délibérations de l'assemblée générale, prises d'année en année ; chacune des augmentations ne pourra être supérieure à deux cent mille francs.

50. Les actions ou coupons d'actions seront nominatifs, même après leur entière libération ; ils ne pourront être inférieurs à cinquante francs. — Ils ne seront négociables qu'après la constitution définitive de la société. — La négociation ne pourra avoir lieu que par voie de transfert sur les registres de la société, et les statuts pourront donner, soit au conseil d'administration, soit à l'assemblée générale, le droit de s'opposer au transfert.

51. Les statuts détermineront une somme au-dessous de laquelle le capital ne pourra être réduit par les reprises des apports autorisées par l'article 48. — Cette somme ne pourra être inférieure au dixième du capital social. — La société ne sera définitivement constituée qu'après le versement du dixième.

52. Chaque associé pourra se retirer de la société lorsqu'il le jugera convenable, à moins de conventions contraires et sauf l'application du paragraphe 1er de l'article précédent. — Il pourra être stipulé que l'assemblée générale aura le droit de décider, à la majorité fixée pour la modification des statuts, que l'un ou plusieurs des associés cesseront de faire partie de la société. — L'associé qui cessera de faire partie de la société, soit par l'effet de sa volonté, soit par suite de décision de l'assemblée générale, restera tenu, pendant cinq ans, envers les associés et envers les tiers, de toutes les obligations existant au moment de sa retraite.

53. La société, quelle que soit sa forme, sera valablement représentée en justice par ses administrateurs.

54. La société ne sera point dissoute par la mort, la retraite, l'interdiction, la faillite ou la déconfiture de l'un des associés ; elle continuera de plein droit entre les autres associés.

TITRE IV.

DISPOSITIONS RELATIVES A LA PUBLICATION DES ACTES DE SOCIÉTÉ.

55. Dans le mois de la constitution de toute société commerciale, un double de l'acte constitutif, s'il est sous seing-privé, ou une expédition, s'il est notarié, est déposé aux greffes de la justice de paix et du tribunal de commerce du lieu dans lequel est établie la société. — A l'acte constitutif des sociétés en commandite par actions et des sociétés anonymes sont annexées : — 1° une expédition de l'acte notarié constatant la souscription du capital social et le versement du quart ; — 2° une copie certifiée des délibérations prises par l'assemblée générale dans les cas prévus par les articles 4 et 24. — En outre, lorsque la société est anonyme, on doit annexer à l'acte constitutif la liste nominative, dûment certifiée, des souscripteurs, contenant les nom, prénoms, qualités, demeure et le nombre d'actions de chacun d'eux.

56. Dans le même délai d'un mois, un extrait de l'acte constitutif et des pièces annexées est publié dans l'un des journaux désignés pour recevoir les annonces légales. — Il sera justifié de l'insertion par un exemplaire du journal certifié par l'imprimeur, légalisé par le maire et enregistré dans les trois mois de sa date. — Les formalités prescrites par l'article précédent et par le présent article seront observées, à peine de nullité, à l'égard des intéressés ; mais le défaut d'aucune d'elles ne pourra être opposé aux tiers par les associés.

57. L'extrait doit contenir les noms des associés autres que les actionnaires ou commanditaires ; la raison de commerce ou la dénomination adoptée par la société et l'indication du siège social ; la désignation des associés autorisés à gérer, administrer et signer pour la société ; le montant du capital social et le montant des valeurs fournies ou à fournir par les actionnaires ou commanditaires ; l'époque où la société commence, celle où elle doit finir, et la date du dépôt fait aux greffes de la justice de paix et du tribunal de commerce.

58. L'extrait doit énoncer que la société est en nom collectif ou en commandite simple, ou en commandite par actions, ou anonyme, ou à capital variable. — Si la société est anonyme, l'extrait doit énoncer le montant du capital social en numéraire et en autres objets, la quotité à prélever sur les bénéfices pour composer le fonds de réserve. — Enfin, si la société est à capital variable, l'extrait doit contenir l'indication de la somme au-dessous de laquelle le capital social ne peut être réduit.

59. Si la société a plusieurs maisons de commerce situées dans divers arrondissements, le dépôt prescrit par l'article 55 et la publication prescrite par l'article 56 ont lieu dans chacun des arrondissements où existent les maisons de commerce. — Dans les villes divisées en plusieurs arrondissements, le dépôt sera fait seulement au greffe de la justice de paix du principal établissement.

60. L'extrait des actes et pièces déposés est signé, pour les actes publics, par le notaire, et, pour les actes sous seing privé, par les associés, en nom collectif, par les gérants des sociétés en commandite ou par les administrateurs des sociétés anonymes.

61. Sont soumis aux formalités et aux pénalités prescrites par les articles 55 et 56 : — Tous actes et délibérations ayant pour objet la modification des statuts, la continuation de la société au delà du terme fixé pour sa durée, la dissolution avant ce terme et le mode de liquidation, tout changement ou retraite d'associés et tout changement à la raison sociale. — Sont également soumises aux dispositions des articles 55 et 56 les délibérations prises dans les cas prévus par les articles 19, 37, 46, 47 et 49 ci-dessus.

62. Ne sont pas assujettis aux formalités de dépôt et de publication les actes constatant les augmentations ou les diminutions du capital social opérées dans les termes de l'article 48, ou les retraites d'associés, autres que les gérants ou administrateurs, qui auraient lieu conformément à l'article 52.

63. Lorsqu'il s'agit d'une société en commandite par actions ou d'une société anonyme, toute personne a le droit de prendre communication des pièces déposées aux greffes de la justice de paix et du tribunal de commerce, ou même de s'en faire délivrer à ses frais expédition ou extrait par le greffier ou par le notaire détenteur de la minute. — Toute personne peut exiger qu'il lui soit délivré au siége de la société une copie certifiée des statuts, moyennant payement d'une somme qui ne pourra excéder un franc. — Enfin, les pièces déposées doivent être affichées d'une manière apparente dans les bureaux de la société.

64. Dans tous les actes, factures, annonces, publications et autres documents *imprimés* ou *autographiés*, émanés des sociétés anonymes ou des sociétés en commandite par actions, la dénomination sociale doit toujours être précédée ou suivie immédiatement de ces mots, écrits lisiblement en toutes lettres : *Société anonyme*, ou *Société en commandite par actions*, et de l'énonciation du montant du capital social. — Si la société a usé de la faculté accordée par l'article 48, cette circonstance doit être mentionnée par l'addition de ces mots : *à capital variable*. — Toute contravention aux dispositions qui précèdent est punie d'une amende de cinquante francs à mille francs.

65. Sont abrogées les dispositions des articles 42, 43, 44, 45 et 46 du Code de commerce.

TITRE V.

DES TONTINES ET DES SOCIÉTÉS D'ASSURANCES.

66. Les associations de la nature des tontines et les sociétés d'assurances sur la vie, mutuelles ou à primes, restent soumises à l'autorisation et à la surveillance du gouvernement. — Les autres sociétés d'assurances pourront se former sans autorisation. Un règlement d'administration publique déterminera les conditions sous lesquelles elles pourront être constituées.

67. Les sociétés d'assurances désignées dans le paragraphe 2 de l'article précédent, qui existent actuellement, pourront se placer sous le régime qui sera établi par le règlement d'administration publique, sans l'autorisation du Gouvernement, en observant les formes et les conditions prescrites pour la modification de leurs statuts.

NOUVELLES FORMULES.

Nota. La loi du 24 juillet 1867, en imposant des formalités nouvelles et en supprimant l'affiche qui est remplacée par le dépôt de l'acte même de société au greffe du tribunal de commerce, a entraîné l'obligation de substituer les formules suivantes à celles qui se trouvent sous les nᵒˢ 128, p. 364 et 130, p. 366, relatives aux sociétés à responsabilité limitée.

1. — *Procès-verbal de dépôt d'acte de société commerciale en nom collectif ou en commandite simple.*

Ce jourd'hui...... 186., au greffe du Tribunal de commerce (1) de....., et par-devant nous, greffier dudit Tribunal, a comparu le sieur (*nom, prénoms, profession et domicile*) (2).

Lequel, en conformité de l'article 55 de la loi du 24 juillet 1867, a déposé entre nos mains le double d'un acte sous signature privée, en date du....., enregistré (ou si l'acte est notarié, l'expédition d'un acte reçu par M°....., et son collègue, notaires à....., en date du....., enregistré), qu'il nous a déclaré contenir constitution d'une société commerciale en nom collectif (ou en commandite simple). (Si la société est à capital variable, ajouter : à *capital variable* (3), sous la raison sociale X....., et dont le siége est à.....)

Desquels comparution, dépôt et déclaration ledit comparant a requis acte, que nous lui avons octroyé et avons dressé le présent procès-verbal (4), qu'il a signé avec nous après lecture.

OBSERVATIONS.

(1) Dans les villes où il n'existe pas de tribunal de commerce, il ne nous paraît pas qu'il soit nécessaire de faire le dépôt des actes de société au greffe du tribunal civil. Dans ce cas, le dépôt au greffe de la justice de paix suffit ; l'article 55 déclarant expressément que l'acte est déposé *aux greffes de la justice de paix et du tribunal de commerce du lieu dans lequel est établie la société*, et l'article 640 du Code de Commerce se bornant à déclarer que « dans les arrondissements où il n'y a pas de tribunaux de com- « merce, les juges du tribunal civil *exécuteront les fonctions et connaîtront les matières* « attribuées aux juges de commerce par la présente loi. »

(2) Si c'est un mandataire qui se présente, énoncer la procuration, qui doit demeurer annexée et son enregistrement.

(3) Aux termes de l'article 48, la stipulation que le capital social sera variable peut être insérée dans les statuts *de toute société*; en sorte qu'il ne peut pas y avoir de *société à capital variable*, considérée dans son essence ; — mais il résulte de cette disposition que lorsque la stipulation sera insérée dans un acte de société en nom collectif, elle constituera une société particulière dite *société en nom collectif, à capital variable*, qui se rapprochera beaucoup de la *société en commandite simple, à capital variable*, sans cependant se confondre entièrement avec elle.

Si, dans un acte de société dite *en nom collectif à capital variable*, la faculté d'augmenter ou de diminuer le capital social était attribuée à tous les associés indistinctement, ce qui ne nous paraît pas autorisé par la loi, la société cessera nécessairement d'être *en nom collectif*, puisque le caractère spécial de cette société est d'engager chacun des associés en nom collectif solidairement pour toutes les opérations sociales, ce qui exclut toute idée d'un fonds social limité. L'acte constituera alors, sous la fausse dénomination de *société en nom collectif*, une véritable société particulière *sui generis*.

A cette occasion, nous ferons observer que lorsqu'une société est formée, comme il est assez ordinaire, entre deux personnes dont l'une se révèle seule au public comme ayant son nom dans la raison sociale, et dont l'autre est simplement commanditaire, c'est à tort que l'on est dans l'usage d'indiquer que la société est *en nom collectif* à l'égard de l'une et en *commandite* à l'égard de l'autre : la *société en nom collectif* ne pouvant exister, à raison même de sa *collectivité*, qu'entre deux personnes au moins, engagées toutes deux solidairement pour toute l'importance des opérations sociales ni se former entre un gérant obligé indéfiniment et un commanditaire dont l'obligation se limite à sa commandite ; ce qui constitue la *société en commandite simple*.

(4) Le greffier ne doit pas donner communication, et encore moins expédition des actes de *société en nom collectif* ou en *commandite simple* qui lui sont déposés, c'est ce qui ressort de l'article 63, lequel, ne parlant que des sociétés en commandite par actions et des sociétés anonymes, a, par cela même, exclu nécessairement les autres sociétés.

---

2. — *Procès-verbal de dépôt d'acte de société commerciale en commandite par actions.*

Ce jourd'hui (*jour, mois et an*) au greffe du Tribunal de commerce de....., et par-devant nous, greffier dudit Tribunal, a comparu le sieur (*nom, prénoms, profession et domicile*).

Lequel, en conformité de l'article 55 de la loi du 24 juillet 1867, a déposé entre nos mains, pour être mis au rang de nos minutes :

1° Le double d'un acte sous signature privée, en date du....., enregistré (ou, si l'acte est notarié, l'expédition d'un acte reçu par M⁰....., et son collègue, notaires à.....; enregistré, qu'il nous a déclaré contenir constitution d'une société commerciale en commandite par actions (ajouter, s'il y a lieu, *à capital variable*), sous la raison sociale de....., et dont le siége est à.....;

2° Une expédition d'un acte reçu par M⁰..... et son collègue, notaires à....., en date du....., enregistré, constatant la souscription du capital social et le versement du quart;

3° Et (s'il y a lieu) une copie certifiée par le gérant d'une délibération en date du....., prise par l'assemblée générale des actionnaires, en exécution de l'article 4 de la loi susvisée.

Desquels comparution, etc. (comme dessus).

---

3. — *Procès-verbal de dépôt d'acte de société commerciale anonyme.*

Cejourd'hui (*jour, mois et an*), au greffe du Tribunal de commerce de....., et par-devant nous, greffier dudit tribunal, a comparu le sieur (*nom, prénoms, qualité et domicile*).

Lequel, en conformité de l'article 55 de la loi du 24 juillet 1867, a déposé entre nos mains, pour être mis au rang de nos minutes :

1° Le double d'un acte sous signature privée, en date du....., enregistré (ou, si l'acte est notarié, l'expédition d'un acte reçu par M⁰..... et son collègue, notaires à....., enregistré) qu'il nous a déclaré contenir constitution d'une société anonyme (ajouter s'il y a lieu, *à capital variable*), sous la dénomination X....., dont le siége social est à.....;

2° Une expédition d'un acte reçu par M⁰..... et son collègue, notaires à....., en date du....., enregistré, constatant la souscription du capital social et le versement du quart;

3° (S'il y a lieu) une copie certifiée par les administrateurs d'une délibération en date du....., prise par l'assemblée générale des actionnaires en exécution de l'article 24 de la loi susvisée, ladite pièce mise sur timbre et enregistrée (1).

3° (ou 4°) Enfin, en exécution du dernier paragraphe de l'article 55 de ladite loi, la liste nominative, dûment certifiée par les administrateurs, des souscripteurs, contenant les nom, prénoms, qualité, demeure et le nombre d'actions de chacun d'eux, ladite pièce mise sur timbre et enregistrée.

Desquels comparution, etc.

OBSERVATION.

(1) Toute pièce déposée dans un greffe devant être mise sur timbre ou timbrée à l'extraordinaire et soumise à la formalité de l'enregistrement, il nous paraît essentiel que ces deux formalités soient remplies, la loi n'ayant pas dispensé les parties de les accomplir.

4. — *Procès-verbal de dépôt d'actes concernant une société en nom collectif ou en commandite, assujetties par l'art. 61 de la loi du 24 juillet 1867 à la formalité du dépôt.*

Ce jourd'hui..... 186....., au greffe du Tribunal de commerce de....., et par-devant nous, greffier dudit Tribunal, a comparu le sieur (*nom, prénoms, profession et domicile*).

Lequel, en conformité de l'article 61 de la loi du 24 juillet 1867, a déposé entre nos mains le double d'un acte sous seing privé en date du....., enregistré (ou si l'acte est notarié, l'expédition d'un acte reçu par M^e..... et son collègue, notaire à... enregistré) qu'il nous a déclaré contenir :

1re *hypothèse.* La modification (1) de la société en nom collectif (ou en commandite), constituée sous la raison sociale X....., et dont le siége est à......

2e *hypothèse.* La continuation (2) de ladite société en nom collectif (ou en commandite) constituée sous la raison sociale de....., dont le siége est à......

3e *hypothèse.* La dissolution et le mode de liquidation de la société en nom collectif (3) (ou en commandite) constituée sous la raison sociale X......

4e *hypothèse.* Un changement (4) parmi les associés faisant partie de la société en nom collectif (ou en commandite) constituée sous la raison sociale X....., dont le siége est à......

5e *hypothèse.* La retraite (5) d'un ou de plusieurs des associés *gérants* (art. 62) faisant partie de la société en nom collectif (ou en commandite) constituée sous la raison sociale X....., dont le siége est à......

6e *hypothèse.* Un changement (6) à la raison sociale de la société en nom collectif (ou en commandite) constituée sous la raison sociale X....., à laquelle sera substituée désormais la raison sociale Y....., dont le siége est à......

Desquels comparution, etc.

(1, 2, 3, 4, 5, 6) L'acte même, et non un extrait, étant déposé, il ne nous paraît pas qu'il y ait lieu par le greffier d'indiquer en quoi consiste la modification, etc., à moins qu'il ne s'agisse d'un *changement dans la raison sociale* (n° 6).

Lorsque la *dissolution de la société* (n° 3) est prononcée par jugement, il ne nous paraît pas nécessaire que le jugement qui fait partie des minutes du greffe soit déposé en expédition dans ce même greffe.

----

5. — *Procès-verbal du dépôt des délibérations d'une assemblée générale des actionnaires d'une société en commandite par actions ou d'une société anonyme assujetties par l'article 61 de la loi du 24 juillet 1867 à la formalité du dépôt.*

Ce jourd'hui..... 186....., au greffe du Tribunal de commerce de....., et par-devant nous, greffier dudit Tribunal, a comparu le sieur (*nom, prénoms, profession et domicile*).

Lequel, en conformité de l'art. 61 de la loi du 24 juillet 1847, a déposé entre nos mains :

Copie d'une délibération en date du....., de l'assemblée générale de la société en commandite par actions, constituée sous la raison sociale X....., et dont le siége est à....., ladite copie certifiée par le gérant, mise sur timbre et enregistrée;

(Ou copie d'une délibération de l'assemblée générale de la société anonyme X....., dont le siége est à....., ladite copie certifiée par les administrateurs, mise sur timbre et enregistrée),

Qu'il nous a déclaré contenir :

1re *hypothèse*. La modification des statuts de ladite société.

2e *hypothèse*. La continuation de ladite société.

3e *hypothèse*. La dissolution et le mode de liquidation de ladite société.

4e *hypothèse*. Un changement parmi les associés faisant partie de ladite société.

5e *hypothèse*. La retraite d'un ou de plusieurs des associés gérants (ou *administrateurs*, art. 62) faisant partie de ladite société.

6e *hypothèse*. Un changement apporté à la raison sociale de ladite société qui sera désormais dénommée *société en commandite par action* Y....., ou *société anonyme* Y.....;

Desquels comparution, etc.

----

6. — *Procès-verbal du dépôt de la délibération prise en assemblée générale par les actionnaires d'une société en commandite par actions ou anonyme, en cas de perte des trois quarts du capital social.*

Ce jourd'hui..... 186....., au greffe du Tribunal de commerce de....., et par-devant nous greffier dudit Tribunal, a comparu le sieur (*nom, prénoms, profession et domicile*).

Lequel, en conformité des art. 37 et 61 de la loi du 24 juillet 1867, a déposé entre nos mains :

Copie d'une délibération, en date du....., de l'assemblée générale de la société en commandite par actions, constituée sous la raison sociale de....., et dont le siége est à....., ladite copie, certifiée par le gérant, mise sur timbre et enregistrée;

(Ou copie d'une délibération en date du...... de l'assemblée générale, de la société anonyme de....., dont le siége est à....., ladite copie certifiée par les administrateurs, mise sur timbre et enregistrée);

Qu'il nous a déclaré contenir la résolution de l'assemblée exigée par l'article 37 de la loi précitée, portant qu'il n'y a pas lieu de prononcer la dissolution de la société (1);

Desquels comparution, etc.

----

(1) La présente formule n'est applicable qu'au cas où la *dissolution* n'est pas prononcée; autrement, ce serait la formule précédente, 3e hypothèse, qui serait suivie.

27

7. — *Procès-verbal du dépôt de l'acte ou de la délibération ayant pour objet l'augmentation du capital lorsque la société est à capital variable.*

Ce jourd'hui..... 186....., au greffe du Tribunal de commerce de....., et par-devant nous, greffier dudit Tribunal a comparu le sieur (*nom, prénoms, profession et domicile*).

Lequel, en conformité des articles 49 et 61 de la loi du 24 juillet 1867, a déposé entre nos mains :

L'acte (ou la délibération) etc. (comme dessus), qu'il nous a déclaré contenir la délibération en date du....., des associés (ou de l'assemblée générale), portant que le capital social de la société en nom collectif à capital variable, constituée sous la raison sociale de....., dont le siége est à......

(Ou de la société en commandite à capital variable, constituée sous la raison sociale de....., dont le siége est à.....)

(Ou de la société en commandite par actions à capital variable, constituée sous la raison sociale de....., dont le siége est à.....)

(Ou de la société anonyme de....., à capital variable, dont le siége social est à.....)

Est augmenté (ou *diminué*, art. 48) (1).

Desquels comparution, etc.

(1) Bien que, parmi les articles visés par l'article 61, on ne trouve pas la mention de l'article 48, il nous paraît indispensable de remplir la même formalité pour le cas de *diminution* du capital social que pour le cas d'*augmentation ;* c'est ce qui résulte d'ailleurs des termes de l'article 62 (*augmentations* ou *diminutions*).

---

8. — *Procès-verbal du dépôt de la délibération prise en assemblée générale par les actionnaires d'une société en commandite antérieure à la loi du 24 juillet 1867, ou d'une société à responsabilité limitée, par laquelle elles se constituent en sociétés anonymes.*

Ce jourd'hui..... 186....., au greffe du Tribunal de commerce de....., et par-devant nous, greffier dudit tribunal, a comparu le sieur (*nom, prénoms, profession et demeure*).

Lequel, en conformité des articles 19 et 61 (ou des articles 47 et 61, s'il s'agit d'une société à responsabilité limitée) de la loi du 24 juillet 1867, a déposé entre nos mains copie d'une délibération, en date du...., de l'assemblée générale de la société en commandite par actions, constituée antérieurement à ladite loi sous la raison sociale X....., et dont le siége est à....., ladite copie certifiée par le gérant (ou par les administrateurs), mise sur timbre et enregistrée (ou de la société à responsabilité limitée X....., dont le siége social est à.....)

Qu'il nous a déclaré contenir la transformation de ladite société en société anonyme sous la dénomination de société anonyme Y....., dont le siége social est à......

Desquels comparution, etc.

---

§ 2. — CONTRAINTE PAR CORPS.

Loi du 22-22 juillet 1867.

1. La contrainte par corps est supprimée en matière commerciale, civile et contre es étrangers.

NOTA. — Cette loi abroge : 1° le Titre du Code Napoléon *de la Contrainte par corps*, articles 2059 à 2070 et modifie les articles 1270, 2017, 2040 et 2136.

2° Le Titre du Code de Procédure civile *de l'emprisonnement*, articles 780 à 805, ainsi que les articles 126, 127 et 552. — Elle a modifié les articles 107, 124, 191, 201, 213, 221, 264, 519, 534, 536, 603, 604, 683, 710, 712, 740, 824 et 839 du même Code.

Elle a apporté diverses modifications au Code de Commerce :

Art. 209. Il faut retrancher dans chacun des § de cet article ce qui est relatif à la Contrainte par corps. Il doit être maintenant rédigé ainsi :

Art. 209. « Les adjudicataires des navires de tout tonnage seront tenus de payer le prix de leur adjudication dans le délai de vingt-quatre heures, ou de le consigner sans frais au greffe du Tribunal de commerce.

« A défaut de payement ou de consignation, le bâtiment sera remis en vente et adjugé, trois jours après une nouvelle publication et affiche unique, à la folle enchère des adjudicataires qui seront *tenus* au payement du déficit, des dommages, des intérêts et des frais. »

Art. 231. Abrogé.

Art. 455. Le dernier § est abrogé.

Art. 539. Le § 1er est modifié et le § 2 est abrogé.

Art. 627. La phrase incidente qui termine l'article est abrogée.

Enfin, il n'y a plus lieu à application de la formule 26, p. 282, jugement de sauf-conduit sur assignation au créancier incarcérateur.

---

§ 3. — COURTIERS DE MARCHANDISES.

NOTA. — L'article 77, § 1er du Code de Commerce, est abrogé, ainsi que l'article 78, par la loi suivante :

1° Loi du 18-24 juillet 1866 sur les Courtiers.

TITRE I.

DE L'EXERCICE DE LA PROFESSION DE COURTIER DE MARCHANDISES.

1. A partir du 1er janvier 1867, toute personne sera libre d'exercer la profession de courtier de marchandises, et les dispositions contraires du code de commerce, des lois, décrets, ordonnances et arrêtés actuellement en vigueur seront abrogées.

2. Il pourra être dressé par le tribunal de commerce une liste des courtiers de marchandises de la localité qui auront demandé à y être inscrits. — Nul ne pourra être inscrit sur ladite liste s'il ne justifie : — 1° de sa moralité par un certificat délivré par le maire ; — 2° de sa capacité professionnelle par l'attestation de cinq commerçants de la place faisant partie des notables chargés d'élire le tribunal de commerce ; — 3° de l'acquittement d'un droit d'inscription une fois payé au trésor. Ce droit d'inscription, qui ne pourra excéder 3,000 fr., sera fixé, pour chaque place, en raison de son importance commerciale, par un décret rendu en la forme des règlements d'administration publique, et cessera d'être exigé à l'époque où sera amortie l'avance du trésor, dont il sera parlé à l'art. 17, disposition transitoire relative au payement de l'indemnité. — Aucun individu en état de faillite, ayant fait abandon de biens ou atermoiement sans s'être depuis réhabilité, ou ne jouissant pas des droits de citoyen français, ne pourra être inscrit sur la liste dont il vient d'être parlé. — Tout courtier inscrit sera tenu de prêter, devant le tribunal de commerce, dans la huitaine de son inscription, le serment de remplir avec honneur et probité les devoirs de sa profession. — Il sera également tenu de se soumettre, en tout ce qui se rapporte à la discipline de sa profession, à la juridiction d'une chambre syndicale, qui sera établie comme il est dit à l'article suivant.

3. Tous les ans, dans le courant d'août les courtiers éliront parmi eux les membres qui devront composer, pour l'année, la chambre syndicale. — L'organisation et les pouvoirs disciplinaires de cette chambre seront déterminés dans un règlement dressé pour chaque place par le tribunal de commerce, après avis de la chambre de commerce ou de la chambre consultative des arts et manufactures. — Ce règlement sera soumis à l'approbation du ministre de l'agriculture, du commerce et des travaux publics. — La chambre syndicale pourra prononcer, sauf appel devant le tribunal de commerce, les peines disciplinaires suivantes : — L'avertissement; — La radiation temporaire ; — La radiation définitive, sans préjudice des actions civiles à intenter par les tiers intéressés, ou même de l'action publique, s'il y a lieu. — Si le nombre des courtiers inscrits n'est pas suffisant pour la constitution d'une chambre syndicale, le tribunal de commerce en remplira les fonctions.

4. Les ventes publiques de marchandises aux enchères et en gros qui, dans les divers cas prévus par la loi, doivent être faites par un courtier, ne pourront être confiées qu'à un courtier inscrit sur la liste dressée conformément à l'art. 2, ou, à défaut de liste, désigné, sur la requête des parties intéressées, par le président du tribunal de commerce.

5. A défaut d'experts désignés d'accord entre les parties, les courtiers inscrits pourront être requis pour l'estima-

tion des marchandises déposées dans un magasin général. — Si le courtier requis dans le cas prévu par le paragraphe qui précède réclame plus d'une vacation, il sera statué par le président du tribunal de commerce sans frais et sans recours.

6. Le courtier chargé de procéder à une vente publique, ou qui aura été requis pour l'estimation de marchandises déposées dans un magasin général, ne pourra se rendre acquéreur, pour son compte, des marchandises dont la vente ou l'estimation lui aura été confiée. — Le courtier qui aura contrevenu à la disposition qui précède sera rayé par le tribunal de commerce, statuant disciplinairement et sans appel, sur la plainte d'une partie intéressée ou d'office, de la liste des courtiers inscrits, et ne pourra plus y être inscrit de nouveau, sans préjudice de l'action des parties en dommages-intérêts.

7. Tout courtier qui sera chargé d'une opération de courtage pour une affaire où il avait un intérêt personnel, sans en prévenir les parties auxquelles il aura servi d'intermédiaire, sera poursuivi devant le tribunal de police correctionnelle et puni d'une amende de 500 fr. à 3,000 fr. sans préjudice de l'action des parties en dommages-intérêts. S'il était inscrit sur la liste des courtiers dressée conformément à l'art. 2, il en sera rayé et ne pourra plus y être inscrit de nouveau.

8. Les droits de courtage pour les ventes publiques et la quotité de chaque vacation due au courtier, pour l'estimation des marchandises déposées dans un magasin général, continueront à être fixés, pour chaque localité, par le ministre de l'agriculture, du commerce et des travaux publics, après avis de la chambre et du tribunal de commerce.

9. Dans chaque ville où il existe une bourse de commerce, le cours des marchandises sera constaté par les courtiers inscrits, réunis, s'il y a lieu, à un certain nombre de courtiers non inscrits et de négociants de la place, dans la forme qui sera prescrite par un règlement d'administration publique.

NOTA. — Le Titre II a pour objet le règlement de l'indemnité à payer aux courtiers en marchandises qui étaient en exercice au moment de l'adoption de la loi.

Décret du 22-27 décembre 1866 sur l'exécution de l'art. 9. Loi du 18 juillet 1866.

1. Dans les villes où il existe une liste de courtiers de marchandises dressée par le tribunal de commerce, le cours des marchandises est constaté par les courtiers inscrits sur ladite liste.

2. Toutefois, dans le cas où les courtiers inscrits ne représenteraient pas suf-

fisamment tous les genres de commerce ou d'opérations qui se pratiquent sur la place, la chambre de commerce, après avis de la chambre syndicale des courtiers inscrits, peut décider qu'un certain nombre de courtiers non inscrits et de négociants de la place se réuniront aux courtiers inscrits pour concourir avec eux à la constatation du cours des marchandises. Elle fixe, en ce cas, le nombre de courtiers non inscrits et de négociants de la place qui feront partie de la réunion chargée de constater le cours, et les désigne.

3. Il est procédé chaque année à l'exécution du précédent article.—Les courtiers non inscrits et des négociants de la place, désignés conformément aux dispositions qui précèdent, ne peuvent faire partie que pendant une année de la réunion chargée de constater le cours des marchandises. Ils peuvent être désignés de nouveau après un intervalle d'une année.

4. Si, dans le cours d'une année, un des courtiers non inscrits et des négociants de la place désignés pour procéder, avec les courtiers inscrits, à la constatation du cours, vient à décéder, à donner sa démission ou n'assiste pas à trois réunions successives sans s'être fait excuser, il est donné immédiatement avis à la chambre de commerce, qui procède à une nouvelle désignation.

5. Dans les villes où il n'existe pas de courtiers inscrits, le cours des marchandises est constaté par des courtiers et des négociants de la place, désignés chaque année par la chambre de commerce.

Règlement déterminant l'organisation et les pouvoirs disciplinaires de la chambre syndicale des courtiers de marchandises inscrits sur la liste dressée par le tribunal de commerce d

Le Tribunal,
Vu la loi du 18 juillet 1866 ;
Vu l'avis de la chambre
d
Vu la délibération du tribunal en date du   , déclarant qu'il sera dressé une liste des courtiers de marchandises de la localité qui auront demandé à y être inscrits ;

Dans le but de déterminer l'organisation et les pouvoirs disciplinaires de la chambre syndicale des courtiers inscrits d

Arrête le Règlement dont la teneur suit :

CHAPITRE I.

ORGANISATION DE LA CHAMBRE SYNDICALE.

1. Les courtiers inscrits, lorsqu'ils seront au nombre de six, au moins, se réuniront tous les ans, dans le courant du mois d'août,
en assemblée générale, pour élire parmi eux les membres qui devront composer, pour l'année, la chambre syndicale. — Cette assemblée sera convoquée, huit jours à l'avance, par le président de la chambre syndicale. Elle sera présidée par lui, avec l'assistance de deux scrutateurs et d'un secrétaire, qui seront les deux plus âgés et le plus jeune des membres présents. — Le bureau ainsi composé, décidera toutes les questions relatives à l'élection ; la voix du président est prépondérante, en cas de partage. — Il sera dressé procès-verbal des opérations électorales. Ce procès-verbal sera porté sur le registre des délibérations de la chambre syndicale, et signé par tous les membres du bureau. — Par exception, la première assemblée aura lieu dans le courant de janvier ou de février 1867 ; elle sera convoquée et présidée par le président ou l'un des membres du tribunal de commerce délégué à cet effet, et les courtiers élus n'exerceront leur mandat que jusqu'au mois d'août de la même année. — La chambre syndicale sera composée de trois membres au moins, et de douze membres au plus, parmi lesquels seront nommés un président, un syndic rapporteur et un secrétaire, sans toutefois que le nombre total des membres de la chambre puisse excéder la moitié de celui des courtiers inscrits. — La nomination des membres de la chambre syndicale sera faite au scrutin secret et à la majorité des membres présents à l'assemblée générale. — Le président, le syndic rapporteur et le secrétaire seront nommés au scrutin individuel, et les autres membres au scrutin de liste. Ces derniers prendront rang, dans la chambre, dans l'ordre des suffrages obtenus, et, en cas d'égalité, la priorité appartient au plus âgé.

2. En cas d'empêchement, le président sera remplacé par le syndic rapporteur, et, à défaut de celui-ci, par un membre de la chambre, en suivant l'ordre d'élection ci-dessus indiqué.

3. Nul ne pourra être élu membre de la chambre s'il n'est inscrit depuis deux ans. Le président devra compter au moins quatre ans d'inscription. — Cette disposition ne sera pas applicable avant 1871 pour le président, et avant 1869 pour les autres membres de la chambre. — Tout courtier frappé d'une peine disciplinaire ne pourra faire partie de la chambre, pendant l'année qui suivra la décision, si cette peine est celle de l'avertissement, et pendant deux années, s'il s'agit de la radiation temporaire. — Celui qui aura été radié temporairement ne pourra être nommé président de la chambre.

4. La chambre syndicale ne peut valablement délibérer qu'autant que la moitié plus un des membres qui la composent sont présents. — Les délibérations sont prises à la majorité des voix; en cas de partage, la voix du président est prépondérante. — Les procès-verbaux des délibérations sont transcrits sur un registre spécial, coté et paraphé par le président du tribunal de commerce, et sont signés par le président et le secrétaire de la chambre.

5. La chambre syndicale a pour mission de veiller à ce que les courtiers inscrits remplissent avec honneur et probité les devoirs de leur profession et à l'exécution des lois et règlements qui les régissent. — Elle est, en outre, chargée d'assurer, en ce qui concerne les courtiers inscrits, la constatation loyale et régulière du cours des marchandises, dans la forme prescrite par le règlement d'administration publique. — Elle veille à la défense des droits des courtiers inscrits.

6. La chambre syndicale proposera, dans le mois de sa constitution, les mesures nécessaires pour assurer le payement de ses frais et dépenses et l'organisation de ses bureaux. — Les mesures intérieures ainsi arrêtées par la chambre syndicale seront par elle soumises à l'approbation de tous les courtiers inscrits, dans une assemblée spéciale par elle convoquée, à cet effet. — Les décisions de cette assemblée seront prises à la simple majorité des membres présents.

CHAPITRE II.

POUVOIRS DISCIPLINAIRES.

7. La chambre syndicale peut prononcer, sauf appel devant le tribunal de commerce, les peines disciplinaires suivantes : — L'avertissement; — la radiation temporaire; — La radiation définitive.

8. Est passible de l'avertissement : le courtier qui ne s'est pas présenté pour la constatation du cours des marchandises à son tour d'inscription, ou lorsqu'il a été appelé par la chambre syndicale, s'il ne fournit point d'excuses valables; — Le courtier qui refuse les renseignements qui lui sont demandés par la chambre pour la constatation du cours des marchandises; — Le courtier convaincu d'irrévérence envers un ou plusieurs membres de la chambre dans l'exercice ou à l'occasion de leurs fonctions.

9. Est passible de la radiation temporaire : le courtier qui, indépendamment des livres prescrits par les articles 8 et 9 du code de commerce, ne tient pas régulièrement un livre spécial, revêtu des formes prescrites par l'article 11 du même code, et mentionnant, jour par jour, et par ordre de date, sans ratures, interlignes ni transpositions, et sans abréviations ni chiffres, toutes les conditions des opérations de courtage faites par son entremise; — Celui qui se rend coupable d'injures graves envers un ou plusieurs membres de la chambre syndicale dans l'exercice ou à l'occasion de leurs fonctions. — Celui qui manque à l'observation des lois et règlements qui régissent les courtiers; — Celui qui, dans la même année, aurait déjà encouru trois fois la peine de l'avertissement. — La radiation temporaire ne peut être prononcée pour moins de quinze jours ni pour plus de trois mois.

10. Est passible de la radiation définitive : le courtier inscrit qui, sans en avoir prévenu les parties auxquelles il aura servi d'intermédiaire, se sera chargé d'une opération de courtage, pour une affaire où il avait un intérêt personnel — Celui qui aura subi une condamnation pour une cause touchant à son honneur ou à sa considération; — Celui qui aura formé une association avec une personne autre qu'un courtier inscrit, pour l'exercice de la profession de courtier. — Celui qui aura déjà subi trois fois la peine de la radiation temporaire pourra être rayé définitivement.

11. Le courtier inscrit poursuivi disciplinairement est entendu par la chambre, après avoir été appelé devant elle par lettre du syndic rapporteur. — Il lui est donné connaissance de la décision par le président, en présence de la chambre assemblée. — S'il le requiert, il lui est délivré expédition de la décision. — Toute décision de la chambre doit être motivée.

12. L'appel des décisions disciplinaires prononcées par la chambre syndicale sera porté devant le tribunal de commerce par voie de requête adressée aux président et membres qui le composent, contenant les motifs à l'appui de l'appel. — Cet appel sera communiqué par le greffier au secrétaire de la chambre syndicale, et par lui visé et mentionné sur le registre des délibérations.

13. Lorsqu'il y aura lieu de retrancher de la liste un courtier inscrit, soit à raison de son décès, soit pour toute autre cause, le Président de la Chambre syndicale transmettra au Président du Tribunal de commerce tous les renseignements nécessaires.

14. La chambre syndicale fera imprimer et afficher le présent règlement dans le local de ses séances et dans l'intérieur du tribunal de commerce (ajouter : *et de* la Bourse, s'il y a une Bourse dans cette ville.—Un exemplaire sera remis à tout courtier inscrit au moment de son entrée en fonctions.

FORMULES.

1. — *Requête à fin d'inscription sur la liste des Courtiers de marchandises.*

A Messieurs les Président et Juges composant le Tribunal de commerce de.....

Le soussigné (*nom, prénoms, profession, domicile*), né le....., à...., arrondissement de.....

A l'honneur de vous exposer :

Qu'il réunit les conditions imposées par la loi du 18 juillet 1866 aux courtiers de marchandises pour être inscrit sur la liste ouverte au Tribunal de commerce, ainsi qu'il en justifie par les pièces produites à l'appui de la présente requête;

En conséquence, il vous prie, Messieurs, d'ordonner que son inscription sur la liste dont il s'agit sera faite par le Greffier et qu'il sera admis à prêter le serment prescrit par la loi susvisée.

Certificat qui doit être annexé à la demande.

1° (*Nom, prénoms, profession, domicile*).
2°   id.   id.
3°   id.   id.
4°   id.   id.
5°   id.   id.

Faisant, tous les cinq, partie des Notables chargés d'élire les Membres du Tribunal de commerce de.....

Attestons, en conformité de l'article 2 de la loi du 18 juillet 1866, que M. (*nom, prénoms, profession, domicile*), qui demande son inscription sur la liste des courtiers de marchandises dressée par le Tribunal de commerce, remplit, à notre parfaite connaissance, toutes les conditions de capacité professionnelle nécessaires pour être inscrit sur ladite liste.

En foi de quoi nous avons délivré audit sieur ..... la présente attestation, pour être par lui produite à l'appui de sa demande d'inscription comme courtier de marchandises.

A ....., le .....

2. — *Délibération du Tribunal de commerce ordonnant l'inscription d'un courtier de marchandises sur la liste ouverte au greffe dudit Tribunal.*

L'an 186....., le....., le Tribunal de commerce de..... s'est réuni dans la chambre du conseil où étaient présents M. X....., président, MM....., juges, MM....., juges suppléants, M....., greffier; M. le président, ayant déclaré la séance ouverte, fait donner lecture du procès-verbal de la dernière réunion, dont la rédaction est adoptée.

Après cette lecture, M. le président rappelle que par sa délibération en date du....., prise en conformité de la loi du 18 juillet 1866, le Tribunal a décidé qu'une liste serait ouverte à son greffe sur laquelle serait inscrit le nom de tout courtier de marchandises, exerçant dans la localité, qui demanderait à y être porté et remplirait les conditions déterminées par la loi.

M. le président informe le Tribunal que le sieur..... (*nom, prénoms, domicile*), a présenté requête afin d'être inscrit sur la liste susdite, et qu'à l'appui de sa demande, le postulant a déposé au greffe les pièces exigées par la loi susvisée.

M. le président fait au Tribunal le rapport sur l'admission du sieur..... Les conclusions de ce rapport, favorables à l'admission, sont adoptées.

En conséquence, le Tribunal, vu la loi du 18 juillet 1866,

Vu la délibération de ce Tribunal, en date du..... dernier,

Vu les pièces produites,

Ouï M. le président en son rapport,

Considérant que le postulant remplit toutes les conditions prescrites par la loi; qu'il y a lieu dès lors de procéder à son inscription sur la liste à ce destinée,

Déclare le sieur..... (*nom, prénoms, domicile*) inscrit sur la liste ouverte par le Tribunal,

Dit que dans la huitaine de ce jour, ledit courtier devra prêter à l'audience publique le serment prescrit par la loi du 18 juillet 1866, et qu'à cet effet avis de la présente délibération lui sera immédiatement transmis par le greffier de ce Tribunal.

L'ordre du jour étant épuisé, M. le président déclare la séance levée.

    (*Signature du greffier.*)   (*Signature du président.*)

---

3. — *Jugement donnant acte de la prestation de serment d'un courtier de marchandises.*

Le Tribunal,

Vu sa délibération, en date du....., constatant que le sieur (*nom, prénoms et domicile*) a été, sur sa demande, inscrit sur la liste des courtiers de marchandises ouverte en ce tribunal; Vu l'art. 2 de la loi du 18 juillet 1866, et attendu que le sieur X....., présent à la barre, requiert qu'il plaise

au Tribunal recevoir son serment en cette qualité, admet le sieur X.....
à la prestation de serment. En conséquence, M. le président ayant dit au
sieur X..... : « Vous jurez de remplir avec honneur et probité les devoirs
« de votre profession, » et le sieur X..... ayant, la main droite levée, répondu à haute voix : « Je le jure, » le Tribunal donne acte au sieur X.....
de son serment et le renvoie à ses fonctions.

---

4. — *Délibération du Tribunal de commerce refusant l'inscription d'un courtier
de marchandises sur la liste ouverte au greffe dudit Tribunal.*

L'an 186....., le....., le Tribunal s'est réuni dans la salle de ses délibérations sous la présidence de M....., son président.

Étaient présents..... M....., président ; MM....., juges ; MM....., juges suppléants ; M....., greffier.

M. le président, ayant déclaré la séance ouverte, fait donner lecture du
procès-verbal de la dernière réunion, dont la rédaction est adoptée.

Après cette lecture, M. le président rappelle que par sa délibération en
date du....., prise en conformité de la loi du 18 juillet 1866, le Tribunal a
décidé qu'une liste serait ouverte à son greffe sur laquelle serait inscrit le
nom de tout courtier de marchandises exerçant dans la localité qui demanderait à y être porté et remplirait les conditions déterminées par
la loi.

M. le président informe le Tribunal que le sieur (*nom, prénoms, domicile*)
a présenté requête afin d'être inscrit sur la susdite liste, et qu'à l'appui de
sa demande le postulant a déposé au greffe les pièces exigées par la loi
susvisée.

M. le président fait au Tribunal un rapport sur la demande du sieur.....

Les conclusions de ce rapport mises aux voix sont adoptées.

En conséquence, le Tribunal,

Vu la loi du 18 juillet 1866,

Vu la délibération de ce Tribunal en date du.....,

Vu la requête présentée par le sieur....., à l'effet d'être inscrit sur la
liste des courtiers de marchandises ouverte au Tribunal,

Vu les pièces jointes à cette demande,

Ouï M. le président en son rapport,

Considérant que la profession de courtier de marchandises étant libre,
aux termes de la loi du 18 juillet 1866, l'inscription sur la liste du Tribunal
n'a d'autre objet que d'accréditer les courtiers inscrits, auprès du commerce, qui choisit parmi eux ceux qu'il veut charger des ventes publiques
et de l'estimation des marchandises déposées dans les magasins généraux ;

Qu'il importe donc, comme l'énonce formellement l'exposé des motifs
de la loi du 18 juillet 1866, que le Tribunal n'inscrive sur la liste par lui

dressée que « les plus dignes, ceux qui par leur expérience et leur mora-
« lité notoire lui inspirent le plus de confiance; ceux qui, faisant habituel-
« lement le courtage, sont connus pour leur expérience et leur probité; »

Qu'il faut ajouter, avec l'exposé des motifs, « que le Tribunal a trop in-
« térêt à assurer au commerce la sécurité dont il a besoin dans les ventes
« publiques, qu'il encourrait une trop grande responsabilité envers les
« commerçants dont il tient ses fonctions pour que l'inscription au tableau
« ait jamais lieu sans un examen sévère et devienne jamais un acte de
« complaisance ou de faiblesse ; »

Considérant que, si aucun fait n'a été signalé qui soit de nature à faire
suspecter la moralité du sieur....., il résulte des renseignements recueillis
par le Tribunal que le postulant (*analyser ici les faits spéciaux donnant lieu
au refus d'inscription*) ;

Que dès lors la capacité professionnelle du sieur..... n'est pas établie,
que sa situation particulière ne présente pas les garanties que le commerce est en droit d'exiger des courtiers inscrits dont les agissements doivent inspirer toute confiance et dont les procès-verbaux peuvent même
faire foi en justice ;

Dit qu'il n'y a lieu d'inscrire le sieur..... sur la liste des courtiers de
marchandises ouverte en ce Tribunal;

Ordonne qu'avis de la présente délibération sera immédiatement transmis au sieur..... par le greffier.

Ainsi délibéré en assemblée générale par M....., président, MM....., juges suppléants, appelés dans l'ordre du tableau pour compléter le nombre
des juges titulaires, et en présence de MM....., juges suppléants.

L'ordre du jour étant épuisé, M. le président déclare la séance levée.

   (*Signature du greffier.*)   (*Signature du président.*)

---

§ 5. — COURTIERS D'ASSURANCES. — COURTIERS INTERPRÈTES ET CONDUCTEURS
DE NAVIRES, ET AGENTS DE CHANGE.

*Décret du 5-23 janvier 1867 qui établit une chambre syndicale commune pour les
Courtiers d'assurances, les Courtiers interprètes et Conducteurs de navires, et les
Agents de change.*

NAPOLÉON, etc., sur le rapport de notre Ministre, Secrétaire d'État au département de l'agriculture, du commerce et des travaux publics ;

Vu l'article 11 de la loi du 28 ventôse an IX, relative à l'établissement des
Bourses de commerce, ledit article est ainsi conçu : « Le Gouvernement fera pour
la police des Bourses, et, en général, pour l'exécution de la présente loi, les règlements qui seront nécessaires ; »

Vu les articles 15 et 18 de l'Arrêté du Gouvernement, du 29 germinal an IX;

Vu les articles 21 et 22 de l'Arrêté du Gouvernement, du 27 prairial an X;

Notre Conseil d'État entendu, avons décrété et décrétons ce qui suit :

1. Les courtiers d'assurances, les courtiers interprètes et conducteurs de navires
et les agents de change autres que ceux
institués près des bourses départementales
pourvues d'un parquet, sont réunis, dans
chaque place, sous la juridiction d'une
seule chambre syndicale.

2. Le nombre des membres composant

la chambre syndicale est fixé comme il suit : — Sept membres, y compris le syndic, lorsque le nombre des titulaires appelés à nommer la chambre syndicale est de quatorze et au-dessus ; — cinq membres, y compris le syndic, lorsque le nombre des titulaires est de dix à treize ; — trois membres, y compris le syndic, lorsque le nombre des titulaires est de six à neuf. — Si le nombre des titulaires est inférieur à six, le tribunal de commerce remplit les fonctions de la chambre syndicale.

Chapitre II. — Usages commerciaux.

Loi du 13-20 juin 1866 concernant les Usages commerciaux quant aux conditions, tares et autres usages à observer dans les ventes commerciales.

Art. 1. Dans les ventes commerciales, les conditions, tares et autres usages indiqués dans le tableau annexé à la présente loi, sont applicables dans toute l'étendue de l'empire, à défaut de conventions contraires.

2. La présente loi sera exécutoire à partir du 1er janvier 1867.

TABLEAU ANNEXÉ A LA LOI CONCERNANT LES USAGES COMMERCIAUX.

1re PARTIE. — *Règles générales.*

I. Toute marchandise pour laquelle la vente est faite au poids se vend au poids brut ou au poids net.

Le poids brut comprend le poids de la marchandise et de son contenant. Le poids net est celui de la marchandise à l'exclusion du poids de son contenant.

La tare représente, à la vente, le poids présumé du contenant. La tare s'applique à certaines marchandises que, pour les facilités du commerce, il est d'usage de ne pas déballer.

II. Tout article se vendant au poids et non mentionné au tableau est vendu au poids net.

III. L'acheteur a le droit, en renonçant à la tare d'usage, de réclamer le poids net, même pendant le cours de la livraison.

IV. Pour la marchandise vendue au poids brut, l'emballage doit être conforme aux habitudes du commerce.

V. L'emballage (toile, fût, barrique, caisse, etc.) reste à l'acheteur, sauf les exceptions portées au tableau.

VI. Lorsqu'il y a deux emballages, l'emballage intérieur, en tant qu'il est considéré dans l'usage comme marchandise et qu'il est conforme aux habitudes du commerce, est compris dans le poids net.

VII. Le tonneau de mer s'entend du tonneau d'affrètement tel qu'il est réglé pour l'exécution des art. 3 et 6 de la loi du 3 juillet 1861.

VIII. Sauf les exceptions portées au tableau ci-après, il n'est accordé ni dons, ni surdons, ni tolérance (1).

IX. Dans les ports maritimes, toutes les marchandises autres que les articles manufacturés se vendent sur le pied de 2 pour 100 d'escompte au comptant, et, lorsque le vendeur consent à convertir tout ou partie de l'escompte en terme, l'escompte se règle à raison de 1/2 pour 100 par mois.

2e PARTIE. — *Règles spéciales à certaines marchandises.*

Alcools (V. *Spiritueux.*)

Arachides : En greniers, sacs ou futailles : Poids net. — 2 p. 100 de tolérance sont accordés au vendeur pour la pousse ou poussière et les corps étrangers.

Argent vif : Poids net. — La vérification du poids net est proportionnelle et s'établit sur 10 p. 100 de la livraison.

Arsenic : 1° Blanc : 11 kilog. — Par baril de 200 à 205 kilog.

— 2° Jaune : 7 kilog. — Par baril de 100 à 105 kilog.

— 3° Rouge : 4 kilog. — Par baril de 50 à 60 kilog.

Assa-fœtida : 1° En sacs : 2 p. 100.

— 2° En caisses ou futailles : Poids net.

Baies de genièvre : Poids brut.

Blé (V. *Grains.*)

---

(1). On entend par *don* une réfaction pour alternative ou déchet en quelque sorte forcé de la marchandise.

Le *surdon* est un forfait facultatif pour l'acheteur, à raison d'avaries ou mouillures accidentelles.

La tolérance accordée en général pour le déchet nommé *pousse* ou *poussière*, a pour objet de limiter les réclamations de l'acheteur contre le vendeur. (Note insérée au Bulletin des lois).

Bois de construction. — Les planches se vendent au mètre courant.

— Les douvelles se vendent au cent.

— Les poutres, etc., se vendent au stère.

— Le mesurage des poutres se fait de 1 en 1 centimètre pour les largeurs et épaisseurs, et de 10 en 10 centimètres pour les longueurs.

Brai : 1° Sec : Poids net. — Se livre en baril.

— 2° Gras : Poids brut. — Se livre en baril.

Cacao : En fûts : Poids net. — Tolérance de 2 p. 100 pour poussière.

— En sacs : 1 1/2 p. 100.

— Coques de (V. ce mot.)

Café : 1° En fûts et caisses : Poids net.

— 2° En sacs de toile : 1 1/2 p. 100.

— 3° En balles, de la Réunion ou de Moka : Poids net. — La vérification du poids net se fait proportionnellement par épreuve.

Cannelle : 1° De Chine, en caisses : Poids net. — Même observation que ci-dessus.

— 2° De Ceylan, en balles ou en sacs : Sous simple emballage : 4 p. 100. Sous double emballage : 5 p. 100.

Chanvre : 1° Indigène : Poids net.

— 2° De Russie : Poids net.

— 3° Des États-Unis : Poids net.

— 4° De Calcuta (jute) : 2 p. 100. — Liens compris.

— 5° Munille (abaca) : 2 p. 100. — Liens compris.

— 6° Du Mexique (itzle) : 2 p. 100. — Liens compris.

Charbon de terre : Poids net. — Se vend aux 100 kilog.

Chiendent : En balles : Poids brut.

Chiffons : En balles : Poids brut.

Cire brute : De toutes provenances : Poids net. — La cire indigène se livre sans emballage.

Coaltar : Poids brut.

Coke (V. *Charbon de terre.*)

Coques de cacao : Poids brut.

Cordages : 1° Neufs : Poids net.

— 2° Vieux : Poids brut.

Cornes. — La vente a lieu ainsi qu'il suit : 1° Cornes de bœuf ou de vache, aux 100 cornes.

— 2° Cornes de cerf, buffle, rhinocéros, etc., aux 100 kilog.

Coton : De toute provenance : 5 p. 100.

— Les types du Havre sont adoptés pour les cotons des deux Amériques et de l'Inde.

— Les types de Marseille, pour les cotons d'Égypte, du Levant et du bassin de la Méditerranée.

— En cas de contestations sur le classement de la marchandise, les échantillons en seront adressés, suivant les provenances, à l'une ou à l'autre des chambres de commerce des villes ci-dessus indiquées, pour être comparés aux types et être arbitrés par ses soins.

Crins : 1° De Russie, en balles : Poids net.

— 2° De l'Amérique méridionale : (*a*) En balles de toile : 4 p. 100. — Cercles en fer déduits.

— (*b*) En balles de cuir : Poids net.

Cuirs et peaux : 1° Cuirs de toutes sortes : (*a*) Secs. — Se vendent à nu et aux 100 kilog.

— (*b*) Salés : Poids net. — Déduction faite du sel et des liens.

— 2° Peaux de chevaux : (*a*) Sèches. — Se vendent à la pièce.

— (*b*) Salées : Poids net. — Se vendent aux 100 kilog.

— 3° Vachettes de l'Inde, en balles : Poids net. — Les peaux servant d'emballage réduites à la moitié de leur valeur.

— 4° Autres peaux de toutes sortes. — Se vendent sans bonification, soit aux 100 kilog., soit au nombre.

Curcuma (emballage en toile) : Simple (*gonis*) : 2 p. 100.

Dividivi : Poids brut.

Douvelle (V. *Bois*).

Eau de fleurs d'oranger : Poids net. — La vérification du poids net se fait proportionnellement.

Esprits. (V. *Spiritueux.*)

Étoupes : 1° De cordages : Poids brut.

— 2° De lin : Poids net.

Fanons de baleine : Poids net : Réfaction 2 p. 100 pour barbes et crasse.

Farines : 1° Au baril. — Le baril contenant 88 kilog. de farine.

— 2° En sacs : Poids brut. — Le poids brut du sac de farine s'entend de 125 kilog. Conformément à la règle générale n° 5, le sac reste à l'acheteur.

Fécule de pommes de terre : 1° En sacs et balles : Poids brut. — Se vend aux 100 kilog.

— 2° En fûts : Poids net. — Se vend aux 100 kilog.

Feuillards : De bois. — Se vendent aux 1,000 brins.

Fèves (V. *Grains.*)

Figues : 1° En corbeilles, couffes et cabas. Poids brut.

— 2° En caisses : Poids net.

— 3° De Smyrne, en caisses : 10 p. 100.

Foin : Lié : Poids brut.

— Non lié : Poids net.

Froment (V. *Grains.*)

Gambier de l'Inde : Poids brut.

Gaude : Poids brut.

Gingembre : 1° En barriques : Poids net.

— 2° En sacs, simple toile : Poids net. — La vérification du poids net se fait proportionnellement.

Gomme : 1° Ammoniaque : Poids net.
— 2° Du Sénégal, en fûts : Poids net.
    id.   en sacs : 1 p. 100.
— 3° De Barbarie et arabique : Poids
  net.
Goudron : Poids brut. — Se livre à la
  barrique ou gonne.
Graines : 1° De chanvre : (a) De provenance étrangère : Poids net. — Tolérance de 3 p. 100 accordée au vendeur
  pour pousse et corps étrangers.
— (b) De provenance indigène : Poids
  net. — Pas de tolérance.
— 2° De colza : (a) De l'Inde et de la mer
  Noire : Poids net. — Tolérance 4 p. 100.
— (b) De provenance indigène : Poids
  net. — Pas de tolérance.
— (c) D'ailleurs : Poids net. — Pas de
  tolérance.
— 3° De coton : Poids net. — Tolérance
  5 p. 100.
— 4° De genièvre (V. Baies.)
— 5° Graines jaunes : (a) En balles.
  Simple emballage : 1 p. 100.
Id. Double emballage : 2 p. 100.
— (b) En fûts : Poids net.
— (c) En sacs de crins simples : 3 p. 100.
— 6° De lin : (a) Etrangères à semer et
  indigènes : Poids net. — Pas de tolérance.
— (b) Etrangères ordinaires : Poids net.
  — Tolérance 4 p. 100.
— (c) Etrangères et indigènes à battre :
  Poids net. — Tolérance 4 p. 100.
— 7° De luzerne et de trèfle (graines) :
  Poids net. — Se vendent à la balle de
  100 kilog.
— 8° De moutarde : Poids net. — Se
  vendent à la balle de 100 kilog.
— 9° De navette (V. Colza).
— 10° De ravison : Poids net. — Tolérance 6 p. 100.
— 11° De sésame, d'œillette, de pavot
  et autres graines oléagineuses non dénommées : (a) De provenance étrangère : Poids net. — Tolérance 3 p. 100.
— (b) Indigènes : Poids net. — Sans
  tolérance.
— 12° Amandes de palmistes décortiquées :
  Poids net. — Tolérance 5 p. 100.
Grains. — La vente des grains se fait
  aux 100 kilog.
Graisses : 1° Saindoux : (a) En tierçons :
  17 p. 100.
— (b) En futailles et barriques : Poids
  net.
— (c) En barils : 18 p. 100.
— (d) En frequins : 24 p. 100.
— (e) En vessies : Poids brut.
— 2° Suifs : (a) En fûts ou caisses :
  1° De Russie : 12 p. 100. — Barres
  déduites.
— 2° Indigènes : Poids net.
— 3° Des Pays-Bas, d'Italie et d'Amérique : Poids net.

— (b) En outres et en surons : 4 p. 100.
Guano : Poids brut.
Hareng : 1° Frais : Poids net.
— 2° Salé : (a) Arrivant de la mer et
  vendu pour le repaquage : Poids
  net. — Se vend aux 400 kilog., la futaille restant à l'acheteur.
— (b) Livré à la consommation : Poids
  net. — Se vend au baril, lequel rend
  net en poisson 125 kilog. en minimum.
— 3° Saur : Se vend au nombre.
Houille (V. Charbon de terre.)
Houblon (simple emballage) : Poids brut.
Huiles. — La vente se fait aux 100 kilog.
— 1° D'olive et de graines oléagineuses :
  Poids net. — Par exception, à Marseille, le vendeur conserve la futaille,
  sauf pour les huiles d'olives comestibles.
— 2° De coco et de palme : (a) Par futailles au-dessous de 250 kilogrammes :
  20 p. 100.
— (b) Par futailles de 251 à 350 kilogrammes : 17 p. 100. — La tare ne
  pouvant être inférieure à 50 kilog.
— (c) Par futailles de 351 kilogrammes
  et au-dessus : 15 p. 100. — La tare ne
  pouvant être inférieure à 60 kilog.
— 3° De baleine et de cachalot : Comme
  de coco et de palme.
— 4° De morue et de sardines : 10 p. 100.
  — Sans barres ni plâtre, ou chaque
  barre pouvant être réglée à 1 kilog.,
  au choix de l'acheteur.
— 5° De ricin et de menthe : Poids net.
— 6° Essentielles : Poids net.
— 7° De pétrole. — Se vendent au baril
  de 150 kilog. brut, ou 120 kilog. net.
Indigo : 1° En caisses : Poids net.
— 2° En surons, emballage en cuir :
  10 p. 100.
Jalap : 1° En surons de 61 kilogrammes
  et au-dessus : 7 p. 100.
— 2° En surons de 60 kilogrammes et
  au-dessous : 5 p. 100.
— 3° En fûts ou caisses : Poids net.
Joncs, rotins, bambous (pour cannes). —
  Se vendent au nombre. Les petits
  rotins en paquets se vendent aux
  100 kilog.
Jus de réglisse : Poids net : Tolérance
  pour feuilles 4 p. 100.
Laines : 1° Indigènes : Poids net. — La
  constatation du poids de l'emballage
  se fait proportionnellement.
— 2° Etrangères : Poids net. — Idem.
Laines peignées et filées : Poids net. —
  Les numéros des laines filées expriment le nombre de 1,000 mètres au
  kilog. La reprise au conditionnement
  est de 17 p. 100.
Légumes secs (pois, fèves, haricots, len-
  tilles) : 1° En sacs : Poids brut. — Se
  vendent aux 100 kilog.

— 2° En fûts : Poids net. — Se vendent aux 100 kilog.

Lichen, en balles : Poids brut.

Liéges, en balles : Poids brut.

Manganèse : 1° D'Allemagne, en futailles : 5 p. 100.

— 2° D'ailleurs ou autrement qu'en futailles : Poids net.

Morue : 1° Sèche. — Se vend aux 100 kilog.

— 2° D'Islande, en sel. — Se livre à la tonne ou au baril.

— 3° D'Islande, en vrac. — Se vend au 100 kilog.

— 4° Verte, de Terre-Neuve. — Se vend aux 100 kilog., 10 p. 100 de réfaction accordés pour le sel.

Mousse, en balles pressées : Poids brut.

Nacre : 1° De perle franche : Poids net. — Livraison à la pelle : 2 p. 100 de don. — Livraison à la main : pas de don.

— 2° Bâtarde : Poids net.

Nitrate de Potasse ; 5 p. 100. — Réfaction pour corps étrangers au delà de 4 p. 100 au titrage.

Salpêtre, en simple emballage. — Frais de titrage partagés.

Nitrate de soude : En simple emballage : 3 p. 100. — Même réfaction qu'au nitrate de potasse.

Noir de fumée : En balles et en fûts : Poids brut.

Noir animal : Résidu de raffinerie : Poids net. — Se vend aux 100 kilog. — Résidu d'ivoire : Poids net. — Se vend aux 100 kilog.

Noix de galle : Poids brut.

Ocre : Poids brut. — Se vend aux 100 kilog.

Olives : Poids brut. — Se livrent au baril.

Onglons : 1° De bétail : Poids brut. — Se vendent aux 100 kilog.

— 2° D'écailles de tortue : Poids net.

Orcanette : Simple emballage : Poids brut.

Oreillons et rognures de peaux : En balles : Poids brut.

Orseille : 1° Naturelle ou lichen, en balles : 2 p. 100. — Simple emballage, cordes déduites.

— 2° En pâte, en fûts : Poids net.

Peaux (V. Cuirs).

Perlasse et potasse : 1° Des États-Unis, de Dantzig, d'Italie et de Russie : 12 p. 100.

— 2° De Finlande : 15 p. 100.

— 3° De Hongrie, d'Allemagne, du Rhin, de Bohême : Poids net.

Piment : 1° En sac, simple emballage sans liens ni surcharge : 2 p. 100. — Tolérance pour pousse ou poussière, 1 p. 100.

— 2° En fûts : Poids net. — Idem.

Plomb vieux : Poids brut. — 4 p. 100 de réfaction pour impuretés.

Plumes : 1° de parure : Poids net. — En balles, simple emballage, cercles déduits.

— 2° De vautour et autres : 4 p. 100.

Poils d'animaux : 1° Poils ou laines de chevreaux dit chevrons ; 2 p. 100. — Simple emballage.

— 2° Tous autres poils : Poids net.

Poissons salés (V. Morue et Hareng.)

Poivre ou cubèbe : 1° Simple emballage en toile : 2 p. 100. — Réfaction pour la pousse lorsqu'elle excède 2 p. 100.

— 2° En robins, bombes et fûts : Poids net.

Poix de Bourgogne : 10 p. 100.

Porc salé : 1° Salaisons : Poids net. — Se vendent au baril.

— 2° Autres salaisons, non en saumure : Poids net. — Se vendent aux 100 kilog.

Quercitron : 1° En fûts : 12 p. 100.

— 2° En sacs, simple emballage : 2 p. 100.

Quinquina : 1° En caisses et fûts : Poids net.

— 2° En surons : (a) Par surons au-dessous de 60 kilogrammes : 6 kilog.

— (b) Par surons de 60 kilogrammes et au-dessus : 8 kilog.

Raisins secs : 1° De Malaga : Poids net. — Se livrent à la caisse.

— 2° De Denia : (a) Caisson simple : 2 kilog 1/2.

— (b) Caisson double : 4 kilog.

— (c) En cabas : Poids brut.

— 3° De Zante : (a) En barils : 10 p. 100.

— (b) En bottes de 1,000 kilogrammes : 12 p. 100. — En fûts d'origine.

— (c) En demi et quart de botte : 14 p. 100. — En fûts d'origine.

— 4° De Lipari, en barils : 10 kilog.

— 5° De Naples, en corbeilles : Poids brut.

— 6° De Smyrne : (a) En sacs : 1 kilog.

— (b) En tambours, gallons et caissons : 10 p. 100.

Résine : 1° D'Amérique, en fûts : 16 p. 100.

— 2° Indigène et d'autre provenance : Poids net.

Rhum et tafia (V. Spiritueux) : Se vendent à l'hectolitre.

Riz : 1° En fûts dits tierçons : 12 p. 100. — Les fûts du poids brut de 180 kilog. et au-dessous, barres déduites, sont rangés parmi les demi-tierçons.

— 2° En fûts dits demi-tierçons : 14 p. 100. — Au-dessus de 180 kilog., les fûts sont considérés comme tierçons pour l'application de la tare.

— 3° En sacs simples : De Piémont : Poids brut.

— Idem. Autres : 2 p. 100.

— 4° En barils : Poids net.

Rocou : 1° En fûts : (a) Avec feuilles : 20 p. 100.

— (b) Sans feuilles : 16 p. 100.

— 2° En paniers et en caisses : Poids net.

Rotins (V. *Joncs*, etc.)

Safranum : 1° D'Espagne : Poids net.
— 2° Du Levant : (*a*) En ballot simple, toile légère : 2 p. 100.
— (*b*) En cabas recouverts de toile de l'Inde : 10 p. 100.
— 3° De l'Inde ; 8 p. 100.

Sagou : 1° En sacs de toile : 2 p. 100.
— 2° En fûts : Poids net.

Salsepareille : 1° Du Honduras, en balles : (*a*) Emballage simple et léger : 4 kilog.
— Cordes comprises.
— (*b*) Emballage simple et lourd : 5 kilog.
— *Idem*.
— 2° Du Brésil : Poids brut.
— 3° Du Mexique et des autres provenances : Poids net.

Savon : Bleu : Poids net. — La tare s'établit proportionnellement
— 2° Blanc : Poids net.
— 3° Vert : Poids net. — Se livre au baril.

Sel marin et sel gemme. — Se vend aux 100 kilog.

Séné : 1° En fardes d'origine, sans surcharge : (*a*) D'Alexandrie : 10 p. 100.
— (*b*) De Tripoli : 7 p. 100.
— 2° En autre emballage : Poids net.

Soies : Poids net. — La reprise des soies au conditionnement est de 11 p. 100.
— L'épreuve de la finesse s'établit par 500 mètres et le pesage se fait au poids métrique descendant jusqu'à 5 milligrammes.

Soies de porc : 1° De France : Poids net.
— 2° Des autres provenances : Poids net.

Soude : 1° d'Espagne, en balles : (*a*) Avec trois enveloppes ; 14 kilog.
— (*b*) Avec quatre enveloppes : 16 kilog.
— 2° D'autres provenances, en futailles : Poids net.

Soufre (Fleur de) : 1° En balles et sacs : Poids brut.
— 2° En futailles : Poids net.

Spiritueux : Esprits, alcools et eaux-de-vie.

ARTICLE 1er. Les esprits distillés du vin, dits 3/6 *de Languedoc*, sont vendus à 86° centig., à la température de 15° centig. — La surforce au-dessus de 86° ne donne pas lieu à bonification. — La faiblesse au-dessous de 86° et jusqu'à 83° donne lieu à une réfaction proportionnelle. — La faiblesse au-dessous de 83° permet à l'acheteur de refuser la marchandise.

ART. 2. Les esprits distillés de la betterave, de la mélasse, de la pomme de terre, des grains, etc., sont vendus à 90° centig., à la température de 15° centig. — La surforce au-dessus de 90° et jusqu'à 95° donne lieu à une bonification proportionnelle. — La surforce au-dessus de 95° ne donne pas lieu à bonification. — La faiblesse au-dessous de 90° et jusqu'à 87° donne lieu à une réfaction proportionnelle. — La faiblesse au-dessous de 87° permet à l'acheteur de refuser la marchandise.

ART. 3. Les eaux-de-vie de Cognac, de Saintonge, de la Rochelle et autres sont vendues à 60° cent., à la température de 15° centig. — La surforce au-dessus de 60° et jusqu'à 63° donne lieu à une bonification proportionnelle. — La surforce au-dessus de 63° permet à l'acheteur de refuser la marchandise. — La faiblesse au-dessous de 60° et jusqu'à 57° donne lieu à une réfaction proportionnelle. — La faiblesse au-dessous de 57° permet à l'acheteur de refuser la marchandise. — Les eaux-de-vie dites *vieilles* sont l'objet de conventions particulières.

ART. 4. Les eaux-de-vie dites *preuves de Hollande*, d'Armagnac et de Marmande sont vendues à 52° centig., à la température de 15° centig. — La surforce au-dessus de 52° jusqu'à 54° donne lieu à une bonification proportionnelle. — La surforce au dessus de 54° permet à l'acheteur de refuser la marchandise. — La faiblesse au-dessous de 52° et jusqu'à 48° donne lieu à une réfaction proportionnelle. — La faiblesse au-dessous de 48° permet à l'acheteur de refuser la marchandise. — Les eaux-de-vie dites *vieilles* sont l'objet de conventions particulières.

ART. 5. La force des esprits et eaux-de-vie est reconnue au moyen de l'alcoomètre centésimal de Gay-Lussac, ramené par le calcul à la température de 15° au-dessus de zéro du thermomètre centigrade, suivant la table de Gay-Lussac, dite *force de richesse*. Les fractions de degré ne sont pas constatées ; elles sont en faveur du réceptionnaire.

ART. 6. Les art. 3 et 4, ainsi que le dernier paragraphe de l'art. 5, ne s'appliquent qu'aux ventes donnant lieu à des expéditions au dehors des pays producteurs.

ART. 7. Pour les esprits étrangers, la faiblesse du degré ne donne pas lieu à résiliation, mais à une réfaction proportionnelle.

ART. 8. La contenance effective des pipes d'alcool, des esprits distillés de la mélasse, de la pomme de terre, des grains, etc., s'entend de 620 litres.

Squine : 2 p. 100.

Stock-fish. — Se vend aux 100 kilog.

Sucres : Emballage en bois (fûts, caisses, etc.) : 13 p. 100.
— Canastres : 8 p. 100.
— Autres emballages : Simples : 2 p. 100.
— *Idem* : Double : 4 p. 100.

Sucres indigènes : En sacs : Poids net. — Il y a trois séries de types, savoir :

1° Pour les sucres terrés exotiques, la série des types de Hollande;

2° Pour les sucres bruts exotiques, cinq types à régler périodiquement, comme il sera dit ci-après, savoir : — Ordinaire, — Bonne ordinaire, — Bonne quatrième, — Belle quatrième, — Fine quatrième;

3° Pour les sucres de betterave, série complète de types à régler chaque année.

La classification des types des deux dernières s'effectue au ministère de l'agriculture, du commerce et des travaux publics par des délégués des chambres de commerce intéressées, sous la présidence d'un représentant du ministre.

Les délégués à appeler pour les sucres bruts exotiques sont ceux des ports de : Le Havre, Marseille, Bordeaux, et Nantes, avec l'adjonction d'un délégué de la chambre de commerce de Paris. — Ils se réunis à Paris en mai et en novembre de chaque année.

Chacun des quatre ports présente la série de ses types; les types de chaque localité sont mélangés par quantités égales, et les moyennes obtenues représentent les étalons acceptés.

Les délégués à appeler pour les sucres de betteraves sont ceux de : Paris, Lille, Arras, Valenciennes, Amiens et Saint-Quentin. — Ils sont réunis à Paris au mois de novembre de chaque année.

Les délégués indiquent, autant que possible, la correspondance existant entre la série des types qu'ils arrêtent et les numéros de la série des types de Hollande.

La chambre de commerce de Paris est chargée de faire établir, sous son contrôle, la confection des boîtes d'étalons à transmettre aux chambres de commerce qui en feront la demande.

Sumac : En feuilles : Poids brut.
— En poudre : Poids net.

Tabac : 1° En boucauts : De Virginie et Kentucky : 12 p. 100.
— Idem. De Maryland : 14 p. 100.
— 2° Du Brésil, en balles, simple emballage : 2 p. 100.
— 3° Autres provenances : Poids net.

Tan (Écorces à) : En bottes ou pulvérisées : Poids net. — Se vendent aux 100 kilog.

Térébenthine ; 1° De Bordeaux : Poids net. — Se livre en barriques bordelaises.
— 2° De Suisse, en fûts : 16 p. 100.
— 3° De Venise : Poids net.

Verdet : 1° En sacs : Poids brut.
— 2° En futailles ; Poids net.

Vins. — La contenance de la futaille dite bordelaise est en minimum de 225 litres.
— La contenance de la bouteille dite de Bordeaux est en minimum de 75 centil. — La contenance de la bouteille dite de Champagne est en minimum de 80 centil. — La contenance de la futaille dite pièce de Beaune est au minimum de 228 lit. — La contenance de la bouteille dite bourguignonne est au minimum de 80 centil. — La contenance de la futaille dite mâconnaise est au minimum de 212 lit. — La contenance de la bouteille dite mâconnaise est au minimum de 80 centil.

FIN DE L'APPENDICE.

Paris. — Imp. P.-A. BOURDIER, CAPIOMONT fils et Cie, rue des Poitevins, 6.

MANUEL DES TRIBUNAUX DE COMMERCE

APPENDICE 1866 A 1874

Chapitre premier. — **Modifications apportées au Code de commerce.**

Loi du 12-20 février 1872 ; Portant modification des articles 450 et 550 du Code de commerce et réglant les droits respectifs des syndics de la faillite et du propriétaire, relativement aux baux des lieux occupés par le failli.

Art. 1er. Les articles 450 et 550 du Code de commerce sont modifiés et remplacés par les dispositions suivantes :

Art. 450. « Les syndics auront, pour les baux des immeubles affectés à l'industrie ou au commerce du failli, y compris les locaux dépendant de ces immeubles et servant à l'habitation du failli et de sa famille, huit jours, à partir de l'expiration du délai, accordé par l'article 492 du Code de commerce aux créanciers domiciliés en France, pour la vérification de leurs créances, pendant lesquels ils pourront notifier au propriétaire leur intention de continuer le bail, à la charge de satisfaire à toutes les obligations du locataire.

« Cette notification ne pourra avoir lieu qu'avec l'autorisation du juge-commissaire et le failli entendu. *Co.* 151, 152.

« Jusqu'à l'expiration de ces huit jours, toutes voies d'exécution sur les effets mobiliers servant à l'exploitation du commerce ou de l'industrie du failli, et toutes actions en résiliation du bail seront suspendues, sans préjudice de toutes mesures conservatoires et du droit qui serait acquis au propriétaire de reprendre possession des lieux loués.

« Dans ce cas, la suspension des voies d'exécution établie au présent article cessera de plein droit. *C.* 1728 2º, 2102 1º. — *Pr.* 81, 95 suiv. — *Co.* 443, 471, 490, 521, 550.

« Le bailleur devra, dans les quinze jours qui suivront la notification qui lui serait faite par les syndics, former sa demande en résiliation. *C.* 1139.

« Faute par lui de l'avoir formée dans ledit délai, il sera réputé avoir renoncé à se prévaloir des causes de résiliation déjà existantes à son profit. »

Art. 550. « L'article 2102 du Code civil est ainsi modifié à l'égard de la faillite :

« Si le bail est résilié, le propriétaire d'immeubles affectés à l'industrie, ou au commerce du failli, aura privilége pour les deux dernières années de location échues avant le jugement déclaratif de faillite, pour l'année courante, pour tout ce qui concerne l'exécution du bail et pour les dommages-intérêts qui pourront lui être alloués par les tribunaux. *C.* 1146, 1147, 2102 1º. — *Co.* 441, 450.

« Au cas de non-résiliation, le bailleur, une fois payé de tous les loyers échus, ne pourra pas exiger le payement des loyers en cours ou à échoir, si les sûretés qui lui ont été données lors du contrat sont maintenues, ou si celles qui lui ont été fournies depuis la faillite sont jugées suffisantes. *C.* 1752.

« Lorsqu'il y aura vente et enlèvement des meubles garnissant les lieux loués, le bailleur pourra exercer son privilége comme au cas de résiliation ci-dessus, et, en

28

outre, pour une année à échoir à partir de l'expiration de l'année courante, que le bail ait ou non date certaine. *C.* 1328, 1743, 1750.

« Les syndics pourront continuer ou céder le bail pour tout le temps restant à courir, à la charge par eux ou leurs cessionnaires de maintenir dans l'immeuble gage suffisant, et d'exécuter, au fur et à mesure des échéances, toutes les obligations résultant du droit ou de la convention, mais sans que la destination des lieux loués puisse être changée. *C.* 1725, 1728, 1729, 1752.

« Dans le cas où le bail contiendrait interdiction de céder le bail ou de sous-louer, les créanciers ne pourront faire leur profit de la location que pour le temps à raison duquel le bailleur aurait touché ses loyers par anticipation et toujours sans que la destination des lieux puisse être changée. *C.* 1717, 1723, 1728, 1729.

« Le privilége et le droit de revendication établis par le n° 4 de l'article 2102 du Code civil, au profit du vendeur d'effets mobiliers, ne peuvent être exercés contre la faillite. » *C.* 1745. — *Co.* 486.

Art. 2. La présente loi ne s'appliquera pas aux baux qui, avant sa promulgation (20 *février* 1872), auront acquis date certaine.

Toutefois le propriétaire qui, en vertu desdits baux, a privilége pour tout ce qui est échu et pour tout ce qui est à échoir, ne pourra exiger par anticipation les loyers à échoir, s'il lui est donné des sûretés suffisantes pour en garantir le payement.

Loi du 21-29 décembre 1871 sur l'organisation des tribunaux de commerce portant modification des articles 618, 619, 620 et 621 du Code de commerce.

Art. 1er. Les articles 618, 619, 620 et 621 du Code de commerce sont modifiées et remplacés par les dispositions suivantes :

Art. 618. « Les membres des tribunaux de commerce seront nommés dans une assemblée d'électeurs pris parmi les commerçants recommandables par leur probité, esprit d'ordre et d'économie.

« Pourront aussi être appelés à cette réunion les directeurs des Compagnies anonymes de commerce, de finance et d'industrie, les agents de change, les capitaines au long cours et les maîtres au cabotage ayant commandé des bâtiments pendant cinq ans et domiciliés depuis deux ans dans le ressort du tribunal. Le nombre des électeurs sera égal au dixième des commerçants inscrits à la patente ; il ne pourra dépasser mille ni être inférieur à cinquante ; dans le département de la Seine, il sera de trois mille. »

Art. 619. « La liste des électeurs sera dressée par une commission composée :

« 1° Du président du tribunal de commerce, qui présidera, et d'un juge au tribunal de commerce. Pour la première élection qui suivra la création d'un tribunal, on appellera dans la commission le président du tribunal civil et un juge au même tribunal.

« 2° Du président et d'un membre de la chambre de commerce. Si le président de la chambre de commerce est en même temps président du tribunal, on appellera un autre membre de la chambre ; dans les villes où il n'existe pas de chambre de commerce, on appellera le président et un membre de la chambre consultative des arts et métiers ; à défaut, on appellera un conseiller municipal.

« 3° De trois conseillers généraux choisis, autant que possible, parmi les membres élus dans les cantons du ressort du tribunal.

« 4° Du président du conseil de prud'hommes, et, s'il y en a plusieurs, du plus âgé des présidents ; à défaut du conseil de prud'hommes, on appellera dans la commission le juge de paix ou le plus âgé des juges de paix de la ville où siége le tribunal.

« 5° Du maire de la ville où siége le tribunal de commerce, et, à Paris, du président du conseil municipal.

« Les juges au tribunal de commerce, les membres de la chambre de commerce, les juges du tribunal civil, les conseillers généraux et les conseillers municipaux, dans les cas prévus aux paragraphes précédents, seront élus par les corps auxquels ils appartiennent. Chaque année, la commission remplira les vacances provenant de décès ou d'incapacités légales survenues depuis la dernière révision. Elle ajoutera à la liste, en sus du nombre d'électeurs fixé par l'art. 619, les anciens membres de la chambre et du tribunal de commerce, et les anciens présidents des conseils de prud'hommes.

« Ne pourront être portés sur la liste ni participer à l'élection, s'ils y avaient été portés :

« 1° Les individus condamnés soit à des peines afflictives ou infamantes, soit à des peines correctionnelles pour des faits qualifiés crimes par la loi, ou pour délit de vol, escroquerie, abus de confiance, usure, attentat aux mœurs; soit pour contrebande quand la condamnation pour ce dernier aura été d'un mois au moins d'emprisonnement.

« 2° Les individus condamnés pour contravention aux lois sur les maisons de jeu, les loteries et les maisons de prêts sur gages.

« 3° Les individus condamnés pour les délits prévus aux art. 413, 414, 419, 420, 421, 423, 431 § 2, du Code pénal, et aux art. 596 et 597 du Code de commerce*.

« 4° Les officiers ministériels destitués.

« 5° Les faillis non réhabilités, et généralement tous ceux que la loi électorale prive du droit de voter aux élections législatives.

« La liste sera envoyée au préfet, qui la fera publier et afficher. Un exemplaire signé par le président du tribunal de commerce sera déposé au greffe du tribunal de commerce. Tout patenté du ressort aura le droit d'en prendre connaissance et, à toute époque, de demander la radiation des électeurs qui se trouveraient dans un des cas d'incapacité ci-dessus. L'action sera portée sans frais devant le tribunal civil, qui prononcera en la chambre du conseil. En appel, la cour statuera dans la même forme. »

Art. 620. « Tout commerçant, directeur de Compagnie anonyme, agent de change, capitaine au long cours et maître au cabotage porté sur la liste des électeurs ou étant dans les conditions voulues pour y être inscrit, pourra être nommé juge ou suppléant s'il est âgé de trente ans, s'il est inscrit à la patente depuis cinq ans et domicilié, au moment de l'élection, dans le ressort du tribunal.

« Les anciens commerçants et agents de change seront éligibles s'ils ont exercé leur commerce pendant le même temps.

« Nul ne pourra être nommé juge s'il n'a été suppléant.

« Le président ne pourra être choisi que parmi les anciens juges. »

Art. 621. « L'élection sera faite au scrutin de liste pour les juges et les suppléants, et au scrutin individuel pour le président. Lorsqu'il s'agira d'élire le président, l'objet spécial de cette élection sera annoncé avant d'aller au scrutin.

« Les élections se feront dans le local du tribunal de commerce, sous la présidence du maire du chef-lieu où siège le tribunal, assisté de quatre assesseurs qui seront les deux plus jeunes et les deux plus âgés des électeurs présents. — La convocation des électeurs sera faite, dans la première quinzaine de décembre, par le préfet du département.

« Au premier tour de scrutin, nul ne sera élu s'il n'a réuni la moitié plus un des suffrages exprimés et un nombre égal au quart du nombre des électeurs inscrits. Au deuxième tour, qui aura lieu huit jours après, la majorité relative sera suffisante. La durée de chaque scrutin sera de deux heures au moins.

« Le procès verbal sera dressé en tribunal original, et le président en transmettra un exemplaire au préfet et un autre au procureur général ; le troisième sera déposé au greffe du tribunal. Tout électeur pourra, dans les cinq jours après l'élection, attaquer les opérations devant la cour d'appel, qui statuera sommairement et sans frais. Le procureur général aura un délai de dix jours pour demander la nullité. »

---

* Délits concernant les exportations, — grèves, — coalitions, — denrées, — paris sur les effets publics, — tromperies sur la nature des marchandises, — entraves aux fournitures pour service public, — malversation par un syndic, — avantages prohibés dans les faillites.

Chapitre II. — Lois diverses.

FORGES, FOURNEAUX ET USINES.

Loi du 9-17 mai 1866 modificative de la loi du 21 avril 1810 sur les mines.

1. Sont abrogés les articles 73 à 78 de la loi du 21 avril 1810 (loi générale sur les mines), ayant pour objet de soumettre à l'obtention d'une permission préalable l'établissement des fourneaux, forges et usines.

2. Sont également abrogés les articles 59 à 67, 79 et 80 de la même loi, ainsi que l'article 70 (de la propriété et de l'exploitation des minerais de fer et d'alluvion), dans celle de ses dispositions qui, dans les cas de concession prévus par cet article, oblige le concessionnaire à fournir à certaines usines la quantité de minerai nécessaire à leur exploitation. — Néanmoins, les dispositions desdits articles continueront à être applicables jusqu'au 1er janvier 1876 aux usines établies, avec permission, antérieurement à la promulgation de la présente (17 mai 1866).

3. Les articles 57 et 58 de la même loi sont modifiés ainsi qu'il suit :

57. Si l'exploitation des minières doit avoir lieu à ciel ouvert, le propriétaire est tenu, avant de commencer à exploiter, d'en faire la déclaration au préfet. Le préfet donne acte de cette déclaration, et l'exploitation a lieu sans autre formalité. — Cette disposition s'applique aux minerais de fer en couches et filons, dans le cas où, conformément à l'article 69, ils ne sont pas concessibles. — Si l'exploitation doit être souterraine, elle ne peut avoir lieu qu'avec une permission du préfet. La permission détermine les conditions spéciales auxquelles l'exploitant est tenu, en ce cas, de se conformer.

58. Dans les deux cas prévus par l'article précédent, l'exploitant doit observer les règlements généraux ou locaux concernant la sûreté et la salubrité publiques auxquels est assujettie l'exploitation des minières. — Les articles 93 à 96 de la présente loi (du 20 avril 1810 de la police et de la juridiction relatives aux mines) sont applicables aux contraventions commises par les exploitants de minières aux dispositions de l'article 57 et aux règlements généraux et locaux dont il est parlé dans le présent article.

INSTRUMENTS DE MUSIQUE MÉCANIQUES.

Loi du 16-25 mai 1865 qui déclare ces instruments propriété publique.

« La fabrication et la vente des instruments servant à reproduire mécaniquement des airs de musique qui sont du domaine privé ne constituent pas le fait de contrefaçon musicale prévu et puni par la loi du 19 juillet 1793, combinée avec les articles 425 et suivants du Code pénal. »

VENTE DES ENGRAIS (fraude).

Loi du 27 juillet-2 août 1869 qui réprime la fraude dans la vente des engrais.

1. Seront punis d'un emprisonnement de trois mois à un an et d'une amende de cinquante francs à deux mille francs : — 1° Ceux qui, en vendant ou mettant en vente des engrais ou amendements, auront trompé ou tenté de tromper l'acheteur, soit sur leur nature, leur composition ou le dosage des éléments qu'ils contiennent, soit sur leur provenance, soit en les désignant sous un nom qui, d'après l'usage, est donné à d'autres substances fertilisantes ; — 2° Ceux qui, sans avoir prévenu l'acheteur, auront vendu ou tenté de vendre des engrais ou amendements qu'ils sauront être falsifiés, altérés ou avariés. — Le tout sans préjudice de l'art. 1er. § 3, de la loi du 27 mars 1851, en cas de tromperie sur la quantité de la marchandise (v. ci-après).

2. En cas de récidive commise dans les cinq ans qui ont suivi la condamnation, la peine pourra être élevée jusqu'au double du maximum des peines édictées par l'art. 1er de la présente loi.

3. Les tribunaux pourront ordonner que les jugements de condamnation soient, par extraits ou intégralement, aux frais des condamnés, affichés dans les lieux et publiés dans les journaux qu'ils détermineront.

4. L'article 463 du Code pénal est applicable aux délits prévus par la présente loi. (*Circonstances atténuantes.*)

Loi du 27 mars 1851.

1. Seront punis des peines portées par l'art. 423 du Code pénal (emprisonnement pendant trois mois au moins, un an au plus, et d'une amende qui ne pourra excéder le quart des restitutions et dommages-intérêts, ni être au-dessous de 50 francs, outre la certification et l'affiche du jugement que le tribunal pourra ordonner):

2. Ceux qui auront trompé ou tenté de tromper sur la qualité, des choses livrées, les personnes auxquelles ils vendent ou achètent, soit par l'usage de faux poids ou de fausses mesures, ou d'instruments inexacts servant au pesage ou mesurage, soit par des manœuvres ou procédés tendant à fausser l'opération du pesage ou mesurage, ou à augmenter frauduleusement le poids ou le volume de la marchandise, mais avant cette opération; soit, enfin, par des indications frauduleuses tendant à faire croire à un pesage ou à un mesurage antérieur et exact.

SOCIÉTÉ COMMERCIALE (Société d'assurance).

Décret du 22 janvier-18 février 1868 portant règlement d'administration publique pour la constitution des Sociétés d'assurance. (V. loi du 24-29 juillet 1867 sur les Sociétés commerciales, Appendice, p. 9, art. 66 et 67.)

TITRE Ier. — DES SOCIÉTÉS ANONYMES D'ASSURANCES A PRIMES.

1. Les Sociétés anonymes d'assurances à primes sont soumises aux dispositions des lois relatives à cette forme de Société (v. loi, 24 juillet 1867, art. 21 à 47, *ibid.*, p. 5) et, en outre, aux conditions ci-après déterminées. — Elles ne peuvent user des dispositions du titre III de la loi du 24 juillet 1867, particulières aux Sociétés à capital variable.

2. La Société n'est valablement constituée qu'après le versement d'un capital de garantie qui ne pourra, en aucun cas et alors même que le capital social est moindre de deux cent mille francs, être inférieur à cinquante mille francs.

3. L'article 3 de la loi du 24 juillet 1867, relatif à la conversion des actions en actions au porteur, n'est applicable aux Sociétés d'assurances à primes que si le fonds de réserve est égal au moins à la partie du capital social non encore versée, et s'il a été intégralement constitué.

4. La Société est tenue de faire annuellement un prélèvement d'au moins vingt pour cent sur les bénéfices nets pour former un fonds de réserve. Ce prélèvement devient facultatif lorsque le fonds de réserve est égal au cinquième du capital.

5. Les fonds de la Société, à l'exception des sommes nécessaires aux besoins du service courant, doivent être employés en acquisitions d'immeubles, en rentes sur l'État, bons du trésor ou autres valeurs créées ou garanties par l'État, en actions de la Banque de France, en obligations des départements et des communes, du crédit foncier de France ou des Compagnies françaises de chemins de fer qui ont un minimum d'intérêt garanti par l'État.

6. Toute police doit faire connaître : — 1° Le montant du capital social. — 2° La portion de ce capital déjà versée ou appelée, et, s'il y a lieu, la délibération par laquelle les actions auraient été converties en actions au porteur. — 3° Le maximum que la Compagnie peut, aux termes de ses statuts, assurer sur un seul risque, sans réassurance. — 4° Et, dans le cas où un même capital couvrirait, aux termes des statuts, des risques de nature différente, le montant de ce capital et l'énumération de tous ses risques.

7. Tout assuré peut, par lui ou par un fondé de pouvoir, prendre à toute époque, soit au siége social, soit dans les agences établies par la Société, communication du dernier inventaire. — Il peut également exiger qu'il lui en soit délivré une copie certifiée, moyennant le payement d'une somme qui ne peut excéder un franc.

TITRE II. — DES SOCIÉTÉS D'ASSURANCES MUTUELLES.

Section première. — De la constitution des Sociétés et de leur objet.

8. Les sociétés d'assurances mutuelles peuvent se former soit par un acte authentique, soit par acte sous seing privé fait en double original, quel que soit le nombre des signataires à l'acte.

9. Les projets de statuts doivent : — 1° Indiquer l'objet, la durée, le siége, la dénomination de la Société et la circonscription territoriale de ses opérations. — 2° Comprendre le tableau de classification des risques, les tarifs applicables à chacun d'eux, et déterminer les formes suivant lesquelles ce tableau et ces tarifs peuvent être modifiés. — 3° Fixer

le nombre d'adhérents et le minimum de valeurs assurées au-dessous desquels la Société ne peut être valablement constituée, ainsi que la somme à valoir sur la contribution de la première année, qui devra être versée avant la constitution de la Société.

10. Le texte entier des projets de statuts doit être inscrit sur toute liste destinée à recevoir les adhésions.

11. Lorsque les conditions ci-dessus ont été remplies, les signataires de l'acte primitif ou leurs fondés de pouvoir le constatent par une déclaration devant notaire. — A cette déclaration sont annexés : — 1° La liste nominative dûment certifiée des adhérents, contenant leurs noms, prénoms, qualités et domiciles, et le montant des valeurs assurées par chacun d'eux ; — 2° L'un des doubles de l'acte de Société, s'il est sous seing privé, ou une expédition, s'il est notarié et s'il a été passé devant un notaire autre que celui qui reçoit la déclaration. — 3° L'état des versements effectués.

12. La première assemblée générale, qui est convoquée à la diligence des signataires de l'acte primitif, vérifie la sincérité de la déclaration mentionnée aux articles précédents ; elle nomme les membres du premier conseil d'administration ; elle nomme également, pour la première année, les commissaires institués par l'article 21 ci-après. — Les membres du conseil d'administration ne peuvent être nommés pour plus de six ans; ils sont rééligibles, sauf stipulation contraire. Toutefois, ils peuvent être désignés par les statuts, avec stipulation formelle que leur nomination ne sera pas soumise à l'assemblée générale ; en ce cas, ils ne peuvent être nommés pour plus de trois ans. — Le procès-verbal de la séance constate l'acceptation des membres du conseil d'administration et des commissaires présents à la réunion. — La Société n'est définitivement constituée qu'à partir de cette acceptation.

13. Le compte des frais de premier établissement est apuré par le conseil d'administration et soumis à l'assemblée générale, qui arrête définitivement et détermine le mode et l'époque du remboursement.

Section II. — Administration des Sociétés.

14. L'administration peut être confiée à un conseil d'administration dont les statuts déterminent les pouvoirs. Les membres de ce conseil peuvent choisir parmi eux un directeur, ou, si les statuts le permettent, se substituer un mandataire étranger à la Société et dont

ils sont responsables envers elle. — L'administration peut également être confiée par les statuts à un directeur nommé par l'assemblée générale et assisté d'un conseil d'administration. Les statuts déterminent, dans ce cas, les attributions respectives du directeur et du conseil.

15. Les membres du conseil d'administration doivent être pris parmi les sociétaires ayant la somme de valeurs assurées déterminée par les statuts.

16. Il est tenu chaque année au moins une assemblée générale, à l'époque fixée par les statuts. — Les statuts déterminent soit le minimum de valeurs assurées nécessaire pour être admis à l'assemblée, soit le nombre des plus forts assurés qui doivent la composer: ils règlent également le mode suivant lequel les sociétaires peuvent s'y faire représenter.

17. Dans toutes les assemblées générales, il est tenu une feuille de présence. Elle contient les noms et domiciles des membres présents. — Cette feuille, certifiée par le bureau de l'assemblée et déposée au siège social, doit être communiquée à tout requérant.

18. L'assemblée générale ne peut délibérer valablement que si elle réunit le quart au moins des membres ayant le droit d'y assister : si elle ne réunit pas ce nombre, une nouvelle assemblée est convoquée dans les formes et avec les délais prescrits par les statuts, et elle délibère valablement, quel que soit le nombre des membres présents ou représentés.

19. L'assemblée générale qui doit délibérer sur la nomination des membres du premier conseil d'administration et sur la sincérité de la déclaration faite, aux termes de l'article 11, par les signataires de l'acte primitif, doit être composée de la moitié au moins des membres ayant le droit d'y assister. — Si l'assemblée générale ne réunit pas le nombre ci-dessus, elle ne peut prendre qu'une délibération provisoire ; dans ce cas, une nouvelle assemblée générale est convoquée. Deux avis, publiés à huit jours d'intervalle, au moins un mois à l'avance, dans l'un des journaux désignés pour recevoir les annonces légales, font connaître aux sociétaires les résolutions provisoires adoptées par la première assemblée, et ces résolutions deviennent définitives si elles sont approuvées par la nouvelle assemblée, composée du cinquième au moins des sociétaires ayant le droit d'y assister.

20. Les assemblées qui ont à délibérer sur des modifications aux statuts ou sur des propositions de continuation de la Société au delà du terme fixé pour sa

durée, ou de dissolution avant ce terme, ne sont régulièrement constituées et ne délibèrent valablement qu'autant qu'elles sont composées de la moitié au moins des sociétaires ayant le droit d'y assister. — Toute modification de statuts est portée à la connaissance des sociétaires dans le premier récépissé de cotisation qui leur est délivré.

21. L'assemblée générale annuelle désigne un ou plusieurs commissaires, sociétaires ou non, chargés de faire un rapport à l'assemblée générale de l'année suivante sur la situation de la Société, sur le bilan et sur les comptes présentés par l'administration. — La délibération contenant approbation du bilan et des comptes est nulle, si elle n'a été précédée du rapport des commissaires. — A défaut de nomination des commissaires par l'assemblée générale, ou, en cas d'empêchement ou de refus d'un ou de plusieurs d'entre eux, il est procédé à leur nomination ou à leur remplacement par ordonnance du président du tribunal de première instance du siège de la Société, à la requête de tout intéressé, les membres du conseil d'administration dûment appelés.

22. Pendant le trimestre qui précède l'époque fixée par les statuts pour la réunion de l'assemblée générale, les commissaires ont droit, toutes les fois qu'ils le jugent convenable dans l'intérêt de la Société, de prendre communication des livres et d'examiner les opérations de la Société. Ils peuvent toujours, en cas d'urgence, convoquer l'assemblée générale.

23. Toute Société doit dresser chaque semestre un état sommaire de sa situation active et passive. — Cet état est mis à la disposition des commissaires. — Il est, en outre, établi chaque année un inventaire ainsi qu'un compte détaillé des recettes et dépenses de l'année précédente et du montant des sinistres. — Ces divers documents sont mis à la disposition des commissaires le quarantième jour au plus tard avant l'assemblée générale. Ils sont présentés à cette assemblée. — L'inventaire et le compte détaillé sont également adressés au ministre de l'agriculture, du commerce et des travaux publics.

24. Quinze jours au moins avant la réunion de l'assemblée générale, tout sociétaire peut prendre, par lui ou par un fondé de pouvoir, au siège social, communication de l'inventaire et de la liste des membres composant l'assemblée générale, et se faire délivrer copie de ces documents.

Section III. — De la formation de l'engagement social.

25. Les statuts déterminent le mode et les conditions générales, suivant lesquels sont contractés les engagements entre la Société et les sociétaires. Toutefois, les sociétaires auront, indépendamment de toute disposition statutaire, le droit de se retirer tous les cinq ans, en prévenant la Société six mois d'avance dans la forme indiquée ci-après. Ce droit sera réciproque au profit de la Société. — Dans tous les cas où un sociétaire a le droit de demander la résiliation, il peut le faire, soit par une déclaration au siége social ou chez l'agent local, dont il lui sera donné récépissé, soit par acte extra-judiciaire, soit par tout autre moyen indiqué dans les statuts. — Les statuts indiquent spécialement le mode suivant lequel se fait l'estimation des valeurs assurées, les conditions réciproques de prorogation ou de résiliation des contrats et les circonstances qui font cesser les effets desdits contrats.

26. Toute modification des statuts, relative à la nature des risques garantis et au périmètre de la circonscription territoriale, donne de plein droit à chaque sociétaire la faculté de résilier son engagement. — Cette faculté doit être exercée par lui dans un délai de trois mois, à dater de la notification qui lui aura été faite, conformément à l'article 20.

27. Les statuts ne peuvent défendre aux sociétaires de se faire réassurer ou assurer à une autre Compagnie. Ils peuvent seulement stipuler que la Société sera immédiatement informée et aura le droit de notifier la résiliation du contrat.

28. Les polices remises aux assurés doivent contenir les conditions spéciales de l'engagement, sa durée, ainsi que les clauses de résiliation et de tacite reconduction, s'il en existe dans les statuts. — La police constate, en outre, la remise d'un exemplaire contenant le texte entier des statuts.

Section IV. — Des charges sociales.

29. Les tarifs annexés aux statuts fixent, par degrés de risques, le maximum de la contribution annuelle dont chaque sociétaire est passible pour le payement des sinistres. — Ce maximum constitue le fonds de garantie. — Les statuts peuvent décider que chaque sociétaire sera tenu de verser d'avance une portion de la contribution sociale pour former un fonds de prévoyance. Le montant de ce versement, dont le maximum

est fixé dans les statuts, sera déterminé chaque année par l'assemblée générale.

30. Si les statuts le stipulent ainsi, les indications du tableau de classification ne font pas obstacle à ce que le conseil d'administration demeure juge soit de l'application de la classification à tout risque proposé à l'assurance, soit même de l'admissibilité de ce risque.

31. Les statuts déterminent également le maximum de la contribution annuelle qui peut être exigée de chaque sociétaire pour frais de gestion de la Société. — La quotité de cette contribution est fixée tous les cinq ans au moins par l'assemblée générale. — Il peut être décidé, soit par les statuts, soit par l'assemblée générale, qu'une somme fixe ou proportionnelle est allouée par traité à forfait à la direction. Ce traité est revisé tous les cinq ans au moins. — L'acte qui l'autorise ou l'approuve détermine, en même temps, d'une manière précise, quels sont les frais auxquels la somme allouée a pour objet de pourvoir.

32. Il peut être formé, dans chaque Société d'assurances mutuelles, un fonds de réserve, ayant pour objet de donner à la Société les moyens de suppléer à l'insuffisance de la cotisation annuelle pour le payement des sinistres. — Le montant du fonds de réserve est fixé tous les cinq ans par l'assemblée générale, nonobstant toute stipulation contraire insérée dans les statuts. — Le mode de formation et l'emploi de ce fonds sont déterminés par les statuts, sauf application des dispositions suivantes : — Dans aucun cas, le prélèvement sur le fonds de réserve ne peut excéder la moitié de ce fonds pour un seul exercice. — En cas de dissolution de la Société, l'emploi du reliquat du fonds de réserve est réglé par l'assemblée générale, sur la proposition des membres du conseil d'administration, et soumis à l'approbation du ministre de l'agriculture, du commerce et des travaux publics.

33. Les fonds de la Société doivent être placés en rentes sur l'État, bons du trésor ou autres valeurs créées ou garanties par l'État; en actions de la Banque de France, en obligations des départements et des communes, du crédit foncier de France ou des Compagnies françaises de chemins de fer qui ont un minimum d'intérêt garanti par l'État. — Ces valeurs sont immatriculées au nom de la Société.

Section V. — Déclaration, estimation et payement des sinistres.

34. Les statuts déterminent le mode et les conditions de la déclaration à faire, en cas de sinistre, par les sociétaires, pour le règlement des indemnités qui peuvent leur être dues.

35. L'estimation des sinistres est faite par un agent de la Société ou tout autre expert désigné par elle, contradictoirement avec le sociétaire ou avec un expert choisi par lui; en cas de dissidence, il en est référé à un tiers expert désigné, à défaut d'accord entre les parties, par le président du tribunal de première instance de l'arrondissement, ou, si les statuts l'ont ainsi décidé, par le juge de paix du canton où le sinistre a eu lieu.

36. Dans les trois mois qui suivent l'expiration de chaque année, il est fait un règlement général des sinistres à la charge de l'année et chaque ayant droit reçoit, s'il y a lieu, le solde de l'indemnité réglée à son profit.

37. En cas d'insuffisance du fonds de garantie et de la part du fonds de réserve déterminée par les statuts, l'indemnité de chaque ayant droit est diminuée au centime le franc.

Section VI. — Dispositions relatives à la publication des actes de Société.

38. Dans le mois de la constitution de toute Société d'assurances mutuelles, une expédition de l'acte notarié et de ses annexes est déposée au greffe de la justice de paix et, s'il en existe, du tribunal civil du lieu où est établie la Société. A cette expédition est annexée une copie certifiée des délibérations prises par l'assemblée générale, dans les cas prévus par l'article 12.

39. Dans le même délai d'un mois, un extrait de l'acte constitutif et des pièces annexées est publié dans l'un des journaux désignés pour recevoir les annonces légales. Il sera justifié de l'insertion par un exemplaire du journal certifié par l'imprimeur, légalisé par le maire et enregistré dans les trois mois de sa date.

40. L'extrait doit contenir la dénomination adoptée par la Société et l'indication du siège social ; la désignation des personnes autorisées à gérer, administrer et signer pour la Société, le nombre d'adhérents et le minimum de valeurs assurées, au-dessous desquels la Société ne pouvait être valablement constituée, l'époque où la Société a commencé, celle où elle doit finir et la date du dépôt fait au greffe de la justice de paix et du tribunal de première instance. Il indique également si la Société doit ou non constituer un fonds de réserve. — L'extrait des actes et pièces déposés est signé, pour

les actes publics, par le notaire, et pour les actes sous seing privé, par les membres du conseil d'administration.

41. Sont soumis aux formalités ci-dessus prescrites tous actes et délibérations ayant pour objet la modification des statuts, la continuation de la Société au delà du terme fixé par les statuts, la dissolution avant ce terme et tout changement à la dénomination, ainsi que la transformation de la Société dans les conditions indiquées par l'article 67 de la loi du 24 juillet 1867. (Appendice, p. 9.)

42. Toute personne a le droit de prendre communication des pièces déposées au greffe de la justice de paix et du tribunal, ou même de s'en faire délivrer à ses frais expédition ou extrait par le greffier ou par le notaire détenteur de la minute. — Toute personne peut également exiger qu'il lui soit délivré, au siége de la Société, une copie certifiée des statuts, moyennant payement d'une somme qui ne pourra excéder un franc. — Enfin les pièces déposées doivent être affichées d'une manière apparente dans les bureaux de la Société. (Appendice, p. 29.)

BREVET D'INVENTION (Expositions publiques).

Loi du 23-25 mai 1868 sur les inventions, qui réserve le droit de prendre des brevets d'invention en faveur des produits commerciaux admis dans des expositions publiques.

1. Tout Français ou étranger, auteur soit d'une découverte ou invention susceptible d'être brevetée aux termes de la loi du 5 juillet 1844 (sur les brevets d'invention), soit d'un dessin de fabrique qui doive être déposé conformément à la loi du 18 mars 1806 (art. 15 et 16 *), ou ses ayants-droit, peuvent, s'ils sont admis dans une exposition publique autorisée par l'administration, se faire délivrer par le préfet ou le sous-préfet, dans le département ou l'arrondissement duquel cette exposition est ouverte, un certificat descriptif de l'objet déposé.

2. Ce certificat assure à celui qui l'obtient les mêmes droits que lui conférerait un brevet d'invention ou un dépôt légal de dessin de fabrique, à dater du jour de l'admission jusqu'à la fin du troisième mois qui suivra la clôture de l'exposition, sans préjudice du brevet que l'exposant peut prendre ou du dépôt qu'il peut opérer avant l'expiration de ce terme.

3. La demande de ce certificat doit être faite dans le premier mois, au plus tard, de l'ouverture de l'exposition. — Elle est adressée à la préfecture ou à la sous-préfecture et accompagnée d'une description exacte de l'objet à garantir et, s'il y a lieu, d'un plan ou d'un dessin dudit objet. — Les demandes ainsi que les décisions prises par le préfet ou par le sous-préfet sont inscrites sur un registre spécial qui est ultérieurement transmis au ministère de l'agriculture, du commerce et des travaux publics, et communiqué, sans frais, à toute réquisition. — La délivrance du certificat est gratuite.

PATENTES.

Loi de finances du 2-7 août 1868. Loi renfermant diverses dispositions sur les patentes des ouvriers, des établissements industriels et des Sociétés.

3. Est exempt de la patente l'ouvrier travaillant en chambre avec un apprenti âgé de moins de seize ans.

4. Le patentable qui exploite un établissement industriel et qui n'y effectue pas la vente de ses produits n'est pas imposable au droit fixe additionnel de patente pour le magasin séparé dans lequel sont vendus exclusivement en gros les seuls produits de sa fabrication. — Toutefois, si la vente a lieu dans plusieurs magasins, l'exemption de droit fixe, accordée par le paragraphe précédent, n'est applicable qu'à celui de ces magasins qui est le plus rapproché du centre de l'établissement de fabrication. Les autres continuent d'être imposés conformément aux dispositions de l'article 9 de la loi du 4 juin 1858.

Loi du 4 juin 1858.

9. Le patentable ayant plusieurs établissements, boutiques ou magasins de même espèce ou d'espèces différentes, est, quelle que soit sa classe ou sa catégorie comme patentable, imposable au droit fixe entier pour l'établissement, la boutique ou le magasin donnant lieu au droit fixe le plus élevé, soit en raison de la population, soit en raison de la nature du commerce, de l'industrie ou de la profession. — Il est imposable, pour chacun des autres établissements, boutiques ou magasins, à la moitié du droit

___

* Dépôt au conseil de prud'hommes). V. la loi du 23 juin 1857 sur les marques de fabrique et de commerce (1re partie, p. 189).— Dépôt facultatif au greffe des tribunaux de commerce.

fixe afférent au commerce, à l'industrie ou à la profession qui y sont exercés. — Les droits fixes et demi-droits fixes sont imposables dans les communes où sont situés les établissements, boutiques ou magasins qui y donnent lieu.

Loi du 8-13 mai 1869.

3. Les Sociétés formées par actions, pour opérations de banque, de crédit, d'escompte, de dépôts, de comptes-courants, etc., ayant un capital de un million et au-dessous, seront imposées au droit de patente, selon la nature de la profession exercée, d'après les tarifs des tableaux A et B annexés à la loi du 25 avril 1844. (Loi générale sur les patentes.)

Loi du 29 mars-9 avril 1872 sur les patentes.

1. Le patentable ayant plusieurs établissements, boutiques ou magasins de même espèce ou d'espèces différentes, est, quelle que soit la classe ou la catégorie à laquelle il appartient comme patentable, passible d'un droit fixe entier, en raison du commerce, de l'industrie ou de la profession exercée dans chacun de ces établissements, boutiques ou magasins. — Les droits fixes sont imposables dans les communes où sont situés les établissements, boutiques ou magasins qui y donnent lieu.

2. Seront établis sans limite de maximum les droits de patente des professions, commerces et industries compris dans les tableaux annexés aux lois en vigueur, et qui sont tarifés en raison du nombre des ouvriers, machines, instruments ou moyens de production et autres éléments variables d'imposition.

3. Les droits fixes des patentables rangés dans le tableau C annexé à la loi du 25 avril 1844 (sur les patentes), et dans les tableaux modificatifs correspondants annexés aux lois subséquentes, sont rehaussés d'un cinquième, sauf en ce qui concerne les marchands forains avec balle, bête de somme ou voiture, et les marchands forains de poterie sur bateau.

4. Le taux du droit proportionnel de patente, établi d'après la valeur locative, est porté : — Du quinzième au dixième, pour les patentables compris dans la nomenclature générale des patentes à la première classe du tableau A et au tableau B annexés à la loi du 25 avril 1844, ainsi qu'aux tableaux modificatifs correspondants annexés aux lois subséquentes ; — Du vingtième au quinzième, pour les patentables compris dans les deuxième

et troisième classes du tableau A annexé à la loi du 25 avril 1844, et des tableaux modificatifs correspondants annexés aux lois subséquentes.

5. Les articles 17 de la loi du 18 mai 1850 et 9 de la loi du 4 juin 1858 (sur les patentes), ainsi que les tableaux annexés aux lois de patentes en vigueur, sont modifiés en ce qu'ils ont de contraire aux dispositions des articles 1, 2, 3 et ci-dessus. — Ces dispositions auront leur effet à partir du 1er avril 1872. — Dans les rôles supplémentaires où seront portées, pour l'exercice 1872, les augmentations de tarif résultant de la présente loi, il ne sera pas tenu compte des centimes additionnels départementaux et communaux.

6. Les Compagnies de chemins de fer, les services de transports fluviaux, maritimes et terrestres, ainsi que les établissements d'entrepôts et de magasins généraux, sont tenus de laisser prendre connaissance des registres de réception et d'expédition de marchandises aux agents des contributions directes chargés de l'assiette des droits de patente.

Loi du 16 juillet 1872.

3. Il sera procédé à la révision des patentes.

TRANSPORT DE MARCHANDISES DANGEREUSES.

Loi du 18-24 juin 1870 réglant les précautions à prendre pour le transport des marchandises dangereuses.

1. Quiconque aura embarqué ou fait embarquer sur un bâtiment de commerce employé à la navigation maritime ou à la navigation sur les rivières et canaux, expédié ou fait expédier par voie de terre des matières pouvant être une cause d'explosion ou d'incendie, sans en avoir déclaré la nature au capitaine, maître ou patron, au commissionnaire expéditeur ou au voiturier, et sans avoir apposé des marques apparentes sur les emballages, sera puni d'une amende de 16 francs à 3,000 francs. — Cette disposition est applicable à l'embarquement sur un navire étranger dans un port français ou sur un point quelconque des eaux françaises.

2. Un règlement d'administration publique déterminera : — 1° La nomenclature des matières qui doivent être considérées comme pouvant donner lieu soit à des explosions, soit à des incendies ; — 2° La forme et la nature des marques à apposer sur les emballages.

3. Un règlement d'administration publique déterminera également les conditions de l'embarquement et du débarquement desdites matières et les précautions à prendre pour l'amarrage dans les ports des bâtiments qui en sont porteurs.

4. Toute contravention au règlement d'administration publique énoncé à l'article précédent et aux arrêtés pris par les préfets, sous l'approbation du ministre des travaux publics, pour l'exécution dudit règlement, sera punie de la peine portée à l'article 1.

5. En cas de récidive dans l'année, les peines prononcées par la présente loi seront portées au double, et le tribunal pourra, selon les circonstances, prononcer, en outre, un emprisonnement de trois jours à un mois.

BILLETS DE BANQUE (cours forcé).

Loi du 12 août 1870 établissant le cours forcé des billets de banque.

1. A partir du jour de la promulgation de la présente loi, les billets de la Banque de France seront reçus comme monnaie légale par les caisses publiques et par les particuliers.

2. Jusqu'à nouvel ordre, la Banque est dispensée de l'obligation de rembourser ses billets avec des espèces.

3. En aucun cas, le chiffre des émissions de la Banque et de ses succursales ne pourra dépasser un milliard 800 millions (limite variable).

4. Les dispositions des art. 2 et 3 ci-dessus sont applicables à la Banque de l'Algérie, dont les émissions de billets ne pourront dépasser le chiffre de 18 millions.

5. Les coupures de billets pourront être réduites à 25 francs (20 fr. et 5 fr.).

MAGASINS GÉNÉRAUX.

Loi du 31 août-1er septembre 1870 sur l'établissement des magasins généraux. (V. la loi du 28 mai 1858, p. 32.)

1. Les magasins généraux autorisés par la loi du 28 mai 1858 et le décret du 12 mars 1859 (v. 1re partie, p. 34) pourront être ouverts, par toute personne et par toute Société commerciale, industrielle ou de crédit, en vertu d'une autorisation donnée par un arrêté du préfet, après avis de la chambre de commerce, à son défaut, de la chambre consultative, et à défaut de l'une ou de l'autre, du tribunal de commerce. — Cet avis devra être donné dans les huit jours qui suivront la communication de la demande. — A l'expiration de ce délai et dans les trois jours qui suivront, le préfet sera tenu de statuer.

2. Le concessionnaire d'un magasin général devra être soumis, par l'arrêté préfectoral, à l'obligation d'un cautionnement variant de 20,000 à 100,000 francs. — Ce cautionnement pourra être fourni, en totalité ou en partie, en argent, en rentes, en obligations cotées à la Bourse, ou par une première hypothèque sur des immeubles d'une valeur double de la somme garantie. — Cette valeur sera estimée par le directeur de l'Enregistrement et des domaines, sur les bases établies pour la perception des droits de mutation en cas de décès. — Pour la conservation de cette garantie, une inscription sera prise dans l'intérêt des tiers, à la diligence et au nom du directeur de l'Enregistrement et des domaines.

3. Les exploitants de magasins généraux pourront prêter sur nantissement des marchandises à eux déposées, ou négocier les warrants qui les représenteront.

4. Les magasins généraux actuellement existants pourront profiter des dispositions de la présente loi, en se conformant, s'ils ne l'ont pas fait déjà, aux conditions qu'elle impose.

5. Sont abrogés le deuxième paragraphe de l'art. 1er de la loi du 28 mai 1858 (v. 1re partie p. 32) et toutes dispositions des lois ou décrets antérieurs contraires à la présente loi.

FAILLI, FAILLITE.

Décret du 7-14 septembre 1870 sur les faillis et les effets des suspensions ou cessation de payement, arrangements amiables et autres dispositions.

1. Les faillis concordataires, ceux dont la faillite a été clôturée par insuffisance d'actif, et les faillis déclarés excusables, sont admis à faire partie de la garde nationale. Toute disposition contraire est annulée.

2. Les suspensions ou cessations de payement survenues depuis le 18 juillet dernier, en France ou en Algérie, ou qui surviendront pendant la durée de la guerre et pendant le mois qui suivra les hostilités, bien que réglées par les dispositions du Code de commerce, ne recevront la qualification de *faillite* que dans le cas où le tribunal refuserait d'homo-

loguer le concordat, ou, en l'homologuant, ne déclarerait pas le débiteur affranchi de la qualification de *failli*.

3. Le tribunal de commerce aura la faculté, si un arrangement amiable est consenti entre le débiteur et la moitié en nombre de ses créanciers réprésentant les trois quarts en somme, de dispenser le débiteur de l'apposition des scellés et de l'inventaire judiciaire.—Dans ce cas, le débiteur conservera l'administration de ses affaires et procédera à leur liquidation, concurremment avec les syndics régulièrement nommés, et sous la surveillance d'un juge commis par le tribunal, mais sans pouvoir créer de nouvelles dettes.

4. Les dispositions du Code de commerce relatives à la vérification des créances, au concordat, aux opérations qui les précèdent ou qui les suivent, et aux conséquences de la faillite dont le débiteur n'est pas affranchi par l'article 2 de la présente loi, continueront de recevoir leur application.

5. Les articles 2 et 3 ne pourront être appliqués ni aux débiteurs qui n'auront pas déposé leur bilan conformément à la loi, ni aux suspensions ou cessations de payement qui auraient des causes antérieures à la guerre.

6. Le tribunal de commerce pourra même d'office, sur le rapport du juge-commissaire, donner la qualification de *faillite* aux cessations de payement qui auraient été à tort qualifiées de *liquidations judiciaires*.

2° *Loi complémentaire du 22 avril-9 mai 1871.*

1. Les suspensions ou cessations de payements survenues depuis le 10 juillet 1870 ou qui surviendront jusqu'au 30 septembre 1871, bien que régies par les dispositions du livre III du Code de commerce, ne recevront la qualification de *faillite* et n'entraîneront les incapacités attachées à la qualité de *failli* que dans le cas où le tribunal de commerce refuserait d'homologuer le concordat ou, en l'homologuant, ne déclarerait pas le débiteur affranchi de cette qualification.

2. Le tribunal de commerce aura la faculté, si un arrangement amiable est déjà intervenu entre le débiteur et la moitié en nombre de ses créanciers représentant les trois quarts en somme, de dispenser le débiteur de l'apposition des scellés et de l'inventaire judiciaire. — Dans ce cas, le débiteur conservera l'administration de ses affaires et procédera à leur liquidation, concurremment avec les syndics régulièrement nommés, et

sous la surveillance d'un juge-commissaire commis par le tribunal, mais sans pouvoir créer de nouvelles dettes. — Les dispositions du Code de commerce relatives à la vérification des créances, au concordat, aux opérations qui les précèdent ou qui les suivent, et aux conséquences de la faillite dont le débiteur n'est pas affranchi par l'article 1er de la loi, continueront à recevoir leur application.

3. La présente loi est applicable à l'Algérie.

NOTA. — Les effets de cette loi ont été prorogés par deux autres lois : l'une de septembre 1871 et l'autre de décembre 1871, jusqu'au 14 mars 1872.

PRESCRIPTIONS ET PÉREMPTIONS EN MATIÈRE CIVILE (et commerciale).

Décret du 9-14 septembre 1870 qui suspend les prescriptions et les péremptions en matière civile (et commerciale).

1. Toutes prescriptions et péremptions en matière civile, tous les délais impartis pour attaquer ou signifier les décisions des tribunaux judiciaires ou administratifs, sont suspendus pendant la durée de la guerre : — 1° Au profit de ceux qui résident dans un département investi ou occupé par l'ennemi, alors même que l'occupation ne s'étendrait pas à tout le département; — 2° Au profit de ceux dont l'action doit être exercée dans ce même département contre des personnes qui y résident.

2. A dater de la cessation de l'occupation, un nouveau délai égal au délai ordinaire courra au profit des personnes qui se trouveront dans le cas de l'article précédent.

Décret du 3-5 octobre 1870.

1. La suspension des prescriptions et péremptions en matière civile pendant la durée de la guerre s'applique aux inscriptions hypothécaires, à leur renouvellement, aux inscriptions, et généralement à tous les actes qui, d'après la loi, doivent être accomplis dans un délai déterminé.

2. La prorogation de délai dont il est parlé en l'art. 2 du même décret ne s'applique qu'aux différents actes de recours devant les tribunaux judiciaires ou administratifs. — Quant aux autres actes,

il est accordé, à dater de la cessation de la guerre, un délai égal à celui qui restait à courir au moment où elle a été déclarée.

3. Le présent décret est étendu à tous les départements de la France. Il s'applique aussi à l'Algérie et aux colonies, mais seulement pour les actes faits en France et réciproquement.

Décret du 26 mai-1er juin 1871.

1. Toutes prescriptions et péremptions en matière civile, tous délais impartis pour signifier les décisions des tribunaux judiciaires ou administratifs suspendus pendant la durée de la guerre, par le décret du 9 septembre 1870, recommenceront à courir le onzième jour après celui de la promulgation de la présente loi.

2. Toutes péremptions et forclusions en matière d'inscriptions hypothécaires et de transcriptions, suspendues par la disposition générale de l'article 1er du décret du 9 septembre 1870 et par la disposition expresse de l'article 1er du décret du 3 octobre suivant, recommenceront également à courir le onzième jour après celui de la promulgation de la présente loi.

3. A partir de la même époque, commenceront à courir : — 1° De nouveaux délais égaux aux délais ordinaires pour les différents actes de recours devant les tribunaux judiciaires ou administratifs, conformément à l'article 2 du décret du 9 septembre et à l'article 2 du décret du 3 octobre 1870; — 2° Un délai égal à celui qui restait à courir au jour de la suspension pour tous les actes faisant l'objet du 2e paragraphe de l'article 3 du décret du 3 octobre 1870 (ci-dessus).

4. Les dispositions ci-dessus prescrites ne seront applicables au département de la Seine que le onzième jour après qu'un avis du ministre de la justice, inséré au *Journal officiel* [*], aura annoncé le rétablissement du cours de la justice dans ce département. — Il en sera de même : — 1° Pour les personnes habitant le département de la Seine qui auraient à prendre des inscriptions, transcrire des actes ou signifier des exploits dans d'autres départements de la France, l'Algérie ou les colonies ; — 2° Et pour celles qui, habitant en dehors du département de la Seine, auraient à faire ou signifier les mêmes actes dans ce dé-

----

[*] Cet avis inséré au journal du 7 juin 1871 déclare que le cours de la justice a été rétabli le 6 *juin* dans le département de la Seine.

partement. — Le délai de dix jours, dans ces deux cas, sera augmenté des distances, ainsi qu'il est déterminé par l'article 1er du Code civil pour la promulgation des lois ; — 3° Et pour toutes les personnes qui, par suite d'obstacles provenant de la guerre civile, auraient été dans l'impossibilité d'exercer leurs droits dans les délais fixés par les articles 1, 2 et 3 de la présente loi.

IMPRIMEUR, LIBRAIRE.

Décret du 10-14 septembre 1870.

1. Les professions d'imprimeur et de libraire sont libres.

2. Toute personne qui voudra exercer l'une ou l'autre de ces professions sera tenue à une simple déclaration faite au ministère de l'intérieur.

3. Toute publication portera le nom de l'imprimeur.

4. Il sera ultérieurement statué sur les conséquences du présent décret à l'égard des titulaires actuels de brevets.

TRIBUNAUX DE COMMERCE.

Loi du 4-9 avril 1871 sur les élections des juges de commerce.

1. Le décret rendu à Tours le 17 octobre 1870, par la délégation du Gouvernement de la défense nationale, relativement à l'élection des membres des tribunaux de commerce est abrogé (ce décret remplaçait les art. 618, 619, 620, 621 et 629 du Code de commerce). — En conséquence, l'élection générale des membres des tribunaux de commerce, fixée par le décret précité, au 15 avril 1871, n'aura pas lieu à cette époque.

2. Les juges actuellement en fonctions y resteront jusqu'aux élections nouvelles, dont l'époque et le mode seront fixés par une loi.

3. Dans le cas où, par suite de décès, démission ou autre cause, des vacances se seraient produites dans certains tribunaux, de manière à rendre le personnel insuffisant pour l'expédition des affaires, les magistrats en exercice sont autorisés à désigner, à la pluralité des voix, un ou plusieurs commerçants du ressort pour remplir jusqu'aux élections les fonctions de juges suppléants. — Ces commerçants devront réunir les conditions d'éligibilité indiquées par l'article 620 du Code de commerce. Procès-verbal de cette désignation sera immédiatement transmis au Ministère de la justice.

CONTRAINTE PAR CORPS.

Loi du 19-23 décembre 1871.

1. Est abrogé l'article 3, § 3, de la loi du 22 juillet 1867 (v. ci-dessus, p. 15), qui interdit l'exercice de la contrainte par corps pour le remboursement des frais dus à l'État, en exécution des condamnations prévues par l'article 2 de la même loi.

2. Sont en conséquence remises en vigueur les dispositions légales abrogées par l'article 18, § 1, loi du 22 juillet 1867.

BOISSONS.

Loi du 28-29 février 1872 sur la répression de la fraude dans le débit des boissons.

1. Les déclarations exigées avant l'enlèvement des boissons par l'art. 10 de la loi du 28 avril 1816 (v. ci-après) contiendront, outre les énonciations prescrites par ledit article, l'indication des principaux lieux de passage que devra traverser le chargement, et celle des divers modes de transport qui seront successivement employés, soit pour toute la route à parcourir, soit pour une partie seulement, à charge, dans ce dernier cas, de compléter la déclaration en cours de transport. — Les contraventions aux dispositions du présent article seront punies de la confiscation des boissons saisies et d'une amende de cinq cents francs à cinq mille francs.

2. Tout destinataire de boissons spiritueuses, accompagnées d'un acquit-à-caution et qui auront parcouru un trajet de plus de deux myriamètres, sera tenu de représenter, en même temps que l'expédition de la régie, les bulletins de transport, lettres de voiture et connaissements applicables au chargement. — A défaut de l'accomplissement de cette formalité, et dans le cas où il ne résulterait pas des pièces représentées que le transport des spiritueux a réellement eu lieu dans les conditions de la déclaration, les doubles droits garantis par l'acquit-à-caution deviendront exigibles, sans préjudice de toutes autres peines encourues pour contraventions.

3. Les acquits-à-caution délivrés pour le transport des boissons ne seront déchargés qu'après la prise en charge des quantités y énoncées, si le destinataire est assujetti aux exercices des employés de la régie, ou le payement du droit, dans le cas où il serait dû à l'arrivée. — Les employés ne pourront délivrer de certificats de décharge pour les boissons qui ne seraient pas représentées ou qui ne le seraient qu'après l'expiration du terme fixé par l'acquit-à-caution, ni pour les boissons qui ne seraient pas de l'espèce énoncée dans l'acquit-à-caution. — Les marchands en gros ne pourront user du bénéfice de l'art. 100 de la loi du 28 avril 1816, qui leur permet de transvaser, mélanger et couper leurs boissons hors la présence des employés; que lorsque les boissons qu'ils auront reçues, avec acquit-à-caution, auront été vérifiées par le service de la régie et reconnues entièrement conformes à l'expédition.

4. Sont assujettis aux formalités à la circulation prescrites par le chapitre 1er, titre 1er, de la loi du 28 avril 1816, les vernis, eaux de senteur, éthers, chloroformes et toutes autres préparations à base alcoolique.

5. Tous les employés de l'administration des finances, la gendarmerie, tous les agents du service des ponts et chaussées, de la navigation et des chemins vicinaux, autorisés par la loi à dresser des procès-verbaux, pourront verbaliser en cas de contravention aux lois sur la circulation des boissons.

Loi du 28 avril 1816 sur les boissons.

10. Il ne sera délivré de passavant, congé ou acquit-à-caution, que sur des déclarations énonçant les quantités, espèces et qualités de boissons, les lieux d'enlèvement et de destination; les noms, prénoms, demeures et professions des expéditeurs, voituriers et acheteurs ou destinataires. Dans les cas d'exception posés par l'article 3, les déclarations contiendront, en outre, la mention que l'expéditeur est réellement propriétaire, fermier ou colon partiaire récoltant, et non marchand en gros ni débitant, et que les boissons expédiées proviennent de sa récolte.

Loi du 11-20 mars 1872.

« Dans les cas prévus par la loi du 29 décembre 1851, sur les débits de boissons (cafés et cabarets, autorisation et police), les tribunaux sont autorisés à appliquer l'art. 463 du Code pénal (concernant les circonstances atténuantes). »

Loi du 21-24 juin 1873 sur les contributions indirectes.

1. Les agents de l'administration des contributions indirectes pourront prêter serment et exercer leurs fonctions à partir de l'âge de vingt ans.

2. Est étendu aux gardes champêtres le pouvoir donné par l'article 5 de la loi du 28 février 1872 (v. ci-dessus) aux agents qu'il énumère de verbaliser en cas de contravention aux lois sur la circulation des boissons. (Suivent les détails relatifs à la forme des procès-verbaux, à l'énumération des contraventions et aux pénalités applicables, ainsi que diverses dispositions relatives aux papiers, cartes à jouer et chicorées, qui renferment 25 articles.) *Offic.* 24 juin. *Bull.* n° 2139.

IMPOT SUR LE MOBILIER.

Loi du 29-30 juin 1872.

1. Indépendamment des droits de timbre et de transmission établis par les lois existantes, il est établi, à partir du 1er juillet 1872, une taxe annuelle et obligatoire : — 1° Sur les intérêts, dividendes, revenus et tous autres produits des actions de toute nature, des Sociétés, Compagnies ou entreprises quelconques, financières, industrielles, commerciales ou civiles, quelle que soit l'époque de leur création ; — 2° Sur les arrérages et intérêts annuels des emprunts et obligations des départements, communes et établissements publics, ainsi que des Sociétés, Compagnies et entreprises ci-dessus désignées ; — 3° Sur les intérêts, produits et bénéfices annuels des parts d'intérêt et commandites dans les Sociétés, Compagnies et entreprises dont le capital n'est pas divisé en actions.

2. Le revenu est déterminé : — 1° Pour les actions, par le dividende fixé d'après les délibérations des assemblées générales d'actionnaires ou des conseils d'administration, les comptes rendus ou tous autres documents analogues ; — 2° Pour les obligations ou emprunts, par l'intérêt ou le revenu distribué dans l'année ; — 3° Pour les parts d'intérêt et commandites, soit par les délibérations des conseils d'administration des intéressés, soit, à défaut de délibération, par l'évaluation à raison de cinq pour cent du montant du capital social ou de la commandite, ou du prix moyen des cessions de parts d'intérêt consenties pendant l'année précédente. — Les comptes rendus et les extraits des délibérations des conseils d'administration ou des actionnaires seront déposés, dans les vingt jours de leur date, au bureau de l'enregistrement du siége social.

3. La quotité de la taxe établie par la présente loi est fixée à trois pour cent du revenu des valeurs spécifiés en l'article 1er. — Le montant en est avancé, sauf leur recours, par les Sociétés, Compagnies, entreprises, villes, départements ou établissements publics. — Pour l'année 1872, les revenus, intérêts et dividendes seront sujets à la taxe pour moitié seulement de leur montant, quelle que soit d'ailleurs l'époque à laquelle le payement aura lieu. — A partir de la promulgation de la présente loi, le taux des droits et taxe établis par la loi du 23 juin 1857 et par celles du 16 septembre 1871 et 30 mars 1872, est réduit ainsi qu'il suit, savoir : — A cinquante centimes par cent francs pour la transmission ou la conversion des titres nominatifs ; — A vingt centimes par cent francs pour la taxe à laquelle sont assujettis les titres au porteur. — Ces droits et taxe ne sont pas soumis aux décimes.

4. Les actions, obligations, titres d'emprunts, quelle que soit d'ailleurs leur dénomination, des Sociétés, Compagnies, entreprises, corporations, villes, provinces étrangères, ainsi que tout autre établissement public étranger, sont soumis à une taxe équivalente à celle qui est établie par la présente loi sur le revenu des valeurs françaises. — Les titres étrangers ne pourront être cotés, négociés, exposés en vente ou émis en France qu'en se soumettant à l'acquittement de cette taxe, ainsi que des droits de timbre et de transmission. — Un règlement d'administration publique fixera le mode d'établissement et de perception de ces droits, dont l'assiette pourra reposer sur une quotité déterminée du capital social. — Le même règlement déterminera les époques de payement de la taxe, ainsi que toutes les autres mesures nécessaires pour l'exécution de la présente loi.

5. Chaque contravention aux dispositions qui précèdent et à celles du règlement d'administration publique qui sera fait pour leur exécution sera punie conformément à l'article 10 de la loi du 28 juin 1857 [1]. — Le recouvrement de la taxe sur le revenu sera suivi, et les instances seront introduites et jugées comme en matière d'enregistrement.

POIDS ET MESURES.

Décret du 26 février-1er mars 1873 sur les poids et mesures.

7. Les assujettis (à la vérification des

---

1. Amende de 5 fr. à 5,000 fr. sans préjudice des peines portées par l'article 39 de la loi du 22 primaire en VII pour omission ou insuffisance de déclaration (un 1/2 droit en sus du droit dû, ou défaut de déclaration — ou d'un droit en sus de celui dû pour les objets omis ou insuffisamment déclarés, outre les frais d'expertise).

poids et mesures) doivent être pourvus des séries complètes des poids et mesures dont ils font usage d'après la nature de leurs opérations conformément aux désignations du tableau B, annexé au présent décret. (Bulletin des lois.)

8. Les poids et mesures isolés autres que les poids et mesures hors séries ne sont point tolérés.

PORT DE PIÈCES (échantillons).

Loi de finances du 20-30 décembre 1873.

Port de pièces.

7. Le port des circulaires, prospectus, catalogues, avis divers et prix courants, livres, gravures, lithographies en feuilles, brochées ou reliées, et en général de tous les imprimés autres que les journaux et ouvrages périodiques, est, pour chaque exemplaire ou chaque paquet adressé à un seul destinataire, ainsi fixé, suivant le poids :

De 5 grammes et au-dessous, 2 centimes.

De 5 à 10 grammes, 3 centimes.

De 10 à 15 grammes, 4 centimes.

De 15 à 40 grammes, 5 centimes.

De 40 à 80 grammes, 10 centimes.

Au-dessus de 80 grammes il y aura une augmentation de trois centimes par chaque 20 grammes ou fraction de 20 grammes excédant. — L'art. 9 de la loi du 24 août 1871 (qui contenait augmentation de la taxe) est abrogé, sauf en ce qui concerne l'exception faite pour les circulaires électorales ou bulletins de vote.

Loi du 24 avril 1871.

9. *In fine* : « Sont exceptés les circulaires électorales et bulletins de vote pour lesquels l'ancien tarif est maintenu. »

MARQUES COMMERCIALES ET DE FABRIQUE.

Loi du 26 novembre-2 décembre 1873 qui établit un timbre ou signe spécial à apposer sur les marques commerciales et de fabrique.

(Établissement d'un timbre ou signe spécial.)

1. Tout propriétaire d'une marque de fabrique ou de commerce, déposée conformément à la loi du 23 juin 1857 (v. 1re partie, p. 189), pourra être admis, sur sa réquisition écrite, à faire apposer par l'État, soit sur les étiquettes, bandes ou enveloppes en papier, soit sur les étiquettes ou estampilles en métal, sur lesquelles figure sa marque, un timbre ou poinçon spécial destiné à affirmer l'authenticité de cette marque. — Le poinçon pourra être apposé sur la marque faisant corps avec les objets eux-mêmes si l'administration les en juge susceptibles.

2. Il sera perçu, au profit de l'État, par chaque apposition du timbre, un droit qui pourra varier de un centime à un franc. — Le droit dû pour chaque apposition du poinçon sur les objets eux-mêmes ne pourra être inférieur à cinq centimes ni excéder cinq francs.

3. La quotité des droits perçus au profit du Trésor sera proportionnée à la valeur des objets sur lesquels doivent être apposées les étiquettes soit en papier, soit en métal, et à la difficulté de frapper d'un poinçon les marques fixées sur les objets eux-mêmes. — Cette quotité sera établie par des règlements d'administration publique qui détermineront, en outre, les métaux sur lesquels le poinçon pourra être appliqué, les conditions à remplir pour être admis à obtenir l'apposition des timbre ou poinçon, les lieux dans lesquels cette apposition pourra être effectuée, ainsi que les autres mesures d'exécution de la présente loi.

4. La vente des objets par le propriétaire de la marque de fabrique ou de commerce à un prix supérieur à celui correspondant à la quotité du timbre ou du poinçon sera punie, par chaque contravention, d'une amende de cent francs (100 fr.) à cinq mille francs (5,000 fr.) — Les contraventions seront constatées dans tous les lieux ouverts au public par tous les agents qui ont qualité pour verbaliser en matière de timbre et de contributions indirectes, par les agents des postes et par ceux des douanes, lors de l'exportation. — Il leur est accordé un quart de l'amende ou portion d'amende recouvrée. — Les contraventions seront constatées et les instances seront suivies et jugées, savoir : 1° comme en matière de timbre, lorsqu'il s'agira du timbre apposé sur les étiquettes, bandes ou enveloppes en papier ; 2° comme en matière de contributions indirectes en ce qui concerne l'application du poinçon.

5. Les consuls de France à l'étranger auront qualité pour dresser les procès-verbaux des usurpations de marques et les transmettre à l'autorité compétente.

6. Ceux qui auront contrefait ou falsi-

fié les timbres ou poinçons établis par la présente loi ; ceux qui auront fait usage des timbres ou poinçons falsifiés ou contrefaits, seront punis des peines portées en l'article 140 du Code pénal, et sans préjudice des réparations civiles. — Tout autre usage frauduleux de ces timbres ou poinçons et des étiquettes, bandes, enveloppes et estampilles qui en seraient revêtus, sera puni des peines portées en l'article 142 dudit Code. — Il pourra être fait application des dispositions de l'article 463 du Code pénal.

7. Le timbre ou poinçon de l'Etat apposé sur une marque de fabrique ou de commerce fait partie intégrante de cette marque. — A défaut par l'Etat de poursuivre en France ou à l'étranger la contrefaçon ou la falsification desdits timbre ou poinçon, la poursuite pourra être exercée par le propriétaire de la marque.

8. La présente loi sera applicable dans les colonies françaises et en Algérie.

9. Les dispositions des autres lois en vigueur, touchant le nom commercial, les marques, dessins ou modèles de fabrique, seront appliquées au profit des étrangers, si dans leur pays la législation ou des traités internationaux assurent aux Français les mêmes garanties.

CHÈQUES.

Loi du 19-20 février 1874. Modificative de la loi du 14 juin 1865. (V. première partie, p. 35.)

8. *(De la loi de finances).* — Les dispositions suivantes sont ajoutées à l'article 1er de la loi du 14 juin 1865 :

« Le chèque indique le lieu d'où il est émis. La date du jour où il est tiré est inscrite en toutes lettres et de la main de celui qui a écrit le chèque. — Le chèque, même au porteur, est acquitté par celui qui le touche ; l'acquit est daté. — Toutes stipulations entre le tireur, le bénéficiaire ou le tiré, ayant pour objet de rendre le chèque payable autrement qu'à vue et à première réquisition, sont nulles de plein droit. »

6. L'article 6 de la loi du 14 juin 1865 est abrogé et remplacé par les dispositions suivantes :

« Le tireur qui émet un chèque sans date, ou non daté en toutes lettres, s'il s'agit d'un chèque de place à place ; celui qui revêt un chèque d'une fausse date ou d'une fausse énonciation du lieu d'où il est tiré, est passible d'une amende de 6 p. 100 de la somme pour laquelle le chèque est tiré sans que cette amende puisse être inférieure à cent francs (100 fr.) — La même amende est due, personnellement et sans recours, par le premier endosseur ou le porteur d'un chèque sans date ou non daté en toutes lettres, s'il est tiré de place à place, ou portant une date postérieure à l'époque à laquelle il est endossé ou présenté. Cette amende est due, en outre, par celui qui paye ou reçoit en compensation un chèque sans date, ou irrégulièrement daté, ou présenté au payement avant la date d'émission. — Celui qui émet un chèque sans provision préalable et disponible est passible de la même amende, sans préjudice des peines correctionnelles, s'il y a lieu. »

7. Celui qui paye un chèque sans exiger qu'il soit acquitté est passible personnellement et sans recours d'une amende de cinquante francs (50 fr.)

8. Les chèques de place à place sont assujettis à un droit de timbre fixe de 20 centimes. — Les chèques sur place continueront à être timbrés à 10 centimes. — Sont applicables aux chèques de place à place non timbrés, conformément au présent article, les dispositions pénales des articles 4, 5, 6, 7 et 8 de la loi du 5 juin 1850. (V. 1re partie, p. 48.) — Le droit de timbre additionnel peut être acquitté au moyen d'un timbre mobile de dix centimes (0 fr. 10 c.)

9. Toutes les dispositions législatives relatives aux chèques tirés de France sont applicables aux chèques tirés hors de France et payables en France. — Les chèques pourront avant tout endossement en France être timbrés avec des timbres mobiles. — Si le chèque tiré hors de France n'a pas été timbré conformément aux dispositions ci-dessus, le bénéficiaire, le premier endosseur, le porteur ou le tiré, sont tenus, sous peine de l'amende de 6 p. 100, de le faire timbrer aux droits fixés par l'article précédent, avant tout usage en France. — Si le chèque tiré hors de France n'est pas souscrit conformément aux prescriptions de l'article 1er de la loi du 14 juin 1865 et de l'article 5 ci-dessus, il est assujetti aux droits de timbre des effets de commerce. Dans ce cas, le bénéficiaire, le premier endosseur, le porteur ou le tiré sont tenus de le faire timbrer, avant tout usage en France, sous peine d'une amende de 6 pour 100. — Toutes les parties sont solidaires pour le recouvrement des droits et amendes.

FIN.

TABLE

DES LOIS CONTENUES DANS LES APPENDICES ET DES MATIÈRES
AUXQUELLES ELLES S'APPLIQUENT.

Paris.—Imprimerie Viéville et Capiomont, 6, rue des Poitevins.

LOI DU 12-20 FÉVRIER 1872

Portant modification des articles 450 et 550 du Code de Commerce, et réglant les droits respectifs des syndics de la faillite et du propriétaire relativement aux baux des lieux occupés par le failli, Promulguée le 20 février au Journal Officiel et insérée au Bulletin des Lois du 30 mars 1872 (Bulletin 83, n° 926).

Art. 1er. Les articles 450 et 550 du Code de commerce sont modifiés et remplacés par les dispositions suivantes :

450. Les syndics auront, pour les baux des immeubles affectés à l'industrie ou au commerce du failli, y compris les locaux dépendant de ces immeubles et servant à l'habitation du failli et de sa famille, huit jours, à partir de l'expiration du délai accordé par l'article 492 du Code de commerce aux créanciers domiciliés en France pour la vérification de leurs créances, pendant lesquels ils pourront notifier au propriétaire leur intention de continuer le bail, à la charge de satisfaire à toutes les obligations du locataire.

Cette notification ne pourra avoir lieu qu'avec l'autorisation du juge-commissaire et le failli entendu. *Co.* 451, 452.

Jusqu'à l'expiration de ces huit jours, toutes voies d'exécution sur les effet mobiliers servant à l'exploitation du commerce ou de l'industrie du failli, et toutes actions en résiliation du bail seront suspendues, sans préjudice de toutes mesures conservatoires et du droit qui serait acquis au propriétaire de reprendre possession des lieux loués. — Dans ce cas, la suspension des voies d'exécution établie au présent article cessera de plein droit. *C.* 1728 2°, 2102 1°. — *Pr.* 819 s. — *Co.* 443, 471, 490, 521, 550.

Le bailleur devra, dans les quinze jours qui suivront la notification qui lui sera faite par les syndics, former sa demande en résiliation. *C.* 1139.

Faute par lui de l'avoir formée dans ledit délai, il sera réputé avoir renoncé à se prévaloir des causes de résiliation déjà existantes à son profit.

550. L'article 2102 du Code civil est ainsi modifié à l'égard de la faillite :

Si le bail est résilié, le propriétaire d'immeubles affectés à l'industrie ou au commerce du failli, aura privilège pour les deux dernières années de location échues avant le jugement déclaratif de faillite, pour l'année courante, pour tout ce qui concerne l'exécution du bail et pour les dommages-intérêts qui pourront lui être alloués par les tribunaux. — *C.* 1146, 1147, 2102 1°. — *Co.* 441, 450.

Au cas de non-résiliation, le bailleur, une fois payé de tous les loyers échus, ne pourra pas exiger le payement des loyers en cours ou à échoir, si les sûretés qui lui ont été données lors du contrat sont maintenues, ou si celles qui lui ont été fournies depuis la faillite sont jugées suffisantes. *C*. 1752.

Lorsqu'il y aura vente et enlèvement des meubles garnissant les lieux loués, le bailleur pourra exercer son privilége comme au cas de résiliation ci-dessus, et, en outre, pour une année à échoir à partir de l'expiration de l'année courante, que le bail ait ou non date certaine. *C*. 1328, 1743, 1750.

Les syndics pourront continuer ou céder le bail pour tout le temps restant à courir, à la charge par eux ou leurs cessionnaires de maintenir dans l'immeuble gage suffisant, et d'exécuter, au fur et à mesure des échéances, toutes les obligations résultant du droit ou de la convention, mais sans que la destination des lieux loués puisse être changée. *C*. 1725, 1728, 1729, 1752.

Dans le cas où le bail contiendrait interdiction de céder le bail ou de sous-louer, les créanciers ne pourront faire leur profit de la location que pour le temps à raison duquel le bailleur aurait touché ses loyers par anticipation et toujours sans que la destination des lieux puisse être changée. *C*. 1717, 1723, 1728, 1729.

Le privilége et le droit de revendication établis par le nº 4 de l'article 2102 du Code civil, au profit du vendeur d'effets mobiliers, ne peuvent être exercés contre la faillite. *Co*. 486, 5745.

Art. 2. La présente loi ne s'appliquera pas aux baux qui, avant sa promulgation, auront acquis date certaine.

Toutefois le propriétaire qui, en vertu desdits baux, a privilège pour tout ce qui est échu et ce qui est à échoir, ne pourra exiger par anticipation les loyers à échoir, s'il lui est donné des sûretés suffisantes pour en garantir le payement.

Paris. — Imp. Viéville et Capiomont, rue des Poitevins, 6.